Dittmann · Haderer · Happe

Steuer 2019

für Unternehmer, Selbstständige und Existenzgründer

MIT ARBEITS HILFEN ONLINE

Exklusiv und kostenlos zum Steuerhandbuch

Ihre Arbeitshilfen online:

- **Einkommensteuertabellen 2018**
- **Übersicht zu den wichtigsten** beim Bundesfinanzhof **anhängigen Steuerverfahren,** auf die in unseren Steuerhandbüchern verwiesen wird
- **weiterführende Informationen** zu ausgewählten Themenbereichen (von Abfindung bis Umsatzsteuervoranmeldung)
- **Arbeitshilfen** (Kopiervorlagen, Checklisten und die wichtigsten Einkommensteuertipps auf einen Blick)
- **Aktualisierungsservice**

Und so geht's:

- Einfach unter **www.haufe.de/mybook** den Buchcode eingeben
- Oder direkt über Ihr Smartphone bzw. Tablet per **QR-Code** auf die Website gehen

Buchcode: 0VQ-9078

Für Unternehmer, Selbstständige und Existenzgründer

Steuer 2019

Ihre Steuererklärungen 2018

von

Willi Dittmann

Dipl.-Finanzwirt (FH), Dozent bei der Oberfinanzdirektion Karlsruhe

Dieter Haderer

Dipl.-Finanzwirt (FH), Dozent bei der Oberfinanzdirektion Karlsruhe

Rüdiger Happe

Dipl.-Finanzwirt, Betriebsprüfer,
Dozent der IHK und führender Weiterbildungsinstitute

Inhaltsübersicht

Zugangscode für den Zugriff auf das Arbeitshilfen-Portal 2
Inhaltsverzeichnis 5
Vorwort 10
Hinweise zur Arbeit mit diesem Buch 11
Abkürzungsverzeichnis 12

Teil I: Erläuterungen für die Einkommensteuererklärung 2018 13
1 Rund um die Einkommensteuererklärung 13
2 Hauptvordruck (ESt1A, Mantelbogen) 30
3 Anlage Vorsorgeaufwand (Vorsorgeaufwendungen) 44
4 Anlage AV (Altersvorsorgebeiträge, Riester) 56
5 Anlage Kind (Kinderberücksichtigung) 60
6 Anlage Unterhalt 69
7 Anlage G (Einkünfte aus Gewerbebetrieb) 75
8 Anlage S (Einkünfte aus selbstständiger Arbeit) 81
9 Anlage EÜR (Einnahmenüberschussrechnung) 85
10 Anlage 34a (Steuerbegünstigung für nicht entnommene Gewinne) 96
11 Anlage KAP (Einkünfte aus Kapitalvermögen) 98
12 Anlage V (Einkünfte aus Vermietung und Verpachtung) 110
13 Anlage R (Renten) 118
14 Anlage SO (Sonstige Einkünfte) 125
15 Anlage N (Einkünfte aus nichtselbstständiger Arbeit) 130
16 Anlage AUS (Ausländische Einkünfte) 145

Teil II: Erläuterungen für die betrieblichen Steuererklärungen 2018/2019 . . . 149
1 Gewerbesteuererklärung 2018 149
2 Umsatzsteuerjahreserklärung 2018 163
3 Umsatzsteuervoranmeldung 2019 172

Teil III: Das aktuelle Steuerlexikon 173

Übersicht der Kopieranlagen auf dem Portal 525
Gesamtstichwortverzeichnis 527

Inhaltsverzeichnis

Zugangscode für den Zugriff auf das Arbeitshilfen-Portal 2

Inhaltsübersicht 4

Vorwort 10

Hinweise zur Arbeit mit diesem Buch 11

Abkürzungsverzeichnis 12

Teil I: Erläuterungen für die Einkommensteuererklärung 2018 13

1 Rund um die Einkommensteuererklärung 13
1.1 Digitalisierung – Finanzamt 4.0 13
1.2 Einkommensteuerliche Rechtsänderungen und Vordruckänderungen 2018 17
1.3 Rund um die Steuererklärung 19
1.4 Wie ordne ich meine Belege und welche Kosten kann ich wo eintragen? 21
1.5 Praktische Tipps 25
1.6 Wie berechnet sich das zu versteuernde Einkommen? 25

2 Hauptvordruck (ESt1A, Mantelbogen) 30
2.1 Allgemein 30
2.2 Grundangaben (Seite 1) 31
2.3 Persönliche Angaben 31
2.4 Bankverbindung 32
2.5 Vollmacht (Seite 2) 32
2.6 Sonderausgaben (Seite 2) 33
2.7 Außergewöhnliche Belastungen (Seite 3) 35
2.8 Haushaltsnahe Tätigkeiten (Seite 3) 37
2.9 Sonstige Angaben und Anträge (Seite 4) 39
Checkliste Hauptvordruck 43

3 Anlage Vorsorgeaufwand (Vorsorgeaufwendungen) 44
3.1 Allgemein 44
3.2 Vorsorgeaufwendungen 45
3.3 Ergänzende Angaben zu Vorsorgeaufwendungen 54
Checkliste Anlage Vorsorgeaufwand 54

4 Anlage AV (Altersvorsorgebeiträge, Riester) ... 56
4.1 Allgemein ... 56
4.2 Weitere Angaben ... 57
Checkliste Anlage AV ... 59

5 Anlage Kind (Kinderberücksichtigung) ... 60
5.1 Allgemein ... 60
5.2 Kinderberücksichtigung ... 61
5.3 Kindschaftsverhältnis und Alter (Seite 1) ... 61
5.4 Steuerliche Vergünstigungen für Kinder (Seite 2) ... 63
5.5 Schulgeld, Behinderung, Betreuungskosten (Seite 3) ... 65
Checkliste Anlage Kind ... 66

6 Anlage Unterhalt ... 69
6.1 Allgemein ... 69
6.2 Angaben zum Haushalt der unterstützten Person(en) (Seite 1) ... 70
6.3 Angaben zur ersten unterstützten Person (Seite 2) ... 72
6.4 Angaben zu weiteren unterstützten Personen (Seiten 3 und 4) ... 73
Checkliste Anlage Unterhalt ... 74

7 Anlage G (Einkünfte aus Gewerbebetrieb) ... 75
7.1 Allgemein ... 75
7.2 Weitere Angaben ... 77
Checkliste Anlage G ... 78

8 Anlage S (Einkünfte aus selbstständiger Arbeit) ... 81
8.1 Allgemein ... 81
8.2 Weitere Angaben ... 83
Checkliste Anlage S ... 83

9 Anlage EÜR (Einnahmenüberschussrechnung) ... 85
9.1 Allgemein ... 85
9.2 Notwendige Unterlagen ... 86
9.3 Betriebseinnahmen ... 87
9.4 Betriebsausgaben ... 88
9.5 Gewinnermittlung ... 91
9.6 Ergänzende Angaben ... 93
9.7 Vordruck SZE (Ermittlung der nicht abziehbaren Schuldzinsen) ... 94
Checkliste Anlage EÜR ... 95

10 Anlage 34a (Steuerbegünstigung für nicht entnommene Gewinne) 96

11 Anlage KAP (Einkünfte aus Kapitalvermögen) ... 98
11.1 Allgemein ... 98
11.2 Weitere Angaben ... 104
11.3 Anlage KAP-BET ... 106
11.4 Anlage KAP-INV ... 106
Checkliste Anlage KAP ... 109

12 Anlage V (Einkünfte aus Vermietung und Verpachtung) ... 110
12.1 Allgemein ... 110
12.2 Einnahmen (Seite 1) ... 111
12.3 Werbungskosten (Seite 2) ... 113
Checkliste Anlage V ... 116

13 Anlage R (Renten) ... 118
13.1 Allgemein ... 118
13.2 Gesetzliche Renten, Rürup-Renten (Seite 1) ... 119
13.3 Private Leibrenten (Seite 1) ... 121
13.4 Riester-Renten und Renten aus betrieblicher Altersversorgung (Seite 2) 122
Checkliste Anlage R ... 124

14 Anlage SO (Sonstige Einkünfte) ... 125
14.1 Allgemein ... 125
14.2 Wiederkehrende Bezüge, Unterhalt, Leistungen (Seite 1) ... 126
14.3 Private Veräußerungsgeschäfte (Seite 2) ... 127
Checkliste Anlage SO ... 129

15 Anlage N (Einkünfte aus nichtselbstständiger Arbeit) ... 130
15.1 Allgemein ... 130
15.2 Angaben zum Arbeitslohn (Seite 1) ... 131
15.3 Werbungskosten ... 133
Checkliste Anlage N ... 143

16 Anlage AUS (Ausländische Einkünfte) ... 145
16.1 Allgemein ... 145
16.2 Kurzinformation zu ausländischen Einkünften ... 146
Checkliste Anlage AUS ... 148

Teil II: Erläuterungen für die betrieblichen Steuererklärungen 2018/2019 . . . 149

1 Gewerbesteuererklärung 2018 . . . 149
1.1 Wer muss eine Gewerbesteuererklärung abgeben? . . . 149
1.2 Formulare . . . 150

2 Umsatzsteuerjahreserklärung 2018 . . . 163
2.1 Hauptvordruck (USt 2 A) . . . 163
2.2 Rund um die Umsatzsteuererklärung . . . 164
2.3 Angaben zum Unternehmen (Hauptvordruck Seite 1) . . . 165
2.4 Umsätze (Hauptvordruck Seite 2) . . . 166
2.5 Steuerfreie Umsätze, innergemeinschaftliche Vorgänge (Hauptvordruck Seiten 3 und 4) . . . 167
2.6 Vorsteuerabzug (Hauptvordruck Seite 5) . . . 168
2.7 Berechnung der Umsatzsteuer (Hauptvordruck Seite 6) . . . 170

3 Umsatzsteuervoranmeldung 2019 . . . 172
3.1 Überblick . . . 172
3.2 Vordruck . . . 172

Teil III: Das aktuelle Steuerlexikon . . . 173
Wegweiser zur schnellen Orientierung . . . 173

Abgeltungsteuer . . . 175
Abschreibungen/Anschaffungs- und Herstellungskosten . . . 175
Abschreibungen/Gebäude . . . 182
Abschreibungen im Betrieb . . . 187
Altersvorsorgeaufwendungen . . . 193
Arbeitszeitmodelle . . . 202
Arbeitszimmer . . . 204
Ausbildung und Studium . . . 209
Außergewöhnliche Belastung . . . 213
Baukindergeld . . . 218
Behinderte Menschen . . . 219
Betriebsausgaben/Übersicht . . . 224
Betriebsgrundstücke . . . 228
Bewirtungskosten . . . 234
Bilanzierung/E-Bilanz . . . 237
Computer . . . 238
Doppelte Haushaltsführung . . . 240
Ehegattenveranlagung . . . 249
Ehrenamt . . . 254
Einnahmenüberschussrechnung . . . 262
Elektromobilität . . . 275
ELSTER/ELStAM für Unternehmer . . . 278
Existenzgründer . . . 283
Fahrtkosten . . . 288
Finanzierungskosten . . . 291
Firmenwagen . . . 296
Fortbildung/Fachtagungen . . . 313
Geringwertige Wirtschaftsgüter/Sammelposten . . . 315
Geschenke . . . 321
Gewerbesteuer . . . 324
Gewerbetreibende/Steuerermäßigung . . . 329
Haushaltsnahe Tätigkeiten/Dienstleistungen . . . 331
Homeoffice . . . 339
Investitionsabzugsbetrag . . . 340

Kapitalanlagen 351
Kassensysteme/Sonderprüfung . 369
Kinder 371
Kleinunternehmer 388
Krankheitskosten 389
Mindestlohn 394
Minijobs 395
Orkanschäden 403
Pflegekosten/Heimunterbringung 403
Reisekosten 406
Renten 415
Reparaturen 425
Schuldzinsen 433
Solaranlagen und Co. 439
Sonderausgaben 441
Spekulationsgeschäfte 445
Spenden 450
Steuerberatungskosten 456
Steuerbescheid 457
Steuermodernisierungsgesetz . . 469
Strafbefreiende Selbstanzeige . . 471
Umsatzsteuer 473
Unterhaltszahlungen 489
Vermietung/Immobilien 497
Versicherungen 502
Verträge mit Angehörigen 513
Werbungskosten, -pauschbeträge und -pauschalen 517

Übersicht der Kopieranlagen auf dem Portal 525
Gesamtstichwortverzeichnis 527

Vorwort

Wir hoffen, dass es uns auch dieses Jahr wieder gelungen ist, eine interessante Mischung zu den **wichtigsten Änderungen im Bereich der Einkommensteuer** zusammenzustellen. Auf folgende Neuerungen möchten wir besonders hinweisen:

Neue Abgabefristen für die Steuererklärung 2018: Die Frist für die Abgabe von Steuererklärungen wird ab dem Veranlagungszeitraum 2018 verlängert. Damit ist die Erklärung 2018 von nicht beratenen Steuerpflichtigen bis zum 31.7.2019 abzugeben. Steuerberater müssen die Erklärung 2018 für ihre Mandanten erst bis zum 29.2.2020 beim Finanzamt einreichen. Hiervon unberührt bleibt allerdings das Recht der Finanzbehörden, die Erklärung unter bestimmten Voraussetzungen auch vorzeitig anzufordern.

Neue Grenze für GWG und Sammelposten: Die Wertgrenzen für die Sofortabschreibung von geringwertigen Wirtschaftsgütern haben sich von 410 € (ohne USt) auf 800 € erhöht. Gleichzeitig wurde die untere Grenze zur Bildung eines Sammelpostens von 150 € auf 250 € angehoben.

Kassensysteme/Sonderprüfung: Seit 2018 gibt es eine Kassen-Nachschau. Diese kann unangekündigt erfolgen und stellt ein besonderes Verfahren zur zeitnahen Prüfung der Ordnungsmäßigkeit der Kassenaufzeichnungen dar. Im gleichnamigen Stichwort informieren wir über die Befugnisse der Finanzverwaltung und die Sanktionsmöglichkeiten bei Verstößen.

Betriebliche Altersvorsorge: Für die betriebliche Altersvorsorge werden Leistungen des Arbeitgebers in bestimmtem Umfang steuerfrei gestellt (§ 3 Nrn. 55, 55c, 56, 63 EStG). Hintergrundinformationen zu diesem Thema gibt es unter dem gleichnamigen Stichwort auf www.haufe.de/mybook im Bereich „Weiterführende steuerliche Informationen".

Baukindergeld: Große Medienresonanz findet das gesetzgeberisch umgesetzte Vorhaben, Familien mit Kindern mit einem – „Baukindergeld" genannten – Zuschuss beim Kauf einer eigengenutzten Immobilie zu unterstützen. Details erläutern wir im gleichnamigen Stichwort.

Zusätzliche **wichtige Hinweise zur Arbeit mit diesem Buch** sind gleich im Anschluss abgedruckt.

Wir freuen uns mit unseren Lesern über jeden Euro, den diese vom Finanzamt erstattet bekommen ... und hoffen auf ein Wiedersehen in unserem nächsten Steuerratgeber für das Steuerjahr 2019.

Freiburg, im September 2018 — Das Autorenteam

Hinweise zur Arbeit mit diesem Buch

Zur **Schnellorientierung** hier eine Handling-Übersicht für die optimale Arbeit mit diesem Buch.

Das bietet das Buch

Teil I enthält den Schnelleinstieg in die Steuerveranlagung:

- **Neue steuerliche Abgabefristen**
- **Komprimierte Übersicht zu den wesentlichen einkommensteuerlichen Gesetzes- und Vordruckänderungen gegenüber dem Vorjahr 2017**
- Der **Formularwegweiser** ermöglicht es, auf einen Blick zu erkennen, welche Vordrucke in diesem Jahr benötigt werden.
- Der **Belegcheck** hilft, die Belege sofort dem richtigen Formular zuzuordnen.

Teil II gibt eine Kurzübersicht über die **notwendigen Angaben für die betrieblichen Steuererklärungen zu Gewerbe- und Umsatzsteuer.**

Das **Herzstück** dieses Buchs ist unverändert das Steuerlexikon in **Teil III:**
Hier erhält der Leser ausführliche **Hintergrundinformationen zu aktuellen Steuerthemen und viele geldwerte Tipps zum Steuernsparen**, die für Unternehmer besonders relevant sind. Und natürlich auch: **Der Steuerbescheid** – wie prüfe ich meinen Bescheid und wie wehre ich mich gegen Veranlagungsfehler?

Das bietet das Online-Portal

Unter **www.haufe.de/mybook** haben wir unser Leistungsangebot deutlich erweitert. Neben der Download-Möglichkeit von Steuertabellen und zusätzlichen Kopiervorlagen enthält unser Arbeitshilfenportal neben „Die wichtigsten Steuertipps auf einen Blick“ und einer Übersicht über anhängige Gerichtsverfahren zahlreiche weiterführende steuerliche Informationen: angefangen von Bilanzierung/Buchführung, Einnahmenüberschussrechnung und der betrieblichen Altersvorsorge über die steuerliche Berücksichtigung von Kosten für die Pflege- und Heimunterbringung bis hin zur Umsatzsteuervoranmeldung 2019.

Der hierfür erforderliche **Zugangs-Code** ist auf der zweiten Seite dieses Buches abgedruckt.

Abkürzungsverzeichnis

Abs.	Absatz
Abschn.	Abschnitt
ADAC	Allgemeiner Deutscher Automobil-Club
AK	Anschaffungskosten
AfA	Absetzung für Abnutzung
AfS	Absetzung für Substanzverringerung
AG	Aktiengesellschaft
AltZertG	Gesetz über die Zertifizierung von Altersvorsorge- und Basisrentenverträgen
Anm.	Anmerkung
AO	Abgabenordnung
a. o.	außerordentlich
ATE	Auslandstätigkeitserlass
Az.	Aktenzeichen
BA	Betriebsausgaben
BAföG	Bundesausbildungsförderungsgesetz
BdF	Bundesministerium für Finanzen
BE	Betriebseinnahmen
BFH	Bundesfinanzhof
BGB	Bürgerliches Gesetzbuch
BGBl	Bundesgesetzblatt
BGH	Bundesgerichtshof
BKGG	Bundeskindergeldgesetz
BMF	Bundesministerium für Finanzen
BStBl	Bundesgesetzblatt
BUKG	Gesetz über die Umzugskostenvergütung und das Trennungsgeld für die Bundesbeamten, Richter im Bundesdienst und Soldaten (Bundesumzugskostengesetz)
BZSt	Bundeszentralamt für Steuern
ca.	circa
DBA	Doppelbesteuerungsabkommen
dgl.	dergleichen
d. h.	das heißt
EDV	Elektronische Datenverwaltung
Ekm	Entfernungskilometer
ELStAM	Elektronische Lohnsteuerabzugsmerkmale
ELSTER	Elektronische Steuererklärung
ErbStG	Erbschaftsteuer- und Schenkungsteuergesetz
Erl.	Erläuterungen
ESt	Einkommensteuer
EStDV	Einkommensteuer-Durchführungsverordnung
EStG	Einkommensteuergesetz
EStH	Hinweise zu den Einkommensteuer-Richtlinien
EStR	Einkommensteuer-Richtlinien
f.	folgende Seite
ff.	folgende Seiten
FG	Finanzgericht
FinV	Finanzverwaltung
FW	Förderung des Wohneigentums
GbR	Gesellschaft bürgerlichen Rechts
gem.	gemäß
GewStG	Gewerbesteuergesetz
ggf.	gegebenenfalls
GmbH	Gesellschaft mit beschränkter Haftung
GoB	Grundsätze ordnungsgemäßer Buchführung
GrS	Großer Senat
GrSt	Grundsteuer
GWG	geringwertige Wirtschaftsgüter
H	Hinweisabschnitt zu den Einkommensteuer-Richtlinien
HGB	Handelsgesetzbuch
HK	Herstellungskosten
hrsg.	herausgegeben
i. d. F.	in der Fassung
i. d. R.	in der Regel
i. Z. m.	im Zusammenhang mit
Kfz	Kraftfahrzeug
KG	Kommanditgesellschaft
KiSt	Kirchensteuer
km	Kilometer
LSt	Lohnsteuer
LStDV	Lohnsteuer-Durchführungsverordnung
LStR	Lohnsteuer-Richtlinien
lt.	laut
MwSt	Mehrwertsteuer
NV	Nichtveranlagungsbescheinigung
OFD	Oberfinanzdirektion
Pb	Pauschbetrag
Pkw	Personenkraftwagen
qm	Quadratmeter
R	Richtlinienabschnitt in der Einkommensteuer-Richtlinie
Rspr.	Rechtsprechung
s.	siehe
S.	Seite
sog.	sogenannte
s. u.	siehe unten
u.	und
u. a.	unter anderem
u. Ä.	und Ähnliches
UStAE	Umsatzsteuer-Anwendungserlass
Verf.	Verfügung
VaSt	vorausgefüllte Steuererklärung
V+V	Einkünfte aus Vermietung und Verpachtung
Vz.	Veranlagungszeitraum
WK	Werbungskosten
ZASt	Zinsabschlagsteuer
z. B.	zum Beispiel
ZfA	Zentrale Zulagenstelle für Altersvermögen
z. v. E.	zu versteuerndes Einkommen
zzt.	zurzeit

Teil I: Erläuterungen für die Einkommensteuererklärung 2018

1 Rund um die Einkommensteuererklärung

In diesem Kapitel lesen Sie alles Wissenswerte zu den **Neuerungen für das Steuerjahr 2018;** alle für den Steuerpflichtigen relevanten Gesetzesänderungen im Bereich der Einkommensteuer und die wesentlichen Veränderungen in den Erklärungsvordrucken. Außerdem – hilfreich für das Verständnis der Vordrucke – sind eine Darstellung der Berechnung des zu versteuernden Einkommens und ein Formularwegweiser enthalten, aus dem Sie auf einen Blick erkennen können, welche Vordrucke Sie benötigen.

1.1 Digitalisierung – Finanzamt 4.0

Digitalisierung beim Finanzamt

Auch in der Finanzverwaltung spielt das Thema Digitalisierung eine immer größere Rolle, auch zwecks Verwaltungsvereinfachung. Automationsgestützte Bearbeitung durch verstärkten IT-Einsatz mit dem Ziel der Kostenersparnis (weniger Personal) und gleichzeitig eine effizientere Bearbeitung, indem fehleranfällige Sachverhalte – insbesondere bei großer steuerlicher Auswirkung – ausgesteuert und durch die Finanzbeamten persönlich bearbeitet werden, stehen im Vordergrund. Die rechtlichen Rahmenbedingungen dazu wurden durch das Gesetz zur Modernisierung des Besteuerungsverfahrens v. 18.7.2016 (BGBl 2016 I S. 1679) geschaffen. Die einzelnen Bestimmungen treten nach und nach bis 2022 in Kraft. Entsprechend erfolgte die praktische Umsetzung durch die Finanzverwaltung in die tägliche Arbeit – auch abhängig von den technischen Fortschritten – schrittweise seit 2017. Vertiefend siehe → Steuermodernisierungsgesetz.

1.1.1 Belege und Nachweise

Belegvorhaltung

Seit dem Veranlagungsjahr 2017 besteht **keine gesetzliche Pflicht mehr, Belege zusammen mit der Steuererklärung einzureichen.** Der Verzicht auf Belege wird von den Finanzämtern sogar gewünscht, denn damit entfallen Belegsichtung und Rücksendung – und das spart Kosten. Der Belegverzicht gilt auch für Steuerbescheinigungen zur Anrechnung von Kapitalertragsteuer (§ 36 Abs. 2 Nr. 2 Satz 3 EStG) oder für Nachweise über steuerbegünstigte Zuwendungen (Spenden und Mitgliedsbeiträge, § 50 Abs. 8 EStDV). Soweit Zuwendungsbestätigungen durch den begünstigten Empfänger elektronisch an die Finanzverwaltung übermittelt werden, müssen auch keine Belege in Papierform vorgehalten werden. Eine Sonderregelung gilt für den Nachweis einer Behinderung. Wird der Pauschbetrag wegen Behinderung erstmals geltend gemacht oder ändern sich die Verhältnisse (insbesondere der Grad der Behinderung oder Merkzeichen), ist die Vorlage einer Kopie des Schwerbehindertenausweises weiterhin vorgeschrieben (§ 65 Abs. 3 EStDV) – zumindest so lange, bis die erforderlichen Programmierarbeiten zur elektronischen Datenübermittlung der für die Feststellung des Grads der Behinderung bzw. der Merkzeichen zuständigen Stelle abgeschlossen sind (§ 65 Abs. 3a EStDV).

Die **Belege** müssen aber (zumindest bis zum Abschluss der Steuerveranlagung) **aufbewahrt** und auf Anforderung des Finanzamts eingereicht werden. Für bestimmte Belege (z. B. Spenden) ist die Aufbewahrung bis zum Ablauf eines Jahres nach Bekanntgabe der Steuerfestsetzung vorgeschrieben. So lange sollten zur Sicherheit auch alle anderen Nachweise aufbewahrt werden. Für betriebliche Unterlagen gilt eine zehnjährige (§ 147 Abs. 3 AO), für andere Unterlagen eine sechsjährige Aufbewahrungsfrist, wenn die Summe der nichtbetrieblichen Einkünfte (Überschusseinkünfte gem. § 2 Abs. 1 Nr. 4–7 EStG) mehr als 500.000 € beträgt (§ 147a AO). Im Fall der Anforderung sollte man die Belege auch vorlegen können. Anderenfalls ist damit zu rechnen, dass die Bearbeiter die Kosten nicht nur streichen, sondern auch einen entsprechenden Risikobearbeitungshinweis für die Folgejahre speichern, sodass künftig mit einer intensiveren Prüfung zu rechnen ist. Darüber hinaus können wissentlich und willentlich gemachte falsche Angaben in der Steuererklärung als versuchte bzw. ggf. vollendete Steuerhinterziehung gewertet werden.

1.1.2 Bearbeitungsgrundsätze/Datenabruf

Durch das o. a. Gesetz wurden in der Abgabenordnung (§ 88 AO) die rechtlichen Möglichkeiten geschaffen, die Fallbearbeitung automationsgestützt unter Einsatz von Risikomanagementsystemen (§ 88 Abs. 5 AO) durchzuführen. Damit sollen zum einen die Bearbeitung risikoarmer Fälle beschleunigt und andererseits prüfungsrelevante Fälle mit ausreichender Sicherheit erkannt werden. Ziel ist vorrangig die – ohne jegliches Eingreifen des Finanzbeamten (§ 155 Abs. 4 AO) – vollautomatische Steuerfestsetzung einer möglichst über ELSTER eingegangenen Steuererklärung bis zur Erteilung des Steuerbescheids. Der Steuerpflichtige hat aber über sog. „qualifizierte Freitextfelder" die Möglichkeit, eine persönliche Bearbeitung zu veranlassen (§ 150 Abs. 7 AO), z. B. wenn er eine nähere Prüfung eines bestimmten Sachverhalts wünscht bzw. eine besondere Rechtsfrage geklärt haben möchte oder in der Steuererklärung Angaben gemacht hat, die auf einer abweichenden Rechtsauffassung beruhen. Die technische Umsetzung der Freitexteingabe erfolgt für 2018 auf Seite 4 des Hauptvordrucks (Zeile 98) durch Eintragung einer „1" in Kennzahl 175. Damit wird dem Bearbeiter angezeigt, dass weitere Angaben außerhalb der Steuererklärungsvordrucke auf einer eigenen Anlage zur Steuererklärung gemacht wurden.

Konsequent wurde ebenso gesetzlich geregelt, dass Verwaltungsakte (z. B. Steuerbescheide) künftig elektronisch **wirksam** bekannt gegeben werden können, indem sie (mit Einwilligung des Betroffenen) zum Datenabruf bereitgestellt werden (§ 122a AO). Als Bekanntgabetag gilt der dritte Tag nach Absendung der Benachrichtigung, dass der Datenabruf möglich ist. Zur Umsetzung sind aber noch technische Vorarbeiten notwendig, sodass bis dahin allein die Papierversion des Steuerbescheids zählt. Vertiefend siehe → Steuermodernisierungsgesetz.

1.1.3 Elektronisch übermittelte Informationen

Daten-übermittlung

Wesentliches Element der neuen Bearbeitungsgrundsätze ist, dass die Finanzverwaltung über die Identifikationsnummer des Steuerpflichtigen sehr viele Besteuerungsgrundlagen und Informationen auf elektronischem Weg übermittelt bekommt bzw. über einen Datenabruf darauf Zugriff hat und dies mit den erklärten Angaben automatisiert abgleichen kann. Zu diesen Daten zählen im Wesentlichen:

- sämtliche Angaben der Lohnsteuerbescheinigung wie Bruttolohn, Steuerabzugsbeträge, Beiträge zur gesetzlichen Sozialversicherung, Arbeitgeberanteile zur gesetzlichen Sozialversicherung, steuerfrei geleisteter Arbeitgeberersatz für Reisekosten und doppelte Haushaltsführung, Mahlzeitengestellung anlässlich von Auswärtstätigkeiten und bei doppelter Haushaltsführung, pauschal besteuerte Arbeitgeberleistungen

(z. B. bei Überlassung von Firmenwagen für Wege von der Wohnung zur ersten Tätigkeitsstätte, Jobticket), vom Arbeitgeber ausgezahlte Lohnersatzleistungen sowie Zeiträume ohne Bezug von Arbeitslohn

- von anderen Stellen (z. B. Bundesagentur für Arbeit, Krankenversicherung) gezahlte Lohnersatzleistungen (z. B. Kranken-, Arbeitslosen-, Kurzarbeitergeld, Zuschuss zum Mutterschaftsgeld, Erziehungsgeld) und Insolvenzgeld
- von öffentlichen Einrichtungen (z. B. öffentlich-rechtliche Radio- und Fernsehanstalten, Volkshochschulen, Universitäten, IHK) gezahlte Honorare an freiberuflich dort Tätige (z. B. unterrichtende oder vortragende Dozenten)
- Beiträge zur Krankenversicherung und Pflegepflichtversicherung (sofern der Datenübermittlung zugestimmt wurde, was Abzugsvoraussetzung ist) und Beitragserstattungen
- gezahlte Beiträge in einen Riester- oder Rürup-Versicherungsvertrag
- von Rentenversicherungsträgern ausgezahlte Renten (einschließlich Riester- und Rürup-Renten) sowie Zuschüsse zur Krankenversicherung und aus der Rente abgeführte Kranken- und Pflegepflichtversicherungsbeiträge
- für und von berücksichtigungsfähigen Kindern geleistete Kranken- und Pflegepflichtversicherungsbeiträge
- Einkünfte und Bezüge von steuerlich berücksichtigungsfähigen Kindern, für die eine Lohnsteuerbescheinigung ausgestellt wurde oder die eine Rente bezogen haben
- Einkommensverhältnisse von Angehörigen, für die Unterhaltsleistungen als außergewöhnliche Belastungen geltend gemacht werden
- von Banken vom Kapitalertragsteuerabzug freigestellte Zinsen, insbesondere wenn insgesamt höhere Zinsen freigestellt worden sind als in der Höhe des Sparerpauschbetrags von 801 €/1.602 € und bei einer erteilten Nichtveranlagungsbescheinigung
- ausgezahlte Lebensversicherungsleistungen

Im Regelfall bekommt der Steuerpflichtige von der übermittelnden Stelle eine Information über die Weitergabe der Daten an die Finanzverwaltung oder er hat der Datenübermittlung gegenüber der meldenden Stelle ausdrücklich zugestimmt.

Weitere Datenübermittlungen (z. B. über Kapitalerträge aus dem Ausland) sind teilweise bereits rechtlich zulässig, bedürfen aber noch der technischen Umsetzung.

Auf Wunsch ist es für jeden Steuerpflichtigen möglich, eine mit den dem Finanzamt elektronisch übermittelten für die Steuererklärung relevanten Daten vorausgefüllte Steuererklärung (VaSt) abzurufen, die nur noch um die fehlenden Angaben ergänzt werden muss. Dazu ist es aber notwendig, sich über das ELSTER-Online-Portal anzumelden und ein relativ aufwendiges Authentifizierungsverfahren zu durchlaufen. Ist dies erfolgt, kann sowohl die Steuererklärung mit elektronischer Signatur über das Internet übermittelt als auch auf Verlangen als Vorabinformation eine Bescheidausfertigung abgerufen werden, sobald die Steuerveranlagung durchgeführt wurde.

Wird keine VaSt abgegeben, ist es (vorerst) weiterhin zu empfehlen, soweit bekannt, in die Steuererklärung auch die Daten einzutragen, die dem Finanzamt elektronisch übermittelt werden (z. B. die Lohndaten auf Seite 1 der Anlage N). Denn so werden beim Datenabgleich Fehlermeldungen und die daraus resultierende persönliche (Nach-)Bearbeitung und zusätzliche Prüfung vermieden, was die Bearbeitungszeit verkürzt.

1.2 Einkommensteuerliche Rechtsänderungen und Vordruckänderungen 2018

Gesetzliche Änderungen

Rechts-änderungen

Ab dem Steuerjahr 2018 gelten geänderte Fristen für die Abgabe der Steuererklärung. Einzelheiten vgl. Kap. 3.1.

Ansonsten sind einkommensteuerrechtlich für den „normalen" Steuerbürger nur wenige Änderungen wesentlich.

- Durch das Gesetz gegen schädliche Steuerpraktiken in Zusammenhang mit Rechteüberlassungen (Gesetz v. 27.6.2017, BGBl 2017 I S. 2074) wurden die **Wertgrenzen** für die Sofortabschreibung von **geringwertigen Wirtschaftsgütern** von 410 € (ohne Umsatzsteuer) auf **800** € erhöht (§ 6 Abs. 2 EStG). Gleichzeitig wurde die untere Grenze zur Bildung eines Sammelpostens von 150 € auf 250 € angehoben (§ 6 Abs. 2a EStG).
- Durch das Gesetz zur Bekämpfung der Steuerumgehung und zur Änderung weiterer steuerlicher Vorschriften (StUmgBG vom 23.6.2017, BGBl 2017 I S. 1682) wurde geregelt, dass

Ehegatten/Lebenspartner bei **Heirat** für den Lohnsteuerabzug grundsätzlich in **Steuerklasse IV** eingereiht werden. Ein Wechsel der Steuerklassen in III und V ist nur mit gemeinsamem Antrag möglich (§ 38b Abs. 1 S. 2 Nr. 3a) EStG). Gleichzeitig wurde festgelegt, dass Kindergeld rückwirkend nur für letzten sechs Monate vor Antragstellung gezahlt wird (§ 66 Abs. 3 EStG).

- Im Gesetz zur Umsetzung der Änderungen der EU-Amtshilferichtlinie wurden **Kindergeld** (§ 66 EStG) und **Kinderfreibeträge** (§ 32 Abs. 6 EStG) sowie der **Grundfreibetrag** (§ 32a Abs. 1 EStG) und der **Abzugshöchstbetrag** für **Unterhaltszahlungen** (§ 33a Abs. 1 EStG) erhöht.
- Im StUmgBG wurden darüber die Möglichkeit des automatisierten Kontenabrufs (bei Steuererstattungsansprüchen, Auslandsbezug und für Steuerfahndungszwecke) erheblich erweitert (§ 97 Abs. 7 AO). Außerdem wurden die Anzeigepflichten des Steuerpflichtigen und die Mitteilungspflichten Dritter bei Auslandssachverhalten (Auslandsbeteiligungen) modifiziert und ausgedehnt (§§ 138, 138b AO).
- Im 2016 verabschiedeten Investmentsteuerreformgesetz (InvStRefG), das ab 1.1.2018 gilt, wurde die Besteuerung von inländischen und ausländischen **Fonds** neu geregelt. Wegen der damit verbundenen grundlegenden Änderungen wurden auch Übergangsregelungen für nach altem Recht entstandene Erträge gewährt.

Vordruckänderungen

Für den „normalen" Steuerbürger ergeben sich gegenüber dem Vorjahr für das Steuerjahr 2018 keine wesentlichen Änderungen. Eine Neuerung betrifft lediglich die Anlage KAP (Kapitalvermögen).

Anlagen KAP, KAP-BET und KAP-INV

Bedingt durch die Neuregelung der Besteuerung von Investmentfonds und die daraus anfallenden Erträge reichte der Platz auf der Anlage KAP nicht aus. Deshalb wurde für Kapitalerträge aus Beteiligungen eine eigene Anlage KAP-BET geschaffen. Investmenterträge, die nicht dem inländischen Steuerabzug unterliegen (z. B. im Ausland verwahrte Investmentanteile), sind ab 2018 in der neuen Anlage KAP-INV zu erklären. Inländische Investmenterträge gehören wie bisher in die Anlage KAP.

1.3 Rund um die Steuererklärung

1.3.1 Abgabepflicht – Abgabefristen – Vordrucke

Alle Informationen zu den Themen, wer eine Steuererklärung abgeben muss, bei wem die freiwillige Abgabe einer Steuererklärung (Steuerveranlagung auf Antrag) sinnvoll ist, welche Möglichkeiten es gibt, die Steuererklärung an das Finanzamt zu übermitteln, und welche (neu geregelten) Fristen zu beachten sind, haben wir für Sie auf www.haufe.de/mybook unter „Weiterführende steuerliche Informationen" zusammengestellt.

1.3.2 Welche Vordrucke müssen Sie ausfüllen?

Formularwegweiser

Einen Überblick, welche Vordrucke Sie benötigen, können Sie sich anhand des folgenden Formularwegweisers verschaffen.

Eine Kurzübersicht über die auf dem jeweiligen Vordruck notwendigen Eintragungen finden Sie jeweils vor den ausführlichen Erläuterungen zum Ausfüllen des jeweiligen Vordrucks.

Hauptvordruck/Mantelbogen

- **Persönliche Angaben** (Name, Adresse, Familienstand, Bankverbindung, Unterschrift)
- **Übrige Sonderausgaben** (Kirchensteuer, Berufsausbildungskosten, Spenden)
- **Außergewöhnliche Belastungen** (Behinderung, Krankheit, Pflege, Scheidung, Hausrat)
- **Steuerermäßigungen** rund um den eigenen Haushalt (Haushaltshilfe, Handwerkerleistung)

Versicherungsbeiträge

Anlage Vorsorgeaufwand
(privater **Vorsorgeaufwand** z. B. Beiträge zur Rentenversicherung (auch Rürup), Kranken-, Pflege-, Arbeitslosen-, Unfall-, Haftpflichtversicherungen)
Anlage AV (Altersvorsorgevertrag; Riester-Vertrag)

Kinder

Anlage Kind
(**Kind**erberücksichtigung/steuerliche Vergünstigungen für Kinder)
Anlage K
(Übertragung von Freibeträgen für **K**inder auf Großeltern/Stiefeltern

Unterhalt

Anlage Unterhalt (**Unterhalt**sleistungen an bedürftige Angehörige)
Anlage U
(**U**nterhalt an den Ex-Ehegatten/Ex-Partner in Lebenspartnerschaft)

Anlagen zu den 7 Einkunftsarten

Gewinneinkünfte

Anlage L (**L**and- und Forstwirtschaft) z. B. Bauernhof, Gärtnerei, Viehzucht

Anlage G (**G**ewerbebetrieb) z. B. Handel, Handwerk, Dienstleistung, Produktion

Anlage S (**S**elbstständige Arbeit) z. B. Freiberufler

Anlage EÜR (Einnahmenüberschussrechnung)

Anlage 34a – nur bei Buchführung (ermäßigte Besteuerung im Betrieb stehengelassener Gewinne)

zusätzlich Gewinnermittlung
- Bilanz und Gewinn-und-Verlust-Rechnung (Buchführung)
- Einnahmenüberschussrechnung

Überschusseinkünfte

Anlage N (**N**ichtselbstständige Arbeit) z. B. Arbeitnehmer, Pensionäre, Betriebsrentner

Anlage KAP (**KAP**italvermögen; ggf. mit Anl. KAP-BET und KAP-INV) z. B. Zinsen, Dividenden, Aktienverkäufe, Börsengeschäfte **(Anlage ist nur in Ausnahmefällen abzugeben!)**

Anlage V (**V**ermietung) z. B. Grundstücke, Gebäude, Wohnung, Zimmer

Anlage R (**R**enten) z. B. gesetzl., private, Rürup-, Riester-Rente

Anlage SO (**SO**nstige Einkünfte) z. B. private Veräußerungsgeschäfte

Anlage AUS (**AUS**ländische Einkünfte) z. B. Grundstücksmiete (nicht Kapitaleinkünfte)

1.3.3 Wie werden die Vordrucke ausgefüllt?

Den maschinell lesbaren Vordrucken sind Ausfüllhinweise beigefügt. Eine maschinelle Erfassung und Bearbeitung der Steuererklärung ist nur möglich, wenn Sie diese Ausfüllhinweise beachten.

TIPP

Name und Steuernummer sind auf jeder Anlage sinnvoll

Tragen Sie unbedingt in der Kopfzeile jeder Anlage Ihren Namen und Ihre Steuernummer ein. Sie verhindern so, dass Anlagen nicht zugeordnet werden können und verloren gehen.

In den grünen Bereichen der Vordrucke sollten Sie keine Eintragungen oder Erläuterungen machen. Soweit Sie Ihre Angaben erläutern wollen oder der in den Vordrucken vorgesehene Platz nicht ausreicht, verwenden Sie dafür ein gesondertes Blatt und weisen durch eine entsprechende Eintragung in Zeile 98 des Hauptvordrucks darauf hin. Eine saubere Aufstellung Ihrer Kosten und sortierte Belege erleichtern und beschleunigen die Bearbeitung, insbesondere die Prüfung Ihrer Angaben auf Schlüssigkeit und rechnerische Richtigkeit.

1.4 Wie ordne ich meine Belege und welche Kosten kann ich wo eintragen?

Belegcheck

Die folgende, in alphabetischer Reihenfolge sortierte Tabelle mit häufig vorkommenden Kosten ermöglicht Ihnen, Ihre Belege zu ordnen, und gibt an, wo in der Steuererklärung Sie die zugrunde liegenden Ausgaben eintragen können. Weitere Informationen zu den Kosten und dem steuerlichen Abzug finden Sie bei Bedarf in den Erläuterungen zu dem jeweiligen Vordruck.

Kostenbeleg	Steuererklärung	Abzug
Abflussrohrreinigung		
• selbst genutztes Haus/Wohnung	Hauptvordruck, S. 3	Steuerermäßigung
• vermietetes Haus/Wohnung	Anlage V	Werbungskosten
Arbeitsmittel/Fachliteratur	Anlage N, S. 2	Werbungskosten
Arbeitszimmer	Anlage N, S. 2	Werbungskosten
Ausbildungskosten		
• eigene Ausbildung/Ehegatte	Hauptvordruck, S. 2	Sonderausgaben
• eines Kindes	Anlage Kind, S. 2	außergewöhnliche Belastungen
Bestattungskosten	Hauptvordruck, S. 3	außergewöhnliche Belastungen
Erhaltungsaufwendungen/Instandsetzung/Reparatur		
• selbst genutztes Haus/Wohnung	Hauptvordruck, S. 3	Steuerermäßigung
• vermietetes Haus/Wohnung	Anlage V, S. 2	Werbungskosten
Fahrtkosten		
• beruflich	Anlage N, S. 2	Werbungskosten
• vermietetes Haus/Wohnung	Anlage V, S. 2	Werbungskosten
• Behinderung	Hauptvordruck, S. 3	außergewöhnliche Belastungen
Führerschein (behinderte Menschen)	Hauptvordruck, S. 3	außergewöhnliche Belastungen
Fortbildungskosten (vgl. auch Reisekosten)	Anlage N, S. 2	Werbungskosten
Gartenpflege		
• selbst genutztes Haus/Wohnung	Hauptvordruck, S. 3	Steuerermäßigung
• vermietetes Haus/Wohnung	Anlage V, S. 2	Werbungskosten
Gartengestaltung		
• selbst genutztes Haus/Wohnung	Hauptvordruck, S. 3	Steuerermäßigung
• vermietetes Haus/Wohnung	Anlage V, S. 2	Werbungskosten
Haushaltshilfe/Haushälterin (angestellt/Minijob)	Hauptvordruck, S. 3	Steuerermäßigung
Hausarbeit/Hausreinigung durch Fremdfirma (putzen, kochen, waschen, bügeln)	Hauptvordruck, S. 3	Steuerermäßigung
Hausaufgabenbetreuung Kind	Anlage Kind, S. 3	Sonderausgaben

Kostenbeleg	Steuererklärung	Abzug
Heimkosten	Hauptvordruck, S. 3 Hauptvordruck, S. 3	Steuerermäßigung außergewöhnliche Belastungen
Kinderbetreuungskosten	Anlage Kind, S. 3	Sonderausgaben
Kindergartenbeitrag	Anlage Kind, S. 3	Sonderausgaben
Kontoführung • beruflich • vermietetes Haus/Wohnung	 Anlage N, S. 2 Anlage V, S. 2	 Werbungskosten Werbungskosten
Krankheitskosten (Eigenanteil Arznei, Brille, Hörgerät, Zahnersatz, Kur)	Hauptvordruck, S. 3	außergewöhnliche Belastungen
Krankenversicherung • eigene bzw. Ehegatte • Kind • Ex-Ehegatten (bzw. getrennt) • andere unterstützte Personen	 Anlage Vorsorgeaufw. Anlage Kind, S. 2 Hauptvordruck, S. 2 Anlage Unterhalt, S. 1	 Sonderausgaben Sonderausgaben Sonderausgaben außergewöhnliche Belastungen
Mitgliedsbeiträge • Verein, Partei • Gewerkschaft, Berufsverband • Haus-/Grundbesitzerverein • Lohnsteuerhilfe	 Hauptvordruck, S. 2 Anlage N, S. 2 Anlage V, S. 2 Anlage N, S. 2	 Sonderausgaben Werbungskosten Werbungskosten Werbungskosten
Pflegekosten	Hauptvordruck, S. 3	außergewöhnliche Belastungen Steuerermäßigung
Reparatur • Haushaltsgeräte • Fahrzeug (berufliche Fahrt)	 Hauptvordruck, S. 3 Anlage N, S. 2	 Steuerermäßigung Werbungskosten
Renovierung • selbst genutztes Haus/Wohnung • vermietetes Haus/Wohnung • Arbeitszimmer	 Hauptvordruck Anlage V, S. 2 Anlage N, S. 2	 Steuerermäßigung Werbungskosten Werbungskosten
Reisekosten (beruflich)	Anlage N, S. 2	Werbungskosten
Riester-Versicherungsbeiträge	Anlage AV	Zulage/ Sonderausgaben
Rürup-Versicherungsbeiträge	Anlage Vorsorge-aufwand, S. 1	Sonderausgaben

Kostenbeleg	Steuererklärung	Abzug
Schulgeld		
• eigene Schulausbildung	Hauptvordruck, S. 2	Sonderausgaben
• für Kind	Anlage Kind, S. 2	Sonderausgaben
Spende	Hauptvordruck, S. 2	Sonderausgaben
Steuerberatungskosten	Anlage N, R, V, S. 2	Werbungskosten
Steuerbescheinigung		
• Zinsen	Anlage KAP, S. 2	Steueranrechnung
Studiengebühr		
• eigenes Studium	Hauptvordruck, S. 2	Sonderausgaben
Telefonkosten		
• berufliche Telefonate	Anlage N, S. 2	Werbungskosten
• Mieter	Anlage V, S. 2	Werbungskosten
Umzugskosten		
• privater Umzug	Hauptvordruck, S. 3	Steuerermäßigung
• beruflich bedingter Umzug	Anlage N, S. 2	Werbungskosten
Unfallkosten		
• berufliche Fahrt	Anlage N, S. 2	Werbungskosten
Unterhaltszahlungen		
• getrennt lebender/geschiedener Ehegatte	Hauptvordruck, S. 2	Sonderausgaben
• nicht steuerlich berücksichtigungsfähige Kinder	Anlage Unterhalt	außergewöhnliche Belastungen
• andere Personen	Anlage Unterhalt	außergewöhnliche Belastungen
Versicherungen		
• beruflich (z. B. Berufshaftpflicht)	Anlage N, S. 2	Werbungskosten
• vermietetes Haus/Wohnung	Anlage V, S. 2	Werbungskosten
• privat (außer Rechtsschutz und Sachversicherungen)	Anlage Vorsorgeaufwand	Sonderausgaben
Wartung (Heizung, Tankreinigung, Sanitäranlagen, Fahrstuhl, Feuerlöscher)		
• selbst genutztes Haus/Wohnung	Hauptvordruck, S. 3	Steuerermäßigung
• vermietetes Haus/Wohnung	Anlage V	Werbungskosten
Zweiter Haushalt (beruflich)	Anlage N, S. 3	Werbungskosten

1.5 Praktische Tipps

Behalten Sie für sich von jedem ausgefüllten Formular, jeder eingereichten Kostenaufstellung und jedem Schreiben an Ihr Finanzamt ein Doppel zurück bzw. speichern Sie die gemachten Angaben auf Ihrem Rechner und drucken Sie sich die Steuererklärung ggf. aus.

Legen Sie die Unterlagen jahrgangsweise, am besten durch Trennblätter geordnet, in einem Ordner „Finanzamt" oder „Steuern" ab. Sie erleichtern sich so die Überprüfung Ihres Steuerbescheids und das Ausfüllen der Steuererklärung für die Folgejahre.

Falls das Finanzamt Belege anfordert: Vermeiden Sie zu Ihrer Sicherheit, sofern es nicht zwingend erforderlich ist (wie z. B. bei Steuerbescheinigungen von Banken), Verträge oder Schriftstücke im Original an das Finanzamt zu schicken. Eine Fotokopie genügt in den meisten Fällen als Nachweis.

1.6 Wie berechnet sich das zu versteuernde Einkommen?

Machen Sie sich kurz mit der Einkommensteuerberechnung vertraut. Es lohnt sich, denn so werden Sie den grundsätzlichen Aufbau der Steuererklärung besser verstehen. Dies wird Ihnen das Ausfüllen der Steuererklärung erleichtern.

Grundlage für die Steuerberechnung ist das zu versteuernde Einkommen (z. v. E). Von Ihrem Bruttolohn, Ihrer Rente bzw. Ihren Miet- oder Betriebseinnahmen bis zu Ihrem z. v. E. ist es ein weiter Weg. Die Berechnung des z. v. E. ist in § 2 EStG geregelt bzw. in R 2 EStR 2012 dargestellt.

Sieben Einkunftsarten

Das Einkommensteuergesetz (EStG) unterscheidet zwischen sieben im Gesetz abschließend aufgeführten **Einkunftsarten**. Diese unterteilt § 2 Abs. 2 EStG in drei (betriebliche) Gewinneinkunftsarten (§ 2 Abs. 1 Nr. 1–3 EStG)

- **Einkünfte aus Land- und Forstwirtschaft** (§ 13 EStG)
  z. B. Bauernhof, Wein- und Obstbau,
- **Einkünfte aus gewerblichen Betrieben** (§ 15 EStG)
  z. B. Einzelunternehmen, Beteiligungen an gewerblichen Betrieben,

- **Einkünfte aus selbstständiger Arbeit** (§ 18 EStG)
  z. B. Freiberufler wie Rechtsanwälte, Ärzte, Architekten, Ingenieure etc.

und vier Überschusseinkunftsarten (§ 2 Abs. 1 Nr. 4–7 EStG)

- **Einkünfte aus nichtselbstständiger Arbeit** (§ 19 EStG)
  z. B. Lohneinkünfte als Arbeitnehmer, Pensionär, Betriebsrentner,
- **Einkünfte aus Kapitalvermögen** (§ 20 EStG)
  z. B. Zinsen aus Geldanlagen, Fondsanteilen, Dividenden aus Beteiligungen, Aktienverkäufe,
- **Einkünfte aus Vermietung und Verpachtung** (§ 21 EStG)
  z. B. Miete, Pacht aus bebauten und unbebauten Grundstücken und Grundstücksteilen und
- **sonstige Einkünfte** (§ 22 EStG)
  im Wesentlichen Renten sowie Veräußerungsgewinne aus dem Verkauf von privaten Grundstücken und Wertgegenständen.

Einkommen, das nicht unter diese sieben Gruppen fällt (z. B. Erbschaft, Schenkung, Spiel- und Lotteriegewinne), unterliegt nicht der Einkommensteuer.

Steuerfreies Einkommen

Nach § 3 EStG wird bestimmtes Einkommen (z. B. Lohnersatzleistungen wie Arbeitslosen- oder Kurzarbeitergeld, Trinkgelder, Kinder-, Eltern-, Pflegegeld) steuerfrei gestellt. Steuerfreies Einkommen kann aber den Steuersatz des steuerpflichtigen Einkommens erhöhen (Progressionsvorbehalt) und wird deshalb teilweise in der Steuererklärung abgefragt.

Ermittlung der Einkünfte

Zur Ermittlung des z. v. E. wird zunächst – getrennt für jede Einkunftsart – der Nettoertrag, die sog. **Einkünfte,** ermittelt. Dabei werden von den jeweiligen **Betriebseinnahmen** bei den Gewinneinkunftsarten bzw. **Einnahmen** bei den Überschusseinkunftsarten (z. B. Bruttoarbeitslohn, Rente) sämtliche damit in Zusammenhang stehenden Ausgaben, die Betriebsausgaben bzw. **Werbungskosten** (z. B. Ausgaben für Arbeitskleidung), abgezogen. Eine Sonderregelung gilt für die Kapitaleinkünfte. Diese werden durch den Einbehalt der Kapitalertragsteuer in den meisten Fällen abschließend besteuert (Abgeltungsteuer) und müssen in der Steuererklärung deshalb i. d. R. nicht mehr aufgeführt werden (§ 43 Abs. 5 EStG).

Summe der Einkünfte	Danach fasst man die Einkünfte aus allen vorhandenen Einkunftsarten zur **Summe der Einkünfte** zusammen. Bei einer gemeinsamen Steuerveranlagung von Ehegatten bzw. eingetragenen Lebenspartnern (Zusammenveranlagung) werden die Einkünfte und die Summe der Einkünfte zunächst für jeden Ehegatten/Lebenspartner getrennt ermittelt und erst danach addiert.
Gesamtbetrag der Einkünfte	Nach Abzug des **Altersentlastungsbetrags** (§ 24a EStG) und des Entlastungsbetrags für **Alleinerziehende** (§ 24b EStG) von der Summe der (gemeinsamen) Einkünfte, erhält man den **Gesamtbetrag der Einkünfte**. Ab da wird bei Zusammenveranlagung von Ehegatten/Lebenspartnern für beide gemeinsam gerechnet.
Einkommen	Nach dem Abzug von zwei weiteren Ausgabearten, die die private Lebensführung betreffen, zuerst die **Sonderausgaben** (§§ 10–10c EStG), wie z. B. private Versicherungsbeiträge, gezahlte Kirchensteuer, eigene Berufsausbildungskosten, Kinderbetreuungskosten, Schulgeld an Privatschulen, Spenden, und anschließend die **außergewöhnlichen Belastungen** (§§ 33–33b EStG), wie z. B. Krankheits-, Pflege-, Beerdigungskosten, Unterhaltsleistungen, behinderungsbedingte Aufwendungen, Heimkosten, Ausgaben infolge von Naturkatastrophen usw., erhält man das **Einkommen**.
Zu versteuerndes Einkommen	Vom Einkommen können u. U. noch **Freibeträge für Kinder** abgezogen werden, bis sich das z. v. E. ergibt.
Berechnungsschema	Nachfolgend ein vereinfachtes Grundschema zur Berechnung des z. v. E. Damit können Sie auch nachvollziehen und prüfen, wie das Finanzamt in Ihrem Steuerbescheid das z. v. E. berechnet hat.

Gewinneinkünfte	**Überschusseinkünfte**
Einkünfte aus Land- + Forstwirtschaft	Einkünfte aus nichtselbstständiger Arbeit
Einkünfte aus selbstständiger Arbeit	Einkünfte aus Kapitalvermögen
Einkünfte aus Gewerbebetrieb	Einkünfte aus Vermietung + Verpachtung
	Sonstige Einkünfte nach § 22 EStG

= Summe der Einkünfte

./. Altersentlastungsbetrag

./. Entlastungsbetrag Alleinerziehende

= Gesamtbetrag der Einkünfte

./. **Sonderausgaben**
(z. B. private Versicherungsbeiträge, Kirchensteuer, Kinderbetreuungskosten, Ausbildungskosten, Schulgeld, Spenden)

./. **Außergewöhnliche Belastungen**
(z. B. Krankheits-, Beerdigungkosten, Pflegeaufwendungen, Aufwendungen behinderter Menschen, Unterhaltsleistungen)

= Einkommen

./. Freibeträge für Kinder

= zu versteuerndes Einkommen

Anhand dieses Betrags wird mithilfe der maßgebenden Steuertabelle (Grund- oder Splittingtabelle) die **tarifliche Einkommensteuer** ermittelt. Davon werden mögliche Steuerermäßigungen (z. B. für Handwerkerleistungen im eigenen Haushalt oder Zuwendungen an politische Parteien) abgezogen und man erhält danach die im Steuerbescheid **festgesetzte Jahreseinkommensteuer.**

BEISPIEL

Aufwendungen mindern zunächst die Einkünfte und das zu versteuernde Einkommen

Wenn Sie z. B. für ein Arbeitsmittel 300 € aufgewandt haben, bedeutet das nicht, dass sich Ihre Einkommensteuer um diesen Betrag vermindert. Die Kosten werden lediglich von Ihrem Arbeitslohn abgezogen, mindern so die Einkünfte und damit auch entsprechend Ihr z. v. E. mit der Folge, dass die Steuer in der Steuertabelle beim um 300 € geringeren z. v. E. abgelesen wird. Je nach persönlichem Steuersatz (zwischen 15 und 45 %) beträgt die Steuerersparnis im Beispiel zwischen 45 und 135 €.

2 Hauptvordruck (ESt1A, Mantelbogen)

2.1 Allgemein

WICHTIG

Hauptvordruck muss immer ausgefüllt werden

Der **Hauptvordruck** (Mantelbogen), insbesondere Seite 1 und 2 mit den **persönlichen Daten** und der **Bankverbindung**, muss immer ausgefüllt werden. Außerdem ist die **eigenhändige Unterschrift** auf Seite 4 notwendig. Welche weiteren Formulare Sie außer dem Hauptvordruck noch benötigen, sehen Sie im **Formularwegweiser** auf einen Blick. Vertiefend siehe → Rund um die Einkommensteuererklärung.

Überblick

Im Bedarfsfall ausfüllen	
Seite 1	**Angaben zur Person (Zeilen 7–14 und 16–23), zum Familienstand (Zeile 15) und zur Ehegattenveranlagung (Zeile 24) sowie zur Bankverbindung (Zeilen 25–28)**
Seite 2	**Sonderausgaben (Zeilen 36–57)** Die Eintragung von Versicherungsbeiträgen erfolgt auf der **Anlage Vorsorgeaufwand.** Bei den anderen Sonderausgaben (Zeilen 36–57) wirkt sich eine Eintragung dann aus, wenn die Aufwendungen in der Summe höher als 36 € (72 € bei zusammenveranlagten Ehegatten) sind. Vertiefend siehe → Sonderausgaben und → Spenden. Spenden an politische Parteien und unabhängige Wählervereinigungen führen zu einer Steuerermäßigung.
Seite 3	**Außergewöhnliche Belastungen (Zeilen 61–70)** Angaben zu behinderten Menschen, Pflegekosten, Krankheitskosten etc. müssen immer gemacht werden, weil hier Pauschalen nicht automatisch berücksichtigt werden. Vertiefend siehe → Außergewöhnliche Belastung, → Krankheitskosten und → Behinderte Menschen. **Haushaltsnahe Beschäftigungsverhältnisse, Dienst-, Pflege- und Handwerkerleistungen (Zeilen 71–79)** Beantragen Sie hier die Steuerermäßigung für Haushaltshilfen, Heimunterbringung sowie Dienstleistungen (z. B. Pflege, Betreuung, Garten-, Reinigungsarbeiten) und Handwerkerleistungen rund um Ihren Privathaushalt. Vertiefend siehe → Haushaltsnahe Tätigkeiten/Dienstleistungen und → Pflegekosten/Heimunterbringung.

Überblick

Im Bedarfsfall ausfüllen	
Seite 4	**Sonstige Angaben und Anträge (Zeilen 91–98)** Hier geht es im Wesentlichen um die Festsetzung der Arbeitnehmer-Sparzulage, die Berücksichtigung von Verlustrückträgen und -vorträgen, um **Einkommensersatz** (z. B. Eltern-, Kranken-, Mutterschaftsgeld), der **nicht** i. Z. m. entgangenem Arbeitslohn (vgl. **Anlage N**, Zeilen 28–29) steht und um die Verteilung von Aufwendungen bei **der Einzelveranlagung auf Antrag von Ehegatten/Lebenspartnern**. Vertiefend siehe → Ehegattenveranlagung. Weitere Angaben machen Personen mit zeitweiser unbeschränkter Steuerpflicht und Personen ohne Wohnsitz im Inland.

2.2 Grundangaben (Seite 1)

→ ZEILEN 1–5, 7, 16

Art der Erklärung, Steuernummer, Identifikationsnummer

Kreuzen Sie in den Zeilen 1 und 2 an, ob Sie neben der Veranlagung zur Einkommensteuer weitere Anträge stellen (z. B. Erklärung zur Feststellung des verbleibenden Verlusts). Tragen Sie in Zeile 3 Ihre Steuernummer sowie in den Zeilen 7 und 16 Ihre steuerliche Identifikationsnummer ein. Die Steuernummer und Ihren Namen sollten Sie zur Sicherheit außerdem in der auf jeder Anlage vorhandenen Kopfzeile vermerken.

2.3 Persönliche Angaben

→ ZEILEN 6–23

Persönliche Angaben

Tragen Sie Ihre persönlichen Daten ein. Die Angaben zur Ehefrau haben Bedeutung für die Art der Steuerveranlagung und den anzuwendenden Steuertarif.

Bei **gleichgeschlechtlichen Ehen** (Ehe für alle) und bei **Lebenspartnern,** die **nach dem Lebenspartnerschaftsgesetz** (LPartG) eine Lebenspartnerschaft begründet haben, muss sich im Falle der Zusammenveranlagung in den Zeilen 7 bis 14 als **Person A** die Person eintragen, die nach alphabetischer Reihenfolge des Nachnamens an erster Stelle steht; bei Namensgleichheit nach alphabetischer Reihenfolge des Vornamens; bei Gleichheit des Vornamens nach dem Alter der Personen (ältere Person).

Hinweis: Wichtiges zum Thema „Altersentlastungsbetrag" für Personen, die vor dem Vz. 2018 das 64. Lebensjahr vollendet haben, finden Sie auch auf www.haufe.de/mybook unter „Weiterführende steuerliche Informationen".

→ ZEILE 15
Familienstand

Ihre Angaben zum Familienstand bestimmen, ob eine Einzel- oder eine Ehegattenveranlagung zur Einkommensteuer durchgeführt wird und haben damit Bedeutung für den anzuwendenden Steuertarif. Wenn Ihr Ehegatte im Vorjahr (2017) verstorben ist, führt das Finanzamt für 2018 zwar eine Einzelveranlagung durch, berechnet aber die Steuer (letztmals) nach dem für Sie günstigeren Splittingtarif.

→ ZEILE 24
Veranlagungsarten

Ehegatten/eingetragene Lebenspartner, die beide im Inland wohnen und nicht getrennt leben, können zwischen den in Zeile 24 genannten Ehegattenveranlagungsarten durch Ankreuzen wählen. Vertiefend siehe → Ehegattenveranlagung.

2.4 Bankverbindung

→ ZEILEN 25–28
Bankverbindung

Die Finanzämter erstatten nur unbar. Bei fehlender oder unvollständiger Bankverbindung verzögert sich die Steuerrückzahlung. Bitte beachten Sie, dass der bargeldlose Zahlungsverkehr und damit die Erstattung nur möglich ist, wenn dem Finanzamt die IBAN (International Bank Account Number – weltweit gültige Kontonummer) und bei Auslandsüberweisung zusätzlich die BIC (Bank Identifier Code – international gültige Bankleitzahl) bekannt sind.

WICHTIG

Kontoänderung mitteilen

Teilen Sie dem Finanzamt unverzüglich schriftlich mit, wenn sich die von Ihnen angegebene Bankverbindung geändert hat, damit eine Erstattung schnell durchgeführt werden kann.

2.5 Vollmacht (Seite 2)

→ ZEILEN 31–35
Empfangsvollmacht

Hier können Sie z. B. Ihren Steuerberater zur Entgegennahme Ihres Steuerbescheids bevollmächtigen oder sich den Steuerbescheid an eine von den Eintragungen in den Zeilen 11–13 abweichende Anschrift (z. B. Zweitwohnsitz) schicken lassen. Beachten Sie, dass die Eintragungen nur für den Einkommensteuerbescheid und eventuelle Änderungsbescheide für 2018 gelten (Einmalvollmacht).

2.6 Sonderausgaben (Seite 2)

Sonderausgaben werden in zwei große Gruppen eingeteilt: **Vorsorgeaufwendungen** (Versicherungen), die auf der **Anlage Vorsorgeaufwand** einzutragen sind und **andere Sonderausgaben**, die im Wesentlichen im Hauptvordruck (Zeilen 36–57) zu erfassen sind. Vertiefend siehe → Sonderausgaben, → Versicherungen, → Altersvorsorgeaufwendungen und → Spenden.

→ ZEILEN 36–57
Sonderausgaben-Pauschbetrag

Haben Sie keine oder nur ganz geringe andere Sonderausgaben, wird für die anderen Sonderausgaben ein Pauschbetrag von 36 € bzw. 72 € bei Zusammenveranlagung von Ehegatten berücksichtigt.

→ ZEILEN 36–37
Gezahlte Versorgungsleistungen, Renten, dauernde Lasten

Zahlen Sie eine Versorgungsleistung, z. B. Rente oder eine sog. dauernde Last (rentenähnliche Zahlungen) aufgrund einer vertraglichen Verpflichtung (im Regelfall als Gegenleistung für die Übertragung von (Betriebs-)Vermögen im Rahmen einer Vermögensübergabe oder vorweggenommenen Erbfolge), können Sie unter bestimmten Voraussetzungen die gezahlten Beträge als Sonderausgaben geltend machen. Vertiefend siehe → Renten. Wenn Sie den Sonderausgabenabzug erstmals geltend machen, legen Sie Ihrer Steuererklärung eine Kopie des der Zahlung zugrunde liegenden Vertrags bei.

→ ZEILEN 38–40
Versorgungsausgleich – Ausgleichszahlungen

Zum Versorgungsausgleich: Vertiefend siehe → Altersvorsorgeaufwendungen.

Nur bei Ausgleichsleistungen zur **Vermeidung** eines Versorgungsausgleichs muss eine von beiden Ehegatten unterschriebene **Anlage U** (s. auch Erläuterungen zu Zeilen 41 und 42) mit der Steuererklärung eingereicht werden.

Name und steuerliche Identifikationsnummer der empfangsberechtigten Person sind zu benennen.

→ ZEILEN 41–42
Unterhalt an den geschiedenen oder dauernd getrennt lebenden Ehegatten/Lebenspartner

Unterhaltsleistungen an den geschiedenen oder dauernd getrennt lebenden Ehegatten sind mit dessen Zustimmung (amtlicher Vordruck **Anlage U**) und unter Angabe dessen steuerlicher Identifikationsnummer bis zu 13.805 € als Sonderausgaben abzugsfähig. Vertiefend siehe → Unterhaltszahlungen. Wegen einer möglichen Erhöhung des Höchstbetrags sind die Beiträge zur (Basis-)Kranken- und Pflegeversicherung des unterhaltenen Ehegatten gesondert anzugeben, und zwar unabhängig davon, wer Versicherungsnehmer ist und wer die Beiträge zahlt. Stimmt der Empfänger der Unterhaltsleistungen dem Sonderausgabenabzug **nicht** zu, ist der Abzug der Unterhaltszahlungen als außergewöhnliche Belastungen (**Anlage Unterhalt**) zu prüfen. Der Abzug ist dabei nur bis zu einem jährlichen Höchstbetrag i. H. v. 9.000 € zuzüglich Basiskranken- und Pflegepflichtversicherungsbeiträgen der unterhaltenen Person möglich. Dieser Höchstbetrag vermindert sich dann, wenn der unterstützte Ehegatte eigene Einkünfte und Bezüge hat. Vertiefend siehe → Unterhaltszahlungen.

→ ZEILE 43
Kirchensteuer, Kirchgeld

Hier tragen Sie alle im Veranlagungsjahr von Ihnen oder Ihrem Ehegatten tatsächlich gezahlten Kirchensteuern (laut Lohnsteuer-Bescheinigung, Vorauszahlungen, Nachzahlungen für Vorjahre und das Kirchgeld) ein. Die von Banken einbehaltene Kirchensteuer auf Kapitalerträge ist nicht als Sonderausgabe abzugsfähig, wenn die Kapitalerträge mit dem Abgeltungsteuersatz i. H. v. 25 % besteuert werden. Vertiefend siehe → Kapitalanlagen und → Sonderausgaben. Werden Kapitalerträge mit der tariflichen Einkommensteuer (Steuersatz unter oder über 25 %) besteuert, gehört die bezahlte Kirchensteuer zu den Sonderausgaben. Freiwillig gezahlte Gelder an Kirchengemeinden gehören zu den abzugsfähigen Spenden (Hauptvordruck, Zeile 46).

→ ZEILEN 44–45
Eigene Berufsausbildungskosten

Abzugsfähig sind alle Aufwendungen i. Z. m. der Erstausbildung oder dem Erststudium des Steuerpflichtigen oder seines Ehegatten bis maximal 6.000 € (pro Person). Einzelheiten zum Sonderausgabenabzug, insbesondere zur Abgrenzung gegenüber Betriebsausgaben und Werbungskosten. Vertiefend siehe → Ausbildung und Studium und → Fortbildung/Fachtagungen.

→ ZEILEN 46–57
Zuwendungen, Spenden, Mitgliedsbeiträge

Der Vordruck unterscheidet zwischen vier Arten von Zuwendungen: Parteizuwendungen (Zeile 48), Zuwendungen an unabhängige Wählervereinigungen (Zeile 49), Spenden in den Vermögensstock einer Stiftung (Zeilen 53–57) und Zuwendungen für gemeinnützige, mildtätige und kirchliche Zwecke (Zeile 46). Begünstigt sind ggf. auch Zuwendungen an gemeinnützige Organisationen im EU-Ausland (Zeile 47). Haben Sie mehrfach gespendet, listen Sie die Beträge mit Angabe des jeweiligen Empfängers auf einem gesonderten Blatt einzeln auf. Einzelheiten: Vertiefend siehe → Spenden.

→ ZEILEN 48–49
Zuwendungen an Parteien und unabhängige Wählervereinigungen

Für Spenden und Mitgliedsbeiträge an politische Parteien oder unabhängige (freie) Wählervereinigungen wird eine Steuerermäßigung berechnet, die direkt von der Einkommensteuer abgezogen wird. Für hohe Parteispenden kann zusätzlich ein

Sonderausgabenabzug in Betracht kommen. Vertiefend siehe → Spenden.

→ ZEILEN 50–52
Elektronische Übermittlung

Nur in die Zeilen 50–52 tragen Sie Zuwendungen ein, deren Daten durch den Zuwendungsempfänger elektronisch an die Finanzverwaltung übermittelt wurden.

→ ZEILEN 53–57
Stiftungsspenden

Spenden in den Vermögensstock einer Stiftung können bis zu 1 Mio. € (bei Zusammenveranlagung bis 2 Mio. €) auf bis zu zehn Jahre beliebig verteilt als Sonderausgaben geltend gemacht werden. Den 2018 bezahlten Betrag tragen Sie bitte in die Zeilen 53 oder 54 ein. In Zeile 56 bestimmen Sie, welchen Anteil davon Sie im Jahr 2018 abziehen. In Zeile 57 können Sie den Abzug entsprechender noch nicht berücksichtigter Zuwendungen aus Vorjahren für 2018 geltend machen. Andere (nicht in den Vermögensstock eingebrachte) Stiftungsspenden gehören in die Zeile 46.

2.7 Außergewöhnliche Belastungen (Seite 3)

→ ZEILEN 61–70
Außergewöhnliche Belastungen

Aufwendungen, die als außergewöhnliche Belastung abziehbar sind, werden in zwei Gruppen unterteilt. Die **Aufwendungen allgemeiner Art** (z. B. Krankheitskosten, Aufwendungen zur Beseitigung von Hochwasserschäden) werden im Gesetz nur mit ihren Voraussetzungen und nicht einzeln benannt. Sie sind in den Zeilen 67–70 einzutragen. Außerdem kennt das Gesetz sog. **typisierte Einzelfälle** (z. B. Pauschbetrag für behinderte Menschen oder Pflege-Pauschbetrag). Die Angaben dazu tragen Sie in die Zeilen 61–66 ein. Vertiefend siehe → Außergewöhnliche Belastung, → Krankheitskosten und → Pflegekosten/Heimunterbringung.

Zu den typisierten Einzelfällen gehören auch der Freibetrag wegen auswärtiger Unterbringung eines volljährigen Kindes in Berufsausbildung (Ausbildungsfreibetrag), zu beantragen auf Seite 2 der → Anlage Kind und die Zahlung von Unterhalt; siehe → Anlage Unterhalt.

Außergewöhnliche Belastungen werden vom Finanzamt **nur auf Antrag** berücksichtigt.

→ ZEILEN 61–64
Behinderte Menschen

Behinderte Menschen können auf Antrag neben einem Pauschbetrag zusätzliche steuerliche Vergünstigungen (z. B. bei den Fahrtkosten zwischen Wohnung und erster Tätigkeitsstätte; siehe Anlage N Zeilen 35–38) erhalten. Vertiefend siehe → Behinderte Menschen.

Die Steuervergünstigungen hängen vom Grad der Behinderung und den Merkzeichen im Schwerbehindertenausweis ab. Deshalb müssen Sie bei erstmaliger Antragstellung oder Änderung den Grad der Behinderung nachweisen. Vertiefend siehe → Behinderte Menschen.

Die behinderten Kindern zustehenden Vergünstigungen können auf die Eltern übertragen werden. Die Übertragung muss auf der **Anlage Kind** beantragt werden. Vertiefend siehe → Kinder.

→ ZEILEN 62, 64
Hinterbliebene

Als Hinterbliebener (Zeilen 62, 64) gelten Sie, wenn Sie laufende Hinterbliebenenbezüge (z. B. aufgrund des Bundesversorgungsgesetzes oder aus der gesetzlichen Unfallversicherung) erhalten.

→ ZEILEN 65–66
Pflegepauschbetrag

Einen Pflegepauschbetrag von 924 € jährlich können Sie hier beantragen, wenn Sie **persönlich** einen Hilflosen unentgeltlich in Ihrer oder in dessen Wohnung im Inland oder im EU-/EWR-Ausland pflegen (Nachweis mit **Merkzeichen „H", Pflegegrad 4 oder 5** ist erforderlich). Vertiefend siehe → Pflegekosten/Heimunterbringung und → Behinderte Menschen.

→ ZEILEN 67–70
Andere außergewöhnliche Belastungen

Anders als bei den Sonderausgaben sind die außergewöhnlichen Belastungen im Hauptvordruck mit Fahrtkosten behinderter Menschen, Krankheits-, Kur- und Pflegekosten nur beispielhaft aufgeführt. Die Rspr. hat in vielen Einzelentscheidungen weitere Kostenarten anerkannt. Infrage kommen z. B. auch Beerdigungskosten, Aufwendung der Heimunterbringung, Sanierungskosten für die eigengenutzte Wohnung bzw. das selbst bewohnte Haus, wenn von ihm eine konkrete Gesundheitsgefährdung ausgeht, oder der krankheits- bzw. behinderungsbedingte Umbau des eigenen Heims oder auch die Wiederbeschaffung von Hausrat und Kleidung nach Naturkatastrophen wie z. B. Orkan oder Hochwasser. Vertiefend siehe → Außergewöhnliche Belastung, → Krankheitskosten und → Pflegekosten/Heimunterbringung.

Bereits erhaltener oder zu erwartender Kostenersatz (auch wenn erst in späteren Jahren gezahlt) von dritter Seite (z. B. durch eine Versicherung) mindert die abzugsfähigen Kosten und wird deshalb in Zeile 67 entsprechend abgefragt. Reicht die Vordruckzeile 67 nicht für alle Aufwendungen aus, stellen Sie die Kosten auf einem gesonderten Blatt zusammen.

Die Aufwendungen wirken sich steuerlich nur aus, soweit sie die sog. **zumutbare Eigenbelastung** übersteigen. Deren Höhe hängt vom Gesamtbetrag der Einkünfte und den persönlichen

Verhältnissen (Familienstand, berücksichtigungsfähige Kinder) ab. Vertiefend siehe → Außergewöhnliche Belastung und → Krankheitskosten.

TIPP

Kosten beinhalten Pflegeleistungen und Handwerkerleistungen und haushaltsnahe Tätigkeiten

Soweit in den beantragten Kosten Aufwendungen für haushaltsnahe Beschäftigungsverhältnisse, Pflegeleistungen oder Handwerkerlohn (z. B. bei behindertengerechtem Wohnungsumbau) enthalten sind, können Sie für den wegen der zumutbaren Eigenbelastung nicht als außergewöhnliche Belastung abzugsfähigen Teil eine Steuerermäßigung nach § 35a EStG beantragen, indem Sie die Aufwendungen in Zeile 67 und nochmals gesondert in den Zeilen 68–70 angeben. Die entsprechenden Beträge sind **nicht** zusätzlich in die Zeilen 71–73 einzutragen.

2.8 Haushaltsnahe Tätigkeiten (Seite 3)

→ ZEILEN 71–73
Haushaltshilfen, Pflege, Heimkosten, Dienstleistungen, Handwerkerleistungen

Sie können eine Steuerermäßigung (direkter Abzug von der Steuer) beantragen, wenn die Tätigkeiten im **eigenen Haushalt ausgeführt wurden. Auch die Pflege in der eigenen Wohnung oder der Wohnung der zu pflegenden Person** und die Unterbringung in einem Heim zur dauernden Pflege oder aus Altersgründen sind begünstigt. Vertiefend siehe → Haushaltsnahe Tätigkeiten/Dienstleistungen.

WICHTIG

Konkurrenzregelung bei der Betreuung von Kindern und bei Pflegekosten

Für die Betreuung von Kindern, die das 14. Lebensjahr noch nicht vollendet haben, im eigenen Haushalt gibt es keine Steuerermäßigung, sondern den Sonderausgabenabzug (**Anlage Kind**, Seite 3). Vertiefend siehe → Kinder.

Für **Pflegekosten** geht der Abzug als außergewöhnliche Belastungen nach § 33 EStG (**Hauptvordruck**, Seite 3, Zeilen 67–69) vor. Ein insoweit nicht abziehbarer Teil der Aufwendungen in Höhe der zumutbaren Belastung) kann zu einer Steuerermäßigung für haushaltsnahe Dienstleistungen oder für die Heimunterbringung führen. Vertiefend siehe → Pflegekosten/Heimunterbringung. Die Aufwendungen sind in den Zeilen 68–70 und nicht zusätzlich in die Zeilen 71–73 einzutragen.

→ ZEILE 71
Minijob im eigenen Haushalt

Sind Sie selbst Arbeitgeber und beschäftigen eine Haushaltshilfe im Rahmen eines **Minijobs** im eigenen Haushalt (Teilnahme am **Haushaltsscheckverfahren**), tragen Sie die Gesamtaufwendungen (ausgezahlter Lohn und alle an die Minijob-Zentrale abgeführten Beiträge) sowie die Art der Tätigkeit (z. B. Reinemachefrau, Küchen-, Haushaltshilfe, Kinderfrau) ein. Die am Jahresende von der Minijob-Zentrale erstellte Bescheinigung über die abgeführten Sozialabgaben ist aufzubewahren. Vertiefend siehe → Minijobs.

→ ZEILE 72
Reguläres Beschäftigungsverhältnis

Erfolgte die Anstellung im Rahmen eines regulären Arbeitsdienstverhältnisses, bei dem Pflichtbeiträge zur Sozialversicherung abgeführt werden, erfassen Sie hier die Art der Tätigkeit und die gesamten Lohnaufwendungen einschließlich Sozialversicherungsabgaben. Vertiefend siehe → Haushaltsnahe Tätigkeiten/Dienstleistungen.

→ ZEILE 72
Haushaltsnahe Dienstleistungen

Wenn Sie hauswirtschaftliche Tätigkeiten, z. B. die Reinigung Ihrer Wohnung, Gartenpflegearbeiten, einen privat veranlassten Umzug etc. von einem externen Dienstleister (Fachbetrieb) erledigen lassen, können Sie hier die Kosten der reinen Dienstleistung **ohne Material** (Lohnanteil, Fahrt und Maschinenkosten und Umsatzsteuer) eintragen.

→ ZEILE 72
Pflegeleistungen, Betreuung, Heimkosten

Pflege- und Betreuungsleistungen (Grundpflege) können geltend gemacht werden, unabhängig davon, ob die Leistungen in einem Heim, bei Ihnen zu Hause oder im Haushalt der zu pflegenden Person erbracht werden. Leben Sie oder Ihr Angehöriger krankheits- oder behinderungsbedingt in einem Heim (z. B. mit Pflegegrad oder Merkzeichen „H“, „BL“), ist ein höherer Kostenabzug bei den außergewöhnlichen Belastungen (s. Zeilen 67–70) möglich. Vertiefend siehe → Pflegekosten/Heimunterbringung, → Krankheitskosten und → Behinderte Menschen.

→ ZEILE 73
Handwerkerleistungen

Aufwendungen für Handwerkerleistungen (**keine Materialkosten**; nur Arbeitslohn, Fahrt- und Maschinenkosten zzgl. Umsatzsteuer) i. Z. m. dem eigenen Haushalt (eigene oder gemietete Wohnung) sind begünstigt. Dazu zählen sämtliche Renovierungs-, Erhaltungs- und Modernisierungsmaßnahmen ebenso wie alle Wartungen und Reparaturen rund ums Haus, z. B. auch die Reparatur von Haushaltsgeräten vor Ort oder die Wartung der Heizung sowie die Kosten für den Schornsteinfeger. Auch Aufwendungen für einen Anbau oder den Dachgeschossausbau bei einem bereits vorhandenen Haushalt sind begünstigt. Vertiefend siehe → Haushaltsnahe Tätigkeiten/Dienstleistungen.

WICHTIG

Überweisung ist zwingend

Eine Steuerermäßigung für haushaltsnahe Dienst- und Handwerkerleistungen (Zeilen 72 und 73) ist nur möglich, wenn Sie eine **Rechnung** besitzen **und** der Rechnungsbetrag **nicht bar** (Zahlung durch Überweisung oder Lastschrifteinzug etc.) bezahlt wurde. Eine Belegvorlage ist nur notwendig, wenn Sie vom Finanzamt dazu aufgefordert werden.

Unterschiedliche Höchstbeträge nebeneinander nutzen

Die richtige Zuordnung der unterschiedlichen Aufwendungen zu den Zeilen 71–73 ist wegen unterschiedlicher Höchstbeträge zu beachten. Allerdings können Sie die Höchstbeträge nebeneinander in Anspruch nehmen. Vertiefend siehe → Haushaltsnahe Tätigkeiten/Dienstleistungen.

→ ZEILEN 74–79
Aufteilung der Höchstbeträge

Die Höchstbeträge sind haushaltsbezogen und ggf. auf mehrere Personen zu verteilen. Deshalb müssen Sie in Zeile 75 die Namen der Mitbewohner benennen.

Leben zwei Alleinstehende in einem gemeinsamen Haushalt, können sie die Höchstbeträge des § 35a EStG insgesamt nur einmal (einer allein, jeweils hälftig oder auf gemeinsamen Antrag beliebig verteilt) in Anspruch nehmen (Zeilen 76–78).

2.9 Sonstige Angaben und Anträge (Seite 4)

→ZEILE 91
Festsetzung der Arbeitnehmer-Sparzulage

Liegen mehrere elektronische Bescheinigungen über vermögensbildende Anlagen vor, kann hier die Festsetzung der Arbeitnehmer-Sparzulage für alle VL-Bescheinigungen durch Eintragung einer „1" beantragt werden. Die notwendigen Daten werden von Ihrem Anbieter durch eine elektronische Vermögensbildungsbescheinigung an das Finanzamt übermittelt. Die bisherige Anlage VL wird seit 2017 nicht mehr ausgestellt.

→ ZEILE 92
Steuerermäßigung bei Belastung mit Erbschaftsteuer

Hier erfolgt nicht der Abzug der normalen Erbschaftsteuer. Die Steuerermäßigung kommt nur in **Ausnahmefällen** in Betracht, insbesondere bei:

- Forderungen des Rechtsvorgängers, die beim Erbfall der Erbschaftsteuer unterliegen und nach Übergang auf den Erben von diesem bei Zufluss als steuerpflichtige Einnahmen oder Betriebseinnahmen nochmals der Einkommensteuer unterliegen
- privaten Veräußerungsgeschäften i.S.d. § 23 EStG (z.B. Kauf und Verkauf privater Immobilien, die nicht eigenen Wohnzwecken gedient haben, innerhalb von 10 Jahren)

Die Steuerermäßigung kommt nur bei Erbschaft und nicht bei **Schenkung** in Betracht.

→ ZEILE 93
Steuerbegünstigung für schutzwürdige Kulturgüter

Aufwendungen für Herstellungs- und Erhaltungsmaßnahmen an eigenen schutzwürdigen Kulturgütern (z.B. Baudenkmäler, geschützte Gebäudegruppen, Gartenanlage sowie Sammlungen, die mindestens 20 Jahre im Eigentum der Familie stehen), die der wissenschaftlichen Forschung oder der Öffentlichkeit (ggf. auch entgeltlich) zugänglich gemacht werden, können teilweise wie Sonderausgaben abgezogen werden. Die Steuerbegünstigung gilt nur für Kulturgüter, die **weder zur Einkünfteerzielung noch zu eigenen Wohnzwecken genutzt** werden und nur, soweit sie nicht durch öffentliche oder private Zuschüsse gedeckt sind. Die Voraussetzungen sind durch eine Bescheinigung der zuständigen Behörde nachzuweisen.

→ ZEILEN 94–95
Verlustabzug, Vorjahresverluste, Verlustrücktrag

Sind Ihnen in den Vorjahren Verluste entstanden, die bisher nicht ausgeglichen und vom Finanzamt in einem gesonderten Verlustfeststellungsbescheid ausgewiesen wurden, können Sie diese im aktuellen Jahr berücksichtigen. Sind im aktuellen Jahr neu entstandene negative Einkünfte nicht oder nicht vollständig ausgleichbar, können Sie den negativen Gesamtbetrag ins Vorjahr zurück- oder in künftige Jahre vortragen lassen.

TIPP

Jetzt noch Einkommensteuererklärung für Vz. 2015–2017 bei negativen Einkünften abgeben

Haben Sie für die Jahre 2015–2017 bisher keine Steuererklärung abgegeben und war die Summe Ihrer Einkünfte negativ (weil Sie z. B. arbeitslos waren und Ihnen nur Ausgaben i. Z. m. Bewerbungen oder Verluste aus Vermietung entstanden sind), dann beantragen Sie für 2015 (Abgabe bis 31.12.2019) bis 2017 (Abgabe bis 31.12.2021) noch die Veranlagung zur Einkommensteuer bzw. die Feststellung eines Verlustvortrags, indem Sie eine Steuererklärung abgeben. Damit sichern Sie sich die Möglichkeit der Verlustverrechnung in den Folgejahren.

→ ZEILE 96
Einkommensersatzleistungen

Die als Ersatz von Einkommen gezahlten Beträge (z. B. gezahltes Eltern-, Kranken-, Mutterschaftsgeld bei Gewerbetreibenden und Freiberuflern), die nicht durch den Arbeitgeber ausbezahlt wurden, sind zwar steuerfrei, bewirken jedoch, dass die steuerpflichtigen Einkünfte mit einem höheren Steuersatz (Progressionsvorbehalt) besteuert werden. Haben Sie als **Arbeitnehmer** derartige Leistungen (z. B. Kurzarbeitergeld) durch den Arbeitgeber erhalten, müssen Sie deren Höhe nicht hier, sondern auf der **Anlage N**, Zeilen 28–29, angeben.

→ ZEILE 97
Einzelveranlagung von Ehegatten/Lebenspartnern

Sonderausgaben, außergewöhnliche Belastungen und die Steuerermäßigung nach § 35a EStG werden im Rahmen einer Einzelveranlagung von Ehegatten auf Antrag nach § 26a EStG demjenigen Ehegatten zugerechnet, der sie wirtschaftlich getragen hat. Auf übereinstimmenden Antrag sind diese steuerlichen Vergünstigungen jeweils zur Hälfte abzuziehen.

Sollten Sie diesen Antrag stellen wollen, müssen Sie hier eine „1" eintragen. Vertiefend siehe → Ehegattenveranlagung.

→ ZEILE 98
Ergänzende Angaben zur Steuererklärung/qualifiziertes Freitextfeld

Möchten Sie ergänzende Angaben zu anderen Vordrucken Ihrer Steuererklärung machen (z. B. Anlage Vorsorgeaufwand – eigene Versicherungsbeiträge für mehrere andere Personen), weil dort keine entsprechenden Eintragungsmöglichkeiten vorgesehen sind oder Sie ergänzende Angaben für den Bearbeiter für notwendig erachten, tragen Sie hier die „1" ein und fügen der Steuererklärung in Papierform eine formlose Anlage mit entsprechendem Hinweis hinzu.

Bei elektronisch übermittelten Einkommensteuererklärungen (ELSTER) öffnet sich im Elster-Formular ein Textfeld, in dem die entsprechenden abweichenden Angaben, Sachverhalte oder die von der Verwaltungsauffassung abweichende Rechtsauffassung geltend gemacht werden können.

Bitte beachten Sie: Wenn Sie ergänzende Angaben zur Steuererklärung abgeben, wird Ihre Steuererklärung auf jeden Fall händisch von einem Finanzbeamten überprüft. Damit verbunden sind oft Rückfragen und eine längere Bearbeitungszeit.

Eine Sichtung und Prüfung von Belegen durch das Finanzamt erfolgt sonst nur noch, wenn Ihre Steuererklärung mit einem Hinweis vom maschinellen Risikomanagementsystem zur personellen Bearbeitung ausgewählt wurde. Vertiefend siehe → Steuermodernisierungsgesetz.

→ ZEILE 99

Anlage WA-ESt – Auslandswohnsitz und ausländische Einkünfe

Hatten Sie in 2018 zumindest zeitweise keinen Wohnsitz im Inland oder wohnt Ihr Ehegatte im EU-Ausland, müssen Sie die **Anlage WA-ESt** dem Hauptvordruck beifügen und ggf. ausländische Einkünfte erklären.

→ ZEILE 98

Ergänzende Angaben zur Steuererklärung

In einem „qualifizierten Freitextfeld“ (Zeile 98 des Hauptvordrucks) können Angaben zu einem Sachverhalt gemacht werden, für den es keine Eintragungsmöglichkeit in den amtlichen Steuererklärungsvordrucken gibt. Außerdem kann der Steuerpflichtige zu einem Sachverhalt bewusst eine andere Rechtsauffassung vortragen, die im Gegensatz zu der Rechtsansicht der Finanzverwaltung steht. Bei Abgabe einer Papiererklärung wird der Freitext auf einem besonderen Blatt der Steuererklärung beigefügt. In der ELSTER-Erklärung öffnet sich ein zusätzliches Eingabefeld, in dem der Text abgelegt werden kann.

→ ZEILEN 99 UND 100

Unterschrift und Mitwirkung Steuerberater

Die Einkommensteuererklärung muss eigenhändig unterschrieben werden; bei Zusammenveranlagung von Ehegatten müssen beide unterschreiben. Bei über das Internet versandten Erklärungen (ELSTER-Erklärung) ist die Unterschrift auf der ausgedruckten („komprimierten“) Steuererklärung zu leisten, es sei denn, Sie haben eine Erklärung mit Authentifizierung (digitale Unterschrift) gewählt.

In Zeile 99 ist eine „1“ einzutragen, wenn ein Steuerberater die Erklärung erstellt hat.

Checkliste Hauptvordruck

Folgende Abzugsmöglichkeit geprüft? Vgl. Ausfüllhinweise zur Zeile!	
Haben Sie alle Arten von Sonderausgaben geprüft? Abzugsfähig sind Aufwendungen für Unterhalt und den Versorgungsausgleich des Ehegatten, Kirchensteuer, Kinderbetreuung, Berufsausbildung, Schulgeld sowie Spenden und Mitgliedsbeiträge (Zeilen 36–57).	☐
Haben Sie eine Behinderung? (Zeilen 61–64)	☐
Lebt in Ihrem Haushalt ein pflegebedürftiger Angehöriger oder hatten Sie Ausgaben für die Betreuung und Pflege in dessen eigenem Haushalt? Sie können u. U. den Pflegepauschbetrag (Zeile 65, 66) oder den Kostenabzug als außergewöhnliche Belastung (Zeile 67–70) erhalten.	☐
Hatten Sie in größerem Umfang z. B. Krankheitskosten oder Kosten in Zusammenhang mit einer Naturkatastrophe oder Beerdigungskosten selbst getragen? (Zeile 67)	☐
Sind Sie pflegebedürftig oder leben Sie in einem Heim? Machen Sie Ihren Eigenanteil an den Pflegekosten steuerlich geltend (Zeilen 67–70).	☐
Haben Sie in Ihrem eigenen oder gemieteten Haus bzw. Haushalt (einschl. Garten) Arbeiten durch Beschäftigte, Dienstleister oder Handwerker ausführen lassen? (Zeilen 71–79)	☐
Haben Sie von Dritten steuerfreie Zahlungen erhalten? (Zeile 96)	☐

3 Anlage Vorsorgeaufwand (Vorsorgeaufwendungen)

3.1 Allgemein

Anlage Vorsorgeaufwand ist für bestimmte private Versicherungen erforderlich

Die **Anlage Vorsorgeaufwand** benötigen Sie, wenn Sie im Gesetz abschließend aufgezählte Vorsorgeaufwendungen (Versicherungsbeiträge) als Sonderausgaben steuermindernd geltend machen wollen. Ehegatten, die zusammenveranlagt werden, geben eine gemeinsame Anlage Vorsorgeaufwand ab.

Für Beiträge zu Riester-Verträgen benötigen Sie die **Anlage AV.**

Überblick

Im Bedarfsfall ausfüllen	
Seite 1	**(Alters-)Vorsorgeaufwendungen (Zeilen 4–10)** Hier sind alle Versicherungsbeiträge zu erfassen, aus denen sich ein späterer Rentenanspruch ergibt, z. B. der gesetzliche Arbeitnehmer- und Arbeitgeberanteil zur gesetzlichen Rentenversicherung oder Einzahlungen in private (Rürup-)Rentenversicherungen oder berufsständische Versorgungseinrichtungen.
Seiten 1 und 2	**Kranken- und Pflegeversicherungen (Zeilen 11–45)** Die Beiträge sind, je nachdem ob Sie in einer gesetzlichen Krankenversicherung pflicht- oder freiwillig versichert sind (z. B. Arbeitnehmer bzw. Selbstständige oder Rentner im Ausland) oder einer privaten Krankenversicherung (z. B. Beamte, Richter, Selbstständige) angehören, in unterschiedlichen Zeilen einzutragen. Hier können Sie auch die Krankenversicherungsbeiträge für andere Personen (z. B. nicht bei Ihnen berücksichtigungsfähige Kinder oder Eltern) eintragen, wenn Sie der Versicherungsnehmer sind.
Seite 2	**Weitere sonstige Vorsorgeaufwendungen (Zeilen 46–52)** Tragen Sie hier alle anderen begünstigten Versicherungsbeiträge, z. B. für Wahlleistungen bei Krankheit, Arbeitslosen-, Haftpflicht-, Unfall-, Risiko- oder Berufsunfähigkeitsversicherungen ein. **Ergänzende Angaben (Zeilen 53–58)** Die Eintragungen haben Bedeutung für die Berechnung der abzugsfähigen Altersvorsorgeaufwendungen und eine Günstigerprüfung nach der Rechtslage 2004, die von Amts wegen durchgeführt wird und zu einem höheren Abzug führen kann.

Sonderausgaben

Vorsorgeaufwendungen (Versicherungen) sind Teil der Sonderausgaben. Vertiefend siehe → Sonderausgaben und → Spenden.

3.2 Vorsorgeaufwendungen

Die steuerlich abzugsfähigen Vorsorgeaufwendungen (Versicherungen) werden in **Altersvorsorgeaufwendungen** (Zeilen 4–10) und die **sonstigen Vorsorgeaufwendungen** (ab Zeile 11) unterteilt. Die Aufteilung ist notwendig wegen der unterschiedlichen steuerlichen Berücksichtigung. Die sonstigen Vorsorgeaufwendungen werden nochmals in „Basis"-Kranken- sowie Pflegepflichtversicherungsbeiträge einerseits und andere Versicherungsbeiträge andererseits gegliedert. Zusätzlich können noch Beiträge zu einer **Riester**-Rentenversicherung (**Anlage AV**) steuerlich berücksichtigt werden. Vertiefend siehe → Altersvorsorgeaufwendungen.

→ ZEILEN 4–10
Altersvorsorgeaufwendungen

Die Altersvorsorgeaufwendungen setzen sich aus mehreren Komponenten zusammen, die im Folgenden dargestellt werden.

→ ZEILEN 4, 9
Gesetzliche Rentenversicherung

Arbeitnehmer, die in der gesetzlichen Sozialversicherung versichert sind, tragen in Zeile 4 den Arbeitnehmeranteil zur gesetzlichen Rentenversicherung (ersichtlich aus Nr. 23 a/b der Lohnsteuerbescheinigung) ggf. getrennt für die Ehegatten ein. In Zeile 9 gehört der Arbeitgeberanteil bzw. dessen Zuschuss zur gesetzlichen Rentenversicherung (Nr. 22a/b der Lohnsteuerbescheinigung). Haben Sie als Arbeitnehmer Beiträge zu einer landwirtschaftlichen Alterskasse oder einer berufsständischen Versorgungseinrichtung geleistet und sind die Beiträge auf der Lohnsteuerbescheinigung ausgewiesen, tragen Sie bitte Arbeitnehmer- und Arbeitgeberanteil ebenfalls in die Zeilen 4 und 9 ein.

→ ZEILE 5
Landwirtschaftliche Alterskasse und berufsständische Versorgungseinrichtung

Sind Sie nicht Arbeitnehmer oder hat der Arbeitgeber entsprechende Beiträge nicht in der Lohnsteuerbescheinigung ausgewiesen, tragen Sie die Beiträge zur landwirtschaftlichen Altersklasse und zur berufsständischen Versorgungseinrichtungen (Pflichtversicherung für Freiberufler, z. B. angestellte und selbstständig tätige Ärzte, Apotheker, Architekten etc.) hier, wenn die Einrichtung den gesetzlichen Rentenversicherungen vergleichbare Leistungen erbringt. Die entsprechenden steuerfreien Arbeitgeberzuschüsse (Nr. 22b der Lohnsteuerbescheinigung) sind von den Gesamtaufwendungen abzuziehen, aber auch zusätzlich in Zeile 9 einzutragen.

→ ZEILE 6
Freiwillige gesetzliche Rentenversicherung

Arbeitnehmer, die (z. B. wegen der Höhe des Arbeitslohns) von der gesetzlichen Rentenversicherungspflicht befreit sind, aber freiwillig versichert oder als Nichtarbeitnehmer (z. B. selbstständiger Handwerker) pflichtversichert sind, tragen ihre Beiträge in Zeile 6 ein. Dasselbe gilt für Arbeitnehmeranteile, die im Rahmen einer geringfügigen Beschäftigung (Minijob) vom Arbeitnehmer freiwillig gezahlt wurden (sog. Aufstockungsbeträge; vgl. aber Erläuterungen zu Zeile 10).

→ ZEILE 7

Erstattete Beiträge und steuerfreie Zuschüsse

Hier sind die erstatteten Beiträge und/oder steuerfreien Zuschüsse zu den in den Zeilen 4 bis 6 zu erklärenden Beiträgen einzutragen. Ausgenommen sind die direkt von den Beiträgen laut Zeile 8 abzuziehenden Zuschüsse zu zertifizierten Basisrentenverträgen und Arbeitgeberanteile/-zuschüsse laut den Zeilen 9 und 10.

→ ZEILE 8

Rürup-Verträge

In Zeile 8 gehören Versicherungsbeiträge für eine private kapitalgedeckte Rentenversicherung, sog. Rürup-Verträge. Einzutragen sind die saldierten Beträge, d. h. Beiträge abzüglich erhaltener steuerfreier Zuschüsse/Erstattungen). Derartige Verträge werden nur anerkannt, wenn sie staatlich genehmigt (**zertifiziert**) sind. Vertiefend siehe → Altersvorsorgeaufwendungen. Der Sonderausgabenabzug setzt voraus, dass Sie gegenüber Ihrem Anbieter des Basisrentenvertrags eingewilligt haben, dass dieser Ihre Vertragsdaten und die Höhe Ihrer Beiträge unter Angabe Ihrer Identifikationsnummer der Zentralen Stelle für Altersvorsorge übermittelt. Die Einwilligung gilt auch für die nachfolgenden Beitragsjahre.

→ ZEILE 10

Minijob

Haben Sie im Rahmen einer geringfügigen Beschäftigung (450-Euro-Minijob) gearbeitet, müssen Sie im Regelfall aus dieser Tätigkeit keine Arbeitnehmerbeiträge zur Sozialversicherung entrichten. Ihr Arbeitgeber hat jedoch (pauschale) Arbeitgeberbeiträge gezahlt. Sie haben die Möglichkeit, die Arbeitgeberbeiträge freiwillig um eigene Arbeitnehmerbeiträge aufzustocken, um einen höheren Rentenanspruch zu erwerben. **Nur** wenn Sie derartige freiwillige Beiträge gezahlt haben (zu erfassen in Zeile 6), müssen Sie den Arbeitgeberanteil in Zeile 10 eintragen. Er verringert den abzugsfähigen Betrag. Vertiefend siehe → Minijobs.

→ ZEILEN 11–52

Sonstige Vorsorgeaufwendungen

Die sonstigen Vorsorgeaufwendungen werden in Kranken- und Pflegepflichtversicherungsbeiträge für eine Grundvorsorge (Basisabsicherung) und andere sonstige Vorsorgeaufwendungen unterteilt.

Basisabsicherung	Beitrag/Zusatzbeitrag/Zuschuss/Erstattung zur **gesetzlichen** inländischen Kranken- und Pflegepflichtversicherung durch • gesetzlich pflichtversicherte Arbeitnehmer • freiwillig versicherte Arbeitnehmer, bei denen der Arbeitgeber die Beiträge abführt (Firmenzahler)	→ Zeilen 12–16
	• freiwillig **gesetzlich** versicherte Arbeitnehmer und Selbstständige (Selbstzahler) • Rentner	→ Zeilen 17–22
	Beitrag/Zusatzbeitrag/Zuschuss/Erstattung zu einer **privaten** inländischen Kranken- und Pflegepflichtversicherung und Beiträge zu einer freiwilligen zusätzlichen Pflegeversicherung	→ Zeilen 24–29
	Beitrag/Zusatzbeitrag/Zuschuss/Erstattung zu einer **ausländischen** gesetzlichen oder privaten Krankenversicherung	→ Zeilen 31–36
	Als Versicherungsnehmer **für andere Personen** übernommene Beiträge zur Basiskranken- und Pflegepflichtversicherung. Beiträge, die über die Basisversicherung hinausgehen, sind nicht als Sonderausgabe abziehbar.	→ Zeilen 40–45
Andere sonstige Vorsorgeaufwendungen	Beitrag zur eigenen Kranken- und Pflegeversicherung, soweit nicht Basisabsicherung, Arbeitslosenversicherung, Erwerbs- oder Berufsunfähigkeitsversicherung, Unfall-, Haftpflicht-, Risikolebensversicherung, bestimmte Rentenversicherungen	→ Zeilen 23, 28–29, 36 → Zeilen 46–52

→ ZEILE 11

Höchstbetrag für Basisabsicherung und andere sonstige Vorsorgeaufwendungen

Für sämtliche sonstigen Vorsorgeaufwendungen (Basiskranken-, Pflegepflicht- und andere Versicherungen) gibt es insgesamt einen Höchstbetrag. Dieser beträgt 2.800 € oder 1.900 € je Person.

Die Aufwendungen für die **Basisabsicherung** (Basiskranken- und Pflegepflichtversicherung) sind immer **in voller Höhe abzugsfähig, auch soweit sie über dem Höchstbetrag liegen.** Voraussetzung für den Abzug der Zahlungen ist, dass Sie in die elektronische Datenübermittlung durch die Versicherung eingewilligt oder dieser nicht widersprochen haben (vgl. auch Zeile 47).

Aufwendungen für **andere sonstige Vorsorgeaufwendungen** sind nur abziehbar, **soweit** der **Höchstbetrag** für Vorsorgeaufwendungen **noch nicht** durch die Basisabsicherung **verbraucht** ist.

Die Aufwendungen zu den anderen Versicherungen können dann noch in Höhe des Unterschiedsbetrags zwischen dem Höchstbetrag und den Beiträgen zur Basiskranken- und Pflegepflichtversicherung steuermindernd berücksichtigt werden.

Der **Höchstbetrag** von **1.900 €** kommt zur Anwendung, wenn Sie

- **steuerfreie Zuschüsse zu Ihren Krankenversicherungsbeiträgen** erhalten haben (z. B. steuerfreier Arbeitgeberzuschuss zur Sozialversicherung oder Zuschuss der gesetzlichen Rentenversicherung zur Krankenversicherung des Rentners) oder
- ganz oder zum Teil einen **Anspruch auf Erstattung oder Übernahme von Krankheitskosten** haben, **ohne** dafür **eigene Beiträge** entrichten zu müssen (z. B. Beihilfeanspruch von Beamten, Richtern, Berufssoldaten und Geistlichen).

In diesen Fällen tragen Sie bitte in Zeile 11 eine „1" ein.

Der Höchstbetrag von **2.800 €** (Eintragung „2" in Zeile 11) kommt in allen anderen Fällen zur Anwendung. Eine „2" tragen insbesondere Personen ein, die ihre Beiträge zur Krankenversicherung allein zahlen (z. B. Selbstständige, Gewerbetreibende, Freiberufler).

Bei **Ehegatten**, die zusammen veranlagt werden, sind die Höchstbeträge getrennt zu ermitteln. Für in der gesetzlichen Krankenversicherung mitversicherte nicht berufstätige Ehegatten ist in Zeile 11 eine „1" einzutragen, weil diese als Mitversicherte (Familienversicherung) einen eigenen Anspruch auf Kostenerstattung haben.

Bei Beamten hat der nicht berufstätige Ehegatte einen mittelbaren Beihilfeanspruch im Krankheitsfall. In diesem Fall ist auch eine „1" einzutragen (BFH, Urteil v. 23.1.2013, X R 43/09, BFH/NV 2013 S. 826).

TIPP

Grundsätzlich alle Versicherungsbeiträge vollständig eintragen

Tragen Sie sämtliche Versicherungsbeiträge auch dann ein, wenn Ihre Basiskranken- und Pflegepflichtversicherungsbeiträge den Höchstbetrag übersteigen. Von Amts wegen erfolgt bei den Vorsorgeaufwendungen eine Günstigerprüfung, ob sich nach der bis 2004 geltenden Rechtslage ein höherer Sonderausgabenabzug ergibt. Dabei werden alle Versicherungsbeiträge einbezogen.

→ ZEILEN 12–16

Gesetzlich pflichtversicherte Arbeitnehmer und Firmenzahler

Die Zeilen 12–16 sind für in der gesetzlichen Krankenversicherung pflicht- oder freiwillig versicherte Arbeitnehmer, bei denen der Arbeitgeber die Beiträge abführt (sog. Firmenzahler), vorgesehen. Die verlangten Angaben können i. d. R. der Lohnsteuerbescheinigung (Nr. 25, 26) entnommen werden.

Mit den Beiträgen zur gesetzlichen Krankenversicherung (Zeile 12, Eintragung 100 %) erlangt der Steuerpflichtige grundsätzlich einen **Anspruch auf Krankengeld**. Dieser gehört nicht zur Basisabsicherung und führt zu einer pauschalen Kürzung der abziehbaren Beiträge i. H. v. 4 % im Rahmen der Veranlagung.

Soweit in den Krankenversicherungsbeiträgen Beitragsteile enthalten sind, die keinen Anspruch auf Krankengeld begründen, (z. B. bei Bezug einer Betriebsrente, bei pflichtversicherten Praktikanten, Studenten, Erwerbslosen, Personen in Elternzeit oder die Elterngeld beziehen), müssen Sie diese entsprechenden Krankenversicherungsbeiträge ein zweites Mal angeben (Zeile 13), um eine Kürzung zu vermeiden.

Beitragsrückerstattungen mindern die abzugsfähigen Beträge des laufenden Jahres und werden gesondert abgefragt (Zeilen 15 und 16).

Einzelne Krankenkassen erheben von ihren Mitgliedern einen individuellen einkommensabhängigen **Zusatzbeitrag** zur gesetzlichen Krankenversicherung. Dieser gehört zu den begünstigten Aufwendungen der Basisvorsorge. Bei sozialversicherungspflichtigen Arbeitnehmern und Firmenzahlern wird der Zusatzbeitrag vom Arbeitgeber einbehalten und elektronisch der Finanzbehörde gemeldet. Er ist bereits in Zeile 12 enthalten.

Beiträge zu Wahlleistungen oder Zusatzversicherungen in der gesetzlichen Krankenversicherung gehören in die Zeile 23.

→ ZEILEN 17–22
Freiwillig gesetzlich versicherte Arbeitnehmer, Selbstständige, Rentner

In die Zeilen 17–22 tragen Rentner ihre selbst gezahlten Beiträge ein. Bei Rentnern sind die Beiträge zur Krankenversicherung (Zeile 17) und Pflegeversicherung (Zeile 19) regelmäßig im Rentenbescheid/in der Rentenbezugsmitteilung ausgewiesen.

Die Zeilen 17–22 sind auch für Arbeitnehmer vorgesehen, die sich freiwillig in der gesetzlichen Krankenversicherung versichert haben und die Beiträge in voller Höhe selbst überweisen und ggf. einen Zuschuss ihres Arbeitgebers auf ihr Konto erhalten (sog. Selbstzahler), sowie für Selbstständige, die sich freiwillig in der gesetzlichen Krankenversicherung versichert haben, und für pflichtversicherte Künstler. Ein unbegrenzter Abzug für Basisbeiträge zur Kranken- und sozialen Pflegeversicherung ist nur möglich, wenn in die elektronische Datenübermittlung der Krankenkasse eingewilligt oder dieser nicht widersprochen wurde. In die Zeile 17 gehört auch der Zusatzbeitrag.

Beiträge, aus denen sich ein Anspruch auf Krankengeld ergibt, müssen in Zeile 18 nochmals eingetragen werden, weil daraus der Kürzungsbetrag von 4 % errechnet wird. Rentner mit ungekürzter Altersrente haben keinen Krankengeldanspruch; ihre Beiträge werden nicht um 4 % gekürzt.

Auch erstattete Beiträge sind auszuweisen (Zeilen 20 und 21). Die Erstattungshöhe kann der Bescheinigung der Krankenkasse entnommen werden.

Achten Sie als betroffener **Arbeitnehmer** darauf, dass Sie in den Zeilen 17 und 19 den gesamten von Ihnen gezahlten Versicherungsbeitrag (100 % inkl. Teil, den Ihr Arbeitgeber Ihnen steuerfrei erstattet hat) eintragen. Der vom Arbeitgeber erstattete Teil der Kranken- oder Pflegeversicherung (Nr. 24 a/b/c der Lohnsteuerbescheinigung) ist in den Zeilen 37–39 des Vordrucks anzugeben. Er mindert den abzugsfähigen Betrag (Zeile 17 bzw. 19).

→ ZEILE 23
Wahlleistungen

Sie sind in der gesetzlichen Krankenkasse pflicht- oder freiwillig versicherter Arbeitnehmer, Selbstständiger oder Rentner. Neben den Beiträgen zur Basisabsicherung (Zeilen 12–22) können Sie alle darüber hinausgehenden Beitragsanteile für Wahl- oder Komfortleistungen sowie für andere zusätzliche Krankenversicherungen (z. B. Auslandsreise- und Krankenhaustagegeldversicherung) hier eintragen. Diese Beiträge sind nur begrenzt abzugsfähig (vgl. Anmerkungen zu den Zeilen 46–52).

→ ZEILEN 24–29
Private Kranken-/Pflegeversicherungen

Die Zeilen 24–29 sind für in einer privaten Krankenversicherungen Versicherte bestimmt. Das sind in erster Linie Selbstständige, Beamte, Richter, Berufssoldaten und Amtsträger. Kranken- und Pflegepflichtversicherungsbeiträge an private Krankenkassen sind im gleichen Umfang wie gesetzliche Beiträge abzugsfähig, d. h. soweit sie die Basisabsicherung ohne Wahlleistungen abdecken (vgl. Anmerkungen zu Zeile 11) in voller Höhe, soweit sie Wahlleistungen oder einen Anspruch auf Krankengeld abdecken nur begrenzt. Der Bescheinigung Ihrer Krankenversicherungsgesellschaft können Sie die Beitragsteile, die jeweils auf Basis- bzw. auf Wahlleistungen entfallen, entnehmen. Der unbegrenzte Kostenabzug für Basisbeiträge ist nur möglich, wenn Sie in die elektronische Datenübermittlung durch die Versicherung eingewilligt oder dieser nicht widersprochen haben. Rückerstattete Beiträge sind gesondert anzugeben, denn sie mindern den abzugsfähigen Betrag (Zeile 26). Steuerfreie Zuschüsse Dritter, z. B. der Rentenversicherungsanstalt bei pensionierten Beamten, die für eine frühere Tätigkeit auch in der gesetzlichen Rentenversicherung versichert waren, gehören in Zeile 27. In Zeile 28 sind die Beitragsteile der Krankenversicherung zu erfassen, die nicht der Basisabsicherung dienen (Krankengeldanspruch, Wahlleistungen). In Zeile 29 tragen Sie Beiträge zu einer **freiwilligen** zusätzlichen Pflegeversicherung ein.

→ ZEILEN 31–36
Ausländische Krankenversicherung

Haben Sie Beiträge in eine ausländische Krankenversicherung, die einer inländischen Pflichtversicherung vergleichbar ist (nicht Auslandsreisekrankenversicherungen), eingezahlt, können Sie die Beitragsanteile für die Basisabsicherung (ohne Beitragsteile für Krankengeldanspruch und Wahlleistungen) hier eintragen und wie inländische Beiträge geltend machen.

→ ZEILEN 40–45
Andere Personen, geschiedene oder dauernd getrennt lebende Ehegatten, Kinder

Kranken- und Pflegepflichtversicherungsbeiträge für andere Personen, z. B. für den nicht dauernd getrennt lebenden Ehegatten, wenn die Einzelveranlagung von Ehegatten beantragt wurde oder für Vater oder Mutter bzw. für Kinder, die keine Kinder i. S. d. EStG sind, können Sie hier eintragen Voraussetzung ist, dass **Sie Versicherungsnehmer sind**, d. h. die Beiträge selbst schulden, und die Beiträge bezahlt haben. Haben

Sie für mehr als eine Person als Versicherungsnehmer entsprechende Beiträge geleistet, machen Sie die Angaben bitte in einer formlosen Anlage mit der Überschrift „Ergänzende Angaben zur Steuererklärung" und tragen in Zeile 98 des Hauptvordrucks eine „1" ein.

Zahlen Sie Basiskranken- und Pflegeversicherungsbeiträge für ein bei Ihnen steuerlich nicht mehr berücksichtigungsfähiges Kind oder z. B. für einen Elternteil und **sind diese selbst Versicherungsnehmer**, erfolgt die Eintragung in der **Anlage Unterhalt**.

Beiträge für den dauernd getrennt lebenden oder geschiedenen Ehegatten/Lebenspartner sind hier nicht einzutragen, wenn die Unterhaltsleistungen als Sonderausgabe abgezogen werden können. Haben Sie die Beiträge zur Basisversicherung für Ihren unterhaltsberechtigten Ehegatten bezahlt, können Sie die Aufwendungen evtl. als Unterhaltsleistungen (Sonderausgaben, **Zeilen 41, 42 des Hauptvordrucks** oder außergewöhnliche Belastungen, **Anlage Unterhalt**) steuerlich geltend machen. Vertiefend siehe → Unterhaltszahlungen.

TIPP

Eigene Kranken- und Pflegepflichtversicherungsbeiträge für Kinder mit Anspruch auf Kindergeld

Kranken- und Pflegepflichtversicherungsbeiträge für Kinder, die bei Ihnen steuerlich berücksichtigt werden, können Sie auf der **Anlage Kind** (Zeilen 31–38) als Sonderausgaben geltend machen, wenn Sie dem Kind (Versicherungsnehmer) die Beiträge (ggf. im Rahmen der Unterhaltsleistungen) ersetzt haben.

→ ZEILEN 46, 48

Arbeitslosenversicherung

Tragen Sie als Arbeitnehmer die im gesetzlichen Arbeitnehmeranteil zur Sozialversicherung enthaltenen Beiträge zur Arbeitslosenversicherung (Nr. 27 der Lohnsteuerbescheinigung) in Zeile 46 ein. Haben Sie eine freiwillige (private) Arbeitslosenversicherung abgeschlossen, gehören die Beiträge in Zeile 48.

→ ZEILE 47

Fehlende Zustimmung zur elektronischen Meldung

Haben Sie in die elektronische Datenübermittlung Ihrer Kranken- und Pflegepflichtversicherungsbeiträge an die Finanzverwaltung nicht eingewilligt oder dieser widersprochen, sind die Beiträge für die **Basis**absicherung zusammen mit den übrigen sonstigen Vorsorgeaufwendungen nur bis zum **Höchstbetrag** abzugsfähig und hier einzutragen.

→ ZEILEN 49–50

Berufs-/Erwerbsunfähigkeits-, Unfall-, Haftpflicht-, Risikoversicherungen

In Zeile 49 erfassen Sie Beiträge zu einer freiwilligen privaten Berufs- und Erwerbsunfähigkeitsversicherung (ohne Rürup-Versicherung). In die Zeile 50 gehören Beiträge zu allen Arten von privaten Unfallversicherungen (z. B. Kfz-Insassenunfallversicherung) und die Haftpflichtversicherungsbeiträge (Privathaftpflicht-, Kfz- oder Tierhalterhaftpflichtversicherung). Auch Beiträge zur Grundstückshaftpflichtversicherung des zu eigenen Wohnzwecken genutzten Grundstücks können Sie hier eintragen. Maßgebend sind die tatsächlichen Beitragszahlungen, also nach Kürzung um den Schadenfreiheitsrabatt und um Beitragsrückerstattungen. Haben Sie zur Absicherung für den Unterhalt von Kindern und Ehepartner eine Risikolebensversicherung abgeschlossen, so sind die Beiträge in Zeile 50 anzugeben.

TIPP

Bestimmte Versicherungsbeiträge sind Betriebsausgaben bzw. Werbungskosten

Stehen die vorgenannten Versicherungsbeiträge i. Z. m. der Erzielung von Einkünften (z. B. Berufshaftpflicht, Haftpflicht für das vermietete Grundstück), sind die Beiträge als Betriebsausgaben oder Werbungskosten und nicht als Sonderausgaben abziehbar. Beiträge zu Unfallversicherungen, die **auch** berufliche bzw. betriebliche Unfälle einbeziehen, können pauschal zur Hälfte als Werbungskosten (Zeilen 46–48 der **Anlage N**) oder Betriebsausgaben abgezogen werden. Eine berufliche Haftpflichtversicherung wird ebenfalls bei den Werbungskosten (Zeilen 46–48 der **Anlage N**) bzw. den Betriebsausgaben erfasst.

Zu den abzugsfähigen Risikolebensversicherungen können auch Beiträge zu Witwen-, Waisen- und Sterbekassen zählen.

Nicht begünstigt als Sonderausgabe sind Beiträge zu Sachversicherungen wie z. B. Kfz-Kaskoversicherungen, Versicherungen gegen Elementarschäden, Diebstahl-, Hausrat- sowie Rechtsschutzversicherungen. Der Anteil auf Arbeitsrechtsschutz gehört zu den Werbungskosten.

→ ZEILE 51
Rentenversicherungen mit Kapitalwahlrecht oder Einmalauszahlung

In Zeile 51 tragen Sie Rentenversicherungsbeiträge (mit Laufzeitbeginn und erster Beitragszahlung vor 2005) ein, die für die Auszahlung der Versicherungsleistung in einem Betrag erfolgt oder die ein Kapitalwahlrecht (Einmalauszahlung oder regelmäßige Zahlungen) vorsehen. Die zugrundeliegenden Kapitallebensversicherungen müssen eine mindestens zwölfjährige Laufzeit vorweisen. Begünstigt sind auch Beiträge zu Ausbildungs-, Aussteuer- und Erbschaftsteuerversicherungen. Diese Beiträge sind zu 100 % einzutragen. Steuerlich werden sie aber nur in Höhe von 88 % in die Beurteilung des Sonderausgabenabzugs einbezogen.

→ ZEILE 52
Rentenversicherungen ohne Kapitalwahlrecht

In Zeile 52 gehören Beiträge zu **Renten- und Lebensversicherungen** (mit Laufzeitbeginn und erster Beitragszahlung vor 2005), bei denen die Auszahlung nicht in einem Betrag, sondern in Form einer regelmäßigen Zahlung („Rente") erfolgt.

3.3 Ergänzende Angaben zu Vorsorgeaufwendungen

→ ZEILEN 53–58
Beamte, GmbH-Gesellschafter-Geschäftsführer

Die Angaben sind für die Höhe des steuerlichen Abzugs von Vorsorgeaufwendungen (Versicherungen) im Rahmen der Günstigerprüfung nach § 10 Abs. 4a EStG (alte Rechtslage vor 2005) und für die Berechnung von Altersvorsorgeaufwendungen (Zeilen 4–10) von Bedeutung. Eintragungen sind bei Beamten (Zeilen 53, 56, 57) und bei beherrschenden Gesellschafter-Geschäftsführern (Beteiligung > 50 %) mit Anwartschaft auf eine Altersversorgung ohne eigene Beitragsleistung, die sozialversicherungsrechtlich als Selbstständige behandelt werden, erforderlich.

Checkliste Anlage Vorsorgeaufwand

Folgende Abzugsmöglichkeit geprüft? Vgl. Ausfüllhinweise zur Zeile!

Haben Sie an alle Versicherungen gedacht? ☐
(Zusatzkranken-, Reisekranken-, Privat-, Kfz-, Tierhalterhaftpflicht-, Kfz-Insassenunfallversicherung)
Abzugsfähig sind auch Abschlussgebühren und Versicherungssteuer (Zeilen 46–52).
Tragen Sie (auch als Arbeitnehmer) zur Sicherheit alle Ihre Versicherungsbeiträge ein, denn es wird, anders als beim Lohnsteuerabzug, bei der Steuerveranlagung keine Vorsorgepauschale berücksichtigt.

Folgende Abzugsmöglichkeit geprüft? Vgl. Ausfüllhinweise zur Zeile!

Sie haben Krankenversicherungsbeiträge für Ihre Kinder, Ihren geschiedenen Ehegatten oder einen bedürftigen Angehörigen bezahlt bzw. deren Kosten ersetzt? ☐
Die entsprechenden Eintragungen sind, je nachdem wer Versicherungsnehmer ist und um welche Person es sich handelt, auf unterschiedlichen Formularen (Anlage Vorsorgeaufwand, Anlage Kind, Anlage Unterhalt, Hauptvordruck) zu machen.

4 Anlage AV (Altersvorsorgebeiträge, Riester)

4.1 Allgemein

WICHTIG

Anlage AV bei Riester-Versicherung

Die **Anlage AV** benötigen Sie, um für Altersvorsorgebeiträge (= Beiträge zu Riester-Rentenversicherungen) einen **zusätzlichen Sonderausgabenabzug** zu beantragen.

Zusammen veranlagte Ehegatten geben jeweils eine Anlage AV ab, wenn jeder Ehegatte einen Altersvorsorgevertrag abgeschlossen hat.

Überblick

Im Bedarfsfall ausfüllen	
Seite 1	**Altersvorsorgebeiträge (Zeilen 4–19)** Einzutragen sind im Wesentlichen die Vorjahreseinkünfte und ob Sie eine unmittelbar (Zeile 9) oder mittelbar (Zeile 19) begünstigte Person sind. **Angabe zu Kindern (Zeilen 20–23)** Aus den Angaben wird die Kinderzulage berechnet.

Altersvorsorgebeiträge (Riester-Rentenversicherungsbeiträge)

→ ZEILEN 4–8
Sonderausgabenabzug

Haben Sie Beiträge zu einem anerkannten (zertifizierten) **Riester-Vertrag** geleistet, können Sie die Versicherungsgesellschaft bevollmächtigen, eine Altersvorsorgezulage (Grundzulage und ggf. Kinderzulage) für Sie zu beantragen. Wenn Sie für die eingezahlten Beiträge und die gewährte Zulage (darüber hinaus) den Sonderausgabenabzug prüfen lassen wollen, müssen Sie die Anlage AV ausfüllen. Während Sie nur für bis zu zwei Verträge eine Zulage erhalten können, ist der Sonderausgabenabzug für alle Verträge möglich. Dazu müssen Sie Ihrem Versicherungsanbieter erlauben, die Daten elektronisch an die Finanzverwaltung zu übermitteln. Das Finanzamt prüft dann, ob ein Sonderausgabenabzug für Sie zu einem günstigeren Ergebnis führt als die Zulage allein. Ist das der Fall, wird eine zusätzliche Steuerminderung durch den Sonderausgabenabzug berücksichtigt und im Steuerbescheid gesondert ausgewiesen.

Begünstigt sind sowohl die eingezahlten Beiträge als auch die gewährte Altersvorsorgezulage (Zeile 7). Vertiefend siehe → Altersvorsorgeaufwendungen.

Wegen des elektronischen Datenabgleichs ist es wichtig, in Zeile 8 anzugeben, wenn sich Vertragsdaten gegenüber dem Vorjahr geändert haben.

Der Verzicht auf den Sonderausgabenabzug ergibt nur Sinn, wenn Sie keine Altersvorsorgezulage bekommen wollen oder können. Der Vorteil des Verzichts auf jegliche staatliche Förderung besteht darin, dass die spätere Rente nicht in voller Höhe, sondern nur teilweise (mit dem Ertragsanteil) steuerpflichtig ist.

TIPP

Zulage und Sonderausgabenabzug immer geltend machen

Nehmen Sie soweit wie möglich für die Beiträge die gesamte staatliche Förderung, also Zulage und Sonderausgabenabzug, in Anspruch. Die später aus der Rente zu zahlende Steuer wird den finanziellen (Steuer-)Vorteil bis zur Rentenauszahlung im Regelfall nicht erreichen.

4.2 Weitere Angaben

→ ZEILEN 9–18
Unmittelbar begünstigte Person

Zum unmittelbar begünstigten Personenkreis gehören im Wesentlichen Arbeitnehmer. Dies sind vor allem Personen, die in der gesetzlichen Rentenversicherung pflichtversichert oder Beamte (z. B. auch während der Zeit des Erziehungsurlaubs) sind, oder Personen, die Lohnersatzleistungen beziehen. Vertiefend siehe → Altersvorsorgeaufwendungen. Die Angaben dienen der Berechnung der Grundzulage. Um die volle Zulage von 175 € (ab 2018) zu erhalten, muss ein Mindesteigenbeitrag eingezahlt werden. Maßgebend sind dabei immer die Vorjahreseinkünfte und -bezüge, also für den Sonderausgabenabzug 2018 die Werte aus dem Jahr **2017**. Lohnersatzleistungen (z. B. Arbeitslosengeld, Arbeitslosenhilfe, Kurzarbeitergeld) sind ebenfalls einzubeziehen (Zeile 12).

Ist das der inländischen Rentenversicherung zugrunde gelegte Entgelt höher als das tatsächlich erzielte Entgelt (z. B. bei Menschen, die in Behindertenwerkstätten oder Blindenheimen arbeiten oder die unentgeltlich andere Menschen pflegen), wird das tatsächliche Entgelt (ggf. 0 €) für die Berechnung der Grundzulage berücksichtigt (Zeile 13). Erfüllen beide Eheleute die Voraussetzung und haben sie jeweils einen eigenen Vorsorgevertrag abgeschlossen, sind beide unmittelbar begünstigt. Bei Ehegatten/Lebenspartnern ist der Zulagenanspruch beider im Rahmen der Günstigerprüfung anzusetzen.

→ ZEILE 19
Mittelbar begünstigte Person

Gehört bei (nicht dauernd getrennt lebenden) Eheleuten/Lebenspartnern nur einer zum unmittelbar begünstigten Personenkreis, kann der andere trotzdem einen begünstigten eigenen Altersvorsorgevertrag auf seinen Namen abschließen. Er ist dann (über den Ehegatten) mittelbar begünstigt. Das gilt aber nur, wenn der unmittelbar begünstigte Ehegatte ebenfalls einen (eigenen) Vertrag abgeschlossen hat. Die mittelbar begünstigten Personen müssen mindestens 60 € im Jahr als eigene Beiträge auf ihren Vertrag einzahlen, wenn sie die Zulage bzw. den Sonderausgabenabzug beantragen möchten.

→ ZEILEN 20–23
Kinderzulage

Für jedes Kind, für das ein Anspruch auf Kindergeld besteht, erhalten Sie zusätzlich eine Kinderzulage von 185 €. Für Kinder, die nach 2007 geboren sind, erhöht sich die Kinderzulage auf 300 €. Deshalb sind unterschiedliche Spalten vorgesehen. Bei verheirateten Eltern, die nicht dauernd getrennt leben und ihren Wohnsitz in der EU/im EWR haben, wird die Kinderzulage für die steuerlich berücksichtigungsfähigen Kinder grundsätzlich der Mutter zugeordnet (Zeile 20). Auf gemeinsamen Antrag der Eltern (Zeile 21) wird die Zulage auf den Vater übertragen.

Bei Eltern, die die Voraussetzungen für die Ehegattenveranlagung nicht erfüllen (nicht verheiratete oder dauernd getrennt lebende bzw. geschiedene Eltern), steht die Kinderzulage dem Elternteil zu, dem das Kindergeld erstmals im Kalenderjahr (i. d. R. Januar oder späterer erster Anspruchsmonat) ausgezahlt wurde (Zeilen 22, 23). Diese Kinder dürfen in den Zeilen 20 und 21 nicht enthalten sein.

Checkliste Anlage AV

Folgende Abzugsmöglichkeit geprüft? Vgl. Ausfüllhinweise zur Zeile!

Sie haben als Arbeitnehmer noch keinen Riester-Vertrag abgeschlossen? ☐
Aus steuerlicher Sicht ist der Abschluss, insbesondere, wenn bei Ihnen Kinder zu berücksichtigen sind, sehr interessant.

Sie sind im Erziehungsurlaub? ☐
Überlegen Sie den Abschluss eines Riester-Vertrags. Schon mit 60 € Eigenbeitrag im Jahr haben Sie Anspruch auf die mehr als doppelt so hohe volle Grundzulage und die volle Kinderzulage!

Sie haben als nicht verheirateter Mann (z. B. in nicht ehelicher Lebensgemeinschaft) mit Kind einen Riester-Vertrag abgeschlossen? ☐
Die Kinderzulage steht grundsätzlich der Mutter zu und geht verloren, wenn diese keinen Vertrag abschließt. Der Vater kann die Kinderzulage aber „retten", wenn an ihn im Januar des jeweiligen Jahres (für Monat Januar ausreichend) Kindergeld ausgezahlt wird. Dies muss bei der Kindergeldkasse (mit Zustimmung der Mutter) beantragt werden (Zeile 21).

5 Anlage Kind (Kinderberücksichtigung)

5.1 Allgemein

WICHTIG

Anlage Kind/steuerliche Vergünstigungen für Kinder

Die **Anlage Kind** ist in folgendem Fall auszufüllen:

Sie wollen Kinder bzw. damit zusammenhängende Vergünstigungen steuermindernd berücksichtigt bekommen.

Für jedes Kind ist eine eigene Anlage notwendig.

Überblick

Im Bedarfsfall ausfüllen	
Seite 1	**Angaben zum Kind (Zeilen 4–15)** Hier werden die persönlichen Angaben zum Kind, Verwandtschaftsverhältnis und Kindergeldanspruch eingetragen. **Volljähriges Kind (Zeilen 16–20)** Volljährige Kinder können nur in den im Vordruck aufgeführten Fällen berücksichtigt werden. **Angaben zur Erwerbstätigkeit bei volljährigen Kindern (Zeilen 21–25)** Die Angaben sind nur von Bedeutung, wenn das Kind bereits eine Berufsausbildung abgeschlossen hat.
Seite 2	**Übernommene Kranken- und Pflegeversicherungsbeiträge für Kinder (Zeilen 31–38)** Derartige Beiträge sind bei den Eltern abzugsfähig. **Übertragung des Kinderfreibetrags und Betreuungsfreibetrags (Zeilen 39–44)** Eine Übertragung ist nur in Ausnahmefällen möglich. **Entlastungsbetrag (Zeilen 45–50)** Hier beantragen Alleinerziehende den steuerlichen Entlastungsbetrag. **Sonderbedarf bei Berufsausbildung (Zeilen 51–54)** Der Freibetrag ist nur für auswärtig untergebrachte volljährige Kinder möglich.
Seite 3	**Schulgeld (Zeile 61–63)** Der Abzug ist möglich, wenn das Kind eine Privatschule mit anerkanntem Schulabschluss besucht. **Übertragung des Behindertenpauschbetrags des Kindes (Zeilen 64–66)** Dieser kann hier auf die Eltern übertragen werden. **Kinderbetreuungskosten (Zeilen 67–73)** Abziehbar sind die Kosten für im Haushalt lebende Kinder unter 14 Jahren oder behinderte Kinder.

5.2 Kinderberücksichtigung

Ob ein Kind steuerlich berücksichtigt werden kann, hängt im Wesentlichen vom Kindschaftsverhältnis und dem Alter des Kindes ab. Vertiefend siehe → Kinder.

5.3 Kindschaftsverhältnis und Alter (Seite 1)

→ ZEILEN 4–9
Persönliche Angaben

Für jedes Kind ist eine eigene Anlage Kind auszufüllen, unabhängig davon, ob das Kind bereits als Lohnsteuerabzugsmerkmal (ELStAM) beim Lohnsteuerabzug berücksichtigt wurde. Die Angaben zum Kind (Identifikationsnummer, Name, Vorname, Geburtsdatum, Wohnort, Familienkasse, die das Kindergeld auszahlt) sind für jedes Kind, das berücksichtigt werden soll, notwendig.

→ ZEILE 6
Kindergeld

Einzutragen (in Kennzahl 15) ist die Höhe des Kindergeld**anspruchs**, denn dieser (nicht das gezahlte Kindergeld!) wird in die Vergleichsberechnung mit den steuerlichen Freibeträgen einbezogen. Rechtlich hat jeder Elternteil, unabhängig von der Auszahlung, Anspruch auf das halbe Kindergeld. Tragen Sie den vollen Kindergeldanspruch ein, wenn Sie den verdoppelten Kinderfreibetrag beanspruchen (s. u.). Vertiefend siehe → Kinder.

→ ZEILEN 8–9
Auslandskinder

Für Auslandskinder werden, abhängig vom Wohnsitzstaat, u. U. nur niedrigere Freibeträge berücksichtigt. Kinder, die nur zur Berufsausbildung im Ausland sind, aber weiterhin zum inländischen Haushalt der Eltern gehören oder im Inland einen eigenen Haushalt haben, gelten als im Inland wohnhaft.

→ ZEILEN 10–15
Kindschaftsverhältnis

Geben Sie bei gemeinsamer Veranlagung für jeden Ehegatten getrennt an, in welchem Kindschaftsverhältnis das Kind zu Ihnen bzw. Ihrem Ehegatten steht. Werden die Eltern nicht gemeinsam veranlagt, sind die Angaben in den Zeilen 11–15 zum anderen Elternteil notwendig. Lebt der andere Elternteil im Ausland, ist er verschollen oder verstorben, wird der verdoppelte Freibetrag berücksichtigt. Dasselbe gilt für die Mutter eines Kindes, wenn der Vater amtlich nicht feststellbar ist.

→ ZEILEN 16–20
Volljährige Kinder

Volljährige Kinder können ab dem Monat nach Vollendung des 18. Lebensjahres bis maximal zum Monat der Vollendung des 25. Lebensjahres für die Monate bei den Eltern berücksichtigt werden, in denen sie eine der im Vordruck (Zeilen 16–18) genannten Bedingungen (z. B. in Ausbildung, freiwilliges Jahr usw.) erfüllen. Geben Sie an, welcher Tatbestand für Ihr Kind in welchem Zeitraum erfüllt ist. Dabei werden angefangene Monate zu Ihren Gunsten mitberücksichtigt. Auch in den Zeiten zwischen zwei Ausbildungsabschnitten bzw. zwei Ausbildungen oder zwischen Freiwilligendiensten und Ausbildung kann das Kind berücksichtigt werden, wenn der Zeitraum vier Monate nicht überschreitet (Zeile 16). Bei der Bundesagentur für Arbeit als Arbeit suchend gemeldete Kinder können, solange sie nicht voll erwerbstätig sind, bis zum 21. Lebensjahr berücksichtigt werden (Zeile 18). Leistet das Kind einen der in Zeile 16 genannten Freiwilligendienste (z. B. auch Bundesfreiwilligendienst), wird es ebenfalls berücksichtigt. Ein Kind, das den freiwilligen Wehrdienst macht, ist für die ersten vier Monate in jedem Fall berücksichtigungsfähig, weil diese Zeit als Ausbildung gilt, danach normalerweise nicht mehr. Vertiefend siehe → Kinder.

Hat ein Kind den gesetzlichen Grundwehr- oder Zivildienst geleistet (nur möglich bis zum 1.7.2011), kann dies die Altersgrenze um die Dauer des geleisteten Dienstes hinausschieben. Deshalb wird in Zeile 20 nach Beginn und Ende des abgeleisteten gesetzlichen Grundwehrdienstes bzw. Ersatzdienstes gefragt. Vertiefend siehe → Kinder.

→ ZEILE 19
Behinderte Kinder

Kinder, die infolge einer Behinderung außerstande sind, für ihren Unterhalt zu sorgen, können unabhängig vom Alter berücksichtigt werden. Voraussetzung ist, dass die Behinderung vor Vollendung des 25. bzw. u. U. 27. Lebensjahres eingetreten ist.

→ ZEILEN 21–25
Erwerbstätigkeit des Kindes

Ob ein Kind erwerbstätig ist oder nicht, spielt bis zum Abschluss der ersten Berufsausbildung keine Rolle. Deshalb sind Eintragungen in diesen Zeilen nur erforderlich, wenn das volljährige Kind bereits eine Berufsausbildung abgeschlossen hat (Zeile 21). Soweit ein Kind in diesem Fall (weiterhin) einen der oben genannten Berücksichtigungstatbestände erfüllt (z. B. zweite Ausbildung), kann es für Zeiträume, in denen es voll erwerbstätig (regelmäßige Arbeitszeit durchschnittlich mehr als 20 Stunden/Woche) ist, nicht mehr berücksichtigt werden (Zeilen 22, 24, 25).

Eine Vollerwerbstätigkeit im Rahmen eines Ausbildungsdienstverhältnisses, z. B. betriebliche Ausbildung, duales Studium an einer Berufsakademie (Zeile 22 „2“) oder **ein** Minijob (Zeile 23), ist keine „schädliche“ Tätigkeit. Vertiefend siehe → Kinder.

5.4 Steuerliche Vergünstigungen für Kinder (Seite 2)

Erfüllt ein Kind alle Voraussetzungen für eine steuerliche Berücksichtigung, erhalten die Eltern in jedem Fall **Kindergeld** oder einen **Kinderfreibetrag** und zusätzlich einen **Freibetrag für den Betreuungs- und Erziehungs- oder Ausbildungsbedarf** des Kindes. Weitere Vergünstigungen sind zusätzlich möglich. Vertiefend siehe → Kinder.

→ ZEILEN 31–38

Kranken-/Pflegepflichtversicherung des Kindes

Der Abzug von Kranken- und Pflegepflichtversicherungsbeiträgen für Kinder bei den Eltern setzt voraus, dass der Versicherungsgesellschaft erlaubt wurde, die Daten der Finanzverwaltung elektronisch zu übermitteln. Deshalb dürfen Sie hier auch nur in diesem Fall Eintragungen vornehmen.

Sind Sie im Versicherungsvertrag, durch den Ihr Kind versichert ist, als **Versicherungsnehmer** (Schuldner der Beiträge) aufgeführt, können Sie **alle** Kranken- und Pflegepflichtversicherungsbeiträge (Basisbeiträge – Kennzahlen 66 und 67 – in voller Höhe, solche für Wahlleistungen oder Krankengeldanspruch in Kennzahl 69 nur bis zum Höchstbetrag), als eigene Sonderausgaben in der **ersten** Spalte geltend machen. Wurden Kranken- und Pflegepflichtversicherungsbeiträge zurückerstattet, mindern diese den abzugsfähigen Betrag (Kennzahl 68).

War das **Kind Versicherungsnehmer,** kann es seine Versicherungsbeiträge, unabhängig davon, wer gezahlt hat, in seiner eigenen Steuererklärung angeben (**Anlage Vorsorgeaufwand**). Nur wenn das Kind auf den Sonderausgabenabzug für seine Basiskranken- und Pflegepflichtversicherungsbeiträge verzichtet, z. B. weil es nur geringe eigene Einkünfte hat, dann können die Eltern diese in der **zweiten** Spalte geltend machen. Beiträge, die zu einem Krankengeldanspruch (Kennzahl 71) führen oder Wahlleistungen (Zeile 37) absichern, sind nur beim Kind abzugsfähig und dürfen hier grundsätzlich nicht eingetragen werden. In Kennzahl 70 werden i. d. R. nur die Basiskrankenversicherungsbeiträge erfasst. Handelt es sich um einen gesetzlichen Arbeitnehmeranteil zur Krankenversicherung, ist dagegen der Gesamtbetrag in den Kennzahlen 70 und 71 einzutragen. Zusätzlich abzugsfähig sind die Pflegepflichtversicherungsbeiträge des Kindes (Kennzahl 72). Erstattete Beiträge oder Zuschüsse von Dritten mindern die abzugsfähigen Beträge (Kennzahlen 73, 75). Beiträge für eine vergleichbare ausländische Krankenversicherung für das Kind sind gesondert (Zeile 38) zu erfassen, weil hier kein elektronischer Datenaustausch erfolgt.

→ ZEILEN 39–44
Übertragung der Freibeträge

Die Übertragung des Kinderfreibetrags ist bei geschiedenen, dauernd getrennt lebenden Eltern oder Eltern nichtehelicher Kinder möglich, wenn ein Elternteil nicht unterhaltsverpflichtet ist (zu niedrige Einkünfte) oder seiner Unterhaltspflicht im Jahr nicht ausreichend (d. h. zu weniger als 75 % des festgelegten Betrags) nachkommt (Zeile 39). Eine Übertragung ist nicht möglich, wenn Unterhaltskosten nach dem Unterhaltsvorschussgesetz gezahlt worden sind (Zeile 40). Mit der Übertragung verliert der Elternteil ohne Freibetrag auch sämtliche anderen vom Kind abhängigen Steuervergünstigungen.

Sobald der verdoppelte Freibetrag beantragt wird, ist in Zeile 6 der volle Kindergeldanspruch einzutragen.

Die Übertragung des Freibetrags für Betreuung, Erziehung und Ausbildung auf einen Elternteil (Zeile 41) ist nur bei minderjährigen Kindern möglich, vorausgesetzt, das Kind ist **nur** bei diesem Elternteil gemeldet. Hat der andere Elternteil Betreuungskosten getragen oder das Kind zeitweise betreut, kann er der Übertragung seines Freibetrags widersprechen.

Die Zeilen 42–44 sind für die Fälle vorgesehen, in denen das Kind bei Stief- oder Großeltern berücksichtigt werden soll, weil das Kind in deren Haushalt lebt und ihnen bereits das Kindergeld ausgezahlt wurde. In diesen Fällen müssen Sie zusätzlich die **Anlage K** (erhältlich beim Finanzamt oder aus dem Internet abrufbar) ausfüllen und unterschreiben.

→ ZEILEN 45–50
Alleinerziehende

Alleinerziehende, die mit steuerlich berücksichtigungsfähigen Kindern eine Haushaltsgemeinschaft bilden, können hier den Abzug eines Entlastungsbetrags von 1.908 € im Jahr für das erste bzw. 240 € für jedes weitere Kind beantragen. Vertiefend siehe → Kinder.

Dazu geben Sie in Zeile 45 an, in welchem Zeitraum das Kind bei Ihnen mit Wohnsitz (Haupt- **oder** Nebenwohnsitz) gemeldet war, und ergänzen Sie in Zeile 46 die Aussage zum ausgezahlten Kindergeld. Lebte in Ihrem Haushalt eine weitere (volljährige) Person, für die kein Kindergeldanspruch bestand, mit Ihnen und Ihrem Kind in Haushaltsgemeinschaft (Zeilen 47–50), ist regelmäßig kein Entlastungsbetrag möglich.

→ ZEILEN 51–54
Ausbildungsfreibetrag/ Freibetrag zur Abgeltung eines Sonderbedarfs bei Berufsausbildung

Den Ausbildungsfreibetrag von 924 € jährlich können Sie nur für volljährige Kinder und für Zeiten erhalten, in denen das Kind in Ausbildung und auswärts untergebracht (Zeile 51) ist. Bei längerfristigen Auslandsaufenthalten (Zeile 52) gilt u. U. ein gekürzter Freibetrag.

Geschiedene, dauernd getrennt lebende Eltern oder Eltern nichtehelicher Kinder können einvernehmlich statt der üblichen hälftigen Berücksichtigung bei beiden, eine andere Verteilung des Freibetrags, z. B. der gesamte Betrag bei einem Elternteil, schriftlich beantragen (Zeile 54). Vertiefend siehe → Kinder.

TIPP

Unterstützungszahlungen an Kinder über 25 Jahre – Anlage Unterhalt ausfüllen

Hatten Sie Aufwendungen für den Unterhalt und/oder die Berufsausbildung eines Kindes, das nicht bei Ihnen berücksichtigt werden kann, z. B. weil es über 25 Jahre alt ist oder den freiwilligen Wehrdienst ableistet, dann können Sie Ihre Unterstützungsleistungen auf der **Anlage Unterhalt** geltend machen.

5.5 Schulgeld, Behinderung, Betreuungskosten (Seite 3)

→ ZEILEN 61–63
Schulgeld

Schulgeld ist abzugsfähig, wenn es sich um eine (Privat-)Schule in Deutschland, im EU- bzw. EWR-Ausland (Island, Liechtenstein, Norwegen) oder eine deutsche Schule im Ausland handelt. Begünstigt sind nur Schulen, deren Schulabschluss in Deutschland anerkannt ist. Begünstigt sind auch Einrichtungen, die auf einen anerkannten Schulabschluss vorbereiten. Vertiefend siehe → Sonderausgaben.

→ ZEILEN 64–66
Behinderte Kinder

Einzelheiten zu den Steuervergünstigungen für behinderte Menschen siehe Erläuterungen zum Hauptvordruck (Zeilen 61–64). Vertiefend siehe → Behinderte Menschen.

Die Übertragung der einem behinderten oder hinterbliebenen Kind zustehenden steuerlichen Vergünstigungen auf die Eltern ist dann möglich, wenn sich beim Kind die Vergünstigungen nicht auswirken, weil es keine oder nur geringe Einkünfte hat.

Geschiedene, getrennt lebende oder unverheiratete Eltern können (notwendig ist ein gemeinsamer formloser Antrag mit Unterschrift) statt der üblichen hälftigen eine andere Verteilung des Pauschbetrags angeben (Zeile 66). Wurde der gesamte Kinderfreibetrag auf einen Elternteil übertragen, kann auch nur dieser Elternteil den Behindertenpauschbetrag des Kindes übertragen bekommen (vgl. Erläuterungen zu den Zeilen 38, 39 der Anlage Kind).

→ ZEILEN 67–73
Kinderbetreuungskosten

Kosten für Betreuungsleistungen (Zeile 67, ohne Kosten für Unterkunft, Verpflegung, Unterricht) für bei Ihnen berücksichtigungsfähige und in Ihrem Haushalt lebende Kinder (Zeilen 69–71) unter 14 Jahren bzw. behinderte Kinder sind als Sonderausgaben abzugsfähig. Werden die Eltern des Kindes nicht als Ehegatten zusammen veranlagt, kann nur der Elternteil die Kosten geltend machen, der sie getragen hat (Zeile 72). Die Angaben zum Haushalt der Elternteile (Zeilen 69–71) und zur Aufteilung der Kosten (Zeile 73) haben Bedeutung für den beim jeweiligen Elternteil abzugsfähigen Höchstbetrag. Vertiefend siehe → Kinder.

Checkliste Anlage Kind

Folgende Abzugsmöglichkeit geprüft? Vgl. Ausfüllhinweise zur Zeile!

Haben Sie für bei Ihnen berücksichtigungsfähige Kinder Kindergeld beantragt? ☐
Stellt sich erst bei der Steuerveranlagung heraus, dass die Berücksichtigung möglich ist, können Sie nachträglich Kindergeld erstmals oder erneut beantragen (Zeile 6).

Ist Ihr volljähriges Kind erwerbstätig? ☐
Eine Erwerbstätigkeit schließt eine Kinderberücksichtigung bis zum Abschluss der ersten Berufsausbildung nicht aus. Aber auch danach ist eine Erwerbstätigkeit des Kindes nicht immer steuerlich „schädlich" (Zeilen 21–25).

Hat Ihr Sohn die Altersgrenze (21 bzw. 25 Jahre) erreicht? ☐
Prüfen Sie, ob eine Verlängerung der Berücksichtigungszeit möglich ist, weil in früheren Jahren der gesetzliche Grundwehr- oder Zivildienst geleistet wurde (Zeile 20).

Folgende Abzugsmöglichkeit geprüft? Vgl. Ausfüllhinweise zur Zeile!	
Kann Ihr Kind nicht mehr berücksichtigt werden? Kosten für Unterhalt und Berufsausbildung des Kindes können Sie u. U. als außergewöhnliche Belastungen geltend machen (Anlage Unterhalt, Zeile 37).	☐
Sind für Ihr Kind Kranken- oder Pflegepflichtversicherungsbeiträge angefallen? Diese können Sie als (eigene) Sonderausgaben abziehen (Zeilen 31–38), wenn Sie Versicherungsnehmer sind oder das Kind die Beiträge nicht steuerlich geltend macht. Der steuerliche Abzug bei den Eltern ist regelmäßig günstiger als beim Kind.	☐
Kann das Kind beim anderen Elternteil nicht berücksichtigt werden, weil dieser verstorben ist, im Ausland lebt oder seiner Unterhaltsverpflichtung nicht nachkommt? Ihnen stehen die verdoppelten Freibeträge zu (Zeilen 13, 14, 39).	☐
Sind Sie alleinerziehend? Haben Sie daran gedacht, den Entlastungsbetrag zu beantragen (Zeilen 45–50)?	☐
Ist Ihr volljähriges Kind während der Berufsausbildung auswärtig untergebracht? Beantragen Sie den Ausbildungsfreibetrag (Zeilen 51 ff.).	☐
Hatten Sie Kosten für die Betreuung eines über 14 Jahre alten Kindes? Dafür kommt eine Steuerermäßigung infrage (Hauptvordruck, Zeile 72).	☐
Ihr Kind besucht eine Privatschule? Sie können Schulgeld (Zeile 61), Betreuungskosten (Zeilen 67 ff.) sowie Spenden (und Mitgliedsbeiträge) an die Schule oder den Schulförderverein (Hauptvordruck, Zeilen 46, 50) absetzen.	☐

Folgende Abzugsmöglichkeit geprüft? Vgl. Ausfüllhinweise zur Zeile!

Haben Sie ein behindertes Kind? ☐

Sie können den Pauschbetrag des Kindes übertragen bekommen (Zeilen 64–66).

Zusätzlich sind Fahrtkosten i. Z. m. behinderungsbedingten Fahrten bzw. Privatfahrten sowie eigene Pflege- und Betreuungskosten für das Kind abzugsfähig (Eintragung Hauptvordruck Zeile 67).

6 Anlage Unterhalt

6.1 Allgemein

WICHTIG

Unterhaltszahlungen an Angehörige

Die **Anlage Unterhalt** benötigen Sie in folgenden Fällen: Sie haben z. B.

- einen Angehörigen (insbesondere Ihre Eltern oder erwachsenen Kinder),
- den Ex-Ehegatten oder Ex-Lebenspartner nach aufgelöster Lebenspartnerschaft,
- den Partner in einer eheähnlichen Gemeinschaft,
- die Mutter Ihres unehelichen Kindes oder
- Personen mit Aufenthalts-/Niederlassungserlaubnis nach § 23 AufenthG (Kriegsflüchtlinge)

finanziell unterstützt, weil die Person kein oder nur geringes eigenes Einkommen und Vermögen hat.

Haben Sie in **verschiedenen** Haushalten lebende Personen unterstützt, müssen Sie haushaltsbezogen jeweils eine eigene **Anlage Unterhalt** abgeben.

Für jede (im jeweiligen Haushalt) unterstützte Person muss auf der entsprechenden Anlage Unterhalt eine eigene Vordruckseite mit den verlangten Angaben zur Person ausgefüllt werden. Vertiefend siehe → Unterhaltszahlungen.

Überblick

Im Bedarfsfall ausfüllen	
Seite 1	**Angaben zum Haushalt der unterhaltenen Person und den Unterhaltsleistungen (Zeilen 4–16)** Die Angaben (Anschrift, Wohnsitzstaat, Personen im unterstützten Haushalt, Höhe des Unterhalts sowie der (Basis-)Kranken- und Pflegepflichtversicherungen der unterstützten Person) sind für die Berechnung des abzugsfähigen Betrags notwendig. **Auslandsunterhalt (Zeilen 17–26)** Für Unterstützungsleistungen ins Ausland gelten strenge Nachweisregelungen über die Zahlungen. Unter Umständen werden die abzugsfähigen Höchstbeträge je nach Wohnsitzstaat gekürzt.
Seite 2	**Angaben zur ersten im Haushalt lebenden Person (Zeilen 31–44)** Anhand der Angaben wird geprüft, ob die unterstützte Person die Abzugsvoraussetzungen erfüllt. **Angaben zum eigenen Einkommen der unterstützten Person (Zeilen 45–54)** Eigenes Einkommen und Bezüge der unterstützten Person bewirken eine Kürzung des abzugsfähigen Höchstbetrags.
Seiten 3, 4	**Angaben zu weiteren im Haushalt lebenden Personen** Die Seiten entsprechen inhaltlich der Seite 2.

6.2 Angaben zum Haushalt der unterstützten Person(en) (Seite 1)

→ ZEILEN 4–6
Haushalt der unterstützten Person

Tragen Sie ein, wo die unterstützte(n) Person(en) lebt bzw. leben (Zeile 4). Soweit sich der Haushalt im Ausland befindet (Zeile 5), gelten strengere Nachweisregelungen und je nach Land eventuell gekürzte abzugsfähige Höchstbeträge (vgl. Erläuterungen zu den Zeilen 17–26). Leben im Haushalt der unterstützten Person mehrere Personen (Angaben in Zeile 6), werden die Unterhaltszahlungen auf alle im Haushalt lebenden Personen gleichmäßig aufgeteilt. Für jede Person ist in diesem Fall eine eigene Seite auf der Anlage Unterhalt (Seite 2–4) auszufüllen. Für jede Person wird getrennt geprüft, ob der auf sie entfallende Unterhalt abzugsfähig ist.

→ ZEILEN 7–16
Unterhaltsleistungen, Unterstützungszeitraum

Leben im Haushalt mehrere Personen, sind sämtliche Zahlungen für den laufenden Lebensunterhalt (Wohnung, Kleidung, Nahrung), die an die Haushaltsmitglieder geleistet wurden, einzutragen. Der gesamte Betrag wird nach Köpfen gleichmäßig verteilt. Ein Abzug der Unterhaltsleistungen ist nur für Monate möglich, in denen eine Unterstützung (Zeilen 7, 9) stattgefunden hat, d. h. grundsätzlich ab dem Monat der **ersten Zahlung** (Zeilen 8, 10). Bei Ehegattenunterhalt wird unabhängig vom

Zahlungszeitpunkt immer Unterhalt für das gesamte Jahr angenommen. Die Zahlungen müssen Sie grundsätzlich anhand geeigneter Unterlagen belegen (Ausnahme: Person lebte bei Ihnen im Haushalt, vgl. Zeile 36). Erfolgte die Unterstützung nur für einen Teil des Jahres, wird ggf. der Jahreshöchstbetrag gekürzt. Die Höhe der (Basis-)Krankenversicherung oder Pflegepflichtversicherung der unterstützten Person, für die sie selbst Versicherungsnehmer ist, tragen Sie in die Zeilen 11, 13 bzw. 15 ein. Um diese Beiträge erhöht sich der bei Ihnen berücksichtigungsfähige Abzugshöchstbetrag. Nicht abzugsfähig ist der Beitragsanteil, aus dem sich ein Anspruch auf Krankengeld ergibt (ersichtlich aus der Bescheinigung der Krankenkasse). Deshalb sind die Eintragungen in den Zeilen 12, 14 bzw. 16 notwendig. Vertiefend siehe → Unterhaltszahlungen. Haben Sie als Versicherungsnehmer eine der genannten Versicherungen für eine unterstützte Person abgeschlossen, können Sie die Beiträge auf der Anlage Vorsorgeaufwand geltend machen.

→ ZEILEN 17–26

Unterstützte Person lebt im Ausland

Wenn die unterstützte Person im Ausland lebt, benötigen Sie zusätzlich aus dem Wohnsitzstaat eine in mehreren Sprachen (über die Formularverwaltung der Internetseiten des BMF abrufbar oder beim Finanzamt in Papierform erhältlich) sog. **Unterhaltserklärung** über die persönlichen Verhältnisse, das eigene Einkommen und das Vermögen der unterstützten Person (Eintragung in Zeilen 34, 64, 94). Diese müssen Sie auf Verlangen des Finanzamts vorweisen können. Ist die Person nicht Ihr Ehegatte und in erwerbsfähigem Alter (unter 65 Jahre), ist der Abzug von Unterhaltszahlungen im Regelfall nicht möglich (**Erwerbsobliegenheit**). Vertiefend siehe → Unterhaltszahlungen.

Bei Auslandssachverhalten gelten für den Nachweis der Unterhaltszahlungen erhöhte Anforderungen. Machen Sie die geforderten Angaben über den Zahlungsweg (Überweisung Zeile 17, Mitnahme anlässlich von Heimfahrten Zeilen 18–20). Die Bankbelege über die Abbuchung bzw. bei persönlicher Übergabe den Nachweis über die Geldabhebung, die Durchführung der Reise und eine detaillierte Bestätigung der unterstützten Person über die Übergabe für jeden einzelnen Betrag müssen Sie auf Anforderung des Finanzamts vorlegen können.

Erfolgte die Heimfahrt zum eigenen Haushalt im Ausland und lebte dort der Ehegatte, ist das eine Familienheimfahrt. Hier gelten Vereinfachungsregelungen. Für bis zu maximal vier Fahrten (Zeilen 21–25) im Kalenderjahr wird ein Nettomonatslohn (Zeile 26) als mitgenommener Betrag ohne Nachweis akzeptiert. Je nach Staat wird der abzugsfähige Höchstbetrag nach der Ländergruppeneinteilung halbiert oder geviertelt. Vertiefend siehe → Unterhaltszahlungen.

6.3 Angaben zur ersten unterstützten Person (Seite 2)

→ ZEILEN 31–44
Angaben zur (ersten) unterstützten Person

Anhand der **Angaben** wird geprüft, ob ein Abzug von Unterhaltszahlungen an die **unterstützte** Person möglich ist. Falls die Bedingungen nicht das ganze Jahr über vorlagen, müssen Sie den Zeitraum genau angeben. Der für das Jahr abzugsfähige Höchstbetrag wird dann nur zeitanteilig berücksichtigt.

Gesetzlich unterhaltsberechtigte Person/gleichgestellte Person

Voraussetzung für einen Kostenabzug ist grundsätzlich, dass die unterhaltene Person Ihnen oder Ihrem Ehegatten gegenüber unterhaltsberechtigt ist (Ehegatte, geradlinig verwandte Personen z. B. Eltern, Großeltern, Kinder, Enkel, anderer Elternteil eines gemeinsamen Kindes bis zu drei Jahren) oder einer solchen Person gleichgestellt ist (vgl. Erläuterungen zu Zeile 41). Unter den begünstigten Personenkreis fallen auch (Kriegs-)Flüchtlinge, die eine Aufenthalts- oder Niederlassungserlaubnis nach § 23 AufenthG haben. Dies trifft zzt. nur für Flüchtlinge aus Syrien zu. Vertiefend siehe → Unterhaltszahlungen.

→ ZEILE 36
Haushaltszugehörigkeit

Lebt die unterstützte Person bei Ihnen im Haushalt, wird – auch ohne nachgewiesene Zahlungen – vom Unterhalt in Höhe des gesetzlichen Höchstbetrags von 9.000 € (jährlich) ausgegangen. Außerdem ist die Haushaltszugehörigkeit für den Abzug von Unterhaltsleistungen an **gleichgestellte** Personen erforderlich (vgl. Erläuterungen zu Zeile 41).

→ ZEILE 37
Kindergeldanspruch

Für Zeiträume, in denen für die unterstützte Person Kindergeldanspruch bzw. Anspruch auf einen Kinderfreibetrag bestand, ist der Kindsunterhalt damit steuerlich berücksichtigt. Bei steuerlich nicht berücksichtigungsfähigen Kindern (Kinder, für die keine Anlage Kind ausgefüllt wird), z. B. arbeitslose Kinder über 21 Jahre oder über 25 Jahre alte Kinder in Berufsausbildung, ist der Abzug von Unterhalt über die Anlage Unterhalt möglich.

→ ZEILE 41
Eheähnliche Gemeinschaft/

Unterhaltszahlungen an nicht gesetzlich unterhaltsberechtigte Personen sind nur abzugsfähig, wenn die unterstützte Person eine **gleichgestellte Person** ist. Dies setzt zum einen voraus,

Haushaltsgemeinschaft

dass die Person mit Ihnen in Hausgemeinschaft lebt, d. h. „ein Wirtschaften aus einem Topf" erfolgt (Zeile 36) und der Person wegen der Unterhaltsleistungen öffentliche Leistungen (Arbeitslosengeld II bzw. Hartz IV, Wohngeld etc.) gestrichen oder gekürzt werden. Infrage kommen z. B. der Partner in eheähnlicher Gemeinschaft (ohne gemeinsames Kind oder älterem gemeinsamen Kind) sowie Verwandte (Geschwister) bzw. Verschwägerte). Vertiefend siehe → Unterhaltszahlungen.

→ ZEILE 42
Vermögen

Hatte die unterstützte Person außer Hausrat und einem angemessenen Hausgrundstück weiteres Vermögen von über 15.500 €, gilt sie nicht mehr als bedürftig mit der Folge, dass Unterstützungsleistungen steuerlich nicht abzugsfähig sind.

→ ZEILEN 43, 44
Mehrere Zahlende

Wird die von Ihnen unterhaltene Person auch von anderen Personen unterstützt, vermerken Sie dies in Zeile 43 und geben in Zeile 44 den von anderen Personen geleisteten Unterhalt und den Unterhaltszeitraum an. In diesem Fall wird der abzugsfähige Betrag auf alle (im Inland lebenden) unterstützenden Personen aufgeteilt.

→ ZEILEN 45–54
Eigene Einkünfte und Bezüge der unterstützten Person

Der Abzug von Unterstützungsleistungen für im Inland lebende Personen ist auf einen Höchstbetrag von 9.000 € jährlich (bei Personen im Ausland eventuell weniger) je unterstützter Person, ggf. erhöht um die Basiskranken- und Pflegepflichtversicherungsbeiträge der unterstützten Person, begrenzt. Der Höchstbetrag wird jedoch um die eigenen Einkünfte und Bezüge, soweit sie 624 € jährlich überschreiten und öffentlichen Ausbildungshilfen (BAföG-Zuschüsse), die die unterstützte Person während des Unterhaltszeitraums (vgl. Erläuterungen zu den Zeilen 7–10) hatte, gekürzt. Angerechnet wird nur das Einkommen, das auf **volle** Unterstützungsmonate („innerhalb des Unterstützungszeitraums") entfällt, nicht dagegen Einkommen „außerhalb des Unterstützungszeitraums". Hatte die unterstützte Person Kapitalerträge (Zinsen), die dem Abgeltungsteuersatz (25 %) unterlegen haben, handelt es sich um Bezüge (Eintragung in den Zeilen 51, 52), ansonsten liegen Einkünfte vor (Zeilen 49, 50).

6.4 Angaben zu weiteren unterstützten Personen (Seiten 3 und 4)

Auf den Seiten 3 und 4 werden für weitere im Haushalt lebende Personen dieselben Angaben wie für die erste Person verlangt.

Checkliste Anlage Unterhalt

Folgende Abzugsmöglichkeit geprüft? Vgl. Ausfüllhinweise zur Zeile!

Sie haben eine der folgenden Personen unterstützt? ☐

- Eltern, Großeltern, Schwiegereltern
- erwachsene Kinder, für die Sie keine Anlage Kind ausgefüllt haben
- mit Ihnen in Haushaltsgemeinschaft lebende Geschwister (Zeile 41)
- den im Ausland lebenden Ehegatten oder Partner einer eingetragenen Lebenspartnerschaft (Zeile 39)
- den geschiedenen oder von Ihnen getrennt lebenden Ehegatten oder Ex-Partner einer (aufgelösten) Lebenspartnerschaft (Zeile 38)
- Ihren Partner in eheähnlicher Gemeinschaft (Zeilen 40, 42)
- die Mutter Ihres nichtehelichen Kindes

Die Person lebte bei Ihnen im Haushalt? ☐
Das Finanzamt erkennt ohne Nachweis 9.000 € Unterhalt an (Zeile 36). Der Höchstbetrag erhöht sich um die Basiskranken- und Pflegepflichtversicherungsbeiträge der unterstützten Person, wenn diese Versicherungsnehmer ist (Zeilen 11–16).

Sie haben für die bedürftige Person (Basis-)Kranken- und Pflegeversicherungs beiträge als Versicherungsnehmer übernommen? ☐
Sie können die Beiträge als eigene Sonderausgaben berücksichtigen, indem Sie sie auf der Anlage Vorsorgeaufwand (Zeile 40 ff.) eintragen.

Sie haben eine im Ausland lebende Person unterstützt? ☐
Sie benötigen in diesem Fall eine **amtliche Unterhaltserklärung** und den **lückenlosen Nachweis des Geldflusses** (Zeilen 17–26, 34).

7 Anlage G (Einkünfte aus Gewerbebetrieb)

7.1 Allgemein

WICHTIG

Gewerbetreibende müssen Anlage G ausfüllen

Die **Anlage G** müssen Sie in folgenden Fällen ausfüllen:

- Sie waren im Veranlagungsjahr Inhaber eines Gewerbebetriebs.
- Sie haben bzw. hatten die Absicht, einen Gewerbebetrieb zu eröffnen. In diesem Zusammenhang sind Ihnen Aufwendungen entstanden.
- Sie sind an einer gewerblichen Personengesellschaft beteiligt.

Ehegatten geben jeweils eine eigene Anlage ab.

Überblick

Im Bedarfsfall ausfüllen	
Seite 1	**Gewinn (Zeilen 4–11)** An dieser Stelle ist der durch Buchführung oder Einnahmenüberschussrechnung (EÜR) ermittelte Gewinn zu erklären. Beteiligte an gewerblich tätigen Personengesellschaften müssen den auf sie entfallenden Gewinnanteil angeben. **Ermäßigte Besteuerung für im Betrieb verbleibende Gewinne (Zeile 15)** Die ermäßigte Besteuerung für „thesaurierte" Gewinne beantragen Sie durch Abgabe der **Anlage 34a.** **Steuerermäßigung nach § 35 EStG (Zeilen 16–22)** Hier beantragen Sie eine Steuerermäßigung für die Einkommensteuer, wenn Sie für den Betriebsgewinn auch Gewerbesteuer zahlen müssen.
Seite 2	**Veräußerungsgewinn/-verlust (Zeilen 31–44)** Wenn Sie Ihren Betrieb veräußert oder aufgegeben haben, ist der dadurch eingetretene Gewinn bzw. Verlust zu erklären. **Sonstiges (Zeilen 45–54)**

WICHTIG

Wenn Sie Ihren Gewinn durch **Einnahmenüberschussrechnung** (§ 4 Abs. 3 EStG) ermitteln, müssen Sie dazu die amtliche **Anlage EÜR** verwenden. Ermitteln Sie Ihren Gewinn durch **Buchführung**, können Sie beantragen, den im Betrieb belassenen Gewinn (thesaurierter Gewinn) mit einem Steuersatz von nur 28,25 % zu besteuern. Dazu benötigen Sie die **Anlage 34a** (Eintrag in Zeile 15 der Anlage G). Wenn Sie ermäßigt besteuerte Gewinne allerdings in späteren Jahren aus dem Betrieb entnehmen, müssen Sie diese mit einem Steuersatz von 25 % nachversteuern.

→ ZEILEN 4–5
Gewinn/Verlust Einzelunternehmer

Der Gewinn aus Gewerbebetrieb ist entweder durch **Buchführung** (Betriebsvermögens- oder Bestandsvergleich) oder durch **Einnahmenüberschussrechnung** (Gewinnermittlung nach § 4 Abs. 3 EStG) zu ermitteln. Bei der Einnahmenüberschussrechnung müssen Sie Ihre Betriebseinnahmen und -ausgaben zusammenstellen. Aus der Differenz ergibt sich Ihr jährlicher Gewinn bzw. Verlust. Der durch die Aufgabe oder Veräußerung eines Betriebs entstandene Gewinn muss gesondert erklärt werden (vgl. Erläuterungen zu den Zeilen 31 ff.).

Die Unterlagen zur Gewinnermittlung (Bilanz mit der Gewinn-und-Verlust-Rechnung und Erläuterungen dazu) bzw. zur Einnahmenüberschussrechnung einschließlich Erläuterungen (**Anlage EÜR**) müssen Sie elektronisch übermitteln bzw. der **Anlage G** beifügen.

Verluste tragen Sie mit einem Minuszeichen versehen ein.

→ ZEILE 7
Gesonderte Gewinnfeststellung

Wenn sich der Betriebssitz im Zuständigkeitsbereich eines anderen Finanzamts befindet, dann müssen Sie alle Unterlagen für den Betrieb (zusätzlich die **Anlage G** und die Gewinnermittlung) zusammen mit einer **Erklärung zur gesonderten Feststellung der Einkünfte** (Vordruck ESt 1 B,) beim Betriebsfinanzamt abgeben. Der Gewinn wird dann gesondert in einem verbindlichen Gewinnfeststellungsbescheid festgestellt.

→ ZEILEN 8–11
Beteiligungen

Sind Sie oder Ihr Ehegatte als Gesellschafter an einer Personengesellschaft (z. B. OHG, KG, GmbH & Co. KG, BGB-Gesellschaft oder eine atypisch stille Gesellschaft) beteiligt, wird Ihr Anteil am Gewinn, einschließlich aller Vergütungen, die Sie von der Gesellschaft erhalten haben, bei dem für die Gesellschaft zuständigen Betriebsfinanzamt **einheitlich und gesondert** festgestellt. Sie erhalten davon eine Mitteilung durch die Gesellschaft oder das Betriebsfinanzamt.

TIPP

Betriebsausgaben müssen der Beteiligungsgesellschaft mitgeteilt werden

Beachten Sie, dass Sie Ihre sämtlichen (Betriebs-)Ausgaben in der Gewinnfeststellungserklärung der Gesellschaft geltend machen müssen und nicht in Ihrer Einkommensteuererklärung.

→ ZEILE 13
Teileinkünfteverfahren

Wenn Sie im Betriebsvermögen Ihres Unternehmens Anteile an Kapitalgesellschaften (Aktiengesellschaft, GmbH) haben, sind die Gewinnanteile (z. B. Dividenden) sowie Veräußerungsgewinne bzw. -verluste nur zu 60 % zu versteuern. Der steuerpflichtige Teil ist in der Gewinnermittlung zu erfassen (Zeile 4), der steuerfreie Teil in Zeile 13. Einzutragen in Zeile 13 sind allerdings nur die Einkünfte, d. h. die Einnahmen sind um darauf entfallende Betriebsausgaben (z. B. Zinsen) zu kürzen.

→ ZEILEN 16–22
Steuerermäßigung wegen Gewerbesteuer

Wenn Sie für Ihren Betrieb Gewerbesteuer zahlen, erhalten Sie eine Steuerermäßigung. Dazu müssen Sie den Gewerbesteuermessbetrag (Zeile 16) und die tatsächlich für das Jahr zu zahlende Gewerbesteuer (Zeile 17) eintragen. Wenn Sie mehrere Betriebe haben bzw. an mehreren Betrieben beteiligt sind, müssen Sie die Angaben für jeden Betrieb getrennt machen (Zeilen 18–22). Vertiefend siehe → Gewerbesteuer.

7.2 Weitere Angaben

→ ZEILEN 31–44
Betriebsveräußerung/ Betriebsaufgabe

Der Gewinn, den Sie aus der Veräußerung eines Betriebs, eines Teilbetriebs, eines Anteils an einer Personengesellschaft oder einer Betriebsaufgabe erzielt haben, gehört ebenfalls zu den gewerblichen Einkünften. Sind Sie berufsunfähig oder mindestens 55 Jahre alt, steht Ihnen ein Freibetrag zu. Da dieser nur einmal im Leben gewährt wird, sollte die Entscheidung gut überlegt sein. Die Eintragungen müssen vor Abzug des Freibetrags in Zeile 31 oder 35 erfolgen. Die gleichen Voraussetzungen gelten für das Wahlrecht zur Anwendung des ermäßigten Steuersatzes (Zeilen 34 bzw. 38). Soweit das Teileinkünfteverfahren gilt (insbesondere Verkauf von Anteilen an Kapitalgesellschaften), ist der Gewinn in den Zeilen 32, 36 bzw. 39 zu erfassen. Ein Verlust ist in Zeile 40 und ergänzend in Zeile 41 einzutragen.

Soll für den Veräußerungsgewinn ganz oder teilweise die Reinvestitionsrücklage (§ 6b EStG) in Anspruch genommen werden, ist dieses in den Zeilen 33 bzw. 37 zu vermerken.

→ ZEILEN 42–44
Veräußerung von Anteilen an Kapitalgesellschaften

Haben Sie Anteile an einer Kapitalgesellschaft (AG, GmbH), an der Sie mindestens 1 % aller Anteile besitzen oder besessen haben, in Ihrem **Privatvermögen** gehalten und veräußern Sie diese oder Teile davon, dann unterliegt der Veräußerungsgewinn – eventuell nach Abzug eines Freibetrags – der Einkommensteuer und ist in Zeile 42 zu erfassen. In Zeile 44 kreuzen Sie an, wenn die Veräußerung an eine Gesellschaft erfolgt ist, an der Sie oder ein Angehöriger von Ihnen beteiligt ist.

→ ZEILE 45
Außerordentliche Einkünfte

Sind in Ihrem Gewinn sog. außerordentliche Einkünfte enthalten wie z. B. Entschädigungen für entgangene oder entgehende Einnahmen, Vergütungen für mehrjährige Tätigkeiten oder Ausgleichszahlungen, die Sie als Handelsvertreter erhalten haben, dann tragen Sie diese in Zeile 45 ein. Das können auch Steuererstattungen aufgrund einer vorangegangenen rechtlichen Auseinandersetzung sein. Hier gilt eine günstigere ermäßigte Besteuerung (Fünftel-Regelung).

Checkliste Anlage G

Folgende Abzugsmöglichkeit geprüft? Vgl. Ausfüllhinweise zur Zeile!

Sie planen als Existenzgründer bzw. Inhaber eines Klein- oder mittleren Betriebs die Anschaffung neuer Wirtschaftsgüter? ☐
Sie können bereits in dem Jahr, in dem Sie die Anschaffung konkret beabsichtigen, einen Investitionsabzugsbetrag gem. § 7g Abs. 1 EStG geltend machen. Mithilfe des Investitionsabzugsbetrags können Sie auch erreichen, dass für Wirtschaftsgüter statt der allgemeinen Abschreibungsregelungen Sonderregelungen (GWG oder Wirtschaftsgüter im Sammelpool) gelten, die einen schnelleren Kostenabzug möglich machen.

Sie wollen Gewinne legal in spätere Jahre verlagern? ☐
Bilden Sie für geplante Investitionen einen Investitionsabzugsbetrag.

Folgende Abzugsmöglichkeit geprüft? Vgl. Ausfüllhinweise zur Zeile!

Sie haben 2018 neue Wirtschaftsgüter gekauft? ☐
Prüfen Sie die Sonderabschreibung gem. § 7g Abs. 5 EStG für Klein- und Mittelbetriebe. Sie ist unabhängig vom Investitionsabzugsbetrag möglich.

In Ihren Betriebsausgaben sind Bewirtungskosten enthalten? ☐
Kontrollieren Sie, ob die notwendigen Belege alle geforderten Angaben enthalten.

Sie haben Ihr privates Kfz auch für betriebliche Fahrten genutzt? ☐
Ohne Kostennachweis können Sie für jeden betrieblich gefahrenen Kilometer 0,30 € als Betriebsausgabe geltend machen.

Sie nutzen Ihr Fahrzeug nicht zu mehr als 50 % betrieblich? ☐
Führen Sie Aufzeichnungen über die betrieblich und die privat gefahrenen Kilometer, um den Privatanteil festzuhalten. Ohne derartige Aufzeichnungen wird das Finanzamt von einem 80 %igen Privatanteil ausgehen.

Sie planen die Anschaffung eines Kfz? ☐
Beträgt die betriebliche Nutzung voraussichtlich mindestens 90 %, können Sie einen Investitionsabzugsbetrag erhalten.

Sie haben 2018 ein Kfz neu angeschafft? ☐
Bei einer betrieblichen Nutzung (gefahrene Kilometer) von mindestens 90 % erhalten Sie auf Antrag eine Sonderabschreibung (§ 7g Abs. 5 EStG).
Beträgt die betriebliche Nutzung des Kfz (nach den gefahrenen Kilometern) weniger als 50 %, ist es im Normalfall sinnvoll, das Kfz als Privatvermögen zu behandeln und nicht ins Anlageverzeichnis aufzunehmen. Die betrieblich verursachten Kosten bleiben abzugsfähige Betriebsausgaben (ohne Einzelkostennachweis 0,30 €/km), aber der beim Verkauf des Kfz anfallende Veräußerungserlös ist nicht zu versteuern.

Folgende Abzugsmöglichkeit geprüft? Vgl. Ausfüllhinweise zur Zeile!

Sie haben geringwertige Wirtschaftsgüter (Kosten ohne Umsatzsteuer nicht über 800 €) gekauft? ☐
Sie können die Kosten in voller Höhe sofort abziehen (keine AfA).

8 Anlage S (Einkünfte aus selbstständiger Arbeit)

8.1 Allgemein

WICHTIG

Anlage S gilt für Freiberufler

Die **Anlage S** benötigen Sie in folgenden Fällen:

- Sie waren im Veranlagungsjahr freiberuflich tätig.
- Sie haben bzw. hatten die Absicht, sich als Freiberufler selbstständig zu machen. In diesem Zusammenhang sind Ihnen Aufwendungen entstanden.
- Sie sind an einer freiberuflich tätigen Personengesellschaft beteiligt.

Ehegatten geben jeweils eine eigene Anlage ab.

Überblick

Im Bedarfsfall ausfüllen	
Seite 1	**Gewinn (Zeilen 4–16)** Hier ist der durch Buchführung oder Einnahmenüberschussrechnung ermittelte Gewinn zu erklären. Beteiligte an freiberuflich tätigen Personengesellschaften müssen ihren Gewinnanteil angeben.
Seite 2	**Veräußerungsgewinn (Zeilen 31–42)** Wenn Sie Ihren Betrieb veräußert oder aufgegeben haben, ist der dadurch eingetretene Gewinn zu erklären. **Nebenberufliche Tätigkeiten (Zeilen 44, 45)** Waren Sie nebenberuflich für eine gemeinnützige Organisation oder öffentlich-rechtliche Körperschaft als Übungsleiter tätig, sind die erzielten Einnahmen bis zu 2.400 € steuerfrei. Andere Tätigkeiten für diese Organisationen sind bis zu 720 € befreit.

WICHTIG

Zusätzliche Anlage EÜR nicht vergessen

Bei der Abgabe der Steuererklärung müssen Sie bei der Gewinnermittlung durch **Einnahmenüberschussrechnung** gem. § 4 Abs. 3 EStG zwingend die **Anlage EÜR** benutzen (s. u.).

Wenn Sie für durch **Buchführung** ermittelte und nicht entnommene Gewinne eine ermäßigte Besteuerung beantragen möchten, benötigen Sie zusätzlich die **Anlage 34a** (Eintragung in Zeile 16 der Anlage S).

→ ZEILEN 4, 5
Gewinn freiberufliche Tätigkeit

Tragen Sie in Zeile 4 den ermittelten Gewinn/Verlust aus der freiberuflichen Tätigkeit ein und fügen Sie Unterlagen zur Gewinnermittlung bei. Üben Sie mehrere freiberufliche Tätigkeiten aus, können Sie diese in Zeile 5 eintragen. Für bestimmte freiberufliche Tätigkeiten können Sie Betriebsausgaben auch über Pauschalen geltend machen. Vertiefend siehe → Einnahmenüberschussrechnung.

→ ZEILE 6
Gesonderte Feststellung

Die Ausführungen zur Zeile 7 der **Anlage G** gelten sinngemäß auch für freiberufliche Betriebe, wenn sich der Betrieb außerhalb der Zuständigkeit des Wohnsitzfinanzamts befindet.

→ ZEILEN 7, 8
Beteiligungen

Auf die Ausführungen zu den Zeilen 8–11 der **Anlage G** wird hingewiesen.

→ ZEILE 9
Verlustbeteiligungen

Sind Sie an freiberuflichen Abschreibungs- bzw. Verlustzuweisungsgesellschaften oder Steuerstundungsmodellen beteiligt, tragen Sie Ihren (Verlust-)Anteil ein (vgl. Erläuterungen **Anlage G** Zeile 12).

→ ZEILEN 10, 11
Andere selbstständige Arbeit

Hier tragen Sie unter Angabe Ihrer Tätigkeit Ihren Gewinn oder Verlust ein, wenn Sie keine freiberufliche, sondern eine andere selbstständige Tätigkeit (z. B. Lotterieeinnehmer, Nachlass-, Zwangs-, Insolvenz-, Vermögensverwalter, Aufsichtsrat, Testamentsvollstrecker) ausüben.

→ ZEILE 12
Teileinkünfteverfahren

Zeile 12 betrifft Sie nur, wenn Sie im Betriebsvermögen Anteile an Kapitalgesellschaften (Aktien, GmbH-Anteile) halten und die Gesellschaft Ihnen Gewinnanteile (z. B. Dividenden) ausgezahlt oder an Sie verdeckte Gewinnausschüttungen vorgenommen hat (vgl. Erläuterungen zu Zeile 13 der **Anlage G**).

→ ZEILE 16
Steuerermäßigung

Haben Sie den Gewinn durch Buchführung ermittelt, können Sie für die Teile des Gewinns, die im Betrieb bleiben und nicht entnommen worden sind, eine ermäßigte Besteuerung beantragen. Dazu benötigen Sie die **Anlage 34a** (vgl. Erläuterungen zu Zeile 15 der Anlage G und Hinweise zur Anlage 34a).

8.2 Weitere Angaben

→ ZEILEN 31–42
Betriebs-veräußerung/-aufgabe

Haben Sie Ihren freiberuflichen Betrieb veräußert oder aufgegeben, ist ein dadurch entstandener Gewinn steuerlich zu erfassen. Auf die Ausführungen zu den Zeilen 31–44 der **Anlage G** wird verwiesen.

→ ZEILE 43
Außerordentliche Erträge

Infrage kommen z. B. Entschädigungen für entgangene oder entgehende Einnahmen oder Vergütungen für mehrjährige Tätigkeiten. Diese werden ermäßigt besteuert (vgl. Erläuterungen zu Zeile 45 der **Anlage G**).

→ ZEILEN 44–45
Nebentätigkeiten

In den Zeilen 44 und 45 tragen Sie Vergütungen für **ehrenamtliche Tätigkeiten** z. B. als Stadt- oder Gemeinderat, ehrenamtlicher Bürgermeister oder ähnliche Nebentätigkeiten ein. Ebenso fallen darunter **Aufwandsentschädigungen** für nebenberufliche, selbstständige Übungsleiter und weitere Personen. (Anmerkung: Waren Sie als Arbeitnehmer tätig, gehören die Zahlungen in Zeile 27 der **Anlage N**). Den steuerfreien Teil dieser Aufwandsentschädigungen (max. 2.400 €) müssen Sie gesondert in Zeile 44 bzw. 45 angeben, der steuerpflichtige Teil ist im Gewinn (Zeile 4) zu erfassen. Vertiefend siehe → Ehrenamt.

TIPP

Vordruck EÜR muss nicht immer ausgefüllt werden

Haben Sie (außer Arbeitslohn) nur Einkünfte aus ehrenamtlichen Tätigkeiten, die sich in den Grenzen (2.400 € bzw. 720 €) halten, brauchen Sie keine Anlage EÜR ausfüllen (vgl. Erläuterungen der Anlage EÜR).

Checkliste Anlage S

Folgende Abzugsmöglichkeit geprüft? Vgl. Ausfüllhinweise zur Zeile!

Sie sind nebenberuflich schriftstellerisch, journalistisch, künstlerisch, wissenschaftlich oder unterrichtend (Lehrtätigkeit, Nachhilfe, Prüfungstätigkeit) tätig? ☐
Sie können pauschale Betriebsausgaben geltend machen (Zeile 4).

Folgende Abzugsmöglichkeit geprüft? Vgl. Ausfüllhinweise zur Zeile!	
Sie waren nebenberuflich als selbstständiger Übungsleiter, Vortragender, Ausbilder, Betreuer oder in einer vergleichbaren Tätigkeit als Künstler oder Pflegender für eine inländische Person des öffentlichen Rechts oder für eine gemeinnützige Organisation tätig? Prüfen Sie, ob Ihr Honorar (teilweise) steuerfrei gem. § 3 Nr. 26 EStG ist (Zeilen 44–45).	☐
Prüfen Sie auch die Checkliste zur Anlage G. Die dort genannten Tipps für gewerbliche Betriebe gelten auch für Freiberufler.	☐

9 Anlage EÜR (Einnahmenüberschussrechnung)

9.1 Allgemein

WICHTIG

Wer die Anlage EÜR abgeben muss

Die Anlage EÜR müssen Sie abgeben, wenn Sie nicht zu denjenigen Unternehmern gehören, die bilanzieren. Ab Vz. 2017 ist die bisherige Regelung, nach der bei Betriebseinnahmen von weniger als 17.500 € die Abgabe einer formlosen Einnahmenüberschussrechnung als ausreichend angesehen worden ist, ausgelaufen.

Ausnahmen u. a in Härtefällen

In Härtefällen kann die Finanzbehörde auf Antrag auf die elektronische Übermittlung verzichten. Für diese Fälle stellen die Finanzämter Papiervordrucke der Anlage EÜR zur Verfügung.

Weitere Ausnahmefälle hat die OFD Nordrhein-Westfalen in einer bundesweit abgestimmten Verfügung v. 20.4.2018, Kurzinfo ESt 03/2018, geregelt:

- Wenn der Gewinn unter 410 € liegt (§ 46 Abs. 2 Nr. 1 EStG) und ein Veranlagungsgrund nach § 46 Abs. 2 Nr. 2 bis 7 EStG vorliegt (Anlage EÜR in Papierform erlaubt)
- Bei einer Antragsveranlagung (§ 46 Abs. 2 Nr. 8 EStG), wenn ein weiterer Veranlagungsgrund nach § 46 Abs. 2 Nr. 2 bis 7 EStG gegeben ist (Anlage EÜR in Papierform zulässig)
- Ehrenamtlich Tätige, deren Einnahmen nach den §§ 3 Nr. 26, 26a oder 26b EStG insgesamt steuerfrei bleiben, müssen gar keine Anlage EÜR ausfüllen.

Für jeden Betrieb ist eine separate Einnahmenüberschussrechnung zu erstellen.

Die Anlage EÜR ist nach § 60 Abs. 4 EStDV zwingend elektronisch an die Finanzverwaltung zu übermitteln.

Bei Personengesellschaften (z. B. GbR oder KG) ist die Anlage EÜR für den gesamthänderischen Bereich elektronisch zu übermitteln. Daneben sind für jeden Beteiligten, für den entsprechende Angaben erforderlich sind, die Sonder- und Ergänzungsrechnungen für Personengesellschaften (Ermittlungen der Sonderbetriebseinnahmen – Anlage SE – und Sonderbetriebsausgaben sowie die Ergänzungsrechnungen – Anlage ER) und die Schuldzinsenermittlungen nach § 4 Abs. 4a EStG zusätzlich gesondert elekronisch einzureichen.

Überblick

Im Bedarfsfall ausfüllen	
Seite 1	**Betriebseinnahmen (Zeilen 11–22)** Hier sind die Betriebseinnahmen einzutragen, die im Wirtschaftsjahr zugeflossen sind. Beachten Sie die Besonderheiten bei der Umsatzsteuer und bei Entnahmen aus dem Betriebsvermögen.
Seiten 1, 2	**Betriebsausgaben (Zeilen 23–65)** Hier tragen Sie alle Betriebsausgaben ein, die den Gewinn des Wirtschaftsjahres mindern.
Seite 3	**Ermittlung des Gewinns (Zeilen 71–85)** In diese Zeilen müssen Sie Beträge eintragen, die zwar nicht als Betriebseinnahmen oder -ausgaben angesehen werden, aber doch Auswirkungen auf den Gewinn haben. **Ergänzende Angaben (Zeilen 87–92)** **Rücklagen und stille Reserven (Zeilen 87–90)** Hier tragen Sie gewinnmindernde Rücklagen nach § 6b EStG, Ersatzbeschaffungen und Ausgleichsposten nach § 4g EStG ein. **Entnahmen und Einlagen (Zeilen 91–92)** Falls Sie Einlagen oder Entnahmen getätigt haben, führen Sie diese hier auf. Dazu gehören neben Wirtschaftsgütern und Leistungen, die Sie privat in Anspruch genommen haben, auch Geldentnahmen und -einlagen.
Anlagen	**Anlageverzeichnis/Ausweis des Umlaufvermögens, Ermittlung der nicht abziehbaren Schuldzinsen**

9.2 Notwendige Unterlagen

Allgemeine Kurzinformation

Unternehmer, die nicht bilanzieren, müssen den amtlich vorgeschriebenen Vordruck „Einnahmenüberschussrechnung – EÜR (Gewinnermittlung nach § 4 Abs. 3 EStG)" zusammen mit ihrer Einkommensteuererklärung einreichen. Vertiefend siehe → Einnahmenüberschussrechnung, → Bilanzierung/E-Bilanz und → Kleinunternehmer.

9.3 Betriebseinnahmen

→ ZEILEN 11–15
Betriebs-einnahmen

In den Zeilen 11–15 sind die **Betriebseinnahmen** einzutragen. Diese sind grundsätzlich im Wirtschaftsjahr des Zuflusses zu erfassen.

WICHTIG

Dividenden müssen in voller Höhe eingetragen werden

Dividenden, die unter das Teileinkünfteverfahren fallen, sind zwar nur zu 60 % steuerpflichtig, da 40 % nicht als Gewinn erfasst werden (§ 3 Nr. 40 EStG). Vertiefend siehe → Kapitalanlagen.

In die Beträge der Zeilen 14 und 15 sind sie allerdings in voller Höhe einzubeziehen. Eine Korrektur erfolgt in Zeile 82. Auf die Erläuterungen zu Zeile 82 wird verwiesen.

→ ZEILEN 16–17
Umsatzsteuer

Die vereinnahmten Umsatzsteuerbeträge auf die Betriebseinnahmen der Zeilen 14 und 18 gehören zum Zeitpunkt ihrer Vereinnahmung, die Umsatzsteuer auf unentgeltliche Wertabgaben der Zeilen 19 und 20 dagegen zum Zeitpunkt ihrer Entstehung zu den Betriebseinnahmen und sind in Zeile 16 einzutragen.

Hat das Finanzamt Ihnen Umsatzsteuer erstattet, gehört der Betrag in Zeile 17. Die erstatteten steuerlichen Nebenleistungen, wie z. B. ein Verspätungs- oder Säumniszuschlag, sind aber in Zeile 15, bei Kleinunternehmern (§ 19 UStG) in den Zeilen 11 und 12 zu erfassen.

→ ZEILE 18
Veräußerung oder Entnahme von Anlagevermögen

Haben Sie im Gewinnermittlungszeitraum Wirtschaftsgüter des Anlagevermögens (z. B. Maschinen, Kfz) veräußert oder entnommen, ist der Erlös bzw. der Entnahmewert ohne Umsatzsteuer in Zeile 18 einzutragen.

→ ZEILEN 19–20
Entnahmen

In den Zeilen 19 und 20 sind **die übrigen privaten Vorgänge ohne Umsatzsteuer** zu erfassen (**Entnahmen**). Die entsprechende Umsatzsteuer gehört in Zeile 16.

→ ZEILE 21
Rücklagenauflösung, Rücklagenbildung

In den ergänzenden Angaben (Zeilen 87–90) berechnen Sie den Gewinn aus der Auflösung von Rücklagen und Ausgleichsposten. Übertragen Sie den Betrag in Zeile 21.

9.4 Betriebsausgaben

→ ZEILE 23
Betriebsausgabenpauschale

In den folgenden Zeilen 23–65 sind alle Betriebsausgaben aufzuschlüsseln. Diese sind grundsätzlich im Wirtschaftsjahr des Abflusses zu erfassen.

Bestimmte Berufsgruppen können den Betriebsausgabenabzug pauschalieren, d. h. sie ziehen einen bestimmten Prozentsatz ihrer Einnahmen als Betriebsausgaben ab. Eine weitergehende Berücksichtigung von einzelnen Kosten ist nicht mehr möglich. Vertiefend siehe → Einnahmenüberschussrechnung und → Werbungskosten, -pauschbeträge und -pauschalen.

Ist der pauschale Betriebsausgabenabzug für Sie günstiger, tragen Sie in Zeile 23 diesen Betrag ein. Damit ist für Sie der Teil „Betriebsausgaben" erledigt und Sie können zu Zeile 65 springen.

Gleiches gilt, wenn Sie den Freibetrag nach § 3 Nr. 26 EStG für bestimmte nebenberufliche Tätigkeiten (Übungsleiterfreibetrag), den Freibetrag nach § 3 Nr. 26a EStG für andere nebenberufliche Tätigkeiten (max. 720 €) oder den Freibetrag nach § 3 Nr. 26b EStG (für Aufwandsentschädigungen eines Vormunds) geltend machen und keine höheren tatsächlichen Betriebsausgaben haben. Vertiefend siehe → Ehrenamt.

In allen anderen Fällen müssen die Beträge im Vordruck grundsätzlich mit dem Nettobetrag ausgewiesen werden. Die abziehbaren Vorsteuerbeträge sind in Zeile 48 auszuweisen. Kleinunternehmer und Steuerpflichtige, die den Vorsteuerabzug nach den §§ 23, 23a und 24 Abs. 1 UStG pauschal vornehmen, geben den Bruttobetrag an.

→ ZEILEN 28–34
Absetzung für Abnutzung (AfA)

Berechnen Sie die AfA-Beträge in der Anlage AVEÜR, die Sie zusammen mit Ihrer Gewinnermittlung einreichen. Vertiefend siehe → Abschreibungen/Anschaffungs- und Herstellungskosten, → Abschreibungen im Betrieb und → Abschreibungen/Gebäude.

→ ZEILE 35
Restbuchwert

Nicht vergessen dürfen Sie die Eintragung des Restbuchwerts ausgeschiedener Anlagegüter in Zeile 35.

→ ZEILEN 36–38
Miete, Grundstücksaufwendungen

Kosten für das häusliche Arbeitszimmer sind ausschließlich in Zeile 55 einzutragen. Mietaufwendungen für eine doppelte Haushaltsführung gehören in die Zeile 37.

Betreiben Sie Ihr Gewerbe in eigenen Räumen bzw. auf eigenen Grundstücken, sind die hierfür anfallenden Kosten (ohne AfA Zeile 28 und Schuldzinsen Zeile 46 f.) in Zeile 38 einzutragen.

Sonstige unbeschränkt abzugsfähige Betriebsausgaben

→ ZEILE 43
Miete/Leasing

Nicht in Zeile 43 gehören Kfz-Leasingkosten (Zeile 58) oder Raummiete (Zeile 36).

→ ZEILE 46
Schuldzinsen zwecks Finanzierung von Wirtschaftsgütern

Die Schuldzinsen können u. U. nur eingeschränkt abzugsfähig sein. Vertiefend siehe → Schuldzinsen.

Tragen Sie in Zeile 46 zunächst die Schuldzinsen für **gesondert aufgenommene Darlehen** zur Finanzierung von AK oder HK von Wirtschaftsgütern des Anlagevermögens ein (z. B. Betriebsgebäude, Pkw, Maschinen etc.). Diese sind in jedem Fall und in vollem Umfang abzugsfähig. Schuldzinsen für das häusliche Arbeitszimmer sind in Zeile 55 zu erfassen.

→ ZEILE 47
Übrige Schuldzinsen

In die Zeile 47 tragen Sie die übrigen Schuldzinsen mit dem vollen Betrag ein.

Sind hier weniger als 2.050 € einzutragen, brauchen Sie sich keine weiteren Gedanken machen. Der Betrag ist voll abzugsfähig. In allen anderen Fällen muss die Anlage „Ermittlung der nicht abziehbaren Schuldzinsen – Anlage SZE" ausgefüllt und mit der Einnahmenüberschussrechnung eingereicht werden. Einen sich daraus ergebenden Korrekturbetrag müssen Sie in die Zeile 84 eintragen.

→ ZEILE 48
Gezahlte Vorsteuer

Die an andere Unternehmer (Lieferanten etc.) gezahlten abziehbaren Vorsteuerbeträge sind in Zeile 48 einzutragen. Vertiefend siehe → Umsatzsteuer.

→ ZEILE 49
Gezahlte und verrechnete Umsatzsteuer

Die an das Finanzamt im entsprechenden Jahr tatsächlich abgeführte Umsatzsteuerzahllast gehört in Zeile 49. Die gezahlten steuerlichen Nebenleistungen, wie z. B. ein Verspätungs- oder Säumniszuschlag, sind aber in Zeile 51 einzutragen.

→ ZEILE 50
Bildung von Rücklagen

In den ergänzenden Angaben (Zeilen 87–90) berechnen Sie die Summe der Gewinnminderungen aus der Bildung von Rücklagen und Ausgleichsposten. Übertragen Sie den Betrag in Zeile 50.

Beschränkt abzugsfähige Betriebsausgaben

→ ZEILEN 52–57

Im Folgenden sind die beschränkt abziehbaren Betriebsausgaben anzugeben. Hierzu gehören insbesondere Geschenke, Be-

Geschenke, Bewirtungskosten, Verpflegungsmehraufwendungen, Arbeitszimmer

wirtung, Reisekosten, Kosten der doppelten Haushaltsführung, das häusliche Arbeitszimmer etc.

Die Gesamtaufwendungen sind in „nicht abziehbare" und „abziehbare" aufzuteilen. Vertiefend siehe → Betriebsausgaben, → Geschenke, → Bewirtungskosten und → Doppelte Haushaltsführung.

→ ZEILEN 58–63

Kraftfahrzeugkosten

Zu unterscheiden sind die Aufwendungen für:

- Kfz-Leasing (Zeile 58)
- Steuern, Versicherungen und Maut (Zeile 59)
- sonstige Fahrtkosten (Zeile 60)

In Zeile 60 gehören alle übrigen festen und laufenden Kosten (z. B. Kraftstoffkosten, Reparaturkosten etc.), allerdings nicht die AfA und Zinsaufwendungen. Ferner sind Aufwendungen für öffentliche Verkehrsmittel, die für betriebliche Zwecke (z. B. Geschäftsreisen) genutzt wurden, hier zu berücksichtigen.

Wurden Privatfahrzeuge betrieblich genutzt, sind die Kosten in Zeile 61 einzutragen. Hier kann entweder die km-Pauschale von 0,30 € pro gefahrenen Kilometer angesetzt werden oder der tatsächliche km-Satz, der anhand von Einzelaufzeichnungen nachzuweisen ist. Vertiefend siehe → Firmenwagen, → Fahrtkosten und → Doppelte Haushaltsführung.

Da die Aufwendungen für **Fahrten zwischen Wohnung und Betrieb** sowie für die **Heimfahrten im Rahmen einer doppelten Haushaltsführung** nur beschränkt abzugsfähig sind, werden die anteiligen Gesamtkosten (anteilige Beträge, die in der vorigen Zeile erfasst wurden), zzgl. der anteiligen AfA für den betrieblichen Pkw (aus Zeilen 30/31) und die Finanzierungskosten des Pkw) in der Zeile 62 eingetragen und mindern die Betriebsausgaben.

Die für Wege zwischen Wohnung und Betriebsstätte und für Familienheimfahrten im Rahmen der doppelten Haushaltsführung **abziehbaren** Pauschbeträge (z. B. Entfernungspauschale) werden unabhängig von der Art des genutzten Verkehrsmittels in Zeile 63 erfasst. Vertiefend siehe → Firmenwagen. Wird der Privatanteil nach der 1 %-Regelung berechnet, beachten Sie die Kostendeckelung. Vertiefend siehe → Firmenwagen.

→ ZEILE 64

Nichtabziehbare Beträge

Sind in den Zeilen 25 bis 63 Beträge enthalten, die den Gewinn nicht mindern dürfen (z. B. unangemessene Aufwendungen nach § 4 Abs. 5 Satz 1 Nr. 7 EStG oder nicht abziehbare Restbuchwerte nach § 55 Abs. 6 EStG, nicht abziehbare Aufwendungen i. Z. m. steuerfreien Einnahmen nach § 3 Nr. 26, 26a oder 26b EStG, müssen diese hier eingetragen werden. Dadurch werden diese Betriebsausgaben neutralisiert.

9.5 Gewinnermittlung

→ ZEILEN 73–76
Hinzurechnungen

In die Zeilen 73–75 sind Hinzurechnungsbeträge nach § 7g Abs. 2 EStG entsprechend den Regelungen zum Investitionsabzugsbetrag einzutragen. Diese berechnen Sie getrennt nach einzelnen Wirtschaftsgütern auf einer gesonderten Anlage. Vertiefend siehe → Investitionsabzugsbetrag.

WICHTIG

Rückgängigmachung von Investitionsabzugsbeträgen

Wurden in den Vorjahren Investitionsabzugsbeträge gebildet, bei denen die Investitionsabsicht aufgegeben oder die Investition innerhalb der dreijährigen Investitionsfrist nicht durchgeführt wurde, sind die Steuerfestsetzungen für das Jahr zu ändern, in dem der Investitionsabzugsbetrag abgezogen worden ist. Die Rückgängigmachung des Investitionsabzugsbetrags ist dem Finanzamt durch Übermittlung einer berichtigten Anlage EÜR für das Jahr anzuzeigen, in dem der Investitionsabzugsbetrag abgezogen worden ist. Sofern im Folgejahr der Anschaffung oder Herstellung gegen die Verwendungsvoraussetzung nach § 7g Abs. 4 EStG verstoßen wird, ist der im Wirtschaftsjahr der Anschaffung oder Herstellung berücksichtigte Hinzurechnungsbetrag rückgängig zu machen. Hierzu ist eine geänderte Anlage EÜR für das Wirtschaftsjahr der Anschaffung oder Herstellung zu übermitteln. In diesem Fall ist ggf. auch der Herabsetzungsbetrag nach § 7g Abs. 2 Satz 2 EStG zu korrigieren und die AfA neu zu berechnen.

Wird eine §-6b-Rücklage aufgelöst, ohne dass eine Übertragung auf ein Ersatzwirtschaftsgut stattgefunden hat, ist ein Gewinnzuschlag vorzunehmen (§ 6b Abs. 7 und Abs. 10 EStG). Dieser gehört in Zeile 76. Beachten Sie auch die Erläuterung zu Zeile 87.

Im Folgenden können Sie noch Aufwendungen geltend machen, die zwar nicht als Betriebsausgaben angesehen werden, aber doch den Gewinn mindern.

→ ZEILE 78
Wechsel der Gewinnermittlungsart

In Zeile 78 ist ein Übergangsgewinn oder -verlust einzutragen, der bei einem Wechsel von der Gewinnermittlungsart „Betriebsvermögensvergleich", d. h. Bilanzierung, zur Einnahmenüberschussrechnung entsteht. Bei Aufgabe oder Veräußerung des Betriebs ist eine Schlussbilanz zu erstellen. Der Übergangsgewinn/-verlust gehört ebenfalls in Zeile 78.

→ ZEILE 79
Ergebnis aus Beteiligung an Personengesellschaften

In der Zeile 79 sind die gesondert und einheitlich festgestellten Ergebnisanteile aus Beteiligungen an Personengesellschaften (Mitunternehmerschaften, Bürogemeinschaften) einzutragen. Die dort berücksichtigten Betriebseinnahmen und -ausgaben dürfen nicht zusätzlich in den Zeilen 10–78 angesetzt werden.

Soweit Ergebnisanteile dem Teileinkünfteverfahren bzw. § 8b KStG unterliegen, sind sie hier in voller Höhe (einschließlich steuerfreier Anteile) einzutragen. Die entsprechende Korrektur erfolgt in Zeile 82.

→ ZEILE 81
Korrekturbetrag InStG

Soweit Erträge, für die das InvStG gilt, in den Zeilen 11–65 enthalten sind, ist der Saldo aus den Erträgen und den Aufwendungen in der Spalte „Gesamtbetrag" einzutragen, Verluste mit negativem Vorzeichen. Soweit die Erträge teilweise steuerfrei sind, dürfen die anteiligen zugehörigen Aufwendungen den Gewinn nicht mindern. In der Spalte „Korrekturbetrag" ist ein steuerfreier Betrag abzuziehen (Eintragung mit negativem Vorzeichen) und ein nicht abziehbarer Betrag hinzuzurechnen.

→ ZEILE 82
Korrekturbetrag bei Teileinkünfteverfahren

Dividenden im Betriebsvermögen, die unter das Teileinkünfteverfahren fallen, sind nur zu 60 % steuerpflichtig, 40 % bleiben steuerfrei § 3 Nr. 40 EStG. Vertiefend siehe → Kapitalanlagen.

In Zeile 15 waren diese Beträge in voller Höhe als Betriebseinnahme einzubeziehen. In Zeile 82 erfolgt die Korrektur um die steuerfreien Beträge. Allerdings ist zu beachten, dass auch Aufwendungen, die mit diesen Beträgen in Zusammenhang stehen, nur zu 60 % abzugsfähig sind.

BEISPIEL

Korrekturbetrag bei Dividenden ermitteln

Sie halten eine GmbH-Beteiligung im Betriebsvermögen. Die Dividende i. H. v. 20.000 € unterliegt dem Teileinkünfteverfahren, d. h. 8.000 € bleiben steuerfrei. Die Finanzierungskosten der Beteiligung i. H. v. 3.000 € sind allerdings auch nur zu 60 % abzugsfähig. Es sind folgende Eintragungen vorzunehmen:

Die Dividende ist mit 20.000 € in die Beträge der Zeile 15 einzubeziehen. Die Schuldzinsen stehen mit Anlagevermögen in Zusammenhang und sind mit 3.000 € in Zeile 46 zu erfassen.

Für die Zeile 82 ist der Korrekturbetrag wie folgt zu ermitteln:

Dividende 20.000 €, davon steuerfrei 8.000 €.

Zinsen 3.000 €, davon nicht abzugsfähig 1.200 €.

Der bisher ermittelte Gewinn ist somit um 6.800 € zu hoch ausgewiesen. In Zeile 82 ist ein Eintrag von ./.6.800 € zu machen. Achten Sie darauf, die Eintragung mit Vorzeichen vorzunehmen.

→ ZEILE 83
Steuerpflichtiger Gewinn/Verlust

Ein Korrekturbetrag, der in der Anlage SZE errechnet wird, ist hier einzutragen. Er erhöht den Gewinn. Vertiefend siehe → Schuldzinsen.

9.6 Ergänzende Angaben

Ergänzende Angaben

Zu den Themengebieten Rücklagen und Entnahmen/Einlagen sind noch ergänzende Angaben zu machen.

→ ZEILEN 87–90
Rücklagen und stille Reserven

Soweit Steuerpflichtige die Übertragung stiller Reserven nach § 6b EStG nicht durch Abzug des bei der Veräußerung entstandenen Gewinns bei den AK oder HK der in § 6b EStG genannten Wirtschaftsgüter vorgenommen haben, können sie im Wirtschaftsjahr der Veräußerung eine gewinnmindernde Rücklage bilden.

→ ZEILE 87
Rücklagen nach § 6b EStG oder Ersatzbeschaffung

Tragen Sie in Zeile 87 die gebildete Rücklage ein. Auch die Minderung der AK/HK bei der begünstigten Investition durch Übertragung der stillen Reserven ist unter „Bildung“ als Betriebsausgabe in die linke Spalte einzutragen. Die Aufzeichnungspflichten nach § 6c Abs. 2 EStG sind zu beachten. Vorgenanntes gilt auch für die Rücklage für Ersatzbeschaffung nach R 6.6 EStR 2012.

→ ZEILE 88
Übertragung von stillen Reserven

In Zeile 88 sind die stillen Reserven einzutragen, die auf neu angeschaffte Wirtschaftsgüter übertragen wurden und die deren HK bzw. AK gemindert haben.

→ ZEILEN 91–92
Entnahmen und Einlagen

Hier sind die Entnahmen und Einlagen einzutragen, die nach § 4 Abs. 4a EStG gesondert aufzuzeichnen sind. Neben den durch die private Nutzung betrieblicher Wirtschaftsgüter oder Leistungen entstandenen Entnahmen – ggf. zuzüglich Umsatzsteuer – gehören auch die Geldeinnahmen und -einlagen dazu.

Hinweis: Wichtiges zu den verschiedenen Gewinnermittlungsarten, zu umsatzsteuerlichen Vorschriften sowie Tipps zur Verwendung des amtlichen Vordrucks finden Sie auch auf www.haufe.de/mybook.de unter „Weiterführende steuerliche Informationen“.

9.7 Vordruck SZE (Ermittlung der nicht abziehbaren Schuldzinsen)

WICHTIG

Wer die Anlage SZE abgeben muss

Die **Anlage SZE** benötigen Sie in folgenden Fällen:

- Sie führen ein Einzelunternehmen.
- Die geltend gemachten Schuldzinsen betragen nach Abzug der Schuldzinsen für Darlehen zur Finanzierung von AK oder HK von Wirtschaftsgütern des Anlagevermögens 2.050 €.

Formularaufbau	
Seite 1	**Ermittlung des maßgeblichen Gewinns (Zeilen 4–8)** Der mittels der Einnahmenüberschussrechnung ermittelte Gewinn ist um einige Positionen wie z. B. steuerfreie Gewinne zu korrigieren. **Ermittlung der Über-/Unterentnahmen des laufenden Wirtschaftsjahres (Zeilen 9–12)** Aus dem Saldo von Gewinn, Entnahmen und Einlagen werden die Über-/Unterentnahmen berechnet. **Ermittlung der nicht abziehbaren Schuldzinsen (Zeilen 13–26)** Auf Basis der kumulierten Über-/Unterentnahmen und unter Berücksichtigung eines Freibetrags werden die nicht abziehbaren Schuldzinsen berechnet.

Checkliste EÜR

Folgende Abzugsmöglichkeit geprüft? Vgl. Ausfüllhinweise zur Zeile!

Sie haben Dividenden (Teileinkünfteverfahren) oder Einkünfte, die unter das InvStG fallen, in Ihren Betriebseinnahmen erfasst? ☐
Denken Sie unbedingt daran, die Einkünfte in den Zeilen 81bzw. 82 zu korrigieren.

Sie haben Anlagevermögen verkauft, verschrottet, oder es ist aus anderen Gründen ausgeschieden? ☐
Den Restbuchwert müssen Sie in Zeile 35 eintragen und so als Betriebsausgabe geltend machen.

Ihre Schuldzinsen betragen mehr als 2.050 €? ☐
Teilen Sie genau auf, in welchem Umfang diese auf Anlagevermögen und andere Bereiche entfallen.
Prüfen Sie außerdem, welche Entnahmen Sie getätigt haben und ob diese in die Berechnung der nichtabzugsfähigen Zinsen einfließen müssen.

Sie planen in den kommenden Jahren Investitionen und möchten Ihren Gewinn jetzt schon mindern? ☐
Machen Sie sich mit dem Thema „Investitionsabzugsbetrag" vertraut und beziehen Sie diesen ggf. in Ihre Einnahmenüberschussrechnung ein.

10 Anlage 34a (Steuerbegünstigung für nicht entnommene Gewinne)

WICHTIG

Die **Anlage 34a** müssen Sie in folgendem Fall ausfüllen:

Sie wollen für freiberufliche oder gewerbliche Betriebsgewinne, die durch Buchführung ermittelt und im Betrieb belassen wurden (= thesaurierte Gewinne), eine **ermäßigte Besteuerung** beantragen.

Ehegatten geben für jeden Betrieb jeweils eine eigene Anlage 34a ab.

Überblick

Im Bedarfsfall ausfüllen	
Seite 1	**Einkunftsart, Betriebsbezeichnung (Zeilen 4, 5)** Geben Sie an, zu welcher Einkunftsart der Betrieb gehört und für welchen Betrieb Sie die begünstigte Besteuerung möchten.
	Begünstigungsbetrag (Zeilen 6–13) Die Zeilen dienen dazu, den begünstigt zu besteuernden Gewinn(anteil) zu ermitteln. In Zeile 6 erfassen Sie den Gesamtgewinn (einschließlich Veräußerungsgewinne) **ohne** steuerliche Gewinnkorrekturen (z. B. nichtabzugsfähige BA wie Gewerbesteuer). Gewinne aus der Veräußerung oder Aufgabe eines **Teilbetriebs** sind nur begünstigt, wenn dafür weder ein Freibetrag noch eine ermäßigte Besteuerung beantragt wurde (Zeilen 7, 8). Getätigte Entnahmen (Zeile 10) und Einlagen (Zeile 11) beeinflussen ebenfalls den begünstigten Gewinn(anteil). In Zeile 12 tragen Sie den nicht entnommenen (thesaurierten) Gewinn(anteil), für den Sie die ermäßigte Besteuerung beantragen wollen, in Zeile 13 den steuerpflichtigen Gewinn (nach den steuerlichen Gewinnkorrekturen) ein. **Nachversteuerung (Zeilen 14–27)** In früheren Jahren begünstigt besteuerter Gewinn wird bei Entnahme, spätestens bei Betriebsaufgabe nachversteuert. Die Zeilen dienen zur Prüfung, ob und in welcher Höhe eine Nachversteuerung erfolgen muss.

HINWEIS

Rechtliche Hinweise zur Thesaurierung

Für laufende gewerbliche und freiberufliche Gewinne (ebenso für Gewinne aus der Veräußerung oder Aufgabe eines Teilbetriebs, wenn dafür keine andere Steuervergünstigung beantragt wird), die im Betrieb verbleiben, kann durch Abgabe der **Anlage 34a** eine ermäßigte Besteuerung mit einem Steuersatz von 28,25 % beantragt werden. Voraussetzung ist, dass der Gewinn durch Buchführung ermittelt wird. Der Antrag auf die ermäßigte Besteuerung kann auch von einem Beteiligten an einer Personengesellschaft (OHG, KG) gestellt werden, wenn er zu mehr als 10 % beteiligt ist oder sein Gewinnanteil mehr als 10.000 € beträgt. Der ermäßigt besteuerte Gewinn wird vom Finanzamt mit einem gesonderten Bescheid festgestellt (Zeilen 6–13).

Wird der Gewinn (in späteren Jahren) aus dem Betrieb entnommen – spätestens bei Veräußerung oder Betriebsaufgabe – muss eine Nachversteuerung erfolgen. Eine Nachversteuerung wird auch durchgeführt, sobald der Betriebsgewinn nicht mehr durch Buchführung, sondern durch Einnahmenüberschussrechnung (§ 4 Abs. 3 EStG) ermittelt wird. Der Steuersatz für den nachzuversteuernden Betrag beträgt dann 25 % (Zeilen 14–23).

11 Anlage KAP (Einkünfte aus Kapitalvermögen)

11.1 Allgemein

WICHTIG

Ab dem Vz. 2018 gibt es für die Erklärung von Kapitaleinkünften drei Vordrucke:

- Die Anlage KAP
- Die Anlage KAP-BET
- Die Anlage KAP-INV

Wann die Anlage KAP ausgefüllt werden muss

Durch die Einführung der Abgeltungsteuer (25 % Kapitalertragsteuer auf Kapitalerträge) ist die Besteuerung im Regelfall erledigt und die Abgabe der Anlage KAP nicht notwendig. Vertiefend siehe → Kapitalanlagen.

In folgenden (Ausnahme-)Fällen müssen bzw. sollten Sie die **Anlage KAP** aber ausfüllen:

- Ihr persönlicher (Spitzen-)Steuersatz liegt unter 25 % und Sie möchten die von der Bank zu hoch einbehaltene Kapitalertragsteuer erstattet bekommen („Günstigerprüfung").
- Sie haben im Veranlagungsjahr weniger als 801 € (Ehegatten 1.602 €) Kapitalerträge erzielt, aber weil Sie keinen bzw. einen zu niedrigen Freistellungsauftrag erteilt hatten, wurde von der Bank Steuer einbehalten.
- Sie haben mit Ihren Freistellungsaufträgen den Sparerpauschbetrag nicht ausgenutzt, sodass Steuer einbehalten wurde.
- Sie haben Verluste aus Börsengeschäften (z. B. Aktienverkäufen) erlitten, die von der Bank intern nicht mit Gewinnen verrechnet werden konnten.

- Sie haben steuerpflichtige Kapitalerträge bekommen, die nicht der Abgeltungsteuer unterlegen haben (z. B. aus privaten Darlehen oder ausländischen Geldanlagen).
- Sie wollen bisher von der Bank nicht berücksichtigte, ausländische Quellensteuer auf die Einkommensteuer anrechnen lassen.
- Sie haben, obwohl Sie kirchensteuerpflichtig sind, einen Sperrvermerk zur Mitteilung der Kirchensteuermerkmale eintragen lassen, sodass die Bank keine Kirchensteuer einbehalten hat.
- Sie wollen als Beteiligter an einer Kapitalgesellschaft (unternehmerische Beteiligung) die Erträge (freiwillig) nach dem Teileinkünfteverfahren mit der tariflichen Einkommensteuer besteuern lassen, um gleichzeitig hohe Ausgaben (insbesondere Finanzierungskosten) als Werbungskosten geltend machen zu können.
- Ihre Bank hat beim Steuerabzug eine zu geringe Ersatzbemessungsgrundlage angewandt.
- Sie haben Kapitalerträge erzielt, die zu einer anderen Einkunftsart (z. B. Einkünfte aus Gewerbebetrieb) gehören und für die anrechenbare Steuern angefallen sind.
- Sie haben bestandsgeschützte Alt-Investmentfonds-Anteile i. S. d. § 56 Abs. 6 Satz 1 Nr. 2 InvStG veräußert.

Wann die Anlage KAP-BET ausgefüllt werden muss

Die Anlage KAP-BET ist auszufüllen, wenn Sie aus Beteiligungen stammende Einkünfte aus Kapitalvermögen und anrechenbare Steuern haben, die gesondert und einheitlich festgestellt werden.

Wann die Anlage KAP-INV ausgefüllt werden muss

Die Anlage KAP-INV ist auszufüllen, wenn Sie Investmenterträge erzielt haben, die nicht dem inländischen Steuerabzug unterlegen haben.

Jeder Ehegatte benötigt eine eigene Anlage KAP sowie bei Bedarf die Anlagen KAP-BET und/oder KAP-INV.

Überblick

Im Bedarfsfall ausfüllen	
Anlage KAP Seite 1	**Kapitalerträge mit einbehaltener Kapitalertragsteuer (Anlage KAP Zeilen 7–11)** Tragen Sie hier die inländischen Kapitalerträge sowie die Erlöse aus der Veräußerung von Wertpapieren und anderen Börsengeschäften auf dem Kapitalmarkt ein, für die von der Bank Steuer einbehalten worden ist. **Angaben zum Sparer-Pauschbetrag (Anlage KAP Zeilen 12, 13)** **Kapitalerträge ohne Steuerabzug (Anlage KAP Zeilen 14–19)** Einzutragen sind alle Zinserträge, die mit dem Abgeltungsteuersatz von 25 % steuerpflichtig sind, bei denen aber keine Kapitalertragsteuer einbehalten wurde (z. B. Zinsen aus privaten Darlehen sowie Zinsen und Beteiligungserträge aus Geldanlagen bei ausländischen Banken). **Kapitalerträge mit persönlichem Steuersatz (Anlage KAP Zeilen 20–27)** Zinserträge aus stillen Gesellschaften und partiarischen Darlehen sowie auf Antrag Erträge aus der Beteiligung an einer Kapitalgesellschaft werden mit dem persönlichen Steuersatz bzw. dem Teileinkünfteverfahren besteuert.
Anlage KAP Seite 2	**Anzurechnende Steuern (Anlage KAP Zeilen 48–56)** Einzutragen sind von der Bank einbehaltene inländische und ausländische Steuern.
Anlage KAP-BET	**Erträge aus Beteiligungen (Anlage KAP-BET Zeilen 1–24) sowie dazugehörige Steuerabzugsbeträge (Anlage KAP-BET Zeilen 31–39)** Hierher gehören Kapitalerträge, die Ihnen als Beteiligter einer Gemeinschaft (z. B. Erbengemeinschaft) zugeflossen sind. Auch hier wird zwischen den oben genannten Gruppen unterschieden. Die Angaben sind dem Feststellungsbescheid der Gesellschaft zu entnehmen.
Anlage KAP-INV Seite 1	**Laufende Erträge aus Investmentanteilen, die nicht dem inländischen Steuerabzug unterlegen haben (Anlage KAP-INV Zeilen 1–8)** Die Angaben sind der Steuerbescheinigung der Depotbank zu entnehmen. **Gewinne aus der Veräußerung von Investmentanteilen, die nicht dem inländischen Steuerabzug unterlegen (Anlage Kap-INV Zeilen 9–23)** Die Ermittlung nehmen Sie auf Seite 2 vor.
Anlage KAP-INV Seite 2	**Ermittlung der Veräußerungsgewinne zu Zeilen 9–23 (Anlage KAP-INV Zeilen 31–41)**

Allgemeine Übersicht

Kapitalerträge sind Erträge aus der Überlassung von Kapital (z. B. Zinsen oder Dividende). Zu den Kapitalerträgen gehören auch Erlöse aus Börsengeschäften bzw. „Spekulationsgeschäften" (Wertpapierverkäufe, Optionen, Termingeschäfte, Futures etc.).

Zur Besteuerung von Kapitalerträgen: Vertiefend siehe → Abgeltungsteuer.

Als Einnahme auf der Anlage KAP ist im Normalfall die volle Höhe des Kapitalertrags einschließlich der eventuell einbehaltenen Steuern (Kapitalertrag-, Kirchen-, Quellensteuer) anzugeben (Anlage KAP Zeilen 7–47). Bei einigen Eintragungen (z. B. Zeilen 21 und 22) sind dagegen nur die Einkünfte (Einnahmen abzüglich Ausgaben) zu erfassen. Die einbehaltenen Steuern sind in den Zeilen 48–57 einzutragen.

Auf den Zinsbescheinigungen der Banken sind im Normalfall die Zeilen der **Anlage KAP** angegeben, in denen der jeweilige Kapitalertrag zu erfassen ist.

Steueranrechnung, Steuerbescheinigung

Falls eine Anrechnung der einbehaltenen Steuern auf die Einkommensteuer möglich ist, müssen Sie dazu die **Originalsteuerbescheinigungen** Ihrer Bank(en) beifügen.

→ ANLAGE KAP ZEILEN 4–6

Grund für die Abgabe der Anlage KAP

Sind Sie sich nicht sicher, ob Ihr Grenzsteuersatz niedriger als 25 % ist, dann füllen Sie die Anlage KAP aus, wenn die Bank bei Ihnen Steuer einbehalten hat. Das Finanzamt prüft, ohne dass Ihnen Nachteile entstehen. In diesem Fall (Eintrag „1" in Zeile 4), müssen Sie **sämtliche** Kapitalerträge angeben und auch insbesondere Angaben zum bisher in Anspruch genommenen Sparer-Pauschbetrag (= aufgrund eines Freistellungsauftrags freigestellte Zinsen) in Zeile 12 machen. Außerdem sind die bisher von der Bank einbehaltenen Steuern (Anlage KAP - Zeilen 48–53) anzugeben und die Steuerbescheinigungen beizufügen.

Die Anträge lt. den Zeilen 4, 5 und 24 können unabhängig voneinander gestellt werden. Der Antrag auf Günstigerprüfung (Zeile 4) ersetzt nicht den Antrag auf Anwendung der tariflichen Einkommensteuer (Zeile 24)

TIPP

Von der Bank einbehaltene Kirchensteuer als Sonderausgaben

Machen Sie vorsorglich die von der Bank einbehaltene Kirchensteuer bei den Sonderausgaben (Hauptvordruck Zeile 43) geltend. Der Sonderausgabenabzug ist aber nur möglich, wenn die „Günstigerprüfung" erfolgreich war, d. h. die Steuer auf die Kapitalerträge nicht mit dem Abgeltungsteuertarif, sondern mit Ihrem individuellen Steuersatz versteuert wird (aus dem Steuerbescheid erkennbar daran, dass die Kapitalerträge in die Berechnung des zu versteuernden Einkommens einbezogen werden). Prüfen Sie Ihren Steuerbescheid entsprechend auf den korrekten Sonderausgabenabzug!

Den Antrag in Zeile 5 (Eintragung „1") stellen Sie z. B., wenn Sie Ihre Freistellungsaufträge ungünstig verteilt haben und Ihnen infolgedessen zu viel Abgeltungsteuer (Kapitalertragsteuer) einbehalten worden ist oder wenn Sie Verluste aus Börsengeschäften erlitten haben, die bankintern nicht mit Gewinnen verrechnet werden konnten. In diesen Fällen reicht es aus, nur die „falsch" besteuerten Erträge (Anlage KAP Zeilen 7–11; Spalte 1) und die von Ihnen korrigierten (z. B. um Verluste geminderten) Erträge (Spalte 2) anzugeben (Erläuterungen bitte auf einem separaten Blatt beifügen). In diesen Fällen sind Eintragungen bezüglich des bisher in Anspruch genommenen Sparer-Pauschbetrags (freigestellte Beträge) in den Zeilen 12 **und** 13 notwendig. Ebenso Eintragungen zu bisher einbehaltenen Steuern (Anlage KAP Zeilen 48–53). Treffen mehrere der genannten Gründe zu, sind entsprechend mehrere Eintragungen in den Zeilen 4–6 notwendig. In allen anderen Fällen reicht es aus, auf der Anlage KAP nur die Zeilen auszufüllen, die Kapitalerträge betreffen, bei denen durch die Kapitalertragsteuer (Abgeltungsteuer) die Besteuerung nicht erledigt ist.

→ ANLAGE KAP ZEILEN 7–11
Kapitalerträge mit Steuerabzug

In den Zeilen 7–11 erklären Sie, soweit notwendig (s. o.), Ihre Kapitalerträge, bei denen die Bank 25 % Kapitalertragsteuer (Abgeltungsteuer) sowie Solidaritätszuschlag und ggf. Kirchensteuer einbehalten hat. Die Beträge können Sie i. d. R. der Bescheinigung der Bank entnehmen. Dazu gehören auch Gewinne aus Börsengeschäften (Spekulationsgeschäfte). Vertiefend siehe → Spekulationsgeschäfte.

Hierzu gehören auch die Erträge aus Investmentfonds, soweit die Depotbank dafür Abzugsteuern einbehalten hat. Nur wenn Sie Erträge aus Investmentfonds erzielt haben, für die keine Abzugsteuern einbehalten wurden, benötigen Sie die Anlage KAP-INV).

Erträge aus Bausparverträgen (Zinsen, Bonus), die **nicht** i. Z. m. einem vermieteten Objekt stehen, sind ebenfalls hier zu erfassen. Dagegen gehören Bausparzinsen in Zusammenhang z. B. mit einem Mietshaus zu den Mieteinkünften (**Anlage V,** Zeile 19).

Zu den Veräußerungsgewinnen zählen z. B. Gewinne aus Aktienverkäufen (zusätzlich zu erfassen in Zeile 8) und dem Verkauf von GmbH-Anteilen sowie der Veräußerung von Zertifikaten und Futures, ebenso wie erhaltene Stillhalterprämien bei Optionsgeschäften. Gezahlte Glattstellungsprämien mindern die Einnahmen. Dies gilt aber nur, sofern die Anschaffung der Papiere bzw. das Geschäft nach 2008 erfolgt ist. Ansonsten sind die (Spekulations-)Erträge nicht steuerpflichtig.

Verkäufe von Aktien oder GmbH-Anteilen sind auf der **Anlage G** zu erfassen, wenn Sie zu mindestens 1 % an der Gesellschaft beteiligt sind. Sie unterliegen dem Teileinkünfteverfahren.

→ ANLAGE KAP ZEILE 8A
Veräußerung bestandsgeschützter Alt-Anteile

Soweit in den Erträgen (Anlage KAP Zeile 7) Veräußerungsgewinne /-verluste aus bestandsgeschützten Alt-Anteilen enthalten sind), sind diese hier einzutragen. Der Freibetrag von 100.000 € wird vom Finanzamt berücksichtigt.

Für die Erfassung der Kapitalerträge spielt es keine Rolle, ob es sich um in- oder ausländische Kapitalerträge handelt. Die ausländische Quellensteuer kann direkt auf die deutsche Steuer angerechnet werden (Anlage KAP Zeilen 51–53). Die **Anlage AUS** wird für ausländische Kapitalerträge nicht benötigt.

→ ANLAGE KAP ZEILEN 10, 11
Veräußerungsverluste

Verluste aus der Veräußerung von Wertpapieren dürfen nur mit (zukünftigen) Gewinnen aus derartigen Geschäften verrechnet werden. Dabei ist zwischen Verlusten aus der Veräußerung von Aktien (Eintragung in Zeile 11) und Verlusten aus anderen Börsengeschäften (Eintragung in Zeile 10) zu unterscheiden.

→ ANLAGE KAP ZEILEN 14–19
Kapitalerträge ohne Steuerabzug

In diesen Zeilen sind Kapitalerträge zu erklären, bei denen keine Steuer einbehalten worden ist, die aber dem Abgeltungsteuersatz von 25 % unterliegen und deshalb im Rahmen der Einkommensteuerveranlagung nachversteuert werden müssen. Dazu zählen vor allem Zinsen, die Sie für privat gegebene Darlehen erhalten haben (Anlage KAP Zeile 14; vgl. aber auch Anmerkungen zu den Zeilen 20–25 bei Darlehen an Angehörige), von ausländischen Banken direkt (ohne eine inländische Bank) ausgezahlte Zinsen oder „Spekulationsgeschäfte“, die über ausländische Banken abgewickelt wurden. Aktienverkäufe sind zusätzlich in Zeile 16 zu erklären. Vom Finanzamt erhaltene Erstattungszinsen für Steuererstattungen aus früheren Jahren sind ebenfalls mit dem Abgeltungstarif (25 %) zu versteuern (Anlage KAP Zeile 19).

Nicht hier zu erfassen sind Erträge aus Investmentfonds, für die keine Abzugsteuern einbehalten wurden. Hierfür benötigen Sie die Anlage KAP-INV.

11.2 Weitere Angaben

→ ANLAGE KAP ZEILEN 20–25 **Individueller Steuersatz, Darlehen an Angehörige, stille Gesellschaften, partiarische Darlehen**

Für die wenigen Kapitalerträge, die nicht dem Abgeltungsteuersatz von 25 % unterliegen, sondern mit dem persönlichen (tariflichen) Steuersatz, eventuell unter Berücksichtigung des Teileinkünfteverfahrens, versteuert werden müssen, sind die Zeilen 20–25 vorgesehen. Ausgaben i. Z. m. derartigen Erträgen können Sie als Werbungskosten geltend machen, wenn diese den Sparer-Pauschbetrag übersteigen. Einzutragen sind im Vordruck deshalb nicht die Erträge, sondern die nach Abzug der Ausgaben verbleibenden **Einkünfte**.

Zu dieser Gruppe gehören private Darlehen an Angehörige oder „eigene" Gesellschaften, aber nur, wenn derjenige, der das Darlehen bekommen hat, die Schuldzinsen steuerlich als Werbungskosten oder Betriebsausgaben geltend machen kann (sonst Zeile 14).

Sind Sie entweder zu mindestens 25 % an einer Kapitalgesellschaft (GmbH, AG) beteiligt oder zu mindestens 1 % und können durch Ihre berufliche Tätigkeit für die Gesellschaft maßgeblichen unternehmerischen Einfluss auf deren wirtschaftliche Tätigkeit nehmen (= unternehmerische Beteiligung), können Sie beantragen, dass die Kapitaleinkünfte, die Sie aus der Beteiligung erzielen (Gewinnausschüttungen, Veräußerungsgewinne), nicht mit dem Abgeltungsteuersatz von 25 %, sondern nach dem Teileinkünfteverfahren (nur 60 % der Einkünfte steuerpflichtig) mit dem persönlichen Steuersatz besteuert werden (Anlage KAP Zeile 24). Dies kann vorteilhaft sein, weil Sie gleichzeitig Werbungskosten (z. B. Finanzierungskosten) über den Sparer-Pauschbetrag hinaus geltend machen können. Der Antrag gilt immer für alle Erträge aus der Beteiligung und, wenn er nicht widerrufen wird, für fünf Jahre. Ab dem Jahr, in dem der Antrag widerrufen wird, ist kein neuer Antrag für diese Beteiligung mehr möglich. Deshalb ist die Kapitalgesellschaft namentlich anzugeben (Anlage KAP Zeile 25). Einzutragen sind jeweils die Einkünfte, also die um die Werbungskosten geminderten Einnahmen.

→ ANLAGE KAP ZEILE 23
Erträge aus Lebensversicherungen

Kapitalerträge aus nach dem 31.12.2004 abgeschlossenen Lebensversicherungen, deren Leistung nach Vollendung des 60. Lebensjahres und nach Ablauf von zwölf Jahren seit Vertragsabschluss ausgezahlt wurde, sind zur Hälfte steuerfrei. Einzutragen sind die gesamten Kapitalerträge; die Berücksichtigung des steuerfreien Teils erfolgt durch das Finanzamt. Bei fondsgebundenen Lebensversicherungen ist allerdings für die Wertsteigerungen ab 1.1.2018 eine Steuerfreistellung i. H. v. 15 % abzuziehen.

→ ANLAGE KAP ZEILEN 24, 25
Antrag auf Anwendung der tariflichen Einkommensteuer

Der Antrag auf Anwendung der tariflichen Einkommensteuer für die in Zeile 25 eingetragenen Beträge muss in Zeile 24 durch Eintragung einer „1" explizit gestellt werden.

Der Antrag auf Günstigerprüfung (Zeile 4) ersetzt nicht den Antrag auf Anwendung der tariflichen Einkommensteuer (Zeile 24)

→ ANLAGE KAP ZEILE 26
vGA

Einzutragen sind erzielte verdeckte Gewinnausschüttungen, die bei der Kapitalgesellschaft als Betriebsausgabe geltend gemacht wurden.

→ ANLAGE KAP ZEILE 27
Spezialfonds

Soweit Sie Einkünfte aus Spezial-Investmentfonds bezogen haben, ist hier eine „1" einzutragen.

→ ANLAGE KAP ZEILEN 48–53
Einbehaltene Steuern

Tragen Sie hier die Höhe der Steuern ein, die von der Bank einbehalten und an das Finanzamt abgeführt wurden. Dazu gehört auch die ausländische Quellensteuer, die für ausländische Kapitalerträge einbehalten wurde. Sie kann direkt auf die deutsche Kapitalertragsteuer angerechnet werden. Ebenfalls einzurechnen sind die Abzugsteuern auf Erträge, die in der Anlage KAP-INV erklärt werden, nicht aber solche auf Erträge aus der Anlage KAP-BET. Die zu viel einbehaltene Abgeltungsteuer (z. B. aufgrund ungünstig erteilter Freistellungsaufträge) wird erstattet. Die einbehaltenen Steuern werden wie Steuervorauszahlungen angerechnet, aber nur sofern der Abgeltungsteuertarif nicht zur Anwendung kommt (z. B. erfolgreiche Günstigerprüfung).

→ ANLAGE KAP ZEILEN 54–56
Steueranrechnung

Gehören die Zinserträge zu einer anderen Einkunftsart (z. B. Zinsen für Mietkonto zur Einkunftsart Vermietung, betriebliche Zinserträge), sind die Zinsen auf der jeweiligen Anlage (z. B. Anlage V, Zeile 16) zu erfassen. Sie werden nicht mit dem Abgeltungsteuersatz von 25 %, sondern mit dem persönlichen

Steuersatz versteuert. Die von der Bank einbehaltenen Abgeltung-, Kirchensteuern und Solidaritätszuschlag (Anlage KAP Zeile 54–56) werden bei Vorlage der Originalsteuerbescheinigung angerechnet.

→ ANLAGE KAP ZEILE 57
Beschränkung des Kapitalertragsteuerabzugs

Nur drei Fünftel der Kapitalertragsteuer können angerechnet werden, wenn die Voraussetzungen des § 36a EStG nicht erfüllt sind. Dieser verlangt u. a., dass die Wertpapiere mindestens 45 Tage gehalten wurden und der Eigentümer nicht verpflichtet ist, die Kapitalerträge ganz oder überwiegend an andere Personen weiterzuleiten. Liegen diese Voraussetzungen nicht vor, ist in Zeile 57 eine 1 einzutragen.

Außerdem muss die entsprechende Kapitalertragsteuer in Zeile 48 bzw. 54 abgezogen werden, allerdings kann die nicht anrechenbare Kapitalertragsteuer auf Antrag bei der Ermittlung der Einkünfte abgezogen werden. Die jeweilige Ermittlung ist in einer gesonderten Aufstellung zu erläutern.

11.3 Anlage KAP-BET

→ ANLAGE KAP-BET ZEILEN 1–39
Erträge aus Beteiligungen

Sind Ihnen aus einer Beteiligung (z. B. Erbengemeinschaft) Kapitalerträge zuzurechnen, wurden diese Einkünfte vom Finanzamt für alle Beteiligten einheitlich und gesondert festgestellt. Die auf Sie entfallenden Erträge sowie die anrechenbaren Steuern können Sie diesem Feststellungsbescheid entnehmen.

11.4 Anlage KAP-INV

In der Anlage KAP-INV sind Eintragungen für Investmenterträge vorzunehmen, die nicht dem inländischen Steuerabzug unterlegen haben. Diese sind nicht aus den Steuerbescheinigungen der (deutschen) Depotbanken ersichtlich.

→ ANLAGE KAP-INV ZEILEN 4–8
Laufende Investmenterträge

Anzugeben sind die Ausschüttungen nach § 2 Abs. 11 InvStG, getrennt nach Art des Fonds (Assetklasse) vor Anwendung der jeweiligen Teilfreistellung.

Da die Vorabpauschale für 2018 erst im Jahr 2019 als zugeflossen gilt, sind diese für den Vz. 2018 nicht einzutragen.

→ ANLAGE KAP-INV ZEILEN 9– 23
Investmentanteile ohne

Für jede Fondsart sind ggf. drei Werte einzutragen: Der laufende Gewinn aus der Veräußerung von Investmentanteilen, die nicht dem inländischen Steuerabzug unterlegen haben, der darin enthalten Teil, der auf bestandsgeschützte Alt-Anteile

inländischen Steuerabzug

entfällt, sowie Gewinne oder Verluste aus der fiktiven Veräußerung der Bestände zum 31.12.2017.

→ ANLAGE KAP-INV ZEILEN 9, 12, 15, 18 UND 21
Veräußerungsgewinne/-verluste

Soweit Gewinne bzw. Verluste aus der Veräußerung von Investmentanteilen, die nicht dem inländischen Steuerabzug unterlegen haben, angefallen sind, sind diese vor Anwendung der jeweiligen Teilfreistellung und getrennt nach Fondsarten zu erfassen. Die Berechnung der Gewinne soll auf Seite 2 der Anlage KAP-INV (Zeilen 31 bis 41) erfolgen.

→ ZEILEN 10, 13, 16, 19 UND 22
Bestandsgeschützte Alt-Anteile

Soweit in der Vorzeile Veräußerungsgewinne aus bestandsgeschützten Alt-Anteilen i. S. d. § 56 Abs. 6 Satz 1 Nr. 2 InvStG enthalten sind, sind diese hier zu vermerken, damit der personenbezogenen Freibetrag von 100.000 € abgezogen und fortgeschrieben werden kann.

→ ANLAGE KAP-INV ZEILEN 11, 14, 17, 20 UND 23
Fiktive Veräußerungsgewinne zum 31.12.2017

Steuerlich gilt der Fondsbestand zum 31.12.2017 als verkauft und zum 1.1.2018 als wieder angeschafft. Der dabei entstehende Gewinn oder Verlust aus der fiktiven Veräußerung der Anteile wurde zum 31.12.2017 gesondert festgestellt, ist aber erst in dem Zeitpunkt zu versteuern, in dem die Alt-Anteile tatsächlich veräußert werden. Ist der Verkauf erfolgt, sind die festgestellten Gewinne und Verluste aus dieser fiktiven Veräußerung von Alt-Anteilen (§ 56 Abs. 2 i. V. m. Abs. 3 Satz 1 InvStG) gesondert einzutragen. Sie wirken sich im Jahr des tatsächlichen Verkaufs auf die Besteuerung aus. Für die Einkünfte aus der fiktiven Veräußerung von Alt-Anteilen wird keine Teilfreistellung berücksichtigt. Auch wird kein Freibetrag wie bei der Veräußerung der bestandsgeschützten Alt-Anteile gewährt.

→ ANLAGE KAP-INV ZEILE 24
Zwischengewinn nach dem Investmentsteuergesetz 2004

Nicht alle Zwischengewinnbestandteile nach § 1 Abs. 4 Nr. 1 bis 4 InvStG 2004 wandeln sich zum 31. Dezember 2017 in ausschüttungsgleiche Erträge um. Derartige Zwischengewinne zum 31. Dezember 2017 sind bei der Ermittlung des fiktiven Veräußerungsgewinns zum 31.12.2017 abzuziehen (§ 8 Abs. 5 InvStG 2004), müssen dann aber beim tatsächlichen Verkauf der Anteile, unabhängig davon, ob es sich um bestandsgeschützte oder nicht bestandsgeschützte Alt-Anteile handelt, als Kapitalertrag versteuert werden. Diese Zwischengewinne sind in Zeile 24 zu erklären.

→ ANLAGE KAP-INV ZEILEN 31–41

Die Ermittlung des Veräußerungsgewinna bzw. -verlustes ist für jeden Fonds getrennt vorzunehmen. Sollten Fondsanteile von mehr als 3 Fonds veräußert worden sein, so sind entsprechend viele Anlagen KAP-INV einzureichen. Hierzu ist in Anlage KAP-

Berechnung der Veräußerungsgewinne und -verluste

INV Zeile 3 eine laufende Nummer der jeweiligen Anlage zu vergeben.

In der Zeile 31 ist die internationale Wertpapierkennnummer ISIN (International Securities Identification Number) und in der Zeile 32 die Fondsbezeichnung anzugeben.

In der Zeile 33 ist die Art des Investmentfonds (Assetklasse) einzugeben:

1 = Aktienfonds

2 = Mischfonds

3 = Immobilienfonds

4 = (besonderer) Immobilienfonds

5 = sonstiger Investmentfonds

Die Eingabe ist erforderlich, um die Teilfreistellungssätze ermitteln zu können.

In der Zeile 34 ist die Anzahl der veräußerten Anteile des entsprechenden Investmentfonds einzutragen.

Die Zeilen 35 bis 38 dienen der Ermittlung des Gewinns. Die sich für jede Fondsart ergebende Summe der Veräußerungsgewinne/-verluste ist in die Zeilen 9, 12, 15, 18 bzw. 21 der ersten Anlage KAP-INV zu übertragen.

Für Investmentanteile, die vor dem 1.1.2009 angeschafft wurden, ist der in der Zeile 38 ermittelte Betrag in die Zeile 40 zu übertragen. Die sich für jede Fondsart ergebende Summe ist dann in die Zeilen 10, 13, 16, 19 bzw. 22 der ersten Anlage KAP-INV einzutragen.

Für Investmentanteile, die nach dem 31.12.2008 aber vor dem 1.1.2018, angeschafft wurden ist der zum 31.12.2017 ermittelte Gewinn oder Verlust aus der fiktiven Veräußerung für jeden Fonds getrennt in der Zeile 41 zu erfassen. Die Summe der Veräußerungsgewinne aus der fiktiven Veräußerung von Alt-Anteilen ist in die Zeilen 11, 14, 17, 20 bzw. 23 der ersten Anlage KAP-INV zu übertragen.

Ab 2019 sind noch die Vorabpauschalen zur Vermeidung einer doppelten Besteuerung für den Zeitraum der Besitzzeit vom Veräußerungsgewinn abzuziehen.

Checkliste Anlage KAP

Folgende Abzugsmöglichkeit geprüft? Vgl. Ausfüllhinweise zur Zeile!

Ihre Zinserträge betragen weniger als 801 € bzw. bei Ehegatten 1.602 €? ☐
Prüfen Sie, ob bei Zinsgutschrift von der Bank Kapitalertragsteuer einbehalten wurde. Füllen Sie die Anlage KAP aus und holen Sie sich die einbehaltenen Steuern zurück (Anlage KAP Zeile 5).

Sie haben Ihren Freistellungsauftrag ungünstig erteilt? ☐
Sie können den unrichtigen Steuerabzug der Banken durch Abgabe der Anlage KAP im Veranlagungsverfahren korrigieren lassen (Anlage KAP Zeile 5).

Ihr persönlicher Grenzeinkommensteuersatz liegt möglicherweise unter 25 %? ☐
Soweit Kapitalertragsteuer einbehalten wurde, geben Sie auf jeden Fall eine Anlage KAP ab und tragen Sie Ihre Zinserträge ein (Anlage KAP Zeile 4).

Sie sind an einer GmbH oder AG zu mindestens 25 % beteiligt oder zu mindestens 1 % und dort auch in leitender Funktion tätig und haben die Beteiligung mit Kredit finanziert? ☐
Prüfen Sie, ob es sinnvoll ist, die Erträge nach dem Teileinkünfteverfahren zu versteuern. Dann müssen Sie zwar 60 % der Einkünfte mit dem tariflichen Steuersatz versteuern, können aber auch 60 % der Werbungskosten (insbesondere Finanzierungskosten) steuerlich geltend machen (Anlage KAP Zeilen 24 und 25).

Sie haben ausländische Kapitalerträge erzielt, für die bisher nur ausländische Quellensteuer einbehalten wurde? ☐
Die Zinsen unterliegen der deutschen Einkommensteuer im Regelfall mit dem Abgeltungsteuersatz von 25 %. Die ausländische Steuer können Sie aber auf die deutsche Steuer anrechnen lassen (Anlage KAP Zeilen 50–52).

Sie wollen einbehaltene Steuern anrechnen lassen? ☐
Dazu benötigen Sie stets die Originalsteuerbescheinigungen (Anlage KAP Zeilen 48–56).

12 Anlage V (Einkünfte aus Vermietung und Verpachtung)

12.1 Allgemein

WICHTIG

Vermietungseinkünfte richtig erfassen

Die **Anlage V** benötigen Sie in folgenden Fällen:

- Sie haben Grundbesitz oder Teile davon (z. B. Haus, Wohnung, Zimmer, Garage etc.) vermietet.
- Sie sind Haus-/Wohnungseigentümer und haben vergeblich versucht, einen Mieter zu finden.
- Sie wollen ein Haus oder eine Wohnung bauen oder kaufen und beabsichtigen zu vermieten.
- Wenn Sie mehrere Objekte (Häuser, Eigentumswohnungen) haben, müssen Sie grundsätzlich jeweils eine eigene Anlage V ausfüllen.

Überblick

Im Bedarfsfall ausfüllen	
Seite 1	**Allgemeine Angaben** zu Grundstück und Eigentümer (**Zeilen 1–8**). **Einnahmen aus bebauten Grundstücken (Zeilen 9–21)** Hier sind die Mieteinnahmen und Umlagen einzutragen. **Anteile an Vermietungseinkünften (Zeilen 25–29)** Eintragungen sind erforderlich bei Beteiligung an einer oder mehreren Grundstücksgemeinschaft(en) (eine Anlage V genügt), einer Erbengemeinschaft mit Grundbesitz oder einem Immobilienfonds.
Seite 2	**Andere Vermietungseinkünfte (Zeilen 31, 32)** Hierher gehört die Untervermietung von selbst angemieteten Räumen und Vermietung von unbebauten Grundstücken und (möblierten) Zimmern. **Werbungskosten (Zeilen 33–51)** Die Aufwendungen (z. B. Abschreibungen, Finanzierungskosten, Reparaturen, laufende Kosten) für das vermietete Objekt tragen Sie hier ein.

Eigengenutzte Wohnung

Die **Anlage V** ist nur für vermietete Objekte vorgesehen.

TIPP

Steuerermäßigung für haushaltsnahe Tätigkeiten im Zusammenhang mit eigengenutztem Wohnraum

Sie können für bestimmte Aufwendungen (z. B. Gartenarbeiten, haushaltsnahe Dienstleistungen und Handwerkerleistungen) im eigengenutzten Haus bzw. Ihrer eigengenutzten Wohnung evtl. eine **Steuerermäßigung** in Anspruch nehmen (Hauptvordruck Zeilen 71–73). Vertiefend siehe → Haushaltsnahe Tätigkeiten/Dienstleistungen.

12.2 Einnahmen (Seite 1)

→ ZEILEN 4–6
Einkünfte aus dem bebauten Grundstück

Tragen Sie die Lage des Grundstücks, den Anschaffungszeitpunkt (= Zeitpunkt des Übergangs von Nutzen, Lasten und der Gefahr des zufälligen Untergangs) und/oder den Zeitpunkt der **Fertigstellung** (= Bezugsfertigkeit) ein. Die Angaben haben Bedeutung für die Berechnung der Absetzung für Abnutzung (Zeile 33). Außerdem übertragen Sie bitte aus dem Einheitswertbescheid für das Grundstück das Einheitswert-Aktenzeichen mit max. 17 Stellen (Zeile 6).

→ ZEILEN 7–8
Ferienwohnung, Angehörigenvermietung, Gesamtwohnfläche

Bei Ferienwohnungen wird das Finanzamt, insbesondere wenn Sie diese auch selbst nutzen, genau prüfen, ob tatsächlich die Absicht besteht, Mietüberschüsse zu erzielen. Nur dann sind die Ausgaben steuerlich abzugsfähig.

Bei der Vermietung an Angehörige wird das Mietverhältnis daraufhin geprüft, ob es wie unter Fremden vereinbart und durchgeführt worden ist. Außerdem wird die verbilligte Überlassung (tatsächliche Miete < 66 % der ortsüblichen Miete) geprüft.

Soweit keine Mieteinnahmen vorliegen oder es sich um eine verbilligte Überlassung handelt, können die Aufwendungen nicht als Werbungskosten geltend gemacht werden. Die Ausgaben sind dann im Verhältnis der Einzelflächen zur Gesamtfläche aufzuteilen und so nur anteilig als Werbungskosten abziehbar. Vertiefend siehe → Vermietung/Immobilien.

→ ZEILEN 9–14
Mieteinnahmen

Geben Sie hier die Anzahl der Wohnungen, aufgeteilt auf die einzelnen Geschosse, die Wohnungsgrößen und die Ihnen tatsächlich zugeflossenen (Kalt-)**Mieten** an. Die vereinnahmten

Umlagen für Nebenkosten wie Strom, Wasser ... (laufende und Nachzahlungen für Vorjahre) erfassen Sie in Zeile 13. Soweit Sie Umlagen (aus Vorjahren) an Mieter zurückgezahlt haben, kürzen Sie den Umlagebetrag entsprechend. Die Einnahmen aus der Vermietung von Wohnraum an Angehörige müssen gesondert in Zeile 12, die von Angehörigen gezahlten Umlagen in Zeile 14 eingetragen werden (s. a. Zeile 8).

→ ZEILE 15
Mietnachzahlung

Mietnach- oder -vorauszahlungen sind in dem Jahr zu versteuern, in dem sie zugeflossen sind.

→ ZEILE 16
Garagen und andere vermietete Grundstücksflächen

Hier tragen Sie die erhaltenen Garagenmieten und Entgelte z. B. für das Aufstellen von Reklameträgern, Automaten, Kiosken, Mobilfunkantennen oder Solaranlagen ein.

→ ZEILEN 17–18
Umsatzsteuer

Wenn Sie Ihr Grundstück umsatzsteuerpflichtig vermietet haben, gehören auch die vom Mieter zusätzlich zur Miete gezahlte Umsatzsteuer und die vom Finanzamt erstattete Vorsteuer i. Z. m. dem Grundstück zu den Einnahmen.

→ ZEILE 19
Bausparzinsen Zuschüsse

In die Zeile 19 sind Guthabenzinsen aus Bausparverträgen einzutragen, wenn der Vertrag durch Zwischenfinanzierung in einem direkten Zusammenhang mit der Anschaffung, Herstellung oder Reparatur des (vermieteten) Gebäudes steht. Eventuell von der Bank abgezogene Kapitalertragsteuer (Abgeltungsteuer) können Sie auf die Einkommensteuer anrechnen lassen (**Anlage KAP**). Andere Bausparzinsen gehören zu den Kapitaleinnahmen. Öffentliche Zuschüsse zur Instandhaltung (z. B. für Wärmedämmung, Solaranlagen etc.) sind auch als Einnahmen zu erfassen. Die Kosten für derartige Maßnahmen sind Erhaltungsaufwendungen und damit abziehbare Werbungskosten (Zeilen 39–41).

→ ZEILEN 21–24
Einkunftsermittlung

Bei einem „Verlust" versehen Sie den Betrag mit einem Minuszeichen. Gehört das Grundstück beiden Ehegatten, sind die ermittelten Einkünfte in Zeile 24 entsprechend den Eigentumsverhältnissen auf die Ehegatten zu verteilen.

→ ZEILEN 25–29
Beteiligungen an Grundstücksgesellschaften

Sind Sie an einer Grundstücks-, Erbengemeinschaft mit Vermietungseinkünften, Bauherren- oder Erwerbergemeinschaft oder einem geschlossenen Immobilienfonds beteiligt, dann haben Sie von der Gesellschaft eine Mitteilung über die Höhe Ihres Anteils und darüber, bei welchem Finanzamt und unter welcher Steuernummer die Gesellschaft erfasst ist, erhalten. Tragen Sie diese Angaben – je nach Art der Gesellschaft – in die Zeilen 25–29 ein. Die Einkünfte der Gesellschaft bzw. Gemeinschaft sowie die Verteilung auf die einzelnen Beteiligten werden aufgrund der eingereichten Steuererklärung der Gesellschaft (Feststellungserklärung mit eigener Anlage V) vom dafür zuständigen Finanzamt gesondert und einheitlich festgestellt und den Finanzämtern der Beteiligten mitgeteilt.

ACHTUNG

Einzelaufwendungen eines Beteiligten

Sollten Ihnen i. Z. m. den Beteiligungen Aufwendungen entstanden sein, müssen Sie diese der Gesellschaft mitteilen, da die Ausgaben nur im Rahmen der gesonderten und einheitlichen Feststellung, nicht aber in Ihrer Einkommensteuererklärung berücksichtigt werden können.

→ ZEILEN 31–32
Sonstige Vermietungen, Erbbauzinsen

In die Zeilen 31 und 32 gehören die Einkünfte aus der Untervermietung von Räumen oder der Vermietung von unbebauten Grundstücken (z. B. Lager-, Kfz-Stellplatz ohne Wohnungsvermietung) oder von möblierten Zimmern oder erhaltene Erbbauzinsen. Stellen Sie Ihre Einnahmen und Ausgaben (Werbungskosten) auf einem gesonderten Blatt zusammen und übertragen Sie die Einkünfte (Einnahmen ./. Werbungskosten = Einkünfte) in den Vordruck.

12.3 Werbungskosten (Seite 2)

→ ZEILEN 33–51
Werbungskosten

Wenn bzw. soweit Sie ein Grundstück oder einen Teil davon unentgeltlich überlassen, zu eigenen Wohnzwecken oder zu eigenen beruflichen oder betrieblichen Zwecken nutzen, können Sie keine Werbungskosten aus V+V geltend machen. Vertiefend siehe → Vermietung/Immobilien.

Nur bei entgeltlicher Vermietung sind die Aufwendungen als Werbungskosten abziehbar.

Gemischt genutzte Grundstücke

Bei gemischt genutzten Gebäuden müssen die Ausgaben erst insgesamt ermittelt werden (Spalte 1) und anschließend, soweit möglich, den einzelnen Nutzungen direkt zugeordnet (Spalten 2 und 4) oder flächenmäßig aufgeteilt (Spalten 3 und 4) werden. In Spalte 4 erscheint der **abzugsfähige Teil** der Aufwendungen.

Ausgaben i. Z. m. beruflich genutzten Räumen (häusliches Arbeitszimmer, Praxis, Kanzlei, Lagerraum, Büro ...) werden grundsätzlich bei der jeweiligen Einkunftsart berücksichtigt (**Anlage N**, Seite 2: Werbungskosten; **Anlagen G** und **S:** Betriebsausgaben in der Gewinnermittlung). Ist das gesamte Objekt vermietet, reicht es aus, die Eintragungen in Spalte 4 vorzunehmen.

→ ZEILEN 33–35
Absetzung für Abnutzung (AfA)/Abschreibung

Die Zeilen sind für die AfA vorgesehen, die sich aus den AK bzw. HK des Gebäudes und anderer Wirtschaftsgüter ermittelt. Soweit Sie erstmals AfA geltend machen, müssen Sie eine Aufstellung der entstandenen AK oder HK (Art und Betrag) sowie die von Ihnen vorgenommene AfA-Berechnung auf einem gesonderten Blatt beifügen. Das Finanzamt wird in vielen Fällen auf die Vorlage der Einzelbelege (Bauordner) verzichten.

→ ZEILE 33
Normale Gebäude-AfA

In Zeile 33 tragen Sie die „normale" lineare oder degressive Gebäude-AfA ein. Bei umsatzsteuerpflichtiger Vermietung mit Vorsteuerabzug gehört die gezahlte Umsatzsteuer nicht zu den AK oder HK. Vertiefend siehe → Abschreibungen/Gebäude.

→ ZEILE 34
Baudenkmäler und Gebäude in Sanierungsgebieten

Für Baudenkmäler und Häuser in Sanierungsgebieten oder städtebaulichen Entwicklungsbereichen sind erhöhte Abschreibungen möglich. Vertiefend siehe → Abschreibungen/Gebäude.

→ ZEILE 35
AfA für andere Wirtschaftsgüter

Haben Sie zusammen mit einem Haus oder einer Wohnung andere Wirtschaftsgüter (z. B. Einbauküche/Möbel, Rasenmäher, Mülltonnen oder Gartengeräte) mitvermietet, können Sie die AK dieser Wirtschaftsgüter im Jahr der Anschaffung sofort als Werbungskosten abziehen. Betragen die AK einschließlich Umsatzsteuer mehr als 952 € je Wirtschaftsgut, ist der Kostenabzug aber nur im Wege der AfA, verteilt auf die individuelle Nutzungsdauer, möglich.

→ ZEILEN 36, 37
Schuldzinsen Geldbeschaffungskosten

Zu den **Schuldzinsen** gehören auch von der Bank einbehaltene Zinsvorauszahlungen (Damnum, Disagio) und zu zahlende Erbbauzinsen, nicht jedoch von Ihnen geleistete Darlehensrückzahlungen (Tilgung). Stellen Sie die einzelnen Beträge auf einem gesonderten Blatt zusammen.

Geldbeschaffungskosten sind z. B. Bankgebühren, Fahrtkosten, Porto i. Z. m. der Kreditaufnahme, Notar- und Grundbuchgebühren i. Z. m. der Bestellung und Eintragung einer Grundschuld oder Hypothek. Vertiefend siehe → Vermietung/Immobilien.

→ ZEILE 38
Renten/dauernde Lasten

Haben Sie das vermietete Grundstück gegen Zahlung einer Rente oder dauernden Last erworben, ist der Rentenbetrag zum Teil (= Barwert der Verpflichtung) als AK des Grundstücks und zum Teil (Zinsanteil) als Werbungskosten zu behandeln. Wenn Sie erstmals derartige Aufwendungen geltend machen, benötigt das Finanzamt zur Prüfung/Ermittlung des Zinsanteils den Übergabevertrag.

→ ZEILEN 39–40
Reparaturen/ Erhaltungsaufwendungen

Reparaturen (auch Erhaltungsaufwendungen oder Instandhaltungskosten genannt) stellen Sie auf einem gesonderten Blatt mit Angabe der durchgeführten Maßnahme, des Namens des Zahlungsempfängers und der Höhe des gezahlten Betrags zusammen. Beiträge zur Instandhaltungsrücklage bei Eigentumswohnungen (enthalten in den Hausgeldzahlungen) sind erst abziehbar, wenn damit konkret durchgeführte Reparaturen bezahlt worden sind.

Bei gemischt genutzten Gebäuden müssen Sie zwischen den dem vermieteten Teil direkt zuordenbaren Reparaturen (Zeile 39) und den das gesamte Gebäude betreffenden Kosten (Zeile 40), die nur anteilig abziehbar sind, unterscheiden. Vertiefend siehe → Reparaturen.

→ ZEILEN 41–45
Verteilung von Reparaturen bei Mietgebäuden

Bei (größeren) Reparaturen an zu Wohnzwecken vermieteten Objekten können Sie die Kosten anstelle des vollständigen Abzugs im Jahr der Bezahlung auf Antrag gleichmäßig auf zwei bis fünf Jahre verteilen. Das ist sinnvoll, wenn Ihre Einkünfte eher niedrig sind und sich die Kosten wegen des niedrigen Steuersatzes steuerlich wenig oder gar nicht auswirken. Bei einem hohen persönlichen Grenzsteuersatz (< 45 %) kann eine Verteilung der Aufwendungen auf mehrere Jahre zu insgesamt höheren Erstattungen führen. Die Kostenverteilung beantragen Sie, indem Sie die Aufwendungen nicht in den Zeilen 39 oder 40, sondern in Zeile 41 (Gesamtaufwand und der im Jahr 2018 abzuziehende Betrag) eintragen. Vertiefend siehe → Vermietung/Immobilien. Haben Sie bereits für Reparaturaufwendungen der Jahre 2014–2017 die Verteilung beantragt, schreiben Sie den für 2018 abzugsfähigen Teil der Kosten in die Zeilen 42–45.

→ ZEILEN 46, 47 UND 49
Weitere Werbungskosten

Im Vordruck sind einige typische Aufwendungen benannt. Die Kosten für Heizung und Warmwasser, Müllabfuhr und andere Umlagen können Sie geltend machen, wenn Sie die von den Mietern dafür bezahlten Beträge in den Einnahmen (Zeilen 13, 14) erfasst haben. Zu den Hausversicherungen (Zeile 46) gehören neben der Gebäudehaftpflicht- auch die Gebäudebrand- und

Elementarschadenversicherung, eine Glasbruch- und die Leitungswasserschadenversicherung. Verwaltungskosten (Zeile 47) sind insbesondere Zahlungen an den Hausverwalter, Porto, Telefon und Reisekosten (Fahrtkosten, Verpflegungsmehraufwendungen und Übernachtungskosten i. Z. m. Reparaturen, Behördengängen, Handwerkerbesprechungen oder Grundstückskontrollen).

Zu „Sonstiges" (Zeile 49) gehören z. B. Mitgliedsbeiträge zum Haus- und Grundbesitzerverein, Kosten für die Mietersuche (Makler, Zeitungsanzeigen), Anwalts-, Mahn-, Gerichtskosten, Kontoführungsgebühren (pauschal 16 €) und Steuerberatungskosten. Vertiefend siehe → Steuerberatungskosten und → Vermietung/Immobilien.

→ ZEILEN 48, 51
Bezahlte Umsatzsteuer

Haben Sie umsatzsteuerpflichtig vermietet, gehört die von Ihnen bezahlte **Umsatzsteuer** aus den Handwerkerrechnungen zu den sofort abziehbaren Werbungskosten. Soweit sie nicht in den Zeilen 33–47 über den Bruttobetrag enthalten ist, tragen Sie diese zusammen mit den sonstigen Kosten in Zeile 49 ein. Die an das Finanzamt abgeführten Umsatzsteuerzahlungen gehören in Zeile 48. In Zeile 51 sind die gesamten **abziehbaren Vorsteuerbeträge** nochmals einzutragen.

→ ZEILE 52
Zuschüsse

Haben Sie zu den Baukosten (HK) oder dem Kaufpreis (AK) öffentliche Zuschüsse erhalten, mindern diese die Abschreibungsbemessungsgrundlage.

Checkliste Anlage V

Folgende Abzugsmöglichkeit geprüft? Vgl. Ausfüllhinweise zur Zeile!

Leer stehende Mietwohnung? ☐
Sie können auch die während des Leerstehens angefallenen Kosten (z. B. AfA, Reparaturen, Grundsteuer, Versicherungen) als Werbungskosten geltend machen, wenn Sie die Absicht der Vermietung gegenüber dem Finanzamt (z. B. durch Zeitungsannoncen, Maklerbeauftragung) glaubhaft darlegen.

Folgende Abzugsmöglichkeit geprüft? Vgl. Ausfüllhinweise zur Zeile!

Haben Sie an den Abzug folgender Kosten gedacht? ☐

- **Schornsteinfegergebühren**, Wartungsverträge (Zeile 46)
- Alle **Versicherungen** und **Kosten für die Verwaltung** (Zeile 47)
- **Kleinreparaturen** (Material, Fahrtkosten bei Reparatur in Eigenregie) (Zeilen 39, 47)

Ist größerer Erhaltungsaufwand (Reparaturen) angefallen? ☐
Eine Verteilung der Kosten auf mehrere Jahre kann zu einer insgesamt höheren Steuererstattung führen (Zeilen 41 ff.).

Reparaturen, Wartungskosten, Gartenarbeiten rund um die selbst bewohnte Wohnung? ☐
Dafür können Sie eine Steuerermäßigung erhalten (Hauptvordruck, Zeilen 71–73).

13 Anlage R (Renten)

13.1 Allgemein

WICHTIG

Anlage R für Renten, die nicht der Arbeitgeber bezahlt

Die **Anlage R** ist auszufüllen, wenn im Vz. eine oder mehrere Rente(n) bezogen wurden. Dies gilt nicht für Renten i. Z. m. Übertragung von Vermögen bei vorweggenommener Erbfolge (**Anlage SO, Zeile 4**) und Betriebsrenten bzw. Pensionen, die der Arbeitgeber zahlt (**Anlage N, Zeilen 5–16**). Ehegatten geben jeweils eine eigene **Anlage R** ab.

Überblick

Im Bedarfsfall ausfüllen	
Seite 1	**Leibrenten/Leistungen aus einer Pflichtversicherung und Rürup-Rente (Zeilen 4–13)** • Renten (z. B. Alters-, Erwerbsunfähigkeits-, Witwenrente) aus der **gesetzlichen** Rentenversicherung • Altersrenten aus landwirtschaftlichen Alterskassen • Renten aus berufsständischen Versorgungswerken • Rürup-Renten (aus **privaten, kapitalgedeckten**, nach 2004 abgeschlossenen Rentenversicherungsverträgen). **Private Leibrenten (Zeilen 14–20)** • Altersrenten aus **privaten** Versicherungsverträgen (ohne Rürup- u. Riester-Renten) • Renten aus privaten Versicherungen, die nur zeitlich befristet gezahlt werden (z. B. private Erwerbsunfähigkeits- und Hinterbliebenenrenten) • Renten i. Z. m. Vermögensveräußerungen
Seite 2	**Leistungen aus Altersvorsorgeverträgen und aus der betrieblichen Altersversorgung (Zeilen 31–53)** • staatlich geförderte Riester-Renten • Renten aus einer staatlich geförderten **betrieblichen** Altersversorgung (Pensionsfonds, Pensionskasse, Direktversicherung) • Renten aus Zusatzversorgungseinrichtungen des Bundes, der Länder, Kommunen und Kirchen (z. B. VBL- und ZVK-Renten) **Werbungskosten (Zeilen 54-62)** Für (alle) Renten erhalten Sie insgesamt einen Werbungskostenpauschbetrag i. H. v. 102 €, wenn Sie keine höheren Kosten eintragen.

Allgemeines

Renten gehören grundsätzlich zu den sonstigen Einkünften. Je nach Rentenart bzw. der steuerlichen Behandlung der Einzahlungen (Beiträge) in die jeweilige Versicherung wird die daraus folgende Rente unterschiedlich besteuert. Vertiefend siehe → Renten.

Pensionen/ Betriebsrenten

Beamtenpensionen und **Versorgungsbezüge** nach beamtenrechtlichen Vorschriften (einschl. Witwen- und Waisenbezüge) sowie **Betriebsrenten**, die der frühere Arbeitgeber zahlt, gehören zum Arbeitslohn (**Anlage N**).

TIPP

Leistungsmitteilung vom Versorgungsträger beim Ausfüllen der Anlage R beachten

Ihr Versorgungsträger ist **auf Anforderung** verpflichtet, Ihnen jährlich eine Leistungsmitteilung über die Rente (Rentenbezugsmitteilung) zu übersenden. Dort werden insbesondere bei privaten Renten (Anlage R, Seite 1, Zeilen 14–20) sowie Renten aus der betrieblichen Altersversorgung und Riester-Renten (jeweils Anlage R, Seite 2, Zeilen 31–53) alle für die Steuererklärung notwendigen Angaben aufgeführt. Häufig ist dort jeweils vermerkt, in welcher Zeile bzw. unter welcher Kennzahl der Anlage R die Rente einzutragen ist. Bitte beachten Sie auf Seite 2 der Anlage R, dass im Text auf die Nummer der Leistungsmitteilung (1–11) verwiesen wird.

13.2 Gesetzliche Renten, Rürup-Renten (Seite 1)

→ ZEILEN 4–13
Leibrenten/ Leistungen

Unter Leibrenten fallen alle Renten aus der gesetzlichen Rentenversicherung sowie aus landwirtschaftlichen Alterskassen und aus berufsständischen Versorgungseinrichtungen und Renten aus privaten kapitalgedeckten Versicherungen (Rürup-Renten). Bei diesen Renten wird ein Teil der Rente steuerfrei gestellt, der restliche sog. **Besteuerungsanteil** ist steuerpflichtig. Vertiefend siehe → Renten.

→ ZEILE 4
Art der Rente

Tragen Sie die Ziffer ein, die Ihre Rente bezeichnet; für alle Renten aus der gesetzlichen Rentenversicherung z. B. eine „1". Renten aus der **gesetzlichen** Rentenversicherung sind z. B. Alters-, gesetzliche Erwerbsminderungs- und Hinterbliebenenrenten (Witwen-, Waisen-, Erziehungsrente).

Berufsständische Versorgungseinrichtungen sind gesetzliche Pflichtversicherungen für bestimmte Berufsstände wie z. B. angestellte oder selbstständige Ärzte, Apotheker, Architekten, Rechtsanwälte.

→ ZEILEN 5–6
Rentenbetrag, Rentenanpassungsbetrag

Einzutragen ist der Jahresbetrag der **Brutto**rente (Zeile 5). Dies ist nicht der ausgezahlte Betrag, sondern die zugesagte Rente, d. h. der Rentenbetrag ohne den (steuerfreien) Zuschuss der Rentenversicherung zur Krankenversicherung und vor Abzug der Kranken- und Pflegepflichtversicherungsbeiträge. Zu erfassen sind im **Jahr der Rentenauszahlung** auch Nachzahlungen für Vorjahre und Einmalzahlungen (z. B. Sterbegeld).

Der eingetragene Betrag (ohne den enthaltenen Rentenanpassungsbetrag laut Zeile 6) wird – abhängig vom Jahr des Rentenbeginns – nur zum Teil besteuert.

Der Rentenanpassungsbetrag (Zeile 6, in Zeile 5 zusätzlich enthalten), den Sie ebenfalls Ihrer Rentenbezugsmitteilung entnehmen können, ist die Summe aller Rentenerhöhungen ab dem dritten Rentenjahr (frühestens ab 2006) und ist in voller Höhe steuerpflichtig. Vertiefend siehe → Renten.

Kranken-/Pflegeversicherung

Die gezahlten Kranken- und Pflegeversicherungsbeiträge können Sie als Sonderausgabe (**Anlage Vorsorgeaufwand**, Zeilen 17–23) geltend machen.

→ ZEILE 7
Beginn der Rente

In Zeile 7 ist der versicherungsrechtliche Beginn der Rente einzutragen. Nicht maßgebend ist der Zeitpunkt des Rentenantrags oder der erstmaligen Rentenauszahlung. Der Rentenbeginn bestimmt den Besteuerungsanteil, also die Höhe des steuerpflichtigen Teils der Rente in den ersten beiden Jahren. Bei Rentenbeginn vor 2006 sind 50 % der Rente des Jahres 2006 steuerpflichtig. Der Prozentsatz erhöht sich für jeden neuen Rentnerjahrgang um 2 %. Bei Neurentnern, die erstmals 2018 eine Rente beziehen, sind 76 % der Rente steuerpflichtig.

→ ZEILEN 8–9
Vorgängerrente, Folgerente

Eine Rente (z. B. Witwenrente), eingetragen in den Zeilen 4–7, ist eine Folgerente, wenn ihr eine andere Rente aus derselben Versicherung (z. B. Altersrente des verstorbenen Ehegatten aus gesetzlicher Rentenversicherung) vorausgegangen ist (Vorgängerrente). Der maßgebende Prozentsatz der Besteuerung für die neue Folgerente hängt dann auch von der Dauer der Vorgängerrente ab. Dies führt i. d. R. zu einer niedrigeren Besteuerung. Tragen Sie deshalb Beginn und Ende der Vorgängerrente in die Zeilen 8 und 9 ein.

→ ZEILE 10
Rentennachzahlung/Kapitalauszahlung

Haben Sie Rentennachzahlungen für **mehrere** (mindestens zwei) vorangegangene Jahre erhalten, geben Sie den in den Rentenzahlungen (Zeile 5) enthaltenen Nachzahlungsbetrag hier nochmals zusätzlich an. Das Finanzamt prüft, ob derartige Nachzahlungen im Rahmen der sog. Fünftel-Regelung ermäßigt besteuert werden können. Eine ermäßigte Besteuerung kann auch für Teilkapitalauszahlungen gewährt werden. Erfolgt eine Nachzahlung nur für ein Jahr (z. B. bei verspäteter Rentenantragstellung), ist der Nachzahlungsbetrag nur in Zeile 5 und nicht in Zeile 10 einzutragen.

→ ZEILEN 11–13
Öffnungsklausel

In der gesetzlichen Rentenversicherung und den berufsständischen Versorgungseinrichtungen werden Beiträge nur bis zu einer Beitrags(bemessungs)grenze berechnet. Auf freiwilliger Basis ist es möglich, höhere Rentenversicherungsbeiträge einzuzahlen, um einen höheren Rentenanspruch zu erwerben. Wurden bis zum Jahr 2004 in bzw. für **mindestens zehn Jahre Beiträge über der Beitragsbemessungsgrenze** gezahlt, kann für einen Teil der Rente in den Zeilen 11–13 eine niedrigere Besteuerung beantragt werden. Ihr Versicherungsträger stellt eine Bescheinigung aus, die aussagt, welcher Prozentanteil der Rente auf diese Beiträge entfällt. Tragen Sie den Prozentsatz in Zeile 11 ein und fügen Sie die Bescheinigung Ihrer Steuererklärung bei.

In dem Nachweis sind auch **Einmalzahlungen**, z. B. einmaliges Sterbegeld i. Z. m. einer monatlichen Witwenrente, bescheinigt. Der Teil der Einmalzahlung, der unter die Öffnungsklausel fällt, wird **nicht** besteuert. Tragen Sie deshalb, soweit zutreffend, die Einmalzahlung in Zeile 13 ein.

13.3 Private Leibrenten (Seite 1)

→ ZEILEN 14–20
Andere Leibrenten

Die in Zeile 14 des Vordrucks genannten privaten Renten (ohne Riester- und Rürup-Renten) sind nur mit dem sog. **Ertragsanteil** steuerpflichtig.

→ ZEILE 14
Art der Rente

Bitte tragen Sie die entsprechende Schlüsselkennzahl ein.

→ ZEILE 15
Rentenbetrag

Den Rentenbetrag können Sie der Rentenmitteilung bzw. dem maßgebenden Vertrag entnehmen. Einzutragen ist der Jahresbetrag. Wurden Kranken- und Pflegepflichtversicherungsbeiträge einbehalten, ist der Rentenbetrag vor Abzug dieser Leistungen maßgeblich.

→ ZEILEN 16–19
Angaben zwecks Ermittlung des Ertragsanteils

Die Angaben sind entscheidend für die Ermittlung des steuerpflichtigen Ertragsanteils der Rente. Handelt es sich um eine Leibrente auf Lebenszeit, ist für den Ertragsanteil der **versicherungsrechtliche** Beginn der Rente maßgebend (Eintragung in Zeile 16). Tragen Sie in Zeile 18 ein, an wessen Leben die Rentenzahlung anknüpft.

Handelt es sich um eine abgekürzte Leibrente (Höchstzeitrente), ist für die Höhe des Ertragsanteils die Höchstlaufzeit mit maßgebend. Tragen Sie in Zeile 19 ein, wann die Rente voraussichtlich enden (z. B. bei privaten Berufsunfähigkeitsrenten durch Erreichen des Pensionsalters) oder in eine andere Rente (z. B. gesetzliche Altersrente) umgewandelt wird. Vertiefend siehe → Renten.

→ ZEILE 20
Rentennachzahlungen

Rentennachzahlungen für **mehrere** (mindestens zwei) Vorjahre gehören zusätzlich in Zeile 20. Sie beantragen damit eine ermäßigte Besteuerung (vgl. Erläuterungen zu Zeile 10).

13.4 Riester-Renten und Renten aus betrieblicher Altersversorgung (Seite 2)

→ ZEILEN 31–47
Altersvorsorgevertragsrenten (Riester-Renten), betriebliche Altersversorgung und VBL-/ ZVK-Renten

Vom Arbeitgeber selbst gezahlte Betriebsrenten, die zum Arbeitslohn gehören, werden in die **Anlage N, Zeilen 5–16,** eingetragen. Vertiefend siehe → Renten.

In der Anlage R sind die Renten aus einem Altersvorsorgevertrag (**Riester-Rente**) zu erklären. Soweit die eingezahlten Beiträge mit der Altersvorsorgezulage oder einem Sonderausgabenabzug staatlich gefördert worden sind, wird der entsprechende Teil der Rente in voller Höhe versteuert, im Übrigen mit dem Ertragsanteil. In die Anlage R gehören auch Renten aus der **betrieblichen Altersversorgung** (Pensionsfonds, Pensionskassen, Direktversicherungen) und Renten aus dem umlagefinanzierten Teil einer Zusatzversorgung, z. B. aus den Versorgungsanstalten des Bundes und der Länder (VBL-Renten) für Angestellte und Arbeiter im öffentlichen Dienst oder aus Zusatzversorgungskassen kirchlicher oder kommunaler Träger (ZVK-Renten). Je nachdem, wie die Beiträge bei der Einzahlung steuerlich gefördert wurden (z. B. steuerfrei oder pauschal besteuert), ist die Besteuerung der Rente unterschiedlich. Sie kann in voller Höhe steuerpflichtig sein oder (teilweise) nur mit dem Ertragsanteil besteuert werden. Die richtige Zeile des Eintrags entnehmen Sie bitte der Leistungsmitteilung Ihres Anlageinstituts.

→ ZEILEN 46–50
Wohnriester

Haben Sie eine zu **eigenen** Wohnzwecken genutzte Wohnung finanziert und für das angesparte Kapital oder für die Darlehenstilgung eine Altersvorsorgezulage oder einen Sonderausgabenabzug erhalten, muss mit Eintritt ins Rentenalter das im Rahmen eines Wohnriester-Vertrags (Eigenheimrente) aufgebaute **Wohnförderkonto** der Besteuerung unterworfen werden (Auflösungsbetrag laut Bescheid der zentralen Zulagenstelle für Altersvermögen). Dabei kann auf Antrag das gesamte „Guthaben“ **auf einmal** unter Berücksichtigung eines Bonus (Antrag in Zeile 49) oder **jährlich nur ein Teil** des Guthabens ohne Bonus, aber i. d. R. mit einem niedrigen persönlichen Steuersatz (Zeile 48) besteuert werden. Bei schädlicher Verwendung, z. B. Wegfall der Selbstnutzung der Wohnung, wird der Bestand des Wohnförderkontos sofort in voller Höhe besteuert (Zeilen 48, 50–52). Vertiefend siehe → Altersvorsorgeaufwendungen.

Hinweis: Wichtiges zum Thema „Wohnriester“ finden Sie auch auf www.haufe.de/mybook unter „Weiterführende steuerliche Informationen“.

→ ZEILE 53
Nachzahlungen für Vorjahre

Haben Sie Rentennachzahlungen für **mehrere** (mindestens zwei) Vorjahre erhalten, geben Sie den Nachzahlungsbetrag **gesondert** an und beantragen damit für diese Beträge die ermäßigte Besteuerung („Fünftel-Regelung“).

→ ZEILEN 54–62
Werbungskosten

Ohne Nachweis von Einzelaufwendungen berücksichtigt das Finanzamt bei allen Renten und Unterhaltsleistungen (Zeile 6 der **Anlage SO**) den gesetzlichen Werbungskostenpauschbetrag i. H. v. 102 € (bei Ehegatten personenbezogen für jeden Ehegatten mit entsprechenden Einkünften).

Liegen höhere tatsächliche Werbungskosten (z. B. für einen Rentenratgeber, Rechtsstreitigkeiten, Steuerberatungskosten) vor, sind diese hier einzutragen. Je nachdem, zu welcher Rente die Kosten gehören, ist eine andere Zeile maßgebend.

Checkliste Anlage R

Folgende Abzugsmöglichkeit geprüft? Vgl. Ausfüllhinweise zur Zeile!

Sie haben von Ihrer Versicherungsgesellschaft eine Leistungsmitteilung (Rentenbezugsmitteilung) erhalten? ☐
Übertragen Sie die Werte in die in der Leistungsmitteilung genannten Anlagen der Steuererklärung unter der genannten Zeile oder Kennzahl.

Sie haben eine gesetzliche oder private Rente bezogen? ☐
Für die bei Rentenauszahlung einbehaltenen Kranken- und Pflegeversicherungsbeiträge (Eigenanteil) können Sie den Sonderausgabenabzug beantragen (Anlage Vorsorgeaufwand).

Sie haben Rentennachzahlungen für mehrere (mindestens zwei) Vorjahre bekommen? ☐
Beantragen Sie die ermäßigte Besteuerung (Zeilen 10, 20, 53).

Sie sind sich hinsichtlich der Besteuerung Ihrer Rente unsicher? ☐
Fügen Sie, insbesondere im Erstjahr, der Steuererklärung den Rentenbescheid bei.

Sie haben mit Ihrem Rententräger über die Rente gestritten? ☐
Alle Aufwendungen im Zusammenhang damit (Anwaltskosten, Gerichtskosten, Fachliteratur, Fahrtkosten, Porto) sind Werbungskosten (Zeilen 54–61).

14 Anlage SO (Sonstige Einkünfte)

14.1 Allgemein

WICHTIG

Sonstige Einkünfte sind erhaltene Unterhaltszahlungen und Spekulationsgewinne

Die **Anlage SO** ist für folgende Fälle gedacht:

- Sie haben vom geschiedenen oder dauernd getrennt lebenden Ehegatten/Lebenspartner Unterhalt erhalten bzw. er hat Ihre Kranken- oder Pflegeversicherungsbeiträge gezahlt und Sie haben der Versteuerung zugestimmt. Vertiefend siehe → Unterhaltszahlungen.
- Sie haben Einkünfte aus sonstigen Leistungen (z. B. gelegentliche Vermittlung von Versicherungen oder Bausparverträgen oder Vermietung von beweglichen Gegenständen, wie z. B. Fahrzeugen) von über 255 € im Jahr erzielt.
- Sie haben private Wirtschaftsgüter (z. B. Grundstücke, Wertgegenstände, Oldtimer etc.), die nur kurze Zeit in Ihrem Eigentum waren, verkauft und einen Gewinn von über 599 € (je Ehegatte) erzielt. Vertiefend siehe → Spekulationsgeschäfte.

Veräußerungserlöse aus dem Verkauf von Wertpapieren (Aktien, Optionen, Futures, Warentermingeschäfte) gehören zu den Einkünften aus Kapitalvermögen und unterliegen der Abgeltungsteuer (Anlage KAP). Ehegatten geben eine gemeinsame Anlage SO ab.

Überblick

Im Bedarfsfall ausfüllen	
Seite 1	**Wiederkehrende Bezüge/Unterhalt (Zeilen 4–7)** Dieser Abschnitt betrifft in erster Linie Personen, die vom geschiedenen oder dauernd getrennt lebenden Ehegatten Unterhaltszahlungen erhalten haben. **Leistungen (Zeilen 8–13)** Einkünfte aus gelegentlichen Vermittlungsgeschäften oder Vermietung beweglicher Güter unterliegen nur der Besteuerung, wenn sie die Freigrenze von 255 € übersteigen. Auch Verluste sind berücksichtigungsfähig.

Überblick

Im Bedarfsfall ausfüllen	
Seite 2	**Private Veräußerungsgeschäfte (Zeilen 31–51)** Zu erfassen sind Verkäufe von privaten Wirtschaftsgütern (Grundstücke, private Wertgegenstände wie Münzen, Schmuck, Oldtimer etc.), wenn diese nur kurze Zeit in Ihrem Eigentum waren. Beträgt der Gewinn nicht mehr als 599 € im Jahr, ist nichts zu versteuern. Auch Verluste aus solchen Geschäften können Sie geltend machen.

14.2 Wiederkehrende Bezüge, Unterhalt, Leistungen (Seite 1)

→ ZEILE 4
Wiederkehrende Bezüge

In Zeile 4 sind im Wesentlichen Versorgungsleistungen aufgrund von Vermögensübertragungen, Altenleistungen in der Land- und Forstwirtschaft oder Aufwendungen aufgrund eines schuldrechtlichen Versorgungsausgleichs, wenn der Zahlende die Zahlungen als Sonderausgaben abziehen will, einzutragen.

→ ZEILE 5
Vermeidung des Versorgungsausgleichs

Einzutragen sind **erhaltene** Ausgleichsleistungen zur Vermeidung des Versorgungsausgleichs, soweit der Zahlungspflichtige (geschiedener Ehegatte/Lebenspartner) die Ausgleichsleistungen zur Vermeidung des Versorgungsausgleichs mit Zustimmung als Sonderausgaben abzieht.

→ ZEILE 6
Ehegattenunterhalt

Zeile 6 betrifft Unterhaltszahlungen bzw. „Basis“-Kranken- bzw. Pflegepflichtversicherungsbeiträge, die ein Geschiedener/dauernd getrennt Lebender von seinem (ehemaligen) **Ehegatten/Lebenspartner** bekommen hat. Wenn der Unterhaltsempfänger auf der **Anlage U** zugestimmt hat, dass der Leistende die Zahlungen als Sonderausgaben abziehen kann (Hauptvordruck, Zeile 40 ff.), ist er damit gleichzeitig einverstanden, dass er die Zahlungen als sonstige Einkünfte versteuert. Vertiefend siehe → Unterhaltszahlungen.

→ ZEILEN 8–13
Andere Leistungen, Werbungskosten, Freigrenze, Verluste

Andere Einnahmen (Zeilen 8–10), die unter die sonstigen Einkünfte fallen, sind z. B. die gelegentliche Vermittlung von Kauf- und Tauschgeschäften sowie die gelegentliche Vermietung einzelner beweglicher Gegenstände (z. B. Fahrzeug, Motorjacht, Wohnmobil, Klavier, einzelne Maschinen), aber auch im Rahmen einer Fahrgemeinschaft für die Mitnahme von Kollegen erhaltene Fahrtgelder. Zu den abzugsfähigen Werbungskosten (Zeile 11) gehören z. B. Aufwendungen für Zeitungsanzeigen, Werbung, Fahrtkosten oder die Abschreibung. Sind die in Zeile 12 ermittelten Einkünfte (Unterschiedsbetrag aus Einnahmen und Werbungskosten) nicht höher als 255 € (bei Ehegatten gilt die Grenze bei jedem für seine Einkünfte), bleiben sie steuerfrei. Liegen sie über dieser Freigrenze, muss der gesamte Gewinn versteuert werden.

Verluste aus solchen Geschäften können nur mit Gewinnen aus gleichartigen Leistungen im selben Jahr, im Vorjahr (Verlustrücktrag) oder in folgenden Jahren (Verlustvortrag) verrechnet werden.

→ ZEILEN 14–22
Abgeordneten-bezüge

Hinweis: Wichtiges zum Thema „Abgeordnetenbezüge" finden Sie auch auf www.haufe.de/mybook unter „Weiterführende steuerliche Informationen".

14.3 Private Veräußerungsgeschäfte (Seite 2)

→ ZEILEN 31–51
Private Veräußerungs-geschäfte

In den Zeilen 31 bis 51 sind Gewinne bzw. Verluste aus sog. „Spekulationsgeschäften" zu erfassen. Vertiefend siehe → Spekulationsgeschäfte.

Gewinne aus derartigen Verkäufen bleiben steuerfrei, wenn sie im Jahr nicht mehr als 599 € betragen. Dieser Betrag gilt bei Eheleuten getrennt für die Geschäfte des jeweiligen Ehegatten.

→ ZEILEN 31–40
Grundstücke

Die Zeilen 31 bis 40 betreffen Grundstücke, die Sie **innerhalb von zehn Jahren** (Datum der Kaufverträge maßgebend!) angeschafft und veräußert haben. Dies kann auch für geerbte oder geschenkte Grundstücke infrage kommen.

Wurde das gesamte Grundstück bis zum Verkauf bzw. im Veräußerungsjahr und in den letzten beiden Jahren davor nur zu eigenen Wohnzwecken genutzt (Zeile 33), liegt kein steuerpflichtiges Veräußerungsgeschäft vor. Weitere Angaben sind dann nicht mehr erforderlich. Anderes gilt jedoch für ein im selbst genutzten Haus befindliches Arbeitszimmer oder einen vermieteten Gebäudeteil. Veräußerungsgewinne aus solchen Gebäudeteilen (Angaben in Zeile 33) sind genauso (anteilig) steuerpflichtig wie der Verkauf von vermieteten Häusern und Wohnungen. Machen Sie die gefragten Angaben in den folgenden Zeilen 34–40. Bei einem gemischt genutzten Gebäude sind nur die Angaben bezüglich des steuerpflichtig veräußerten Grundstückteils notwendig.

→ ZEILEN 34–38
Gewinn-ermittlung

Zu versteuern ist grundsätzlich der Unterschiedsbetrag zwischen dem Veräußerungspreis (Zeile 34) und den AK zzgl. Nebenkosten (Zeile 35) des Grundstücks. Sofern Sie auf dem Grundstück Gebäude oder Außenanlagen errichtet, ausgebaut oder erweitert haben, erhöhen die dabei angefallenen Aufwendungen Ihre AK. Soweit Sie eine Abschreibung (AfA) für das Grundstück bei einer Einkunftsart (z. B. Vermietung) steuerlich geltend gemacht haben (Eintragung in Zeile 36), werden Ihre AK um diese AfA-Beträge gekürzt. Zu den abzugsfähigen Werbungskosten (Zeile 37) gehören alle Kosten i. Z. m. der Veräußerung wie z. B. Inserate, Fahrtkosten, Maklergebühren. Der ermittelte Gewinn (Zeile 38) muss wegen der Freigrenze dem Eigentümer-Ehegatten zugeordnet werden (Zeile 39). Vertiefend siehe → Spekulationsgeschäfte.

→ ZEILEN 41–48
Andere Wirtschaftsgüter

Die Veräußerung von anderen Wirtschaftsgütern des Privatvermögens (Zeile 41) ist steuerpflichtig, wenn Anschaffung und Veräußerung **innerhalb eines Jahres** (Zeile 42) erfolgt sind. Hierzu gehören auch Gewinne bzw. Verluste aus dem Verkauf von Fremd-, Kryptowährungen. Bei Wirtschaftsgütern, mit denen steuerpflichtige Einnahmen erzielt wurden (z. B. Vermietung von beweglichen Wirtschaftsgütern), gilt ein Zehnjahreszeitraum. Nicht steuerpflichtig ist der Verkauf von Gegenständen des täglichen Bedarfs (z. B. Pkw). Der ermittelte Gewinn ist bei Ehegatten wegen der Freigrenze dem zutreffenden Ehegatten zuzuordnen.

→ ZEILEN 49, 50
Gemeinschaften

Waren Sie an einer Gemeinschaft, z. B. Erbengemeinschaft, beteiligt, die derartige Geschäfte getätigt hat, musste die Gemeinschaft eine eigene Steuererklärung abgeben, aufgrund derer das Finanzamt die Gewinne ermittelt und auf alle Beteiligten aufgeteilt hat. Ihren Anteil am Gewinn erfassen Sie, soweit er Ihnen bekannt ist, in den Zeilen 49 und 50.

→ ZEILE 51
Verluste

Verluste, die Sie aus privaten Veräußerungsgeschäften erlitten haben, können nur mit gleichartigen Gewinnen des Vorjahres oder in Folgejahren verrechnet werden. Auch eine Begrenzung des Verlustrücktrags zugunsten eines Vortrags auf künftige Gewinne ist möglich. Tragen Sie hier ein, wenn Sie Verluste aus 2018 nicht bzw. nur begrenzt mit Gewinnen in 2017 verrechnen lassen wollen.

Checkliste Anlage SO

Folgende Abzugsmöglichkeit geprüft? Vgl. Ausfüllhinweise zur Zeile!

Ausgleichszahlungen zur Vermeidung des Versorgungsausgleichs (Zeile 5) bzw. Ehegattenunterhalt (Zeile 6) versteuern? ☐

Machen Sie Ihre notwendige Zustimmung am besten von vornherein davon abhängig, dass Ihr geschiedener Ehepartner/Lebenspartner die bei Ihnen zu zahlende Steuer übernimmt. Sie können die Zustimmung zur Versteuerung des Unterhalts für künftige Jahre widerrufen bzw. betragsmäßig auch so begrenzen, dass bei Ihnen keine Mehrsteuer anfällt.

Spekulationsverluste aus Vorjahren? ☐

Sie können die Verluste eventuell auch mit Veräußerungsgewinnen aus Kapitaleinkünften verrechnen (**Anlage KAP**).

15 Anlage N (Einkünfte aus nichtselbstständiger Arbeit)

15.1 Allgemein

WICHTIG

Die **Anlage N** benötigen Sie in folgenden Fällen:

- Sie haben als Arbeitnehmer gearbeitet (kein Minijob).
- Sie waren arbeitslos, hatten aber Aufwendungen für die Jobsuche.
- Sie haben eine Beamtenpension oder Betriebsrente bezogen.

Ehegatten müssen jeweils eine eigene Anlage N ausfüllen.

Überblick

Im Bedarfsfall ausfüllen	
Seite 1	**Angaben zu Arbeitslohn, Versorgungsbezügen, Lohnersatzleistungen (Zeilen 5–29)** Die meisten Angaben können Sie der Lohnsteuerbescheinigung entnehmen.
Seiten 2, 3	**Werbungskosten (Zeilen 31–87)** Hier können Sie Ihre beruflich verursachten Aufwendungen geltend machen. Ohne Eintragungen wird automatisch der Arbeitnehmerpauschbetrag von 1.000 € berücksichtigt. Im Vordruck sind beispielhaft Aufwendungen aufgeführt: • **Wege zur ersten Tätigkeitsstätte** (Zeilen 31–39) • **Beiträge zu Berufsverbänden, Gewerkschaften** (Zeile 40) • **Arbeitsmittel** (Zeilen 41, 42) • **häusliches Arbeitszimmer** (Zeile 43) • **Fortbildungskosten** (Zeile 44) • **weitere Werbungskosten** (Zeile 45–48) • **Reisekosten bei Auswärtstätigkeiten (Tätigkeiten außerhalb einer ortsgebundenen Arbeitsstätte)** (Zeilen 49–57) • **Mehraufwand für doppelte Haushaltsführung** (Zeilen 61–87)
Seite 4	**Werbungskosten in Sonderfällen (Zeilen 91–96)** Tragen Sie hier Ihre Ausgaben in Zusammenhang mit begünstigt besteuertem Arbeitslohn (Versorgungsbezüge, Entschädigungen, Lohn für mehrere Jahre) ein. Automatisch bekommen Sie bei Versorgungsbezügen einen Werbungskostenpauschbetrag von 102 €.

15.2 Angaben zum Arbeitslohn (Seite 1)

→ ZEILE 4
eTIN

Die Angabe der **e**lectronic **T**axpayer **I**dentification **N**umber (eTIN), u. U. ausgewiesen auf der Lohnsteuerbescheinigung, ist nur erforderlich, wenn keine Identifikationsnummer (Hauptvordruck Zeilen 7, 16) vorhanden ist. Vertiefend siehe → ELSTER/ELStAM für Unternehmer.

→ ZEILEN 5–10
Arbeitslohn

Die geforderten Angaben zu Steuerklasse, Bruttoarbeitslohn, Lohnsteuer, Solidaritätszuschlag und Kirchensteuer übertragen Sie aus der Lohnsteuerbescheinigung (Nr. 3–7). Alle Angaben außer dem Bruttolohn sind mit Centbeträgen einzutragen. Haben Sie mehrere Lohnsteuerbescheinigungen, fassen Sie die Eintragungen der zweiten und aller weiteren (jeweils mit Steuerklasse VI) zusammen.

→ ZEILEN 11–16
Versorgungsbezüge

Versorgungsbezüge, erkennbar aus der Lohnsteuerbescheinigung (Nr. 8 ff.), sind Zahlungen und Vorteile, die aufgrund eines früheren Dienstverhältnisses vom früheren Arbeitgeber gezahlt werden (z. B. Beamtenpensionen oder bestimmte Betriebsrenten). Sie sind teilweise steuerfrei. Die abgefragten Angaben im Vordruck werden für die Berechnung des steuerfreien Teils benötigt.

Dieser wird aus dem auf das Jahr hochgerechneten Versorgungsbezug, ausgehend vom Versorgungsbezug des ersten Monats, berechnet. Deshalb sind die Bemessungsgrundlage (Zeile 12; siehe Nr. 29 der Lohnsteuerbescheinigung), das Jahr (Zeile 13), in dem der Versorgungsbezug erstmals gezahlt wurde (Nr. 30 der Lohnsteuerbescheinigung), und, wenn der Versorgungsbezug nicht das ganze Jahr gezahlt wurde (Zeile 14), der Monat des ersten bzw. letzten Versorgungsbezugs (Nr. 31 der Lohnsteuerbescheinigung) erforderlich. Ihnen ausgezahlte Sonderzahlungen (z. B. Sterbegeld) oder Nachzahlungen für Vorjahre (vgl. Lohnsteuerbescheinigung Nr. 32) sind nochmals aufzuführen (Zeile 15). Nachzahlungen, die **mehrere** Jahre betreffen (Nr. 9 der Lohnsteuerbescheinigung), werden im Zuge der sog. Fünftel-Regelung ermäßigt besteuert (Zeile 16).

→ ZEILEN 17–20
Lohn für mehrere Jahre/ Entschädigungen

Steuerpflichtige Jubiläumszuwendungen, Entschädigungen oder Lohnnachzahlungen, die mehrere Jahre betreffen (vgl. Lohnsteuerbescheinigung Nr. 10, daraus abgeführte Steuern Nr. 11), sind ebenfalls steuerlich begünstigt (Fünftel-Regelung). Bei Entschädigungen (z. B. Abfindungen bei Auflösung des Dienstverhältnisses) müssen Sie die Vertragsunterlagen über Art, Höhe und Zeitpunkt der Zahlung beifügen.

→ ZEILE 21
Arbeitslohn ohne Steuerabzug

Zum steuerpflichtigen Arbeitslohn, bei dem keine Lohnsteuer einbehalten wurde, gehören z. B. von einem ausländischen Arbeitgeber oder einem Dritten gezahlter Arbeitslohn, nicht jedoch (steuerfreie) Trinkgelder. Die Eintragungen sollten Sie gesondert erläutern.

→ ZEILEN 22–25
Auslandstätigkeit

Haben Sie Arbeitslohn für eine Auslandstätigkeit bekommen, können Sie die notwendigen Eintragungen aus Nr. 16 Ihrer Lohnsteuer- oder Gehaltsbescheinigung für den entsprechenden Tätigkeitszeitraum entnehmen; ebenso, ob die Steuerfreiheit aufgrund eines Doppelbesteuerungsabkommens (Zeile 22) oder über den Auslandstätigkeitserlass (Zeile 23) erfolgt ist. Zusätzlich müssen Sie die **Anlage N-AUS** ausfüllen. Wichtiges zum Thema „Arbeitslohn im Ausland" und eine Ausfüllanleitung zur Anlage N-AUS finden Sie auf www.haufe.de/mybook unter „Weiterführende steuerliche Informationen".

→ ZEILE 26
Grenzgänger

Grenzgänger, also Personen, die ihren Arbeitsplatz in Frankreich, Österreich oder der Schweiz haben, aber täglich zu ihrem inländischen Wohnsitz zurückkehren, geben ihr Beschäftigungsland und den Arbeitslohn in ausländischer Währung an. Soweit Sie bei einem Finanzamt in Baden-Württemberg veranlagt werden, reicht es aus, die dort erhältliche **Anlage N-Gre** auszufüllen. Ausgaben im Zusammenhang mit dieser Tätigkeit stellen Sie auf einem gesonderten Blatt zusammen. Wenn Sie in der Schweiz arbeiten und Ihnen dort Schweizer Abzugsteuer einbehalten wurde, kann diese direkt auf die deutsche Steuer angerechnet werden (Zeile 26). **Hinweis:** Wichtiges zum Thema „Arbeitslohn im Ausland/Grenzgänger" und eine Ausfüllanleitung zur Anlage N-Gre finden Sie auf www.haufe.de/mybook unter „Weiterführende steuerliche Informationen".

→ ZEILE 27
Aufwandsentschädigung/ Übungsleiterpauschale/Ehrenamtsfreibetrag

Waren Sie nebenberuflich (Arbeitszeit weniger als 1/3 einer Vollerwerbstätigkeit) in einem Arbeitsverhältnis bei einer staatlichen Stelle oder einem gemeinnützigen Verein als Übungsleiter, Ausbilder, Betreuer, Erzieher oder in vergleichbarer Tätigkeit, als Künstler oder in der Pflege alter, kranker oder behinderter Menschen tätig, ist der dafür erhaltene Lohn (Aufwandsentschädigung) bis zu 2.400 € jährlich steuerfrei (**Übungsleiterpauschale**). Wenn Sie kein weiteres Arbeitsverhältnis haben, erhalten Sie zusätzlich den Arbeitnehmerpauschbetrag von 1.000 €. Ausgaben im Zusammenhang mit der Tätigkeit können Sie allerdings nur geltend machen, soweit sie 2.400 € bzw. 3.400 € (2.400 € + 1.000 €) überschreiten. Vertiefend siehe → Ehrenamt.

Waren Sie ehrenamtlich und nebenberuflich (s. o.) in anderer als o. a. Funktion, z. B. als Vorstand, Vereinsmitglied, Platzwart, Hausmeister oder sonstiger Helfer in einem gemeinnützigen Verein bzw. Verband oder im mildtätigen bzw. kirchlichen Bereich als Arbeitnehmer tätig, ist die dafür gezahlte Aufwandsentschädigung (Lohn) bis zu 720 € im Jahr steuerfrei (**Ehrenamtsfreibetrag**).

→ ZEILE
Lohnersatzleistungen

Über den Arbeitgeber ausgezahlte Lohnersatzleistungen (bescheinigt bei Nr. 15 der Lohnsteuerbescheinigung) werden zusammen mit den Lohndaten elektronisch an das Finanzamt übermittelt. Andere als die im Vordruck genannten Leistungen, z. B. Insolvenzgeld, sind im Hauptvordruck (Zeile 96) zu erfassen. Auch diese Beträge werden dem Finanzamt i. d. R. elektronisch von der Stelle, die den Lohnersatz auszahlt, gemeldet. Lohnersatzleistungen sind zwar steuerfrei, erhöhen jedoch den Steuersatz für die steuerpflichtigen Einkünfte (Progressionsvorbehalt).

→ ZEILE 29
Fehlzeiten

Waren Sie im Veranlagungsjahr zeitweise ohne Lohnbezüge bzw. nicht beschäftigt (vgl. Lohnsteuerbescheinigung Nr. 1–2), geben Sie diese Zeiten unter Angabe des Grundes (z. B. Studium, Arbeitslosigkeit, Erziehungsurlaub) an und fügen Sie den entsprechenden Nachweis (Studienbescheinigung, Arbeitslosengeldbescheid) bei.

15.3 Werbungskosten

→ ZEILEN 31–87
Werbungskosten

Werbungskosten sind beruflich verursachte Ausgaben, die den Bruttoarbeitslohn und damit die Steuer mindern. Im Vordruck sind lediglich die am häufigsten vorkommenden Werbungskostenarten genannt (vgl. Erläuterungen zu den Zeilen 46–48), es handelt sich also nicht um eine vollständige Aufzählung. Werbungskosten sind auch möglich, wenn Sie noch nicht oder nicht mehr in einem Arbeitsverhältnis stehen (z. B. Bewerbungskosten, Berufsausbildungskosten). Vertiefend siehe → Werbungskosten, -pauschbeträge und -pauschalen.

Arbeitnehmerpauschbetrag

Bei jedem Arbeitnehmer, der in einem aktiven Dienstverhältnis steht, wird automatisch ein Betrag von 1.000 € (Arbeitnehmerpauschbetrag) berücksichtigt, wenn er keine höheren Ausgaben geltend macht. Empfängern von Versorgungsbezügen (vgl. Nr. 8 und 9 der Lohnsteuerbescheinigung und Erläuterungen zu den Zeilen 11–16) steht lediglich ein Arbeitnehmerpauschbetrag von 102 € zu. Waren Sie (einen Teil des Kalenderjahrs) noch berufstätig und haben Sie (für den anderen Teil) auch Versorgungsbezüge erhalten, bekommen Sie beide Pauschbeträge. Eintragungen auf den Seiten 2, 3 und 4 sind nur notwendig, wenn Sie höhere Kosten als die Pauschbeträge geltend machen können.

TIPP

Kein Geld verschenken!

Prüfen Sie Ihre Werbungskosten sorgfältig, damit Sie kein Geld verschenken. Der Pauschbetrag ist z. B. bereits dann überschritten, wenn Ihre Arbeitsstätte bei einer Fünftagewoche mindestens 15 km von Ihrer Wohnung entfernt ist.

→ ZEILEN 31–39

Wege zur ersten Tätigkeitsstätte, Entfernungspauschale

Sie können für Wege zu Ihrer (ortsfesten) ersten Tätigkeitsstätte (bisher regelmäßige Arbeitsstätte), unabhängig vom benutzten Verkehrsmittel, eine Pauschale von 0,30 € für jeden **vollen Entfernungskilometer (Ekm)** geltend machen (**Entfernungspauschale**). Die Regelung gilt (teilweise) auch für Arbeitnehmer, die in einem weiträumigen Arbeitsgebiet tätig sind, arbeitstäglich zu einem (betrieblichen) Sammeltreffpunkt fahren oder die Fahrt zur Arbeitsstätte (unentgeltlich) als Mitfahrer oder ganz bzw. teilweise mit einem zur Nutzung überlassenen privaten Pkw oder einem Firmenwagen durchführen. Soweit Sie kein eigenes oder Ihnen zur Nutzung überlassenes Kfz (z. B. Firmenwagen) benutzen, ist der Gesamtabzug über die Entfernungspauschale auf maximal 4.500 € jährlich begrenzt (= Deckelung).

Zusätzlich zur Entfernungspauschale sind **nur** Kosten, die durch einen Unfall auf einer Fahrt zur bzw. von der Arbeitsstätte entstanden sind, absetzbar (vgl. Zeilen 46–48).

Öffentliche Verkehrsmittel

Bei Benutzung öffentlicher Verkehrsmittel sind die die Jahresentfernungspauschale übersteigenden höheren Jahreskosten abzugsfähig (Kennzahlen 114, 134, 154, 174). Auch behinderte Menschen können ab einem bestimmten Grad der Behinderung höhere tatsächliche Kosten geltend machen (Kennzahlen 115, 135, 155, 175). Für mit einer Fähre oder einem Flugzeug zurückgelegte Strecken sind nur die tatsächlichen Kosten abzugsfähig (Eintragung in Zeile 45).

Tragen Sie entsprechend das benutzte Verkehrsmittel und die damit zurückgelegte Strecke ein. Vertiefend siehe → Firmenwagen.

TIPP

Keine dauerhaft festgelegte ortsgebundene Tätigkeitsstätte

Sind Sie keiner ortsgebundenen betrieblichen Einrichtung (Ihres Arbeitgebers) fest zugeordnet und Ihr Tätigkeitsschwerpunkt befindet sich auch nicht dort (Tätigkeit dort weniger als 1/3 der Arbeitszeit und weniger als zwei volle Tage/Woche), sondern im Wesentlichen z. B. an ständig wechselnden Einsatzorten, auf einem Fahrzeug oder bei Kunden des Arbeitgebers tätig, können Sie im Regelfall höhere (Reise-)Kosten abziehen (vgl. Erläuterungen zu den Zeilen 31–34 und 49 ff.).

→ ZEILEN 31–34
Erste Tätigkeitsstätte

In den Zeilen 31–34 tragen Sie die Angaben zu Ihrer ersten Tätigkeitsstätte, zur Anzahl der Arbeitstage je Woche sowie zu Ihren Urlaubs- und Krankheitstagen ein. Haben Sie Ihre regelmäßige Arbeitsstätte gewechselt, müssen Sie für jede Arbeitsstätte eine eigene Zeile ausfüllen. Für Arbeitnehmer, die stets zum selben Sammelpunkt (i. d. R. ortsfeste Arbeitgebereinrichtung) fahren und von dort aus ihre Tätigkeit beginnen (z. B. Fahrtätigkeit ab Busdepot) oder ihren Tätigkeitsort aufsuchen (z. B. Baustelle), sind die Fahrten zum Sammelpunkt (Zeilen 33, 34) als Wege zur ersten Tätigkeitsstätte zu erfassen. Keine Sammelpunkte sind privat organisierte Treffpunkte (z. B. Park-and-ride-Parkplätze). Die Zeilen 33 und 34 gelten daneben auch für Arbeitnehmer mit einem weiträumigen Arbeitsgebiet (z. B. Waldgebiet, Hafengelände) bezüglich der Entfernung aus dem der Wohnung am nächsten liegenden Zugang zum Arbeitsgebiet. Die Zeilen gelten nicht für Arbeitnehmer, die keiner festen betrieblichen Einrichtung zugeordnet sind, sondern direkt von zu Hause aus zum auswärtigen Tätigkeitsort (z. B. Baustelle, Fortbildungsort, Dienstreiseort) fahren. Vertiefend siehe → Reisekosten.

→ ZEILEN 35–38

Arbeitstage, maßgebende Entfernung

Ohne nähere Prüfung erkennt das Finanzamt bei einer Fünftagewoche 230, bei einer Sechstagewoche 280 Tage an (Kennzahl 110). In Kennzahl 111 tragen Sie grundsätzlich die kürzeste einfache Entfernung der Straßenverbindung zu Ihrer Arbeitsstätte, die mit einem Fahrzeug, das 60 km/h fährt, benutzbar ist, abgerundet auf volle Kilometer, ein. Eine längere Wegstrecke wird anerkannt, wenn sie verkehrsgünstiger ist, weil sich Fahrzeit einsparen lässt, oder z. B. wegen geringerer Verkehrsdichte oder günstigeren Ampelschaltungen eine entspanntere Fahrt ermöglicht und von Ihnen regelmäßig benutzt wird. In den nächsten beiden Spalten geben Sie an, wie viele Ekm Sie mit Ihrem Pkw, mit anderen Verkehrsmitteln oder, falls dies der Fall ist, mittels (lohnsteuerfreier) Sammelbeförderung (mit betrieblichen Fahrzeugen) durch den oder im Auftrag des Arbeitgeber(s) zurückgelegt haben. Soweit eine Sammelbeförderung stattfand (Lohnsteuerbescheinigung Nr. 2, eingetragener Großbuchstabe F), entfällt die Entfernungspauschale. Tragen Sie die tatsächlichen Kosten ein, wenn bzw. soweit Sie öffentliche Verkehrsmittel genutzt haben. Die insgesamt im Jahr dafür bezahlten Aufwendungen sind abzugsfähig, soweit sie die gesamte Jahresentfernungspauschale übersteigen. Die Deckelung (4.500 € jährlich) gilt nur für die Entfernungspauschale, nicht für die tatsächlichen Kosten.

Haben Sie einige Monate im Jahr ein Kfz und die restliche Zeit ein anderes Verkehrsmittel benutzt, dann machen Sie die Angaben jeweils in getrennten Zeilen. Für die Tage mit der Kfz-Benutzung gilt die Deckelung nicht.

Fahrgemeinschaften

Sind Sie an einer **Fahrgemeinschaft** beteiligt, füllen Sie für die Tage, an denen Sie selbst gefahren sind, eine Zeile aus und getrennt eine weitere Zeile für die Tage, an denen Sie mitgenommen worden sind. Für die Mitfahrtage gilt die Deckelung (4.500 €).

Ehegattenfahrgemeinschaften

Ehegatten, die gemeinsam zur Arbeit fahren, können – auch bei gleicher Arbeitsstätte – beide jeweils die volle Entfernungspauschale (ggf. begrenzt auf 4.500 € bei dem, der mitfährt) geltend machen.

Behinderte Menschen

Behinderte Menschen (Grad der Behinderung 70 % oder 50 % und eine erhebliche Gehbehinderung, Merkzeichen „G“ oder „aG“ im Behindertenausweis – letzte Spalte Eintragung „1“) können die tatsächlichen Kosten bzw. ohne Nachweis bei Kfz-Nutzung 0,30 €, bei Nutzung eines anderen privaten motorisierten Verkehrsmittels 0,20 € für jeden gefahrenen Kilometer abziehen. Vertiefend siehe → Behinderte Menschen.

→ ZEILE 39
Arbeitgeberersatz

Hat der Arbeitgeber Fahrtkosten für Fahrten zur ersten Tätigkeitsstätte steuerfrei ersetzt oder den Kostenersatz pauschal versteuert (Nr. 17 oder 18 der Lohnsteuerbescheinigung), werden die Werbungskosten entsprechend gekürzt.

→ ZEILE 40
Berufsverbände, Gewerkschaften

Abzugsfähig sind z. B. Mitgliedsbeiträge, Aufnahmegebühren und Umlagen an Berufsverbände wie Gewerkschaften, Beamtenverbände, Referendarverbände, Anwaltskammern, den Verein Deutscher Ingenieure (VDI), den Marburger Bund oder den Bundesverband des Schornsteinfegerhandwerks.

→ ZEILEN
Arbeitsmittel

Zu den Arbeitsmitteln gehören z. B. Aufwendungen für Fachbücher, Fachzeitschriften, beruflich verwendete Literatur, typische Berufskleidung oder Werkzeuge, Computer und entsprechende Peripheriegeräte wie Monitor, Drucker, Scanner, die dazu gehörende Software sowie Büromöbel für einen häuslichen Arbeitsplatz. Arbeitsmittel, die einschließlich Umsatzsteuer (brutto) nicht mehr als 488 € gekostet haben, sind in voller Höhe sofort im Anschaffungsjahr absetzbar, höhere AK (nur) über die jährliche Abschreibung. Vertiefend siehe → Abschreibungen im Betrieb und → Computer.

Führen Sie im Erklärungsvordruck oder auf einem gesonderten Blatt Arbeitsmittel und deren Kosten einzeln an. Aufwendungen bis zu 110 € werden i. d. R. ohne nähere Prüfung akzeptiert.

→ ZEILE 43
Arbeitszimmer

Aufwendungen für ein häusliches Arbeitszimmer sind steuerlich entweder in voller Höhe, begrenzt auf 1.250 € jährlich oder gar nicht abzugsfähig. Im Lexikon können Sie sich über den Kostenabzug von Arbeitsecken in einem sonst privat genutzten Zimmer oder bei sowohl beruflich und als auch privat genutzten Zimmern informieren. Vertiefend siehe → Arbeitszimmer.

TIPP

Arbeitsmittel immer abziehbar

Unabhängig von der Beurteilung der Kosten des Arbeitszimmers sind die Aufwendungen für im Arbeitszimmer befindliche **Arbeitsmittel**, z. B. Schreibtisch oder Regale, bei überwiegend beruflicher Nutzung abziehbar.

Aufwendungen für ein außerhäusliches Arbeitszimmer oder andere beruflich genutzte Räume (z. B. Lagerraum) sind in voller Höhe abzugsfähig.

→ ZEILE 44
Fortbildungskosten

Zu den Fortbildungskosten gehören Aufwendungen für die Weiterbildung im ausgeübten Beruf (Lehrgänge, Fachtagungen, Studienreisen, Fortbildungen), Umschulungskosten, Kosten einer zweiten Ausbildung bzw. eines Zweitstudiums oder eines Erststudiums nach abgeschlossener (erster) Berufsausbildung sowie die Kosten in Zusammenhang mit einer ersten Berufsausbildung, wenn diese im Rahmen eines Dienstverhältnisses stattfindet (z. B. betriebliche Ausbildung, Berufsakademie). Oft fallen hier Reisekosten (vgl. Zeilen 49 ff.) an. Vertiefend siehe → Fortbildung/Fachtagungen und → Sonderausgaben.

→ ZEILEN 45–48
Weitere Werbungskosten

Als Werbungskosten abzugsfähig sind z. B. die tatsächlichen Kosten für die Benutzung einer Fähre, Flugkosten oder Unfallkosten in Zusammenhang mit Fahrten zur ersten Tätigkeitsstätte (Zeile 45). Häufig vorkommende Werbungskosten (Eintragung ab Zeile 46 ff.) sind z. B. Bewerbungskosten, Bewirtungskosten, Kontoführungsgebühren, Steuerberatungskosten, Telekommunikationskosten (Telefon/Internet), Umzugskosten oder berufliche Versicherungen (Unfall-, Haftpflicht-, Reisegepäckversicherungen).

TIPP

Private Umzugskosten

Für privat veranlasste Umzugskosten ist eine Steuerermäßigung für haushaltsnahe Dienstleistungen (Hauptvordruck, S. 3) möglich.

→ ZEILEN 49–57
Reisekosten, Auswärtstätigkeiten

Arbeitnehmer, die keine erste Tätigkeitsstätte haben (keine dauerhafte Zuordnung und weniger als 1/3 der Arbeitszeit bzw. wöchentlich weniger als zwei volle Tage an einer ortsfesten Einrichtung des Arbeitgebers bzw. eines vom Arbeitgeber bestimmten Dritten tätig), üben eine Auswärtstätigkeit (wechselnde Einsatzstellen, Fahrtätigkeit) aus und können Reisekosten als Werbungskosten abrechnen. Dasselbe gilt für Arbeitnehmer, die sich aus beruflichen Gründen vorübergehend außerhalb der Wohnung und der ersten Tätigkeitsstätte aufhalten (z. B. Dienstreise). Vertiefend siehe → Reisekosten.

Die abzugsfähigen Reisekosten sind in vier Kostenarten eingeteilt: Fahrtkosten, Übernachtungskosten, Reisenebenkosten (Zeile 50) und Mehraufwendungen für Verpflegung (Zeilen 52–56).

→ ZEILE 49
Firmenwagen, Sammelbeförderung

Wird für die Fahrten ein Firmenwagen benutzt oder erfolgt die Beförderung zum Einsatzort durch den Arbeitgeber (mittels Sammelbeförderung), können mangels tatsächlicher Aufwendungen keine Fahrtkosten abgesetzt werden.

→ ZEILE 50
Fahrtkosten, Übernachtung, Reisenebenkosten

Fahrtkosten, Übernachtungskosten und Reisenebenkosten sind in tatsächlicher Höhe abzugsfähig. Wenn Sie ein privates Verkehrsmittel nutzen, können Sie entweder die tatsächlichen Kosten je Kilometer nachweisen (→ Fahrtkosten) oder ohne Kostennachweis bei Kfz-Nutzung 0,30 €/km, bei Nutzung eines anderen motorbetriebenen privaten Verkehrsmittels 0,20 €/km absetzen. Zu den Reisenebenkosten gehören im Wesentlichen Parkgebühren, Kosten eines Verkehrsunfalls sowie Reiseversicherungen und der (Rest-)Wert von bei der Auswärtstätigkeit gestohlener Reiseausrüstung. Stellen Sie Ihre Kosten am besten auf einem gesonderten Blatt zusammen.

→ ZEILEN 52–56
Verpflegungsmehraufwand

Als Verpflegungskosten sind nur die beruflich veranlassten Mehraufwendungen pauschal abzugsfähig. Der Pauschbetrag beträgt bei mehrtägigen Auswärtstätigkeiten mit Übernachtung für Anreise- und Abreisetage jeweils 12 €, für die Zwischentage (24-stündige Abwesenheit) 24 € (Zeilen 53–54), bei eintägigen Auswärtstätigkeiten bzw. mehrtägigen ohne Übernachtung (über Mitternacht hinaus) 12 €, wenn Sie insgesamt mehr als acht Stunden abwesend waren (Zeile 52). Hat Ihr Arbeitgeber Mahlzeiten gestellt, sind die Pauschalen (bis max. 0 €) zu kürzen (Zeile 55). Haben Sie Zuzahlungen leisten müssen, verringert sich der Kürzungsbetrag (konkret auf jede Mahlzeit bezogen). Ihr Arbeitgeber wird die Mahlzeitengestellung in der Lohnsteuerbescheinigung mit dem Buchstaben „M“ ausweisen. Für Tätigkeiten im Ausland gelten je Land unterschiedlich hohe Pauschbeträge (Zeile 56).

→ ZEILEN 51, 57
Arbeitgeberersatz

Hat Ihr Arbeitgeber Ihnen Reisekosten steuerfrei ersetzt (Nr. 20 der Lohnsteuerbescheinigung), mindert der Kostenersatz (Zeile 56) die abziehbaren Werbungskosten.

→ ZEILEN 61–87
Doppelte Haushaltsführung

Eine steuerlich berücksichtigungsfähige **doppelte Haushaltsführung** liegt vor, wenn Sie einen eigenen Hausstand führen und aus beruflichem Anlass (z. B. Versetzung, Arbeitgeberwechsel) einen zweiten Haushalt (Zweitunterkunft) in der Nähe Ihrer ersten Tätigkeitsstätte unterhalten müssen.

WICHTIG

Abgrenzung zu Reisekosten

Während eine doppelte Haushaltsführung stets eine berufliche Tätigkeit **an der ersten Tätigkeitsstätte** erfordert, führt jede vorübergehende berufliche Tätigkeit **außerhalb** der ersten Tätigkeitsstätte zum (höheren) Reisekostenabzug.

Eine berufliche Veranlassung ist auch gegeben, wenn der Familienhausstand (aus privaten Gründen) vom Arbeitsort wegverlegt wird (Wegverlegungsfälle). Zu den Voraussetzungen für eine steuerlich anzuerkennende doppelte Haushaltsführung und die Höhe der abzugsfähigen Mehraufwendungen siehe → Doppelte Haushaltsführung. Die dort zu findenden Erläuterungen zu Selbstständigen gelten sinngemäß auch für Arbeitnehmer.

→ ZEILEN 61–68
Notwendige Voraussetzungen

In den Zeilen 61–68 müssen Sie Angaben zum Grund der doppelten Haushaltsführung, zum auswärtigen Beschäftigungsort und zum Zeitpunkt der Gründung des zweiten Hausstands machen sowie darüber, ob Sie an Ihrem Hauptwohnsitz einen eigenen Hausstand unterhalten. Anhand dieser Angaben prüft das Finanzamt die steuerliche Abzugsfähigkeit der doppelten Haushaltsführung. Liegt der Zweithaushalt im Ausland (Zeile 65), gelten für die abzugsfähigen Kosten Sonderregeln. Ist der doppelten Haushaltsführung eine Auswärtstätigkeit von mehr als drei Monaten Dauer am gleichen Ort unmittelbar vorausgegangen, ist kein Verpflegungsmehraufwand mehr abzugsfähig (Zeile 68).

→ ZEILE 69
Wahlrecht

Sind Sie mehr als einmal wöchentlich zum eigenen Hausstand gefahren, kann es steuerlich günstiger sein, auf den Kostenabzug wegen doppelter Haushaltsführung zu verzichten und stattdessen alle tatsächlich durchgeführten Fahrten als Wege zwischen Wohnung und regelmäßiger Arbeitsstätte (Zeilen 31–39) zu erklären.

→ ZEILEN 70–86
Abzugsfähige Kosten

Die Zeilen 70–86 betreffen die im Rahmen einer doppelten Haushaltsführung abzugsfähigen Kosten. Vertiefend siehe → Doppelte Haushaltsführung.

→ ZEILEN 70–78
Fahrtkosten

In den Zeilen 71–78 erfassen Sie die Ihnen entstandenen Aufwendungen für Fahrten zwischen Ihrem Hauptwohnsitz (eigener Hausstand) und Ihrer ersten Tätigkeitsstätte (Tätigkeitsort). Für mit einem Firmenwagen durchgeführte Fahrten oder bei Beförderung durch den Arbeitgeber im Rahmen einer unentgeltlichen Sammelbeförderung (Zeile 70) sind keine Fahrtkosten abzugsfähig.

Die Kosten der **ersten Fahrt** zu Beginn und (soweit zutreffend) der letzten Fahrt am Ende der doppelten Haushaltsführung sind grundsätzlich in tatsächlicher Höhe abziehbar. Kosten für öffentliche Verkehrsmittel gehören in Zeile 73, für Kfz-Nutzung (ohne Nachweis 0,30 € je gefahrenen km) in Zeile 71, für die Nutzung anderer privater motorgetriebener Verkehrsmittel (ohne Nachweis 0,20 € je km) in Zeile 72.

In den Zeilen 74–77 erfassen Sie die Kosten für eine **Familienheimfahrt** (= Fahrt zum eigenen Hausstand) wöchentlich, soweit Sie diese tatsächlich durchgeführt haben. Wenn Sie nicht behindert sind, erhalten Sie, unabhängig vom benutzten Verkehrsmittel, eine Entfernungspauschale von 0,30 € je **Ekm** (Zeile 74). Die Pauschale steht Ihnen auch zu, wenn Sie keine Kosten hatten (Ausnahme: Sammelbeförderung oder Firmenwagennutzung (Zeile 70)). Haben Sie öffentliche Verkehrsmittel benutzt, können Sie stattdessen höhere tatsächliche Kosten (Zeile 75) absetzen. Behinderte Menschen können bei Kfz-Nutzung eine Entfernungspauschale von 0,60 € je Ekm oder die tatsächlichen Kosten (Zeile 76) geltend machen. Sind Sie geflogen, sind stets nur die tatsächlichen Kosten absetzbar (Zeile 78).

Zusätzlich sind Kosten eines Unfalls auf einer Familienheimfahrt berücksichtigungsfähig (Zeile 85).

Die Angaben für die Fahrten zwischen Ihrer Zweitwohnung und Ihrer ersten Tätigkeitsstätte gehören in die Zeilen 31–39.

→ ZEILEN
Unterkunft

Der Abzug der tatsächlichen Kosten für die zweite Unterkunft (Miete, Nebenkosten, Abschreibung für Möbel, Garagen-, Stellplatzmiete) ist – unabhängig von der Wohnungsgröße – auf einen monatlichen Höchstbetrag von 1.000 € begrenzt (Zeile 79). Zusätzlich sind Maklergebühren abzugsfähig. Liegt die Zweitunterkunft im Ausland, gelten Sonderregelungen (Zeile 80).

→ ZEILEN 81–84
Verpflegung

Die Pauschalen für Verpflegungsmehraufwendungen sind nur für die ersten drei Monate ab Bezug der Zweitunterkunft abzugsfähig. Maßgebend für die Höhe der Pauschbeträge ist jeweils die tägliche Abwesenheit von der Lebensmittelpunktwohnung (Hauptwohnung). An den An- und Abreisetagen (am Wochenende) sind jeweils 12 € abzugsfähig, an Tagen mit ganztägiger Abwesenheit 24 €. Liegt die Zweitunterkunft im Ausland, gelten je nach Land andere Pauschbeträge (Zeile 84).

→ ZEILE 82
Umzugskosten, Telefonate, Einrichtung

In Zeile 82 können Sie weitere durch die doppelte Haushaltsführung entstandene Kosten geltend machen. Dazu gehören im Wesentlichen Telefongebühren für Gespräche mit der Familie (Gebühren bis zur Höhe eines 15-minütigen Gesprächs wöchentlich) für alle Wochen, in denen keine Familienheimfahrt stattgefunden hat. Abzugsfähig sind auch tatsächlich angefallene Umzugskosten sowie Renovierungskosten bei Bezug bzw. Aufgabe der Zweitunterkunft mit dem Rückumzug zur Hauptwohnung. In den Wegverlegungsfällen sind die Umzugskosten privat veranlasst. Eventuell können Sie dafür eine Steuerermäßigung bekommen (siehe Hauptvordruck, S. 3).

Die Kosten für die notwendige Einrichtung der Zweitwohnung (Möbel, Ausstattungsgegenstände) und Reparaturen in der Zweitwohnung sind in die Unterkunftskosten (Zeile 79) einzubeziehen.

→ ZEILE 87
Kostenersatz

Hat Ihnen Ihr Arbeitgeber Aufwendungen (steuerfrei) ersetzt (vgl. Nr. 21 der Lohnsteuerbescheinigung), ist der Kostenersatz (Zeile 87) bis zur Höhe eines möglichen Werbungskostenabzugs steuerfrei. Entsprechend verringern sich die abzugsfähigen Aufwendungen.

→ ZEILEN 91–96
Werbungskosten in Sonderfällen

Haben Sie im Zusammenhang mit Versorgungsbezügen (Betriebsrente, Pension) höhere Aufwendungen als der Werbungskostenpauschbetrag von 102 € (z. B. für Rentenberatung), können Sie diese in den Zeilen 91 bis 96 erfassen. Ebenso können Werbungskosten im Zusammenhang mit ermäßigt besteuerten Entschädigungszahlungen, z. B. im Zusammenhang mit der Auflösung des Dienstverhältnisses oder mit Arbeitslohn für mehrere Jahre, erfasst werden.

✓ Checkliste Anlage N

Folgende Abzugsmöglichkeit geprüft? Vgl. Ausfüllhinweise zur Zeile!

Ohne Einzelnachweis können Sie geltend machen: ☐

- für **Arbeitsmittel** (Arbeitskleidung): 110 € (Zeilen 41, 42)
- für berufliche **Kontoführungsgebühren:** 16 € (Zeile 46)
- Beiträge zu **Gewerkschaften** bzw. Berufsverbänden, wenn Sie den Berufsverband namentlich nennen (Zeile 40)
- **Telekommunikationskosten** (Telefon, Internet): pauschal 20 % der Kosten, max. 20 € monatlich, wenn bei Ihnen erfahrungsgemäß derartige Aufwendungen anfallen (Zeilen 46–48)

Beruflich veranlasste Versicherungen ☐
„Gemischte" Versicherungen (z. B. Privathaftpflicht-, Unfallversicherung, die auch berufliche Bereiche abdeckt) sind ggf. teilweise abzugsfähig (Zeilen 46–48).

Fahrten zwischen Wohnung und erster Tätigkeitsstätte ☐
Die Entfernungspauschale erhalten Sie auch dann, wenn Sie keine Aufwendungen hatten (Ausnahme: Sammelbeförderung durch den Arbeitgeber) (Zeilen 31–39).
Kosten für öffentliche Verkehrsmittel sind in tatsächlicher Höhe abzugsfähig, wenn sie die Entfernungspauschale übersteigen (Zeilen 35–38, vorletzte Spalte).
Sind Sie **behindert**, steht Ihnen für die Fahrten zur Arbeitsstätte möglicherweise ein höherer Kostenabzug zu (Zeilen 35–38, letzte Spalte).

Sie machen nach Abschluss einer ersten Ausbildung eine Umschulung, eine zweite Berufsausbildung oder haben ein Studium begonnen oder studieren? ☐
Die Kosten sind als (vorweggenommene) Werbungskosten abzugsfähig (Zeile 44).

Sie üben eine Auswärtstätigkeit (z. B. Dienstreise, Tätigkeit auf einem Fahrzeug, Beschäftigung an wechselnden Einsatzstellen) bzw. eine Tätigkeit außerhalb der ersten Tätigkeitsstätte aus? ☐
Prüfen Sie, ob Sie den Reisekostenabzug geltend machen können (Zeilen 49–57).

Folgende Abzugsmöglichkeit geprüft? Vgl. Ausfüllhinweise zur Zeile!	
Sie unterhalten zwei Haushalte? Prüfen Sie, ob die Kosten des zweiten Haushalts steuerlich abzugsfähig sind (Zeilen 61–87). Prüfen Sie, unabhängig davon, ob Sie die Fahrten von der weiter entfernt liegenden Wohnung als Wege zur Arbeitsstätte geltend machen können (Zeilen 31–39).	☐
Haben Sie ein häusliches Arbeitszimmer? Prüfen Sie den Kostenabzug. Selbst wenn die Kosten des Arbeitszimmers nicht abzugsfähig sind, können Sie Aufwendungen für im Arbeitszimmer befindliche Arbeitsmittel absetzen (Zeilen 41, 42).	☐

16 Anlage AUS (Ausländische Einkünfte)

16.1 Allgemein

WICHTIG

Im Inland steuerpflichtige ausländische Einkünfte

Die **Anlage AUS** benötigen Sie in folgenden Fällen:

Sie haben Einkünfte (**außer Kapitalerträge**) aus dem Ausland bezogen, die

- auch im Inland **steuerpflichtig** sind und wollen die ausländische Steuer auf Ihre Einkommensteuer anrechnen lassen;
- in Deutschland **steuerfrei sind**, aber den Steuersatz der inländischen Einkünfte verändern (Progressionsvorbehalt).

Liegen Einkünfte aus Kapitalvermögen vor, kommt eine Eintragung in der Anlage AUS nur in Betracht, wenn die tarifliche Einkommensteuer Anwendung findet (Eintragungen in den Zeilen 20 bis 27 und 60 der Anlage KAP bzw. in den Zeilen 19 bis 24 der Anlage KAP-BET).

Jeder Ehegatte mit ausländischen Einkünften benötigt eine eigene Anlage AUS. Die Angaben müssen für jeden Staat und jede Einkunftsart getrennt vorgenommen werden.

Überblick

Im Bedarfsfall ausfüllen	
Seite 1	**Steuerpflichtige ausländische Einkünfte (Zeilen 4–11)** Im Inland steuerpflichtige Einkünfte sind auf den Anlagen der entsprechenden Einkunftsart (z. B. Anlage V) einzutragen. Durch die Eintragung der ausländischen Einkünfte auf der Anlage AUS **(Zeilen 12–13)** beantragen Sie die Anrechnung der ausländischen Steuer auf die deutsche Einkommensteuer.

Überblick

Im Bedarfsfall ausfüllen	
Seite 2	**Nicht nach DBA steuerfreie negative Einkünfte i.S.d. § 2a Abs. 1 EStG (Zeilen 31–35)** Durch eine Eintragung erreichen Sie eine Verrechnung ausländischer Verluste mit positiven gleichartigen Einkünften aus demselben Land in Vor- oder Folgejahren. **Nach DBA steuerfreie Einkünfte/Progressionsvorbehalt (Zeilen 36–44)** Diese Einkünfte sind nur auf der Anlage AUS einzutragen. Sie beeinflussen den Steuersatz der in Deutschland steuerpflichtigen Einkünfte (Progressionsvorbehalt). **Nach DBA steuerfreie negative Einkünfte i.S.d. § 2a Abs. 1 EStG (Zeilen 45–49)** Hier beantragen Sie die Verrechnung von ausländischen Verlusten mit entsprechenden positiven Vorjahreseinkünften.

16.2 Kurzinformation zu ausländischen Einkünften

Ausländische Einkünfte sind im Inland grundsätzlich steuerpflichtig, und zwar unabhängig davon, ob mit dem ausländischen Staat ein Abkommen zur Vermeidung einer Doppelbesteuerung (DBA) besteht oder nicht. Deshalb müssen die steuerpflichtigen ausländischen Einkünfte bei der jeweiligen Einkunftsart (z.B. Mieteinkünfte auf der **Anlage V**) erfasst werden.

Bei den Einkünften aus Kapitalvermögen ist die Einkommensteuer grundsätzlich durch den Steuerabzug abgegolten. Deshalb kommt eine Eintragung in den Zeilen 4 bis 14 nur in den Fällen des § 32d Abs. 2 EStG in Betracht. Vertiefend siehe → Kapitalanlagen.

Soweit die ausländischen Einkünfte dem Teileinkünfteverfahren unterliegen (Gewinnanteile und Veräußerungsgewinne aus Beteiligungen), sind sie außer in Zeile 7 noch in Zeile 8 einzutragen. Ggf. sind in Zeile 9 die Teilfreistellungsbeträge nach §§ 20, 21 InvStG einzutragen. Die ausländische Steuer kann, soweit sie auf im Inland zu versteuernde Einkünfte entfällt und wenn sie der deutschen Einkommensteuer entspricht, in bestimmtem Umfang steuerlich berücksichtigt werden. Der Umfang der Berücksichtigung muss für jeden ausländischen Staat gesondert ermittelt werden. Deshalb müssen Sie die Einnahmen nach Staaten getrennt angeben. Infrage kommt für die ausländische Steuer zum einen die direkte Anrechnung auf die deutsche Einkommensteuer (Eintragung Anlage AUS, Zeile 12, Eintragungen in Zeile 13, wenn nicht die tatsächlich gezahlte, sondern nur eine fiktive, im DBA bestimmte ausländische

Steuer angerechnet wird) oder der Abzug der Steuer wie Betriebsausgaben oder Werbungskosten (Berücksichtigung bei der Ermittlung der Einkünfte in Zeile 7).

Erträge aus einem Investmentfonds im Betriebsvermögen sind für jeden einzelnen Fonds getrennt in voller Höhe aufzuführen. Gleiches gilt für die darauf entfallenden Steuern. Kommt das Teileinkünfteverfahren zur Anwendung, wird die ausländische Steuer nur zu 60 % berücksichtigt.

Fügen Sie Ihrer Anlage AUS die **ausländischen Steuerbescheinigungen** bei. Besteht mit dem ausländischen Staat ein DBA, dann kann dort außerdem geregelt sein, dass die ausländischen Einkünfte im Inland steuerfrei sind. Dann sind sie nur auf der Anlage AUS (Zeilen 36–43) einzutragen. In diesem Fall bewirken sie jedoch eine Veränderung des Steuersatzes für die im Inland steuerpflichtigen Einkünfte (Progressionsvorbehalt).

Die **Anlage AUS** dient also im Wesentlichen dazu, die Anrechnung der ausländischen Steuer zu beantragen bzw. die Veränderung des inländischen Steuersatzes im Wege des Progressionsvorbehalts sicherzustellen.

Arbeitslohn

Ausländische Einkünfte aus nichtselbstständiger Arbeit sind grundsätzlich nur in den Anlagen N und N-AUS anzugeben, es sei denn, es wird die Anrechnung im Ausland gezahlter Steuern gewünscht. In diesem Fall sind die ausländischen Einkünfte und die darauf entfallende ausländische Steuer zusätzlich in der Anlage AUS zu erklären (Ausnahme: Schweizerische Abzugsteuer, vgl. Zeile 26 der Anlage N).

Soweit ausländische **Lohneinkünfte** im Inland steuerfrei sind, ist eine Eintragung auf der **Anlage N** (Zeilen 22–24) und auf der Anlage N-AUS vorzunehmen.

→ ZEILEN 21–22

Sondervergütungen von ausländischen Personengesellschaften

§ 50d Abs. 10 EStG regelt die Besteuerung grenzüberschreitend gezahlter Sondervergütungen bei Personengesellschaften (Darlehenszinsen, Miet- und Pachtzinsen, Tätigkeitsvergütungen etc.). Diese Einkünfte sind in Zeile 21 einzutragen, die darauf entfallenden anrechenbaren Steuern in Zeile 22. Die Steuern sind durch Vorlage der Steuerbescheinigungen bzw. des ausländischen Steuerbescheids mit Zahlungsnachweis zu belegen.

Checkliste Anlage AUS

Folgende Abzugsmöglichkeit geprüft? Vgl. Ausfüllhinweise zur Zeile!

Sie möchten ausländische Steuer anrechnen lassen? ☐
Dazu benötigen Sie stets die ausländische Steuerbescheinigung. Regelmäßig ist die direkte Anrechnung (Zeilen 12–13) günstiger als der Abzug als Werbungskosten bzw. Betriebsausgaben (Zeile 7).

Teil II: Erläuterungen für die betrieblichen Steuererklärungen 2018/2019

1 Gewerbesteuererklärung 2018

1.1 Wer muss eine Gewerbesteuererklärung abgeben?

Die Abgabe einer Gewerbesteuererklärung setzt voraus, dass Sie Einkünfte aus einem Gewerbebetrieb beziehen. Dies betrifft insbesondere Handwerks-, Fertigungs-, Handels- und Dienstleistungsbetriebe. Prüfen Sie deshalb vorsorglich, ob Sie nicht eine freiberufliche Tätigkeit ausüben. In diesem Fall werden Sie nicht zur Gewerbesteuer herangezogen. Informationen zur Einordnung und Abgrenzung finden Sie unter → Gewerbetreibende/Steuerermäßigung sowie auf www.haufe.de/mybook unter „Weiterführende steuerliche Informationen".

Sie erzielen Einkünfte aus Gewerbebetrieb.		
Rechtsform der Firma	GmbH	Es muss eine Steuererklärung abgegeben werden.
	Einzelunternehmen	Es muss nur dann eine Steuererklärung abgegeben werden, wenn der Gewinn zuzüglich der Hinzurechnungen und abzüglich der Kürzungen mehr als 24.500 € beträgt.
	Personengesellschaft	

Abgabefrist

Die Gewerbesteuererklärung 2018 muss bis zum 31.7.2019 beim zuständigen Finanzamt (= Finanzamt, in dessen Bezirk sich die Geschäftsleitung befindet) abgegeben werden. Wenn Sie einen Steuerberater haben, gilt eine (verlängerte) Abgabefrist bis zum 29.02.2020. Weitere Fristverlängerungen müssen Sie beim Finanzamt beantragen. Falls dies versäumt wird, müssen Sie mit der Festsetzung eines obligatorischen Zwangsgelds rechnen. In Ausnahmefällen wird das Finanzamt die Besteuerungsgrundlagen auch schätzen.

Über die zukünftige Rechtslage informieren wir Sie im Lexikonteil unter → Steuermodernisierungsgesetz.

Berechnung der Gewerbesteuer

Ein Berechnungsschema der Gewerbesteuer und Tipps zur Steuerreduzierung finden Sie im Lexikonteil unter → Gewerbesteuer.

1.2 Formulare

1.2.1 Auszufüllende Formulare

In vielen Fällen muss nur das Formular „Gewerbesteuererklärung" (GewSt 1 A) ausgefüllt werden. Liegt jedoch eine (oder mehrere) Beteiligung(en) an einer Körperschaft vor, muss für jede Beteiligung die Anlage BEG ausgefüllt werden.

Gewerbesteuerzerlegung

In folgenden Fällen wird das Steueraufkommen auf verschiedene Gemeinden verteilt (Gewerbesteuerzerlegung):

- Der Betrieb erstreckt sich auf das Gebiet mehrerer Gemeinden oder
- das Unternehmen hat im Jahr 2018 gleichzeitig in mehreren Gemeinden eine Betriebsstätte unterhalten bzw.
- das Unternehmen hat seinen Betrieb im Jahr 2018 in eine andere Gemeinde verlegt.

In diesen Fällen muss zusätzlich noch der Vordruck „Erklärung für die Zerlegung des einheitlichen Gewerbesteuermessbetrags" (GewSt 1 D) abgegeben werden.

Betriebsstätten

Betriebsstätten können bspw. sein: Sitz der Geschäftsleitung, Zweigniederlassungen, Werkstätten, Lagerplätze, feste Standplätze eines Wochenmarkthändlers. Soweit Bau- und Montageunternehmen mehr als sechs Monate in einer Gemeinde tätig sind (z. B. Großbaustelle in Stuttgart v. 1.3. bis 15.12.), unterhalten sie dort eine Betriebsstätte. Es ist nicht erforderlich, dass der Zeitraum in einem Kalenderjahr liegt.

Personengesellschaften

Die bisherige Anlage EMU wurde aufgeteilt in die neuen Anlagen EMU-G und EMU-B. Während die Anlage EMU-G für die Daten der Gesellschaft nur einmal abgegeben wird, muss die Anlage EMU-B für die Daten jedes einzelnen Beteiligten eingereicht werden.

1.2.2 Das Formular „Gewerbesteuererklärung"

1.2.2.1 Wie ist das Formular aufgebaut?

Das Formular „Gewerbesteuererklärung" besteht aus folgenden fünf Teilen:

a) Allgemeine Angaben	**(Seiten 1 und 2)**
b) Gewinn	**(Seite 2, Zeile 33)**
c) Hinzurechnungen	**(Seite 2 und 3, Zeilen 41–68)**
d) Kürzungen	**(Seiten 3 und 4, Zeilen 69–79)**
e) Weitere Angaben	**(Seiten 4 und 5, Zeilen 83–109)**

Schnellübersicht

Anhand der nachfolgenden Übersicht können Sie schnell feststellen, welche Teile der Gewerbesteuererklärung in Ihrem speziellen Fall einer Eintragung bedürfen.

I. Vorschriften für sämtliche Betriebe	
• Allgemeine Angaben	(Zeilen 1–32)
• Gewinn	(Zeile 33)
• Entgelte für Schulden (Zinsen u. a.)	(Zeile 41)
• Renten und dauernde Lasten	(Zeile 42)
• Typisch stille Gesellschaften	(Zeile 43)
• Gepachtete und gemietete Wirtschaftsgüter	(Zeilen 44–45)
• Aufwendungen für Rechte	(Zeilen 46–47)
• Gewerbeverluste	(Zeilen 96–107b)
• Spenden und Mitgliedsbeiträge sowie Zuwendungen an Stiftungen	(Zeilen 57 und 74–79)
• Betriebliche Grundstücke	(Zeilen 69 und 70)
II. Sie halten eine Beteiligung	
• an einer Personengesellschaft	(Zeilen 56 und 71)
• an einer Kapitalgesellschaft	(Zeilen 61–68a)
III. Sie haben Betriebsstätten im Ausland	(Zeilen 60 und 73)
IV. Sonderfälle	
• **Fälle mit bestehender Organschaft**	(Zeilen 30, 31, 62–64a, 83–90, 107b)
• **Betriebe in der Rechtsform einer KGaA**	(Zeilen 55, 72)

1.2.2.2 Erläuterungen

a) Allgemeine Angaben

→ ZEILEN 1–8
Allgemeines

Tragen Sie in den Zeilen 1–8 das zuständige Finanzamt, Ihre Steuernummer, den Firmennamen, die Unternehmensart und den Ort der Geschäftsleitung sowie die Rechtsform des Unternehmens ein. Der Ort der Geschäftsleitung ist dort, wo sich der Mittelpunkt der geschäftlichen (Leitungs-)Tätigkeit des Betriebs befindet. Die Steuererklärung müssen Sie bei dem für den Ort der Geschäftsleitung zuständigen Finanzamt einreichen.

→ ZEILE 9–10
Rechtsform

In Zeile 9 tragen Sie die Rechtsform ein. Sofern es im Laufe des Jahres 2018 einen Rechtsformwechsel gegeben hat, z. B. eine Personengesellschaft in ein Einzelunternehmen (oder umgekehrt) umgewandelt wurde, müssen Sie dies in Zeile 10 angeben. Sowohl die Personengesellschaft als auch das Einzelunternehmen müssen getrennte Gewerbesteuererklärungen einreichen.

→ ZEILEN 13, 14
Inhaber

Bei Einzelunternehmen sind der Name und die Anschrift des Inhabers (= derjenige, auf dessen Rechnung der Gewerbebetrieb betrieben wird) einzutragen. Sollte dies eine minderjährige Person sein, ist der Name des gesetzlichen Vertreters anzugeben. Kapitalgesellschaften haben die Namen und Anschriften ihrer gesetzlichen Vertreter aufzuführen (z. B. GmbH-Geschäftsführer), Personengesellschaften den Namen des Geschäftsführers.

→ ZEILEN 16–19
Betriebsstätten, Reisegewerbetreibende, Hausgewerbetreibende

Das Gewerbesteuergesetz unterscheidet zwischen stehenden Gewerbebetrieben (= Betriebe mit einer oder mehreren Betriebsstätten) und Reisegewerbebetrieben (= Betriebe, für deren Ausübung eine Reisegewerbekarte benötigt wird). Bei stehenden Gewerbebetrieben erhält die Gemeinde, in der eine Betriebsstätte unterhalten wird, die Gewerbesteuer (Zeilen 16–18a sind auszufüllen).

Eine Zerlegung des Gewerbesteuermessbetrags ist durchzuführen, wenn Sie an mehreren Orten Betriebsstätten (z. B. Zweigniederlassungen, Werkstätten) unterhalten, sich eine Betriebsstätte flächenmäßig auf das Gebiet mehrerer Gemeinden erstreckt oder eine Betriebsstätte im Laufe des Jahres in eine andere Gemeinde verlegt worden ist (Zeile 16). Dann wird der Gewerbesteuermessbetrag auf die beteiligten Gemeinden verteilt. In diesem Fall muss zusätzlich noch eine Erklärung für die Zerlegung des einheitlichen Steuermessbetrags (GewSt 1 D) abgegeben werden.

Die Inhaber eines Reisegewerbescheins müssen in Zeile 19 angeben, in welcher Gemeinde sie im Jahr 2018 gewohnt haben. Das Gleiche gilt für Inhaber eines Blindenwarenvertriebsausweises. Bei diesem Personenkreis erhält die Gemeinde Gewerbesteuer, in der sich der Mittelpunkt der gewerblichen Tätigkeit befindet (= i. d. R. Wohnort des Reisegewerbetreibenden).

Bei Hausgewerbetreibenden werden nur 56 % der Steuermesszahl beim Gewerbeertrag angesetzt. Dies führt zu einer deutlichen Reduzierung der Steuerbelastung. Beachten Sie: Falls Sie nicht sicher sind, ob die Vergünstigung ggf. für Sie in Betracht kommt, sollten Sie beim Finanzamt nachfragen. In Zeile 18a ist die Hebenummer/Steuernummer einzutragen, unter der die Firma bei der zuständigen Gemeinde geführt wird.

→ ZEILEN 21, 22
Betriebseröffnung bzw. -beendigung

Wurde der Betrieb eröffnet bzw. eingestellt, sind die entsprechenden Daten einzutragen. Zeiträume, in denen die Eröffnung vorbereitet bzw. der Betrieb abgewickelt wurde, bleiben außer Betracht.

→ ZEILEN 30, 31
Organgesellschaften

Liegt zwischen zwei Gesellschaften ein Organschaftsverhältnis vor, müssen sowohl die Organgesellschaft als auch die Organträgergesellschaft eine Gewerbesteuererklärung abgeben. Die Gewerbesteuer wird jedoch letztlich für die Organgesellschaft gemeinsam festgesetzt, wobei der Betrieb der Organgesellschaft als Betriebsstätte der Organträgergesellschaft anzusehen ist, sodass es ggf. zu einer Zerlegung kommt. Weitere Angaben hierzu erhalten Sie in den Erläuterungen zu Zeile 77.

→ ZEILE 32
Ergänzende Angaben zur Steuererklärung

Sollen über die Angaben in der Steuererklärung hinaus weitere oder abweichende Angaben oder Sachverhalte mitgeteilt werden, muss das Feld in Zeile 32 mit einer „1“ ausgefüllt werden. Das gilt auch, wenn bei den Angaben in der Steuererklärung bewusst eine von der Verwaltungsauffassung abweichende Rechtsauffassung zugrunde gelegt wurde. Diese Angaben sind in einer selbst zu erstellenden gesonderten Anlage zu machen, die mit der Überschrift „Ergänzende Angaben zur Steuererklärung“ zu kennzeichnen ist.

1.2.3 Besteuerungsgrundlagen

1.2.3.1 Gewinn

→ ZEILE 33
Gewinn

Einzelunternehmen und Personengesellschaften können i. d. R. den für die Einkommensbesteuerung ermittelten Gewinn für das

Jahr 2018 (bzw. das abweichende Wirtschaftsjahr 2016/2018) übernehmen. Bei Kapitalgesellschaften ist i. d. R. das Einkommen laut Körperschaftsteuererklärung maßgebend.

Bei Einzelunternehmen und Personengesellschaften bleibt der im Zusammenhang mit der Veräußerung bzw. Aufgabe des gesamten Betriebs oder eines Teilbetriebs entstehende Gewinn außer Betracht. Gleiches gilt für Veräußerungsgewinne durch den Verkauf einer Beteiligung an einer Personengesellschaft (auch für Kapitalgesellschaften). Bei Kapitalgesellschaften darf der anzusetzende Gewinn nicht um den Verlustabzug nach § 10d EStG gekürzt sein.

→ ZEILE 34
Auswirkung der Investmentsteuerreform

In Zeile 40a sind die bei der Einkommensermittlung eines Fonds vorgenommenen Teilfreistellungen (§ 20 Abs. 5 InvStG – ggf. in Verbindung mit § 45 Abs. 3 InvStG) in voller Höhe zu erfassen.

→ ZEILE 37
Aufwendungen

Wurden Aufwendungen (z. B. Finanzierungskosten) in einem Vorjahr hinzugerechnet, aber im maßgeblichen Wirtschaftsjahr erstattet, sind die Beträge in diese Zeile einzutragen.

1.2.3.2 Hinzurechnungen

→ ZEILEN 41–48
Finanzierungsanteile

WICHTIG

Hinzurechnung von Finanzierungsanteilen

Für die Hinzurechnungen sind die Zahlenwerte des maßgeblichen Wirtschaftsjahres (z. B. 1.1.2018 bis 31.12.2018 oder 1.7.2017 bis 30.6.2018) maßgebend.

Alle Beträge sind **in voller Höhe einzutragen**. Anteilige Hinzurechnungsbeträge oder Freibeträge werden durch das Finanzamt ermittelt und berücksichtigt.

Im Lexikonstichwort → Gewerbesteuer finden Sie vertiefende Hinweise sowie ein Berechnungsschema, mit dem Sie die Auswirkung auf den Gewerbesteuermessbetrag berechnen können.

→ ZEILE 41
Entgelte für Schulden

Die mit Schulden zusammenhängenden Entgelte (Zinsaufwendungen, Damnum, Disagio, Darlehensprovisionen, Vergütungen für ein partiarisches Darlehen usw., nicht aber Bereitstellungsprovisionen und -zinsen) werden **zu 1/4** hinzugerechnet. In der Steuererklärung müssen Sie jedoch den vollen Betrag anführen (§ 8 Nr. 1a GewStG).

Die Entgelte für Schulden sind auch dann in voller Höhe einzutragen, wenn diese im Zusammenhang z. B. mit steuerfreien Dividenden stehen und damit nicht abzugsfähig sind.

→ ZEILE 42
Renten und dauernde Lasten

Eine Hinzurechnung kommt nur dann in Betracht, wenn eine Rente oder dauernde Last zum Betriebsausgabenabzug geführt hat (§ 8 Nr. 1b GewStG). Hauptanwendungsfälle: betriebliche Veräußerungs- und Versorgungsrenten, Abfindungsrenten an lästige bzw. ausscheidende Gesellschafter. Ausdrücklich nicht hinzuzurechnen sind Pensionszahlungen aufgrund einer unmittelbar vom Arbeitgeber erteilten Versorgungszusage. Einzutragen ist auch hier der Betrag, der als Betriebsausgabe abgezogen wurde.

→ ZEILE 43
Stiller Gesellschafter

Die Hinzurechnung erfolgt für die Gewinnanteile des stillen Gesellschafters auch dann, wenn die Leistungen beim Empfänger der Gewerbesteuer unterliegen. Ein Anteil am Verlust ist mit einem Minuszeichen (= Kürzung) einzutragen (§ 8 Nr. 1c GewStG).

→ ZEILE 44–45
Miet- und Pachtzinsen

Einzutragen sind alle Miet- und Pachtzinsen (einschließlich Leasingraten) oder vergleichbare Aufwendungen (§ 8 Nr. 1d, e, f GewStG)

- für die Nutzung von **beweglichen Wirtschaftsgütern** des Anlagevermögens, die im Eigentum eines anderen stehen (z. B. Maschinen, Werkzeuge, Büroeinrichtung, Fuhrpark, Geschäftswert);
- für die Nutzung von **unbeweglichen Wirtschaftsgütern** des Anlagevermögens, die im Eigentum eines anderen stehen (insbesondere Grund und Boden sowie Gebäude);

→ ZEILEN 46–47
Rechteüberlassung

- für die zeitlich befristete Überlassung von **Rechten** (insbesondere von Konzessionen und Lizenzen). Nicht darunter fallen Aufwendungen, die Bemessungsgrundlage für die Künstlersozialabgabe sind (= Honorare, die mit Lohnzahlungen an Arbeitnehmer vergleichbar sind). Zahlungen an beschränkt steuerpflichtige Empfänger sind zusätzlich in Zeile 47 zu vermerken.

Hinzurechnungsfreibetrag

Für alle Hinzurechnungstatbestände nach § 8 Nr. 1 letzter Halbsatz GewStG gibt es einen Hinzurechnungsfreibetrag in Höhe von 100.000 €.

ACHTUNG

Die Berücksichtigung erfolgt durch das Finanzamt. Bei der Eintragung in die Gewerbesteuererklärung ziehen Sie diesen Freibetrag bitte nicht selbst ab. Sie nehmen deshalb auch Beträge in die Erklärung auf, die unter diesem Freibetrag liegen.

→ ZEILEN 48–54
Mehrere Wirtschaftsjahre

Enden 2018 ausnahmsweise im Erhebungszeitraum (= Kalenderjahr) zwei Wirtschaftsjahre, sind die Eintragungen zu den Finanzierungsanteilen für das zweite Wirtschaftsjahr in den Zeilen 48–54 vorzunehmen.

→ ZEILEN 55, 72
KGaA

Die Zurechnungsvorschrift betrifft die Rechtsform einer KGaA.

→ ZEILE 56
Verlustanteile an Personengesellschaften

Sofern Sie an einer in- oder ausländischen, gewerblich tätigen Personengesellschaft (OHG, KG, GbR usw.) beteiligt sind und der auf Sie entfallende Verlustanteil zu einer Gewinnminderung geführt hat, wird dieser durch eine Hinzurechnung neutralisiert. Zu beachten sind auch die Erläuterungen zu Zeile 71.

→ ZEILE 57
Spenden von Kapitalgesellschaften

An dieser Stelle müssen GmbHs (und sonstige Körperschaften) Spenden aufführen, die das Einkommen gemindert haben. Versäumen Sie nicht, die Zeilen 74–79 auszufüllen.

→ ZEILE 58
Ausschüttungsbedingte Gewinnminderungen

Eine Hinzurechnung ist vorzunehmen, wenn die nachfolgenden Voraussetzungen vorliegen:

- In Ihrem Betriebsvermögen befindet sich eine mindestens 15 %ige Beteiligung an einer in- oder ausländischen Körperschaft (z. B. GmbH-Beteiligung).
- Der Gewinn Ihres Betriebs wurde durch eine Teilwertabschreibung im Zusammenhang mit der Beteiligung, durch eine Veräußerung (bzw. Entnahme), durch eine Auflösung oder Kapitalherabsetzung der Körperschaft gemindert.
- Die Gewinnminderung beruht ausschließlich auf einer Gewinnausschüttung der Kapitalgesellschaft.

→ ZEILE 59
Ausländische Steuern

Anzugeben sind ausländische Steuern, die bei der Einkünfteermittlung abgezogen wurden. Dies gilt allerdings nur dann, wenn sie auf Gewinne oder Gewinnanteile entfallen, die bei der Ermittlung des Gewerbeertrags außer Ansatz gelassen oder nach § 9 GewStG gekürzt werden.

→ ZEILE 60
Ausländische Betriebsstätten

Betriebsstätten, die Sie außerhalb Deutschlands unterhalten, unterliegen nicht der Gewerbesteuer. Ein mit diesen Betriebsstätten erzielter negativer Gewerbeertrag (Gewinn + Hinzurechnungen ./. Kürzungen = negativ) ist hinzuzurechnen. Dabei ist zunächst der auf die ausländische Betriebsstätte entfallende Gewinnanteil festzustellen. Kann dieser nicht der Buchführung entnommen werden, ist er zu schätzen. Bei vergleichbarem Lohn- und Preisniveau ist es möglich, den Gesamtgewinn des Unternehmens nach dem Verhältnis der im In- und Ausland aufgewendeten Löhne auf die jeweiligen Betriebsstätten zu verteilen. Bei der Ermittlung und Aufteilung der Hinzurechnungs- und Kürzungsbeträge ist entsprechend vorzugehen. Ist eine direkte Zuordnung nicht möglich, erfolgt ersatzweise eine geschätzte Zuordnung. Soweit auf die ausländische Betriebsstätte ein positiver Gewerbeertrag entfällt, ist dieser zu kürzen (vgl. hierzu Zeile 73).

1.2.3.3 Kürzungen

WICHTIG

Für die Kürzungen sind die Zahlenwerte des jeweiligen Wirtschaftsjahrs (z. B. 1.1.2018 bis 31.12.2018 oder 1.7.2017 bis 30.6.2018) maßgebend.

→ ZEILE 69
Grundbesitz

Hat am 1.1.2018 ein (bebautes oder unbebautes) Grundstück zu Ihrem **ertragsteuerlichen Betriebsvermögen** gehört? Wenn Sie diese Frage mit Ja beantworten und der Grundbesitz **nicht von der Grundsteuer befreit** ist, müssen Sie den Einheitswert dieses Grundstücks eintragen.

Mit welchem Prozentsatz der Einheitswert bei der Berechnung anzusetzen ist, ersehen Sie aus folgender Übersicht:

Das Grundstück liegt in den alten Bundesländern:	
bei land- und forstwirtschaftlich genutzten Grundstücken	100 %
bei sonstigen Grundstücken	140 %
Das Grundstück liegt in den neuen Bundesländern:	
bei Mietwohngrundstücken	100 %
bei Geschäftsgrundstücken	400 %
bei gemischt genutzten Grundstücken, Einfamilienhäusern und sonstigen bebauten Grundstücken	250 %

bei unbebauten Grundstücken	600 %
bei land- und forstwirtschaftlich genutzten Grundstücken	100 %

Berücksichtigt werden nur in Deutschland gelegene Grundstücke. Gehört ein Grundstück nur teilweise zum (ertragsteuerlichen) Betriebsvermögen, ist nur der entsprechende Anteil am Einheitswert einzutragen.

BEISPIEL

Das Grundstück hat einen Einheitswert von 40.000 € und wird am 1.1.2018 zu 40 % betrieblich genutzt. Der entsprechende Wert ist in der Bilanz ausgewiesen. Im April 2018 wird das Grundstück veräußert.

Sie müssen in Zeile 69 folgende Eintragungen vornehmen: (40 % des EW von 40.000 € =) 16.000 €, ankreuzen bei 140 % und 56.000 € (Kennzahl 51).

Für die Kürzung ist der Stichtag 1.1.2018 maßgebend. Wird ein Grundstück nach diesem Zeitpunkt veräußert, erworben oder in verändertem Umfang betrieblich genutzt, bleibt dies unberücksichtigt. Sofern Ihr Betrieb zum 1.1. noch gar nicht bestand (z. B. Gründung am 1.9.2018), kann es erst im Rahmen der Gewerbesteuererklärung im Folgejahr zu einer Kürzung kommen. Die Kürzung beträgt 1,2 % des maßgebenden Betrags und wird vom Finanzamt berechnet.

→ ZEILE 70
Grundstücksverwaltung

Unternehmen, die ausschließlich eigenen Grundbesitz und eigenes Kapitalvermögen verwalten und nutzen oder daneben Wohnungsbauten betreuen oder Ein- bzw. Zweifamilienhäuser und Eigentumswohnungen errichten und veräußern, erhalten auf Antrag eine erweiterte Kürzung. Gekürzt werden kann der Teil des Gewerbeertrags (anteiliger Gewinn + Hinzurechnungen ./. Kürzungen), der auf die Verwaltung und Nutzung eigenen Grundbesitzes entfällt. Dieser Ertrag ist in der Buchführung gesondert zu ermitteln. Die Grundstücksverwaltung und die Nutzung und Verwaltung des eigenen Kapitalvermögens darf nicht über den Rahmen einer Vermögensverwaltung hinausgehen. Ein gelegentlicher Grundstücksverkauf ist unschädlich. Der daraus erzielte Gewinn kann ebenfalls gekürzt werden.

Dient der Grundbesitz ganz oder zum Teil dem Gewerbebetrieb eines Gesellschafters oder eines Genossen, kommt eine erweiterte Kürzung nicht in Betracht. Gleiches gilt für Fälle einer Betriebsaufspaltung. Handelt es sich bei der Besitzgesellschaft um eine Kapitalgesellschaft, deren Tätigkeit sich auf die Vermietung von Grundbesitz beschränkt, kann die erweiterte Kürzung in Anspruch genommen werden.

→ ZEILE 71
Gewinnanteile an Personengesellschaften

Gehört zu Ihrem Betriebsvermögen eine Beteiligung an einer in- oder ausländischen Personengesellschaft (z. B. OHG, KG), die einen Gewerbebetrieb unterhält? Dann ist der auf Sie entfallende Gewinnanteil hier einzutragen und führt zu einer Kürzung.

Sind in Verlust- bzw. Gewinnanteilen aus Mitunternehmerschaften Beträge im Sinne des § 8b KStG oder des § 3 Nr. 40 EStG in Verbindung mit § 3c Abs. 2 EStG enthalten, ist darauf zu achten, dass diese Beträge im Rahmen der Hinzurechnung nach § 8 Nr. 8 GewStG bzw. der Kürzung nach § 9 Nr. 2 GewStG nur in der Höhe berücksichtigt werden, in der sie – nach Anwendung des § 3 Nr. 40 in Verbindung mit § 3c Abs. 2 EStG oder § 8b KStG bei der Ermittlung des einkommensteuerlichen Gewinns oder des körperschaftsteuerlichen Einkommens – im Betrag laut Zeile 33 noch enthalten sind. Siehe dazu auch die Erläuterungen zu Zeile 33.

→ ZEILE 72
KGaA

Die Kürzungsvorschrift betrifft die in der Rechtsform einer KG auf Aktien betriebenen Unternehmen. Vergleichen Sie hierzu die Ausführungen zu Zeile 55.

→ ZEILE 73
Betriebsstätte im Ausland

Gekürzt wird der positive Gewerbeertrag aus einer Betriebsstätte im Ausland (siehe Erläuterungen zu Zeile 60).

→ ZEILEN 74–79
Zuwendungen (Spenden u. Ä.)

Ausgaben zur Förderung mildtätiger, kirchlicher, religiöser, wissenschaftlicher und als besonders förderungswürdig anerkannter gemeinnütziger Zwecke sind gewerbesteuerlich innerhalb bestimmter Höchstbeträge abzugsfähig. Voraussetzung hierfür ist, dass die Spenden im Laufe des Wirtschaftsjahrs **aus Mitteln des Betriebs geleistet** worden sind (z. B. durch Überweisung vom betrieblichen Bankkonto). Parteispenden und Spenden an freie Wählervereinigungen sind nicht absetzbar.

Höchstbeträge

Der Abzug von Zuwendungen (Mitgliedsbeiträge und Spenden) ist begrenzt auf 20 % des Gewinns (Zeile 33) zuzüglich der Hinzurechnungen für Spenden (Zeile 57). Alternativ sind die Spenden bis maximal 2 ‰ der Summe der gesamten Umsätze und der im Wirtschaftsjahr aufgewendeten Löhne und Gehälter abzugsfähig (Eintragungen hierzu sind in Zeile 77 vorzunehmen). Zuwendungen an Stiftungen (Vermögensstockspenden) (Zeilen 78 und 79) können mit höchstens einer Million Euro berücksichtigt werden. Der Höchstbetrag kann auf bis zu zehn Jahre verteilt werden.

1.2.3.4 Weitere Angaben

→ ZEILE 83
Organschaft

Bei einem Organschaftsverhältnis wird der Gewerbeertrag für jede Gesellschaft gesondert ermittelt. Die Organträgergesellschaft muss an dieser Stelle den (positiven oder negativen) Gewerbeertrag der Organgesellschaft(en) angeben.

→ ZEILEN 83–90
Angaben des Organträgers

Ist Ihr Unternehmen Organträger und sind in dem Ertrag der Organgesellschaft (Zeile 83) Beträge enthalten, die nach § 8b KStG, § 3 Nr. 40 EStG, § 3c Abs. 2 EStG steuerfrei sind (steuerfreier Teil der Dividenden), tragen Sie die entsprechende Summe hier ein. In den folgenden Zeilen sind weitere Werte einzutragen, die für die Besteuerung des Organträgers von Bedeutung sind. Das betrifft in Zeile 84 insbesondere im Ertrag der Organgesellschaft (Zeile 83) enthaltene Beträge, die nach § 8b KStG, § 3 Nr. 40 EStG, § 3c Abs. 2 EStG steuerfrei sind (steuerfreier Teil der Dividenden).

→ ZEILEN 96–107B
Gewerbeverluste

Wenn sich bei der Berechnung des Gewerbeertrags ein negatives Ergebnis ergibt (= Gewerbeverlust), wird dieses in den nachfolgenden Jahren bei der Berechnung des Gewerbeertrags gekürzt. Die Höhe des anrechenbaren Gewerbeverlusts wird vom Finanzamt in einem gesonderten Bescheid festgestellt, gegen den Sie innerhalb von einem Monat Einspruch einlegen können.

Bei einer Personengesellschaft ist u. U. die Anlage EMU auszufüllen. In diesem Fall kann auf die Eintragungen in den Zeilen 96–107b verzichtet werden. Die Anlage EMU dient der Zurechnung der sich für die Mitunternehmerschaft insgesamt ergebenden Fehlbeträge und des maßgebenden Gewerbeertrags auf die einzelnen Mitunternehmer, wenn sich für 2018 ein Gewerbeverlust ergibt oder zum 31.12.2017 ein vortragsfähiger Gewerbeverlust festgestellt wurde. Sind der Gesellschafterbestand und die Beteiligungsquote identisch zum Vorjahr, ist die Abgabe der Anlage EMU nicht erforderlich, außer wenn bei einzelnen Mitunternehmern Verlustkürzungen nach § 10a GewStG in Verbindung mit § 8c KStG vorzunehmen sind.

Voraussetzungen

Die Anrechnung von Gewerbeverlusten ist vom Vorliegen folgender Voraussetzungen abhängig:

- Der Verlust muss in dem Unternehmen entstanden sein, in dem er angerechnet werden soll (Unternehmensgleichheit).
- Sie haben den zur Anrechnung anstehenden Verlust auch selbst erlitten (Unternehmergleichheit). Geht der Betrieb auf eine andere Person über, kann der Erwerber, Erbe bzw. unentgeltliche Erwerber den Verlust nicht anrechnen.
- Bei Kapitalgesellschaften ist eine Verlustanrechnung nur zulässig, wenn die Kapitalgesellschaft, die den Verlust anrechnen will, rechtlich und wirtschaftlich mit der Kapitalgesellschaft identisch ist, die den Verlust erlitten hat. Im Falle eines Mantelkaufs (= mehr als 25 % der Anteile werden innerhalb von fünf Jahren veräußert) geht die wirtschaftliche Identität und damit verbunden ein entsprechender Anteil der Verlustvorträge verloren (vgl. hierzu Zeile 101 bzw. 102).

Verluste aus Vorjahren

Die Höhe des vortragsfähigen Gewerbeverlusts hat das Finanzamt mit einem gesonderten Bescheid zum 31.12.2017 festgestellt. Dieser führt zu einer Minderung der Gewerbesteuer 2018.

Allerdings ist der abzugsfähige Verlustvortrag auf einen Betrag von einer Million Euro beschränkt. Der danach verbleibende Gewerbeertrag ist in Höhe von 60 % der nicht berücksichtigten Fehlbeträge der vorangegangenen Jahre zu kürzen.

Änderung der Rechtsform

Auch wenn sich im Jahr 2018 die Rechtsform Ihres Unternehmens geändert hat, können Sie ggf. die beim früheren Unternehmen erlittenen Gewerbeverluste bei der neu gegründeten Firma anrechnen. Voraussetzung hierfür ist, dass das Unternehmen im Wesentlichen unverändert fortgeführt wird und kein vollständiger Unternehmerwechsel eingetreten ist. Betroffen sind folgende Fälle:

- Einbringung eines Einzelunternehmens (mit Gewerbeverlust) in eine Personengesellschaft oder

- Umwandlung einer Personengesellschaft (mit Gewerbeverlust) in ein Einzelunternehmen.

Eine Anrechnung ist insoweit möglich, als der Verlust auf Personen entfällt, die nach dem Wechsel der Rechtsform weiterhin Mitunternehmer oder Unternehmer des Gewerbebetriebs sind. Wenn Sie eine GmbH gegründet haben oder anstelle der bisher existierenden GmbH ein Einzelunternehmen oder eine Personengesellschaft gegründet haben, geht der Gewerbeverlust verloren.

Umwandlung

Haben Sie im Jahr 2018 eine Umwandlung nach dem Umwandlungsteuergesetz durchgeführt und hat das bisherige Unternehmen einen nicht verbrauchten Gewerbeverlust, kann dieser ggf. auf die neu entstandene Körperschaft übertragen werden. Begünstigt sind Umwandlungen/Verschmelzungen oder Spaltungen im Sinne der §§ 18 und 19 UmwStG. Im Fall einer Abspaltung muss die übertragende Körperschaft den wegfallenden Gewerbeverlust erklären.

→ ZEILEN 105–107 **Personengesellschaften**

Gewerbeverluste können nur bei der Person angerechnet werden, die den Verlust erlitten hat (Unternehmergleichheit). Bei Personengesellschaften wird der Verlust den beteiligten Personen nach dem Beteiligungsverhältnis zugeordnet. Haben sich die Beteiligungsverhältnisse im Vergleich zum Verlustjahr geändert (z. B. Verkauf des Anteils an andere Beteiligte oder an einen Außenstehenden, Tod eines Mitunternehmers), liegt die Unternehmergleichheit nicht mehr in vollem Umfang vor, sodass der auf die ausgeschiedenen Altgesellschafter entfallende Teil des Gewerbeverlusts nicht mehr angerechnet werden kann. Verkauft ein Mitunternehmer nur einen Teil seiner Beteiligung, geht der auf ihn entfallende Verlustanteil nicht verloren. Vertiefend siehe → Gewerbesteuer.

→ ZEILE 108

Für die Berechnung des Gewerbesteueranrechnungsbetrags bei der Einkommensteuer bleiben Veräußerungs- bzw. Auflösungsgewinne nach § 18 Abs. 4 UmwStG außer Betracht (BMF, Schreiben v. 15.5.2002, IV A 5, S 2296 a – 16/02, BStBl I 2002 S. 533). Vertiefend siehe → Gewerbetreibende/Steuerermäßigung.

2 Umsatzsteuerjahreserklärung 2018

2.1 Hauptvordruck (USt 2 A)

Überblick

In jedem Fall müssen Sie die Angaben zu Ihrem Unternehmen (Zeilen 9–13) machen und die Erklärung i.d.R. in elektronischer Form beim Finanzamt einreichen.

Seite 1	**Angaben zur Besteuerung der Kleinunternehmer** Die Zeilen 33 und 34 müssen Sie mit der Höhe Ihres Jahres- und Vorjahresumsatzes ausfüllen, wenn Sie als Kleinunternehmer (§ 19 Abs. 1 UStG) behandelt werden wollen. Die Umsatzgrenze liegt bei 17.500 €. Vertiefend siehe → Umsatzsteuer. In diesem Fall sind keine weiteren Eintragungen auf dem Vordruck notwendig.
Seite 2	**Steuerpflichtige Lieferungen und sonstige Leistungen** In den Zeilen 36–45 tragen Sie die Bemessungsgrundlage der gesamten von Ihrem Unternehmen erbrachten Leistungen und die darauf entfallende Umsatzsteuer ein. Die Einteilung erfolgt nach den unterschiedlichen Steuersätzen und Umsatzarten (Lieferungen, unentgeltliche Wertabgaben, Eigenverbrauch). Die Zeilen 46–53 betreffen nur Land- und Forstwirte, die nach Durchschnittssätzen (§ 24 UStG) versteuern bzw. von dieser oder zu dieser Besteuerungsform übergehen.
Seite 3	**Steuerfreie Lieferungen, sonstige Leistungen und unentgeltliche Wertabgaben (Zeilen 62–77)** Die steuerfreien Umsätze müssen auf Seite 3 eingetragen werden. Zu unterscheiden sind solche mit Vorsteuerabzug (Zeilen 62–71) und solche ohne (Zeilen 72–77). **Innergemeinschaftliche Erwerbe (Zeilen 78–86)**
Seite 4	**Innergemeinschaftliche Dreiecksgeschäfte (Zeilen 91–97)** **Leistungsempfänger als Steuerschuldner (Zeilen 99–105)** **Ergänzende Angaben zu Umsätzen (Zeilen 107–118)**
Seite 5	**Abziehbare Vorsteuerbeträge (Zeilen 121-131)** Hier erfassen Sie die Ihrem Unternehmen in Rechnung gestellten Umsatzsteuerbeträge, die Sie als sog. Vorsteuer vom Finanzamt wieder ausgezahlt bekommen. Vertiefend siehe → Umsatzsteuer. **Berichtigung des Vorsteuerabzugs (§ 15a UStG) (Zeilen 132–150)** Die Berichtigung des Vorsteuerabzugs muss erfolgen, wenn sich der Verwendungszweck eines Wirtschaftsguts (Grundstück, Kfz, Maschine) hinsichtlich seiner Verwendung zur Ausführung von steuerpflichtigen bzw. steuerfreien Umsätzen innerhalb eines bestimmten Berichtigungszeitraums (fünf, bei Grundstücken zehn Jahre) geändert hat.

Seite 6	**Berechnung der zu entrichtenden Umsatzsteuer** Auf dieser Seite berechnen Sie Ihre festzusetzende Umsatzsteuer aus dem Unterschiedsbetrag von Umsatzsteuer und Vorsteuer selbst und übertragen den Betrag in Zeile 167, die in jedem Fall ausgefüllt werden muss. Außerdem ist der (nach Anrechnung von bereits vorausbezahlter Umsatzsteuer) noch zu zahlende Betrag bzw. der Erstattungsbetrag in Zeile 169 zu erfassen.

2.2 Rund um die Umsatzsteuererklärung

Erklärungspflicht

Eine Umsatzsteuererklärung muss jeder abgeben, der vom Finanzamt dazu aufgefordert wird, und derjenige Unternehmer, der steuerpflichtige Umsätze ausführt. Dies gilt insbesondere dann, wenn in den Rechnungen, die den Kunden ausgestellt werden, Umsatzsteuer gesondert ausgewiesen wird. Die Abgabe einer Umsatzsteuererklärung ist auch dann erforderlich, wenn Sie für an Ihr Unternehmen erbrachte Leistungen an Ihre Lieferanten Umsatzsteuer bezahlt haben und sich diese Steuer vom Finanzamt als sog. Vorsteuer wieder erstatten lassen wollen. Näheres zur Steuerpflicht, zur Abgabe von Voranmeldungen im Laufe des Jahres und zum System der Besteuerung finden Sie im Lexikonteil unter → Umsatzsteuer (→ Punkt 2 „Regelbesteuerung“).

Existenzgründer

Im Lexikonteil finden Sie auch eine Checkliste, in der alle für Sie wichtigen und notwendigen Vorüberlegungen bei einer Betriebseröffnung bzgl. der Umsatzsteuer aufgeführt sind. Vertiefend siehe → Umsatzsteuer.

Abgabetermin

Die Umsatzsteuerjahreserklärung 2018 ist grundsätzlich bis zum 31.7.2019 abzugeben. Werden Sie durch einen Steuerberater vertreten, erhalten Sie ohne Antrag eine Fristverlängerung bis zum 29.02.2020. Zum Abgabetermin für Voranmeldungen lesen Sie bitte im Lexikonteil unter → Umsatzsteuer nach (→ Punkt 2 „Regelbesteuerung – muss ich eine Umsatzsteuervoranmeldung abgeben?“).

Zuständiges Finanzamt

Für die Bearbeitung Ihrer Umsatzsteuererklärung ist das Finanzamt zuständig, in dessen Bezirk sich der Unternehmenssitz befindet.

Abrunden

Soweit im Vordruck keine Angabe von Cent verlangt wird, dürfen Sie zu Ihren Gunsten auf volle Euro runden.

Besteuerungsverfahren

Die Umsatzsteuer ist eine sog. Anmeldesteuer. Das bedeutet, dass Sie die Steuer durch die Abgabe einer Steuererklärung selbst berechnen. Nur bei Erstattungen bzw. Vergütungen wird die Steuer erst mit Zustimmung des Finanzamts (i. d. R. durch Überweisung des Geldes) festgesetzt.

Automatische Fälligkeit

Das bedeutet, dass Sie über die Umsatzsteuer vom Finanzamt im Regelfall keinen Steuerbescheid bekommen (vgl. Zeile 21 des Erklärungsvordrucks). Beachten Sie, dass die Nachzahlung, die Sie sich errechnen (Betrag in Zeile 169, Kennzahl 820) deshalb ohne weitere Aufforderung des Finanzamts einen Monat nach Eingang der Steuererklärung fällig wird. Wenn Sie nicht bzw. nicht rechtzeitig zahlen, fallen sofort Säumniszuschläge in Höhe von 1 % des nach unten auf volle 50 € abgerundeten fälligen Betrags je angefangenen Säumnismonat an. Die Umsatzsteuerfestsetzung aufgrund der von Ihnen berechneten Steuer erfolgt automatisch unter dem Vorbehalt der Nachprüfung (§ 164 AO). Damit kann die Festsetzung jederzeit, auch nach Ablauf der Einspruchsfrist, zu Ihren Gunsten oder Ungunsten geändert werden. Ebenso können Sie jederzeit eine Änderung beantragen.

Wenn das Finanzamt von Ihrer Steuererklärung abweicht, muss es einen Umsatzsteuerbescheid erlassen. Für die sich daraus ergebenden Erstattungen bzw. Nachzahlungen gilt eine neue Fälligkeit von einem Monat nach Bekanntgabe des Bescheids. Beachten Sie, dass die Steuerfestsetzung aufgrund eines Umsatzsteuerbescheids nicht zwingend unter dem Vorbehalt der Nachprüfung steht. In einem solchen Fall ist damit die Einspruchsfrist wieder von Bedeutung.

2.3 Angaben zum Unternehmen (Hauptvordruck Seite 1)

→ ZEILEN 1–14
Persönliche Angaben

In Zeile 1 tragen Sie das für Sie zuständige Finanzamt und in Zeile 3 (soweit bekannt) Ihre Steuernummer ein. Die Steuernummer entspricht i. d. R. der Einkommensteuernummer. Eine abweichende Steuernummer für die Umsatzsteuer haben Sie nur, wenn der Betrieb dem Ehegatten oder Lebenspartner gehört oder wenn sich Ihr Unternehmen außerhalb des Zuständigkeitsbereichs Ihres Wohnsitzfinanzamts befindet. Wenn Sie bereits eine Umsatzsteuererklärung abgegeben haben und jetzt eine berichtigte nachreichen, müssen Sie dies in Zeile 6 durch Eintragen einer 1 bei Kästchen 110 kenntlich machen. Die Zeilen 9 bis 12 sind für Ihren Namen und ggf. einen abweichenden Firmennamen, die Unternehmensart sowie den Unternehmenssitz vorgesehen.

In Zeile 13 können Sie Ihre E-Mail-Adresse und in Zeile 14 die Telefonnummer eintragen.

→ ZEILEN 18–20
Betriebsdauer

Die Zeilen 18 bis 20 müssen Sie nur ausfüllen, wenn Ihr Betrieb nicht das ganze Jahr über bestand (z. B. Neueröffnung, Betriebsaufgabe, Betriebsveräußerung, Saisonbetrieb). Geben Sie in diesem Fall den Zeitraum an, in dem Ihr Betrieb bestand.

→ ZEILE 23
Verrechnung

In Zeile 23 können Sie durch Eintragen einer 1 in Kästchen 129 veranlassen, dass ein Ihnen durch die Umsatzsteuerjahreserklärung zustehendes Guthaben mit anderen Steuerschulden verrechnet oder der Entlastungsbetrag an jemand anderen ausgezahlt wird. Ihren Verrechnungswunsch sollten Sie auf einem gesonderten Blatt beifügen.

→ ZEILEN 31–35
Kleinunternehmer

Wenn Sie Kleinunternehmer sind, müssen Sie lediglich in den Zeilen 33 und 34 Ihren Gesamtumsatz im Jahr 2017 und 2018 eintragen. Ob Sie Kleinunternehmer sind und welche Vor- und Nachteile dies steuerlich für Sie hat, können Sie im Lexikonteil unter → Umsatzsteuer (Kleinunternehmer) nachlesen.

2.4 Umsätze (Hauptvordruck Seite 2)

→ ZEILEN 31–45
Steuerpflichtige Umsätze

In den Zeilen 31 bis 45 sind alle der Umsatzsteuer unterliegenden (= steuerpflichtigen) Umsätze für das Jahr 2018 zu erfassen. Beachten Sie, dass Sie jeweils den Nettobetrag (ohne USt) zu Ihren Gunsten auf volle Euro nach unten gerundet eintragen und die darauf entfallende Umsatzsteuer (mit Centbeträgen) in der hinteren Spalte ausweisen müssen. Ausführungen über die steuerpflichtigen und steuerfreien Umsätze finden Sie im Lexikonteil unter → Umsatzsteuer (Welche Umsätze unterliegen der USt?).

Welche Umsätze im Jahr 2018 zu erfassen sind, hängt davon ab, ob die „Soll"- oder die „Ist"-Besteuerung anzuwenden ist. Näheres dazu finden Sie im Steuerlexikon unter → Umsatzsteuer (Wann ist die USt an das Finanzamt abzuführen?).

→ ZEILEN 38–40
Umsätze mit 19 % USt

In Zeile 38 tragen Sie alle von Ihnen mit 19 % zu versteuernden Leistungen (Bemessungsgrundlage und darauf entfallende USt) ein.

In Zeile 39 müssen Sie alle Entnahmen von betrieblichen Gegenständen, in Zeile 40 alle Leistungsentnahmen (früher „Gegenstands- bzw. Leistungseigenverbrauch", jetzt „unentgeltliche Wertabgabe") des Jahres erfassen. Weitere Informationen zur Rechtslage bei diesen Vorgängen finden Sie im Lexikonteil unter → Umsatzsteuer (Entnahme bzw. Verwendung betr. Wirtschaftsgüter). Ebenfalls zu erfassen sind hier unentgeltliche Sachzuwendungen (Zeile 39) und sonstige Leistungen (Zeile 40) an Arbeitnehmer.

→ ZEILEN 41–43
Umsätze mit 7 % USt

In den Zeilen 41–43 müssen Sie die in den Erläuterungen zu den Zeilen 38–40 angegebenen Eintragungen vornehmen, wenn es sich um Umsätze bzw. unentgeltliche Wertabgaben oder Sachzuwendungen bzw. sonstige Leistungen an Arbeitnehmer handelt, die dem ermäßigten Umsatzsteuersatz unterliegen.

→ ZEILE 45
Andere USt-Sätze

Die Zeile 45 betrifft nur die Fälle, in denen noch Umsätze zu anderen Steuersätzen (z. B. 16 % für Umsätze, die vor dem 31.12.2006 ausgeführt worden sind) abgerechnet werden.

→ ZEILEN 47–53
Landwirte

Eintragungen in den Zeilen 47 bis 53 müssen nur Land- und Forstwirte, die nach **Durchschnittssätzen** (§ 24 UStG) versteuern, vornehmen. Der Durchschnittssatz beträgt seit 2007 8,3 %.

→ZEILE 60

In Zeile 60 tragen Sie die Summe der von Ihnen errechneten Umsatzsteuer ein und übertragen den Betrag in Zeile 152 auf Seite 6.

2.5 Steuerfreie Umsätze, innergemeinschaftliche Vorgänge (Hauptvordruck Seiten 3 und 4)

Eintragungen, die bisher in der Anlage UR (entfallen) zu machen waren, sind nun auf den Seiten 3 und 4 vorzunehmen. Hier geht es im Wesentlichen um bestimmte steuerfreie Umsätze sowie Umsätze (Einkäufe und Verkäufe) im Zusammenhang mit ausländischen Unternehmen wie z. B. um

- steuerfreie Ausfuhren ins Nicht-EU-Ausland oder Grundstücksvermietungen (Zeilen 62–77),
- Einfuhren aus dem EU-Ausland (Zeilen 79–86),
- innergemeinschaftliche Dreiecksgeschäfte (Reihenlieferungen) (Zeilen 91–98) oder
- Übernahme der Steuerschuldnerschaft als Leistungsempfänger (§ 13b UStG, Zeilen 99–105).

Bei den unter § 13b Abs. 1–3 UStG aufgeführten Umsätzen schuldet nicht der Leistende, sondern der Leistungsempfänger die Steuer, wenn er ein Unternehmer ist.

Die Beträge aus den Zeilen 99 bis 104 sind in Zeile 105 zu summieren und, soweit die weiteren Voraussetzungen dafür vorliegen, gleichzeitig als Steuerbeträge in Zeile 156 und als Vorsteuerbeträge in Zeile 126 des Hauptvordrucks einzutragen.

2.6 Vorsteuerabzug (Hauptvordruck Seite 5)

→ ZEILEN 121–131 **Vorsteuer**

Bei Lieferungen (z. B. Wareneinkauf, Kauf von Vorräten) und Leistungen (Reparaturen, Vermittlungen, laufende Kosten) an Ihr Unternehmen mussten Sie an den leistenden Unternehmer auch Umsatzsteuer bezahlen. Diese Umsatzsteuer auf Ihre Eingangsrechnungen nennt man „Vorsteuer". Diese Vorsteuern können Sie sich vom Finanzamt erstatten lassen, wenn Sie u. a. eine ordnungsgemäße Rechnung darüber besitzen. Ausführliche Informationen über den Vorsteuerabzug und die dafür notwendigen Voraussetzungen, insbesondere die Anforderungen, die eine ordnungsgemäße Rechnung erfüllen muss, finden Sie im Lexikon unter → Umsatzsteuer (Vorsteuer).

In Zeile 122 tragen Sie Ihre abzugsfähigen Vorsteuern (mit Centbeträgen) ein. Zeile 123 betrifft Einfuhren für Ihr Unternehmen aus dem EU-Ausland (sog. innergemeinschaftliche Erwerbe), Zeile 124 Einfuhren aus Nicht-EU-Ländern. Informationen dazu finden Sie in den Erläuterungen zur Umsatzsteuervoranmeldung und im Lexikon unter → Umsatzsteuer (Innergemeinschaftlicher Erwerb).

Zeile 126 betrifft das sog. Umsatzsteuerabzugsverfahren. Wenn ein ausländischer Unternehmer für Sie eine sonstige Leistung (z. B. Reparaturen, Vermittlungen etc.) erbracht oder eine Werklieferung ausgeführt hat, sind Sie gesetzlich verpflichtet, die dabei angefallene Umsatzsteuer als Leistungsempfänger an das Finanzamt abzuführen. Gleichzeitig haben Sie aus diesen Leistungen den Vorsteuerabzug in gleicher Höhe (Eintragung in Zeile 126). In Zeile 131 berechnen Sie die Summe aller Vorsteuerbeträge und übertragen den Wert in Zeile 158 auf Seite 6.

→ ZEILEN 132–150 **Vorsteuerberichtigung § 15a UStG**

Eine Vorsteuerberichtigung muss erfolgen, wenn sich bei Wirtschaftsgütern, die mehrere Jahre zur Ausführung von Umsätzen verwendet werden, der Verwendungszweck innerhalb eines bestimmten Berichtigungszeitraums (fünf Jahre, bei Gebäuden zehn Jahre) ändert. Dies ist bspw. der Fall, wenn das Wirtschaftsgut bisher nur für umsatzsteuerpflichtige Ausgangsumsätze verwendet wurde (voller Vorsteuerabzug) und später innerhalb des Berichtigungszeitraums nur für umsatzsteuerfreie Leistungen (eventuell kein Vorsteuerabzug) verwendet wird. Damit ist ab dem Änderungsjahr ein Teil der abgezogenen Vorsteuer nicht mehr abzugsfähig. Umgekehrt kann nachträglich ein Teil der bisher nicht abzugsfähigen Vorsteuer abgezogen werden, wenn ein bisher nur für steuerfreie Umsätze verwendetes Wirtschaftsgut jetzt für steuerpflichtige Umsätze verwendet wird. Wird das Wirtschaftsgut zunächst privat, später aber dauerhaft für das Unternehmen verwendet, ist der anteilige Vorsteuerkorrekturbetrag jährlich zu berücksichtigen.

BEISPIEL

Ein Wirtschaftsgut wird am 2.1.2015 für 43.500 € (netto 37.500 € zzgl. 6.000 €) privat angeschafft. Ab 1.6.2018 erfolgt eine dauerhafte unternehmerische Nutzung. Sie können ab diesem Zeitpunkt bis zum Ablauf des fünf- bzw. zehnjährigen Berichtigungszeitraums (unabhängig von der tatsächlichen Nutzungsdauer) die anteilige Vorsteuer jährlich geltend machen. Die jährlich zu berichtigende Vorsteuer beträgt 1/5 von 6.000 €, im Beispiel ab 2018 also 1.200 € jährlich. Für 2018 ist der zeitanteilige Betrag von 7/12 = 700 € anzusetzen. Scheidet das Wirtschaftsgut vor Ablauf des Berichtigungszeitraums aus, kann der gesamte Restbetrag sofort geltend gemacht werden.

BEISPIEL

Wird das o. g. Wirtschaftsgut im Januar 2018 z. B. verschrottet oder verkauft, können Sie die verbleibende Vorsteuer (24 Monate × 100 € = 2.400 €) sofort als Vorsteuer abziehen.

Weitere Einzelheiten mit Beispielen finden Sie im Lexikonteil unter → Umsatzsteuer (Vorsteuerberichtigung nach § 15a UStG).

WICHTIG

Insbesondere für Gebäude und Grundstücke ist wichtig: Besteht die Möglichkeit, dass der unternehmerisch genutzte Teil später ausgeweitet wird, ist eine Vorsteuerberichtigung nur möglich, wenn dieser Teil von Anfang an dem Unternehmensvermögen zugeordnet wurde. Dieses muss dem Finanzamt spätestens bis zum gesetzlichen Abgabetermin der USt-Jahreserklärung (31.5.) angezeigt werden. **Achtung:** Hier gibt es keine Fristverlängerung!

Kleinunternehmer

Insbesondere greift die Vorsteuerberichtigung zu Ihren Gunsten in folgenden Fällen: Haben Sie als Kleinunternehmer Wirtschaftsgüter angeschafft, hatten Sie keinen Vorsteuerabzug. Wechseln Sie zur Regelbesteuerung und sind diese Wirtschaftsgüter bei Ihnen noch vorhanden, können Sie die (ggf. anteilige) Vorsteuer nachträglich geltend machen.

→ ZEILEN 132–136, 147
Grundstücke

Betrifft die Vorsteuerberichtigung ein Grundstück, dann müssen Sie bei erstmaliger Verwendung des Grundstücks zu Umsätzen in Zeile 132 (Kennzahl 370) eine 1 eintragen. Hat sich an der Verwendung des Grundstücks zu Umsätzen etwas verändert, ist eine 1 in Zeile 136 (Kennzahl 371) einzutragen. In den Zeilen 142–145 können Sie die Art der Änderung ankreuzen bzw. angeben. In Zeile 146 tragen Sie ein, wie viel Vorsteuer nachträglich abziehbar wird bzw. an das Finanzamt zurückzuzahlen ist.

Sie müssen dem Finanzamt für jedes Grundstück/Gebäude auf einem gesonderten Blatt die in den Zeilen 133 und 134 geforderten Informationen als Anlage zur Erklärung mitteilen.

→ ZEILEN 138–144, 148
Andere Wirtschaftsgüter

In Zeile 138 (Kennzahl 372) tragen Sie eine 1 ein, wenn es sich um ein anderes Wirtschaftsgut (außer Grundstücke, Gebäude etc.) handelt und dieses nicht nur einmalig verwendet wird. Bei nur einmaliger Verwendung erfolgt die Markierung in Zeile 139 (Kennzahl 369). Die zu berichtigenden Vorsteuerbeträge sind in Zeile 148 bzw. 149 auszuweisen.

2.7 Berechnung der Umsatzsteuer (Hauptvordruck Seite 6)

→ ZEILEN 152–169
Berechnung der USt

In den Zeilen 152 bis 169 berechnen Sie die für Sie festgesetzte Umsatzsteuer. Dazu ermitteln Sie die Summe Ihrer Ausgangsumsatzsteuer (Zeilen 152–156) sowie der Vorsteuerberichtigungen nach § 15a UStG und tragen sie in Zeile 157 ein. Danach übertragen Sie die Summe der von Ihnen errechneten Vorsteuerbeträge (aus Zeile 150 in Zeile 159) zusammen und ermitteln den Unterschiedsbetrag zwischen Umsatzsteuer und Vorsteuer (ein negativer Betrag mit Minuszeichen). Dieser Betrag ist i.d.R. zuerst in Zeile 165 und dann in Zeile 167 (muss unbedingt und in jedem Fall ausgefüllt werden) als Zahllast bzw. Vergütung (Vorsteuerüberschuss) zu übernehmen (negativer Betrag mit Minuszeichen, nicht in Rot). In Zeile 168 erfassen Sie – soweit zutreffend – die im Laufe des Jahres 2018 bezahlten Umsatzsteuervorauszahlungen aufgrund der Voranmeldungen und in Zeile 169 den danach verbleibenden Betrag. Handelt es sich um eine Nachzahlung, müssen Sie den errechneten Betrag innerhalb eines Monats nach Erklärungseingang bezahlen.

3 Umsatzsteuervoranmeldung 2019

3.1 Überblick

Abgabepflicht, Abgabetermin, Fälligkeit der Zahlungen

Ob Sie Umsatzsteuervoranmeldungen abgeben müssen und, wenn ja, ob monatlich oder vierteljährlich, hängt von der Höhe Ihrer Umsatzsteuer des Vorjahres und der voraussichtlichen Umsatzsteuer für das laufende Jahr ab. Die Grenzen können Sie im Lexikonteil nachlesen. Dort finden Sie auch Informationen über die Abgabezeitpunkte, mögliche Fristverlängerungen und darüber, wann die angemeldete Steuer fällig ist – unter → Umsatzsteuer (→ Punkt 2 „Regelbesteuerung").

Ihre Umsatzsteuervoranmeldung müssen Sie auf elektronischem Weg abgeben. Näheres lesen Sie im Lexikonteil unter → ELSTER/ELStAM für Unternehmer.

3.2 Vordruck

Wichtiges zum Thema „Umsatzsteuervoranmeldung 2019" und wie Sie den Vordruck ausfüllen, finden Sie unter www.haufe.de/mybook unter „Weiterführende steuerliche Informationen".

Teil III: Das aktuelle Steuerlexikon Wegweiser zur schnellen Orientierung

Anhand des Wegweisers können Sie sich auf einen Blick informieren, an welcher Stelle des Buches Sie nützliche Tipps und Hinweise zu bestimmten Problemkreisen finden.

Betrieb

Existenzgründer

Existenzgründer ... 283
Gewerbetreibende Steuerermäßigung ... 329
Kleinunternehmer ... 388

Gewinnermittlung

Bilanzierung/E-Bilanz ... 237
Einnahmenüberschussrechnung ... 262
Kassensyteme/Sonderprüfung ... 369
Kleinunternehmer ... 388

Betriebsausgaben

Abschreibungen/Anschaffungs- und Herstellungskosten ... 175
Abschreibungen/Gebäude ... 182
Abschreibungen im Betrieb ... 187
Arbeitszimmer ... 204
Betriebsausgaben/Übersicht ... 224
Bewirtungskosten ... 234
Computer ... 238
Doppelte Haushaltsführung ... 240
Fahrtkosten ... 288
Finanzierungskosten ... 291
Firmenwagen ... 296
Fortbildung/Fachtagungen ... 313
Geringwertige Wirtschaftsgüter/Sammelposten ... 315
Geschenke ... 321
Gewerbesteuer ... 324
Homeoffice ... 339
Investitionsabzugsbetrag ... 340
Minijobs ... 395
Orkanschäden ... 403
Reisekosten ... 406
Schuldzinsen ... 433
Solaranlagen und Co. ... 439
Steuerberatungskosten ... 456
Versicherungen ... 502

Sonstiges

Betriebsgrundstücke ... 228
Ehrenamt ... 254
Elektromobilität ... 275
Gewerbetreibende/Steuerermäßigung ... 329
Mindestlohn ... 394
Umsatzsteuer ... 473
Verträge mit Angehörigen ... 513

Haus- und Grundbesitz

Überblick	Vermietung/Immobilien ... 497
Vermietete Gebäude und Wohnungen (Anlage V)	Abschreibungen/Anschaffungs- und Herstellungskosten ... 175
	Abschreibungen/Gebäude ... 182
	Fahrtkosten ... 288
	Finanzierungskosten ... 291
	Reparaturen ... 425
	Solaranlagen und Co. ... 439
	Werbungskosten, -pauschbeträge und -pauschalen 517

Andere Einkünfte

Kapitalanlagen (Anlage KAP)	Abgeltungsteuer ... 175
	Kapitalanlagen ... 351
	Spekulationsgeschäfte ... 445
Rentner (Anlage SO)	Renten ... 415
	Werbungskosten, -pauschbeträge und -pauschalen 517
Sonstige Einkünfte (Anlage SO)	Abgeltungsteuer ... 175
	Kapitalanlagen ... 351
	Spekulationsgeschäfte ... 445
Sonstige gewerbliche Tätigkeit	Ehrenamt ... 254
	Solaranlagen und Co. ... 439

Sonstiges

Verheiratete und geschiedene Ehegatten	Ehegattenveranlagung ... 249
	Unterhaltszahlungen ... 489
Falls Sie Kinder haben	Ausbildung und Studium ... 209
	Baukindergeld ... 218
	Kinder ... 371
	Unterhaltszahlungen ... 489
Krankheit/Behinderung	Außergewöhnliche Belastung ... 213
	Behinderte Menschen ... 219
	Krankheitskosten ... 389
	Pflegekosten/Heimunterbringung ... 403
Versicherungsbeiträge	Altersvorsorgeaufwendungen ... 193
	Sonderausgaben ... 441
	Versicherungen ... 502
Erstellung der Steuererklärung	ELSTER/ELStAM für Unternehmer ... 278
	Steuerberatungskosten ... 456
	Steuerbescheid ... 457
Sonstiges	Arbeitszeitmodelle ... 202
	Ausbildung und Studium ... 209
	Haushaltsnahe Tätigkeiten/Dienstleistungen ... 331
	Spenden ... 450
	Steuermodernisierungsgesetz ... 469
	Strafbefreiende Selbstanzeige ... 471

Abgeltungsteuer

Die Abgeltungsteuer wird nicht nur auf Zins- und Dividendeneinnahmen, sondern u.a. auch auf Spekulationsgewinne angewandt. Dafür werden diese Erträge regelmäßig nicht im Einkommensteuerbescheid erfasst.

§§ 43, 43a EStG, § 32d EStG

Alle wichtigen Informationen haben wir für Sie im Stichwort → Kapitalanlagen zusammengefasst.

Abschreibungen/Anschaffungs- und Herstellungskosten

Bemessungsgrundlage für die Berechnung der Abschreibungen sind die Anschaffungs- oder Herstellungskosten (AK/HK) des Wirtschaftsguts.

§§ 9, 7 EStG

1 Anschaffungs- und Herstellungskosten

Begriff „Anschaffungskosten"

Zu den AK eines fertigen Wirtschaftsguts zählen alle Aufwendungen, die geleistet werden, um es zu erwerben (Kaufpreis + Nebenkosten) und in einen dem angestrebten Zweck entsprechenden betriebsbereiten Zustand zu versetzen (z. B. Montagekosten).

Begriff „Herstellungskosten"

Zu den HK eines Wirtschaftsguts zählen sämtliche Material- und Lohnkosten (z. B. Architekt, Handwerker). Skonti, Boni und evtl. Zuschüsse reduzieren die AK und HK.

ACHTUNG

Umsatzsteuer

Die in der Rechnung ausgewiesene Umsatzsteuer gehört nicht zu den AK oder HK, wenn diese als Vorsteuer vom Finanzamt erstattet wird. Vertiefend siehe → Umsatzsteuer.

2 Herstellung von Waren, Maschinen etc.

Werden Waren oder andere Wirtschaftsgüter produziert und führt der Betrieb Bücher, müssen die am Bilanzstichtag vorrätigen Bestände mit den HK bzw. mit dem niedrigeren Teilwert (= Wiederherstellungskosten am Bilanzstichtag) ausgewiesen werden.

Die HK setzen sich aus folgenden Teilen zusammen:

Art der Aufwendungen	Ansatz in der Steuerbilanz
Einzelkosten • Materialeinzelkosten (auch Materiallager, Transport) • Fertigungseinzelkosten (auch Kontrolle) • Sonderkosten der Fertigung (Werkzeuglager) **Gemeinkosten (soweit durch die Herstellung veranlasst)** • Materialgemeinkosten (auch Raumkosten, Versicherung) • Fertigungsgemeinkosten (auch Betriebsleitung) • Wertverzehr für das Anlagevermögen (AfA)	Die Aufwendungen gehören zwingend zu den HK = Mindestansatz
• Kosten der allgemeinen Verwaltung (auch Lohnbüro) • Aufwendungen für soziale Einrichtungen des Betriebs • Aufwendungen für freiwillige soziale Leistungen • Aufwendungen für betriebliche Altersversorgung Zinsen für Fremdkapital	Diese Aufwendungen sind als HK zu behandeln, wenn sie auch handelsrechtlich aktiviert werden.

Vertriebskosten dürfen nicht als HK behandelt werden.

3 Grundstücke und Gebäude

Anschaffungskosten und Aufteilung

- Kaufpreis
- Nebenkosten (Maklergebühren, Grunderwerbsteuer, Vermessungskosten)
- Notar- oder Rechtspflegerkosten (Beurkundung des Kaufvertrags, Eintragung einer Auflassungsvormerkung, Auflassung, Eintragung ins Grundbuch)
- Zahlungen an den Grundstücksnachbarn für dessen Zustimmung zur Grenzbebauung (sofern das Recht auch bei einem Abbruch des Gebäudes erhalten bleibt)
- Zahlungen an den Nachbarn für eine Zufahrtsbaulast
- Straßenanliegerbeiträge nach dem Baugesetzbuch
- erstmalige Erschließungsbeiträge nach dem Bundesbaugesetz (Kanalbaubeiträge, Kanalanschlussgebühren für den erstmaligen Anschluss an die Abwasseranlagen, Beiträge für außerhalb des Grundstücks befindliche Anlagen zur Versorgung mit Elektrizität, Gas, Wasser und Wärme)

Werden Beiträge als Ersatz für bereits vorhandene Anlagen geleistet, können diese im Einzelfall als Werbungskosten sofort abzugsfähig sein, auch wenn sie im zeitlichen Zusammenhang mit der Anschaffung geleistet werden.

Das Gebäude und der Grund und Boden sind aus steuerlicher Sicht verschiedene Wirtschaftsgüter und deshalb getrennt zu beurteilen. Nur die AK des Gebäudes können in Zusammenhang mit der Ermittlung von Einkünften über die Abschreibung (AfA) als Betriebsausgaben oder Werbungskosten abgezogen werden. Vertiefend siehe → Abschreibungen/Gebäude. Die AK des Grund und Bodens sind nicht absetzbar. Dies erfordert beim Kauf eines bebauten Grundstücks, dass die AK (inkl. Nebenkosten) im Verhältnis der Verkehrswerte aufgeteilt werden.

HINWEIS

Kaufpreisaufteilung

Das Bundesfinanzministerium hat eine **Arbeitshilfe zur Aufteilung der AK für ein bebautes Grundstück (Kaufpreisaufteilung)** veröffentlicht. Mithilfe einer Exceldatei kann in einem typisierten Verfahren die Aufteilung des Gesamtkaufpreises eines Wohn- oder Geschäftsgebäudes nach dem Verhältnis der Verkehrswerte vorgenommen werden (BFH, Urteil v. 10.10.2000, IX R 86/97). Der Kaufpreisaufteilung liegen die Vorschriften der Verkehrswertermittlung auf der Grundlage des Baugesetzbuchs (Sachwertverfahren nach der Immobilienwertermittlungsverordnung) zugrunde.

Die Summe der ermittelten Einzelwerte weist ohne Marktanpassung nicht den Verkehrswert aus. Es handelt sich um eine qualifizierte Schätzung, die sachverständig begründet widerlegbar ist.

Die Arbeitshilfe kann von der Website www.bundesfinanzministerium.de unter der Steuerart „Einkommensteuer" heruntergeladen werden. Die Arbeitshilfe wird wertmäßig jährlich angepasst.

TIPP

Kaufpreisaufteilung im Kaufvertrag

Im notariellen Kaufvertrag kann der jeweilige Kaufpreisanteil des Gebäudes und des Grund und Bodens auch betragsmäßig gesondert ausgewiesen werden. Soweit die Aufteilung angemessen ist, wird sie anerkannt.

Die vereinbarten und bezahlten Anschaffungskosten werden grundsätzlich der Besteuerung zugrunde gelegt. Das Finanzamt ist an diese Werte nicht gebunden, wenn Anhaltspunkte für einen Gestaltungsmissbrauch vorliegen.

Bei einem wesentlichen Unterschied der im Kaufvertrag ausgewiesenen AK zu den Werten der vorgenannten Kaufpreisaufteilung muss anhand der Gesamtumstände aufgeklärt werden, ob besondere Aspekte (Ausstattungsmerkmale, ursprüngliche Baukosten, Renovierungen, eingeschränkte Nutzbarkeit wegen bestehender Mietverträge, Straßenlärm, Zugang zum Grundstück) eine Abweichung rechtfertigen. Eine Korrektur der von den Vertragsparteien getroffenen Aufteilung ist aber nur geboten, wenn sie die realen Wertverhältnisse in grundsätzlicher Weise verfehlt und wirtschaftlich nicht haltbar erscheint (BFH, Urteil v. 16.9.2015, IX R 12/14).

Aufwendungen für die Bestellung und Eintragung einer Grundschuld und andere Geldbeschaffungskosten zählen zu den Finanzierungskosten und stellen keine AK/HK dar. Vertiefend siehe → Finanzierungskosten.

Wird beim Kauf einer betrieblich genutzten Eigentumswohnung die anteilige **Instandhaltungsrücklage** ohne eine gesonderte Zuzahlung übernommen, muss darauf geachtet werden, dass diese nicht zu den AK des Grundstücks gehört. Die Grunderwerbsteuer darf deshalb auch nur vom Kaufpreis abzüglich Rücklagenbetrag berechnet werden.

Häufig wird auch vorhandenes Inventar (z. B. Einbaumöbel) übernommen. Wird im Kaufvertrag der darauf entfallende Teil des Kaufpreises genannt, handelt es sich um Anschaffungskosten für ein eigenständiges Wirtschaftsgut, das ggf. gesondert abgeschrieben wird. Grunderwerbsteuer entfällt darauf nicht.

Gebäudeherstellungskosten

Aus der nachfolgenden Übersicht ersehen Sie, welche Aufwendungen insbesondere zu den HK eines Gebäudes gehören.

Planung/Herstellung

Baugenehmigungsgebühren, Architektenhonorar, Aufwendungen für den Statiker, Aushub der Baugrube, Erddeponiegebühren, Kosten des Rohbaus sowie der Sanitär-, Elektro- und Heizungsinstallation, Hausanschlusskosten an die Strom-, Gas-, Elektrizitäts-, Fernwärme-, Wasser- und Abwasserversorgung, Aufwendungen für Fenster, Türen, Dach, Fliesen, Verputzarbeiten, Tapeten, Böden, Aufwendungen für die Erstellung der Garage(n) etc.

Eigenleistungen

Aufwendungen für Baumaschinen (Betonmischer, Bohrmaschine, Kreissäge etc.) und Werkzeuge (Wasserwaage, Hammer ...) etc. sind HK, soweit die Geräte in der Bauzeit verbraucht oder abgenutzt werden. Der Wert der eigenen Arbeitsleistung gehört nicht zu den HK.

Sonstiges

HK sind auch die Kosten des Richtfests, des Anschlusses an das Breitbandkabel (Kabelfernsehen), → Fahrtkosten zur Baustelle, zu den Handwerkern und zum Architekten, Anwalts- und Prozesskosten im Zusammenhang mit Baueinwendungen und bei Streitigkeiten mit den Bauhandwerkern etc., Kosten der Hangabtragung, Kosten des Einbaus einer Alarmanlage, Aufwendungen für eine Markise, Baukosten einer Hochwasserschutzmauer, Verpflegung der Handwerker etc.

Die Beiträge zur Bauwesen- und Bauherrenhaftpflichtversicherung gehören bei vermieteten Objekten zu den Werbungskosten. Bei eigengenutzten Wohnobjekten ist ein Abzug nicht möglich. Finanzierungskosten (Zinsen, Damnum, Notargebühren für die Bestellung und Eintragung einer Grundschuld) zählen nicht zu den HK. Vertiefend siehe → Finanzierungskosten.

Sonstige Gebühren

Ablösezahlungen an die Gemeinde im Zusammenhang mit der Verpflichtung zum Bau von Garagen oder Kfz-Stellplätzen etc.

Garten

Die Aufwendungen für die Gartenanlage sind differenziert zu sehen. Die Aufwendungen für die Grundstückseinfriedung (Zaun, Hecke), die Terrasse am Haus und die Wege vom Haus oder der Garage zur Grundstücksgrenze gehören bei einem Wohngebäude zu den HK des Gebäudes, bei einem Betriebsgebäude zu einem selbstständigen Wirtschaftsgut „Außenanlagen". Die Aufwendungen für den Rest der Gartenanlage sind als eigenständiges Wirtschaftsgut zu behandeln (Abschreibung i.d.R. auf zehn Jahre).

Abbruchkosten

- Wird ein Gebäude innerhalb von drei Jahren nach dem Erwerb abgebrochen, unterstellt das Finanzamt einen Erwerb mit Abbruchabsicht. Dies hat zur Folge, dass der noch nicht abgeschriebene Teil der Gebäudeanschaffungskosten (+ Abbruchkosten) als HK des Neubaus gilt.
- Wird ein Grundstück mit einem wertlosen Gebäude (Bauruine) angeschafft, stellen die gesamten Aufwendungen AK des Grund und Bodens dar.

Ablösung von Erbbaurechten

Aufwendungen für die Ablösung von Erbbaurechten

- durch den Eigentümer des Grund und Bodens sind nachträgliche AK des Grund und Bodens;
- gehören zu den HK eines neu errichteten Gebäudes, soweit die vorhandene Bebauung abgerissen wurde (BFH, Urteil v. 13.12.2005, IX R 24/03);
- stellen sofort abziehbare Werbungskosten dar, wenn die Abstandszahlungen dem Abschluss eines neuen Erbbauvertrags mit höheren Erbbauzinsen dienen (BFH, Urteil v. 26.1.2011, IX R 24/10).

Baumaßnahmen nach Erwerb/Fertigstellung

Wird angebaut, aufgestockt, das Dachgeschoss ausgebaut oder eine sonstige Substanzmehrung vorgenommen, liegen i.d.R. **nachträgliche HK** vor. Diese führen bei vermieteten Objekten zu einer Erhöhung der Abschreibungsbeträge. Vertiefend siehe → Abschreibungen/Gebäude.

Soweit Erhaltungsaufwendungen vorliegen, sind sie im Jahr der Zahlung in voller Höhe abzugsfähig. Der Abgrenzung von Reparaturkosten (Erhaltungsaufwendungen) und nachträglichen Herstellungskosten (HK) kommt deshalb besonders große Bedeutung zu. Vertiefend siehe → Reparaturen.

Vergebliche Aufwendungen

Vergebliche Aufwendungen im Zusammenhang mit Grundstücken und Gebäuden sind in einigen Fällen im Jahr der Ausgabe sofort als Betriebsausgaben bzw. Werbungskosten abzugsfähig. Das trifft z.B. zu auf

- Baupläne für ein Objekt, das nicht verwirklicht worden ist,
- verlorene Zahlungen (wegen Insolvenz) ohne Gegenleistung,
- Aufwendungen für die Beseitigung von Baumängeln, die nach Fertigstellung festgestellt wurden,

- Besichtigungsfahrten zu nicht erworbenen Objekten und
- Abstandszahlungen an den Bauträger (BFH, Urteil v. 15.11.2005, IX R 3/04).

4 Sonstige Wirtschaftsgüter

AK oder HK für Wirtschaftsgüter, die länger als ein Jahr zur Erzielung von Einkünften genutzt werden, sind nur im Wege der Abschreibung (AfA) nach § 7 Abs. 1 EStG als Betriebsausgabe oder Werbungskosten abziehbar. So kann der Unternehmer die Aufwendungen für eine Maschine, die Geschäftsausstattung oder einen geschäftlich genutzten Pkw steuerlich gleichmäßig auf die (betriebs-)gewöhnliche Nutzungsdauer verteilt absetzen. Vertiefend siehe → Computer.

Betragen die AK/HK (Rechnungsbetrag ohne Umsatzsteuer) für das einzelne Wirtschaftsgut nicht mehr als 800 € (bei Anschaffung nach 2017), können sie im Jahr der Anschaffung oder Fertigstellung in voller Höhe (netto, wenn Vorsteuer abziehbar; brutto bei fehlendem Vorsteuerabzug) als Betriebsausgaben oder Werbungskosten abgezogen werden.

Wegen zusätzlicher (Sonder-)Abschreibungsmöglichkeiten für Wirtschaftsgüter im Betriebsvermögen siehe → Abschreibungen im Betrieb. Nicht alle Aufwendungen im Zusammenhang mit einem Wirtschaftsgut gehören zu dessen AK.

TIPP

Werbeaufwand

Aufwendungen für die erstmalige Beschriftung von Fahrzeugen und Maschinen des Anlagevermögens zu Werbezwecken sind sofort abzugsfähig. Sie zählen auch dann nicht zu den aktivierungspflichtigen AK oder HK, wenn der Unternehmer diese Aufwendungen einheitlich bei allen seinen Maschinen und Fahrzeugen vornimmt, bevor er sie für die betrieblichen Zwecke zum Einsatz bringt (FG München, Urteil v. 10.5.2006, 1 K 5521/04).

5 Betriebliche und private Nutzung

Für die steuerliche Beurteilung der AK/HK kann es von Bedeutung sein, ob Privat- oder Betriebsvermögen vorliegt und in welchem Umfang eine betriebliche oder private Nutzung erfolgt.

- Gebäude: → Betriebsgrundstücke
- sonstige Wirtschaftsgüter: siehe → Einnahmenüberschussrechnung, → Bilanzierung/E-Bilanz

6 Erbschaft/Schenkung

Für die Höhe der Abschreibung, aber auch für die Behandlung des Gewinns aus einem privaten Veräußerungsgeschäft ist von Bedeutung, ob eine Übertragung entgeltlich oder unentgeltlich erfolgt ist. Vertiefend siehe → Spekulationsgeschäfte.

Unentgeltliche Übertragung

Wird ein Gebäude im Privatvermögen unentgeltlich erworben (Schenkung, vorweggenommene Erbfolge oder Erbschaft), ist wie folgt zu verfahren:

- Der Übernehmer (Beschenkte/Erbe) vermietet das Objekt: Er führt die AK/HK und die Abschreibungen des Schenkers/Erblassers fort.
- Der Übernehmer nutzt das Objekt zu eigenen Wohnzwecken: Abschreibungen sind nicht abziehbar.
- Der Übernehmer nutzt das Objekt für sein Unternehmen: Handelt es sich um ein Einzelunternehmen oder um eine Personengesellschaft, ist das Grundstück mit dem aktuellen Zeitwert (steuerlicher Begriff: Teilwert) in das Betriebsvermögen einzulegen. Zur Abschreibung siehe vertiefend → Abschreibungen/Gebäude. Wird das Unternehmen in der Rechtsform einer GmbH geführt, kann mit dieser ein Mietvertrag abgeschlossen werden. Der Grundstückseigentümer erzielt dann Einkünfte aus V+V und führt die Abschreibungen des bisherigen Eigentümers fort. Vertiefend siehe → Betriebsgrundstücke.
- Wird ein Betrieb unentgeltlich als Ganzes übertragen, entsteht beim Übergeber kein Veräußerungsgewinn und der Erwerber setzt die Gewinnermittlung mit den bisherigen Werten fort.

TIPP

Erbaufwendungen als AK

Kosten für die **Auseinandersetzung eines Nachlasses** (z. B. Notar- und Grundbuchkosten) können, soweit sie auf das Gebäude entfallen, bei zum Nachlass gehörenden vermieteten Grundstücken zu Anschaffungsnebenkosten führen, die im Rahmen von Abnutzung (AfA) abziehbar sind (BFH, Urteil v. 9.7.2013, IX R 43/11).

Teilentgeltliche Übertragung

Zu einem teilentgeltlichen Erwerb kommt es häufig im Zusammenhang mit einer Übertragung im Wege der vorweggenommenen Erbfolge, wenn zwar eine Gegenleistung gezahlt wird, diese aber den Wert des übertragenen Objekts nicht erreicht. Eine Teilentgeltlichkeit liegt vor, wenn der Übernehmende zur Zahlung von Gleichstellungsgeldern (z. B. an andere Angehörige) verpflichtet ist oder an den Übergebenden eine Abstandszahlung zu leisten hat oder dessen Schulden übernimmt. Hierbei ist der Erwerb in einen entgeltlichen und einen unentgeltlichen Teil aufzuteilen. Dabei berechnen sich der entgeltlich und der unentgeltlich erworbene Teil des Wirtschaftsguts nach dem Verhältnis des Entgelts (ohne Anschaffungsnebenkosten) zum Verkehrswert des Wirtschaftsguts. Für den entgeltlich erworbenen Teil wird die AfA neu berechnet, bzgl. des unentgeltlich erworbenen Anteils wird die Abschreibung des Rechtsvorgängers fortgesetzt.

7 Investitionszulage

Falls Sie im Zusammenhang mit dem Erwerb oder der Herstellung eines Wirtschaftsguts eine Investitionszulage erhalten, führt diese nicht zu einer Reduzierung der AK/HK. Der entsprechende Betrag ist steuerfrei.

Abschreibungen/Gebäude

Nutzen Sie ein Gebäude, eine Eigentumswohnung oder einen im Teileigentum stehenden Gebäudeteil zur Erzielung von Einkünften, können Sie die AK bzw. HK im Wege der Absetzungen für Abnutzung (AfA) auf einen bestimmten Zeitraum steuermindernd verteilen.

§ 7 Abs. 4 bis 5a EStG

Vertiefend siehe → Vermietung/Immobilien, → Abschreibungen/Anschaffungs- und Herstellungskosten und → Reparaturen.

1 Allgemeines

Die Absetzungen für Abnutzung (kurz: Abschreibungen oder AfA) beschränken sich nur auf das Gebäude. Die AK für Grund und Boden sind nicht absetzbar.

Absetzungsberechtigt ist im Allgemeinen der bürgerlich-rechtliche oder der wirtschaftliche Eigentümer. Das ist regelmäßig derjenige, der die AK oder HK getragen hat und den Tatbestand der Einkünfteerzielungsabsicht erfüllt.

Wurde das Gebäude bereits vor 2018 erworben bzw. fertiggestellt und wurden mindestens im Vorjahr 2017 Abschreibungen vorgenommen, ist die lineare oder degressive AfA fortzuführen.

2 Erwerb/Fertigstellung 2018

Abschreibungsmethoden

Wurde das Objekt neu hergestellt oder angeschafft, kann der Bauherr/Käufer nur die **lineare Gebäude-AfA** in Anspruch nehmen.

Abschreibungsbeginn

Ein Bauherr kann mit der Abschreibung des Gebäudes ab dem Zeitpunkt der Fertigstellung (= Bezugsfertigkeit) beginnen. Für den Erwerber beginnt die Abschreibung mit dem im Kaufvertrag vereinbarten Zeitpunkt des Übergangs von Besitz, Nutzen, Lasten und Gefahr (Erwerb des wirtschaftlichen Eigentums). Im ersten Jahr wird die lineare AfA zeitanteilig nach Monaten berechnet.

Unentgeltlicher Erwerb

Soweit das Gebäude unentgeltlich durch Schenkung oder Erbschaft erworben wurde, bleiben die AK oder HK des Rechtsvorgängers (Schenker, Erblasser) maßgebend. Der Rechtsnachfolger (Beschenkter, Erbe) setzt die durch den Vorgänger begonnene Abschreibung fort. Anders kann es sein, wenn das Gebäude bisher zum Privatvermögen und nun zum Betriebsvermögen gehört (siehe Punkt 4).

Gegenstand der Abschreibung

Besteht ein Gebäude aus **mehreren selbstständigen Gebäudeteilen**, ist jeder Gebäudeteil für sich abzuschreiben. Dabei können unterschiedliche Abschreibungssätze in Betracht kommen.

Mehrere selbstständige Gebäudeteile liegen immer dann vor, wenn ein Gebäude unterschiedlich genutzt wird. So kann ein Gebäude teils **eigenbetrieblich**, teils **fremdbetrieblich**, teils für **fremde** oder teils für **eigene Wohnzwecke** genutzt werden. Jede dieser Nutzungen führt zu einem selbstständigen Gebäudeteil.

BEISPIEL

Selbstständige Gebäudeteile

Der Steuerpflichtige besitzt ein Dreifamilienhaus.

- Fall 1: Sämtliche Wohnungen sind zu Wohnzwecken vermietet.
- Fall 2: Das EG und das 2. OG sind zu Wohnzwecken, das 1. OG ist an einen Rechtsanwalt (Büro) vermietet.
- Im ersten Beispielsfall liegt eine einheitliche Nutzung und damit **ein** Wirtschaftsgut (Gebäude) vor.
- Im zweiten Fall handelt es sich um zwei selbstständige Gebäudeteile (EG/2. OG sowie 1. OG) und damit um **zwei** Wirtschaftsgüter. Die Gesamt-AK/HK sind im Verhältnis der Nutzflächen auf die beiden Gebäudeteile zu verteilen. Anschließend ist jeder Gebäudeteil für sich abzuschreiben.

Für zu eigenen Wohnzwecken genutzte oder unentgeltlich an andere überlassene Gebäude(teile) ist der Abzug einer AfA als Werbungskosten mangels Einnahmen nicht möglich. Wegen der AfA bei späterer Vermietung siehe Punkt 4.

3 Abschreibungen im Einzelnen

Wirtschaftsgebäude und andere Gebäude

Innerhalb der linearen AfA sind zwei Arten von Gebäuden zu unterscheiden:

- **Wirtschaftsgebäude** sind Gebäude(teile),
  - die zum Betriebsvermögen gehören,
  - nicht Wohnzwecken dienen und
  - für die der Bauantrag nach März 1985 gestellt wurde.
- **Andere Gebäude** sind Gebäude(teile), die die Voraussetzungen für Wirtschaftsgebäude nicht erfüllen.

Lineare Abschreibung

Bei Inanspruchnahme der linearen AfA werden die AK oder HK gleichmäßig auf die vom Gesetz vorgesehene Nutzungsdauer (ND) verteilt. Die lineare AfA ist grundsätzlich bei allen Arten von Gebäuden im Inland oder Ausland anwendbar (§ 7 Abs. 4 EStG).

Wirtschaftsgebäude(teile)

Personenkreis	Bauherr oder Erwerber
Bauantrag/Kaufvertrag	a) nach März 1985 und vor 2001 b) nach 2000
AfA-Satz (unterstellte Nutzungsdauer)	a) **4 %** (ND 25 Jahre) b) **3 %** (ND 33,3 Jahre)
Bemessungsgrundlage	AK/HK
AfA im Erstjahr	zeitanteilig

Gebäude(teile), die keine Wirtschaftsgebäude sind

Personenkreis		Bauherr oder Erwerber
AfA-Satz (auch bei Erwerb)	**Fertig stellung** a) vor 1.1.1925	**2,5 %**
	b) nach 31.12.1924	**2 %**
Bemessungsgrundlage		AK/HK
AfA im Erstjahr		zeitanteilig

Degressive Gebäudeabschreibung

Eine degressive AfA ist seit 2006 (Bauantrag oder Kaufvertrag) in Neufällen nicht mehr möglich. Degressive Abschreibungen aus früheren Jahren werden aber mit den bei Beginn der Abschreibung jeweils vorgesehenen Abschreibungssätzen fortgeführt (§ 7 Abs. 5 EStG).

Auf eine Darstellung der zahlreichen Abschreibungsvarianten wird hier verzichtet.

Abschreibung von Gebäuden in Sanierungsgebieten und von Baudenkmalen

Für Gebäude in Sanierungsgebieten und städtebaulichen Entwicklungsbereichen sowie für denkmalgeschützte Gebäude gelten besondere Vorschriften (§§ 7h, 7i, 10f EStG). Bitte erkundigen Sie sich ggf. bei Ihrem Finanzamt.

4 Wechsel der Abschreibungsmethoden und Nutzungsänderungen

Ein Übergang von der linearen zur degressiven Gebäude-AfA oder umgekehrt bzw. ein Wechsel des AfA-Satzes innerhalb der degressiven AfA ist grundsätzlich unzulässig.

Bei Gebäuden sind die Abschreibungsmethoden nur zu wechseln, wenn der Eigentümer

- ein zu einem Betriebsvermögen gehörendes Gebäude ins Privatvermögen überführt und vermietet (**Entnahme**)

bisherige Bemessungsgrundlage	AK/HK
bisherige AfA	linear oder degressiv
Entnahmewert	Teilwert
künftige Bemessungsgrundlage	Teilwert
künftige AfA	linear 2 %
Summe der weiteren AfA	bis zum Teilwert

oder

- ein zum Privatvermögen gehörendes bisher vermietetes Gebäude in einem späteren Jahr zu eigenbetrieblichen Zwecken nutzt (**Einlage**).

bisherige Bemessungsgrundlage	AK/HK
bisherige AfA	linear oder degressiv
Einlagewert	Teilwert

künftige Bemessungsgrundlage § 7 Abs. 1 Satz 5 EStG	1. Einlagewert > AK/HK: → Einlagewert abzgl. bereits in Anspruch genommene AfA 2. Einlagewert < AK/HK und > fortgeführte AK/HK: → fortgeführte AK/HK 3. Einlagewert (Teilwert) < fortgeführte AK/HK: → Einlagewert
künftige AfA	linear 3 %, wenn Bauantrag des Gebäudes nach März 1985, sonst 2 %
Summe der weiteren AfA	bis zum Einlagewert

Wird ein Gebäude zunächst vom Eigentümer selbst zu eigenen Wohnzwecken genutzt oder unentgeltlich an andere zu Wohnzwecken überlassen und erfolgt zu einem späteren Zeitpunkt eine Vermietung, bemisst sich die Abschreibung nach den ursprünglichen AK/HK und dem für das Gebäude maßgebenden AfA-Satz. In der Folgezeit kann die AfA aber nur bis zur Höhe des Restwerts abgezogen werden, der von den AK oder HK verbleibt, nachdem die fiktive AfA, die auf die Zeit der Selbstnutzung oder unentgeltlichen Überlassung entfällt, abgezogen wurde.

5 Anschaffungs- oder Herstellungskosten

Anschaffungs- und Herstellungskosten

Bemessungsgrundlage für die Gebäude-AfA sind die AK oder HK des Gebäudes. Wird ein bebautes Grundstück angeschafft, müssen die AK auf Grund und Boden einerseits sowie das Gebäude andererseits aufgeteilt werden. Das BFM hat dazu eine **Arbeitshilfe zur Aufteilung der AK für ein bebautes Grundstück (Kaufpreisaufteilung)** veröffentlicht. Vertiefend siehe → Abschreibungen/Anschaffungs- und Herstellungskosten.

Nachträgliche Anschaffungs- und Herstellungskosten

Nachträgliche AK oder HK erhöhen die bisherige Bemessungsgrundlage des Gebäudes für die AfA. Sie sind von den Erhaltungsaufwendungen abzugrenzen. Nachträgliche HK liegen vor, wenn an einem bestehenden Gebäude Aufwendungen für dessen **Erweiterung** (Anbau, Aufstockung, Vergrößerung der Wohn- oder Nutzfläche, Substanzmehrung) oder eine **über den ursprünglichen Zustand hinausgehende wesentliche Verbesserung** anfallen. Vertiefend siehe → Reparaturen und → Vermietung/Immobilien.

Bei Nettoaufwendungen bis 4.000 € je Baumaßnahme kann aus Vereinfachungsgründen sofort abziehbarer Erhaltungsaufwand vorliegen. Vertiefend siehe → Reparaturen und → Vermietung/Immobilien.

Nachträgliche AK oder HK sind im Entstehungsjahr so zu behandeln, als ob sie schon zu Beginn des Kalenderjahres vorgelegen hätten. Es ist **keine zeitanteilige Berechnung** der Abschreibung vorzunehmen. Der Abschreibungszeitraum verlängert sich und endet erst mit der vollen Absetzung der gesamten AK oder HK.

BEISPIEL

Nachträgliche HK

Die jährliche Abschreibung betrug bisher 2 % von 400.000 €. Im **August** 2018 entstehen nachträgliche HK i. H. v. 10.000 €. Die Abschreibung ab 2018 beträgt 2 % von 410.000 € = 8.200 € für 12 Monate.

Keine nachträglichen HK, sondern HK für ein anderes Wirtschaftsgut entstehen, wenn das bisherige Gebäude im Wesen geändert und so tief greifend umgestaltet oder in einem solchen Ausmaß erweitert wird, dass die eingefügten neuen Teile dem neuen Gebäude das Gepräge geben und die verwendeten Altteile bedeutungs- und wertmäßig untergeordnet erscheinen.

Ebenfalls keine nachträglichen HK, sondern die Herstellung eines neuen, selbstständigen Gebäudeteils liegt vor, wenn durch Erweiterung des Gebäudes zu einer vorhandenen Nutzung eine andere Nutzung hinzukommt.

BEISPIEL

Errichtung eines neuen, selbstständigen Gebäudeteils an einem bestehenden Gebäude

Der Steuerpflichtige besitzt ein Gebäude, das bisher ausschließlich zu betrieblichen Zwecken vermietet wird. Durch eine Aufstockung des Gebäudes wird eine Wohnung eingebaut, die (auch evtl. an den Mieter der Betriebsräume) vermietet wird.

Die Aufwendungen für die Wohnung sind keine nachträglichen HK des bisherigen Gebäudes, sondern stellen erstmalige HK für einen neuen, selbstständigen Gebäudeteil (siehe Punkt 2) dar, der unabhängig vom bisherigen Gebäude abgeschrieben wird. Im Jahr der Fertigstellung der Wohnung ist die AfA zeitanteilig nach Monaten zu berechnen.

6 Abschreibung anderer Wirtschaftsgüter

Solaranlagen/Fotovoltaikanlagen

Vertiefend siehe → Solaranlagen und Co. und → Vermietung/Immobilien.

Gartenanlagen

Vertiefend siehe → Abschreibungen/Anschaffungs- und Herstellungskosten.

Abschreibungen im Betrieb

Soweit Sie für Ihren Betrieb Anlagegüter erwerben bzw. herstellen, sind deren AK/HK auf die voraussichtliche Nutzungsdauer des Anlageguts zu verteilen.

§ 7 EStG, R 7.1–7.5 EStR, § 11 EStDV

1 Allgemeines

Übersicht

Anhand der Übersicht können Sie ersehen, in welchen Fällen eine planmäßige Abschreibung vorzunehmen ist.

Maßgebende Faktoren für eine planmäßige Abschreibung

Die Abschreibung von abnutzbaren Anlagegütern ist abhängig von

- der Höhe der AK/HK (bzw. vom Einlagewert),
- der voraussichtlichen Nutzungsdauer,
- der Abschreibungsmethode.

Ein Wirtschaftsgut (= WG) wird für den Betrieb angeschafft/hergestellt bzw. es wird aus dem Privatvermögen in das Betriebsvermögen eingelegt.		
Das WG rechnet zum **Anlagevermögen** (= das WG soll längerfristig betrieblich genutzt werden).		Das Wirtschaftsgut zählt zum **Umlaufvermögen** (= WG ist zum Verkauf bestimmt).
Nicht abnutzbares WG (z. B. Grund und Boden)	**Abnutzbares WG** (z. B. Pkw, Maschinen, Autotelefon)	
Die AK/HK wirken sich erst im Zeitpunkt der Veräußerung bzw. Entnahme des WG als Betriebsausgabe (= BA) aus.	• Die Nutzungsdauer beträgt nicht mehr als ein Jahr: Die AK/HK sind sofort als BA abzugsfähig. • Die Nutzungsdauer beträgt mehr als ein Jahr: Die Vorschriften über die Abschreibung finden Anwendung.	Die AK/HK zählen zu den BA: • bei der Gewinnermittlung durch eine → Einnahmenüberschussrechnung zum Zeitpunkt der Bezahlung (bzw. Einlage); • bei der Gewinnermittlung durch Buchführung im Jahr des Verkaufs durch den Betrieb.

Bei sämtlichen Wirtschaftsgütern (abnutzbare und nicht abnutzbare Anlagegüter, Wirtschaftsgüter des Umlaufvermögens) kommt ggf. eine außerplanmäßige Abschreibung (vgl. → Punkt 3 dieses Stichworts) in Betracht.

Bemessungsgrundlage

Bemessungsgrundlage für die Abschreibung sind die AK bzw. die HK, bei einer Einlage der Einlage- bzw. der Restwert. Vertiefend siehe → Abschreibungen/Anschaffungs- und Herstellungskosten.

Soweit eine Investitionszulage gezahlt wurde, bleibt diese steuerfrei und führt zu keiner Minderung der AK/HK.

BEISPIEL

Einlage

Ein Unternehmer besitzt eine private Eigentumswohnung, die er ursprünglich für 100.000 € gekauft und vermietet hat. Hierfür hat er in den vergangenen Jahren bei den Einkünften aus V+V Abschreibungen von 55.000 € in Anspruch genommen. Ab dem 1.1.2018 nutzt er die Wohnung für seinen Gewerbebetrieb. Der Teilwert am 1.1.2018 beträgt 200.000 €.

Die weitere Abschreibung bemisst sich nach einer Einlage mit dem Teilwert abzüglich der bei den Überschusseinkünften vorgenommenen Abschreibungen, also 145.000 € im Beispielsfall (FG Rheinland-Pfalz, Urteil v. 10.9.2008, 2 K 1712/08).

Voraussichtliche Nutzungsdauer

Je kürzer die voraussichtliche betriebsgewöhnliche Nutzungsdauer (= Zeitraum der Abschreibung) ist, desto schneller können Ihre Aufwendungen steuerlich abgezogen werden.

Am einfachsten ist es, wenn zur Bestimmung der Nutzungsdauer auf die amtlichen AfA-Tabellen zurückgegriffen wird. Lesen Sie hierzu unter → Punkt 4 weiter. Gebraucht erworbene Wirtschaftsgüter sind auf deren voraussichtliche Restnutzungsdauer abzuschreiben. Bei der Schätzung kommt es neben dem Zustand des Wirtschaftsguts im Zeitpunkt des Erwerbs auf die Art und den Umfang der voraussichtlichen jährlichen Nutzung im Betrieb an.

Hat ein Unternehmer einen Betrieb gekauft, müssen die auf den Geschäfts- bzw. Firmenwert entfallenden Aufwendungen gleichmäßig auf 15 Jahre verteilt werden (§ 7 Abs. 1 EStG). Hat er eine freiberufliche Praxis übernommen, sind die auf den Praxiswert entfallenden Aufwendungen i. d. R. auf drei bis fünf Jahre zu verteilen.

TIPP

Vertragsärztliche Zulassung

Die vertragsärztliche Zulassung ist kein eigenständiges Wirtschaftsgut. Sie bildet mit dem Praxiswert eine untrennbare Einheit und ist dementsprechend wie dieser abzuschreiben (BFH, Urteil v. 9.8.2011, VIII R 13/08). Das gilt auch, wenn ein Überpreis gezahlt wird (BFH, Urteil v. 21.2.2017, VIII R 7/14). Ist jedoch ausnahmsweise nur die Vertragsarztzulassung Gegenstand des Kaufvertrags, so handelt es sich um ein selbstständiges immaterielles, nicht abnutzbares Wirtschaftsgut (BFH, Urteil v. 21.2.2017, VIII R 56/14).

Problematisch sind Fälle, in denen ein Erwerb teilentgeltlich erfolgt (z. B. im Rahmen einer Erbauseinandersetzung oder bei einer vorweggenommenen Erbfolge). Hier ist noch nicht endgültig geklärt, wie die AK bzw. steuerpflichtige Veräußerungserlöse zu berechnen sind (s. hierzu u. a. BFH, Urteil v. 11.12.2001, VIII R 58/9; BFH, Urteil v. 19.9.2012, IV R 11/12; BMF, Schreiben

v. 12.9.2013, IV C 6 - S 2241/10/10002).

Wegen der Behandlung von AK eines Gesellschafters für den Geschäftsanteil bei einer Einnahmenüberschussrechnung: siehe → Einnahmenüberschussrechnung.

Beginn/Ende der Abschreibung

Bei gekauften Wirtschaftsgütern beginnt die Abschreibung mit der Anschaffung, bei selbst hergestellten Wirtschaftsgütern zum Zeitpunkt der Fertigstellung. Dies führt dazu, dass im Jahr des Erwerbs bzw. der Fertigstellung nur der zeitanteilige Jahresabschreibungsbetrag zu berücksichtigen ist (Erwerb im Januar = voller Jahresbetrag, im Februar = 11/12 des Jahresbetrags, im März = 10/12 des Jahresbetrags usw.). Der Zeitpunkt der Zahlung ist für den AfA-Beginn ohne Bedeutung.

Die Abschreibung eines Wirtschaftsguts endet, wenn dessen AK/HK vollständig abgesetzt sind, also mit Ablauf der zugrunde gelegten Nutzungsdauer. Scheidet das Wirtschaftsgut schon vor diesem Zeitpunkt aus (z. B. durch Zerstörung, Verkauf oder Entnahme), endet die planmäßige Abschreibung schon vorher. In jedem Fall ist im Jahr des Ausscheidens ebenfalls nur eine zeitanteilige AfA zu berücksichtigen (s. o.).

! WICHTIG

Abschreibung ist Pflicht

Eine Abschreibung ist zwingend vorzunehmen, auch wenn der Buchwert einen (Rest-)Wert des Wirtschaftsguts unterschreitet (BFH, Urteil v. 8.4.2008, VIII R 64/06). Das gilt auch für die Gewinnermittlung durch Einnahmenüberschussrechnung. Wird ein Wirtschaftsgut aber zunächst nicht als Betriebsvermögen behandelt, obwohl die Voraussetzungen vorlagen, darf die versäumte AfA in späteren Jahren nicht nachgeholt werden (BFH, Urteil v. 22.6.2010, VIII R 3/08).

2 Abschreibungsmethoden

Abhängig von den AK bzw. HK bestehen für alle Wirtschaftsgüter, die nach dem 31.12.2017 erworben bzw. hergestellt wurden, folgende Möglichkeiten:

Bis zu 250,00 €	Sofortabschreibung (alternativ Abschreibung nach Nutzungsdauer)
Von 250,01 € bis max. 1.000,00 €	→ Geringwertige Wirtschaftsgüter/Sammelposten (alternativ Abschreibung nach Nutzungsdauer)
Ab 1.000,01 €	Lineare Abschreibung nach Nutzungsdauer

Vertiefend siehe → Geringwertige Wirtschaftsgüter/Sammelposten.

Lineare Abschreibung

Die lineare Abschreibung gilt grundsätzlich für alle Wirtschaftsgüter, es sei denn, es wird die Regelung für geringwertige Wirtschaftsgüter (GWG oder Sammelposten) in Anspruch genommen.

Hierbei werden die AK/HK gleichmäßig auf die voraussichtliche Nutzungsdauer verteilt.

BEISPIEL

Linearer Abschreibungssatz

Sie haben im Mai eine Maschine (betriebsgewöhnliche Nutzungsdauer = fünf Jahre) für 60.000 € zzgl. 11.400 € Umsatzsteuer erworben.

Die AK betragen 60.000 € (bzw. 71.400 €, soweit keine Vorsteuerabzugsberechtigung besteht). Der lineare Abschreibungssatz beträgt 20 % (100 % / voraussichtliche Nutzungsdauer), sodass sich ein rechnerischer Jahresabschreibungsbetrag i. H. v. 12.000 € ergibt. Im Anschaffungsjahr können Sie nur eine zeitanteilige Abschreibung i. H. v. 8/12 des Jahresbetrags von 12.000 €, also 8.000 €, berücksichtigen.

§-7g-Sonderabschreibung

§ 7g Abs. 5 EStG räumt dem Unternehmer ein Wahlrecht zur Sonderabschreibung ein. Vertiefend siehe → Investitionsabzugsbetrag.

3 Außerplanmäßige Abschreibungen

Teilwertabschreibung

Liegt der tatsächliche Wert des Wirtschaftsguts voraussichtlich **dauerhaft** unter dessen AK/HK (bei abnutzbaren Wirtschaftsgütern wie z. B. Gebäuden und Maschinen unter dem Restbuchwert), können nur bilanzierende Unternehmer eine Teilwertabschreibung vornehmen.

BEISPIEL

Teilwertabschreibung

Sie haben im Vorjahr ein Grundstück für 300.000 € erworben. Im Jahr 2018 stellt sich heraus, dass das Grundstück wegen diverser Bauauflagen nicht für die vorgesehene Bebauung geeignet ist. Der tatsächliche Wert des überteuert eingekauften Grundstücks liegt bei 250.000 €.

Soweit man von einer **dauerhaften** Wertminderung ausgehen kann und der Gewinn durch Buchführung (Bilanz + Gewinn-und-Verlust-Rechnung) ermittelt wird, kann eine den Gewinn mindernde Teilwertabschreibung i. H. v. 50.000 € vorgenommen werden. Wenn Sie Ihren Gewinn durch eine Einnahmenüberschussrechnung ermitteln, ist eine Teilwertabschreibung nicht zulässig.

Das BMF geht von einer **voraussichtlich dauerhaften Wertminderung** (v. d. W.) nur in folgenden Fällen aus (BMF, Schreiben v. 2.9.2016, IV C 6 – S 2171-b/09/10002 :002):

- Bei Wirtschaftsgütern des abnutzbaren Anlagevermögens (Maschinen, Betriebsgebäude etc.) liegt eine v. d. W. vor, wenn der Wert des jeweiligen Wirtschaftsguts am Bilanzstichtag mindestens für die halbe Restnutzungsdauer unter dem planmäßigen Restbuchwert liegt.
- Bei Wirtschaftsgütern, die nicht zum abnutzbaren Anlagevermögen gehö-

ren (Grund und Boden, Beteiligungen etc.), ist darauf abzustellen, ob die Gründe für die Wertminderung voraussichtlich anhalten werden. Preisschwankungen im Immobilienbereich sowie Kursschwankungen von börsennotierten Wertpapieren werden als „vorübergehend" eingestuft.

- Bei börsennotierten Aktien des Anlagevermögens ist eine Teilwertabschreibung immer dann möglich, wenn der Kursverlust am Bilanzstichtag größer als 5 % ist.

BEISPIEL

Aktien

U hat Aktien zum Kurs von 100 €/Stück gekauft und als Anlagevermögen bilanziert. Zum 31.12.2018 ist der Wert auf 60 €/Stück gesunken. U stellt seine Bilanz am 30.3.2018 auf. Zu diesem Zeitpunkt haben die Aktien einen Kurs von 60 € bzw. 80 € bzw. 110 €. In allen Fällen ist eine Teilwertabschreibung auf 60 € nach Auffassung des BFH zulässig.

- Bei Wirtschaftsgütern des Umlaufvermögens (Waren etc.) liegt eine dauerhafte Wertminderung vor, wenn diese bis zur Bilanzaufstellung oder dem vorangegangenen Verkaufs- oder Verbrauchszeitpunkt anhält. Zusätzliche Erkenntnisse (z. B. Preisentwicklung nach dem Bilanzstichtag) bis zu diesen Zeitpunkten sind zu berücksichtigen.

TIPP

Warenbestände

Eine Teilwertabschreibung kommt vor allem bei Warenbeständen in Betracht. Bei den Warenvorräten kommt es darauf an, ob der Wiederbeschaffungspreis am Bilanzstichtag unter ihrem Einkaufspreis liegt und ob dieser Umstand bis zur Bilanzerstellung (bzw. zum vorherigen Verkauf) anhält.

Bei Anlagevermögen wird eine Teilwertabschreibung nur in Ausnahmefällen möglich sein. Wenn im Zusammenhang mit abnutzbaren Anlagegütern im Vorjahr eine Teilwertabschreibung vorgenommen wurde, muss im laufenden Jahr eine Neuberechnung der planmäßigen Abschreibung erfolgen. Dazu ist der Restbuchwert durch die Restnutzungsdauer zu teilen. Auch ist in jedem der Folgejahre jeweils zu prüfen, ob der Teilwert gestiegen ist. Ist dies der Fall, muss eine (gewinnerhöhende) Wertaufholung vorgenommen werden (Wertobergrenze sind die ursprünglichen AK/HK abzüglich Normal-AfA). Einzelheiten sind dem BMF, Schreiben v. 2.9.2016, IV C 6 – S 2171-b/09/10002 :002 zu entnehmen.

Absetzung für außergewöhnliche wirtschaftliche und technische Abnutzung (AfaA)

Eine AfaA kann zusätzlich zur linearen Abschreibung von Anlagegütern in Betracht kommen. Diese kann auch in Anspruch genommen werden, wenn Sie Ihren Gewinn durch eine Einnahmenüberschussrechnung ermitteln. Voraussetzung für die AfaA ist, dass das Anlagegut aufgrund einer Beschädigung nur noch eingeschränkt oder überhaupt nicht mehr nutzbar ist. Wird ein Anlagegut z. B. vor Ablauf der betriebsgewöhnlichen Nutzungsdauer zerstört (Totalschaden des Betriebs-Pkw o. Ä.), ist der Restbuchwert sofort in vollem Umfang als Betriebsausgabe zu behandeln. Eine AfaA kann auch bei einer Gewinnermittlung nach § 4 Abs. 3 EStG in Anspruch genommen werden.

4 AfA-Tabelle für allgemein verwendbare Anlagegüter

Für nach dem 31.12.2000 angeschaffte/hergestellte Wirtschaftsgüter ist die AfA-Tabelle für allgemein verwendbare Anlagegüter (BStBl 2000 I, 1532) anzuwenden. Diese können Sie sich auf der Internetseite des Bundesfinanzministeriums herunterladen (http://www.bundesfinanzministerium.de und als Suchstichwort „AfA-Tabelle"). Außerdem gibt es noch branchenspezifische AfA-Tabellen, die Sie beim Finanzamt oder bei Ihrem Steuerberater einsehen können.

Die in den AfA-Tabellen aufgeführten Nutzungsdauern berücksichtigen die technische Abnutzung eines unter üblichen Bedingungen arbeitenden Betriebs (auch branchenüblicher Schichtbetrieb). Eine mit wirtschaftlicher Abnutzung begründete kürzere Nutzungsdauer kann nur zugrunde gelegt werden, wenn das Wirtschaftsgut vor Ablauf der technischen Nutzbarkeit objektiv wirtschaftlich verbraucht ist. Ein wirtschaftlicher Verbrauch ist nur anzunehmen, wenn die Möglichkeit einer wirtschaftlich sinnvollen anderweitigen Nutzung oder Verwertung endgültig entfällt.

Die in der Tabelle ausgewiesene Nutzungsdauer beruht auf Erfahrungen der steuerlichen Betriebsprüfung. Es handelt sich um eine Schätzung. In der Mehrzahl der Fälle werden Sie Ihre Abschreibungen entsprechend dieser Tabelle vornehmen. Soweit Sie in Ihrem Betrieb andere Erfahrungen gesammelt haben (z. B. ein bestimmter Maschinentyp nutzt sich schneller ab), gehen die eigenen Erkenntnisse vor.

In einer Anlage, die aus mehreren Wirtschaftsgütern besteht, sieht der BFH ein zusammenhängendes Wirtschaftsgut. Daraus folgt, dass die Wirtschaftsgüter zwar einzeln zu bewerten sind; die betriebsgewöhnliche Nutzungsdauer wird allerdings einheitlich bestimmt (BFH, Urteil v. 14.4.2011, IV R 46/09; Windkraftanlage mit Verkabelung und Zuwegung).

5 Checkliste

Im Jahr 2018 erworbene/hergestellte abnutzbare Anlagegüter

- Beträgt die voraussichtliche Nutzungsdauer mehr als zwölf Monate?
- Kommt eine Sofortabschreibung (AK/HK bis 150 € netto) in Betracht?
- Soll das Wahlrecht der Sofortabschreibung bei AK bis 410 € genutzt werden?
- Sollen die AK/HK in einen Sammelposten aufgenommen werden (AK/HK von 150 € bis 1.000 € netto)?
- Ist eine §7g-Sonderabschreibung möglich?

- Kommt eine Teilwertabschreibung oder eine AfaA in Betracht?

In Vorjahren erworbene/hergestellte abnutzbare Anlagegüter

- Ist eine §-7g-Sonderabschreibung möglich?
- Liegen die Voraussetzungen für eine Teilwertabschreibung oder eine AfaA vor?
- Muss eine Teilwertabschreibung rückgängig gemacht werden, weil eine Wertminderung ganz oder teilweise entfallen ist?

Nicht abnutzbare Anlagegüter und Warenbestand

- Liegen die Voraussetzungen für eine Teilwertabschreibung vor?
- Muss eine Teilwertabschreibung rückgängig gemacht werden, weil eine Wertminderung ganz oder teilweise entfallen ist?

Altersvorsorgeaufwendungen

Der Begriff der „Altersvorsorge" umfasst die Summe aller Möglichkeiten, die frühzeitig wahrgenommen werden können, um nach Beendigung der aktiven Erwerbstätigkeit seinen Lebensunterhalt ohne größere Einschränkungen bestreiten zu können.

Vertiefend siehe → Sonderausgaben und → Renten.

1 Allgemeines zum Aufbau der Altersvorsorge

Die Altersvorsorge kann aus drei Bausteinen bestehen:

gesetzl. Vorsorge	betriebl. Vorsorge	private Vorsorge

Die **gesetzliche Altersvorsorge** besteht aus der gesetzlichen Rentenversicherung, der Alterssicherung der Landwirte, der berufsständischen Versorgung und der Beamtenversorgung.

Die **betriebliche Altersvorsorge** kann in Form einer Direktzusage durch den Arbeitgeber, einer Direktversicherung, einer Pensionskasse, eines Pensionsfonds oder einer Unterstützungskasse vorliegen.

Die **private Altersvorsorge** kann aus einer staatlich geförderten Vorsorge als Riester-Rente, in Form von Wohnriester oder als Rürup-Rente bestehen. Möglich ist auch eine staatlich nicht geförderte Vorsorge als allgemeine (klassische) Lebensversicherung, Fondssparplan oder Immobilienbesitz.

2 Gesetzliche Altersvorsorge

Beiträge zur gesetzlichen Altersvorsorge

Zur steuerlichen Abziehbarkeit der Beiträge zur gesetzlichen Rentenversicherung: Vertiefend siehe → Versicherungen.

Besteuerung der Renten aus der gesetzlichen Altersvorsorge

Zur Besteuerung von Renten aus der gesetzlichen Rentenversicherung, der Renten von Landwirten und der Renten aus berufsständischen Versorgungseinrichtungen und Rürup-Renten: Vertiefend siehe → Renten.

Die Beamtenversorgung führt zu Versorgungsbezügen.

3 Betriebliche Altersvorsorge

Wichtiges zum Thema „Betriebliche Altersvorsorge" (Förderbetrag betriebliche Altersversorgung, Pensionsfonds Pensionskasse, Direktversicherung, Übertragung von Altersversorgungsansprüchen) finden Sie auf www.haufe.de/mybook unter „Weiterführende steuerliche Informationen".

4 Private Altersvorsorge

Riester-Rente

§§ 10a, 22, 79 ff. EStG

Begünstigte Aufwendungen

Die Riester-Rente dient dem Aufbau einer kapitalgedeckten privaten oder betrieblichen Altersvorsorge auf freiwilliger Basis. Sie kann als Alters-, Hinterbliebenen- oder Erwerbsminderungsrente ausgestaltet sein und ist nur möglich bei Sparformen, die durch die Bundesanstalt für Finanzdienstleistungsaufsicht **zertifiziert** (= geprüft und genehmigt) wurden.

Eine Liste der zertifizierten Verträge kann unter http://www.bzst.de/DE/Steuern_National/Zertifizierungsstelle/Zertifikatsliste/Zertifikatsliste_node.html eingesehen werden. Im Gegensatz zur Rürup-Rente ist eine spätere Rente an Erben (Hinterbliebene) garantiert.

Begünstigter Personenkreis

Begünstigt sind Personen, die Pflichtversicherte in der inländischen gesetzlichen Rentenversicherung oder die Empfänger von inländischer Besoldung sind, oder diesen gleichgestellte Personen. Auch Personen, die ihren Wohnsitz in der EU haben, sind zulageberechtigt.

Zum Kreis der **unmittelbar** Anspruchsberechtigten gehören insbesondere im Inland:

- rentenversicherungspflichtige Arbeitnehmer (auch in Elternzeit oder Grenzgänger)
- rentenversicherungspflichtige Selbstständige (z. B. Handwerker, versicherte Künstler) und Landwirte
- Beamte, Richter, Soldaten, beurlaubte Beamte
- Besoldungsempfänger
- Kindererziehende bis zur Vollendung des 3. Lebensjahres des Kindes
- Bezieher von Arbeitslosengeld I oder II (Hartz IV) und Arbeitslose, die wegen höherer Einkünfte oder Vermögen keine Leistungen nach dem SGB erhalten
- Erwerbsunfähigkeitsrentner
- Auszubildende

- Personen, die einen Freiwilligendienst ableisten, Helfer im sozialen Jahr
- geringfügig Beschäftigte, die den pauschalen Arbeitgeberbeitrag aufstocken

Ausgenommen sind:

- geringfügig Beschäftigte, die **nicht** aufstocken
- geringfügig selbstständig Tätige ohne Rentenversicherungspflicht (z. B. Studenten)
- selbstständige Freiberufler (auch Pflichtversicherte in einer berufsständischen Versorgungseinrichtung) und Gewerbetreibende

Zusammenlebende Ehegatten/Lebenspartner, die selbst nicht zum begünstigten Personenkreis gehören, können in die **mittelbare Zulagenförderung** einbezogen werden, wenn sie einen eigenen Altersvorsorgevertrag abschließen (auch bei Ehegatten/Lebenspartnern im EU-Ausland).

Art der Förderung

Das Gesetz sieht bei einem begünstigten Riester-Vertrag die **Altersvorsorgezulage** (§§ 79 ff. EStG) oder den **Sonderausgabenabzug** (§ 10a EStG) vor.

Altersvorsorgezulage

Die staatliche Förderung erfolgt durch Grundzulage und Kinderzulage. Die **Grundzulage** beträgt seit 1.1.2018 jährlich 175 €. Förderberechtigte, die zu Beginn des Beitragsjahres das 25. Lebensjahr noch nicht vollendet haben, erhalten eine **einmalige,** um 200 € erhöhte Grundzulage **(Berufseinsteigerbonus)**.

Im Fall der Zusammenveranlagung von Ehegatten/Lebenspartnern steht die Grundzulage jedem gesondert zu, wenn beide Ehegatten/Lebenspartner einen eigenen Vertrag haben.

Die Zulage wird durch eine **Kinderzulage** erhöht. Sie beträgt 185 € je Kind.

Für ein ab 2008 geborenes Kind (mind. 1 Monat) erhöht sich die Kinderzulage auf 300 €.

Die Altersvorsorgezulage wird nicht ausgezahlt, sondern dem Altersvorsorgevertrag gutgeschrieben.

Mindesteigenbeitrag

Die Zulage wird gekürzt, wenn der Zulageberechtigte nicht den Mindesteigenbeitrag leistet.

Dieser beträgt 4 % der im Vorjahr erzielten sozialversicherungspflichtigen oder diesen gleichgestellten Einnahmen, max. 2.100 €. Von diesem Betrag ist noch der volle Zulagenanspruch abzuziehen.

Damit setzt sich der Altersvorsorgeaufwand aus Eigenbeiträgen und Zulagen zusammen. Das Elterngeld ist bei der Mindesteigenbeitragsberechnung nicht zu berücksichtigen.

Erforderlich sind eigene Beiträge des Versicherungsnehmers. Werden dem Vertrag nur Zinsen gutgeschrieben, entfällt die Altersvorsorgezulage (BFH, Urteil v. 8.7.2015, X R 41/13).

Der Mindesteigenbeitrag darf nicht unter den **Sockelbetrag von 60 € pro Jahr** fallen.

Mittelbar zulageberechtigte Personen müssen auch einen Mindesteigenbeitrag von 60 € zahlen. Damit wird sichergestellt, dass bei einem schleichenden Übergang von der mittelbaren zur unmittelbaren Berechtigung (z. B. Rentenversicherungspflicht wegen Kindererziehung in den ersten drei Lebensjahren) die Rückforderung von Zulagen vermieden wird.

BEISPIEL

Berechnungsbeispiel

Peter Frey ist Beamter, seine Frau ist Hausfrau, sie haben zwei Kinder, eines davon wurde vor 2008 geboren. Er beantragt Altersvorsorgezulage für 2018. Sein Jahreseinkommen betrug im Vorjahr (2017) 50.000 €.

Die Ehefrau hat einen eigenen Altersvorsorgevertrag abgeschlossen. Die Beiträge zahlt der Ehemann. Um die volle Altersvorsorgezulage zu erhalten, müssen mindestens gezahlt werden:

Mindesteigenbeitrag Ehemann:

50.000 € × 4 % =	2.000 €
./. Grundzulage Ehemann	175 €
./. Grundzulage Ehefrau	175 €
./. Kinderzulage 1	185 €
./. Kinderzulage 2	300 €
	1.165 €
Mindesteigenbeitrag Ehefrau:	**60 €**

Antrag auf Altersvorsorgezulage

Der Antrag ist über den Anbieter (schriftliche Vollmacht – bis auf Widerruf – für alle Jahre) auf einem amtlich vorgeschriebenen Vordruck bei der Zentralstelle für Altersvorsorge (ZfA) zu stellen.

Sonderausgaben

Statt der Altersvorsorgezulage kann für die geleisteten Beiträge zzgl. der dafür zustehenden Zulage ein Sonderausgabenabzug von bis zu 2.100 € geltend gemacht werden, wenn dieser günstiger ist. Dazu muss der Steuererklärung die **Anlage AV** (Altersvorsorge) beigefügt werden. Die Bescheinigung des Anbieters muss nicht beigefügt werden, da die Versicherungsunternehmen zu einer **elektronischen Datenübermittlung** an die Finanzverwaltung verpflichtet sind.

Bei der **Zusammenveranlagung** von Ehegatten/Lebenspartnern, die beide zum unmittelbar begünstigten Personenkreis gehören, steht der Sonderausgabenabzug jedem Ehegatten/Lebenspartner gesondert zu. Für den nur mittelbar begünstigten Ehegatten/Lebenspartner können dessen Beiträge insoweit berücksichtigt werden, als der Sonderausgaben-Höchstbetrag durch den unmittelbar begünstigten Ehegatten/Lebenspartner noch nicht ausgeschöpft ist.

Führt die maschinell durchgeführte **Günstigerprüfung** beim Finanzamt zum Ergebnis, dass der Sonderausgabenabzug günstiger ist, wird die über den Zulageanspruch hinausgehende Steuerermäßigung dem Steuerpflichtigen im Rahmen des Einkommensteuerbescheids ausbezahlt. Das Finanzamt stellt diese Steuerermäßigung im Einkommensteuerbescheid gesondert fest und teilt sie der ZfA mit.

Vertiefend zur Altersvorsorgezulage und zum Sonderausgabenabzug siehe BMF, Schreiben v. 21.12.2017, IV C 3 – S 2015/17/10001:005, Rn. 1–125.

Einwilligung in die elektronische Datenübermittlung

Voraussetzung für die Zahlung der Altersvorsorgezulage und den Sonderausgabenabzug ist, dass der elektronischen Datenübermittlung an die ZfA zugestimmt wurde.

Wird nachträglich festgestellt, dass die Einwilligung in die Datenübermittlung nicht erteilt wurde, wird die zu Unrecht gutgeschriebene Zulage zurückgefordert und der Steuerbescheid ist zu ändern, soweit ein entsprechender Sonderausgabenabzug berücksichtigt wurde.

Besteuerung der Riester-Rente

Die Riester-Rente wird bei Auszahlung, soweit sie aus geförderten Beiträgen gezahlt wird, im Rahmen der nachgelagerten Besteuerung **in voller Höhe** als sonstige Einkünfte nach § 22 Nr. 5 EStG erfasst. Dies gilt auch bei schädlicher Verwendung. Rentenanteile, die auf nicht geförderten Beiträgen beruhen, werden mit dem **Ertragsanteil** nach § 22 Nr. 1 S. 3, Buchst. a), Doppelbuchst. bb) EStG besteuert.

Vertiefend zur nachgelagerten Besteuerung siehe BMF, Schreiben v. 21.12.2017, IV C 3 – S 2015/17/10001:005, Rn. 126–194.

Freibetrag bei Grundsicherung im Alter

Durch einen Freibetrag in der Grundsicherung im Alter und bei Erwerbsminderung werden Riester-Renten zukünftig bei der Berechnung der Grundsicherungsleistungen nicht mehr voll angerechnet. Es wird ein **Grundfreibetrag in Höhe von 100 € monatlich** für die Bezieher dieser Leistungen gewährt. Ist die Riester-Rente höher als 100 €, ist der übersteigende Betrag zu 30 % anrechnungsfrei. Insgesamt ist der Freibetrag auf 50 % der Regelbedarfsstufe 1 (dies entspricht 2018 einem Betrag von 208 €) begrenzt.

Steuerfreie Übertragung

Übertragungen von Altersvorsorgevermögen (Riester-Vertrag) auf einen anderen auf den Namen des Steuerpflichtigen lautenden Altersvorsorgevertrag sind nach § 3 Nr. 55c EStG steuerfrei.

Entsprechendes gilt, wenn Anwartschaften der betrieblichen Altersversorgung dadurch abgefunden werden, dass das Altersvorsorgevermögen auf einen auf den Namen des Steuerpflichtigen lautenden Altersvorsorgevertrag übertragen wird. Auch die Übertragung im Fall des Todes auf einen auf den Namen des Ehegatten lautenden Altersvorsorgevertrag ist steuerfrei.

Schädliche Verwendung von Riester-Vermögen

Eine steuerschädliche Verwendung liegt vor, wenn das angesparte Altersvorsorgevermögen an den Zulageberechtigten nicht als Leibrente, im Rahmen eines Auszahlungsplans oder zur Verwendung für eine selbst genutzte Wohnung, sondern beispielsweise in einem Einmalbetrag ausgezahlt wird. Steuerschädlich ist außerdem der Wegzug des Berechtigten ins Ausland außerhalb der EU-/EWR-Staaten.

Im Fall einer schädlichen Verwendung werden die Altersvorsorgezulagen sowie die gesondert festgestellten Steuervorteile aus dem Sonderausgabenabzug zurückgefordert. Außerdem sind die im ausgezahlten Kapital enthaltenen Erträge und Wertsteigerungen zu versteuern.

Unschädlich ist allerdings eine Teilauszahlung bis max. 30 % bei Rentenbeginn oder die Zusammenfassung von zwölf Monatsbeträgen (§ 1 AltZertG). Auch eine Auszahlung zur Abfindung einer **Kleinbetragsrente** kann steuerunschädlich vereinbart werden. Um eine Kleinbetragsrente handelt es sich, wenn die monatliche Rente geringer ausfällt als 1 % der Bezugsgröße nach § 18 SGB IV, also 2018 weniger als 30,45 € pro Monat (West). Diese Einmalzahlung wird ab dem 01.01.2018 nach § 22 Nr. 5 EStG i. V. m. § 34 EStG ermäßigt besteuert (entsprechende Anwendung der sog. „Fünftelregelung").

Auch die Übertragung von gefördertem Altersvorsorgevermögen auf einen anderen auf den Namen des Zulagenberechtigten lautenden Altersvorsorgevertrag und die Übertragung von gefördertem Altersvorsorgevermögen im Rahmen einer internen Teilung nach § 10 bzw. einer externen Teilung nach § 14 des Versorgungsausgleichsgesetzes nach Scheidung auf einen anderen begünstigten und zertifizierten Altersvorsorgevertrag oder eine begünstigte betriebliche Altersversorgung ist steuerunschädlich.

Vertiefend zur schädlichen Verwendung siehe BMF, Schreiben v. 21.12.2017, IV C 3 - S 2015/17/10001:005, Rn. 195-239.

Einbeziehung von Wohneigentum (Wohnriester)

Hinweis: Wichtiges zum Thema „Wohnriester" in Zusammenhang mit der Entnahme von angespartem Kapital aus einem Riester-Vertrag während der Ansparphase zur unmittelbaren Anschaffung oder Herstellung bzw. Umschuldung einer eigengenutzten Wohnung finden Sie auch auf www.haufe.de/mybook unter „Weiterführende steuerliche Informationen".

Rürup-Rente

Bei der Rürup-Rente handelt es sich um eine kapitalgedeckte private Basisrente mit staatlicher Förderung in Form eines erhöhten Sonderausgabenabzugs (§ 10 Abs. 1 Nr. 2 Buchst. b EStG).

Vorrangig **selbstständig Tätige** mit hoher steuerlicher Belastung können mit dieser Rente eine Altersvorsorge aufbauen und den steuerlichen Vorteil nutzen. Auch Beamte haben die Möglichkeit, für Beiträge zu einer Rürup-Rentenversicherung einen zusätzlichen Sonderausgabenabzug in Anspruch zu nehmen.

Voraussetzungen für Rürup-Renten

Es gelten ähnliche Einschränkungen wie bei der Riester-Rente: **Zertifizierung** des Vertrags; Auszahlung nach

Vollendung des 62. Lebensjahres (für Vertragsabschlüsse vor 2012: 60. Lebensjahr); lebenslange Rentenzahlungen (kein Kapitalwahlrecht); Ansprüche nicht vererblich und nicht übertragbar (Ausnahmen: Scheidungsfolgen; Übertragung auf andere Versicherung), nicht beleihbar, nicht veräußerbar; kein Rückkaufswert. Die Absicherung der Berufsunfähigkeit, der Erwerbsminderung oder von Hinterbliebenen ist möglich.

Der elektronischen Datenübermittlung an die ZfA muss zugestimmt werden. Wird nachträglich festgestellt, dass die Einwilligung in die Datenübermittlung nicht erteilt wurde, ist der Steuerbescheid zu ändern.

Wie bei der Riester-Rente können bis zu zwölf Monatsleistungen in einer Auszahlung zusammengefasst oder eine Kleinbetragsrente zu Beginn der Auszahlungsphase abgefunden werden. Bei Wegzug ins EU-Ausland erfolgt keine Nachversteuerung. Im Todesfall verfällt das angesparte Kapital. Eine Rentengarantiezeit wie bei normalen Lebensversicherungen besteht nicht, außer bei vereinbarter Hinterbliebenenversicherung zugunsten des Ehegatten oder kindergeldberechtigter Kinder. Die Übertragung von Anrechten aus einem zertifizierten Rürup-Vertrag auf einen anderen Rürup-Vertrag des Steuerpflichtigen ist nach § 3 Nr. 55d EStG steuerfrei.

Sonderausgaben

Die Beiträge zur Rürup-Rente sind Altersvorsorgeaufwendungen (Basisrente), die im Jahr 2017 mit bis zu 84 % als Sonderausgaben abziehbar sind. Vertiefend siehe → Versicherungen.

Besteuerung der Rentenbezüge

Rürup-Renten werden vergleichbar mit den Renten aus der gesetzlichen Rentenversicherung nach § 22 Nr. 1, Buchst. a, aa EStG besteuert. Der **Besteuerungsanteil** hängt vom Jahr des Rentenbeginns ab. Er beträgt bei erstmaligem Rentenbezug im Jahr 2018 76 % und steigert sich bei Renteneintritt bis zum Jahr 2040 auf 100 %. Vertiefend siehe → Renten.

Abgrenzung Riester- und Rürup-Rente auf einen Blick

Hinweis: Es gibt eine sehr große Zahl verschiedener Vertragsmodelle am Markt. Die folgende Übersicht kann deshalb nur eine grobe Orientierung bieten.

Kriterium	Riester-Rente	Rürup-Rente
Art der Rente	kapitalgedeckte private oder betriebliche Altersvorsorge	kapitalgedeckte private Basisrente
Form	private bzw. fondsgebundene Rentenversicherung, Banksparplan mit Umwandlung in Rentenversicherung, Pensionskasse, Pensionsfonds, Direktversicherung	private Rentenversicherung, fondsgebundene Rentenversicherung

Kriterium	Riester-Rente	Rürup-Rente
begünstigter Personenkreis	Pflichtversicherte in der inländischen Rentenversicherung oder Bezieher einer inländischen Besoldung	Freiberufler, Gewerbetreibende, Beamte, Besserverdienende
nicht begünstigter Personenkreis	Minijobber mit nur pauschaler Rentenversicherung	
Voraussetzungen	zertifizierter Vertrag, elektronische Datenübermittlung an die ZfA lebenslange Rentenzahlungen, Mindesteigenbeitrag, Leistungen frühestens ab Vollendung des 62./60. Lebensjahres	zertifizierter Vertrag, elektronische Datenübermittlung an die ZfA, lebenslange Rentenzahlungen, kein Mindesteigenbeitrag, Leistungen frühestens ab 62./60. Lebensjahr, Ansprüche nicht vererbbar, nicht übertragbar, nicht beleihbar, nicht veräußerbar, nicht kündbar
Kapitalwahlrecht	grundsätzlich kein Kapitalwahlrecht; Kapitalauszahlung für selbst genutzte Immobilie oder bei Rentenbeginn bis 30 % bzw. Abfindung einer Kleinbetragsrente möglich	grundsätzlich kein Kapitalwahlrecht; Abfindung einer Kleinbetragsrente möglich
zusätzliche Absicherung möglich?	Invaliden- (Berufsunfähigkeit, Erwerbsminderung) und Hinterbliebenenrente möglich	Berufsunfähigkeits- oder Erwerbsminderungsversicherung und Hinterbliebenenversorgung möglich
Art der Förderung	Altersvorsorgezulage oder Sonderausgabenabzug nach § 10a EStG (Anlage AV)	Sonderausgabenabzug nach § 10 Abs. 3 EStG gestaffelt von 2005: 60 % bis 2025: 100 % bis zum Höchstbetrag
jährliche Auszahlung der Förderung	Altersvorsorgezulage: wird dem Vertrag gutgeschrieben; übersteigender Sonderausgabenabzug: Steuererstattung	Steuererstattung
Kündigungs- und Ruhemöglichkeit	ja	nein
Beleihbarkeit, vorzeitiger Zugriff	nein, aber Entnahme zur Herstellung oder zum Erwerb einer eigengenutzten Wohnung (Wohnriester)	nein
schädliche Verwendung	Beleihung des eingezahlten Kapitals; vorzeitige Kündigung; Kapitalauszahlung bei Rentenbeginn > 30 %; dauerhafter Wegzug ins EU-Ausland	
Folgen der schädlichen Verwendung	Rückzahlung der Zulagen und Steuervorteile	
Besteuerung der Rentenbezüge	in voller Höhe (auch bei schädlicher Verwendung), soweit Rente aus geförderten Beiträgen; Rentenanteile aus nicht geförderten Beiträgen werden mit dem Ertragsanteil besteuert.	wie Renten aus der gesetzlichen Rentenversicherung (je nach Rentenbeginn 50–100 %)

Kriterium	Riester-Rente	Rürup-Rente
Todesfall	Ehepartner kann Zulage und Kapital des Verstorbenen auf eigenen Riester-Vertrag übernehmen	angespartes Kapital verfällt, außer bei vereinbarter Hinterbliebenenversorgung
bevorzugter Anlegerkreis	kinderreiche Geringverdiener (Zulage), Besserverdienende (Sonderausgaben)	Selbstständige mit hoher steuerlicher Belastung, Beamte und Vergleichbare

5 Versorgungsausgleich nach Scheidung

Nach dem Versorgungsausgleichsgesetz gilt für alle ausgleichsreifen Anrechte auf Altersversorgung (gesetzliche Rentenversicherung sowie alle Systeme der betrieblichen Altersversorgung) der **Grundsatz der internen Teilung** (öffentlich-rechtliches Rentensplitting). Wurden während der Ehe/eingetragenen Lebenspartnerschaft Rentenanwartschaftsrechte erworben, werden diese zum Zeitpunkt der Scheidung innerhalb des jeweiligen Rentensystems geteilt und für den ausgleichsberechtigten Ehegatten/Lebenspartner **eigenständige Versorgungsanrechte** geschaffen. Die Übertragung der Anrechte ist steuerfrei (§ 3 Nr. 55 a EStG).

Die **Besteuerung erfolgt erst während der Auszahlungsphase**. Ausgleichsverpflichtete und ausgleichsberechtigte Personen versteuern beide die ihnen jeweils zufließenden Leistungen im Rahmen der gleichen Einkunftsart (so, als ob die Teilung nicht stattgefunden hätte). Für die Ermittlung der steuerpflichtigen Versorgungsbezüge und des Besteuerungsanteils/Ertragsanteils bei Renten ist auf den Versorgungsbeginn, den Rentenbeginn bzw. das Lebensalter des jeweiligen Ehegatten abzustellen.

Sind **Rentenanwartschaftsrechte noch nicht endgültig**, erfolgt keine Aufteilung der Anwartschaftsrechte auf die Ehegatten. In diesen Fällen wird ein **schuldrechtlicher** Versorgungsausgleich durchgeführt, indem sich ein Ehegatte verpflichtet, dem anderen selbst eine Ausgleichsrente zu zahlen. Der zur Zahlung Verpflichtete erhält zunächst die Rente in voller Höhe und versteuert diese nach den allgemeinen Grundsätzen. Er leitet die Rente teilweise an den anderen Ehegatten weiter und erhält dafür einen **Sonderausgabenabzug** (§ 10 Abs. 1a Nr. 4 EStG) in Höhe des steuerpflichtigen Teils der weitergeleiteten Rente.

Der Empfänger der Ausgleichsleistungen versteuert seinen Zufluss nach § 22 Nr. 1a EStG als sonstige Einkünfte. Auch Ausgleichsleistungen zur **Vermeidung eines Versorgungsausgleichs** sind als Sonderausgaben abziehbar (§ 10 Abs. 1a Nr. 3 EStG), soweit der Verpflichtete dies mit Zustimmung des Berechtigten beantragt. Der Berechtigte versteuert die Zahlungen nach § 22 Nr. 1a EStG als „Sonstige Einkünfte".

Arbeitszeitmodelle

Zur flexibleren Gestaltung der Arbeitszeiten gibt es zwischenzeitlich verschiedene Arbeitszeitmodelle. Die steuerlichen Folgen solcher Wertguthabenkonten werden im Folgenden dargestellt.

1 Allgemeines

Um älteren Arbeitnehmern den gleitenden Übergang in den Ruhestand zu ermöglichen, aber auch dem Wunsch der Arbeitnehmer nach einer flexibleren Arbeitszeit zu entsprechen, existieren zwischenzeitlich die verschiedensten neuen Arbeitszeitmodelle. So ist es z. B. im Schuldienst möglich, sich unter bestimmten Voraussetzungen für ein Freizeitjahr (Sabbatjahr) zu melden. Dabei erhalten die Lehrkräfte fünf Jahre lang nur 80 % der regulären Bezüge, wobei sie vier Jahre lang ein volles Stundendeputat arbeiten und im fünften Jahr beurlaubt sind. Eine andere Möglichkeit besteht darin Mehrarbeit nicht zusätzlich zu vergüten, sondern in einem festgelegten Umfang gegen Freizeit zu tauschen (Jahresarbeitszeitkonto). Weitere Modelle sehen vor, Teile des Arbeitslohns (z. B. Mehrarbeitszuschläge, Sonderleistungen wie Urlaubs- oder Weihnachtsgeld) nicht sofort auszuzahlen, sondern betragsmäßig auf einem Lebensarbeitszeitkonto anzusparen. Die Auszahlung erfolgt erst in Zusammenhang mit einer vollen oder teilweisen Arbeitsfreistellung. Solche Konten werden entweder bei Geldguthaben als Geldkonto oder bei Zeitguthaben als Zeitkonto geführt. Die Gutschrift auf dem Konto erfolgt zu dem Zeitpunkt, zu dem die ursprünglichen Beträge fällig geworden wären.

2 Steuerliche Behandlung

Die Gutschriften auf dem Arbeitszeitkonto führen zu einer Veränderung (Verringerung) der laufenden (steuerpflichtigen) Bezüge. Die Wertgutschrift bzw. Ansammlung auf dem Arbeitszeitkonto löst noch keinen Zufluss von Arbeitslohn aus (BFH, Urteil v. 22.2.2018, VI R 17/16), weil der Arbeitnehmer zu diesem Zeitpunkt noch nicht darüber verfügen kann. Erst mit Auszahlung des Guthabens während der Freistellung fließt Arbeitslohn zu mit der Folge, dass erst zu diesem Zeitpunkt Lohnsteuer abzuführen ist. Bei der Berechnung der Lohnsteuer bzw. dem Lohnsteuerabzug gelten die üblichen Regelungen ohne Besonderheiten.

ACHTUNG

Flexi-/Gleitzeit-/Vorsorgekonten

Ist nicht die Freistellung von Arbeitsleistung das vorrangige Ziel der Vereinbarung, sondern geht es – wie z. B. bei Flexi- oder Gleitzeitkonten – um die flexiblere Gestaltung der werktäglichen oder wöchentlichen Arbeitszeit oder sollen betriebliche Produktions- und Arbeitszyklen ausgeglichen werden, gilt die normale Besteuerung.

Auch die Gutschrift auf einem Vorsorgekonto (Zukunftskonto) führt nach Auffassung der Finanzverwaltung zum Zufluss von steuerpflichtigem Arbeitslohn. Dasselbe gilt für die Kostenübernahme der treuhänderischen Verwaltung dieses Kontos durch den Arbeitgeber. Während der Anlagezeit erwirtschaftete Erträge sind Kapitaleinkünfte.

Ein Zeitwertkonto mit der Folge des Hinausschiebens der Besteuerung kann für alle Arbeitnehmer im Rahmen eines aktuellen (unbefristeten) Dienstverhältnisses eingerichtet werden. Infrage kommen auch geringfügige Beschäftigungsverhältnisse. Bei befristeten Arbeitsverhältnissen werden Zeitwertkonten steuerlich nur anerkannt, wenn der Ausgleich des Zeitwertkontos (Auszahlung) innerhalb der vertraglich vereinbarten Befristung erfolgt.

In ein Zeitwertkonto können keine weiteren Gutschriften mehr unversteuert eingestellt werden, sobald feststeht, dass das vorhanden Guthaben durch Freistellung vor dem Ruhestand nicht mehr aufgebraucht werden kann.

Außerdem muss gewährleistet sein (Insolvenzschutz nach § 7e SGB IV oder arbeitsrechtliche Garantie des Arbeitgebers), dass zum Zeitpunkt der planmäßigen Inanspruchnahme des Guthabens mindestens ein Rückfluss der dem Zeitwertkonto zugeführten Beträge gesichert ist.

3 Sonderfälle

Vorzeitige Auszahlung bei weiter bestehendem Dienstverhältnis

Die vertragliche Möglichkeit der Auszahlung des Wertguthabens bei **fortbestehendem** Beschäftigungsverhältnis bei schwerer Erkrankung oder Vermögensschäden aufgrund von Naturkatastrophen ist unschädlich.

Wird das Guthaben entgegen der Vereinbarung aus anderen Gründen ganz oder teilweise ausgezahlt, ist das **gesamte** Guthaben im Zeitpunkt der planwidrigen Verwendung als Arbeitslohn zu versteuern. Sofern die angesparten Beträge aus mehreren Jahren stammen, kommt auf Antrag eine ermäßigte Besteuerung nach der sogenannten Fünftelregelung zur Anwendung.

Beendigung des Dienstverhältnisses vor oder während der Freistellungsphase

Mit (vorzeitiger) Auszahlung des Guthabens an den Arbeitnehmer oder im Todesfall an die Erben erfolgt ebenfalls die Versteuerung des gesamten Guthabens als sonstiger Bezug. Auch hier kommt u. U. die ermäßigte Besteuerung (Fünftelregelung) zur Anwendung.

Bei einem **Arbeitgeberwechsel** kann der Arbeitnehmer die Auszahlung und (vorzeitige) Versteuerung vermeiden, indem er vom bisherigen Arbeitgeber schriftlich verlangt, das Guthaben auf den neuen Arbeitgeber zu übertragen. Weitere Voraussetzung ist, dass der neue Arbeitgeber mit dem Arbeitnehmer eine Wertguthabenvereinbarung nach § 7b SGB IV abgeschlossen hat und der Übertragung zustimmt.

Der Arbeitnehmer kann alternativ durch schriftliche Erklärung gegenüber dem bisherigen Arbeitgeber verlangen, dass das Guthaben auf die Deutsche Rentenversicherung übertragen wird. Dies setzt allerdings voraus, dass das Guthaben einschließlich des Gesamtsozialversicherungsbeitrags einen Betrag in Höhe des Sechsfachen der monatlichen Bezugsgröße (2018: West 18.270 €, Ost 16.170 €; § 7f Abs. 1 Nr. 2 SGB IV) übersteigt. Die Übertragung ist steuerfrei (§ 3 Nr. 53 EStG). Die spätere Auszahlung durch die Rentenversicherung führt zu Arbeitslohn, für den von der Rentenversicherung Lohnsteuer abzuführen ist (§ 38 Abs. 3 Satz 3 EStG).

Arbeitszimmer

Aufwendungen für ein häusliches Arbeitszimmer können auch bei ausschließlich beruflicher Nutzung grundsätzlich steuerlich nicht berücksichtigt werden. Es gibt jedoch Ausnahmen. Bei Selbstständigen ist darüber hinaus zwischen Arbeitszimmer und einer Betriebsstätte im Haus zu unterscheiden.

§§ 4 Abs. 4 i. V. m. Abs. 5 Nr. 6b, 9 Abs. 5 EStG

1 Allgemeines

Arbeitszimmer

Der Begriff des häuslichen Arbeitszimmers wird von der Rspr. als ein nach Funktion und Ausstattung betrieblich oder beruflich genutzter Arbeitsraum definiert, der seiner Lage nach in die häusliche Sphäre des Steuerpflichtigen eingebunden ist. Der Raum wird vorwiegend zur Erledigung **büromäßiger** Arbeiten, wie z. B. gedankliche, schriftliche, verwaltungstechnische, verwaltungsorganisatorische Tätigkeiten (Büros von selbstständigen Handelsvertretern, Übersetzern oder Schriftstellern), oder künstlerisch genutzt (z. B. Proberaum eines Musikers oder Schauspielers, Atelier eines Malers) und ist nicht für den Publikumsverkehr oder die Beschäftigung von (fremden) Arbeitnehmern vorgesehen. Als Arbeitszimmer gelten dagegen auch häusliche Telearbeitsplätze (BFH, Urteil v. 26.2.2014, VI R 40/12). Vertiefend siehe → Homeoffice.

Betriebsstätte

Kosten für eine Betriebsstätte sind in voller Höhe abziehbar. **Die Abgrenzung zum Arbeitszimmer** erfolgt anhand folgender Indizien:

- Hat das Haus bereits äußerlich den Charakter eines Wohnhauses verloren?
- Wurde es vom Finanzamt als gemischt genutztes Grundstück bewertet?
- Sind dort nicht zur Familie gehörende Personen beschäftigt?
- Ist der Raum für einen intensiven und dauerhaften Publikumsverkehr geöffnet?
- Befinden sich dort spezielle, über die reine Büroeinrichtung hinausgehende Arbeits- bzw. Produktionsmittel?

Betriebsstätten sind insbesondere Werkstatt-, Lager- und Ausstellungsräume, Praxisräume von Rechtsanwälten,

Steuerberatern oder Ärzten einschließlich ärztlicher Notfallpraxen.

Häusliche Sphäre

Ein Arbeitszimmer gehört dann zur häuslichen Sphäre, wenn eine unmittelbare Nähe und eine innere häusliche Verbindung zu den privaten Wohnräumen bestehen. Dies ist bei Zimmern in ausschließlich selbst bewohnten Ein- oder Zweifamilienhäusern stets der Fall. Ist ein Teil des Hauses fremdvermietet, gehört nur ein Zimmer in unmittelbarer räumlicher Nähe zur Privatwohnung (z. B. dieselbe Etage) zur häuslichen Sphäre. Bei einer gemieteten Wohnung kommt es (auch) darauf an, ob das Arbeitszimmer in einem einheitlichen Mietvertrag zusammen mit der Wohnung angemietet wurde. Gehört das beruflich genutzte Arbeitszimmer nach diesen Kriterien nicht zur häuslichen Sphäre, sind die Kosten dafür voll abzugsfähig.

2 Betriebsvermögen

Bei Gewerbetreibenden oder Freiberuflern bildet das Arbeitszimmer ein eigenes Wirtschaftsgut, das zusammen mit dem anteiligen Grund und Boden grundsätzlich zum Betriebsvermögen gehört. Für den Gebäudeteil wird eine eigene Abschreibung aus dem Teil der AK/HK des Gebäudes, der anteilig auf das Arbeitszimmer entfällt, berechnet. Unabhängig davon, ob die Kosten/AfA steuerlich abzugsfähig sind (s. u.), müssen im Zeitpunkt der Veräußerung oder Entnahme die stillen Reserven (Differenz zwischen Buchwert und Verkehrswert) aus dem Zimmer versteuert werden.

TIPP

Kein Betriebsvermögen

Beträgt der Verkehrswert des beruflich genutzten Gebäudeteils nicht mehr als 20 % des gesamten Grundstücks und nicht mehr als 20.500 €, kann der Teil als Privatvermögen behandelt werden. Damit fällt bei Veräußerung/ Entnahme des Gebäudeteils ein steuerpflichtiger Gewinn nur in Ausnahmefällen an. Vertiefend siehe → Spekulationsgeschäfte.

3 Ausschließliche berufliche Nutzung

Der steuerliche Kostenabzug für ein Arbeitszimmer setzt stets ein Zimmer, also einen von vier Wänden umgebenen, abgeschlossenen, von den Privaträumen getrennten Raum voraus, der so gut wie ausschließlich (> 90 %) beruflich genutzt wird. Die berufliche Nutzung wird anhand von äußeren Umständen (z. B. Wohnungsgröße und Anzahl der Bewohner, Lage und Einrichtung des Zimmers) geprüft. Je Bewohner muss im Regelfall neben dem Arbeitszimmer ein privat genutztes Zimmer zur Verfügung stehen. Es darf auch kein Raum sein, der häufig durchquert werden muss, um dahinter liegende private Räume (z. B. Wohnzimmer, Kinderzimmer) zu erreichen. Wird der Raum nicht nur untergeordnet privat mitbenutzt, sind die Aufwendungen insgesamt nicht abzugsfähig.

ACHTUNG

Kein anteiliger Kostenabzug bei gemischt genutztem Zimmer

Eine Kostenaufteilung ist weder in den Fällen möglich, in denen das (ganze) Zimmer zeitweise auch privat genutzt wird, noch in den Fällen, in denen nur ein Teil eines Zimmers (Arbeitsecke) beruflich genutzt wird (GrS, Beschluss v. 27.7.2015, 1/14).

4 Abzugsfähige Arbeitszimmer

Auch bei ausschließlich beruflicher Nutzung sind die Kosten für häusliche Arbeitszimmer grundsätzlich vom Abzug ausgeschlossen. Entgegen diesem generellen gesetzlichen Abzugsverbot ist der Abzug in bestimmten Fällen und in bestimmtem Umfang als Betriebsausgabe oder Werbungskosten zulässig. Von entscheidender Bedeutung ist, ob das Arbeitszimmer den Mittelpunkt der gesamten beruflichen Tätigkeit bildet und ob außerhalb des Arbeitszimmers ein anderer Arbeitsplatz für die Tätigkeit zur Verfügung steht.

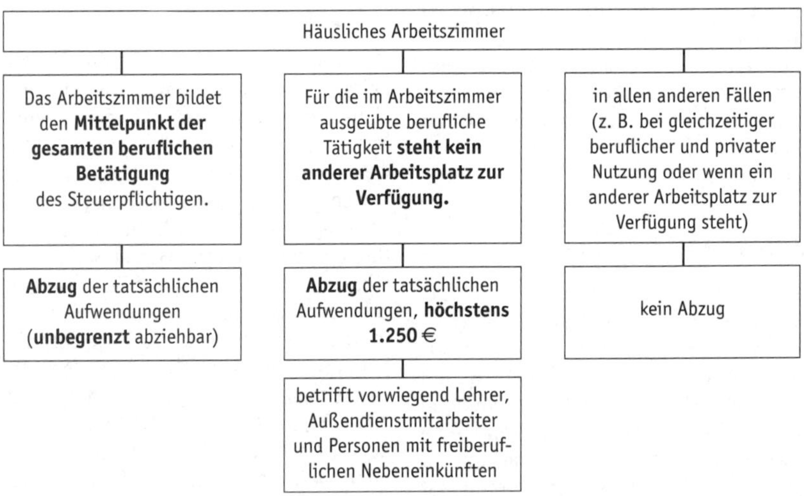

Mittelpunkt der gesamten betrieblichen und beruflichen Tätigkeit

Der Mittelpunkt bestimmt sich nach dem inhaltlichen **(qualitativen)** Schwerpunkt **aller** betrieblichen und beruflichen Betätigungen des Steuerpflichtigen. Übt der Steuerpflichtige lediglich eine einzige berufliche Tätigkeit (teilweise zu Hause und teilweise auswärts) aus, liegt im Arbeitszimmer der Mittelpunkt seiner gesamten Betätigung, wenn er dort diejenigen Leistungen erbringt, die für den konkret ausgeübten Beruf wesentlich und prägend sind. Ein möglicher alternativer Arbeitsplatz ist dann unschädlich. Das gilt auch, wenn die Arbeitszeit außerhalb des Arbeitszimmers überwiegt. Wenn die im und außerhalb des Zimmers durchgeführten Tätigkeiten qualitativ gleichwertig sind, ist die Tätigkeitsdauer entscheidend. Überwiegt die Tätigkeitsdauer im Arbeitszimmer, ist es Tätigkeitsmittelpunkt. Andernfalls ist nur der begrenzte Abzug bis 1.250 € (s. u.) möglich, vorausgesetzt, an den Heimarbeitstagen steht im Betrieb kein Arbeitsplatz zur Verfügung.

BEISPIEL

Schwerpunkt der Tätigkeit im Arbeitszimmer?

Bei einem Handelsvertreter liegt der Tätigkeitsschwerpunkt im Außendienst (Kundenbesuch), bei einem Musiker am Auftrittsort. Dies gilt unabhängig vom zeitlichen Umfang. Ein Schriftsteller wird dagegen den Mittelpunkt seiner Tätigkeit (Schreiben) im Arbeitszimmer haben.

Auch bei einem Arbeitnehmer, der seine berufliche Tätigkeit im Wesentlichen an seinem Heimarbeitsplatz im Arbeitszimmer ausübt, ist das Arbeitszimmer qualitativer Mittelpunkt der Tätigkeit.

Ein Rentner/Pensionär, der im Ruhestand in einem Arbeitszimmer eine (nebenberufliche) Tätigkeit ausübt, hat ebenfalls dort seinen Arbeitsmittelpunkt (BFH, Urteil v. 11.11.2014, VIII R 3/12).

Bei einem Lehrer besteht der qualitative Schwerpunkt der Tätigkeit im Unterrichten, das regelmäßig in der Schule und nicht im Arbeitszimmer stattfindet, bei einem Richter liegt der Schwerpunkt seiner Tätigkeit beim Gericht.

Übt ein Steuerpflichtiger **mehrere betriebliche oder berufliche Erwerbstätigkeiten** nebeneinander aus, muss das häusliche Arbeitszimmer den Betätigungsmittelpunkt **aller** Erwerbstätigkeiten (Gesamtheit) bilden. Die einzelnen Tätigkeiten werden nicht getrennt beurteilt. Maßgebende Beurteilungskriterien sind dabei unter anderem Zeitaufwand, Bedeutung und die Höhe der aus der jeweiligen Tätigkeit erzielten Einkünfte (BFH, Urteil v. 9.6.2015, VIII R 8/13). Dabei ist es unerheblich, ob für einzelne Tätigkeiten ein anderer Arbeitsplatz zur Verfügung steht (BFH, Urteil v. 16.7.2014, X R 49/11).

Kein anderer Arbeitsplatz

Ein begrenzter Kostenabzug bis zu 1.250 €/Jahr setzt voraus, dass das Zimmer für bestimmte berufliche Arbeiten benötigt wird, weil im Betrieb bzw. beim Arbeitgeber für diesen Aufgabenbereich im konkret erforderlichen Umfang und in der konkret erforderlichen Art und Weise kein Arbeitsplatz zur Verfügung steht. Anhaltspunkte dafür können sich sowohl aus der Beschaffenheit des Arbeitsplatzes im Betrieb selbst (Größe, Lage, Ausstattung ...) als auch aus den Rahmenbedingungen der Nutzung, z. B. Ausgestaltung der Nutzung,

Verfügbarkeit, zumutbare Möglichkeit der Einrichtung eines außerhäuslichen Arbeitsplatzes, ergeben (BFH, Urteil v. 22.2.2017, III R 9/16). Ein anderer Arbeitsplatz ist nicht vorhanden, wenn der zugewiesene Raum aus arbeitsrechtlichen Gründen oder wegen Gesundheitsgefährdung nicht nutzbar ist (BFH, Urteil v. 26.2.2014, R 11/12). Als ausreichender Arbeitsplatz gilt auch ein Poolarbeitsplatz, vorausgesetzt, es ist durch eine ausreichende Anzahl von Arbeitsplätzen sichergestellt, dass die Nutzung im erforderlichen Umfang möglich ist (BFH, Urteil v. 26.2.2014, VI R 37/13).

Der begrenzte Kostenabzug gilt z. B. für Selbstständige, die im Betrieb keinen Raum zur Erledigung der Büroarbeiten haben oder den Raum in der Praxis wegen der Angestellten nur eingeschränkt nutzen können, für Lehrer oder Erzieher, die in der Schule bzw. im Kindergarten im Regelfall keinen eigenen Arbeitsplatz zur Vor- und Nachbereitung oder für Korrekturen haben, sowie für Steuerbürger, die neben der eigentlichen Berufstätigkeit eine zusätzliche (z. B. freiberufliche) Nebentätigkeit ausüben und dafür ein Arbeitszimmer benötigen. Der Höchstbetrag von 1.250 € gilt auch für mehrere Arbeitszimmer in verschiedenen Haushalten (BFH, Urteil v. 9.5.2017, VIII R 15/15).

5 Sonderfälle

Nutzung des Arbeitszimmers durch mehrere Personen

Wird ein Arbeitszimmer von mehreren Personen gemeinsam jeweils ausschließlich beruflich genutzt, kann jeder Nutzende die von ihm getragenen Aufwendungen, sofern die Abzugsvoraussetzungen in seiner Person vorliegen (unbegrenzter Kostenabzug, begrenzter Abzug), absetzen. Dabei genügt es, dass jeder Nutzer seine Tätigkeit im Arbeitszimmer im notwendigen Umfang tatsächlich verrichten kann. Das ist auch bei nur einem vorhandenen Arbeitsplatz z. B. zeitversetzt möglich. Der Höchstbetrag von 1.250 € gilt für jede Person getrennt (BFH, Urteil v. 15.12.2016, VI R 53/12) und ist für ein Arbeitszimmer mehrfach (personenbezogen) möglich. Die Gebäudeabschreibung ist dabei nur entsprechend dem Eigentumsanteil des Nutzenden zu berücksichtigen.

Nutzung des häuslichen Arbeitszimmers zu Aus- oder Fortbildungszwecken

Die Abzugsmöglichkeiten für ein häusliches Arbeitszimmer gelten auch, wenn das Arbeitszimmer für eine erstmalige oder weitere Berufsausbildung (→ Sonderausgaben) oder für Fortbildungen (z. B. Umschulung, Weiterbildung) genutzt wird. Wird das Zimmer bei Arbeitslosigkeit, im Erziehungsurlaub oder während der Elternzeit beruflich (z. B. für Weiterbildungszwecke) tatsächlich genutzt, sind die Kosten des Zimmers nach den zu erwartenden Umständen der späteren Tätigkeit abzugsfähig. Vertiefend siehe → Fortbildung/Fachtagungen.

6 Abziehbare Aufwendungen

Kosten des Zimmers

Soweit einzelne Kosten ausschließlich auf das häusliche Arbeitszimmer entfallen (z. B. Renovierung des Raums, Tapeten, Gardinen, Deckenlampe), sind sie diesem in vollem Umfang zuzurechnen. Gegenstände zur Ausschmückung (Kunstgegenstände, Bilder) sind nicht abziehbar.

Die auf die gesamte Wohnung entfallenden Kosten können anteilig (Verhältnis der Fläche des Arbeitszimmers zur gesamten Wohnfläche einschließlich Arbeitszimmer) ermittelt werden. Ein im Keller befindliches Arbeitszimmer, das den Standard eines Wohnraums hat, zählt dabei zur Wohnfläche. Kosten für Flur, Bad, WC können dem Arbeitszimmer nicht anteilig zugerechnet werden.

Zu den aufteilbaren Kosten gehören die Gebäudeabschreibung oder Miete, Schuldzinsen, Reparaturaufwendungen, Energiekosten (Strom, Wasser, Abwasser, Heizung), Beiträge zu Hausversicherungen (insbesondere Gebäudebrand-, Haftpflicht-, Wasserschaden-, Glasbruch- und Hausratversicherungen), Müllabfuhr, Schornsteinfegergebühren und Grundsteuer.

Arbeitsmittel (Einrichtungsgegenstände)

Die im Arbeitszimmer beruflich genutzten Wirtschaftsgüter gehören beim Selbstständigen zum Betriebsvermögen. Aufwendungen für Einrichtungsgegenstände, die ausschließlich beruflich genutzt werden (z. B. Schreibtisch, Bürostuhl, Regal, Schreibtischlampe, Papierkorb, Computer), sind ggf. über die Abschreibung (AfA) als Betriebsausgaben bzw. beim Arbeitnehmer als Werbungskosten abzugsfähig. Dies gilt selbst dann, wenn die Kosten für den Raum selbst steuerlich nicht abziehbar sind. Vertiefend siehe → Computer und → Reparaturen.

Ausbildung und Studium

Kosten der Ausbildung oder eines Studiums sind je nachdem, ob es sich um eine erste oder weitere Ausbildung handelt und ob die Ausbildung im Rahmen eines Arbeitsverhältnisses erfolgt oder nicht, als Sonderausgaben oder vorweggenommene Werbungskosten bzw. Betriebsausgaben abzugsfähig.

§§ 9 Abs. 6, 4 Abs. 9, 10 Abs. 1 Nr. 7 EStG

1 Abgrenzung Werbungskosten/ Sonderausgaben

Aufwendungen im Rahmen eines Ausbildungsdienstverhältnisses

Erfolgt die Ausbildung im Rahmen eines **Dienstverhältnisses** (Berufsausbildungsvertrag mit Arbeitslohn), sind die Ausbildungskosten, egal ob es sich um eine Erstausbildung bzw. ein Erststudium (duales Studium mit Wechsel zwischen Theoriephasen an der Berufsakademie und berufspraktischen Phasen in einem Unternehmen oder einer sozialen Einrichtung bei Bezug von Gehalt) oder eine andere Ausbildung (z. B. betriebliche Ausbildung) handelt, der Höhe nach unbegrenzt (vorweggenommene) Werbungskosten. Wirken sich die Kosten in einem Jahr mangels Einkünften steuerlich nicht aus, wird der Verlust festgestellt (Verlustfeststellung) und kann mit Einkünften späterer Jahre verrechnet werden.

Erstmalige Berufsausbildung (ohne Dienstverhältnis)

Aufwendungen für die eigene erstmalige Berufsausbildung bzw. ein Erststudium an einer Hochschule (Universität, pädagogische Hochschule, Kunsthochschule, Fachhochschule, andere Bildungseinrichtungen, die nach Landesrecht einer staatlichen Hochschule entsprechen, einschließlich entsprechender kirchlicher und privater Bildungseinrichtungen) **außerhalb** eines Dienstverhältnisses sind aufgrund gesetzlicher Regelung keine Werbungskosten bzw. Betriebsausgaben, sondern (nur) als Sonderausgaben, begrenzt auf maximal 6.000 € jährlich, abzugsfähig. Sonderausgaben sind nicht in spätere Jahre übertragbar, sodass die Kosten in vielen Fällen ohne steuerliche Auswirkung bleiben.

ACHTUNG

Gesetzliche Regelung des Begriffs „erste Berufsausbildung"

Der Begriff „Berufsausbildung" ist gesetzlich definiert als eine auf der Grundlage von Rechts- oder Verwaltungsvorschriften geordnete Ausbildung mit einer vorgesehenen Mindestdauer von zwölf Monaten bei vollzeitiger Ausbildung und mit einer durchgeführten Abschlussprüfung. Ist eine Abschlussprüfung nach dem Ausbildungsplan nicht vorgesehen, gilt die Ausbildung mit der tatsächlichen planmäßigen Beendigung als abgeschlossen. Sofern nur eine Prüfung abgelegt wird, ohne zuvor die Berufsausbildung durchlaufen zu haben, ist dies ebenfalls als abgeschlossene Ausbildung anzusehen. Sind die dargestellten Anforderungen nicht erfüllt, ist die Bildungsmaßnahme als „Anlernphase" und Bestandteil der ersten Ausbildung anzusehen.

Ein **Erststudium** liegt vor, wenn weder ein anderes durch einen berufsqualifizierenden Abschluss beendetes Studium noch eine andere abgeschlossene nichtakademische Berufsausbildung vorangegangen ist.

Zweite Berufsausbildung

Aufwendungen für eine zweite Berufsausbildung (z. B. Erststudium oder Umschulung nach einer abgeschlossenen Ausbildung, Ergänzungsstudium und Aufbaustudium, wenn das vorhergehende Studium zu einem berufsqualifizierenden Abschluss geführt hat, Masterstudiengang nach Bachelorabschluss, Zweitstudium) sind **Betriebsausgaben oder Werbungskosten**, wenn ein konkreter Zusammenhang mit der Erzielung künftiger steuerpflichtiger Einnahmen besteht, was normalerweise der Fall ist. Dabei spielt es keine Rolle, ob die Ausbildung innerhalb oder außerhalb eines Ausbildungsarbeitsverhältnisses erfolgt.

Ein Rentner/Pensionär, der im Ruhestand ein Studium beginnt, kann die Ausbildungskosten nur steuerlich geltend machen, wenn er nicht nur die beabsichtigte Einkunftserzielungsabsicht glaubhaft macht, sondern auch darlegen kann, dass er voraussichtlich insgesamt höhere Einnahmen erzielen wird, als Kosten angefallen sind bzw. anfallen (Überschussprognose).

Kosten für den Besuch allgemeinbildender Schulen (Abendrealschule, Abendgymnasium) sind auch nach einer abgeschlossenen ersten Berufsausbildung nicht als Werbungskosten, sondern nur als Sonderausgaben, begrenzt auf 6.000 €, abziehbar.

TIPP

Sicherung des Werbungskosten- oder Betriebsausgabenabzugs

Überlegen Sie, ob vor Beginn eines langen und kostenträchtigen Studiums eine zwölfmonatige Vollzeitausbildung mit einer Abschlussprüfung absolviert werden kann (z. B. vor Medizinstudium Ausbildung zum Rettungssanitäter). Dadurch wird das Studium zur Zweitausbildung, und die möglichen Werbungskosten (Verlustvortrag) können mit späteren positiven Einkünften verrechnet werden und führen zu nicht unerheblichen Steuererstattungen.

Praktika

Kosten in Zusammenhang mit Praktika **während** eines Studiums werden entsprechend den Kosten des zugrunde liegenden Studiums als Werbungskosten oder Sonderausgaben eingeordnet. Im Grundsatz ist dabei die Uni als erste Tätigkeitsstätte anzusehen, sodass für die Praktika der Reisekostenabzug gilt. Vertiefend siehe → Reisekosten.

Vor- und Nachpraktika (Student noch nicht oder nicht mehr immatrikuliert) begründen ein eigenständiges Beschäftigungsverhältnis, sodass der Ort des Praktikums regelmäßig eine erste Tätigkeitsstätte (ohne Reisekostenabzug) ist. Bei auswärtiger Unterbringung ist u. U. der Kostenabzug für eine doppelte Haushaltsführung möglich. Vertiefend siehe → Doppelte Haushaltsführung.

TIPP

Kosten der ersten Ausbildung

Ob das (rückwirkende) gesetzliche Verbot des Werbungskostenabzugs für die Kosten einer ersten Berufsausbildung verfassungsgemäß ist, wird zzt. vom BVerfG in mehreren Verfahren geprüft (z. B. 2 BvL 23/14–27/14). Machen Sie deshalb die Kosten der Erstausbildung immer als Werbungskosten geltend. Sofern Sie bisher noch keine Steuererklärung abgegeben haben, ist dies rückwirkend noch bis zum Jahr 2014 möglich. Die Finanzämter sind angewiesen, die Bescheide insoweit vorläufig (§ 165 AO) zu erlassen, sodass ein Einspruch nicht nötig ist.

Prüfschema

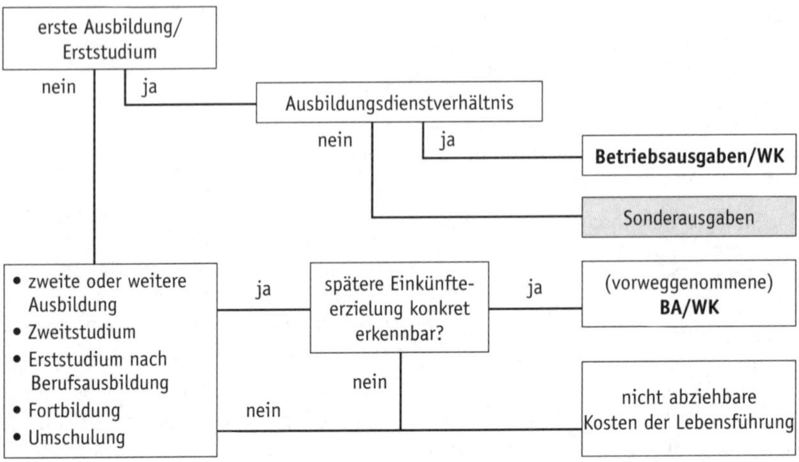

2 Abzugsfähige Aufwendungen

Abziehbar sind insbesondere Schul-, Kurs- und Studiengebühren, Kosten für Fachliteratur und Lernmaterial, Kosten eines Arbeitszimmers, Abschreibungen für z. B. Schreibtisch, Computer und Software, Druck- und Kopierkosten, Zulassungs- und Prüfungsgebühren sowie Zinsen für ein Studiendarlehen (nicht für BAföG-Darlehen). Vertiefend siehe → Arbeitszimmer und → Computer.

Die Ermittlung der Kosten ist beim Abzug als Werbungskosten und Sonderausgaben identisch. Wesentliche Unterschiede bestehen dagegen beim Abzug von Fahrtkosten, Übernachtungskosten und Verpflegungsmehraufwendungen.

Erfolgt die Ausbildung im Rahmen eines Ausbildungsdienstverhältnisses, besteht im Regelfall am Betriebssitz des Arbeitgebers eine erste Tätigkeitsstätte.

Der Besuch einer auswärtigen Bildungseinrichtung im Rahmen des Ausbildungsdienstverhältnisses ist eine Auswärtstätigkeit mit Reisekostenabzug. Vertiefend siehe → Reisekosten.

Dasselbe gilt, wenn eine (zweite) Ausbildung neben der Berufstätigkeit (am Abend, am Wochenende, Fernstudium, berufsbegleitend) erfolgt.

Wird die Bildungseinrichtung (z. B. Universität) **außerhalb** eines Dienstverhältnisses in **Vollzeit** (dies unterstellt die Verwaltung, wenn neben der Ausbildung keine oder nur eine regelmäßige Beschäftigung von wöchentlich maximal 20 Stunden oder ein Minijob ausgeübt wird) aufgesucht, gilt die Bildungseinrichtung als erste Tätigkeitsstätte mit der Folge, dass grundsätzlich nur die Fahrten zur Bildungseinrichtung mit der einfachen Entfernung, nicht aber Reisekosten abzugsfähig sind. Bei auswärtiger Unterbringung ist u. U. der Kostenabzug für eine doppelte Haushaltsführung möglich, wenn der Auszubildende neben der Studienunterkunft einen eigenen Hausstand führt. Vertiefend siehe → Doppelte Haushaltsführung.

Außergewöhnliche Belastung

Aufwendungen wegen außergewöhnlicher Belastung allgemeiner Art sind abziehbar, wenn sie die zumutbare Eigenbelastung übersteigen. In typisierten Einzelfällen ist der Abzug von Höchst-, Pausch- oder Freibeträgen ohne Anrechnung einer zumutbaren Belastung möglich.

§§ 33, 33a und 33b EStG

1 Allgemeines

Soweit die Aufwendungen zu den Betriebsausgaben, Werbungskosten (z. B. berufsbedingte Krankheit) oder Sonderausgaben gehören, werden sie dort (vorrangig) berücksichtigt.

Außergewöhnliche Belastungen teilen sich in zwei große Gruppen auf:

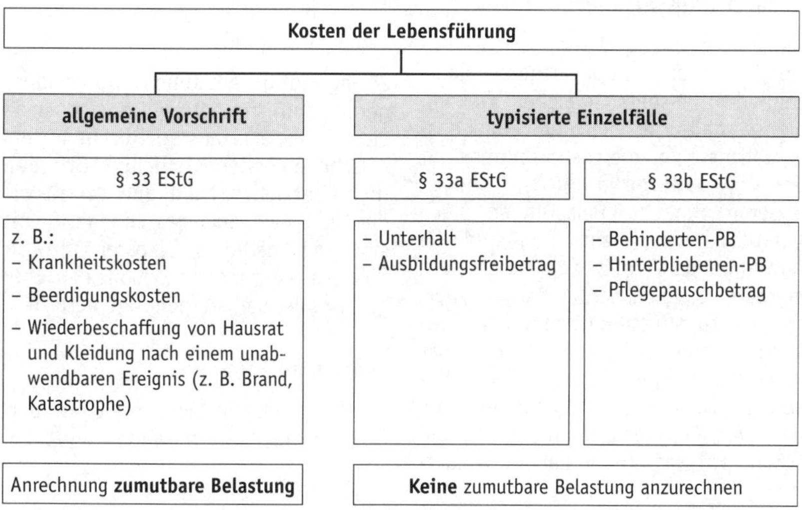

2 Typisierte Einzelfälle

Unterhalt

Aufwendungen für den **Unterhalt**/die Berufsausbildung einer Ihnen oder Ihrem Ehegatten gegenüber gesetzlich unterhaltsberechtigten Person, für die niemand einen Anspruch auf Kindergeld oder Kinderfreibetrag hat. Vertiefend siehe → Unterhaltszahlungen.

Ausbildungsfreibetrag

Aufwendungen für die **Berufsausbildung** eines **auswärtig untergebrachten volljährigen Kindes**, für das Sie einen Kinderfreibetrag oder Kindergeld erhalten. Vertiefend siehe → Kinder.

Behinderte Menschen/ Pflegepauschbetrag

Vertiefend siehe → Behinderte Menschen.

3 Allgemeine Vorschrift

Abzugsvoraussetzungen

Haben Sie **zwangsläufig** höhere Aufwendungen als die überwiegende Mehrzahl der Personen gleicher Einkommensverhältnisse, gleicher Vermögensverhältnisse und gleichen Familienstandes **(= außergewöhnlich)**, liegen außergewöhnliche Belastungen nach § 33 EStG vor. Abzugsfähig sind die Aufwendungen nur, soweit sie eine zumutbare Eigenbelastung (s. u.) übersteigen. Zu den außergewöhnlichen Belastungen gehören vor allem Krankheitskosten, Pflegeaufwendungen, Bestattungskosten, behinderungsbedingte Ausgaben, Sanierungskosten schadstoffbelasteter Gebäude, Wiederbeschaffung von Hausrat nach Unwetter, Überflutung oder Sturm (Einzelfälle s. u.).

Bei Ehegatten mit Zusammenveranlagung erfolgt der Abzug gemeinsam. Es kommt nicht darauf an, welcher Ehegatte gezahlt hat.

Belastung

Eine Belastung liegt vor, wenn Sie ein Ereignis in der persönlichen Lebenssphäre zu Ausgaben zwingt, die Sie selbst endgültig zu tragen haben. Deshalb werden die Aufwendungen um Ersatzleistungen von dritter Seite (z. B. dem Arbeitgeber, Beihilfe bei Beamten, Versicherungsersatz) unabhängig vom Erstattungszeitpunkt gemindert. Werden mögliche Ersatzansprüche gegen Dritte nicht geltend gemacht (z. B. Kostenbelege werden bei der Versicherung nicht eingereicht, um eine Beitragsrückerstattung zu erhalten oder höhere Beiträge zu vermeiden), ist kein Abzug möglich.

Zwangsläufigkeit

Zwangsläufig entstehen Aufwendungen, wenn sie notwendig sind, man sich ihnen also aus **rechtlichen, tatsächlichen oder sittlichen Gründen** nicht entziehen kann und soweit sie der Höhe nach angemessen sind. Damit sind regelmäßig nur Kosten abzugsfähig, die die eigene Person, den Ehegatten oder nahe Angehörige betreffen.

Zumutbare Belastung

Die Aufwendungen wirken sich steuerlich nur aus, soweit sie die Grenze der zumutbaren Belastung übersteigen. Die Höhe der zumutbaren Belastung errechnet sich nach einem bestimmten Prozentsatz, abhängig vom Gesamtbetrag der Einkünfte.

Die zumutbare Belastung beträgt für einen Gesamtbetrag der Einkünfte	Steuerbürger ohne Kinder		Steuerbürger mit Kindern	
	unverheiratet	verheiratet	1 oder 2 Kinder	3 oder mehr Kinder
bis 15.340 €	5 %	4 %	2 %	1 %
von 15.341 € bis 51.130 €	6 %	5 %	3 %	1 %
über 51.130 €	7 %	6 %	4 %	2 %
	des Gesamtbetrags der Einkünfte			

Als Kinder zählen berücksichtigungsfähige Kinder, also solche, für die Sie Freibeträge oder Kindergeld erhalten. Vertiefend siehe → Kinder.

Der Prozentsatz in o.a. Tabelle ist für den jeweiligen Teil des Gesamtbetrags getrennt (stufenweise) anzuwenden (BFH, Urteil v. 19.1.2017, VI R 75/14).

BEISPIEL

Neue Berechnung der zumutbaren Eigenbelastung

Eheleute ohne Kinder haben einen gemeinsamen Gesamtbetrag der Einkünfte von 60.000 €.

Die zumutbare Eigenbelastung berechnet sich stufenweise:

Gesamtbetrag

1 bis 15.340 €:	4 % von 15.340 €	= 613 €
15.340 € bis 51.130 €:	5 % von 35.790 €	= 1.789 €
51.131 bis 60.000 €:	6 % von 8.869 €	= 532 €
zumutbare Eigenbelastung		2.934 €

Nur soweit die geltend gemachten Kosten höher sind, wirken sie sich steuerlich aus.

TIPP

Änderung der Vorjahresbescheide wegen alter Berechnung der Eigenbelastung

In den Vorjahren bis 2016 wurde die zumutbare Eigenbelastung für den Steuerbürger nachteiliger berechnet. Nachdem die Bescheide bezüglich der zumutbaren Belastung vorläufig (§ 165 AO) ergingen, können die ansonsten bestandskräftigen Bescheide noch geändert werden. Dazu müssen Sie die Änderung der Bescheide nach § 165 Abs. 2 AO und die Anwendung der stufenweisen Berechnung der Eigenbelastung beantragen.

Abzugszeitpunkt

Die Aufwendungen sind im Kalenderjahr der Zahlung zu berücksichtigen (Abflussprinzip). Auch wenn sich bei hohen Kosten wegen geringer Einkünfte keine volle steuerliche Auswirkung ergibt, ist eine Verteilung der Aufwendungen auf mehrere Jahre – im Wege der Billigkeit – nicht zulässig (BFH, Urteil v. 12.7.2017, VI R 36/15).

4 Einzelfälle

Adoption: keine außergewöhnlichen Belastungen (BFH, Urteil v. 10.3.2015, VI R 60/11)

Allergie: → Krankheitskosten

Behinderungsbedingte Ausgaben: Vertiefend siehe → Krankheitskosten und → Behinderte Menschen.

Bestattungskosten/Grabbesuch/ Grabinstandhaltung: Beerdigungskosten für Angehörige sind abziehbar, soweit sie nicht aus dem Nachlass bezahlbar sind. Anzurechnen sind Versicherungsleistungen (Sterbegeld, Lebensversicherung). Abziehbar sind die Kosten für die Grabstätte, den Sarg, Blumen und Kränze, Trauerkarten, Todesanzeigen, Überführung und Aufbahrung, nicht dagegen Aufwendungen für die Bewirtung der Trauergäste, Fahrtkosten zur Beerdigung, Aufwendungen für Trauerkleidung, Grabbesuch sowie Kosten für Grabinstandsetzung und Grabpflege.

Diätverpflegung: Vertiefend siehe → Krankheitskosten.

Elektrosmog: Aufwendungen für Schutzmaßnahmen gegen z. B. Mobilfunkwellen sind nur abziehbar, wenn die von den Gegenständen ausgehende konkrete Gesundheitsgefährdung durch ein technisches Gutachten nachgewiesen wird. Vertiefend siehe → Krankheitskosten.

Eltern-Kind-Verhältnis: Aufwendungen des nicht sorgeberechtigten Elternteils zur Kontaktpflege sind nicht außergewöhnlich.

Flutschaden/Hochwasser/Katastrophenschäden: Aufwendungen wie z. B. die Reparatur eines selbst genutzten Hauses oder die Ersatzbeschaffung von Hausrat anlässlich von unabwendbaren Ereignissen (Erdbeben, Überschwemmungen, Sturm, Orkan, Brand, Hagel) sind berücksichtigungsfähig. Soweit durch die Erneuerung eine Wertsteigerung des Gebäudes eingetreten ist, werden die abzugsfähigen Kosten entsprechend gemindert. **Hinweis:** Wichtiges zum Thema Orkanschäden und andere Naturkatastrophen finden Sie auch auf www.haufe.de/mybook unter „Weiterführende steuerliche Informationen".

Hausumbau/Sanierung: Die Sanierungskosten des selbst bewohnten Hauses sind abzugsfähig, wenn vom Gebäude eine akute Gesundheitsgefährdung (d. h. gesetzliche Schadstoffgrenzwerte sind überschritten) ausgeht (z. B. Gefahr durch Holzschutzmittel, Formaldehyd, Dioxin, Asbest, Elektrosmog, Mobilfunkwellen) oder wenn die Sanierung durch ein unausweichliches Ereignis (z. B. bei Hochwasser, Sturm etc.) oder wegen konkreter Einsturzgefahr durch Hausschwamm notwendig geworden ist. Eine rein vorsorgliche Sanierung ist nicht begünstigt. Dasselbe gilt für Aufwendungen zur Beseitigung von Baumängeln, selbst wenn dabei auch konkrete Gesundheitsgefährdungen beseitigt werden (BFH, Beschluss v. 29.3.2018, VI B 106/17).

Weitere Voraussetzungen für eine Berücksichtigung der Sanierungskosten sind, dass der Grund für die Sanierung beim Kauf des Hauses noch nicht erkennbar war, es sich nicht um übliche, alterstypische Reparaturen handelt, den Steuerpflichtigen kein eigenes Verschulden trifft (z. B. Schimmelbildung wegen unsachgemäßen Lüftens) und Schadensersatzansprüche gegenüber Dritten nicht durchsetzbar sind. Erfährt das Haus durch die Maßnahmen eine Wertsteigerung, weil Bausubstanz erneuert wurde, ist die Wertsteigerung bei der Berechnung der abzugsfähigen Kosten zu kürzen. In allen Fällen reicht der einfache Nachweis, also z. B. ein Gutachten durch einen Fachmann (BFH, Urteil v. 29.3.2012, VI R 21/11; BFH, Urteil v. 29.3.2012, VI R 47/10; BFH, Urteil v. 29.3.2012, VI R 70/10).

Zu behinderungsbedingten Umbaukosten → Behinderte Menschen.

Heimunterbringung: → Pflegekosten/Heimunterbringung

Bei krankheitsbedingter Unterbringung → Krankheitskosten.

Künstliche Befruchtung: → Krankheitskosten

Kurkosten: → Krankheitskosten

Pflegeaufwendungen: → Pflegekosten/Heimunterbringung

Prozesskosten/Scheidung: Kosten für Strafprozesse sind keine außergewöhnlichen Belastungen. Zivilprozesskosten sind aufgrund gesetzlicher Regelung ebenfalls nicht mehr als außergewöhnliche Belastungen abzugsfähig. Die gesetzliche Ausnahme für Fälle, in denen der Steuerpflichtige ohne den Rechtsstreit Gefahr liefe, seine Existenzgrundlage zu verlieren und seine lebensnotwendigen Bedürfnisse im üblichen Rahmen nicht mehr befriedigen zu können, hat der BFH bisher nur bei einem Arzthaftungsprozess angenommen, für den Fall, dass eine Zivilklage auf eine Erwerbsunfähigkeitsrente oder eine existenziell wichtige Entschädigung als Ersatz für entgangene oder entgehende Einnahmen zielt und ein Werbungskostenabzug der streitigen Aufwendungen nicht in Betracht kommt (BFH, Urteil v. 17.12.2015, VI R 78/13). Kosten in Zusammenhang mit einer Scheidung sind nicht abzugsfähig (BFH, Urteile v. 18.5.2017, u. a. VI R 9/16, VI R 19/15). Dasselbe dürfte bezüglich Streitigkeiten über das Umgangsrecht der Eltern mit ihren Kindern oder Vaterschaftsprozesse gelten.

Vermögensverluste: Wertverluste, die infolge von Diebstahl oder Zerstörung an Gegenständen des privaten Vermögens eingetreten sind, können nicht als außergewöhnliche Belastungen abgezogen werden. Aufwendungen für deren Wiederbeschaffung sind i. d. R. wegen des vorhandenen Gegenwerts auch nicht abziehbar. Ausnahme:

Wiederbeschaffung von Hausrat und Kleidung: Derartige Aufwendungen sind eine außergewöhnliche Belastung, wenn Hausrat oder Kleidung durch ein unabwendbares Ereignis wie Brand, Hochwasser, Unwetter, Kriegseinwirkung, Vertreibung oder politische Verfolgung verloren gegangen ist und wiederbeschafft werden muss. Die Aufwendungen sind nur in Höhe der notwendigen und angemessenen Kosten abzugsfähig und werden nur berücksichtigt, soweit sie den (Rest-)Wert des Gegenstands vor dem Schadenseintritt nicht übersteigen.

Weitere Voraussetzung für den Kostenabzug ist, dass der Geschädigte eine allgemein übliche und zumutbare Versicherung (z. B. Hausratversicherung, Elementarversicherung für ein Gebäude) abgeschlossen hat.

TIPP

Aus Billigkeit lässt, wenn durch ein Naturereignis (z. B. Überflutung, Unwetter) viele Menschen betroffen sind, die Finanzverwaltung den Abzug aber auch zu, wenn keine Versicherung abgeschlossen wurde.

Baukindergeld

Der Staat gibt Familien mit Kindern einen Zuschuss (Baukindergeld) zum Kauf einer zu eigenen Wohnzwecken genutzten Immobilie. Die nachfolgenden Ausführungen basieren auf den zum Zeitpunkt des Redaktionsschlusses bekannten Fakten. Das Gesetzgebungsverfahren war zu diesem Zeitpunkt noch nicht im Gange. Aktuelle Informationen zum Thema finden Sie unter www.haufe.de/mybook unter „Weiterführende steuerliche Informationen".

1 Höhe der Förderung

Das Baukindergeld beträgt pro Kind jährlich 1.200 €. Die Förderung kann zehn Jahre lang beansprucht werden. Bei zwei Kindern ist damit ein Förderbetrag von insgesamt 24.000 € möglich.

2 Fördervoraussetzungen

Geförderte Immobilien

Die Immobilie, für die Baukindergeld beantragt wird, muss selbst genutzt werden, d. h. die Familie muss darin wohnen. Ob es sich dabei um einen Neubau oder Altbau (Bestandsimmobilie) handelt bzw. ob die Immobilie selbst gebaut oder gekauft wurde, ist ebenso ohne Bedeutung wie die Wohnungsgröße. Baukindergeld gibt es nur für den **ersten** Immobilienerwerb einer Familie. Der Anspruch auf Baukindergeld endet, wenn die Immobilie nicht mehr selbst bewohnt wird.

Zeitliche Voraussetzungen

Die Förderung gilt für alle Objekte, bei denen die Baugenehmigung zwischen dem 1.1.2018 und dem 31.12.2020 gestellt bzw. bei denen der notarielle Kaufvertrag innerhalb dieses Zeitraums geschlossen wurde.

Kinder

Berücksichtigt werden nur Kinder, die am Tag der Antragstellung jünger als 18 Jahre sind. Die Kinder müssen im neuen Heim wohnen und für die Kinder muss ein Anspruch auf Kindergeld für den Antragsteller oder eine mit ihm im gemeinsamen Haushalt lebende Person (Ehegatte, Lebenspartner, ehehähnlicher Partner) bestehen. Dies ist durch Meldebestätigung nachzuweisen.

Einkunftsgrenze

Um in den Genuss der Förderung zu kommen, darf das zu versteuernde Einkommen der Eltern im zweiten und dritten Jahr vor Antragstellung im Durchschnitt 90.000 € (mit einem Kind) nicht übersteigen. Für jedes weitere Kind erhöht sich dieser Betrag um 15.000 €, sodass das zu versteuernde Einkommen einer Familie mit zwei Kindern bis zu 105.000 € betragen darf.

3 Antrag

Die Anträge müssen innerhalb von drei Monaten nach Einzug bzw. nach Abschluss des notariellen Kaufvertrags online bei der staatlichen KfW-Bank unter www.kfw.de/zuschussportal gestellt werden. Innerhalb von drei Monaten nach Bestätigung des Eingangs sind die ESt-Bescheide der beiden maßgebenden Jahre, die amtliche Meldebestätigung des Einzugstags und der Grundbuchauszug über den Eigentumserwerb bzw. die Auflassungsvormerkung elektronisch zu übermitteln.

Nähere Informationen finden Sie unter www.kfw.de/baukindergeld. **Hinweis:** Aktuelle Entwicklungen zum Thema „Baukindergeld" finden Sie auch auf www.haufe.de/mybook unter „Weiterführende steuerliche Informationen".

Behinderte Menschen

Behinderte Menschen können typische Mehraufwendungen, die ihnen durch ihre Behinderung entstehen, entweder über den Abzug eines Pauschbetrags oder in tatsächlicher Höhe nach Berücksichtigung der zumutbaren Eigenbelastung bei den außergewöhnlichen Belastungen geltend machen. Besondere Einzelaufwendungen können neben dem Pauschbetrag berücksichtigt werden.

§§ 33, 33b EStG

1 Pauschbetrag für behinderte Menschen

Allgemeiner Pauschbetrag

Der Pauschbetrag deckt die Kosten für die Hilfe bei den regelmäßig wiederkehrenden Verrichtungen des täglichen Lebens, die Pflege sowie für den erhöhten Wäschebedarf ab.

Er richtet sich nach dem amtlich festgestellten Grad der Behinderung. Bei einem Grad der Behinderung von mindestens 50 % ist immer ein Pauschbetrag möglich, bei weniger als 50 %, aber mind. 25 % ist zusätzlich erforderlich, dass

- dem behinderten Menschen wegen der Behinderung nach gesetzlichen Vorschriften Renten oder andere laufende Bezüge zustehen oder
- die Behinderung zu einer dauernden Einbuße der körperlichen Beweglichkeit geführt hat oder
- die Behinderung auf einer typischen Berufskrankheit beruht.

Der Pauschbetrag beträgt bei einem Grad der Behinderung:

von 25 und 30 %	**310 €**
von 35 und 40 %	**430 €**
von 45 und 50 %	**570 €**
von 55 und 60 %	**720 €**
von 65 und 70 %	**890 €**
von 75 und 80 %	**1.060 €**
von 85 und 90 %	**1.230 €**
von 95 und 100 %	**1.420 €**

Für behinderte Menschen, die **hilflos** sind, und für **Blinde** erhöht sich der Pauschbetrag auf **3.700 €.** Es handelt sich dabei stets um einen Jahresbetrag, der nicht zeitanteilig berechnet wird, wenn die Behinderung erst im Laufe des Jahres eingetreten oder weggefallen ist. Ändert sich der Grad der Behinderung, ist der jeweils höchste Grad im Jahr maßgebend.

! WICHTIG

Pauschbetrag oder Pflegekosten?

Wenn Sie den Pauschbetrag für behinderte Menschen in Anspruch nehmen, können Sie für Pflegekosten oder Heimunterbringungskosten keinen Abzug als außergewöhnliche Belastungen und auch keine Steuerermäßigung für Pflegeleistungen bei den haushaltsnahen Dienstleistungen mehr geltend machen. Prüfen Sie deshalb genau, ob der Abzug der tatsächlichen Aufwendungen (s. u.) nicht günstiger ist.

Nachweis der Behinderung

Ab einem Grad der Behinderung von 50 % ist beim ersten Mal die Vorlage des Schwerbehindertenausweises erforderlich. Im Ausweis stehen ggf. auch die Merkmale „blind (Bl)“ oder „hilflos (H)“. Dem Merkzeichen „H“ steht die Einstufung in die Pflegegrade 4 oder 5 durch den Medizinischen Dienst der Krankenversicherung gleich. Eine Gehbehinderung wird durch die Merkmale „G“ oder „aG“ bescheinigt.

Beträgt der Grad der Behinderung zwischen 25 % und weniger als 50 %, benötigt das Finanzamt eine Bescheinigung des Versorgungsamts bzw. bei Rentenzahlung aufgrund der Behinderung den Rentenbescheid als Nachweis.

Tatsächliche Aufwendungen (Wahlrecht)

Statt des Pauschbetrags können die tatsächlichen **laufenden** und **typischen pflege- oder behindertenbedingten Aufwendungen** nach § 33 EStG als außergewöhnliche Belastungen berücksichtigt werden. Dazu gehören erhöhte Kosten für Wäsche und Hygieneartikel, Hilfe bei den gewöhnlichen und regelmäßig wiederkehrenden Arbeiten des täglichen Lebens, Diätkosten und Stärkungsmittel, ein Blindenhund, ambulante Pflege (angestellte Pflegerin oder Pflegedienst), Kurzzeit-, Tages- oder Nachtpflege sowie Pflege und Unterbringung im Heim. Allerdings wird der Gesamtaufwand um die zumutbare Eigenbelastung gekürzt. Vertiefend siehe → Pflegekosten/Heimunterbringung und → Außergewöhnliche Belastung.

Neben dem Pauschbetrag abzugsfähige Kosten

Zusätzlich zum Pauschbetrag können unter Beachtung der zumutbaren Eigenbelastung berücksichtigt werden:

Krankheitskosten, Kurkosten

Darunter fallen Zahlungen für Heilbehandlungen (Operationen, Heilbehandlungen, Arzneimittel, Arztbesuche), auch soweit diese durch die Behinderung bedingt sind, sowie die Kosten einer Heilkur. Vertiefend siehe → Krankheitskosten.

Begleitperson

Sind Sie wegen Ihrer Behinderung auf ständige Begleitung angewiesen (Merkzeichen „H" oder Pflegegrade 4 bzw. 5 bzw. amtsärztliches Gutachten oder Bescheinigung des Medizinischen Dienstes der Krankenversicherung erforderlich), können Sie Mehraufwendungen (Fahrtkosten, Unterbringung, Verpflegung), die Ihnen auf einer Urlaubsreise für eine Begleitperson entstehen, in angemessenem Umfang geltend machen. Das gilt nicht, soweit es sich um einen Familienurlaub mit einem behinderten Kind handelt oder die Begleitperson, insbesondere wenn es sich um den Ehegatten handelt, aus eigenem Interesse teilgenommen hat (BVerfG, Beschluss v. 15.5.2014, 2 BvR 295/14).

Behinderungsgerechter Umbau

Werden spezielle, auf die Behinderung abgestellte Vorrichtungen eingebaut (z. B. Treppenschräglift, Badewannenlift, Haltegriffe, Sitzerhöhung, Spezialrauchmelder für gehörlose Menschen, Hausnotruf), handelt es sich um **medizinisch notwendige Hilfsmittel**, die als Krankheitskosten abzugsfähig sind.

Umbaumaßnahmen, die das Gebäude selbst betreffen, wie z. B. elektrisches Garagentor, Rollstuhlrampe, Aufzug, Türverbreiterung, behindertengerechtes Bad (bodengleiche Dusche, Sitzwanne), und die auch für nicht behinderte Personen angenehm sind, können dagegen nur berücksichtigt werden, soweit ein Käufer dafür keinen höheren Kaufpreis zahlen würde, denn nur insoweit liegt ein durch die Behinderung verursachter (verlorener) Aufwand vor. Für den Kostenabzug ist es unerheblich, ob die behinderungsbedingten Mehrkosten im Rahmen eines Neubaus oder einer Modernisierung bzw. eines Umbaus angefallen sind. Ebenso ist es ohne Bedeutung, ob die Aufwendungen situationsbedingt zwangsläufig waren (Umbau nach unvorhersehbarer Krankheit, z. B. Schlaganfall) oder infolge schleichender Erkrankung (BFH, Urteil v. 24.2.2011, VI R 16/10). Eine Verteilung hoher Kosten auf mehrere Jahre aus Billigkeit lehnt die Verwaltung ab. Ob die Kostenverteilung möglich ist, muss der BFH in einem Revisionsverfahren (Az. VI R 36/15) entscheiden. Beantragen Sie ggf. die Verteilung und halten Sie die Steuerfestsetzung mit einem Einspruch offen.

Die Zwangsläufigkeit der Umbaukosten kann z. B. durch Bescheid eines gesetzlichen Trägers der Sozialversicherung über die Bewilligung eines Zuschusses oder ein Gutachten des Medizinischen Dienstes der Krankenversicherung (MDK), des Sozialmedizinischen Dienstes (SMD) oder der Medicproof Gesellschaft für Medizinische Gutachten mbH nachgewiesen werden.

Kfz-Kosten

Erläuterungen zu den Kfz-Kosten finden Sie unten bei „Fahrtkosten".

2 Behinderte Kinder

Kinder, die wegen körperlicher, geistiger oder seelischer Behinderung **außerstande sind, sich selbst zu unterhalten**, können, unabhängig vom Alter, bei den Eltern steuerlich berücksichtigt werden, vorausgesetzt, die Behinderung ist vor Vollendung des 25. Lebensjahres eingetreten. Den Eltern stehen alle kindabhängigen Steuervergünstigungen (z. B. Kindergeld, Freibeträge, Betreuungskosten etc.) zu. Vertiefend siehe → Kinder.

Der dem Kind zustehende Behindertenpauschbetrag ist auf die Elternteile auf Antrag beliebig übertragbar, wenn ihn das Kind mangels eigener (geringer) Einkünfte nicht in Anspruch nimmt. Zusätzlich – neben dem Pauschbetrag – sind bei den Eltern die nicht laufenden behinderungsbedingten Aufwendungen (s. o.) abzugsfähig. Dazu gehören auch die Kosten für den Führerschein eines Kindes mit schwerer Geh- und Stehbehinderung sowie der behindertengerechte Umbau eines Kfz.

Auch ohne Übertragung des Pauschbetrags können die Eltern ihre eigenen zwangsläufigen Aufwendungen für das Kind (z. B. Fahrtkosten in Zusammenhang mit der Betreuung des Kindes im Heim, Kosten, die durch die persönliche Pflege und Betreuung des Kindes in der elterlichen Wohnung entstehen) nach § 33 EStG abziehen, denn durch den Pauschbetrag werden nur die Aufwendungen des behinderten Kindes abgegolten.

3 Fahrtkosten

Berufliche Fahrten

Behinderte Menschen können für Fahrten mit dem eigenen Kfz zwischen Wohnung und erster Tätigkeitsstätte oder Betrieb statt der Entfernungspauschale die **tatsächlichen Kosten** als Werbungskosten bzw. Betriebsausgaben abziehen, wenn ein Grad der Behinderung vorliegt von

- mind. 70 % oder
- mind. 50 % und zusätzlich eine erhebliche Gehbehinderung (Merkzeichen „G" oder „aG" im Ausweis).

Ohne Einzelnachweis sind bei Benutzung eines Pkw für eine arbeitstägliche Fahrt pauschal 0,30 € je **gefahrenen** Kilometer (0,60 € je Ekm) als Werbungskosten abzugsfähig. Es kann allerdings nur einheitlich entweder mit der Entfernungspauschale oder den tatsächlichen Kosten abgerechnet werden.

Auch Familienheimfahrten bei doppelter Haushaltsführung sind in entsprechender Höhe absetzbar.

TIPP

Fahrten zur ersten Tätigkeitsstätte

Wird der behinderte Arbeitnehmer von seinem Ehegatten zu seiner ersten Tätigkeitsstätte gebracht und abgeholt, können pro Tag zwei Hin- und Rückfahrten abgerechnet werden, wenn der behinderte Mensch keinen Führerschein hat oder aus Gründen der Behinderung von der Fahrerlaubnis keinen Gebrauch macht.

Andere beruflich veranlasste Fahrten (z. B. infolge einer Auswärtstätigkeit) können wie bei nicht behinderten Menschen auch in tatsächlicher Höhe abgezogen werden. Vertiefend siehe → Reisekosten.

Privatfahrten behinderter Menschen

Personen mit einem Grad der Behinderung von

- mind. 80 % oder
- mind. 70 % und Merkzeichen „G"

können angemessene Kraftfahrzeugkosten (max. 0,30 €/km) für durch die Behinderung veranlasste unvermeidbare private Fahrten bis max. 3.000 km jährlich neben dem Pauschbetrag abziehen.

Bei

- außergewöhnlich gehbehinderten Menschen **(Merkzeichen „aG")** oder
- **blinden** (Merkzeichen „Bl") oder
- **hilflosen** (Merkzeichen „H" oder Pflegegrade 4 bzw. 5) Menschen

werden grundsätzlich alle privaten Fahrten, also auch Erholungs-, Freizeit- und Besuchsfahrten, bis zu 15.000 km jährlich berücksichtigt. Zusätzlich abzugsfähig sind Kosten für den behinderungsgerechten Umbau des Kfz, nicht dagegen Aufwendungen durch einen verschleißbedingten Motorschaden (BFH, Urteil v. 19.1.2017, VI R 60/14).

TIPP

Fahrten zum Arzt

Zusätzlich sind die Fahrtkosten zum Arzt als Krankheitskosten abziehbar (BFH, Urteil v. 16.6.2010, VI B 11/10).

4 Heimunterbringung/ Haushaltshilfe

Leben behinderte Menschen im eigenen Haushalt, können sie für Hilfe und Dienstleistungen im Haushalt eine Steuerermäßigung erhalten. Vertiefend siehe → Haushaltsnahe Tätigkeiten/ Dienstleistungen.

Bei krankheits-, pflege- oder behinderungsbedingter Heimunterbringung können statt des Pauschbetrags für behinderte Menschen die gesamten tatsächlichen Aufwendungen (ohne Kosten des typischen Unterhalts) als Krankheitskosten berücksichtigt werden. Vertiefend siehe → Krankheitskosten und → Pflegekosten/Heimunterbringung.

5 Pflegepauschbetrag

Pflegen Sie **persönlich** einen nicht nur vorübergehend **hilflosen** Menschen (Merkzeichen „H" oder Pflegegrade 4 bzw. 5) in Ihrer oder in seiner Wohnung, erhalten Sie für jede gepflegte Person einen Pflegepauschbetrag von **924 €** im Jahr (§ 33b Abs. 6 EStG). Alternativ können Sie die Ihnen tatsächlich durch die Pflege entstandenen Kosten als allgemeine außergewöhnliche Belastungen unter Berücksichtigung der zumutbaren Eigenbelastung (§ 33 EStG) geltend machen.

Wird eine pflegebedürftige Person von mehreren Personen gepflegt, ist der Pauschbetrag gleichmäßig aufzuteilen.

Wird die Pflegeperson für die Pflege bezahlt, kann sie keinen Pauschbetrag erhalten. Auch ein weitergegebenes Pflegegeld aus der Pflegeversicherung ist schädlich. Lediglich das an die **Eltern** eines behinderten Kindes für die Pflege des Kindes ausgezahlte Pflegegeld ist unbeachtlich.

Betriebsausgaben/Übersicht

Betriebsausgaben sind Aufwendungen, die durch den Betrieb veranlasst sind. Sie mindern den Gewinn bei den Einkünften aus Land- und Forstwirtschaft, Gewerbebetrieb und selbstständiger Arbeit. Bestimmte Betriebsausgaben sind nicht oder nur begrenzt abziehbar.

§ 4 Abs. 4 bis 8 und §§ 4a bis 4h EStG

1 Allgemeines

Betrieblich veranlasst sind alle Aufwendungen, die in tatsächlichem, sachlichem oder wirtschaftlichem Zusammenhang mit dem Betrieb stehen. Ob die Aufwendungen notwendig, üblich, angemessen oder zweckmäßig sind, ist für den Abzug von Aufwendungen ohne Bedeutung.

Durchlaufende Posten (Beträge, die in fremdem Namen und auf fremde Rechnung vereinnahmt und verausgabt werden) werden bei der Gewinnermittlung weder als Betriebseinnahmen noch als Betriebsausgaben erfasst.

Grundsätzlich entscheidet der Betriebsinhaber, ob Aufwendungen betrieblich notwendig sind. Einschränkungen ergeben sich nur durch gesetzliche Abzugsbeschränkungen und wenn die Aufwendungen in den Bereich der privaten Lebensführung fallen. Trägt ein Dritter Kosten, die durch die Einkünfteerzielung eines Unternehmers veranlasst sind, sind diese als sog. **Drittaufwand** grundsätzlich **keine Betriebsausgaben**. Aufwendungen des Dritten können aber im Wege des sog. abgekürzten Zahlungswegs beim Unternehmer zu Betriebsausgaben führen, wenn der Dritte ihm etwas schuldet und, statt an ihn zu zahlen, mit seinem Einverständnis und in seinem Namen an seinen Gläubiger leistet.

Zurückgezahlte Einnahmen sind Betriebsausgaben, soweit die Betriebseinnahmen steuerpflichtig waren.

2 Abgrenzung zwischen abziehbaren und nicht abziehbaren Betriebsausgaben

Betriebsausgaben sind im Allgemeinen uneingeschränkt abziehbar. Hiervon abzugrenzen sind **nicht oder beschränkt abziehbare Betriebsausgaben**. Obwohl sie in den Bereich der Betriebsausgaben gehören, wird ihre Abzugsfähigkeit durch gesetzliche Vorschriften (insbesondere § 4 Abs. 5 und § 12 EStG) eingeschränkt. Sie gehören aber nicht zu den Privatentnahmen. Zum Beispiel:

- Aufwendungen für → Geschenke an andere Personen als Arbeitnehmer, wenn die AK oder HK je Empfänger im Wirtschaftsjahr insgesamt 35 € übersteigen;
- → Bewirtungskosten, soweit sie unangemessen sind oder 70 % der angemessenen Bewirtungskosten übersteigen;
- Mehraufwendungen für Verpflegung, soweit sie die gesetzlich festgelegten Pauschbeträge für Geschäftsreisen übersteigen (siehe auch → Reisekosten); Aufwendungen für Fahrten zwischen Wohnung und Betrieb, soweit die Aufwendungen die Entfernungspauschale übersteigen, siehe auch → Firmenwagen;
- Aufwendungen für ein häusliches → Arbeitszimmer;
- Mehraufwendungen wegen einer aus betrieblichem Anlass begründeten → doppelten Haushaltsführung;
- unangemessene Aufwendungen, die die Lebensführung berühren;
- Aufwendungen für die geschäftliche Repräsentation, wie z. B. besonders teure Kraftfahrzeuge oder eine übermäßig luxuriöse Ausstattung der Geschäftsräume. Das Abzugsverbot gilt hierbei für den Teil der Aufwendungen, der nach der allgemeinen Verkehrsauffassung als unangemessen anzusehen ist (BFH, Urteil v. 29.4.2014, VIII R 20/12);
- Zinsen auf hinterzogene Steuern;
- Schuldzinsen, die auf Überentnahmen beruhen (siehe → Schuldzinsen);
- Geldbußen, Ordnungsgelder, Verwarnungsgelder, Geldstrafen
  Beachte: Verfahrenskosten (Gerichts- und Anwaltskosten) sind aber abziehbar, wenn die zugrunde liegende „Tat" betrieblich veranlasst war. Ein betrieblicher Zusammenhang besteht aber nur, wenn die dem Steuerpflichtigen zur Last gelegte Tat ausschließlich und unmittelbar aus seiner betrieblichen oder beruflichen Tätigkeit heraus erklärbar ist (BFH, Urteil v. 20.9.1989, X R 43/86). Nach Einleitung eines Steuerstrafverfahrens anfallende Steuerberatungskosten sind auch dann in vollem Umfang als Betriebsausgaben bzw. Sonderausgaben abziehbar, wenn die geltend gemachten Aufwendungen nachweislich die Steuerberatung betreffen und nicht die Strafverteidigung (FG Münster, Urteil v. 27.11.2012, 1 K 4121/09 E);
- Schmier- und Bestechungsgelder;

- Kosten für die Inanspruchnahme spiritueller Dienstleistungen zur Umsatzförderung (FG Münster, Urteil v. 22.1.2014, 12 K 759/13 G, F);
- → Gewerbesteuer für Jahre seit 2008;
- Aufwendungen zur Förderung staatspolitischer Zwecke; sie sind ggf. als Spenden abziehbar.

Vorweggenommene Betriebsausgaben

Vorweggenommene Betriebsausgaben entstehen vor der Eröffnung eines Betriebs. Sie sind als Anlauf-/Gründungskosten zu verstehen (z. B. Planungs-, Finanzierungs-, Reisekosten oder Behördengebühren). Ihr Abzug setzt einen ausreichenden Zusammenhang mit der Gewinnerzielung voraus. Kommt es nicht zur Betriebsgründung, liegen vergebliche Betriebsausgaben vor. Ihr Abzug hängt davon ab, ob der Nachweis der betrieblichen Veranlassung erbracht werden kann. Vertiefend siehe → Existenzgründer.

Nachträgliche Betriebsausgaben

Nach Beendigung der gewerblichen Tätigkeit können nachträgliche Betriebsausgaben anfallen, die zu negativen Einkünften aus Gewerbebetrieb führen, z. B. Zinszahlungen für Verbindlichkeiten, die aus betrieblichem Anlass entstanden sind und bis zur Veräußerung oder Aufgabe des Gewerbebetriebs trotz Verwertung des vorhandenen Vermögens nicht getilgt werden konnten.

3 Aufzeichnungspflicht

Der Steuerpflichtige trägt die Beweislast für die Richtigkeit seiner Angaben. Kommt er dieser nicht nach, können die Voraussetzungen für eine Schätzung nach § 162 Abs. 1 AO erfüllt sein (BFH, Beschluss v. 13.3.2013, X B 16/12). Während Betriebsausgaben geschätzt werden können, wenn Belege verloren gegangen sind, trifft das auf Vorsteuerbeträge nur eingeschränkt zu (Näheres dazu: BFH, Urteil v. 23.10.2014, V R 23/13). Aufwendungen für u. a. Geschenke, Bewirtungskosten, Kosten für ein häusliches Arbeitszimmer und Aufwendungen, die die Lebensführung berühren, sind von den sonstigen Betriebsausgaben getrennt und einzeln aufzuzeichnen.

4 Aufteilungsgebot und -verbot

Aufwendungen, die **ausschließlich** der **privaten Lebenshaltung** dienen, sind als Betriebsausgaben nicht abziehbar, und zwar auch dann nicht, wenn sie durch die wirtschaftliche oder gesellschaftliche Stellung des Unternehmers ausgelöst werden. Das gilt selbst dann, wenn sie zur Förderung seines Berufs oder seiner Tätigkeit erfolgen. Liegt bei Aufwendungen eine berufliche oder private **Mitveranlassung von untergeordneter Bedeutung** (jeweils unter 10 %) vor, ist diese nicht zu beachten.

Fallen Aufwendungen unter das steuerliche Existenzminimum (abgegolten durch einen Grundfreibetrag i. H. v. 8.354 € oder durch Freibeträge für Kinder), sind diese nicht als Betriebsausgabe abziehbar. Handelt es sich grundsätzlich um

Sonderausgaben oder außergewöhnliche Belastungen, sind sie als solche zu berücksichtigen.

Andere **gemischte Aufwendungen** sind in Betriebsausgaben und nicht abziehbare Kosten der privaten Lebensführung aufzuteilen, wenn die **Aufteilung nach objektiven Merkmalen** (Zeit, Menge, Fläche, nach Köpfen) **leicht und einwandfrei** vorgenommen werden kann. Der Teil der Aufwendungen, der als Betriebsausgaben zu berücksichtigen ist, kann ggf. geschätzt werden. Ist bei gemischten Aufwendungen eine leicht und einwandfrei nachprüfbare Trennung zwischen betrieblicher und privater Veranlassung nicht möglich, sind die Kosten **insgesamt** nicht abziehbar. Ein Prüfschema zur Abgrenzung finden Sie in → Werbungskosten, -pauschbeträge und -pauschalen.

Aufteilbare Kosten sind insbesondere

- Kraftfahrzeugkosten (gefahrene Kilometer),
- Telefongebühren und
- Reisekosten.

Aufwendungen für die Hin- und Rückfahrt bei einer **betrieblich und privat** veranlassten Reise können nach einem Beschluss des Großen Senats des BFH in abziehbare Betriebsausgaben und nicht abziehbare Aufwendungen für die private Lebensführung nach Maßgabe der betrieblich und privat veranlassten **Zeitanteile** aufgeteilt werden (BFH, Beschluss v. 21.9.2009, GrS 1/06). Kosten für eine Reise in einen ausländischen Ferienort, die gleichzeitig zur Erholung und z. B. der Aktualisierung von Lehrbüchern dient, sind allerdings nicht aufteilbar und somit keine Betriebsausgaben (BFH, Urteil v. 7.5.2013, VIII R 51/10).

Die Grundsätze lassen sich auch auf andere gemischte Aufwendungen übertragen:

- PC- und Internetkosten (Zeitanteil)
- beruflich genutzte Räume im ansonsten privat bewohnten Haus (Fläche); siehe → Arbeitszimmer
- allgemeinbildende Literatur (BFH, Urteil v. 20.5.2010, VI R 53/09)

5 ABC weiterer wichtiger Betriebsausgaben

- Abschreibungen (AfA), auch wenn die AK noch nicht bezahlt sind. Vertiefend siehe → Abschreibungen/Anschaffungs- und Herstellungskosten, → Abschreibungen im Betrieb und → Abschreibungen/Gebäude.
- Anwaltskosten
- Beiträge an Berufsverbände
- Beratungskosten (Wirtschafts-, Rechts-, Steuerberatungskosten)
- Betriebsteuern (z. B. Grund-, Kfz- und Umsatzsteuer)
- Bürokosten (Miete, Reinigung, Telefon, Büromaterial)
- Diebstahlsverluste, wenn der Verlust der betrieblichen Sphäre zugeordnet werden kann (insbesondere Gelddiebstahl)
- Erhaltungsaufwendungen für Wirtschaftsgüter des Betriebsvermögens
- Fachbücher und Fachzeitschriften

- Finanzierungskosten (Zinsen einschl. Kontokorrentzinsen, Disagio, Notargebühren für Grundschuld) zur Beschaffung von Darlehen
- Fortbildungskosten
- Geschäfts- und Informationsreisen
- Incentive-Reisen
- Kraftfahrzeugkosten, soweit beruflich veranlasst (einschl. Unfallkosten)
- Pensionszahlungen
- Personalkosten (einschl. solcher an Ehegatten und Kinder)
- Provisionen
- Prozesskosten
- Schadenersatzleistungen, soweit sie betrieblich bedingt sind
- Sponsoring zur Förderung von Personen oder Organisationen in sportlichen, kulturellen oder ähnlichen gesellschaftlichen Bereichen
- Steuerberatungskosten für den Betrieb (Jahresabschluss und Buchführung), auch Fahrtkosten zum Steuerberater einschließlich etwaiger Unfallkosten auf der Fahrt, Steuerfachliteratur (z. B. „Steuer 2019")
- Strafverteidigungskosten, wenn die zugrunde liegende „Tat" beruflich veranlasst war (nicht abziehbar sind Geldbußen und Geldstrafen). Strafverteidigungskosten sind aber nicht abzugsfähig, wenn sie nichtabzugsfähige Betriebsausgaben betreffen (z. B. Bestechungsgelder; BFH, Urteil v. 14.5.2014, X R 23/12).
- Trinkgelder für geschäftliche Zwecke
- Umzugskosten
- Versicherungsbeiträge (nicht aber Praxisausfall-, Lebens-, Berufsunfallversicherung für den Unternehmer)
- Werbeaufwendungen

Betriebsgrundstücke

Ein ganz oder teilweise betrieblich genutztes Grundstück gehört i. d. R. zum Betriebsvermögen. Dies kann Vor-, aber auch erhebliche Nachteile haben.

§§ 4, 5, 6 EStG; R 4.2 EStR

1 Betriebs-/Privatvermögen

Das Steuerrecht unterscheidet zwischen Betriebs- und Privatvermögen. Beim Betriebsvermögen wird notwendiges und gewillkürtes Betriebsvermögen unterschieden:

Betriebsvermögen (BV)
Notwendiges BV: Nutzung des Grundstücks für den eigenen Betrieb, z. B. als Laden, Büro, Abstell- oder Produktionsraum

Gewillkürtes BV: nur möglich, wenn das Grundstück

- nicht eigenbetrieblich oder zu eigenen Wohnzwecken genutzt bzw. unentgeltlich überlassen wird,
- in einem gewissen objektiven Zusammenhang mit dem Betrieb steht und
- der Förderung des Unternehmenszwecks dient.

Beispiele: Mietwohnungen (insbes. Arbeitnehmer), vermietete Geschäftsräume, Vorratsgrundstücke etc. Wichtig: Ausweis in der Buchführung notwendig.

Privatvermögen

Ein Grundstück ist immer Privatvermögen, wenn die Voraussetzungen für den Ausweis als BV nicht erfüllt sind, z. B. Nutzung für eigene Wohnzwecke oder bei unentgeltlicher Nutzung durch die Ehefrau für deren Betrieb.

Unter steuerlichen Gesichtspunkten wird hinsichtlich einer Grundstücksnutzung zwischen vier verschiedenen Nutzungsarten unterschieden. Ein Grundstück kann für

- eigene Wohnzwecke,
- fremde Wohnzwecke,
- eigene betriebliche Zwecke und
- fremde betriebliche Zwecke

genutzt werden. Jede Nutzungsart stellt ein **selbstständiges Wirtschaftsgut** dar.

BEISPIEL

Aufteilung eines Gebäudes

Herr Klein ist Inhaber eines Lebensmittelladens. Ihm gehört ein bebautes Grundstück, das wie folgt genutzt wird:

EG: Lebensmittelladen

I. OG: vermietet an einen Arzt

II. OG: vermietete Wohnung

III. OG: Privatwohnung Klein

Sämtliche Geschosse sind gleich groß. Das Grundstück hat eine Fläche von 400 m^2.

Im vorliegenden Fall ist das Gebäude entsprechend den Nutzungen in vier selbstständige Gebäudeteile zu unterteilen. Der Grund und Boden wird nach dem Verhältnis der Nutzflächen den einzelnen Wirtschaftsgütern rechnerisch zugeteilt. Bei einer Grundstücksgröße von 400 m^2 gehört zu jedem Wirtschaftsgut ein Anteil von 100 m^2. Das Erdgeschoss (Lebensmittelladen) wird zu 100 % zu eigenen betrieblichen Zwecken genutzt und stellt deshalb notwendiges Betriebsvermögen dar. Der dazugehörende Bodenanteil (100 m^2) ist auch notwendiges Betriebsvermögen.

Die selbst genutzte Wohnung sowie der zugehörige Anteil am Grund und Boden gehören eindeutig zum Privatvermögen. Die beiden fremdvermieteten Geschosse mit anteiligem Grund und Boden stellen Privatvermögen dar. Sie können u. U. auch als gewillkürtes Betriebsvermögen behandelt werden, wenn eine ausdrückliche Zuordnung zum Betriebsvermögen vorgenommen wird, die Grundstücksteile in einem gewissen objektiven Zusammenhang mit dem Betrieb stehen und der Förderung des Unternehmenszwecks dienen. Der Unternehmer übt insoweit sein Wahlrecht durch Ausweis der entsprechenden Gebäudeteile und des dazugehörenden Anteils des Grund und Bodens in der Buchführung oder im Anlagenverzeichnis der Einnahmenüberschussrechnung nach § 4 Abs. 3 EStG aus.

2 Folgerungen

Vor- und Nachteile

Soweit ein Wirtschaftsgut (z. B. Grund und Boden/Gebäude oder Teile davon) zum Betriebs- oder Privatvermögen zählt und betrieblich genutzt wird, gehören die Abschreibungen des Gebäudes oder Gebäudeteils und die weiteren mit diesem Grundstück(steil) zusammenhängenden Aufwendungen (z. B. Grundsteuer, Reparaturen, Finanzierungskosten etc.) zu den Betriebsausgaben. Vertiefend siehe → Abschreibungen/Gebäude.

Wird das Grundstück veräußert, hat die Zuordnung zum Betriebs- oder Privatvermögen Bedeutung. Die Veräußerung von Betriebsvermögen stellt einen betrieblichen Vorgang dar. Der Erlös aus dem Verkauf von Grund und Boden sowie Gebäuden ist insoweit immer zwingend in voller Höhe als Betriebseinnahme zu versteuern. Die AK des Grund und Bodens sowie die AK/HK des Gebäudes, soweit diese noch nicht im Wege der AfA verbraucht sind, sind Betriebsausgaben. Ein Veräußerungsverlust mindert den betrieblichen Gewinn.

BEISPIEL

Veräußerungsgewinn

Ein seit Jahren zum Betriebsvermögen gehörendes Grundstück wird für 1 Mio. € veräußert. Von den AK/HK des Gebäudes wurden bisher 650.000 € noch nicht abgeschrieben (Restbuchwert). Die AK des Grund und Bodens haben 200.000 € (= Buchwert) betragen.

Dem Veräußerungserlös (1 Mio. €) werden der Restbuchwert des Gebäudes (650.000 €) und der Buchwert des Grund und Bodens (200.000 €) gegenübergestellt. Es verbleibt ein steuerpflichtiger Veräußerungsgewinn i. H. v. 150.000 €.

Liegt kein Betriebsvermögen, sondern Privatvermögen vor, ist der Veräußerungserlös grundsätzlich in voller Höhe steuerfrei, wenn zwischen den Verträgen bei Kauf und Verkauf mehr als zehn Jahre liegen. Vertiefend siehe → Spekulationsgeschäfte.

3 Nutzungsänderung

Entnahme

Wird ein bisher zum Betriebsvermögen zählendes Grundstück künftig privat genutzt, liegt eine Entnahme ins Privatvermögen vor. Diese hat die gleichen steuerlichen Auswirkungen wie ein Verkauf.

BEISPIEL

Entnahme zu privaten Zwecken

Das Gebäude (siehe vorstehendes Beispiel) wird zu einem Wohnhaus umgebaut und anschließend zu eigenen Wohnzwecken genutzt. Die Nutzungsänderung (bisher betrieblich, nun privat) führt zu einer zwingenden Entnahme von Gebäude und Grund und Boden. Hierdurch entsteht ein Entnahmegewinn. Der **Teilwert** (Entnahmewert; vergleichbar dem Zeitwert) ist dabei, wie im Fall der Veräußerung, als Betriebseinnahme und der Restbuchwert des entnommenen Gebäudes sowie der Buchwert des entnommenen Grund und Bodens als Betriebsausgabe anzusetzen.

HINWEIS

Gewillkürtes Betriebsvermögen

Wird ein zunächst eigenbetrieblich genutzter Gebäudeteil **zu fremden Wohnzwecken** vermietet, führt dies nicht zur Zwangsentnahme. Der Gebäudeteil und der dazugehörende Grund und Boden kann als gewillkürtes Betriebsvermögen behandelt werden (BFH, Urteil v. 10.11.2004, XI R 31/03).

Einlage

Wird ein bisher zum Privatvermögen gehörendes Grundstück vollständig oder teilweise eigenbetrieblich genutzt, ist der Grund und Boden und ggf. das Gebäude bzw. der betrieblich genutzte Teil zwingend als notwendiges Betriebsvermögen einzulegen. Die Einlage erfolgt mit dem **Teilwert, höchstens mit den um die AfA geminderten AK oder HK**, wenn das Grundstück innerhalb der letzten drei Jahre angeschafft oder hergestellt wurde.

ACHTUNG

Ansatz von Anschaffungsnebenkosten bei der Teilwertermittlung

Sämtliche Kosten, die bei einem Kauf des eingelegten Wirtschaftsguts anfallen würden, sind Bestandteil des Teilwerts (BFH, Urteil v. 29.4.1999, IV R 63/97). Deshalb ist der „Zeitwert" um rund 6–8 % zu erhöhen. Dies entspricht der Grunderwerbsteuer (je nach Steuersatz im jeweiligen Bundesland) sowie den Notariats- und Grundbuchkosten, die bei einem Kauf anfallen würden.

Wegen der Abschreibung eines Gebäudes nach einer Einlage oder Entnahme wird auf → Abschreibungen/Gebäude verwiesen.

4 Grundstücke von untergeordneter Bedeutung

Grundstück wird nur teilweise betrieblich genutzt

Eigenbetrieblich genutzte Grundstücksteile brauchen nicht als notwendiges Betriebsvermögen behandelt zu werden, wenn die betriebliche Nutzung von untergeordneter Bedeutung ist. Das ist der Fall, wenn der Wert des eigenbetrieblich genutzten Grundstücksteils nicht mehr als 20 % des gemeinen Werts des gesamten Grundstücks und nicht mehr als 20.500 € beträgt.

Ist ein betrieblich genutzter Grundstücksteil von untergeordneter Bedeutung, stellen die anfallenden Aufwendungen trotzdem Betriebsausgaben dar.

WICHTIG

Wertsteigerung

Wenn das bebaute Grundstück an Wert gewinnt, kann es sein, dass die Wertgrenze i. H. v. 20.500 € überschritten wird. Ist dies der Fall (z. B. Wert Gebäude + Grund und Boden beträgt nun 210.000 €, betriebliche Nutzung 10 %), liegt ab dem Zeitpunkt der Wertüberschreitung notwendiges Betriebsvermögen vor. Der Grundstücksteil ist mit dem aktuellen Wert einzulegen.

Das häusliche Arbeitszimmer

Auch bei einem häuslichen Arbeitszimmer, das im Zusammenhang mit Gewinneinkünften genutzt wird, gehört der anteilige Gebäude- und Grund-und-Boden-Anteil zum notwendigen Betriebsvermögen – es sei denn, er ist von untergeordneter Bedeutung oder das Grundstück steht im Alleineigentum des Ehegatten. Die Aufwendungen für ein häusliches Arbeitszimmer sind nur in Ausnahmefällen steuerlich abziehbar. Vertiefend siehe → Arbeitszimmer.

Ist das Arbeitszimmer in der Vergangenheit bereits als Betriebsvermögen behandelt worden, führt eine Nutzungsänderung (z. B. bisheriges Büro wird als Kinderzimmer genutzt) zu einer Entnahme. Dabei wird wie bei einer Veräußerung der tatsächliche Wert im Zeitpunkt der Nutzungsänderung dem Restbuchwert gegenübergestellt.

5 Betriebliche Nutzung des Ehegattengrundstücks

Vermietung

Nutzt ein Ehegatte ein dem anderen Ehegatten gehörendes Grundstück für seinen Betrieb, kann zwischen den Ehegatten ein Mietvertrag abgeschlossen und steuerlich anerkannt werden, wenn er wie unter Fremden vereinbart und auch tatsächlich durchgeführt wird (Fremdvergleich). Dabei ist insbesondere darauf zu achten, dass die Miete pünktlich auf ein Konto des Grundstückseigentümers bezahlt wird. Beim Betriebsinhaber sind die entsprechenden Mietbeträge als Betriebsausgaben abzugsfähig. Der Grundstückseigentümer hat Einkünfte aus V+V (Anlage V). Die mit dem vermieteten Grundstück zusammenhängenden Kosten sind bei ihm als Werbungskosten absetzbar.

Unentgeltliche Überlassung

Wird das dem Ehegatten gehörende Grundstück (bzw. dessen Grundstücksanteil) unentgeltlich überlassen, können der Betriebsinhaber und dessen Ehegatte keine grundstücksbezogenen Aufwendungen absetzen. Als Betriebsausgaben dürfen lediglich die durch die Nutzung verursachten und vom Betriebsinhaber bezahlten laufenden Betriebskosten (z. B. Energiekosten) abgesetzt werden.

6 Grundstücke im gemeinsamen Eigentum der Ehegatten

BEISPIEL

Gemeinsames Grundstück

Die Ehegatten A und B haben für 200.000 € ein unbebautes Grundstück erworben (Miteigentumsanteil jeweils 50 %). Sie errichten gemeinsam darauf ein Gebäude für 600.000 €. A nutzt die Hälfte des Gebäudes betrieblich.

Der betrieblich genutzte Grundstücksanteil gehört zivilrechtlich A und B zu je 50 %. Der Anteil des A (25 %) ist bei diesem als Betriebsvermögen (Grund und Boden 50.000 € und Gebäude 150.000 €) auszuweisen.

A wird jedoch so behandelt, als ob er die Hälfte der Kosten für den von ihm betrieblich genutzten **Gebäudeteil** aufgewendet hätte. Aus diesem Grund sind nach der BFH-Rspr. weitere 25 % des Gebäudes (= 150.000 €) – nicht aber des Grund und Bodens – als Nutzungsrecht (Aufwandsverteilungsposten; kein Wirtschaftsgut) zu aktivieren. Das Nutzungsrecht ist wie ein Gebäude abzuschreiben (BFH, Urteil v. 19.12.2012, IV R 29/09). Endet die betriebliche Nutzung des Gebäudes durch den Steuerpflichtigen, ergibt sich daraus keine Auswirkung auf seinen Gewinn. Ein noch nicht abgeschriebener Restbetrag der Aufwendungen wird erfolgsneutral ausgebucht und dem Nichtunternehmer-Ehegatten als AK/HK des Wirtschaftsguts zugerechnet (BMF, Schreiben v. 16.12.2016, IV C 6 - S 2134/15/10003).

7 Optimale Gestaltung

Welche Möglichkeiten gibt es, ein Grundstück im Privatvermögen zu halten und trotzdem Aufwendungen als Betriebsausgaben geltend zu machen? Dies kann auf verschiedene Weise erreicht werden, z. B.:

- Ein Ehegatte erstellt auf einem von ihm erworbenen Grundstück ein Gebäude und vermietet es an das Einzelunternehmen des anderen Ehegatten.
- Der Steuerpflichtige hat seinen Betrieb in der Rechtsform einer GmbH gegründet. Er als natürliche Person (Gesellschafter) erwirbt ein Grundstück und bebaut dieses. Nach der Fertigstellung erfolgt eine Vermietung an die GmbH.

In beiden Fällen gehört das Grundstück zum Privatvermögen. Durch die Vermietung erzielt der Ehegatte bzw. der Gesellschafter Einkünfte aus V+V. Im Einzelunternehmen bzw. in der GmbH ist die gezahlte Miete als Betriebsausgabe absetzbar.

Kommt es später zu einer Veräußerung, bleibt diese steuerfrei, soweit es sich nicht um ein privates Veräußerungsgeschäft handelt. Vertiefend siehe → Spekulationsgeschäfte.

WICHTIG

Betriebsaufspaltung durch Vermietung

Wird ein dem Gesellschafter gehörendes Grundstück an die GmbH vermietet, an der er zu mehr als 50 % beteiligt ist, liegt eine Betriebsaufspaltung vor, wenn das Grundstück eine wesentliche Betriebsgrundlage für die GmbH darstellt. Bei einer Betriebsaufspaltung wird die Vermietung als Gewerbebetrieb angesehen, sodass wiederum Betriebsvermögen vorläge.

Um eine Betriebsaufspaltung zu vermeiden, bieten sich folgende Möglichkeiten an:

- Das Grundstück gehört ausschließlich dem Gesellschafter. Der Grundstückseigentümer ist an der GmbH mit maximal 50 % beteiligt. Die restlichen Anteile entfallen beispielsweise auf die Ehefrau/den Ehemann oder auf Kinder.
- Das Grundstück gehört den Ehegatten gemeinsam je zur Hälfte. An der GmbH ist nur der Ehemann/die Ehefrau (und ggf. fremde Dritte) beteiligt.

8 Umsatzsteuer

Wegen der umsatzsteuerlichen Besonderheiten im Zusammenhang mit der betrieblichen Nutzung eines Grundstücks siehe → Umsatzsteuer.

Bewirtungskosten

Aufwendungen, die dem Unternehmer anlässlich der geschäftlichen Bewirtung von Geschäftspartnern und anderen Personen entstehen, sind i. H. v. 70 % als Betriebsausgaben abziehbar, soweit sie durch den Betrieb veranlasst und angemessen sind. Aufwendungen für die Bewirtung von Arbeitnehmern sind dagegen in voller Höhe als Betriebsausgaben abziehbar. Die in Rechnung gestellte Umsatzsteuer ist in beiden Fällen zu 100 % als Vorsteuer abziehbar.

§ 4 Abs. 5 Nr. 2 und § 12 Nr. 1 Satz 2 EStG sowie § 15 Abs. 1a Nr. 1 UStG

1 Allgemeines

Aufwendungen für **Produkt- oder Warenverkostungen** (z. B. Kundschaftsprobetrinken) sind keine Bewirtungskosten, sondern Werbeaufwendungen und damit in voller Höhe abziehbar. Auch Aufwendungen für Aufmerksamkeiten in geringem Umfang (wie Kaffee, Tee, Gebäck) anlässlich geschäftlicher oder betrieblicher Besprechungen fallen nicht unter die Beschränkung und sind in voller Höhe abziehbar. Das gilt nicht für alkoholische Getränke (FG Münster, Urteil v. 28.11.2014, 14 K 2477/12 E, U).

2 Arbeitnehmerbewirtung

Einkommensteuer

Erhalten Arbeitnehmer in der Kantine (oder von einem Dritten) unentgeltliche oder verbilligte Mahlzeiten (Vollverpflegung oder einzelne Mahlzeiten), sind die Aufwendungen **in voller Höhe** als Betriebsausgaben abziehbar, weil die Bewirtung **betrieblich** und nicht geschäftlich veranlasst ist.

Beim Arbeitnehmer liegt Arbeitslohn in Form eines Sachbezugs vor und ist von diesem zu versteuern. Als Lohn wird nicht der tatsächliche Wert der Mahlzeit, sondern ein amtlicher Sachbezugswert angesetzt. Dieser beträgt im Jahr 2018 bei Vollverpflegung 8,19 € je Tag. Ein einzelnes Frühstück ist mit 1,72 € und eine einzelne Hauptmahlzeit mit 3,23 € zu bewerten. Zuzahlungen des Arbeitnehmers mindern den als Sachbezug anzusetzenden Wert.

BEISPIEL

Kantine

Sie geben an Ihre Arbeitnehmer ein verbilligtes Mittagessen pro Arbeitstag aus. Die Arbeitnehmer zahlen einen Eigenbeitrag von 2 € je Essen.

Arbeitslohn ist der Sachbezugswert von 3,23 € je Mahlzeit abzgl. 2 € Zuzahlung = 1,23 € je Mittagessen.

Die einzubehaltende Lohnsteuer kann vom Arbeitgeber pauschal mit 25 % abgeführt werden, wenn er diese übernimmt. Andernfalls ist eine individuelle Berechnung nach den persönlichen Merkmalen des Arbeitnehmers vorzunehmen.

Umsatzsteuer

Die unentgeltliche oder verbilligte Abgabe von Mahlzeiten ist steuerbar und steuerpflichtig.

Unternehmenseigene Kantine

Das Unternehmen ist zum vollen Vorsteuerabzug berechtigt. Bei unentgeltlicher Abgabe ist als Bemessungsgrundlage für die Umsatzsteuer auch der amtliche Sachbezugswert anzusetzen. Dieser ist ein Bruttowert, d. h. die Umsatzsteuer ist herauszurechnen (Nettowert 2,88 € je Hauptmahlzeit).

Zahlt der Arbeitnehmer für das Essen und übersteigt die Zuzahlung nicht den Sachbezugswert, bleibt es für die Umsatzsteuer bei der Bemessungsgrundlage in Höhe des Nettosachbezugs. Ist die Zuzahlung des Arbeitnehmers höher, stellt die tatsächliche Zahlung des Arbeitnehmers abzgl. Umsatzsteuer das Entgelt dar.

Nicht selbst betriebene Kantine/Gastwirtschaft

Wird mit einem Gastwirt oder Kantinenbetreiber die Abgabe von Mahlzeiten an die Arbeitnehmer vereinbart, erbringt der Betriebsinhaber an seine Arbeitnehmer eine Leistung. Entgelt ist, was der Arbeitnehmer zahlt, abzgl. Umsatzsteuer. Die Vorsteuer aus der Rechnung des Gastwirts ist voll abzugsfähig.

Wird mit dem Gastwirt vereinbart, dass die Arbeitnehmer nach der Speisekarte bestellen können, stellt der Essenszuschuss an den Gastwirt keine umsatzsteuerpflichtige Leistung an die Arbeitnehmer dar. Allerdings ist auch kein Vorsteuerabzug für die Zahlung möglich, da kein Leistungsaustausch zwischen Gastwirt und Unternehmer stattfindet. Gleiches gilt, wenn eine Kantine in den Betriebsräumen von einem Dritten betrieben wird und dieser vom Unternehmer einen Zuschuss erhält.

3 Betriebsveranstaltungen

Aufwendungen im Zusammenhang mit Betriebsveranstaltungen (z. B. Weihnachtsfeier, Betriebsausflug) können immer **in voller Höhe als Betriebsausgaben** abgezogen werden. Betragen die Aufwendungen (alle Kosten einschl. solcher für gesellige, kulturelle und sportliche Veranstaltungen) einschl. Umsatzsteuer mehr als 110 € je Arbeitnehmer und Veranstaltung, ist der darüber hinausgehende Betrag lohnsteuerpflichtig. Dabei sind Aufwendungen für einen Angehörigen dem jeweiligen Arbeitnehmer zuzurechnen.

Werden im Jahr zwei Veranstaltungen durchgeführt, sind die Kosten zusammenzurechnen und um den Freibetrag von 110 € zu kürzen. Die Kosten für weitere Veranstaltungen stellen immer Arbeitslohn dar.

Umsatzsteuer

Bei Aufwendungen bis 110 € je Arbeitnehmer und Veranstaltung können die Vorsteuerbeträge abgezogen werden. Umsatzsteuer entsteht nicht, weil es sich bei den Zuwendungen um eine Aufmerksamkeit handelt.

Übersteigen die Aufwendungen den Freibetrag von 110 € je Arbeitnehmer, ist von einer Mitveranlassung durch die Privatsphäre der Arbeitnehmer auszugehen. Der Unternehmer hat dann keinen Vorsteuerabzug (BMF, Schreiben v. 14.10.2015, IV C 5 - S 2332/15/10001).

4 Bewirtung von anderen Personen aus geschäftlichem Anlass

Wenn Personen aus **geschäftlichem Anlass** bewirtet werden, dürfen nur 70 % der angemessenen und nachgewiesenen Bewirtungskosten als Betriebsausgaben abgezogen werden. Ein geschäftlicher Anlass besteht insbesondere bei der Bewirtung von Personen, mit denen Geschäfte gemacht werden. Ob das auch für die Bewirtung von Busfahrern durch Raststättenbetreiber gilt, muss der BFH klären (Niedersächsisches FG, Urteil v. 24.4.2017, 2 K 11255/15; Rev. beim BFH, Az. X R 24/17). Nehmen an der Bewirtung nicht nur die Geschäftsfreunde, sondern auch der Unternehmer und/oder dessen Arbeitnehmer teil, sind sämtliche Bewirtungskosten nur i. H. v. 70 % abziehbar. Soweit Aufwendungen nach der allgemeinen Verkehrsauffassung unangemessen hoch sind (z. B. Nachtklubbesuch), sind sie nicht abziehbar. Bei privaten Anlässen (z. B. Hochzeit) können auch die Kosten für Gäste, die aus beruflichen Gründen eingeladen wurden, nicht abgezogen werden (FG Köln, Gerichtsbescheid v. 11.11.2014, 2 K 1706/11).

Ort der Bewirtung

Für den Bewirtungskostenabzug spielt es keine Rolle, ob die Bewirtung in einer Gaststätte, einem Hotel, einer Bar, einem Biergarten usw. oder in der unternehmenseigenen Kantine stattgefunden hat. Bewirtungen in der eigenen Wohnung sind nicht abzugsfähig.

Nachweis

Die Höhe und die geschäftliche Veranlassung sind nachzuweisen durch Ort und Tag der Bewirtung, Namen der Teilnehmer (ohne Anschrift), Anlass der Bewirtung und Höhe der Aufwendungen. Die Angaben über den Anlass der Bewirtung müssen den Zusammenhang mit einem geschäftlichen Vorgang oder einer Geschäftsbeziehung erkennen lassen. Angaben wie „Arbeitsgespräch", „Infogespräch", „Kontaktpflege", „Mandantengespräch", „Akquisition" oder „Kundenpflege" reichen hierzu nicht aus.

Bewirtung in einer Gaststätte

Bei der Bewirtung in einer Gaststätte genügt es, neben der Rechnung den Anlass und die Teilnehmer an der Bewirtung festzuhalten. Aus der Rechnung müssen sich Name und Anschrift der Gaststätte sowie der Tag der Bewirtung ergeben. Die Rechnung muss auf den Namen des bewirtenden Unternehmers ausgestellt werden. Dies ist bei Kleinbetragsrechnungen bis 250 € nicht erforderlich. Die in Anspruch genommenen Leistungen sind nach Art, Umfang, Entgelt und Tag der Bewirtung in der Rechnung gesondert zu bezeichnen. Es genügt nicht, wenn „Speisen und Getränke" und die in Rechnung gestellte Gesamtsumme angegeben wird. Die Finanzverwaltung erkennt nur Rechnungen an, die maschinell erstellt und registriert wurden.

Aufzeichnungspflichten

Sie können die Bewirtungskosten nur dann abziehen, wenn sie einzeln und getrennt von den übrigen Betriebsausgaben aufgezeichnet werden.

Umsatzsteuer

Die in Rechnung gestellte Umsatzsteuer kann **in voller Höhe** als Vorsteuer abgezogen werden.

Bilanzierung/E-Bilanz

Bei der Gewinnermittlung durch Buchführung sind zum Ende eines Wirtschaftsjahres eine Bilanz und eine Gewinn-und-Verlust-Rechnung aufzustellen. Aus dem Geschäftsabschluss sollen das Vermögen, die Schulden sowie der Gewinn des Unternehmens ersichtlich sein.

§§ 4–6 EStG, §§ 140 ff. AO, §§ 1 ff. HGB, §§ 238 ff. HGB

1 Buchführungspflicht

Bücher müssen führen:

- Kaufleute, die nach HGB dazu verpflichtet sind
- Gewerbetreibende, deren Gewinn 60.000 € **oder** deren Umsatz 600.000 € übersteigt **und** die das Finanzamt zur Buchführung auffordert

2 Aufbewahrungspflichten

Das müssen Sie als Unternehmer aufbewahren (§ 257 HGB, § 147 AO):

Aufbewahrungspflichten

10 Jahre

Handelsbücher, Buchungsbelege, Inventare, Eröffnungsbilanzen, Jahresabschlüsse, Lageberichte sowie die zu ihrem Verständnis erforderlichen Arbeitsanweisungen und sonstigen Organisationsunterlagen

6 Jahre

Empfangene Handelsbriefe, Kopien der abgesandten Handelsbriefe, sonstige Unterlagen

Lieferscheine, die nicht als Buchungsbelege benötigt werden, brauchen ab 1.1.2017 nach Versand bzw. Erhalt der Rechnung nicht mehr aufbewahrt zu werden.

Von der Aufbewahrungspflicht sind auch Daten betroffen, die digital erstellt wurden (z. B. durch eine Buchhaltungssoftware o. Ä.).

Die Aufbewahrungsfrist beginnt mit dem Schluss des Kalenderjahres, in dem die letzte Eintragung in das Handelsbuch erfolgt, das Inventar aufgestellt, die Eröffnungsbilanz oder der Jahresabschluss festgestellt, der Konzernabschluss aufgestellt, der Handelsbrief empfangen oder abgesandt worden oder der Buchungsbeleg entstanden ist.

WICHTIG

Weitere Informationen

Wichtiges zum Thema Bilanzierung/ Buchführung finden Sie auch auf www.haufe.de/mybook unter „Weiterführende steuerliche Informationen".

Computer

Aufwendungen für beruflich bzw. betrieblich genutzte Computer, damit in Verbindung stehende Peripheriegeräte sowie dazugehörende Software sind als Werbungskosten bzw. Betriebsausgaben abzugsfähig.

1 Hardware

Steuerrechtlich handelt es sich bei einer Computeranlage nicht um **ein** Wirtschaftsgut, sondern jede Komponente, Prozessoreinheit (einschließlich interner Festplatte), Monitor, Drucker, Tastatur, Maus, Scanner, ist ein eigenständiges, selbstständig bewertbares Wirtschaftsgut, das aber nicht selbstständig nutzbar ist. Die Anschaffungskosten dieser Wirtschaftsgüter können deshalb – unabhängig von der Höhe der Anschaffungskosten – nur im Wege der Abschreibung (AfA), verteilt auf die Nutzungsdauer (anzunehmen mit drei Jahren), abgezogen werden.

Gehören die Geräte zum Betriebsvermögen, sind Sonderabschreibungen und ein Investitionsabzugsbetrag möglich.

Laptops, Tablets, Notebooks und Netbooks sind selbstständig nutzbar. Deren Anschaffungskosten sind, wenn sie **ohne Umsatzsteuer** nicht mehr als 800 € (brutto 952 €) betragen haben, entweder über die AfA oder sofort bei Anschaffung in voller Höhe (einschließlich USt) abziehbar (geringwertige Wirtschaftsgüter).

Als selbstständig nutzbare Wirtschaftsgüter gelten auch externe Speichermedien (Festplatte, USB-Speicher). Kombinationsgeräte (Drucker/Fax/Kopierer in einem Gerät) sind unabhängig von der Computeranlage nutzbar. In beiden Fällen ist die 800-Euro-Regelung anwendbar. Vertiefend siehe → Geringwertige Wirtschaftsgüter/Sammelposten.

2 Software

Computerprogramme sind (immaterielle) eigenständige Wirtschaftsgüter. Zu unterscheiden sind Systemsoftware (Betriebssystem) und Anwenderprogramme. Die Kosten der Systemsoftware sind im Regelfall in den Kosten des PCs enthalten und einheitlich mit dem PC abzuschreiben. Für Anwenderprogramme ist der Abzug als Werbungskosten bzw. Betriebsausgaben über eine eigene AfA (Nutzungsdauer für Standardprogramme wie Textverarbeitung, Officepaket: 3 Jahre; Individualsoftware und Branchensoftware: regelmäßig 5 Jahre) vorzunehmen. Die Verwaltung wendet die 800-Euro-Regelung an und akzeptiert in diesem Fall den Vollabzug im Anschaffungsjahr. Auch Aufwendungen für Trivialprogramme (kleine, weniger komplexe Computerprogramme, die einfache Standardprobleme lösen und nicht nach individuellen Kundenwünschen programmiert sind) sind – sogar unabhängig von der Höhe des Kaufpreises – in voller Höhe beim Kauf abzugsfähig. Dasselbe gilt für Programme, die keine Befehlsstruktur enthalten, sondern nur Bestände von Daten, die allgemein bekannt und jedermann zugänglich sind.

Programmupdates sind im Regelfall als „Erhaltungsaufwand“ bei Zahlung in voller Höhe abzugsfähig. Soweit das Vorgängerprogramm noch nicht vollständig abgeschrieben war, ist der Restwert jetzt absetzbar.

BEISPIEL

Laptop mit Drucker und Software

A kauft im Dezember 2018 einen Laptop mit Systemsoftware für 750 € + 142,50 € USt, dazu einen TFT-Bildschirm für 120 € + 22,80 € USt und das Officepaket für 116 € + 22,04 € USt. Er bezahlt alles im Januar 2019.

Laptop (inkl. Systemsoftware), Bildschirm und das Officepaket sind jeweils eigene Wirtschaftsgüter. Der Bildschirm ist nicht selbstständig nutzbar, deshalb sind die Anschaffungskosten nur über die AfA ab Dezember 2018 (Anschaffungsmonat) abzugsfähig. Zur AfA-Berechnung: Vertiefend siehe → Abschreibungen im Betrieb. Der Laptop ist selbstständig nutzbar. Seine Anschaffungskosten betrugen netto nicht über 800 €. Deshalb können die Bruttoanschaffungskosten von 892,50 € im Anschaffungsjahr 2018 in voller Höhe abgezogen werden. Es kommt hier nicht auf den Zahlungszeitpunkt an. Auch für das Officepaket akzeptiert die Verwaltung den Sofortabzug als geringwertiges Wirtschaftsgut im Jahr 2018.

3 Laufende Betriebskosten

Kosten für Verbrauchsmaterial (Toner, Druckpatronen, Papier) sowie für (berufliche) Internetnutzung sind in voller Höhe abzugsfähig. Dasselbe gilt für Kosten für Reparaturen an den Geräten.

4 Private Mitnutzung

Sofern der private Nutzungsanteil nicht von völlig untergeordneter Bedeutung (< 10 %) ist, sind alle Kosten – gegebenenfalls schätzungsweise – aufzuteilen. Vertiefend siehe → Werbungskosten, -pauschbeträge und -pauschalen.

Sofern eine berufliche Nutzung vorhanden ist, akzeptiert die Verwaltung ohne weitere Nachweise einen hälftigen beruflichen Anteil. Dieser gilt auch für die an den PC angeschlossenen Peripheriegeräte (z. B. Drucker).

5 Privatnutzung von EDV-Geräten des Arbeitgebers

Die private Nutzung eines dem Arbeitgeber gehörenden PCs – egal ob im Betrieb oder im Homeoffice – ist ein geldwerter Vorteil und damit Arbeitslohn. Dieser ist aber nicht steuerpflichtig.

Doppelte Haushaltsführung

Wenn Sie aus beruflichen/betrieblichen Gründen am Ort der ersten Tätigkeitsstätte bzw. am Betriebssitz eine zweite Wohnung unterhalten, sind die Aufwendungen in Zusammenhang damit als Werbungskosten bzw. Betriebsausgaben abzugsfähig.

§§ 4 Abs. 5 Nr. 6a, 9 Abs. 1 Nr. 5 EStG; R 9.11 LStR 2013

1 Doppelte Haushaltsführung

Eine doppelte Haushaltsführung ist sowohl bei Arbeitnehmern als auch bei Selbstständigen möglich. Sie kann nur vorliegen, wenn der Arbeitnehmer an seiner ersten Tätigkeitsstätte (regelmäßige Arbeitsstätte) bzw. der Selbstständige an seinem Betriebssitz tätig wird. Bei einer beruflichen Beschäftigung außerhalb handelt es sich um eine Auswärtstätigkeit, für die der Reisekostenabzug möglich ist. Vertiefend siehe → Reisekosten.

BEISPIEL

Auswärtstätigkeit

Sie wohnen mit Ihrer Familie in Stuttgart. Anlässlich des Besuchs eines vom Arbeitgeber angeordneten siebenmonatigen Lehrgangs in Köln nehmen Sie sich dort ein Zimmer und fahren jedes Wochenende nach Hause.

Der Lehrgangsort ist keine erste Tätigkeitsstätte. Folglich liegt keine doppelte Haushaltsführung, sondern während der gesamten Lehrgangsdauer eine Auswärtstätigkeit (mit Reisekostenabzug) vor.

2 Allgemeine Abzugsvoraussetzungen

Der Kostenabzug setzt voraus:

- einen eigenen Hausstand
- eine Zweitunterkunft am Beschäftigungsort/Betriebssitz
- die berufliche Veranlassung für das Führen zweier Haushalte

Eigener Hausstand

Voraussetzungen für einen eigenen Hausstand sind:

- eine den Lebensbedürfnissen des Steuerpflichtigen entsprechend eingerichtete komplette Wohnung
- ein Nutzungsrecht als Eigentümer, Mieter, Untermieter (auch bei Anmietung durch Ehegatten oder Lebensgefährten) und Kostentragung für die Haushaltsführung
- eine eigenständige Haushaltsführung
- dass die Wohnung den Lebensmittelpunkt des Arbeitnehmers/Betriebsinhabers darstellt

Eigenständiger Haushalt

Entscheidend ist, dass der Steuerpflichtige in der Wohnung einen selbstständigen unabhängigen eigenen Haushalt führt. Dazu gehört eine ausreichende finanzielle Beteiligung an den Haushaltskosten.

WICHTIG

Kostenbeteiligung

Die notwendige finanzielle Beteiligung an den laufenden Kosten der Haushaltsführung liegt vor, wenn die Barleistungen mehr als 10 % der monatlich regelmäßig anfallenden Kosten der Haushaltsführung (Miete, Mietnebenkosten, Lebensmittel) betragen. Ist dies nicht der Fall, muss die finanzielle Beteiligung auf andere Weise (z. B. Übernahme der Heizölrechnung) dargelegt werden.

Bei Verheirateten kann im Regelfall davon ausgegangen werden, dass am Familienwohnsitz ein eigenständiger Haushalt geführt wird, bei Ledigen sind zur Beurteilung stets die tatsächlichen Gesamtumstände zu prüfen. Jemand, der zuvor in einer Beziehung, Ehe oder außerhalb des elterlichen Hauses gelebt hat, wird eher einen eigenen Hausstand führen, auch wenn er diesen in das Haus seiner Eltern (zurück-)verlegt. Ein junger Mensch dagegen, der nach seinem Schulabschluss eine Ausbildung begonnen hat, wird regelmäßig noch in den Haushalt seiner Eltern eingegliedert sein, selbst wenn ihm im elterlichen Haus eigene Räume zur Verfügung stehen (BFH, Beschluss v. 1.3.2017, VI B 74/16). Aber auch hier ist eine eigenständige Haushaltsführung denkbar, selbst wenn bestimmte Räume – wie bei einer Wohngemeinschaft – gemeinschaftlich genutzt werden (FG Münster, Urteil v. 12.3.14, 6 K 3093/11 E). Ein eigener Hausstand wird (von einem Kind) entsprechend auch unterhalten, wenn die Wohnung im Rahmen eines Mehrgenerationenhaushalts (z. B. Eltern und erwachsene berufstätige Kinder gemeinsam) geführt wird (BFH, Urteil v. 26.7.2012, VI R 10/12). Es kann in solchen Fällen sogar passieren, dass die Eltern z. B. wegen Alter, Krankheit oder Pflegebedürftigkeit in den Haushalt des Kindes aufgenommen sind.

Kein eigener Hausstand wird geführt, wenn eine Wohnung nur gelegentlich zu Besuchszwecken oder für Urlaubsaufenthalte bereitgehalten wird.

Liegt der Hausstand im Ausland, ist zusätzlich erforderlich, dass in der Wohnung auch während der Abwesenheit des Arbeitnehmers hauswirtschaftliches Leben herrscht, die Wohnung also (z. B. durch Angehörige) bewohnt wird.

TIPP

Nachweise sammeln

Sie sollten dem Finanzamt das Bestehen des eigenen Hausstands und insbesondere die Kostentragung durch geeignete Beweismittel nachweisen können, z. B. durch einen Mietvertrag, eine länger zurückliegende Ummeldung bei der Stadtverwaltung, Nachweis über Möbelkäufe, Überweisung der Nebenkosten etc.

Lebensmittelpunkt

Maßgebende Prüfungskriterien sind z. B. Vergleich von Größe und Ausstattung von Zweitunterkunft und eigenem Hausstand sowie Dauer und Häufigkeit der Aufenthalte. Verheiratete haben ihren Lebensmittelpunkt regelmäßig am Wohnort der Familie. Dies wird ohne weitere Prüfung angenommen, wenn die Familienwohnung mindestens sechsmal pro Jahr aufgesucht wird. Bei einer geringeren Anzahl an Fahrten muss genauer geprüft werden, wo sich der Lebensmittelpunkt befindet. Maßgebliche Kriterien sind die Entfernung und damit verbundene lange Reisezeiten zwischen (ausländischer) Wohnung und (inländischer) Arbeitsstätte, die Höhe der Fahrtkosten, wie der Kontakt zur Familie gehalten wird oder berufliche Erfordernisse, die einer Heimfahrt im Wege stehen (BFH, Urteil v. 26.11.2003, VI R 152/99). Bei Alleinstehenden befindet sich der Lebensmittelpunkt an dem Wohnort, zu dem die engeren persönlichen Beziehungen (Eltern, Verlobte, Freundes-, Bekanntenkreis, Vereinsaktivitäten) bestehen. Solange die Wohnung durchschnittlich mindestens zweimal pro Monat aufgesucht wird, unterstellt die Finanzverwaltung im Regelfall, dass sich dort auch der Lebensmittelpunkt befindet. Bei einer alleinstehenden Person, die ihre sozialen Kontakte im Wesentlichen auf ihre Familie beschränkt, kann sich auch nach Jahren des auswärtigen Aufenthalts der Lebensmittelpunkt nach wie vor am Wohnort der Familie befinden.

Der Lebensmittelpunkt verlagert sich dagegen regelmäßig an den Beschäftigungsort, wenn der Steuerpflichtige dort mit seinem/r Lebensgefährten/Lebenspartnerin oder Ehefrau in eine familiengerechte Wohnung einzieht, auch wenn die frühere Lebensmittelpunktwohnung beibehalten und zeitweise noch genutzt wird. In Ausnahmefällen ist bei Eheleuten, die gemeinsam am Beschäftigungsort wohnen, aufgrund der Gesamtumstände eine andere Beurteilung möglich (BFH, Urteil v. 7.5.2015, VI R 71/14).

Auswärtige Zweitunterkunft

Als Zweitunterkunft am Beschäftigungsort (erste Tätigkeitsstätte bzw. Betriebssitz) anerkannt wird jede entgeltlich oder unentgeltlich überlassene Unterkunft bzw. Schlafgelegenheit (z. B. Wohnung, Hotelzimmer, Kaserne bei Soldaten, Gemeinschaftsunterkunft, Gleisbauzug, in dem Arbeitnehmer übernachten, Unterkunft an Bord bei Seeleuten und Binnenschiffern). Denkbar ist auch, dass sich die Unterkunft im Eigentum des Arbeitnehmers/Betriebsinhabers befindet. Wie oft er dort übernachtet, ist unerheblich.

TIPP

Anmietung der Zweitunterkunft vom Ehegatten

Auch die Anmietung einer Wohnung vom Ehegatten im Rahmen einer doppelten Haushaltsführung wird steuerlich anerkannt, wenn das Mietverhältnis tatsächlich wie vereinbart durchgeführt wird (BFH, Urteil v. 11.3.2003, IX R 55/01).

Hier ergibt sich ein doppelter steuerlicher Vorteil: Der eine Ehegatte kann die Kosten der Wohnung als Werbungskosten zu den Lohneinkünften geltend machen, der andere Ehegatte erreicht über den Kostenabzug, z. B. durch eine verbilligte Überlassung, einen steuerlichen Verlust aus V+V. Vertiefend siehe → Vermietung/Immobilien.

Die Zweitunterkunft wird ohne weitere Prüfung anerkannt, wenn der Weg von ihr zur Tätigkeitsstätte weniger als die Hälfte der kürzesten Straßenverbindung zwischen Hauptwohnung und Tätigkeitsstätte beträgt. Ist dies nicht der Fall, ist maßgebend, ob von der Zweitwohnung aus, ungeachtet der Gemeinde- oder Landesgrenzen, die Arbeitsstätte bzw. Betriebsstätte täglich aufgesucht werden kann (BFH, Urteil v. 26.6.2014, VI R 59/13).

Berufliche Veranlassung

Das Beziehen einer Zweitunterkunft am auswärtigen Beschäftigungsort ist bei Arbeitnehmern z. B. in folgenden Fällen beruflich veranlasst:

- Versetzung an einen neuen Beschäftigungsort
- Wechsel zu einem neuen Arbeitgeber
- erstmalige Aufnahme einer Beschäftigung, z. B. nach einem Studium oder einer Umschulung außerhalb des Wohnorts
- Wiederaufnahme einer Berufstätigkeit nach längerer Unterbrechung

Bei Selbstständigen ist eine betriebliche Veranlassung z. B. anzunehmen, wenn

- ein auswärtiger Betrieb neu gegründet oder
- der Betriebssitz verlegt wird.

Ohne Bedeutung ist, ob die Zweitwohnung sofort (z. B. zum Zeitpunkt der Versetzung oder Betriebsgründung) oder nachträglich (z. B. ein Jahr nach der Versetzung) bezogen wird.

Wenn die auswärtige Zweitwohnung zu einem späteren Zeitpunkt nicht mehr aus beruflichen, sondern aus privaten Gründen beibehalten wird, ist dies unschädlich. Auch wenn der Haupthausstand aus privaten Gründen vom Beschäftigungsort/Betriebssitz wegverlegt und in einer Wohnung am Beschäftigungsort ein Zweithaushalt begründet wird, um von dort aus der (bisherigen) beruflichen Tätigkeit weiter nachgehen zu können, liegt eine abzugsfähige doppelte Haushaltsführung vor (Wegzugsfälle). Dies gilt auch, wenn die bisherige Wohnung am Arbeitsort beibehalten wird.

BEISPIEL

Wegverlegung des Familienhausstands

Die Ehegatten A und E haben ihren Hauptwohnsitz in S-Stadt, wo A auch berufstätig ist. Nach der Geburt des Kindes verlegen sie den Familienwohnsitz aus privaten Gründen nach P-Dorf. A arbeitet weiterhin in S-Stadt und

a) bezieht dort eine kleinere Wohnung,

b) behält die bisherige Familienwohnung als Zweitwohnung bei.

Auch wenn der Wegzug vom Arbeitsort aus privaten Gründen erfolgte, wird in beiden Fällen die Wohnung in S-Stadt wegen der Berufstätigkeit und damit beruflich bedingt unterhalten.

Heirat

Auch wenn die doppelte Haushaltsführung in Zusammenhang mit einer Heirat erfolgt, ist eine berufliche Veranlassung möglich.

BEISPIEL

Änderung der Wohnsituation nach Heirat

A und B waren vor der Heirat an verschiedenen Orten tätig (A in X-Stadt, B in Y-Dorf) und haben dort gewohnt. Nach der Hochzeit

a) machen die Eheleute die Wohnung in X-Stadt zur Familienwohnung und B behält die Wohnung in Y-Dorf bei.

b) behalten beide ihre Wohnungen am jeweiligen Arbeitsort und gründen in Z-Stadt einen neuen gemeinsamen Hausstand.

In Fall a) hat B eine beruflich veranlasste doppelte Haushaltsführung. Dasselbe gilt auch, wenn einer der beiden Ehegatten nicht berufstätig ist, solange sich nicht der eigene Hausstand, sondern die Zweitwohnung am Ort der Tätigkeit befindet.

In Fall b) haben beide Ehegatten eine eigene Zweitwohnung am jeweiligen Beschäftigungsort und können jeweils getrennt die Kosten einer beruflich veranlassten doppelten Haushaltsführung geltend machen.

Trennung vom Ehegatten

Wenn nach einer Trennung die bisherige Zweitwohnung die einzige Wohnung des Steuerpflichtigen wird, endet die doppelte Haushaltsführung, denn es fehlt am zweiten Haushalt. Auch wenn der Steuerpflichtige anlässlich der Trennung eine in der Nähe des Beschäftigungsorts befindliche Wohnung bezieht, liegt von Anfang an keine doppelte Haushaltsführung vor. Mit der Trennung wird der bisherige Familienhaushalt in zwei Einzelhaushalte aufgesplittet.

3 Abzugsfähige Kosten

Folgende Kosten können im Rahmen der doppelten Haushaltsführung steuerlich abgesetzt werden:

- Fahrtkosten für die erste und letzte Fahrt sowie eine wöchentliche Heimfahrt
- Verpflegungspauschale (maximal für drei Monate)
- Kosten der auswärtigen (Zweit-)Unterkunft
- Umzugskosten

Fahrtkosten/Telefonkosten

Für die erste Fahrt zu Beginn der doppelten Haushaltsführung und die letzte Fahrt bei Beendigung der doppelten Haushaltsführung sind die tatsächlichen Kosten (bei Kfz-Nutzung ohne Nachweis 0,30 € je gefahrenen km) abzugsfähig. Für **eine** tatsächlich durchgeführte Fahrt wöchentlich zwischen dem eigenen Hausstand und der auswärtigen Unterkunft (Familienheimfahrt) kann je Ekm die Entfernungspauschale von 0,30 € abgesetzt werden.

- Konnten Sie aus beruflichen Gründen keine Heimfahrt unternehmen und hat Sie stattdessen Ihr Ehepartner besucht, sind dessen Fahrtkosten als Werbungskosten abzugsfähig. Das gilt jedoch nicht, wenn Sie die Heimfahrt aus privaten Gründen unterlassen (BFH, Urteil v. 2.2.2011, VI R 15/10).
- Ereignet sich auf der wöchentlichen Heimfahrt ein Unfall, sind die entstandenen Aufwendungen (zusätzlich) abzugsfähig. Dasselbe gilt,

wenn Sie Ihr Ehepartner mit dem Pkw zum Bahnhof gebracht hat und auf der Heimfahrt ein Unfall passiert.

Kein Abzug von Fahrtkosten ist möglich, wenn ein Arbeitnehmer die Familienheimfahrten mit einem vom Arbeitgeber unentgeltlich überlassenen Fahrzeug (Firmenwagen) durchführt.

Selbstständige

Nutzen Sie als **Selbstständiger** für die Familienheimfahrten einen Betriebs-Pkw, sind die angefallenen Kosten bereits in voller Höhe in den Betriebsausgaben enthalten. Da für Familienheimfahrten nur die Entfernungspauschale abzugsfähig ist, die tatsächlichen Kosten aber im Regelfall höher waren, muss der nicht abzugsfähige übersteigende Teil als Betriebseinnahme erfasst werden. Je nachdem, ob Sie die tatsächlichen Kosten je Kilometer mittels Fahrtenbuch ermittelt haben oder eine pauschale Berechnung erfolgen muss, berechnet sich der nicht abzugsfähige Betrag wie folgt:

Pauschale Berechnung (ohne Fahrtenbuch)			
Anzahl Familienheimfahrten (max. 1 Fahrt wöchentlich)	× 0,002 % des Bruttolistenpreises	× Entfernung Wohnung-Zweitwohnung	=
./. Anzahl Familienheimfahrten (max. 1 Fahrt wöchentlich)	× 0,30 €	× Entfernung Wohnung-Zweitwohnung	=
= nicht abzugsfähiger Teil (Betriebseinnahme)			
Berechnung mittels Fahrtenbuch			
Anzahl Familienheimfahrten (max. 1 Fahrt wöchentlich)	× tats. Kosten je km × 2	× Entfernung Wohnung-Zweitwohnung	=
./. Anzahl Familienheimfahrten (max. 1 Fahrt wöchentlich)	× 0,30 €	× Entfernung Wohnung-Zweitwohnung	=
= nicht abzugsfähiger Teil (Betriebseinnahme)			

Die Kosten für zusätzliche Heimfahrten (2. Fahrt in der Woche) sind privat veranlasst und im Rahmen der privaten Nutzung des Kfz zu versteuern. Vertiefend siehe → Firmenwagen.

Nutzen Sie für die Fahrten ein privates Kfz, sind die Kosten in gleicher Höhe wie beim Arbeitnehmer (s. o.) als Betriebsausgabe abzugsfähig.

Telefonkosten

Haben Sie keine Familienheimfahrt durchgeführt, können Sie stattdessen die Kosten für tatsächlich geführte Telefonate (Gebühren für insgesamt bis zu 15 Minuten wöchentlich) geltend machen.

Verpflegungspauschale

Für die ersten drei Monate ab Beginn der doppelten Haushaltsführung (Bezug der Zweitwohnung) können Sie für jeden vollen Tag, an dem sie vom eigenen Hausstand (24 Stunden) abwesend sind, einen Pauschbetrag von 24 € ansetzen. Für An- und Abreisetage zum eigenen Hausstand sind 12 € absetzbar.

BEISPIEL

Abzugsfähiger Verpflegungsaufwand

Sie haben am 1.11.2017 auswärts eine Arbeitsstelle angetreten bzw. haben dort einen neuen Betrieb gegründet und im Zusammenhang damit eine Zweitwohnung bezogen. Im Januar 2018 sind Sie vier Wochen an der auswärtigen Betriebsstätte beschäftigt. Sie verlassen die Familienwohnung (eigener Hausstand) jeweils montags um 06:00 Uhr und kehren freitags um 18:00 Uhr zurück.

Der Dreimonatszeitraum endet am 31.1.2018, sodass die Verpflegungspauschale nur noch für den Januar möglich ist. Für die Montage und Freitage beträgt sie jeweils 12 € (Ab-/Anreisetag), für Dienstag bis Donnerstag jeweils 24 € (Abwesenheit je 24 Stunden), sodass insgesamt 384 € (4 × 2 Tage × 12 € + 4 × 3 Tage × 24 €) abziehbar sind.

Auch in den Wegzugsfällen (Verlegung des Familienhausstands weg vom Arbeitsort) können Verpflegungsmehraufwendungen geltend gemacht werden, selbst wenn die Familie zuvor länger als drei Monate am Arbeitsort gewohnt hat (BFH, Beschluss v. 8.10.2014, R VI R 7/13).

Wird die berufliche Tätigkeit an derselben Tätigkeitsstätte für mindestens vier Wochen unterbrochen (egal aus welchem Grund), beginnt ein neuer Dreimonatszeitraum.

Geht der doppelten Haushaltsführung eine Auswärtstätigkeit (mit Reisekostenabzug) am selben Ort unmittelbar voraus, wird die Dauer der Auswärtstätigkeit auf die Dreimonatsfrist der doppelten Haushaltsführung angerechnet.

Kosten der Zweitunterkunft

Abzugsfähig sind nur die tatsächlich angefallenen und nachgewiesenen Aufwendungen für die auswärtige Unterkunft, begrenzt auf maximal 1.000 € im Monat. Die Begrenzung gilt auch, wenn die Unterkunft im Eigentum des Steuerpflichtigen steht. Der Höchstbetrag umfasst sämtliche Aufwendungen wie z. B. Miete, Nebenkosten, Reinigung, Zweitwohnungsteuer, Kfz-Stellplatz oder Garage und nach Auffassung der Verwaltung die Ausgaben für die notwendige Möblierung (Küche mit Kochausstattung und Geschirr, Essplatz mit Tisch und Stühlen, Schlafzimmereinrichtung mit Bett und Kleiderschrank, Lampen, Sitzmöbel, Teppiche, Badezimmereinrichtung).

WICHTIG

Möbel

Der BFH muss in einem anhängigen Verfahren (Az. VI R 18/17) prüfen, ob die Kosten für den notwendigen Hausrat und die Möblierung unter die 1.000-Euro-Grenze fallen oder zusätzlich berücksichtigt werden können. Soweit Sie mit Möblierung monatliche Kosten von über 1.000 € haben, legen Sie Einspruch ein und beantragen Verfahrensruhe bis zur Entscheidung des BFH.

Soweit der Höchstbetrag in einem Kalendermonat nicht voll ausgeschöpft wird, kann er auf andere Monate übertragen werden, sodass im Jahr Kosten von bis zu 12.000 € abzugsfähig sind. Zusätzlich sind Maklerkosten für die Vermittlung der Wohnung abziehbar.

BEISPIEL

1.000-Euro-Grenze

Die Aufwendungen für die Nutzung der Unterkunft betrugen bis März monatlich 970 €, ab April durch die zusätzliche Anmietung einer Garage 1.030 €.

Für Januar bis März sind 970 € monatlich zu berücksichtigen, ab April max. 1.000 € im Monat. Die für Januar bis März bis zum Höchstbetrag nicht ausgeschöpften Kosten von 90 € (3 × 30 €) können in den Folgemonaten zusätzlich berücksichtigt werden.

Befindet sich in der (Zweit-)Wohnung ein häusliches Arbeitszimmer, ist der Kostenabzug für das Zimmer gesondert von dem privaten Wohnraum nach den allgemeinen Regelungen für Arbeitszimmer zu prüfen (BFH, Urteil v. 9.8.2007, VI R 10/06). Vertiefend siehe → Arbeitszimmer.

In der Wohnung befindliche Arbeitsmittel (Schreibtisch, PC) führen bei beruflicher Nutzung zu allgemeinen Werbungskosten.

Umzugskosten

Zu den notwendigen abzugsfähigen Kosten gehören die durch das Beziehen oder die Aufgabe der Zweitwohnung verursachten Umzugskosten. Die Kosten sind nur auf Nachweis abziehbar. Anders als bei „normalen" beruflich veranlassten Umzugskosten sind Pauschalen, z. B. für die sonstigen Umzugskosten (Umzugskostenpauschale), hier nicht zulässig. Abzugsfähig sind daneben auch die Kosten in Zusammenhang mit der Wohnungssuche (Abzug wie Reisekosten) sowie die Kosten der Renovierung der Zweitwohnung. Wird die Zweitwohnung mit Beendigung der doppelten Haushaltsführung aufgelöst, zählen die anfallenden Aufwendungen für den Rückumzug einschließlich Renovierung der Zweitwohnung ebenfalls zu den Werbungskosten.

In den Wegzugsfällen (Verlegung des Familienhausstands bzw. Lebensmittelpunkts weg vom Arbeitsort) können keine Umzugskosten geltend gemacht werden, weil der Umzug hier privat veranlasst ist.

Wahlrecht

Wenn Sie häufiger als einmal wöchentlich zum eigenen Hausstand fahren, besteht ein Wahlrecht: Sie können die Kosten für doppelte Haushaltsführung geltend machen (Abzug einer wöchentlichen Heimfahrt/Telefonkosten, Verpflegungspauschale, Unterkunfts- und Umzugskosten) oder statt Unterkunfts- und Verpflegungskosten die Kosten für sämtliche Heimfahrten mit der Entfernungspauschale von 0,30 € je Entfernungskilometer (als Fahrten zwischen Wohnung und erster Tätigkeitsstätte) abrechnen. Im zweiten Fall sind aber keine weiteren Aufwendungen (Kosten der Unterkunft usw.) abzugsfähig.

Die Fahrten von der auswärtigen Unterkunft zur Arbeitsstätte (erste Tätigkeitsstätte bzw. Betrieb) sind in beiden Fällen zusätzlich mit der Entfernungspauschale abzugsfähig.

Kostenersatz durch Arbeitgeber

Der Arbeitgeber kann dem Arbeitnehmer die Mehraufwendungen aufgrund der doppelten Haushaltsführung bis zur Höhe eines möglichen Werbungskostenabzugs steuerfrei ersetzen. Dabei darf er für den Kostenersatz alle Kostenarten zusammenfassen. Soweit die Kosten steuerfrei ersetzt werden, entfällt beim Arbeitnehmer der Werbungskostenabzug.

4 Kein eigener Hausstand

Eine doppelte Haushaltsführung liegt nur vor, wenn zwei Haushalte unterhalten (doppelte Kosten) werden. Deshalb können Personen ohne eigenen Hausstand keine Aufwendungen für eine doppelte Haushaltsführung geltend machen.

TIPP

Heimfahrten ohne eigenen Hausstand

Alle Heimfahrten zum bisherigen Wohnort sind jedoch als Fahrten zwischen Wohnung und erster Tätigkeitsstätte bzw. Betrieb mit 0,30 €/Ekm (Entfernungspauschale) steuerlich abzugsfähig, wenn sich am bisherigen Wohnort weiterhin der Lebensmittelpunkt befindet.

Ehegattenveranlagung

Bei Ehegatten und Partnern einer eingetragenen Lebenspartnerschaft ist zu prüfen, in welcher Form die Einkommensteuerveranlagung durchzuführen ist.

1 Allgemeines

Grundsätzlich ist jeder Steuerpflichtige nach § 25 EStG einzeln zur Einkommensteuer zu veranlagen. Die tarifliche Einkommensteuer berechnet sich nach dem **Grundtarif**.

Eine Ausnahme von der Einzelveranlagung ist die Ehegattenveranlagung nach § 26 Abs. 1 EStG. Diese liegt vor, wenn

- eine rechtsgültige Ehe/eingetragene Lebenspartnerschaft vorliegt,
- beide Ehegatten/Lebenspartner unbeschränkt einkommensteuerpflichtig sind,
- nicht dauernd getrennt leben und
- diese Voraussetzungen an mindestens einem Tag im Jahr vorliegen.

Die Ehegattenveranlagung unterscheidet zwischen der

- **Zusammenveranlagung** von Ehegatten/Lebenspartnern (§ 26b EStG) mit Splittingtarif und der
- **Einzelveranlagung von Ehegatten/ Lebenspartnern auf Antrag (§ 26a EStG)** mit Grundtarif.

Erfüllen die Ehegatten/Lebenspartner die Voraussetzungen für die Ehegattenveranlagung nicht, ist eine (normale) Einzelveranlagung (§ 25 EStG) mit dem Grundtarif durchzuführen.

In besonderen Fällen kann noch eine Einzelveranlagung mit Splittingtarif für das Jahr der Auflösung der Ehe oder Lebenspartnerschaft durch Tod in Betracht kommen.

2 Veranlagung von Ehegatten und eingetragenen Lebenspartnern

Das Wahlrecht zwischen Zusammenveranlagung und Einzelveranlagung nach § 26a EStG besteht, wenn alle vorgenannten Voraussetzungen an mindestens einem Tag im Jahr erfüllt sind. Es reicht also aus, wenn die Ehe/Lebenspartnerschaft spätestens am 31. Dezember zivilrechtlich geschlossen wurde. Ist ein Ehegatte/Lebenspartner im Laufe des Jahres verstorben, kann das Wahlrecht durch den überlebenden Ehegatten/Lebenspartner und die Erben ausgeübt werden.

Nicht dauerndes Getrenntleben

Wenn sich Ehegatten/Lebenspartner im Laufe des Jahres auf Dauer trennen, ist eine Ehegattenveranlagung für das Jahr der Trennung noch möglich, weil sie zu Beginn des Jahres noch nicht dauernd getrennt gelebt haben. Ab dem folgenden Jahr kommt die Ehegattenveranlagung nicht mehr in Betracht, da die Ehegatten das gesamte Jahr dauernd getrennt gelebt haben. Es ist eine Einzelveranlagung nach § 25 EStG mit Anwendung des **Grundtarifs** durchzuführen.

Eine nur **vorübergehende** räumliche **Trennung** (z. B. ein Ehegatte/Lebenspartner ist vorübergehend im Ausland beschäftigt, längere Zeit im Krankenhaus oder verbüßt eine mehrjährige Haftstrafe) ist kein dauerndes Getrenntleben, wenn zumindest eine Wirtschaftsgemeinschaft (wirtschaftliche Fragen werden gemeinsam erledigt; über die Verwendung des Familieneinkommens wird gemeinsam entschieden) bestehen bleibt und die Wiederherstellung der häuslichen Lebensgemeinschaft angestrebt wird. Hier liegen die Voraussetzungen für eine Ehegattenveranlagung noch vor.

Wie wird das Ehegattenwahlrecht ausgeübt?

Ehegatten/Lebenspartner werden zusammen veranlagt, wenn beide die Zusammenveranlagung wählen. Wird das Wahlrecht nicht oder bzgl. einer Einzelveranlagung auf Antrag nicht wirksam ausgeübt, unterstellt das Finanzamt die Zusammenveranlagung.

Die zur Ausübung des Wahlrechts erforderliche Erklärung kann grundsätzlich noch bis zur Unanfechtbarkeit des Steuerbescheids, d.h. auch noch im Rechtsbehelfs- und Klageverfahren, nicht aber im Revisionsverfahren, abgegeben werden.

Zusammenveranlagung

Bei Zusammenveranlagung geben die Ehegatten/Lebenspartner eine gemeinsame Steuererklärung ab, die von beiden eigenhändig zu unterschreiben ist. Die Zusammenveranlagung ist auch dann möglich, wenn nur eine Person Einkünfte bezogen hat. Das Finanzamt berechnet die Einkünfte der Eheleute zunächst getrennt, errechnet dann aber einen gemeinsamen Gesamtbetrag der Einkünfte und ein gemeinsames z.v.E. Die Steuer wird nach dem **Splittingverfahren** (§ 32a Abs. 5 EStG) festgelegt. Dabei wird unterstellt, dass beide gleich hohe Einkünfte erzielt haben. Deshalb wird das gemeinsame z.v.E. je zur Hälfte auf die Ehegatten/Lebenspartner verteilt. Die Steuer wird für jede Hälfte des z.v.E. nach dem Grundtarif ermittelt und die beiden Steuerbeträge werden zur gemeinsamen tariflichen Einkommensteuer aufaddiert. Bei unterschiedlich hohen Einkünften der Personen wird dadurch sichergestellt, dass jeder Ehegatte/Lebenspartner seinen Grundfreibetrag (2018: 9.000 €) und die niedrigen Steuersätze voll ausnutzen kann.

BEISPIEL

Grundfall: nicht verheiratetes Paar

A, Freiberufler, z.v.E. 50.000 €, und B, Studentin, keine Einkünfte, leben 2018 als nicht verheiratetes Paar zusammen.

Für A ist eine Einzelveranlagung (§ 25 EStG) durchzuführen. Die Steuer beträgt nach dem Grundtarif 12.432 €. B wird nicht zur Einkommensteuer veranlagt.

Abwandlung 1: A und B heiraten im Jahr 2018

Heiraten A und B im Jahr 2018, können sie im Wege der Ehegattenveranlagung die Zusammenveranlagung wählen. Unterstellt, das gemeinsame z.v.E. beträgt ebenfalls 50.000 €, wird die Steuer für jede Person aus dem hälftigen Anteil des z.v.E. (25.000 €) über den Grundtarif mit 3.852 € ermittelt. Die gemeinsame tarifliche Einkommensteuer beträgt deshalb in der Summe 7.704 €. Dies hat im Vergleich zum nicht verheirateten Paar eine Ersparnis von 4.728 € zur Folge.

Abwandlung 2: A und B haben gleich hohe Einkünfte

Die nicht verheirateten Steuerpflichtigen A und B haben jeweils ein z.v.E. i.H.v. 25.000 €. Für jeden wird eine Einzelveranlagung mit Grundtarif durchgeführt. Die tarifliche Steuer beträgt jeweils 3.852 €.

Durch eine Heirat würden A und B zwar zusammen zur Einkommensteuer veranlagt. Ein Steuervorteil ergibt sich hier aber nicht, weil die gemeinsame Steuer nach dem Splittingverfahren in der Summe ebenfalls 7.704 € betragen würde.

Das bei der Zusammenveranlagung anzuwendende Splittingverfahren bringt also nur dann einen Vorteil, wenn die Eheleute/Lebenspartner unterschiedlich hohe Einkünfte haben und der zu versteuernde Anteil mindestens einer Person unter dem Spitzensteuersatz versteuert wird.

Einzelveranlagung auf Antrag von Ehegatten/Lebenspartnern

Eine Einzelveranlagung auf Antrag nach § 26a EStG kommt in Betracht, wenn

- mindestens ein Ehegatte/Lebenspartner den Antrag auf Einzelveranlagung stellt und
- jeder eine eigenhändig unterschriebene Steuererklärung mit seinen Einkünften abgibt.

Jeder erhält seinen Steuerbescheid. Die Steuer wird nach der Grundtabelle festgesetzt.

Bei der Einzelveranlagung von Ehegatten/Lebenspartnern auf Antrag werden

- → Sonderausgaben,
- → Außergewöhnliche Belastung und
- die Steuerermäßigung nach § 35a EStG (→ Haushaltsnahe Tätigkeiten/Dienstleistungen)

grundsätzlich demjenigen zugerechnet, der die Aufwendungen wirtschaftlich getragen hat. Insoweit unterscheidet sich die Einzelveranlagung von Ehegatten/Lebenspartnern auf Antrag (§ 26a EStG) nicht von der Einzelveranlagung unverheirateter Personen (§ 25 EStG).

Auf **übereinstimmenden Antrag** der Ehegatten/Lebenspartner werden die vorgenannten Aufwendungen und die Steuerermäßigung nach § 35a EStG **jeweils zur Hälfte** bei den Ehegatten/Lebenspartnern abgezogen. Eine von der Hälfte abweichende Verteilung der Aufwendungen ist nicht möglich.

Hat nur ein Ehegatte die Aufwendungen wirtschaftlich getragen, reicht sein Antrag in begründeten Einzelfällen allein aus. Ein solcher begründeter Einzelfall ist anzunehmen, wenn der andere Ehegatte z. B. krank oder verstorben ist oder der andere Ehegatte sich wegen Meinungsverschiedenheiten nicht zu einer gemeinsamen Erklärung bereit erklärt. Liegen außergewöhnliche Belastungen i. S. d. § 33 EStG vor, wird die zumutbare Belastung nach dem Gesamtbetrag der Einkünfte des jeweiligen Ehegatten bestimmt.

In welchen Fällen bietet die Einzelveranlagung auf Antrag Vorteile?

Die Einzelveranlagung kann Vorteile bieten, wenn ein Ehegatte/Lebenspartner z. B

- nur oder hohe steuerfreie Lohnersatzleistungen (z. B. Arbeitslosengeld, Kurzarbeitergeld, Mutterschaftsgeld, Elterngeld) oder andere steuerfreie (z. B. nach DBA steuerfreie ausländische) Einkünfte bezieht, die dem Progressionsvorbehalt unterliegen,

- die sog. Fünftelregelung nach § 34 EStG (evtl. bei Arbeitnehmerabfindung) oder einen anderen ermäßigten Steuersatz anwenden kann,
- Verluste erzielt hat und durch den Verlustausgleich Freibeträge des anderen wegfallen würden,
- selbstständig ist und der andere Arbeitnehmer – die Arbeitgeberleistungen zur gesetzlichen Rentenversicherung des Arbeitnehmers kürzt ggf. den Höchstbetrag der Altersvorsorgeaufwendungen,
- Nebeneinkünfte bezieht, für die der Härteausgleich nach § 46 Abs. 3 EStG möglich wäre,
- einen Anspruch auf den Entlastungsbetrag für Alleinerziehende für einen Teil des Veranlagungszeitraums hat.

In den meisten Fällen wird eine Zusammenveranlagung mit dem Splittingtarif aber günstiger sein.

Sonderfall: Einzelveranlagung mit Splittingtarif

Eine Einzelveranlagung bedeutet normalerweise immer Besteuerung nach dem Grundtarif. Nur in zwei Ausnahmefällen wird die Einzelveranlagung mit dem Splittingtarif durchgeführt:

Tod eines Ehegatten/Lebenspartners

Eine Ehegattenveranlagung wird noch für das Jahr durchgeführt, in dem der Ehegatte/Lebenspartner verstorben ist. Im Folgejahr (Kalenderjahr **nach** dem Tod) wird das Einkommen des Überlebenden im Rahmen einer Einzelveranlagung nach § 25 EStG noch ein weiteres Mal mit dem **Splittingtarif** nach § 32a Abs. 6 Nr. 1 EStG versteuert, wenn der Steuerpflichtige und sein verstorbener Ehegatte im Zeitpunkt seines Todes die Voraussetzungen für die Ehegattenveranlagung nach § 26 Abs. 1 EStG erfüllt haben. Sämtliche Freibeträge (z. B. Sparerfreibetrag) und die abzugsfähigen Sonderausgaben werden jedoch einfach in Abzug gebracht. In den Folgejahren ist der Grundtarif anzuwenden.

Trennung/Scheidung

Wird eine Ehe/Lebenspartnerschaft im Laufe des Jahres geschieden, ist wegen des im Scheidungsrecht geltenden Zerrüttungsprinzips (mindestens ein Jahr getrennt lebend) davon auszugehen, dass die Eheleute während des ganzen Jahres dauernd getrennt gelebt haben. Sie werden einzeln veranlagt mit Grundtarif.

Kann das Paar glaubhaft machen, dass es zu Beginn des Jahres noch nicht dauernd getrennt gelebt hat (eher selten), liegen die Voraussetzungen für das Ehegattenwahlrecht grundsätzlich vor. Heiratet einer der beiden im selben Jahr wieder und erfüllt mit seinem neuen Partner ebenfalls die Voraussetzungen für die Ehegattenveranlagung, darf das Wahlrecht nur für die neue Ehe ausgeübt werden. Der andere, nicht wieder Verheiratete wird einzeln veranlagt mit **Splittingtarif** nach § 32a Abs. 6 Nr. 2 EStG.

Hinweis: Wichtiges zur Ehegattenveranlagung mit vielen Grafiken finden Sie auch auf www.haufe.de/mybook unter „Weiterführende steuerliche Informationen".

3 Steuerklassenwahl

Ehegatten/Lebenspartner, die beide Einkünfte aus nichtselbstständiger Arbeit erzielen, können wählen, ob beide nach Steuerklasse IV (Grundsatz) besteuert werden wollen oder der Besserverdienende nach Steuerklasse III und der andere nach Steuerklasse V. Die Steuerklassenkombination III/V bietet sich an, wenn der besser verdienende Ehegatte/Lebenspartner (III) ca. 60 %, der andere (V) ca. 40 % des Gesamtarbeitslohns erzielt. In diesem Fall besteht aber die Verpflichtung, nach Ablauf des Jahres eine Einkommensteuererklärung abzugeben.

Für Doppelverdienerpaare gibt es auch die Möglichkeit, ein „optionales Faktorverfahren" in Anspruch zu nehmen. Ehepaare/Lebenspartner können auf Antrag jeweils nach Steuerklasse IV unter Berücksichtigung eines Faktors, den das Finanzamt berechnet und der Unterschiede in den Einkünften ausgleichen soll, besteuert werden. Dieses Faktorverfahren bietet sich bei sehr unterschiedlich hohen Arbeitslöhnen an. Es kann gegenüber III/V hohe Nachzahlungen und gegenüber IV/IV einen zu hohen Lohnsteuereinbehalt vermeiden.

Hinweis: Wichtiges zum Thema „Lohnsteuer-Ermäßigungsantrag" finden Sie auch unter www.haufe.de/mybook unter „Weiterführende steuerliche Informationen".

Ehrenamt

Viele Steuerpflichtige sind ehrenamtlich z. B. als Übungsleiter, Vereinsvorstand oder im Stadtrat tätig und erhalten hierfür eine kleine Vergütung. Wir zeigen Ihnen, wie Sie hier steuerlich am günstigsten fahren.

§§ 4, 9, 19, 15, 18 EStG

1 Steuerbefreiung für Übungsleiter, Ausbilder, Erzieher

Nebenberufliche Tätigkeiten bleiben bis zu 2.400 € pro Jahr steuerfrei, wenn folgende Voraussetzungen erfüllt sind (§ 3 Nr. 26 EStG):

- **Art der (nebenberuflichen) Tätigkeit**

Insbesondere Übungsleiter, Ausbilder, Erzieher oder Ausübende künstlerischer Tätigkeiten sind begünstigt.

- **Für wen erfolgt die Tätigkeit?**

Die Tätigkeit muss im Dienst bzw. Auftrag einer inländischen juristischen Person des öffentlichen Rechts oder einer gemeinnützigen, mildtätigen oder kirchlichen Zwecken dienenden Einrichtung erfolgen. Es handelt sich somit insbesondere um Tätigkeiten für die Kammern (z. B. IHK, Steuerberaterkammer, Sparkassenverbände, Kirchen, Universitäten, Volkshochschulen, gemeinnützige Vereine, Wohlfahrtsverbände).

Auch für die Tätigkeit bei einer vergleichbaren Organisation im Ausland gilt der Steuerfreibetrag (BFH, Urteil v. 22.7.2008, VIII R 101/02).

Die Vorschriften zum → Mindestlohn sind bei ehrenamtlich Tätigen nicht zu beachten.

Nachfolgend einige Beispiele aus der Praxis:

Ärzte im Behinderten- und Koronarsport, Ausbilder

Chorleiter

Dirigenten

Erste-Hilfe-Ausbilder

Fahrer und Beifahrer im Behindertenfahrdienst (OFD Koblenz, Verfügung v. 8.5.2008, S 2121 A – St 32 2)

Feuerwehrangehörige, die ausbildend tätig werden

Fortbildungstätigkeit für die Anwalts- oder Ärztekammer

Jugendwarte

Kinderbetreuer, Kirchenmusiker

Lehrtätigkeit

Mannschaftsbetreuer

Prüfungsausschussmitglieder

Sanitäts- und Rettungsdienst, Schwimmlehrer, Sportwarte

Stadtführer

Telefonseelsorger

Trainer (allerdings nicht Tiertrainer)

Unterrichtstätigkeit (z. B. IHK)

Vortragstätigkeit (z. B. an Volkshochschulen)

Weitere Beispiele und Hinweise siehe z. B. Bayerisches Landesamt für Steuern, Verfügung v. 8.9.2011, S. 2121.1.1 – 1/33 St32.

Nicht begünstigt sind z. B. Tätigkeiten als Büttenredner, Hausmeister, Hallen-, Geräte- und Platzwart, Reinigungskraft, Vorstandsmitglied, Verbandsfunktionär, Helfer bei Wohlfahrtsorganisationen, Helfer beim Mahlzeitendienst karitativer Verbände sowie Tätigkeiten für Gewerkschaften, Arbeitgeberverbände und Parteien.

Auch müssen die Themen eines Vortragenden noch der Fortbildung dienen, sie dürfen nicht allgemeiner Art sein (FG Köln, Urteil v. 19.10.2017, 15 K 2006/16).

Erhalten Feuerwehrleute eine Entschädigung, ist der Umfang der Steuerfreiheit davon abhängig, ob die Vergütung auch einen Ausbildungsanteil enthält. Für Zug- und Gruppenführer beträgt dieser z. B. 80 %, für Jugendfeuerwehrwarte und Sicherheitsbeauftragte 100 % (FinMin Nordrhein-Westfalen, Erlass v. 3.12.2013, S 2337 – 32 – V B 3).

Weitere Einzelheiten zu diversen Tätigkeiten ergeben sich aus R 3.26 LStR sowie der Verfügung der OFD Frankfurt/M. v. 22.3.2018, S 2245 A – 2 – St 213.

TIPP

Tätigkeitsumfang

Eine **nebenberufliche Tätigkeit** liegt vor, wenn diese nicht mehr als 1/3 der Arbeitszeit eines vergleichbaren Vollzeiterwerbs in Anspruch nimmt. Auf die Höhe der Vergütung kommt es hierbei nicht an. Es ist nicht erforderlich, dass noch eine andere (Haupt-)Tätigkeit ausgeübt wird, sodass z. B. auch Rentner, Studenten, Hausfrauen, Arbeitslose oder Vermieter eine nebenberufliche Tätigkeit ausüben können.

TIPP

Tätigkeit als Arbeitnehmer

Noch günstiger ist es, wenn Sie die Tätigkeit als Arbeitnehmer auf Lohnsteuerkarte ausüben. Dann bleiben weitere 1.000 € (Arbeitnehmerfreibetrag) steuerfrei, wenn Sie nicht noch anderweitig nichtselbstständig tätig sind. Die nach § 3 Nr. 26 EStG steuerfreien Einnahmen sind auch sozialversicherungsfrei (§ 14 SGB IV). Erhalten Sie den Freibetrag nach § 3 Nr. 26 EStG nicht, sollten Sie prüfen, ob Sie die Voraussetzung für den Freibetrag nach § 3 Nr. 26a EStG erfüllen.

Wenn Sie mehrere begünstigte Nebentätigkeiten ausüben, erhalten Sie den Freibetrag nur einmal pro Jahr.

BEISPIEL

Entgelt übersteigt den Freibetrag

Sie trainieren die A-Jugend des örtlichen Fußballvereins und erhalten dafür im Jahr pauschal 2.800 €.

Von den 2.800 € bleiben 2.400 € steuerfrei. Die übersteigenden 400 € müssen versteuert werden. Ein Abzug von Aufwendungen ist nicht möglich, da diese mit dem Abzug des steuerfreien Betrags abgegolten sind. Wenn Ihre Aufwendungen mehr als 2.400 € betragen, können Sie diese anstelle des Freibetrags abziehen.

TIPP

Verlustberücksichtigung

Auch ein Verlust kann steuerlich geltend gemacht werden, sofern die Tätigkeit mit Einkünfteerzielungsabsicht ausgeübt wird. Unabhängig von den Motiven, aus denen der Einzelne einer Beschäftigung nachgeht, ist eine Gewinn-/Überschusserzielungsabsicht dann anzunehmen, wenn tatsächlich in der Regel Überschüsse aus der Beschäftigung erzielt werden. Umgekehrt ist von dem Fehlen einer Gewinn-/Überschusserzielungsabsicht auszugehen, wenn die Einnahmen in Geld oder Geldeswert lediglich dazu dienen, in pauschalierender Weise die Selbstkosten zu decken (BFH, Urteil v. 20.12.2017, III R 23/15).

Je nach Höhe der anfallenden Aufwendungen können sich z. B. folgende Fallkonstellationen ergeben:

Einnahmen €	Ausgaben €	Steuerlich werden erfasst €
1.250	0	0
	1.500	./. 250*
2.500	0	100
	1.000	100
	3.000	./. 500*
3.000	0	600
	1.000	600

* = soweit die Einkünfteerzielungsabsicht nachgewiesen werden kann, sonst 0 €

Das gilt auch für Tätigkeiten, für die andere Freibeträge (z. B. Freibetrag für Einnahmen aus sonstigen nebenberuflichen Tätigkeiten oder für ehrenamtliche Vormünder, Pfleger oder Betreuer) gewährt werden.

Tätigkeit für denselben Arbeitgeber

Keine begünstigte Nebentätigkeit liegt vor, wenn diese und die Haupttätigkeit für denselben Arbeitgeber in einem sachlichen und wirtschaftlichen Zusammenhang stehen. Das ist der Fall, wenn die zu erfüllenden Aufgaben beider Tätigkeiten sich entsprechen, die Tätigkeiten für denselben Dienstherrn ausgeübt werden oder die Nebentätigkeit eine faktische oder rechtliche Verpflichtung aus der Haupttätigkeit darstellt (BFH, Beschluss v. 11.12.2017, VI B 75/17). Das gilt selbst dann, wenn die Tätigkeit Ausfluss der hauptberuflichen Fähigkeiten ist, auch wenn keine Verpflichtung dazu vorlag und eine Anzeigepflicht für „Nebentätigkeiten" bestand (FG Köln, Urteil v. 19.10.2017, 15 K 2006/16).

2 Freibetrag für Einnahmen aus nebenberuflichen Tätigkeiten

Der Freibetrag des § 3 Nr. 26a EStG begünstigt Einnahmen aus nebenberuflichen Tätigkeiten im gemeinnützigen, mildtätigen oder kirchlichen Bereich von bis zu 720 € im Jahr. Das gilt auch für die Sozialversicherung.

TIPP

Begünstigte Tätigkeiten

Die **„Ehrenamtspauschale"** können z. B. geltend machen:

- Vorstandsmitglieder
- Eltern, die Fahrdienste im Sportverein verrichten
- Reinigungspersonal oder Platzwarte
- ehrenamtliche Schiedsrichter im Amateursport

Zahlungen von pauschalen Vergütungen für Arbeits- oder Zeitaufwand (Tätigkeitsvergütungen) an den Vorstand sind nur dann zulässig, wenn dies durch die Satzung ausdrücklich zugelassen ist. Ein Verein, der nicht ausdrücklich die Bezahlung des Vorstands regelt und dennoch Tätigkeitsvergütungen zahlt, verstößt gegen das Gebot der Selbstlosigkeit. Der Ersatz tatsächlich entstandener Aufwendungen ist unkritisch. Weitere Einzelheiten siehe BMF, Schreiben v. 21.11.2014, IV C 4 - S 2121/07/0010 032.

Zahlungen an Mitglieder dürfen nicht unangemessen hoch sein, d.h. höchstens den Zahlungen an Nichtmitglieder entsprechen.

Sollen höhere tatsächliche Betriebsausgaben oder Werbungskosten geltend gemacht werden, müssen diese nachgewiesen werden.

Die Inanspruchnahme der Aufwandspauschale schließt die Aufwandsentschädigung aus öffentlichen Kassen und auch den Übungsleiterfreibetrag aus.

TIPP

Inanspruchnahme verschiedener Freibeträge

Allerdings können Sie sowohl den Freibetrag für nebenberufliche Tätigkeiten im gemeinnützigen, mildtätigen oder kirchlichen Bereich als auch den Übungsleiterfreibetrag für zwei verschiedene Tätigkeiten erhalten.

BEISPIEL

Unterschiedliche Tätigkeiten

A ist als Jugendtrainer für den örtlichen Sportverein tätig. Hierfür erhält er 2.000 € jährlich. Für seine Tätigkeit als Buchhalter der Kirchengemeinde erhält er 400 € Aufwandsentschädigung jährlich.

Für die Jugendtrainertätigkeit kann A die Regelung des § 3 Nr. 26 EStG (Übungsleiterfreibetrag) in Anspruch nehmen. Die andere Tätigkeit ist nach § 3 Nr. 26a EStG begünstigt.

3 Freibetrag ehrenamtlicher Vormünder, Pfleger oder Betreuer

Für Personen, die ehrenamtlich als Vormund, Pfleger oder Betreuer tätig sind und eine Aufwandsentschädigung nach § 1835a BGB erhalten, gibt es einen Freibetrag von bis zu 2.400 € (§ 3 Nr. 26b EStG). Allerdings gibt es für alle in § 3 Nr. 26 und Nr. 26b genannten Tätigkeiten insgesamt nur einmal einen Freibetrag von 2.400 €.

Kann der Steuerfreibetrag nicht in Anspruch genommen werden, können Betriebsausgaben von 25 % der Einnahmen pauschal von den Einnahmen abgezogen werden, soweit keine höheren Ausgaben nachgewiesen werden können (FinMin Niedersachsen, Schreiben v. 10.12.2010, S 2121/43/3341).

4 Ehrenamtliche Richter/Schöffen

Die Entschädigung für Verdienstausfall (§ 18 JVEG) ist eine steuerbare Einnahme nach § 24 Nr. 1 Buchst. a. Ist der Schöffe Arbeitnehmer, dann ist die Entschädigung in der Anlage N (Zeile 21) einzutragen. Ein Gewerbetreibender oder Selbstständiger muss die Beträge in seiner Gewinnermittlung erfassen. Die Entschädigung für Zeitversäumnis (§ 16 JVEG) ist dagegen nicht steuerbar. Steuerbefreiungen nach § 3 Nr. 12 Satz 1 und 2, § 3 Nr. 26 und § 3 Nr. 26a EStG kommen nicht in Betracht (BFH, Urteil v. 31.1.2017, IX R 10/16).

5 Ratsmitglieder und andere ehrenamtliche Tätigkeiten

Unter engen Voraussetzungen sind Aufwandsentschädigungen nach § 3 Nr. 12 EStG steuerfrei,

- wenn es sich um aus einer Bundes- oder Landeskasse gezahlte Bezüge handelt, die gesetzlich als Aufwandsentschädigung gezahlt und im Haushaltsplan ausgewiesen werden (§ 3 Nr. 12 Satz 1 EStG) oder
- wenn es sich um andere Bezüge handelt, die als Aufwandsentschädigung aus öffentlichen Kassen an öffentliche Dienste leistende Personen gezahlt werden, soweit nicht festgestellt wird, dass sie für Verdienstausfall oder Zeitverlust gewährt werden oder den Aufwand, der dem Empfänger erwächst, offenbar übersteigen (§ 3 Nr. 12 Satz 2 EStG).

Die meisten Bundesländer wenden untereinander abgestimmte Regelungen an, die pauschale Entschädigungen und Sitzungsgelder für ehrenamtliche Mitglieder eines Gemeinderats (Ratsmitglieder) bis zur folgenden Höhe steuerfrei belassen:

In einer Gemeinde oder Stadt mit	monatlich	jährlich
bis zu 20.000 Einwohnern	104 €	1.248 €
bis zu 50.000 Einwohnern	166 €	1.992 €
bis zu 150.000 Einwohnern	204 €	2.448 €
bis zu 450.000 Einwohnern	256 €	3.072 €
mehr als 450.000 Einwohnern	306 €	3.672 €

Je nach Bundesland erhöhen sich diese Beträge für z. B. Rats- oder Fraktionsvorsitzende (zweifach) und deren Stellvertreter (eineindrittelfach) und auch für Vertreter des hauptamtlichen Bürgermeisters (zweifach).

Der steuerfreie Betrag beträgt mindestens 200 € monatlich (R 3.12 Abs. 3 LStR 2015).

Für ehrenamtliche Mitglieder eines Kreistags gelten folgende Freibeträge:

In einem Landkreis mit	monatlich	jährlich
bis zu 250.000 Einwohnern	204 €	2.448 €
mehr als 250.000 Einwohnern	256 €	3.072 €

Liegen keine besonderen länderspezifischen Regelungen vor, gelten die R 3.12 Abs. 3 bis 5 LStR:

- Ist die Aufwandsentschädigung durch Gesetz oder Rechtsverordnung geregelt, ist bei ehrenamtlich tätigen Personen 1/3 der gewährten Aufwandsentschädigung steuerfrei, monatlich aber mind. 200 €.
- Beruht die Zahlung nicht auf Gesetz oder Rechtsverordnung, kann i. d. R. ohne weiteren Nachweis ein steuerlich anzuerkennender Aufwand von 200 € monatlich angenommen werden, höchstens aber der tatsächlich geleistete Betrag.

Für ehrenamtliche Bürgermeister und ihre Stellvertreter ist die Rechtslage wegen der abweichenden Aufgabenbereiche in den Bundesländern unterschiedlich. Der BFH hat die Tätigkeit grundsätzlich der „sonstigen selbstständigen Arbeit" i. S. d. § 18 Abs. 1

Nr. 3 EStG zugeordnet, soweit der Bürgermeister nach den einschlägigen kommunalrechtlichen Bestimmungen ausschließlich Mitglied und Vorsitzender eines Organs der Selbstverwaltung ist (BFH, Urteil v. 3.12.1987, IV R 41/85; BFH, Beschluss v. 13.6.2013, III B 156/12). Das gilt u.a. für Schleswig-Holstein (FG Schleswig-Holstein, Urteil v. 17.12.2015, 5 K 127/13) und für stellvertretende Bürgermeister in NRW (s. hierzu BFH, Urteil v. 3.12.1987, IV R 41/85). Beinhaltet die Funktion eigene Verwaltungsbefugnisse, bezieht er Arbeitslohn (BFH, Urteil v. 5.2.1971, VI R 82/68).

Bei einer gelegentlichen ehrenamtlichen Tätigkeit sind die steuerfreien monatlichen Mindest- und Höchstbeträge für einen Monat zu gewähren.

Soweit der steuerfreie Monatsbetrag von 200 € nicht ausgeschöpft wird, ist eine Übertragung in andere Monate desselben Kalenderjahres für diese Tätigkeit möglich.

Hat der Steuerpflichtige höhere Betriebsausgaben bzw. Werbungskosten, muss er diese nachweisen. Der die Aufwandsentschädigung übersteigende Betrag ist dann als Werbungskosten oder Betriebsausgaben abziehbar.

Die Beträge, die nicht steuerfrei sind, müssen als Einkünfte aus „sonstiger selbstständiger Arbeit" versteuert werden (§ 18 Abs. 1 Nr. 3 EStG). Nur gelegentliche Tätigkeiten (z.B. im Rahmen der Zensusbefragung) fallen unter die sonstigen Einkünfte i.S.d. § 22 Nr. 3 EStG. Hierbei ist zu beachten, dass Einkünfte (d.h. die um Kosten geminderten Einnahmen) nach § 22 Nr. 3 EStG nicht einkommensteuerpflichtig sind, wenn sie weniger als 256 € im Kalenderjahr betragen haben.

6 Umsatzsteuer

Da bis zu einem Umsatz von 17.500 € keine Besteuerung stattfindet, dürften die meisten Ehrenamtler nicht umsatzsteuerpflichtig sein. Folgende Hinweise gelten für Betroffene, die aus anderen Gründen schon Unternehmer sind (z.B. Gewerbetreibende).

Steuerfreiheit

Die ehrenamtliche Tätigkeit ist bei der Umsatzsteuer steuerfrei, wenn sie für juristische Personen des öffentlichen Rechts ausgeübt wird oder wenn das Entgelt für diese Tätigkeit nur in Auslagenersatz und einer angemessenen Entschädigung für Zeitversäumnisse besteht.

Begünstigt sind nur Tätigkeiten, die

- in einem anderen Gesetz als dem UStG ausdrücklich als ehrenamtlich bezeichnet werden,
- man im allgemeinen Sprachgebrauch als „ehrenamtlich" bezeichnet oder
- vom materiellen Begriff des Ehrenamts umfasst werden.

Das setzt voraus, dass die Tätigkeit für eine fremdnützig bestimmte Einrichtung ausgeübt wird und weder dem eigenen Erwerb dient, noch hauptberuflich erfolgt (BMF, Schreiben v. 27.3.2013, IV D 3 – S 7185/09/10001-04).

Damit sind z.B. Tätigkeiten in Gremien der Sparkassen oder sparkassennahen Einrichtungen nicht umsatzsteuerbefreit, da das Sparkassengesetz die Ehrenamtlichkeit nicht ausdrücklich regelt (BMF, Schreiben v. 8.6.2017, III C 3 – S 7185/09/10001-06, BStBl 2017 I S. 858; Abschnitt 4.26.1. Abs. 1 UStAE).

Angemessenheit

Eine Entschädigung ist i. H. v. bis zu 50 € je Tätigkeitsstunde regelmäßig als angemessen anzusehen, sofern die Vergütung für die gesamten ehrenamtlichen Tätigkeiten den Betrag von 17.500 € im Jahr nicht übersteigt (Abschnitt 4.26.1 Abs. 4 Umsatzsteuer-Anwendungserlass). In diese Beträge ist ein Auslagenersatz, der für tatsächlich entstandene und nachgewiesene Aufwendungen erfolgt, nicht einzubeziehen. Andernfalls ist die Angemessenheit nach den Verhältnissen des Einzelfalls zu beurteilen.

Zeitaufwand

Der tatsächliche Zeitaufwand ist nachvollziehbar zu dokumentieren. Eine vom tatsächlichen Zeitaufwand unabhängige (z. B. laufend gezahlte pauschale bzw. monatlich oder jährlich laufend gezahlte pauschale) Vergütung führt zur Nichtanwendbarkeit der Befreiungsvorschrift mit der Folge, dass sämtliche für diese Tätigkeit gezahlten Vergütungen – auch soweit sie daneben in Auslagenersatz oder einer Entschädigung für Zeitaufwand bestehen – der Umsatzsteuer unterliegen. Diese Regelung ist für denjenigen von besonderem Interesse, der ohnehin als Unternehmer anzusehen ist.

TIPP

Vermeidung der Steuerpflicht möglich

Die Steuerpflicht kann vermieden werden, wenn z. B. die Satzung oder der Vorstandsbeschluss zwar eine Pauschale vorsieht, aber zugleich vereinbart ist, dass durchschnittlich eine bestimmte Anzahl an Stunden geleistet und die Betragsgrenzen nicht überschritten werden. Der tatsächliche Zeitaufwand muss dann glaubhaft gemacht werden.

Ohne weitere Prüfung kann die Steuerbefreiung gewährt werden, wenn der Jahresgesamtbetrag der Entschädigungen den Freibetrag nach § 3 Nr. 26 EStG (2.400 €) nicht übersteigt.

BEISPIEL

Umfang des Unternehmens

U ist selbstständiger Rechtsanwalt und Mitglied des Stadtrats. Beide Tätigkeiten gehören zum Umfang seines Unternehmens. Wenn keine Steuerbefreiung vorliegt, sind auch die Einnahmen aus der Stadtratstätigkeit der Umsatzsteuer zu unterwerfen.

Einnahmenüberschussrechnung

Die Einnahmenüberschussrechnung ist eine vereinfachte und damit kostengünstige Art der Gewinnermittlung. Sie kann von Freiberuflern und Inhabern kleiner Gewerbebetriebe angewendet werden.

§ 4 Abs. 3 EStG, R 4.5, 4.6 EStR7

1 Grundsätzliches

Grundsätzlich muss eine Gewinnermittlung durch Bilanzierung (§ 4 Abs. 1 EStG) erfolgen.

Steuerpflichtige können den Gewinn unter bestimmten Voraussetzungen auch durch eine Einnahmenüberschussrechnung ermitteln. Beide Gewinnermittlungsmethoden sind grundsätzlich gleichwertig.

Will der nicht buchführungspflichtige Unternehmer sein Wahlrecht auf Gewinnermittlung durch Bilanzierung ausüben, muss er eine Eröffnungsbilanz aufstellen, eine kaufmännische Buchführung einrichten und einen Abschluss machen.

An die Dokumentation der Wahl zugunsten der Einnahmenüberschussrechnung sind keine hohen Anforderungen zu stellen. Schon das Erstellen und Sammeln der Einnahmen- und Ausgabenbelege reicht aus (BFH, Urteil v. 19.3.2009, IV R 57/07).

2 Voraussetzungen

Freiberufler

Freiberuflich Tätige (z. B. Ärzte, Rechtsanwälte) können ihren Gewinn immer durch eine Einnahmenüberschussrechnung ermitteln. Dies gilt unabhängig von der Höhe des Gewinns und des Umsatzes.

Gewerbebetrieb

Ob Sie als Inhaber eines Gewerbebetriebs buchführungspflichtig sind oder Ihren Gewinn durch eine Einnahmenüberschussrechnung ermitteln können, erfahren Sie in unserem Stichwort → Bilanzierung/E-Bilanz.

„Nebentätigkeiten“

Wer regelmäßig Kfz über das Internet verkauft, unterhält einen gewerblichen Kfz-Handel, aber auch durch intensive und auf Langfristigkeit angelegte Privatverkäufe (z. B. bei einer Internetplattform) können gewerbliche Einkünfte anfallen (FG Münster, Urteil v. 19.6.2015, 14 K 3865/12 E, U; BFH, Urteil v. 26.4.2012, V R 2/11 zur umsatzsteuerlichen Unternehmereigenschaft). Ähnliche Steuerfallen lauern z. B. auf einen Pokerspieler, der regelmäßig über Jahre hinweg erfolgreich an namhaften, mit hohen Preisen dotierten Turnieren teilnimmt. Die Gewinne unterliegen der Einkommensteuer (BFH, Urteil v. 16.9.2015, X R 43/12). Auch ein Pflegevertrag, der als Gegenleistung die Übertragung eines Wohnhauses vorsieht, kann zu einer steuerpflichtigen gewerblichen Tätigkeit führen, wenn die Gründe nicht in familiären Beziehungen zu suchen sind (BFH, Urteil v. 20.3.2013, X R 15/11). Selbst eine Hausfrau, die Schmuckstücke und andere Gegenstände über das Internet bzw. über Zeitungsanzeigen verkauft, wird sowohl unternehmerisch als auch gewerblich tätig (FG Köln, Urteil v. 27.8.2014, 7 K 3561/10). Umsätze aus Verkäufen über eBay sind der Person zuzurechnen, unter deren Nutzernamen die Verkäufe ausgeführt worden sind (FG Baden-Württemberg, Urteil v. 26.10.2017, 1 K 2431/17).

Einkünfte aus Gewerbebetrieb oder Einkünfte aus selbstständiger Arbeit

TIPP

Tätigkeit richtig einstufen

Durch die Anrechnung der Gewerbesteuer auf die Einkommensteuer kann es dazu kommen, dass die Einstufung einer Tätigkeit als Gewerbebetrieb günstiger ist als die Erfassung als Einkünfte aus selbstständiger Arbeit. Mehr dazu und Einzelheiten zur Abgrenzung der Einkunftsarten können Sie dem Stichwort → Gewerbetreibende/Steuerermäßigung entnehmen.

3 Betriebseinnahmen

In der Gewinnermittlung sind zunächst die Betriebseinnahmen aufzuführen. Dazu gehören sämtliche im Jahr 2018 gutgeschriebenen bzw. bar vereinnahmten Beträge im Zusammenhang mit betrieblichen Lieferungen/Leistungen sowie aus Hilfs- und Nebengeschäften (Zuflussprinzip).

4 Betriebsausgaben

Die mit dem Betrieb zusammenhängenden Aufwendungen stellen → Betriebsausgaben dar.

Bei den Betriebsausgaben werden drei Gruppen unterschieden:

Betriebsausgabe durch Verteilung auf die Nutzungsdauer

Die AK/HK für abnutzbare Anlagegüter sind über die Nutzungsdauer zu verteilen. Vertiefend siehe → Abschreibungen im Betrieb und → Geringwertige Wirtschaftsgüter/Sammelposten.

BEISPIEL

Beispiele für abnutzbare Anlagegüter

Gebäude, Pkw, Büro- und Geschäftseinrichtung, Maschinen, Computer

Nicht abnutzbare Wirtschaftsgüter

Die AK/HK nicht abnutzbarer Anlagegüter sind erst im Jahr der Veräußerung bzw. der Entnahme Betriebsausgaben.

BEISPIEL

Beispiele für nicht abnutzbare Anlagegüter

Grund und Boden, Wertpapiere, Aktien, Geschäftsanteile

Das gilt auch für bestimmte Wirtschaftsgüter des Umlaufvermögens: Anteile an Kapitalgesellschaften, Wertpapiere, Grund und Boden, Gebäude.

Sofort abzugsfähige Betriebsausgaben

Sämtliche sonstigen betrieblichen Aufwendungen sind bei der Einnahmenüberschussrechnung des Jahres 2018 dann absetzbar, wenn sie in diesem Jahr auch bezahlt worden sind. Allerdings gibt es für bestimmte Ausgaben (→ Geschenke, → Bewirtungskosten, → Arbeitszimmer etc.) Beschränkungen in der Höhe.

BEISPIEL

Beispiele für sofort abzugsfähige Betriebsausgaben

Löhne, Sozialabgaben, Miete für Geschäftsräume, Büromaterial, Werbung, Telefon, Reparaturen, Reisekosten, Wareneinkäufe (Ausnahmen siehe unter „Nicht abnutzbare Wirtschaftsgüter")

Unterbleibt der Abzug im Jahr des Kaufs der Waren, dann kann dieser in späteren Jahren nicht mehr nachgeholt werden, auch wenn der Unternehmer von Privatvermögen ausgeht. Die nicht geltend gemachten AK oder HK mindern jedoch einen später anfallenden Gewinn aus der Veräußerung oder Entnahme des Wirtschaftsguts.

5 ABC der Behandlung von Aufwendungen und Erträgen

Abschreibungen

Die auf das Jahr 2018 entfallenden Abschreibungsbeträge gehören zu den Betriebsausgaben. Vertiefend siehe → Abschreibungen im Betrieb und → Investitionsabzugsbetrag.

Anzahlungen/Abschlagszahlungen/ Honorarvorschüsse

Die im Jahr 2018 **vereinnahmten** Anzahlungen oder Vorschüsse gehören zu den Betriebseinnahmen. Dies gilt selbst dann, wenn noch keine Leistung erbracht wurde oder später eine Verrechnung stattfindet (BFH, Urteil v. 2.8.2016, VIII R 4/14).

Gezahlte Anzahlungen für sofort abzugsfähige Betriebsausgaben (z. B. Mietvorauszahlung) stellen im Zeitpunkt der Bezahlung Betriebsausgaben dar. Anzahlungen für Anlagegüter (z. B. Pkw) führen zu keinem Abzug. Die Abschreibungen beginnen nach der Lieferung/Fertigstellung.

Ausbildungskosten

Kosten für z. B. Auszubildende sind wie Personalkosten in voller Höhe abzugsfähig. Ausbildungskosten für die eigenen Kinder, die als Nachfolger in den Betrieb eintreten sollen (z. B. Facharztausbildung), sind aber keine Betriebsausgaben, wenn eine solche Ausbildung einem fremden Dritten nicht gewährt worden wäre (BFH, Urteil v. 6.11.2012, VIII R 49/10). Ein Betriebsausgabenabzug ist selbst dann ausgeschlossen, wenn sich die Kinder verpflichten, nach Abschluss des Studiums für eine gewisse Zeit im elterlichen Unternehmen zu arbeiten (FG Münster, Urteil v. 15.1.2016, 4 K 2091/13 E).

Bewirtungskosten

Bewirtungskosten sind nur i. H. v. 70 % als Betriebsausgaben absetzbar. Vertiefend siehe → Bewirtungskosten.

Darlehen

Vertiefend siehe → Verträge mit Angehörigen. Die Darlehensauszahlung sowie die Tilgung bleiben bei der Gewinnermittlung unberücksichtigt. Zinsen und andere Kosten (z. B. Schätzgebühren, Kosten der Eintragung einer Grundschuld, Provisionen) sind Betriebsausgaben im Jahr der Zahlung. Ein einbehaltenes Damnum/Disagio (z. B. Darlehensbetrag 100.000 €, Auszahlungsbetrag 95.000 €) stellt eine Betriebsausgabe dar.

TIPP

Schuldzinsen

Wenn Sie mehr als 2.050 € Schuldzinsen haben, ist ggf. ein Teil davon nicht abzugsfähig. Vertiefend siehe → Schuldzinsen.

Diebstahl

Wenn Ihnen etwas gestohlen wurde, hat dies folgende Auswirkungen bei

- abnutzbaren Anlagegütern (z. B. Computer, Maschinen, Pkw): Der noch nicht abgeschriebene Teil der AK/HK (Restbuchwert) gehört zu den Betriebsausgaben;
- Waren: Die AK/HK der Waren sind zum Zeitpunkt der Bezahlung Betriebsausgaben. Ein nochmaliger Abzug bei einem Diebstahl ist nicht möglich.

Aber Vorsicht: Wird ein Geschäftswagen während einer Privatfahrt (auch bei einem Abstecher) gestohlen, kann dies ein privater Vorgang sein, der sich nicht gewinnmindernd, sondern gewinnerhöhend (Entnahme) auswirkt (BFH, Urteil v. 18.4.2007, XI R 60/04). Die EStR sehen in der Leistung der Kaskoversicherung trotzdem in voller Höhe eine Betriebseinnahme (R 4.7 Abs. 1, 6 EStR).

Einlage von Wirtschaftsgütern (Privateinlage)

Werden privat angeschaffte Güter (z. B. Pkw) zu mehr als 50 % betrieblich genutzt, stellen diese notwendiges Betriebsvermögen dar und müssen in den Betrieb eingelegt werden. Genaueres können Sie unter → Punkt 7 (Betriebsvermögen) dieses Stichworts nachlesen. Der Einlagewert (Teilwert) entspricht dem tatsächlichen Wert des Wirtschaftsguts zum Zeitpunkt der Einlage (je höher, desto besser!). Die Abschreibungsbeträge (= Betriebsausgabe) werden i. d. R. vom Einlagewert berechnet.

Der Einlagewert eines nicht abnutzbaren Wirtschaftsguts (z. B. Grund und Boden) wirkt sich erst zum Zeitpunkt eines Verkaufs (oder einer Entnahme) als Betriebsausgaben aus.

TIPP

Dokumentation

Dokumentieren Sie Datum, Zustand und Wert eingelegter Wirtschaftsgüter zur Vermeidung späterer Missverständnisse.

Einlage von Geld (Privateinlage)

Die Einlage von privatem Geld bleibt ohne Auswirkung. Bezahlen Sie mit privatem Geld betriebliche Aufwendungen, kommt es nach den unter → Punkt 3 dargestellten Grundsätzen zu einem Betriebsausgabenabzug.

Geld- und Sacheinlagen müssen aufgezeichnet werden (vgl. hierzu → Punkt 5 dieses Stichworts).

Einnahmen aus ehrenamtlicher Tätigkeit

Einnahmen aus ehrenamtlicher Tätigkeit (z. B. Berufsorganisationen) sind als Betriebseinnahmen zu erfassen. Ausnahmen können für Aufwandsentschädigungen aus öffentlichen Kassen gelten (OFD Rheinland, Verfügung v. 3.4.2007). Vertiefend siehe → Ehrenamt.

Einnahmen aus Kinderbetreuung

Einnahmen aus der **Kindertagespflege** sind unabhängig von der Anzahl der betreuten Kinder und von der Herkunft der vereinnahmten Mittel steuerpflichtige Einnahmen aus freiberuflicher Tätigkeit. Betreut die Tagespflegeperson ein Kind jedoch in dessen Familie, ist sie i. d. R. Arbeitnehmerin.

Die Steuerbefreiungsvorschriften des § 3 Nr. 11 und Nr. 26 EStG sind nicht anwendbar.

Anstelle der tatsächlichen **Betriebsausgaben** können bei einer Betreuungszeit von acht Stunden und mehr pro Kind und Tag aus Vereinfachungsgründen 300 € je Kind und Monat pauschal als Betriebsausgaben abgezogen werden. Die Pauschale ist bei geringerer Betreuungszeit anteilig zu kürzen. Findet die Betreuung im Haushalt der Sorgeberechtigten oder in unentgeltlich zur Verfügung gestellten Räumlichkeiten als selbstständige Tätigkeit statt, kann die Betriebsausgabenpauschale nicht abgezogen werden. Die Betriebsausgabenpauschale darf nur bis zur Höhe der Betriebseinnahmen abgezogen werden. Soweit tatsächlich höhere Aufwendungen nachgewiesen werden, können diese angesetzt werden (BMF, Schreiben v. 11.11.2016, IV C 6 – S 2246/07/10002 :005).

Steuerfrei nach § 3 Nr. 11 EStG sind dagegen

- Pflegegeld und Beihilfe bei einer Vollzeitpflege nach § 33 SGB VIII (BFH, Urteil v. 5.11.2014, VIII R 29/11; Ausnahme: Es werden mehr als sechs Kinder gleichzeitig im Haushalt aufgenommen),
- Geldleistungen der Jugendämter für die spezialisierte Tagespflege nach § 32 SGB VIII (BMF, Schreiben v. 27.11.2012, IV C 3 – S 2342/07/0001: 126).

Entnahme von Waren/Anlagegütern (Privatentnahme)

Die Schenkung des Betriebs-Pkw an den Sohn oder der private Verbrauch von Waren sind Entnahmen. Diese müssen mit dem Teilwert (= tatsächlicher Wert) angesetzt werden. I. d. R. fällt auch Umsatzsteuer an.

Entnahme von Waren/Anlagegütern

- **Entnahme von Waren**
  In Höhe des Entnahmewerts (zzgl. Umsatzsteuer) liegen Betriebseinnahmen vor.
- **Entnahme von (abnutzbaren bzw. nicht abnutzbaren) Anlagegütern**
  In Höhe des Entnahmewerts (i. d. R. zzgl. Umsatzsteuer) liegen Betriebseinnahmen vor. Bei abnutzbaren Anlagegütern liegen in Höhe des Restbuchwerts, bei nicht abnutzbaren Anlagegütern in Höhe der AK Betriebsausgaben vor.

Entnahme von Geld

Geldentnahmen (auch private Zahlungen vom betrieblichen Konto) wirken sich nicht auf den Gewinn aus.

! WICHTIG

Aufzeichnungspflicht

Geld- und Sachentnahmen müssen aufgezeichnet werden (vgl. hierzu → Punkt 6 in diesem Stichwort).

Fahrtkosten

Vertiefend siehe → Fahrtkosten und → Reisekosten.

Fahrten zwischen Wohnung und Betrieb oder Praxis sind nur mit der Entfernungspauschale (0,30 €/Ekm) anzusetzen. Auch wenn z. B. ein Steuerberater auf dem Weg ins Büro oder auf dem Weg nach Hause noch einen Mandanten besucht, kann er nur die Entfernungspauschale in Höhe von 0,30 € geltend machen. Ist die Fahrtstrecke aufgrund des Mandantenbesuchs länger als die Entfernung zwischen Wohnung und Büro, kann er nur für den Mehrweg die tatsächlichen Kosten bzw. 0,30 € pro gefahrenen Kilometer geltend machen (BFH, Urteil v. 19.5.2015, VIII R 12/13). Vertiefend siehe → Firmenwagen.

Forderungsverluste

Bleibt eine Kundenzahlung aus, wird dieser Betrag (mangels Zuflusses) nicht bei den Betriebseinnahmen erfasst.

Geschenke

Vertiefend siehe → Geschenke.

Gewerbesteuer

Die Berücksichtigung der Gewerbesteuer als Betriebsausgabe ist seit 2008 entfallen. Nachzahlungen für Jahre vor 2008 sind aber weiterhin abzugsfähig.

Investitionsabzugsbetrag

Wenn Sie im Jahr 2018 einen → Investitionsabzugsbetrag bilden, liegt in entsprechender Höhe eine Betriebsausgabe vor. Wird ein Investitionsabzugsbetrag oder eine Ansparrücklage aufgelöst, führt dies zum Ansatz von Betriebseinnahmen.

Investitionszuschüsse

Investitionszuschüsse für die Anschaffung oder Herstellung bestimmter Wirtschaftsgüter mindern die AK oder HK bereits im Jahr der Bewilligung und nicht erst im Jahr der Auszahlung. Der Empfänger kann den Zuschuss aber auch bei Zufluss in voller Höhe als Gewinn ansetzen. So bleibt ihm in den Folgejahren eine höhere Abschreibung. In diesem Fall muss er das entsprechende Wahlrecht ebenfalls im Jahr der Zusage ausüben (BFH, Urteil v. 29.11.2007, IV R 81/05).

Kinderbetreuungskosten, erwerbsbedingte

Erwerbsbedingte Kinderbetreuungskosten sind nicht mehr als Betriebsausgaben abzugsfähig. Vertiefend siehe → Kinder.

Leasingsonderzahlung

Eine Leasingsonderzahlung kann im Zeitpunkt der Zahlung als Betriebsausgabe abgesetzt werden. Nur bei einer Leasingdauer von mehr als fünf Jahren ist diese auf die Vertragsdauer zu verteilen. Bei einer Nutzungsänderung in einem Folgejahr soll der Bescheid für das Jahr der Zahlung geändert und die anteilige Leasingsonderzahlung für die Restlaufzeit gewinnerhöhend berücksichtigt werden (OFD Nordrhein-Westfalen, Kurzinfo ESt 17/2016 vom 1.9.2016).

Lohn-/Gehaltszahlungen

Die Lohn- und Gehaltszahlungen (Nettolohn, Lohn-/Kirchensteuer, Arbeitnehmer- und Arbeitgeberbeiträge zur Sozialversicherung) gehören zum Zeitpunkt der Zahlung zu den Betriebsausgaben. Vertiefend siehe → Verträge mit Angehörigen.

Pauschaler Betriebsausgabenabzug

Bestimmte Berufsgruppen können anstelle der tatsächlichen Aufwendungen pauschal Betriebsausgaben geltend machen. Ein weiterer Abzug von Kosten ist jedoch ausgeschlossen, sodass sich die Inanspruchnahme der Pauschale nur dann lohnt, wenn die tatsächlichen Aufwendungen geringer sind.

Höhe des pauschalen Betriebsausgabenabzugs

- **Hauptberufliche** selbstständige schriftstellerische oder journalistische Tätigkeit: 30 % der Einnahmen, höchstens 2.455 €.
- Wissenschaftliche, künstlerische oder schriftstellerische **Neben**tätigkeit: 25 % der Einnahmen, höchstens 614 €, soweit es sich nicht um eine Tätigkeit im Sinne des § 3 Nr. 26 EStG handelt.
- **Neben**berufliche Ausübung einer erzieherischen, einer Vortrags-, Lehr- oder Prüfungstätigkeit, Erteilung von Nachhilfeunterricht: 25 % der Einnahmen, höchstens 614 €.
- Tätigkeit als Hebamme: 25 % der Einnahmen, höchstens 1.533 €.
- Entschädigungen für nebenberufliche Kirchenmusiker können bis zur

Höhe von 2.400 € nach § 3 Nr. 26 EStG steuerfrei bleiben. Vertiefend siehe → Ehrenamt.

Pkw

Die Aufwendungen für den betrieblich eingesetzten Pkw gehören zu den Betriebsausgaben. Vertiefend siehe → Fahrtkosten. Für den Anteil der Privatnutzung ist eine Einnahme zu erfassen. Vertiefend siehe → Punkt 7 Betriebsvermögen und → Firmenwagen.

Praxisausfallversicherung

Beiträge für eine Praxisausfallversicherung wegen krankheitsbedingter Arbeitsunfähigkeit sind keine Betriebsausgaben, eine Versicherungsleistung aber auch keine Einnahme. Wird daneben das betriebliche Risiko einer ordnungsbehördlich verfügten Schließung der Praxis versichert, so sind die anteiligen Versicherungsbeiträge als Betriebsausgaben abzugsfähig (BFH, Urteil v. 19.5.2009, VIII R 6/07).

Preisgelder

Auch Preisgelder, z. B. eines Architekten oder Künstlers, sind Betriebseinnahmen (FG Münster, Urteil v. 16.9.2009, 10 K 4647/07 F).

Reisekosten

Vertiefend siehe → Reisekosten.

Steuerbefreiungen

Einzelheiten zu den Steuerfreibeträgen für ehrenamtliche Tätigkeiten (z. B. im gemeinnützigen Bereich oder als Übungsleiter, Betreuer) finden Sie im Stichwort → Ehrenamt.

Telefon

Im Regelfall gehören die angefallenen Telefonkosten abzüglich eines privaten Anteils (ca. 200–360 €) zu den Betriebsausgaben.

Umsatzsteuer

Die Umsatzsteuerzahlungen können sich wie folgt auswirken:

Auswirkungen der Umsatzsteuerzahlungen

- Ausgangsrechnungen
  Wird die in Rechnung gestellte Umsatzsteuer vereinnahmt, liegt eine Betriebseinnahme vor.
- Eingangsrechnungen
  - Bei Vorsteuerabzugsberechtigung: Zum Zeitpunkt der Zahlung der Rechnung stellt der Vorsteuerbetrag immer eine Betriebsausgabe dar.
  - Ohne Vorsteuerabzugsberechtigung (z. B. Ärzte): Die gezahlte Umsatzsteuer wird wie der Rechnungsbetrag behandelt, d. h. sie ist Betriebsausgabe bzw. zählt zu den AK/HK (bei abnutzbaren und nicht abnutzbaren Anlagegütern).
- Umsatzsteuerzahlungen Finanzamt
  Zahlungen an das Finanzamt sind Betriebsausgaben; Erstattungen des Finanzamts sind Betriebseinnahmen.

WICHTIG

Erfassungszeitpunkt der Zahlungen

Umsatzsteuerzahlungen bzw. Erstattungen wirken sich grundsätzlich zum Zeitpunkt der Zahlung auf den Gewinn aus. Eine Ausnahme gilt für regelmäßig wiederkehrende Einnahmen bzw. Ausgaben, die kurze Zeit vor Beginn oder kurze Zeit nach Beendigung des Kalenderjahres, zu dem sie wirtschaftlich gehören, zu- bzw. abgeflossen sind. Diese gelten im Kalenderjahr der wirtschaftlichen Zugehörigkeit als bezogen, wobei als „kurze Zeit" ein Zeitraum von bis zu zehn Tagen gilt. Innerhalb dieses Zeitraums müssen die Zahlungen fällig und geleistet worden sein. Diese Regelung trifft auch auf Zahlungen zu, die für eine Umsatzsteuer-Voranmeldung geleistet werden. Eine für das vorangegangene Kalenderjahr geschuldete und zu Beginn des Folgejahres entrichtete Umsatzsteuervorauszahlung ist als regelmäßig wiederkehrende Ausgabe im vorangegangenen Vz. abziehbar. Damit ändert sich der Zeitpunkt der Erfassung insbesondere der Dezember-Voranmeldung. Wird diese Regelung nicht beachtet, kann keine Erfassung der Betriebsausgabe im Folgejahr erfolgen (BFH, Urteil v. 1.8.2007, XI R 48/05).

Weitere Einzelheiten regelt das Schreiben des Bayerischen Landesamtes für Steuern v. 20.2.2013, S 2226.2.1-5/4 St32. Eine Verlängerung des Zehn-Tage-Zeitraums kommt auch nicht in Betracht, wenn das Ende auf ein Wochenende oder einen Feiertag fällt (BFH, Urteil v. 11.11.2014, VIII R 34/12).

Unfall

Unfallkosten, die auf einer Geschäftsreise entstehen, stellen eine Betriebsausgabe dar. Kosten für Unfälle auf privaten Umwegen (z. B. zum Einkaufen) oder Fahrten, die nur indirekt mit dem Betrieb zu tun haben (Kindergarten, Schule), gehörten früher nicht zu den Werbungskosten bzw. Betriebsausgaben. Der BFH hat dies eingeschränkt: Beruht die Reise auf einer doppelten, d. h. beruflichen und privaten Veranlassung, so kann die private Veranlassung von untergeordneter Bedeutung sein. Werden aber aufgrund der privaten Mitveranlassung einer Reise erhebliche Unfallkosten ausgelöst, die nicht mehr von untergeordneter Bedeutung sind, so führt dies zu einem Abzugsverbot für diese privat veranlassten Aufwendungen (BFH, Urteil v. 1.12.2005, IV R 26/04).

Ist der Unfall auf einer Fahrt zwischen Wohnung und Betrieb geschehen, ist zu beachten, dass mit der Entfernungspauschale sämtliche Aufwendungen abgegolten sind. Unfallkosten und unfallbedingte Krankheitskosten können daher nicht zusätzlich geltend gemacht werden (FG Rheinland-Pfalz, Urteil v. 23.2.2016, 1 K 2078/15). Das gilt auch für die Kosten eines Strafprozesses wegen fahrlässiger Tötung, wenn die Straftat auf einem Verkehrsunfall beruht, der sich bei einer Dienstreise ereignet hat (FG Rheinland-Pfalz, Urteil v. 22.1.2016, 4 K 1572/14).

Aus Billigkeitsgründen wird es von der Verwaltung ausnahmsweise jedoch nicht beanstandet, wenn Aufwendungen für die Beseitigung eines Unfallschadens bei einem Verkehrsunfall neben der Entfernungspauschale als Werbungskosten geltend gemacht werden (Parl. Staatssekretär Dr. M. Meister, BT-Drucks. 18/8523).

Verkauf von Anlagegütern

Der vereinnahmte Verkaufserlös (inklusive Umsatzsteuer) gehört zu den Betriebseinnahmen. Der noch nicht im Wege der Abschreibung abgesetzte Teil der AK/HK (Restbuchwert) ist als Betriebsausgabe abzusetzen.

Vorsteuer

Vertiefend siehe → Umsatzsteuer.

6 Aufzeichnungspflichten

Gewinnermittlung

Legen Sie einen Ordner mit Trennblättern an. Darin bewahren Sie jährlich die Belege nach Sachgruppen geordnet auf (z. B. Warenerlöse, Honorare, Kfz-Kosten, Löhne, Mieten etc.). Am Jahresende addieren Sie die Kosten der Sachgruppen und übertragen die Summe in die Einnahmenüberschussrechnung.

WICHTIG

Gesonderte Aufzeichnung

Die → Bewirtungskosten, Aufwendungen für → Geschenke und das häusliche → Arbeitszimmer müssen zeitnah und gesondert aufgezeichnet werden (§ 4 Abs. 7 EStG), sonst ist ein Abzug aus formalen Gründen nicht zulässig.

Es ist weder eine Inventuraufnahme noch die Führung eines Kassenbuchs erforderlich. Sie müssen den Bankbestand nicht abstimmen. Rechnungsnummern müssen nicht zwingend fortlaufend vergeben werden (FG Köln, Urteil v. 7.12.2017, 15 K 1122/16).

Allerdings müssen Einnahmen einzeln aufgezeichnet werden. Dies kann z. B. durch Kassenberichte erfolgen. Diese sind aber nicht ordnungsgemäß, wenn sie regelmäßig durch den Steuerberater berichtigt und die Kassenbestände ersetzt werden (FG Niedersachsen, Urteil v. 8.12.2011, 12 K 389/09).

TIPP

Einzelaufzeichnungspflicht

Bei nicht ordnungsmäßiger Kassenführung kann das Finanzamt die Einnahmen schätzen. Vermeiden Sie dies durch folgende alternative Maßnahmen:

- Einzelaufzeichnungen jeder Einnahme oder
- Aufzeichnungen von Tagessummen, dazu müssen zusätzlich z. B. Kassenstreifen aufbewahrt werden. Außerdem muss der Kassenbestand lt. Aufzeichnung mit dem tatsächlichen Bestand abgeglichen werden oder
- Fertigung täglicher Kassenberichte, allerdings ist kein Zählprotokoll erforderlich (BFH, Beschluss v. 16.12.2016, X B 41/16).
- Seit einer Änderung des § 146 Abs. 1 AO ist die Einzelaufzeichnungspflicht sowie die Pflicht zur täglichen Erstellung von Kassenaufzeichnungen ab dem 29.12.2016 ausdrücklich gesetzlich vor-

geschrieben. Ob diese Verpflichtung aber auch für Einnahmenüberschussrechner gilt, ist unklar.

- Die OFD Karlsruhe hat ein Merkblatt zur Ordnungsmäßigkeit der Kassenbuchführung herausgegeben, das auf der Internetseite der OFD Karlsruhe zum Download bereitsteht. Das Merkblatt informiert u.a. über die Einzelaufzeichnungspflicht und Ausnahmen, den Einsatz offener Ladenkassen und elektronischer Registrierkassen, Verfahrensdokumentationen, das Datenzugriffsrecht, die Kassensicherungsverordnung sowie die Folgen von Mängeln.

Abnutzbare und nicht abnutzbare Anlagegüter sind in einem Verzeichnis zu führen.

Aufbewahrungspflichten

Obwohl die Vorschriften zur Aufbewahrung nicht ausdrücklich für die Einnahmenüberschussrechnung gelten, geht man generell davon aus, dass die Fristen auch hier gültig sind. Vertiefend siehe → Bilanzierung/E-Bilanz und → ELSTER/ELStAM.

Wechsel der Gewinnermittlungsart

Will der Unternehmer zur Bilanzierung wechseln, muss er dies dem Finanzamt gegenüber deutlich machen. Das Wahlrecht auf Gewinnermittlung durch Bestandsvergleich ist erst dann wirksam ausgeübt worden, wenn zeitnah eine Eröffnungsbilanz aufgestellt, eine ordnungsgemäße kaufmännische Buchführung eingerichtet und aufgrund von Bestandsaufnahmen ein Abschluss gemacht wird (BFH, Urteil v. 19.10.2005, XI R 4/04).

Ist die Eröffnungsbilanz erst einmal eingereicht, ist (für das Jahr) eine Rückkehr zur Einnahmenüberschussrechnung nicht mehr zulässig (FG Berlin-Brandenburg, Urteil v. 29.8.2007, 12 K 1027/04 B). Auch ein nachträglicher Wechsel zur Bilanzierung ist unzulässig, wenn bereits eine EÜR eingereicht wurde (Schleswig-Holsteinisches FG, Urteil v. 26.7.2011, 2 K 124/10).

Bei jedem Wechsel muss ein Übergangsgewinn bzw. -verlust berechnet werden. Der Übergangs**gewinn** kann auf bis zu drei Jahre verteilt werden. Dann ist der Steuerpflichtige für drei Wirtschaftsjahre an diese Gewinnermittlung gebunden. Der Übergangs**verlust** ist im Jahr des Wechsels zu berücksichtigen (BFH, Urteil v. 23.7.2013, VIII R 17/10).

Ergänzungsrechnung außerhalb der Einnahmenüberschussrechnung

Wird z.B. in eine freiberufliche Gemeinschaft ein Gesellschafter neu aufgenommen und hat dieser hierfür AK gezahlt, sind diese in einer steuerlichen Ergänzungsrechnung zu erfassen, wenn sie in der Überschussrechnung der Gesamthand nicht berücksichtigt werden können. Das gilt auch, wenn der bisherige Einzelinhaber seinen freiberuflichen Betrieb in eine neu gegründete GbR einbringt und der andere Gesellschafter für seinen zukünftigen Anteil an der Gesellschaft eine Zuzahlung in das Privatvermögen des ehemaligen Einzelinhabers erbringt (BFH, Urteil v. 24.6.2009, VIII R 13/07).

Ein Wechsel zur Bilanzierung ist nicht erforderlich.

HINWEIS

Anlage ER

Hierfür ist die Anlage ER (Ergänzungsrechnung) auszufüllen.

Entnahmen/Einlagen

Wegen der Begrenzung des betrieblichen Schuldzinsenabzugs ist es erforderlich, Entnahmen und Einlagen gesondert aufzuzeichnen. Vertiefend siehe → Schuldzinsen.

TIPP

Weitere Aufzeichnungspflichten

Neben Geldentnahmen und -einlagen sind auch Sach- und Nutzungsentnahmen/-einlagen aufzuzeichnen.

7 Betriebsvermögen

Die Zuordnung zum Betriebsvermögen ergibt sich aus folgender Übersicht:

Betriebliche Nutzung	Behandlung
> 50 %	Notwendiges Betriebsvermögen
10 %–50 %	Gewillkürtes Betriebsvermögen (Einbuchung beim bilanzierenden Unternehmer bzw. eindeutige Einlagehandlung erforderlich!)
< 10 %	Privatvermögen

Zur Behandlung betrieblich genutzter Grundstücke siehe auch → Betriebsgrundstücke.

Wird ein Wirtschaftsgut als Betriebsvermögen eingestuft, hat dies Folgen:

- Die Abschreibungen und sämtliche Kosten für das Wirtschaftsgut stellen Betriebsausgaben dar.
- Bei einer Veräußerung gehört der gesamte Erlös zu den Betriebseinnahmen.
- Im Fall einer privaten Mitbenutzung des Wirtschaftsguts muss ein Privatanteil festgesetzt werden (hinsichtlich der Pkw-Benutzung siehe auch → Firmenwagen und → Fahrtkosten.

Auch ein Unternehmer, der seinen Gewinn durch eine Einnahmenüberschussrechnung ermittelt, kann gewillkürtes Betriebsvermögen haben. Bei der Einnahmenüberschussrechnung ist die Zuordnung zum gewillkürten Betriebsvermögen in unmissverständlicher Weise durch entsprechende, zeitnah erstellte Aufzeichnungen auszuweisen (BFH, Urteil v. 2.10.2003, IV R 13/03).

Das gilt auch für Wertpapiere, wenn der Kauf oder Verkauf als Hilfsgeschäft der Tätigkeit anzusehen ist, z. B. im Rahmen eines betrieblichen Finanzierungskonzepts (BFH, Urteil v. 17.5.2011, VIII R 1/08).

Wer Nachteile vermeiden will, sollte entsprechende eindeutige Aufzeichnungen im laufenden Geschäftsjahr über die Zuordnung vornehmen und dem Finanzamt spätestens mit der Einnahmenüberschussrechnung einreichen (BMF, Schreiben v. 17.11.2004, IV B 2 – S 2134 – 2/04, BStBl 2004 I, 1064).

TIPP

Gewillkürtes Betriebsvermögen

Auch der Gesellschafter einer Personengesellschaft kann gewillkürtes Betriebsvermögen haben. Da er im Unterschied zum Einzelunternehmer keinen eigenen Betrieb unterhält, können Wirtschaftsgüter aber nur dann zum gewillkürten Betriebsvermögen gehören, wenn sie objektiv geeignet und subjektiv dazu bestimmt sind, den Betrieb der Gesellschaft oder die Beteiligung des Gesellschafters zu fördern. Für die Zuordnung zum gewillkürten Sonderbetriebsvermögen ist es erforderlich, dass die Einlage gegenüber dem FA unmissverständlich, zeitnah und unumkehrbar angezeigt und/oder durch eine Festschreibung der Einbuchung unveränderlich dokumentiert wird (FG Köln, Urteil v. 24.3.2015, 1 K 2217/12, Revision beim BFH, Az. IV R 25/15).

Nutzung privater Vermögensgegenstände

Wird ein zum Privatvermögen gehörendes Wirtschaftsgut (betriebliche Nutzung maximal 50 %) teilweise betrieblich genutzt, hat der Unternehmer die Wahl: Erklärt er das Wirtschaftsgut zum gewillkürten Betriebsvermögen, sind alle Kosten Betriebsausgaben. Darüber hinaus besteht eventuell ein Vorsteueranspruch. Vertiefend siehe → Umsatzsteuer. Behandelt der Unternehmer den Gegenstand weiter als Privatvermögen, sind die gesamten Kosten zunächst privat zu behandeln. Am Jahresende ist der auf die betriebliche Nutzung entfallende Kostenanteil als Betriebsausgabe absetzbar. Vorteil: Eine Veräußerung hat keine Auswirkungen auf den Gewinn.

Überlegen Sie sehr genau, ob die Behandlung als gewillkürtes Betriebsvermögen wirklich vorteilhaft ist, schließlich sind der Verkauf bzw. die Entnahme in diesem Fall einkommen- und in vielen Fällen auch gewerbe- und umsatzsteuerpflichtig.

8 Umsatzsteuer

Vertiefend siehe → Umsatzsteuer.

9 Vordruck zur Gewinnermittlung

Die Gewinnermittlung muss mit dem amtlich vorgeschriebenen Vordruck Anlage EÜR „Einnahmenüberschussrechnung (Gewinnermittlung nach § 4 Abs. 3 EStG)" übermittelt werden (BFH, Urteil v. 16.11.2011, X R 18/09).

WICHTIG

Elektronische Übermittlung des Formulars EÜR ist Pflicht

Seit 2017 müssen alle Betroffenen die Anlage EÜR elektronisch übermitteln. Die bisherige Regelung, nach der die Abgabe einer formlosen Einnahmenüberschussrechnung bei Betriebseinnahmen von weniger als 17.500 € als ausreichend angesehen wurde, ist ausgelaufen.

In Härtefällen kann die Finanzbehörde auf Antrag auf die elektronische Übermittlung verzichten. Für diese Fälle stehen in den Finanzämtern Papiervordrucke der Anlage EÜR zur Verfügung.

Weitere Ausnahmefälle hat die OFD Nordrhein-Westfalen in einer bundesweit abgestimmten Verfügung formuliert (OFD Nordrhein-Westfalen, Verfügung v. 20.04.2018 - Kurzinfo ESt 03/2018):

- Wenn der Gewinn unter 410 € liegt (§ 46 Abs. 2 Nr. 1 EStG) und ein Veranlagungsgrund nach § 46 Abs. 2 Nr. 2 bis 7 EStG vorliegt: Anlage EÜR in Papierform.
- Bei einer Antragsveranlagung (§ 46 Abs. 2 Nr. 8 EStG) wenn ein weiterer Veranlagungsgrund nach § 46 Abs. 2 Nr. 2 bis 7 EStG gegeben ist: Anlage EÜR in Papierform.
- Ehrenamtlich Tätige, deren Einnahmen nach den §§ 3 Nr. 26, 26a oder 26b EStG insgesamt steuerfrei bleiben: keine Anlage EÜR.

Wie Sie die Anlage EÜR ausfüllen, lesen Sie in Teil I dieses Buches.

Elektromobilität

Insbesondere durch das Gesetz zur Förderung der Elektromobilität sind für Elektro- und Hybridelektrofahrzeuge Steuererleichterungen geregelt. Auch für die Berechnung der privaten Nutzung von betrieblichen Fahrzeugen (Firmenwagen/Dienstwagen) gelten günstigere Sonderregelungen.

§§ 3 Nr. 46, 40 Abs. 2 EStG, BMF, Schreiben v. 14.12.2016, IV C 5-S 2334/14/10002-03, 2016/1120002

1 Kfz-Steuerbefreiung

Elektrofahrzeuge, die im Zeitraum vom 18.5.2011 bis zum 31.12.2020 erstmals zugelassen werden, sind ab dem Tag der erstmaligen Zulassung für zehn Jahre von der Kfz-Steuer befreit (§ 3d Abs. 1 Satz 2 KraftStG). Die Befreiung gilt auch für technisch angemessene, verkehrsrechtlich genehmigte Elektroumrüstungen (§ 9 Abs. 2 KraftStG) ab dem Tag der von den Zulassungsstellen festgestellten Einhaltung aller Voraussetzungen.

Seit Juli 2016 kann für Elektroautos eine Kaufprämie als direkte Förderung beantragt werden. Für rein elektrisch betriebene Fahrzeuge beträgt dieser sog. Umweltbonus 4.000 €, für Plug-in-Hybride 3.000 €. Für Anträge auf die Prämie sowie deren Auszahlung ist das Bundesamt für Wirtschaft und Ausfuhrkontrolle zuständig.

2 Lohnsteuerbefreiung und -pauschalierung für Ladestrom/-vorrichtungen

ACHTUNG

Grundvoraussetzung für die Vergünstigung

Sowohl die Steuerbefreiung als auch die Möglichkeit der Pauschalierung der Lohnsteuer setzt voraus, dass die Vorteile vom Arbeitgeber zusätzlich zum ohnehin geschuldeten Arbeitslohn gewährt werden. Eine Umwandlung von bereits zustehendem Gehalt ist damit nicht begünstigt.

Aufladung an betrieblicher Ladeeinrichtung

Vom Arbeitgeber gewährte Vorteile für das elektrische Aufladen (unentgeltlich oder verbilligt gestellter Ladestrom) eines Elektro- oder Hybridfahrzeugs (Codierung im Feld 10 der Zulassungsbescheinigung 0004, 0015, 0016–0019, 0025–0031) an einer ortsfesten betrieblichen Einrichtung des Arbeitgebers und die zur privaten Nutzung überlassene betriebliche Ladeinfrastruktur einschließlich Zubehör sowie in diesem Zusammenhang erbrachter Dienstleistungen (z. B. Installation, Inbetriebnahme, Wartung der Anlage) sind beim Arbeitnehmer steuerfreier Arbeitslohn (§ 3 Nr. 46 EStG). Begünstigt ist sowohl das Aufladen privater Fahrzeuge als auch die Aufladung von Dienstwagen, die der Arbeitnehmer auch privat nutzen darf. Auch die Aufladung von Elektrofahrrädern ist steuerfrei. Dies gilt sowohl für große E-Bikes (Motorunterstützung auch bei Geschwindigkeiten über 25 km/h, Kennzeichen- und Versicherungspflicht) als auch – aus Billigkeit – für kleine E-Bikes (Pedelecs).

Übereignung einer Ladevorrichtung an Arbeitnehmer

Kauft der Arbeitgeber seinem Arbeitnehmer eine Ladevorrichtung, liegt in Höhe der Aufwendungen (Anschaffung, Installation usw.) steuerpflichtiger Arbeitslohn vor. Die dafür anfallende Lohnsteuer kann der Arbeitgeber pauschal mit 25 % (Arbeitgeberlohnsteuer) berechnen und übernehmen (§ 40 Abs. 2 Satz 1 Nr. 6 EStG).

Zuschüsse des Arbeitgebers für private Ladevorrichtungen

Erwirbt der Arbeitnehmer eine Ladevorrichtung privat und trägt die Aufwendungen der Nutzung (Wartung, Betrieb, Miete für Starkstromzähler), kann der Arbeitgeber die Kosten (nicht jedoch die Aufwendungen für den Ladestrom) bezuschussen oder vollständig übernehmen. Die Kostenübernahme bzw. der Zuschuss ist steuerpflichtiger Arbeitslohn. Die anfallende Lohnsteuer kann der Arbeitgeber pauschal mit 25 % (Arbeitgeberlohnsteuer) berechnen und übernehmen. Voraussetzung für die mögliche Pauschalierung ist, dass die Aufwendungen für die Nutzung regelmäßig wiederkehren und vom Arbeitnehmer für einen repräsentativen Zeitraum von drei Monaten im Einzelnen nachgewiesen werden.

3 Privatnutzung von Elektro-/Hybridfahrzeugen

Dienstwagen des Arbeitnehmers

Die Erstattung der vom Arbeitnehmer selbst getragenen Stromkosten durch den Arbeitgeber ist beim Arbeitnehmer lohnsteuerfreier Auslagenersatz (§ 3 Nr. 50 EStG). Die Verwaltung akzeptiert eine monatliche Pauschale von 20 € (Hybrid 10 €), wenn eine Lademöglichkeit beim Arbeitgeber besteht, ansonsten 50 € (Hybrid 25 €).

Die Privatnutzung des Kfz ist steuerpflichtig (geldwerter Vorteil).

Wird der lohnsteuerpflichtige Vorteil aus der Privatnutzung nach der 1 %-Methode berechnet, ist der Bruttolistenpreis um die Kosten des Batteriesystems zu mindern, wenn die Batterie miterworben wurde. Die Kürzung wird pauschal ermittelt und ist vom Anschaffungsjahr des Kfz und der Leistung der Batterie abhängig. Erfolgt die Ermittlung über die tatsächlichen Kosten (Fahrtenbuchmethode), wird der AfA-Anteil für die Privatfahrten aus den Anschaffungskosten ohne das Batteriesystem berechnet. Dasselbe gilt für die Bewertung der Fahrten zwischen Wohnung und erster Tätigkeitsstätte. Wurde die Batterie gemietet, ist die Miete nicht in die Berechnung einzubeziehen. Dieselben Regelungen gelten auch für die Nutzung von Brennstoffzellenfahrzeugen (BMF, Schreiben v. 21.1.2018, IV C 6-S 2177/10002, 2018/0017462).

E-Bike des Arbeitnehmers

Nutzt ein Arbeitnehmer ein betriebliches (großes) E-Bike (Motorunterstützung auch über 25 km/h hinaus) privat, gelten für die Privatnutzung und die Wege zwischen Wohnung und erster Tätigkeitsstätte dieselben Regelungen wie für Kfz. Bei einem (kleinen) E-Bike (Pedelec) wird der Privatanteil mit monatlich 1 % des Bruttolistenpreises (ohne Abschlag für Batteriesystem) angesetzt und Wege zur ersten Tätigkeitsstätte werden nicht berücksichtigt.

Privatnutzung eines betrieblichen Kfz/E-Bikes durch den Betriebsinhaber

Die Ermittlungen des Privatanteils und der nicht abzugsfähigen Kosten für Wege zwischen Wohnung und Betrieb erfolgen wie beim Arbeitnehmer (s. o.). Bei der Fahrtenbuchmethode zählen die Stromkosten nicht zu den Gesamtkosten (steuerfrei, § 3 Nr. 46 EStG).

4 Überlassung von Leasing-Pedelecs

Arbeitgeber bieten ihren Arbeitnehmern inzwischen vermehrt an, ein Pedelec auch für die private Nutzung über den Arbeitgeber zu leasen und die Leasinggebühren vom Gehalt einzubehalten. Damit lässt sich der Bruttolohn verringern und der Steuerabzug sowie Sozialversicherungsbeiträge lassen sich reduzieren.

BEISPIEL

Pedelec-Leasing

Eine Firma least ein Pedelec im Wert von 2.500 € und überlässt es dem Arbeitnehmer auch für private Fahrten. Die monatlichen Leasingraten des Arbeitgebers (75 €) werden vom

Lohn des Arbeitnehmers (monatlicher Bruttolohn 4.000 €, Steuerklasse 1) einbehalten. Die steuerliche Entlastung durch diese Gehaltsumwandlung zeigt folgende Vergleichsberechnung:

	ohne Pedelec	mit Pedelec
Bruttolohn Privatnutzung Pedelec (1 % v. 2.500 €)	4.000 €	(- 75 €) 3.925 € 25 €
steuerpflichtiger Lohn	4.000 €	3.950 €
- LSt, Solz, KiSt, Sozialabgaben	1.663,05 €	1.612,19 €
monatl. Leasingrate 75 € - 50 € (Minderung stpfl. Lohn)		25 €
Nettolohn	2.336,95 €	2.312,81 €

Damit reduziert sich die monatliche Leasingrate, die der Arbeitnehmer zu tragen hat, durch die Abgabenersparnis auf ca. 50 €.

Erwirbt der Arbeitnehmer das Pedelec nach Ablauf der Leasingdauer, egal ob vom Arbeitgeber oder dem Leasinggeber, kann ein geldwerter Vorteil (Arbeitslohn) zu versteuern sein, wenn nur ein vergünstigter Kaufpreis gezahlt wird. Dieser wird wie folgt ermittelt:

	Restwert E-Bike (40 % des UVP oder Einzelgutachten)
-	Zuzahlung des Arbeitnehmers
=	geldwerter Vorteil

ELSTER/ELStAM für Unternehmer

Wer Gewinneinkünfte erzielt, muss Steuererklärungen auf elektronischem Weg (ELSTER) beim Finanzamt einreichen. Dies betrifft die Einkommen-, Gewerbe- und Umsatzsteuer. Letztere auch dann, wenn nur Einkünfte aus Vermietung vorliegen. Lohnsteueranmeldungen und Umsatzsteuervoranmeldungen müssen auch in elektronischer Form abgegeben werden. Die Finanzverwaltung stellt Arbeitgebern die Daten für den Lohnsteuerabzug jedes Arbeitnehmers als elektronische Lohnsteuerabzugsmerkmale (ELStAM) zur Verfügung. Die von Arbeitgebern ausgestellten Lohnsteuerbescheinigungen gehen auch auf elektronischem Wege ans Finanzamt.

§ 87a AO, StDÜV; §§ 5b, 25, 39e, 41a, 41b EStG; § 60 EStDV; § 18 UStG

1 Elektronische Steuererklärungen (ELSTER)

Nach den Steuergesetzen und der Steuerdaten-Übermittlungsverordnung (StÜDV) müssen die elektronischen Lohnsteuerbescheinigungen, die Lohnsteueranmeldungen und Umsatzsteuervoranmeldungen, die Anträge auf Dauerfristverlängerung zur Abgabe von Umsatzsteuervoranmeldungen, die damit verbundene Anmeldung der Sondervorauszahlung und die Umsatzsteuerjahreserklärung auf **elektronischem** Weg an die Finanzbehörde übermittelt werden.

TIPP

Anmeldungen pünktlich abgeben

Geben Sie Ihre Steueranmeldungen zur Umsatz- oder Lohnsteuer rechtzeitig ab. Das Finanzamt soll berichtigte oder verspätet abgegebene Steuer(vor)anmeldungen zwar nur in begründeten Einzelfällen an die BuStra (Buß- und Strafsachenstelle) weiterleiten (Nr. 132 Abs. 2 AStBV 2013). Kommen solche Verspätungen aber des Öfteren vor, kann das (neben Verspätungszuschlägen) nachteilige Folgen haben.

Werden **Gewinneinkünfte erklärt (z.B. Gewerbebetriebe, Freiberufler etc.)**, müssen die Einkommen- und ggf. die Gewerbesteuererklärung in elektronischer Form beim Finanzamt eingereicht werden. Bei Gewinnermittlung durch Einnahmenüberschussrechnung ist auch die Anlage EÜR elektronisch abzugeben. Bilanzierende Steuerpflichtige sind verpflichtet, den Jahresabschluss (Bilanz und Gewinn-und-Verlust-Rechnung) als **E-Bilanz** elektronisch einzureichen. Auf der Website von ELSTER gibt es eine Übersicht über verfügbare Steuersoftware mit ELSTER-Schnittstelle. Eine Härtefallregelung lässt Ausnahmen in Einzelfällen zu.

Die Frist zur Abgabe einer Steuererklärung wird durch die bloße ELSTER-Datenübermittlung (ohne digitale Signatur) allein nicht gewahrt (FG Baden-Württemberg, Urteil v. 17.8.2015, 9 K 2505/14).

TIPP

Ausnahme

Wenn Ihnen eine elektronische Übermittlung der E-Bilanz wirtschaftlich oder persönlich unzumutbar ist, können Sie einen Antrag bei Ihrem Finanzamt stellen. Das Finanzamt kann dann auf eine elektronische Übermittlung verzichten, wenn Ihnen die Schaffung der technischen Möglichkeiten für eine elektronische Übermittlung nur mit erheblichem finanziellen Aufwand möglich wäre oder wenn Sie nicht oder nur eingeschränkt in der Lage sind, die Möglichkeiten der elektronischen Übermittlung zu nutzen (§ 5b Abs. 2 EStG und BMF, Schreiben v. 28.9.2011, IV C 6 – S 2133 b/11/10009).

Art der Jahreserklärung	Verpflichtung zur elektronischen Abgabe; Besonderheiten
ESt	§ 25 Abs. 4 EStG; wenn Gewinneinkünfte
Anlage EÜR	§ 60 Abs. 4 EStDV; die Erleichterung bei Einnahmen unter 17.500 € ist ausgelaufen. Damit sind alle Betroffenen zur Übermittlung der standardisierten Anlage EÜR durch Datenfernübertragung verpflichtet. Ausnahmen gelten im Wesentlichen nur für Ehrenamtler und Kleinstunternehmer (siehe OFD Nordrhein-Westfalen v. 20.04.2018 – Kurzinfo ESt 03/2018)
Bilanz und G+V	E-Bilanz § 5b EStG
GewSt	ja; ggf. einschl. GewSt-Zerlegung
USt	immer

Ist für die Gewinneinkünfte eines Unternehmers eine Erklärung zur gesonderten Feststellung der Einkünfte einzureichen, weil sein Betrieb in einem anderen Ort als seine Wohnung liegt, muss er auch diese Erklärung elektronisch abgeben. Dasselbe gilt für die Abgabe einer Erklärung zur einheitlichen und gesonderten Gewinnfeststellung, weil am Unternehmen mehrere Personen beteiligt sind.

2 ELSTER-Zertifikat

Registrierung

Zur elektronischen Abgabe von Steuererklärungen müssen Sie sich registrieren lassen. Unter www.elsteronline.de können Sie sich als **Unternehmer** in einem mehrstufigen, gesicherten Verfahren **authentifizieren** lassen. Die genaue Vorgehensweise wird im Programm erläutert.

Basiszertifikat

Ein **einfaches ELSTER-Zertifikat** (elektronischer Schlüsselcode) können Sie sich kostenfrei auf die Festplatte Ihres (einzelnen) PCs herunterladen. Zur Registrierung erhalten Sie zusätzlich einen Brief des Finanzamts mit einem Aktivierungscode.

Wenn Ihre endgültige Authentifizierung erfolgreich war, können Sie sich künftig mit Ihrer PIN anmelden und Ihre Steuererklärungen **papierlos** mit fälschungssicherer digitaler Unterschrift abgeben.

ELSTER-Spezial

Mit ELSTER-Spezial (kostenpflichtig) erhalten Sie Ihr elektronisches Zertifikat auf einem speziellen **USB-Sicherheitsstick**. Damit erreichen Sie höchste Benutzerfreundlichkeit und können die Steuererklärungen von **verschiedenen PCs** elektronisch versenden.

ELSTER-Plus

Mit ELSTER-Plus (kostenpflichtig) erhalten Sie Ihr persönliches Zertifikat zur Authentifizierung auf einer **Signaturkarte** und erreichen damit höchste Sicherheit. Außerdem haben Sie die Möglichkeit, den Inhalt Ihres Steuerkontos (z. B. fällige und offene Beträge, geleistete Zahlungen etc.) abzufragen.

Software

Nach der Registrierung können Sie unter www.elsteronline.de Lohnsteuer-

und Umsatzsteuererklärungen sowie die Lohnsteuerbescheinigungen **online ausfüllen und abgeben.** Dazu brauchen Sie sich keine Software auf Ihren Computer herunterzuladen.

Alternativ können Sie sich die Software zur Übermittlung der Daten besorgen. Sie erhalten sie im Buchhandel z. B. auf der DVD „TAXMAN *spezial* 2019", die dem Buchtitel „Steuer 2019 für Unternehmer" in der DVD-Kombi-Lösung beigefügt ist.

Vorteile

Durch die elektronische Abgabe von Steuererklärungen haben Sie folgende Vorteile:

- **bevorzugte (schnellere) Bearbeitung** der Steuererklärung
- weniger Rückfragen durch das Finanzamt, da die eingegebenen Daten durch die Software bereits auf formale Richtigkeit und Plausibilität geprüft wurden
- keine Datenerfassungsfehler durch das Finanzamt
- Auf die **Vorlage von Belegen** wird von der Verwaltung **weitestgehend verzichtet.**
- Das Programm erstellt eine (unverbindliche) Steuerberechnung, sodass der Bediener erkennen kann, ob eine Erstattung oder Nachzahlung in Betracht kommt.

3 ELStAM

Seit dem 1.1.2013 wird der Lohnsteuerabzug mit der elektronischen Lohnsteuerkarte durchgeführt (ELStAM-Verfahren). Arbeitgeber und Arbeitnehmer haben dabei Pflichten und Rechte.

Arbeitgeberpflichten

Arbeitgeber müssen alle Arbeitnehmer (Ausnahme: Minijobber) anmelden. Dabei ist Folgendes zu beachten:

Anmeldung

Die Anmeldung muss mit folgenden Angaben erfolgen:

- ID-Nummer des Arbeitnehmers
- Geburtsdatum des Arbeitnehmers
- Tag des Beginns des Beschäftigungsverhältnisses
- das „Referenzdatum Arbeitgeber" (Datum, ab dem ELStAM für den Arbeitnehmer in diesem Beschäftigungsverhältnis gelten soll)
- Angabe, ob ein erstes oder weiteres Dienstverhältnis vorliegt (der Arbeitnehmer bestimmt, welches Arbeitsverhältnis sein erstes ist)
- Angabe, ob und ggf. in welcher Höhe ein nach § 39a Abs. 1 Satz 1 Nr. 7 EStG eingetragener Freibetrag in diesem Dienstverhältnis gelten soll

Kennt der Arbeitnehmer seine Steuer-ID nicht, muss er diese bei seinem Wohnsitzfinanzamt oder dem Bundeszentralamt für Steuern erfragen. Ohne Steuer-ID ist ein Abruf der ELStAM nicht möglich und die Lohnversteuerung muss nach der Steuerklasse VI erfolgen.

Abmeldung

Bei Beendigung des Dienstverhältnisses muss der Arbeitgeber den Arbeitnehmer zeitnah abmelden. Dabei sind folgende Angaben erforderlich:

- ID-Nummer des Arbeitnehmers
- Geburtsdatum des Arbeitnehmers
- Datum der Beendigung des Dienstverhältnisses
- „Referenzdatum Arbeitgeber", ab dem keine ELStAM mehr gebildet werden sollen

Korrekturen/Änderungen

Die Rückmeldung bei An- und Abmeldung eines Arbeitnehmers erfolgt umgehend an den Arbeitgeber. Bei fehlerhafter Anmeldung muss der Arbeitnehmer unter dem gleichen Datum wieder abgemeldet und ggf. unter einem anderen Datum wieder angemeldet werden.

Der Arbeitgeber muss monatlich überprüfen, ob geänderte ELStAM zum Abruf bereitstehen, sodass er immer die aktuelle ELStAM anwendet. Dazu werden monatlich Änderungslisten erstellt und dem Arbeitgeber bis zum fünften Werktag des Folgemonats zugeleitet.

Bei Tod eines Arbeitnehmers erfolgt die Datenmeldung durch die Meldebehörde. Die Folge ist eine allgemeine Sperrung der ELStAM. Die Mitteilung dazu erfolgt ohne Angabe des Grundes.

Arbeitnehmerpflichten und -rechte

Pflichten

Der Arbeitnehmer muss dem Arbeitgeber alle erforderlichen Daten mitteilen:

- ID-Nummer
- Geburtsdatum
- Angabe, ob ein erstes oder weiteres Dienstverhältnis vorliegt
- Angabe, ob und ggf. in welcher Höhe ein nach § 39a Abs. 1 Satz 1 Nr. 7 EStG eingetragener Freibetrag in diesem Dienstverhältnis gelten soll

Bei Heirat, Geburt eines Kindes und Umzug werden die Daten durch das Melderegister automatisch dem Arbeitgeber mitgeteilt. Bei Trennung oder Scheidung muss der Arbeitnehmer den Zeitpunkt, ab wann die Ehepartner dauernd getrennt leben, dem Finanzamt mitteilen. Dem zuständigen Finanzamt muss der Arbeitnehmer auch melden, wenn ein eingetragener Freibetrag nicht mehr gilt.

Rechte des Arbeitnehmers im ELStAM-Verfahren

Der Arbeitnehmer kann bei seinem Wohnsitzfinanzamt Auskunft über die eigenen ELStAM-Daten erhalten und darüber, wer in den vergangenen 24 Monaten seine ELStAM abgerufen hat.

Außerdem ist es möglich, ungünstigere Lohnsteuerabzugsmerkmale (z. B. Stkl. I; Nichtberücksichtigung des Behindertenpauschbetrags) anwenden zu lassen, um zu verhindern, dass der Arbeitgeber Kenntnis von bestimmten Merkmalen bekommt.

Schließlich kann der Arbeitnehmer mittels Vordruck Arbeitgeber für den Abruf seiner ELStAM-Daten sperren lassen. Dabei kann er eine Sperrung für alle Arbeitgeber verfügen, in einer Positivliste abrufberechtigte Arbeitgeber festlegen oder in einer Negativliste bestimmte Arbeitgeber vom Abruf ausschließen. Besteht mit einem gesperrten Arbeitgeber ein Arbeitsverhältnis, muss dieser den Lohnsteuerabzug nach Steuerklasse VI vornehmen.

Existenzgründer

Haben Sie ein Unternehmen neu gegründet, sind wegweisende Entscheidungen zu treffen und Besonderheiten zu beachten. Im Folgenden erhalten Sie einen Überblick, worauf es ankommt. Außerdem stellen wir die Grundzüge des Gründungszuschusses dar.

1 Meldepflicht

Gewerbeanmeldung

Die Aufnahme einer gewerblichen Betätigung ist beim Gewerbeamt der Gemeinde anzumelden. Damit wird gleichzeitig die Meldepflicht gegenüber sonstigen Behörden (Berufsgenossenschaft, Gewerbeaufsichtsamt, Industrie- und Handelskammer bzw. Handwerkskammer, Statistisches Landesamt) erfüllt.

! WICHTIG

Gewerbeanmeldung

Das Finanzamt wird von der Gemeinde informiert und sendet Ihnen einen Fragebogen zur Betriebseröffnung zu.

Freiberufler

Freiberufler (z. B. Ärzte, Ingenieure, Architekten etc.) müssen ihre Tätigkeit formlos beim Finanzamt anmelden. Vertiefend siehe → Gewerbetreibende/ Steuerermäßigung.

Sozialversicherung

Wer einer selbstständigen Tätigkeit nachgehen will, sollte vorab klären, ob eine Sozialversicherungspflicht („Scheinselbstständigkeit") besteht. Die sozialversicherungsrechtliche Beurteilung einer Tätigkeit ist für die steuerliche Einstufung allerdings nicht bindend.

2 Betriebseröffnungsbogen

Fragebogen

Das Finanzamt möchte mit dem „Fragebogen zur steuerlichen Erfassung" (Betriebseröffnungsbogen) folgende Fragen klären:

- Welche Tätigkeit wird ausgeübt, welche Rechtsform hat das Unternehmen und wer ist Betriebsinhaber?
- Sind Umsatzsteuer- und Lohnsteuervoranmeldungen abzugeben?
- In welcher Höhe sind Einkommensteuer- bzw. Körperschaftsteuervorauszahlungen zu leisten?

Angaben zur Gewinnerwartung und zu anderen Einkunftsarten sind für die Festsetzung der **Einkommensteuer-**

vorauszahlung erforderlich. Bitte beachten Sie, dass Sie bei zu niedrigen Vorauszahlungen ggf. später kurzfristig für zwei bis drei Jahre nachzahlen müssen, was zu ernsthaften finanziellen Engpässen führen kann. Eine freiwillige Anpassung nach oben kann daher sinnvoll sein.

Umsatzsteuer

Die **Umsatzsteuervoranmeldungen sind** auf **elektronischem Weg** abzugeben. Vertiefend siehe → ELSTER/ ELStAM für Unternehmer. Die abzuführende Steuer müssen Sie selbst berechnen. Für das Jahr der Neugründung und das folgende Jahr besteht eine **monatliche** Abgabeverpflichtung. Später richtet sich der Voranmeldungszeitraum nach der Umsatzsteuerschuld des Vorjahres.

Vorjahressteuer	Anmeldungszeitraum
bis 1.000 €	jährlich
1.000–7.500 €	vierteljährlich
über 7.500 €	monatlich

Eine **Dauerfristverlängerung** für die Abgabe der USt-Voranmeldungen sollten Sie nicht sofort beantragen, sonst werden mögliche hohe Vorsteuerbeträge erst einen Monat später ausbezahlt.

Achten Sie auf ordnungsgemäße Rechnungen, sonst verlieren Sie die Vorsteuer. Vertiefend siehe → Umsatzsteuer.

Sind Sie Angehöriger eines freien Berufs oder liegt Ihr Umsatz als Gewerbetreibender unter 250.000 €, können Sie beim Finanzamt die **Besteuerung nach den tatsächlich vereinnahmten Entgelten** („Istversteuerung") beantragen. Die Umsatzsteuer entsteht dann nicht schon bei Lieferung oder Leistung, sondern erst dann, wenn Sie das Entgelt erhalten.

Ist Ihr voraussichtlicher Jahresumsatz im ersten Jahr nicht höher als 17.500 €, können Sie sich auch für die **Kleinunternehmer-Regelung** entscheiden. Dann wird Umsatzsteuer nicht erhoben und ein Abzug von Vorsteuer ist nicht möglich. Vertiefend siehe → Umsatzsteuer.

ACHTUNG

Umsatzsteuerausweis

Sie dürfen dann auch keine Umsatzsteuer in Ihren Rechnungen ausweisen, sonst schulden Sie diese gegenüber dem Finanzamt.

Lohnsteuer

Werden Arbeitnehmer beschäftigt, müssen Sie bei jeder Lohnauszahlung die Lohnsteuer selbst berechnen und einbehalten. Dem Finanzamt reichen Sie auf elektronischem Weg eine **Lohnsteueranmeldung** ein und Sie führen die einbehaltene Steuer ab. Vertiefend siehe → ELSTER/ELStAM für Unternehmer.

Für den Anmeldungszeitraum sind folgende Grenzen maßgeblich:

Jährlich voraussichtlich zu entrichtende Lohnsteuer	Anmeldungszeitraum
bis 1.000 €	jährlich
1.001–5.000 €	vierteljährlich
über 5.000 €	monatlich

Die Lohnsteuerbescheinigungen für Ihre Arbeitnehmer müssen Sie ebenfalls elektronisch an die Finanzverwaltung übermitteln.

Verträge

Packen Ihre Familie und Freunde bei der Gründung tatkräftig mit an, schließen Sie Arbeitsverträge und zahlen Sie Gehalt. Dies kann Steuern sparen. Vertiefend siehe → Verträge mit Angehörigen.

Zur Vermeidung von Problemen sollten Sie wichtige Verträge (Gesellschaftsvertrag, Arbeitsverträge mit Angehörigen, GmbH-Geschäftsführervertrag, Miet- und Darlehensverträge mit Angehörigen) in Kopie dem Finanzamt möglichst schon bei der Betriebseröffnung einreichen und um eine rechtliche Beurteilung bitten. Bitte beachten Sie, dass die Einholung einer sog. „verbindlichen Auskunft" bei Ihrem Finanzamt gebührenpflichtig ist.

3 Rechtsform des Unternehmens

Es gibt keine Unternehmensform, die nur Vorteile aufweist. Sie sollten daher stets die steuerlichen Aspekte der einzelnen Rechtsformen, das jeweilige Haftungsrisiko sowie die betriebswirtschaftlichen und übrigen zivilrechtlichen Gesichtspunkte mit in Ihre Überlegungen einbeziehen, um so die für Ihre Zwecke optimale Rechtsform zu finden.

Eine wichtige Rolle spielt dabei, ob Sie das Unternehmen allein oder gemeinsam mit anderen Personen betreiben wollen. Hier sollten Sie sich umfassend zivilrechtlich und steuerlich beraten lassen. Angehörige freier Berufe können sich zur Ausübung ihrer Berufe in einer Partnerschaftsgesellschaft zusammenschließen. Sie beruht im Wesentlichen auf den Grundlagen der Gesellschaft bürgerlichen Rechts (GbR), es besteht jedoch die Möglichkeit einer Haftungsbeschränkung. Von Interesse für Existenzgründer könnte auch die haftungsbeschränkte Unternehmergesellschaft (§ 5a GmbHG) sein. Diese ist eine Kapitalgesellschaft, die ohne bestimmtes Mindeststammkapital in einem vereinfachten Verfahren gegründet werden kann.

4 Gewinnermittlung

Als Gewinnermittlungsarten kommt die → Bilanzierung/E-Bilanz bzw. die → Einnahmenüberschussrechnung in Betracht. Einzelheiten zu den beiden Arten und zur Frage, wer bilanzierungspflichtig ist, entnehmen Sie den beiden Stichworten. Außerdem sollten Sie die Hinweise unter → Kleinunternehmer lesen.

Anlauf- und Gründungskosten

Kosten, die vor Beginn der eigentlichen Geschäftstätigkeit anfallen (z. B. Gewerbeanmeldung, Beratungskosten, Miete etc.), sind schon im Zeitpunkt ihrer Entstehung bzw. Bezahlung (je nach Gewinnermittlungsart) regelmäßig als **vorweggenommene Betriebsausgaben** abziehbar. Davon ausgeschlossen sind Kosten, die im Zusammenhang mit der Anschaffung oder Herstellung beweglicher oder unbeweglicher Wirtschaftsgüter stehen. Vertiefend siehe

→ Abschreibungen/Anschaffungs- und Herstellungskosten.

5 Weitere steuerliche Überlegungen

Einkommen-/Körperschaftsteuer

Der Gewinn eines **Einzelunternehmens** unterliegt der Einkommensteuer, ebenso Ihr Gewinnanteil an einer **Personengesellschaft**. Die Höhe der Steuerbelastung hängt von Ihrem individuellen Einkommensteuersatz (0–45 %) ab.

Wer „Einkünfte aus Gewerbebetrieb" bezieht, erhält bei der Einkommensteuer eine Steuerermäßigung bis zur Höhe des 3,8-Fachen des Gewerbesteuermessbetrags. Vertiefend siehe → Gewerbetreibende/Steuerermäßigung. Für bilanzierende Einzelunternehmen und Personengesellschaften gibt es die Möglichkeit, Teile des Gewinns nicht auszuschütten (Thesaurierung) und ermäßigt besteuern zu lassen.

Eine **GmbH** (bzw. eine AG) muss für ihr z. v. E. nur 15 % Körperschaftsteuer bezahlen. Kommt es zu einer Ausschüttung, unterliegt die Dividende zusätzlich einer 25%igen Abgeltungsteuer. Vertiefend siehe → Kapitalanlagen und → Abgeltungsteuer.

Abschluss von Verträgen

Im Gegensatz zu Einzelunternehmen und Personengesellschaften kann eine GmbH mit ihren Gesellschaftern steuerlich wirksame Arbeits-, Darlehens- und Mietverträge abschließen. Die entsprechenden Zahlungen mindern den Gewinn der GmbH, führen im Gegenzug aber zu entsprechenden Einkünften bei den Empfängern. Letztendlich kommt es bei der GmbH zu einer Gewerbesteuerersparnis.

Pensionszusagen

Eine GmbH kann ihrem Gesellschafter-Geschäftsführer eine Pensionszusage erteilen. Dies mindert bei der GmbH sofort den Gewinn und spart so Steuern, während der Geschäftsführer erst dann Einkünfte hat, wenn die Pensionszahlungen an ihn ausbezahlt werden. Hierbei sind zahlreiche Hürden zu überwinden. Daher gilt auch hier: Lassen Sie sich gut beraten!

Gewerbesteuer

Einzelunternehmen und Personengesellschaften unterliegen der Gewerbesteuer, wenn sie „Einkünfte aus Gewerbebetrieb" beziehen. Vertiefend siehe → Gewerbetreibende/Steuerermäßigung. Diese Unternehmen haben einen Freibetrag von 24.500 €. Eine GmbH wird immer – ohne Freibetrag – zur Gewerbesteuer herangezogen. Vertiefend siehe → Gewerbesteuer.

Vorsicht bei Gebäuden

Wenn Sie für Ihre Tätigkeit ein eigenes Gebäude nutzen wollen, beachten Sie das Stichwort → Betriebsgrundstücke.

TIPP

Wahl der Rechtsform

Ob die Gründung einer GmbH oder eines Einzelunternehmens bzw. einer Personengesellschaft unter steuerlichen Gesichtspunkten günstiger ist, lässt sich nur bezogen auf den Einzelfall und mit vielen Vorbehalten (keiner weiß, wie zukünftige Gewinne ausfallen und in welchem Umfang Kapital in der Firma benötigt wird) sagen. Lassen Sie sich ggf. individuell beraten!

Steuerliche Aspekte im Zusammenhang mit der Rechtsform des Betriebs	Einzelunternehmen	Personengesellschaft	GmbH
ertragsteuerliche Belastung	Gewinn(-anteil) unterliegt mit dem individuellen Steuersatz (14–45 %) der Einkommensteuer, Begünstigung bei Thesaurierung des Gewinns		Steuersatz 15 % (Ausschüttungen unterliegen zusätzlich der Abgeltungsteuer)
Arbeits-/Miet-/Darlehensverträge mit Inhaber(n)	nicht möglich	beeinflussen lediglich die Gewinnverteilung, mindern nicht den Unternehmensgewinn	mindern den Unternehmensgewinn
Gewährung einer Pensionszusage	Pensionszusage gegenüber dem/den Inhaber(n) ist steuerlich wirksam nicht möglich.		möglich
Gewerbesteuerbelastung	Freibetrag 24.500 €/Tarif 3,5 % Bei natürlichen Personen gibt es bei der Einkommensteuer eine Anrechnung bis zu 3,8 × Gewerbesteuermessbetrag.		kein Freibetrag/ Tarif 3,5 %
Unternehmensverluste	Unternehmensverluste sind mit anderen Einkünften verrechenbar.		Verrechnung nur mit Gewinnen anderer Jahre
betriebliche Nutzung privater Gegenstände der Inhaber/Gesellschafter	Wirtschaftsgüter gehören zwangsweise zum Betriebsvermögen (Sonderbetriebsvermögen). Wertsteigerungen erhöhen im Zeitpunkt der Realisierung (z. B. bei Verkauf) den Gewinn.		Die Wirtschaftsgüter bleiben Privatvermögen. Die Miete mindert den Gewinn der GmbH.

6 Finanzhilfen

„Jungunternehmer" erhalten sehr häufig zu günstigen Konditionen Existenzgründerdarlehen. Fragen Sie diesbezüglich bei Ihrer Bank oder Interessenvertretung (z. B. IHK) nach. Es gibt für Existenzgründer vielfältige Förderprogramme auf Bundes- oder Landesebene. Wichtig ist, dass öffentliche Fördermittel **vor** der Betriebsgründung beantragt werden. Informieren Sie sich unter www.kfw.de.

Gründungszuschuss

Arbeitnehmer, die durch Aufnahme einer selbstständigen, hauptberuflichen Tätigkeit die Arbeitslosigkeit beenden, können in der Zeit nach der Existenzgründung einen Gründungszuschuss erhalten. Der Gründungszuschuss ist eine Ermessensleistung, auf die kein Rechtsanspruch besteht. Der Existenzgründungszuschuss ist nach § 3 Nr. 2 EStG steuerfrei. Nähere Informationen gibt es auf den Internetseiten der Bundesanstalt für Arbeit.

Andere Gründungszuschüsse

Andere Gründungszuschüsse (wie z. B. die Meistergründungsprämie NRW) sind bei Einzelunternehmern und Personengesellschaften mangels einer gesetzlichen Befreiung steuerpflichtige Betriebseinnahmen.

Gründungswettbewerbe

Die im Rahmen von Gründungswettbewerben ausgezahlten Preisgelder sind umsatzsteuerrechtlich als echte – nicht steuerbare – Zuschüsse zu beurteilen. Einkommensteuerrechtlich gehören sie zu den Betriebseinnahmen.

7 Investitionsabzugsbetrag

Vertiefend siehe → Investitionsabzugsbetrag.

8 Persönliche Absicherung

Denken Sie auch an Ihre persönliche Absicherung durch Haftpflicht- und Krankenversicherung, Krankentagegeld und Altersvorsorge.

Vertiefend siehe zu steuerlichen Aspekten → Altersvorsorgeaufwendungen, → Sonderausgaben und → Versicherungen.

Als Bezieher des Gründungszuschusses sind Sie nicht automatisch rentenversicherungspflichtig. Beantragen Sie einen Beratungstermin bei Ihrem Rentenversicherungsträger.

Fahrtkosten

Der Abzug von Fahrtkosten ist bei den Werbungskosten, Betriebsausgaben, Sonderausgaben oder den außergewöhnlichen Belastungen möglich.

R 9.4 bis 9.8 LStR 2015

1 Wo und in welcher Höhe sind Fahrtkosten berücksichtigungsfähig?

Fahrten des Arbeitnehmers

Fahrten zur ersten Tätigkeitsstätte

Für die Fahrten zwischen Wohnung und erster Tätigkeitsstätte erhalten Sie den Werbungskostenabzug in Form einer **Entfernungspauschale**. Die tatsächlichen Kosten sind nur bei Nutzung öffentlicher Verkehrsmittel oder für behinderte Menschen abzugsfähig.

Sonstige berufliche Fahrten

Unter sonstige berufliche Fahrten fallen z. B. Fahrten zu Kunden des Arbeitgebers oder zur Teilnahme an Fachtagungen und Lehrgängen im Rahmen eines bestehenden (Ausbildungs-)Dienstverhältnisses. Diese Fahrten sind regelmäßig mit den tatsächlichen Kosten abzugsfähig (zur Ermittlung der Kosten s. u.). Vertiefend siehe → Werbungskosten, -pauschbeträge und -pauschalen. Eine Ausnahme gilt für Familienheimfahrten im Rahmen einer doppelten Haushaltsführung. Vertiefend siehe → Doppelte Haushaltsführung.

Folgen eines Unfalls

Wenn sich auf einer beruflichen Fahrt ein Unfall ereignet hat, sind die dadurch angefallenen Kosten (Abschleppkosten, Reparaturkosten, Schadensersatz, Reinigungskosten, Gerichtskosten, Anwaltskosten) abzugsfähig.

Fahrten mit dem Firmenwagen

Vertiefend siehe → Firmenwagen.

Fahrten zur Betriebsstätte

Für die Fahrten eines Selbstständigen zwischen Wohnung und Betriebsstätte gelten die Regelungen wie für Arbeitnehmer. Der Kostenabzug erfolgt nur über die **Entfernungspauschale** (s. o.). Soweit in der Gewinnermittlung bisher die gesamten Kfz-Kosten als Betriebsausgabe erfasst waren, müssen die die Entfernungspauschale übersteigenden Kosten korrigiert werden. Vertiefend siehe → Firmenwagen.

Andere betriebliche Fahrten

Andere betriebliche Fahrten können Fahrten zu Kunden, Mandanten, Lieferanten, Einsatzstellen oder Fahrten in Zusammenhang mit Fortbildungen, Lehrgängen oder Fachtagungen sein. Hier sind die tatsächlichen Kosten als Reisekosten abziehbar (zur Kostenermittlung s. u.). Besonderheiten gelten für Fahrten im Rahmen einer doppelten Haushaltsführung. Vertiefend siehe → Doppelte Haushaltsführung.

Fahrten bei Vermietung

Als Vermieter eines Hauses oder einer Wohnung können Sie in einer Vielzahl von Fällen (z. B. Fahrten in Zusammenhang mit der Hausverwaltung, Reparaturen, Anschaffung, Hausbau, Finanzierung) die tatsächlichen Kosten absetzen.

Sonderausgaben und außergewöhnliche Belastungen

Zu Fahrtkosten in Zusammenhang mit einer Berufsausbildung siehe → Ausbildung und Studium.

Bei den **außergewöhnlichen Belastungen** kommt ein Abzug von tatsächlichen Fahrtkosten (bis maximal zur Höhe der Aufwendungen für öffentliche Verkehrsmittel) bzw. bei Kfz-Nutzung mit max. 0,30 € je Kilometer z. B. in Zusammenhang mit Krankheitskosten oder Heilkuren oder bei behinderten Menschen in Betracht. Bei behinderten Kindern ist der Abzug ggf. bei den Eltern möglich. Vertiefend siehe → Krankheitskosten, → Außergewöhnliche Belastung und → Behinderte Menschen.

2 Ermittlung der tatsächlichen Kilometerkosten

Wenn (auch) die tatsächlichen Kosten für ein privates Verkehrsmittel (z. B. Kfz) steuerlich geltend gemacht werden können, besteht zum einen die Möglichkeit, diese pauschal mit 0,30 € je gefahrenen Kilometer (Kfz-Nutzung) bzw. 0,20 € (Nutzung anderer motorgetriebener Verkehrsmittel) anzusetzen oder einen Kilometersatz anhand der tatsächlichen Fahrzeugkosten und der gefahrenen Kilometer im gesamten Jahr selbst zu ermitteln. Die von Verbraucherverbänden oder dem ADAC veröffentlichten Kilometerkosten für bestimmte Fahrzeugtypen erkennt die Verwaltung nicht an.

TIPP

Neues Auto? Tatsächliche Kosten nachweisen

Die Ermittlung der tatsächlichen Kosten je Kilometer ist insbesondere dann sinnvoll, wenn Sie ein junges Auto fahren (wegen der jährlichen Abschreibung) und beruflich viel unterwegs sind.

Zur Ermittlung des tatsächlichen Kilometersatzes gehen Sie wie folgt vor:

Nachweis der tatsächlichen Kilometerkosten

- Ermitteln Sie (Belege aufbewahren!) über einen Zeitraum von mindestens zwölf Monaten alle Kfz-Kosten (Reparaturkosten, Treibstoff, Pflege, Kosten für die Garage, Kfz-Steuer, Haftpflicht-/Kaskoversicherung, Zinsen für Anschaffungsdarlehen etc.). Unberücksichtigt bleiben Parkgebühren, Unfallkosten, Strafzettel oder Beiträge für eine Insassen- und Unfallversicherung.
- Zu den Kosten gehört auch die Abschreibung (AfA) für den Pkw (Kaufpreis verteilt auf sechs Jahre). Bei gebraucht erworbenen Pkws kann dem Alter des Fahrzeugs entsprechend eine kürzere Nutzungsdauer zu berücksichtigen sein. Bei Leasingfahrzeugen werden anstelle der Abschreibung die Leasingsonderzahlung und die Leasingraten berücksichtigt.

Ermittlung der Gesamtkilometer im Jahr

Halten Sie den Kilometerstand zu Beginn und am Ende des Jahres in einem Fahrtenbuch fest. Tragen Sie alle Fahrten, die steuerlich abzugsfähig sind, mit Datum und gefahrenen Kilometern ein. Die privaten Fahrten brauchen Sie nicht einzutragen. Ein ordnungsgemäßes Fahrtenbuch ist für die Ermittlung des tatsächlichen Kilometersatzes nicht erforderlich.

Berechnungsschema

1.	**Berechnung der Abschreibung (AfA):**	**€**
	AK + Nebenkosten	
	Dividiert durch Nutzungsdauer (regelmäßig 6 Jahre) = AfA	/6 =
2.	**Laufende Kosten**	
	Treibstoff, Reparatur, Versicherung, Steuern etc.	
3.	**Summe aus 1. (AfA) und 2. (lfd. Kosten)**	
4.	**km-Leistung des Jahres (km-Stand 31.12. ./. km-Stand 1.1.)**	
5.	**Ermittlung des km-Satzes**	
	Summe der Kosten (3.): km-Leistung (4.) = **km-Satz**	

Der so ermittelte Kilometersatz kann auch für die Folgejahre angesetzt werden. Eine Neuberechnung ist erst wieder notwendig, wenn sich die Verhältnisse wesentlich ändern (z. B. Neuanschaffung eines Pkws, Abschreibungszeitraum abgelaufen, deutlich höhere bzw. niedrigere Jahresfahrleistung).

Finanzierungskosten

Welche betrieblichen und privaten Finanzierungskosten sind steuerlich abzugsfähig? Wie können Sie steuerliche Fallstricke vermeiden?

§ 4 Abs. 4 und 4a EStG, § 9 Abs. 1 Nr. 1 EStG

1 Finanzierungskosten im Betrieb

Finanzierungskosten im Zusammenhang mit Ihrem Betrieb sind grundsätzlich abzugsfähig, unabhängig davon, ob Sie betriebliche Anlagegüter oder andere betriebliche Aufwendungen damit bezahlen. Unter gewissen Umständen ist jedoch ein Teil der Schuldzinsen vom Abzug ausgeschlossen. Vertiefend siehe → Schuldzinsen.

Gestaltungsempfehlung bei gemischt genutzten Grundstücken

Wenn Sie ein Gebäude erwerben (bzw. als Bauherr erstellen), das nur zum Teil (z. B. 60 %) zum Betriebsvermögen zählt, ist nur der entsprechende Darlehensanteil (60 %) betrieblich veranlasst und kann als Betriebsausgabe abgesetzt werden.

Normalerweise ist auf das Verhältnis der Nutzflächen abzustellen (Anteil der betrieblichen Räume an der Gesamtnutzfläche).

Eine alternative Berechnung bringt ggf. Vorteile. Bei der Erstellung eines Gebäudes lassen sich Kosten teilweise konkret einzelnen Gebäudeteilen (z. B. Bodenbeläge, Fliesen, Bad) zuordnen, während andere (z. B. Aushub, Rohbau, Dach) nur anteilig zuzurechnen sind. Werden die HK (soweit möglich) den einzelnen Gebäudeteilen zugeordnet, kann man nach der BFH-Rspr. erreichen, dass ein Großteil der Zinsaufwendungen steuerlich abzugsfähig ist (BFH, Urteil v. 27.10.1998, IX R 44/95; BFH, Urteil v. 1.4.2009, IX R 35/08 u. a.).

BEISPIEL

Finanzierung

Sie errichten ein Gebäude mit zwei gleich großen Einheiten. Eine soll als Büro genutzt, die andere selbst bewohnt werden. Die Baukosten betragen 600.000 €, wobei sich 150.000 € konkret dem Büro und 200.000 € der eigengenutzten Wohnung zuordnen lassen. Der Restbetrag i. H. v. 250.000 € betrifft nicht konkret zuordenbare Baukosten. Zur Finanzierung wurde ein Darlehen über 400.000 € aufgenommen. Der Restbetrag wurde mit Eigenkapital finanziert.

Auf das Büro entfallen HK i.H.v. 275.000 € (150.000 € + 1/2 von 250.000 €). Achten Sie darauf, dass die konkret zuordenbaren HK für das Büro ausschließlich mit Darlehensmitteln bezahlt werden. Jetzt sind 150.000 € Darlehenssumme dem Betrieb zuzurechnen (Gutschrift auf einem gesonderten Konto!). Wenn darüber hinaus die nicht konkret zuordenbaren HK (250.000 €) mit dem Restdarlehen (250.000 €) finanziert und über ein betriebliches Konto bezahlt werden, sind weitere 125.000 € (1/2) dem Büro zuzurechnen. Im Endergebnis ist das Darlehen zu 275/400 (= 68,75 %) betrieblich veranlasst, sodass 68,75 % der Finanzierungskosten als Betriebsausgaben abzugsfähig sind.

Anwendung der BFH-Rspr.

- Verlangen Sie von den Bauhandwerkern getrennte Abrechnungen der beiden Bauteile.
- Schließen Sie getrennte Darlehensverträge für beide Bauteile.
- Richten Sie getrennte Baukonten ein, um die auf den betrieblichen Gebäudeteil entfallenden HK unmittelbar mit aufgenommenen Darlehensmitteln finanzieren zu können.

TIPP

Darlehensauszahlung

Lassen Sie die Beträge aus den verschiedenen Darlehen keinesfalls auf dasselbe Konto auszahlen, sonst funktioniert das ganze System nicht mehr und alle Finanzierungskosten werden zwingend nach dem Verhältnis der Wohnflächen aufgeteilt (BFH, Urteil v. 1.4.2009, IX R 35/08)!

- Vermeiden Sie auf jeden Fall das Zusammenführen von Eigen- und Fremdmitteln auf einem Konto.

Auch in **Erwerbsfällen** dürfen die vorstehenden Grundsätze angewandt werden. Eine größtmögliche Abzugsfähigkeit kann erreicht werden, wenn

- im Vertrag eine angemessene Aufteilung des Kaufpreises vorgenommen wird. Andernfalls ist das Verhältnis der Nutz-/Wohnfläche der beiden Teile maßgebend.
- ein Darlehen für die nicht zu eigenen Wohnzwecken genutzte Einheit aufgenommen wird und damit nur die darauf entfallenden AK bezahlt werden.
- die AK für den zu eigenen Wohnzwecken genutzten Teil getrennt davon bezahlt werden.

Auch eine Abwicklung über ein Notaranderkonto ist möglich (BMF, Schreiben v. 24.4.2003, IV C 3 – S 2211 – 55/03, BStBl 2003 I, 287).

Einfacher wird es, wenn Sie Wohnungs-/Teileigentum erwerben bzw. erstellen.

Gebäudeerwerb: Vereinbaren Sie mit dem Verkäufer, dass er das Gebäude in Teileigentum aufteilt. Danach schließen Sie Kaufverträge ab. Jetzt können Sie Ihr Eigenkapital für den nicht betrieblichen Teil einsetzen. Den zum Betriebsvermögen zählenden Gebäudeteil finanzieren Sie durch Aufnahme eines gesonderten Darlehens.

Gebäudeerstellung: Erstellen Sie vor Baubeginn eine Teilungserklärung. Sie können dann ebenfalls den nicht betrieblichen Teil mit Eigenkapital und den betrieblichen Teil mit Fremdkapital finanzieren. Wird das Gebäude von einem Generalbauunternehmen erstellt, muss dieses für das einzelne Teileigentum eine gesonderte Abrechnung erstellen.

Entnahme/Veräußerung eines Wirtschaftsguts

Wenn Sie ein Anlagegut entnehmen, sind die Zinsaufwendungen für ein Finanzierungsdarlehen nach der Entnahme nicht mehr abzugsfähig. Zahlen Sie den Betriebskredit vor der Entnahme des Wirtschaftsguts zurück!

2 Finanzierungskosten für privates Grundvermögen

Sie vermieten ein Haus/ eine Eigentumswohnung

Finanzierungskosten für eine private, vermietete Immobilie (z.B. Darlehen zum Hausbau bzw. -kauf, zur Finanzierung von Reparaturmaßnahmen) stellen Werbungskosten bei den Einkünften aus V+V dar.

Damnum, Disagio, Bearbeitungs- und Auszahlungsgebühren

Bei diesen Gebühren sind drei Gruppen zu unterscheiden:

- Das Darlehen, für das die Gebühren gezahlt werden, hat eine Laufzeit von maximal fünf Jahren.
- Die Laufzeit des Darlehens beträgt mehr als fünf Jahre und die Gebühren sind marktüblich.
- Die Laufzeit des Darlehens beträgt mehr als fünf Jahre und die Gebühren sind nicht marktüblich.

In den ersten beiden Fällen sind die Aufwendungen im Jahr der Zahlung als Werbungskosten abziehbar. Von Marktüblichkeit kann ausgegangen werden, wenn für ein Darlehen mit einem Zinsfestschreibungszeitraum von mindestens fünf Jahren ein Damnum i. H. v. bis zu 5 % vereinbart worden ist.

Wird ein nicht marktübliches Disagio vereinbart, ist die Regelung des § 11 Abs. 2 Satz 3 EStG anzuwenden, d. h. die Aufwendungen sind gleichmäßig auf die Laufzeit des Darlehens zu verteilen.

Abzug von Schuldzinsen für ein gescheitertes Bauvorhaben

Hat ein Steuerpflichtiger zur Finanzierung eines Mietobjekts ein Darlehen aufgenommen und kündigt er den Vertrag mit dem Bauträger wegen drohenden Konkurses, so sind die Finanzierungskosten als vergebliche Werbungskosten abzugsfähig (FG Nürnberg, Urteil v. 10.4.2001, I R 178/98).

Kauf eines unbebauten Grundstücks

Wird der Kauf eines unbebauten Grundstücks durch ein Darlehen finanziert, sind die anfallenden Aufwendungen nur dann abzugsfähig, wenn eine konkrete Bauabsicht vorliegt und ein Mietwohngrundstück errichtet werden soll. Auch wenn Bauerwartungsland erworben wird und mit einer Baugenehmigung in absehbarer Zeit zu rechnen ist, ist ein Abzug möglich.

Sie kündigen ein Darlehen vorzeitig und das Objekt wird weiter vermietet

Verlangt die Bank eine Vorfälligkeitsentschädigung, weil ein Darlehen vorzeitig gekündigt wurde (z. B. wegen Umfinanzierung), ist diese als Werbungskosten abzugsfähig, wenn das Darlehen mit einem Mietwohngrundstück zusammenhängt.

Grundstücksveräußerung ohne Neubau/-erwerb

Wird die Darlehensschuld vorzeitig abgelöst, um ein bisher vermietetes Objekt lastenfrei verkaufen zu können, so kann eine Vorfälligkeitsentschädigung nicht als Werbungskosten abgezogen werden (BFH, Urteil v. 23.9.2003, IX R 20/02).

Grundstücksveräußerung und Neubau/-erwerb

Eine im Zusammenhang mit einer Grundstücksveräußerung gezahlte Vorfälligkeitsentschädigung gehört (mit dem entsprechenden Anteil) zu den Finanzierungskosten eines neuen Mietobjekts, wenn der nach der Darlehenstilgung verbleibende Restkaufpreis zur Finanzierung dieses Objekts tatsächlich verwendet wurde (BFH, Urteil v. 14.1.2004, IX R 34/01).

Nach dem Grundstücksverkauf

Für die Berücksichtigung nachträglicher Schuldzinsen bei den Einkünften i. S. des § 21 Abs. 1 Satz 1 Nr. 1 EStG ist maßgeblich, was mit dem Erlös aus der Veräußerung des mit einem Darlehen fremdfinanzierten Vermietungsobjekts geschieht (BFH, Urteil v. 6.12.2017, IX R 4/17).

TIPP

Darlehenstilgung teilweise

Wird eine Immobilie verkauft und reicht der Erlös nicht aus, um die Schulden zu tilgen, können die Schuldzinsen für die Restschuld dauerhaft als nachträgliche Werbungskosten geltend gemacht werden. Das gilt unabhängig davon, ob der Verkauf innerhalb oder nach Ablauf der zehnjährigen Spekulationsfrist erfolgt, und betrifft auch Refinanzierungs- oder Umschuldungsdarlehen, nicht aber Vorfälligkeitsentschädigungen (BFH, Urteil v. 8.4.2014, IX R 45/13; FG Düsseldorf, Urteil v. 11.9.2013, 7 K 545/13 E; BFH, Urteil v. 11.2.2014, IX R 42/13).

Wurde das Mietverhältnis aufgelöst, um das Haus besser verkaufen zu können, sind die Finanzierungskosten ab Auszug des Mieters nicht mehr absetzbar.

Wurde jedoch eine während der Vermietung durchgeführte Reparatur durch ein Darlehen finanziert, sind die hierfür nach der Veräußerung ggf. noch anfallenden Schuldzinsen als nachträgliche Werbungskosten bei den Einkünften aus V+V abzugsfähig, sofern der Verkauf vor dem 1.1.2014 erfolgte. Seit 2014 soll das nur dann gelten, wenn der Veräußerungserlös nicht ausreicht, um das Darlehen abzulösen (BMF, Schreiben v. 27.7.2015, IV C 1 - S 2211/11/10001).

Teilweise Verwendung des Verkaufserlöses für ein neues Objekt

Wird ein bisher fremdfinanziertes Gebäude verkauft und der Verkaufserlös nur teilweise für den Erwerb eines anderen Gebäudes unter Verwendung der bisherigen Finanzierung benötigt, können die Schuldzinsen für dieses Darlehen **voll** als Werbungskosten geltend gemacht werden (BMF, Schreiben v. 3.5.2006, IV C 3 - S 2211 - 11/06).

Finanzierungskosten im Zusammenhang mit der eigengenutzten Privatwohnung

Stehen die Finanzierungskosten im Zusammenhang mit der eigengenutzten Privatwohnung, ist ein steuerlicher Abzug nicht möglich.

Finanzierungskosten im Zusammenhang mit gemischt genutzten Grundstücken

Durch geschicktes Vorgehen können Zinsaufwendungen dort platziert werden, wo sie steuerlich abzugsfähig sind. Beachten Sie hierzu die Ausführungen unter → Punkt 1 „Gestaltungsempfehlung bei gemischt genutzten Grundstücken".

Mitfinanzierung durch Ehegatten

BEISPIEL

Ehegattenfinanzierung

Der Ehefrau gehört ein geerbtes Mietshaus. Für eine umfangreiche Renovierung nimmt der Ehemann ein Darlehen auf.

Die Zinsen für das Darlehen sind nicht als Werbungskosten abziehbar, da der Ehemann nicht (Mit-)Eigentümer ist und die Eigentümerin nicht (Mit-) Schuldnerin (BFH, Urteil v. 26.6.2008, X R 36/05).

Hat der Ehegatte aber eine gesamtschuldnerische Mithaftung für das Darlehen übernommen, sind die Zinsen abzugsfähig (BFH, Urteil v. 20.6.2012, IX R 29/11).

Gehört das Haus beiden Ehegatten und nutzt einer allein die Wohnung zu beruflichen Zwecken, kann er AfA und Schuldzinsen nur entsprechend seinem Miteigentumsanteil geltend machen (BFH, Urteil v. 6.12.2017, VI R 41/15).

TIPP

Alleineigentümer

Ist ein Ehegatte Alleineigentümer, sollte dieser als Darlehensschuldner auftreten, oder die Ehegatten sollten ein gesamtschuldnerisches Darlehen aufnehmen. Dann steht einem Werbungskostenabzug garantiert nichts im Wege.

3 Finanzierungskosten für private Wertpapiere

Lesen Sie hierzu im Stichwort → Kapitalanlagen unter „Werbungskosten" nach.

4 Darlehen bei Verwandten

Mittels Darlehensverträgen zwischen nahen Angehörigen können u. U. Steuern gespart werden. Näheres im Stichwort → Verträge mit Angehörigen.

5 Was gehört alles zu den Finanzierungskosten?

Neben den Zinsaufwendungen und dem Damnum/Disagio (= Unterschiedsbetrag zwischen der Darlehenssumme und dem verminderten Auszahlungsbetrag) gehören z. B. folgende Aufwendungen zu den Finanzierungskosten:

Bankspesen, Fahrtkosten im Zusammenhang mit der Erledigung von Finanzierungsangelegenheiten (bei Benutzung des Privat-Pkw können pro Kilometer pauschal 0,30 € angesetzt werden), Kreditvermittlungsgebühren, Aufwendungen für Porto, Telefon, Schätzgutachten (falls dieses für die Kreditgewährung verlangt wird), Notar- und Grundbuchkosten für die Eintragung von Grundschulden und Hypotheken und Kosten im Zusammenhang mit Bürgschaften.

Firmenwagen

Die private Pkw-Nutzung ist immer wieder ein Reizthema zwischen Finanzamt und Unternehmer. Wer durchdacht vorgeht, kann eine Menge Steuern sparen.

§ 8 EStG, R 8.1 Abs. 9 LStR

1 Einzelunternehmen

Betriebs- oder Privat-Pkw?

Nutzen Sie das Fahrzeug zu mehr als 50 % betrieblich, dann ist das Fahrzeug zwingend Betriebsvermögen. Liegt die Nutzung unter 10 %, ist immer Privatvermögen anzunehmen. Bei einer Nutzung zwischen 10 % und 50 % kann der Unternehmer entscheiden, ob er das Fahrzeug als gewillkürtes Betriebsvermögen oder Privatvermögen behandelt.

WICHTIG

Leasingfahrzeuge

Das BMF behandelt gemietete oder geleaste Kraftfahrzeuge, die zu mehr als 50 % betrieblich genutzt werden, wie solche, die zum notwendigen Betriebsvermögen zu rechnen sind. Die nachfolgenden Ausführungen, insbesondere zur 1 %-Regelung, gelten somit auch für diese (BMF, Schreiben v. 4.4.2018 – IV C 5 – S 2334/18/10001). Etwas anderes gilt, wenn das Fahrzeug dem Arbeitnehmer zuzurechnen ist (BFH, Urteil v. 18.12.2014, VI R 75/13).

TIPP

Privat-Pkw

Wenn Sie Ihren „Privat-Pkw" für betriebliche Fahrten einsetzen, können Sie die hierfür anfallenden Kosten trotzdem als Betriebsausgaben absetzen. Beachten Sie hierzu → Punkt 5 dieses Stichworts.

Der Betriebs-Pkw

Für den Betriebs-Pkw gilt Folgendes:

- **Behandlung während des Jahres**

Sämtliche Kfz-Aufwendungen sind als Betriebsausgaben zu behandeln. Dies gilt z. B. auch für die während der Urlaubsreise anfallenden Benzinkosten oder Mautgebühren.

- **Pkw-Abschreibung**

Pkw sind i. d. R. auf einen Zeitraum von sechs Jahren abzuschreiben. Ist die Jahresfahrleistung überdurchschnittlich hoch, kann auch eine kürzere Abschreibungsdauer zugrunde gelegt werden. Bei gebraucht erworbenen Pkw erfolgt die Abschreibung auf die voraussichtliche Restnutzungsdauer.

- **Private Mitbenutzung**

Für die private Mitbenutzung des Betriebs-Pkw ist ein Privatanteil (Ermittlung nach der 1 %-Regelung oder durch ein Fahrtenbuch) anzusetzen. Der Ansatz des Privatanteils erhöht den betrieblichen Gewinn. Hierbei gibt es keine Mindestnutzung. Auch bei einer geringen Nutzung ist ein Privatanteil zu versteuern (FG Baden-Württemberg, Urteil v. 25.4.2016, 9 K 1501/15).

WICHTIG

Mehrere Kraftfahrzeuge

Werden mehrere Kraftfahrzeuge auch privat genutzt, ist die Nutzungsentnahme grundsätzlich für jedes auch privat genutzte Kraftfahrzeug anzusetzen (BMF, Schreiben v. 4.4.2018 – IV C 5 – S 2334/18/10001).

TIPP

Doppelversteuerung vermeiden

Damit die Angelegenheit nicht zu teuer wird, hilft nur das Führen von Fahrtenbüchern für alle Pkw. Sonst versteuern Sie doppelt, wenn nur eine Person abwechselnd mehrere Fahrzeuge auch privat nutzt.

- **Fahrten zwischen Wohnung und Betrieb**

Die Aufwendungen für die Wege zwischen Wohnung und Betriebsstätte sind durch die Entfernungspauschale von 0,30 € wie Betriebsausgaben abgegolten.

BEISPIEL

Berechnung Betriebsausgaben

U fährt täglich mit seinem betrieblichen Pkw von seiner Wohnung zum

Betrieb. Die Entfernung beträgt 15 km pro Strecke.

U kann (15 × 0,30 € =) 4,50 € arbeitstäglich geltend machen. Die tatsächlichen Kosten sind als Privatanteil zu behandeln.

Auch wenn z. B. ein Steuerberater auf dem Weg ins Büro oder auf dem Weg nach Hause noch einen Mandanten besucht, kann er nur die Entfernungspauschale in Höhe von 0,30 € geltend machen. Ist die Fahrtstrecke aufgrund des Mandantenbesuchs länger als die Entfernung zwischen Wohnung und Büro, kann er nur für den Mehrweg die tatsächlichen Kosten bzw. 0,30 € pro gefahrenen Kilometer geltend machen (BFH, Urteil v. 19.5.2015, VIII R 12/13).

TIPP

Kilometerpauschbeträge

Mit den Kilometerpauschbeträgen gem. § 9 Abs. 1 Satz 3 Nr. 4 EStG sind alle Kosten, die dem Arbeitnehmer bei Benutzung des eigenen privaten Pkw für berufliche Zwecke entstehen, abgegolten. Das trifft auch z. B. auf Reparaturaufwendungen zu, die aufgrund einer Falschbetankung des Wagens auf dem Weg zur Arbeit verursacht wurden (BFH, Urteil v. 20.3.14, VI R 29/13).

- **Vorsteuerabzug**
  Siehe hierzu in diesem Stichwort unter → Punkt 3 „Der Betriebs-Pkw und die Umsatzsteuer".

Die private Mitbenutzung des Betriebs-Pkw

Grundsätzlich geht das Finanzamt davon aus, dass ein Betriebs-Pkw auch für private Fahrten zur Verfügung steht, sodass ein Privatanteil anzusetzen ist. Nur in Ausnahmefällen kann dieses unterbleiben:

- Für private Fahrten stehen andere Fahrzeuge zur Verfügung, die dem betrieblichen Fahrzeug in Status und Gebrauchswert vergleichbar sind (BFH, Urteil v. 4.12.2012, VIII R 42/09).
- Eine Nutzung ist tatsächlich (z. B. Werkstattwagen) oder vertraglich ausgeschlossen und erfolgt auch nicht. Das gilt jedoch nicht bei Fahrschulwagen (FG München, Urteil v. 29.9.2014, 7 K 1861/13).

Die bloße Behauptung, das betriebliche Fahrzeug werde nicht für Privatfahrten genutzt oder Privatfahrten würden ausschließlich mit anderen Fahrzeugen durchgeführt, genügt nicht, um den Ansatz eines Privatanteils auszuschließen. Hier gilt der vom BFH aufgestellte Anscheinsbeweis, dass ein zur Verfügung stehendes Fahrzeug auch privat genutzt wird (BFH, Urteil v. 21.4.2010, VI R 46/08).

Der Anscheinsbeweis kann durch den Gegenbeweis entkräftet oder erschüttert werden. Hierzu bedarf es jedoch nicht des Beweises des Gegenteils. Es genügt vielmehr, dass ein Sachverhalt dargelegt wird, der die ernstliche Möglichkeit eines anderen als des der allgemeinen Erfahrung entsprechenden Geschehensablaufs ergibt (BFH, Urteil v. 17.11.2009, VI B 11/09). Ein Zeugenbeweis wird nicht zugelassen (BFH, Beschluss v. 1.12.2015, X B 29/15).

Um den Gegenbeweis zu führen, sollten Sie für das betreffende Fahrzeug zumindest für einen repräsentativen Zeitraum ein Fahrtenbuch führen.

Der Auffassung, dass ein nicht überwachtes Nutzungsverbot zur Versteuerung eines Nutzungsvorteils führt, hat der BFH widersprochen (BFH, Urteil v. 14.11.2013, VI R 25/13).

Von entscheidender Bedeutung ist, in welchem Umfang das Fahrzeug betrieblich genutzt wird.

Bei einem beherrschenden Gesellschafter-Geschäftsführer ist zur Feststellung einer verdeckten Gewinnausschüttung wegen des fehlenden Interessengegensatzes ein strengerer Maßstab anzulegen (BFH, Beschluss v. 30.9.2015, I B 85/14).

! WICHTIG

Geltungsbereich 1 %-Regelung

Die 1 %-Regelung kann nur bei Fahrzeugen angewendet werden, die zu mehr als 50 % betrieblich genutzt werden.

Bei der Berechnung des Umfangs der betrieblichen Nutzung gilt Folgendes:

- Die Überlassung an Arbeitnehmer ist immer betrieblich.
- Fahrten zwischen Wohnung und Betrieb sowie Familienheimfahrten gehören zum betrieblichen Teil.
- Der Nachweis kann in jeder geeigneten Form erfolgen, auch durch formlose Aufzeichnungen.
- Kein Nachweis ist erforderlich, wenn offensichtlich ist, dass das Kfz zu mehr als 50 % betrieblich genutzt wird (z. B. Reisetätigkeit, Taxiunternehmer, Handelsvertreter, Handwerker, Landtierärzte).
- Ergeben sich keine wesentlichen Veränderungen, gilt der nachgewiesene Umfang auch für die Zukunft.

Wahl der Methode

Welche Methode Sie anwenden können, sehen Sie hier:

Fahrzeug wird zu mehr als 50 % betrieblich genutzt:	Fahrzeug wird zu weniger als 50 % betrieblich genutzt:
Wird ein ordnungsgemäßes Fahrtenbuch geführt: Fahrtenbuchmethode	Wird ein ordnungsgemäßes Fahrtenbuch geführt: Fahrtenbuchmethode
Sonst zwingend 1 %-Regelung	Sonst: Schätzung des Privatanteils

Vertragswidrige Nutzung

Nutzt ein Gesellschafter-Geschäftsführer einer GmbH vertragswidrig den Betriebs-Pkw, liegt eine verdeckte Gewinnausschüttung (vGA) vor, die auf Ebene der Gesellschaft nach Fremdvergleichsmaßstäben zzgl. eines angemessenen Gewinnaufschlags zu bewerten ist (BFH, Urteil v. 23.1.2008, I R 8/06). Dies gilt auch für alle anderen Gesellschafter (BMF, Schreiben v. 3.4.2012, IV C 2 – S 2742/08/10001). Ob die vGA auch auf Gesellschafterebene nach Fremdvergleichsgrundsätzen oder aber nach der 1 %-Regelung zu bewerten ist, hatte der BFH bislang nicht zu entscheiden. Die Finanzverwaltung will gemäß Tz. 5 des BMF-Schreibens v. 3.4.2012 die 1 %-Regelung anwenden.

1 %-Regelung

Ist die Anwendung der 1 %-Regelung zulässig, beträgt der private Nutzungsanteil pro Monat 1 % des Bruttolistenpreises (= unverbindliche Preisempfehlung zum Zeitpunkt der Erstzulassung). Diese Regelung ist nach Auffassung des BFH verfassungskonform (BFH, Urteil v. 13.12.2012, VI R 51/11). Wird das Fahrzeug nur während eines Teils des Monats genutzt, ist trotzdem der volle Monatsbetrag anzusetzen (FG Baden-Württemberg, Urteil v. 24.2.2015, 6 K 2540/14). Ist eine Nutzung aber z. B. aus gesundheitlichen Gründen ausgeschlossen, darf eine Nutzungsbesteuerung nicht erfolgen (FG Düsseldorf, Urteil v. 24.1.2017, 10 K 1932/16 E).

Die 1 %-Regelung gilt auch für bereits voll abgeschriebene Kraftfahrzeuge.

Nicht erfasst werden die Kosten des Autotelefons und die Kosten für die Überführung/Zulassung des Pkw. Das trifft auch auf die Sonderausstattung, die Kosten für zusätzliche Winterreifen (inkl. Felgen) und auf die Kosten für eine nachträglich eingebaute Flüssiggasanlage zu.

Existiert kein inländischer Bruttolistenpreis, kann das Finanzamt die Bemessungsgrundlage für die 1 %-Regelung schätzen (BFH, Urteil v. 9.11.2017, III R 20/16). Für ein Taxiunternehmen gilt der Sonderpreis des Herstellers für Taxiunternehmen (FG Düsseldorf, Urteil v. 23.10.2015, 14 K 2436/14 E, G, U; Revision beim BFH, Az. III R 13/16).

BEISPIEL

Nettolistenpreis

Sie nutzen einen Betriebs-Pkw (Nettolistenpreis 30.000 € – brutto 35.700 € – Bruttokaufpreis nach Rabatt: 31.320 €) gelegentlich privat.

Für die private Nutzung wird der Gewinn jährlich um 4.284 € (12 Monate × [1 % von 35.700 €]) erhöht. Der Listenpreis ist auch bei gebraucht erworbenen Fahrzeugen anzusetzen. (Volle) Monate, in denen Sie überhaupt nicht mit dem Pkw privat fahren konnten, weil Sie z. B. in den Urlaub geflogen sind, bleiben außer Betracht.

TIPP

Elektro- oder Hybridelektrofahrzeuge

Um Wettbewerbsnachteile für Elektro- oder Hybridelektrofahrzeuge abzubauen, die auf dem derzeit noch deutlich höheren Listenpreis beruhen, ist § 6 Abs. 1 Nr. 4 EStG um eine Nachteilausgleichsregelung ergänzt worden, nach der der Listenpreis als Bemessungsgrundlage für die 1 %-Regelung um die in diesem enthaltenen Kosten für das Batteriesystem gemindert wird. Die Regelung gilt seit 2013 für alle begünstigten Fahrzeuge, die vor dem 1.1.2023 angeschafft werden, also auch für bereits vor 2013 angeschaffte Fahrzeuge.

Für Fahrzeuge, die 2013 oder früher angeschafft wurden, beträgt der Minderungsbetrag 500 €/kWh der Speicherkapazität der Batterie. Dieser verringert sich in den Folgejahren jeweils um 50 €/kWh für dann neu angeschaffte Fahrzeuge, d. h. für 2018 angeschaffte Fahrzeuge beträgt er noch 250 €/kWh. Der pauschale Abzug wird begrenzt auf 20 kWh. Für 2018 angeschaffte Fahrzeuge beträgt die maximale Minderung des Bruttolistenpreises 7.500 €. Wird die Batterie nicht mit erworben, z. B. geleast, kommt eine Minderung nicht in Betracht.

Für die Kostendeckelung ist für die AfA der Gesamtkosten nur von der um den Abschlag geminderten Bemessungsgrundlage auszugehen.

Bei Anwendung der Fahrtenbuchmethode ist ebenso zu verfahren, wenn die Batterie mit erworben wird. Andernfalls sind die Mietkosten für die Batterie nicht in die Bemessungsgrundlage für den privaten Nutzungsanteil einzubeziehen.

Einzelheiten sind dem BMF-Schreiben v. 5.6.2014 (IV C 6 – S 2177/13/ 10002) zu entnehmen.

Außerdem werden ab 2017 vom Arbeitgeber gewährte Vorteile für das Aufladen eines Elektrofahrzeugs oder Hybridelektrofahrzeugs im Betrieb des Arbeitgebers oder eines verbundenen Unternehmens und für die zeitweise zur privaten Nutzung überlassene betriebliche Ladevorrichtung von der Einkommensteuer befreit (§ 3 Nr. 46 EStG). Einzelheiten ergeben sich aus dem BMF- Schreiben v. 14.12.2016 (IV C 5 – S 2334/14/10002-03; BStBl 2016 I S. 1446).

Mehrere Personen/ mehrere Fahrzeuge

Gehören mehrere Kraftfahrzeuge gleichzeitig zum Betriebsvermögen, so ist der pauschale Nutzungswert grundsätzlich für jedes Kraftfahrzeug anzusetzen, das vom Unternehmer oder von zu seiner Privatsphäre gehörenden Personen für Privatfahrten genutzt wird.

Nur wenn glaubhaft gemacht wird, dass bestimmte betriebliche Kraftfahrzeuge nicht privat genutzt werden, weil sie für eine private Nutzung nicht geeignet sind (z. B. bei sog. Werkstattwagen) oder diese ausschließlich eigenen Arbeitnehmern zur Nutzung überlassen werden, ist für diese Kraftfahrzeuge kein pauschaler Nutzungswert zu ermitteln (BFH, Urteil v. 18.12.2008, VIII R 24/08 und BMF, Schreiben v. 18.11.2009, IV C 6 – S 2177/07/ 10004). Wird ein Kraftfahrzeug gemeinsam vom Betriebsinhaber und einem oder mehreren Arbeitnehmern genutzt, so ist bei Anwendung der 1 %-Regelung der Nutzungswert entsprechend der Zahl der Nutzungsberechtigten aufzuteilen (BMF, Schreiben v. 4.4.2018 – IV C 5 – S 2334/18/ 10001).

Dienstwagen und Minijob

Die Überlassung eines Dienstwagens an einen geringfügig beschäftigten Angehörigen hält der BFH für nicht fremdüblich (BFH, Beschluss v. 21.12.2017, III B 27/17). Ein anderslautendes Urteil des FG Köln muss der BFH überprüfen (FG Köln, Urteil v. 27.9.2017, 3 K 2547/16, Revision beim BFH: X R 44/17). Bei Arbeitnehmern ist zu beachten, dass Sachbezüge i. d. R. nicht in den Mindestlohn einzubeziehen sind (BMF, Schreiben v. 4.4.2018 – IV C 5 – S 2334/18/10001)

Unfallkosten

Unfallkosten, die auf einer Privatfahrt entstanden sind, gehören nicht zu den Gesamtkosten eines dem Arbeitnehmer überlassenen Firmenwagens. Vom Arbeitgeber getragene Unfallkosten sind folglich grundsätzlich als zusätzlicher geldwerter Vorteil zu beurteilen. Das dürfte auch für die Berechnung bei einem Unternehmer gelten (Folge: Privatentnahme). Ist der Unfall auf dem Weg zwischen Wohnung und Betrieb/Arbeitsstätte geschehen, sind sämtliche Aufwendungen mit der Entfernungspauschale abgegolten. Unfallkosten und unfallbedingte Krankheitskosten können daher nicht zusätzlich geltend gemacht werden (FG Rheinland-Pfalz, Urteil v. 23.2.2016, 1 K 2078/15). Aus Billigkeitsgründen wird es von der Verwaltung jedoch ausnahmsweise nicht beanstandet, wenn Aufwendungen für die Beseitigung eines Unfallschadens bei einem Verkehrsunfall neben der Entfernungspauschale als Werbungskosten geltend gemacht werden (Parl. Staatssekretär Dr. M. Meister, BT-Drucks. 18/8523).

Nutzung für weitere Einkünfte

WICHTIG

Nebentätigkeit

Wird ein überlassener Pkw für weitere Einkunftsarten (z. B. Nebentätigkeit) eingesetzt, sind diese Fahrten durch die 1 %-Regelung abgegolten (R 8.1 Abs. 9 Nr. 1 Satz 8 LStR 2014).

Höchstbetrag

Beachten Sie, dass der Privatanteil begrenzt ist (= Kostendeckelung). Der Privatanteil zzgl. der nicht abzugsfähigen Betriebsausgaben im Zusammenhang mit Fahrten zwischen Wohnung und Betrieb darf nicht höher sein als die tatsächlich angefallenen Kfz-Kosten (Abschreibungen + sonstige Kfz-Kosten).

Wird der Privatanteil nach der 1 %-Regelung berechnet, kann es dazu kommen, dass der gesamte Privatanteil (Privatfahrten, Fahrten zwischen Wohnung und Betrieb sowie Heimfahrten im Rahmen einer doppelten Haushaltsführung) die Gesamtkosten für das Kfz übersteigt. In diesen Fällen muss der Privatanteil so begrenzt werden, dass sämtliche Kfz-Aufwendungen neutralisiert werden und nur die Entfernungspauschale als abzugsfähige Betriebsausgaben verbleiben. Dazu ist eine Nebenberechnung erforderlich.

BEISPIEL

Vordruck 1

Die Gesamtkosten (alle Kosten sind mit den Bruttobeträgen anzusetzen; BMF, Schreiben v. 4.4.2018 – IV C 5 –

S 2334/18/10001) für das Fahrzeug betragen 10.000 €, AfA 7.000 € und Zinsen 0 €. Das Fahrzeug hat einen Bruttolistenpreis von 50.000 €. Damit ergibt sich ein Privatanteil von 6.000 € (50.000 × 1 % × 12 Monate). Die Entfernung zwischen Wohnung und Arbeitsstätte beträgt 30 km und wird an 230 Tagen zurückgelegt. Damit beträgt der Nutzungsanteil für Fahrten zwischen Wohnung und Betrieb 5.400 € (50.000 × 0,03 % × 12 Monate).

Folgende Eintragungen in der Anlage EÜR sind vorzunehmen:

Betriebsausgaben	
Tatsächliche Kfz-Kosten	10.000 €
AfA für Kfz	7.000 €
Zinsen für Kfz	0 €
Entfernungspauschale (230 × 30 km × 0,30 €)	2.070 €
Zwischensumme Kosten gesamt	19.070 €
Betriebseinnahmen	
Privatanteil	+6.000 €
Kfz-Kosten für Wege zw. Whg. und Arbeitsstätte	+5.400 €
Gewinnauswirkung gesamt	**-7.670 €**

BEISPIEL

Vordruck 2

Die Gesamtkosten für das Fahrzeug betragen 10.000 €, AfA 0 € und Zinsen 0 €. Das Fahrzeug hat einen Bruttolistenpreis von 50.000 €. Damit ergibt sich ein Privatanteil von 6.000 € (50.000 × 1 % × 12 Monate). Die Entfernung zwischen Wohnung und Arbeitsstätte beträgt 30 km und wird an 230 Tagen zurückgelegt. Damit beträgt der Nutzungsanteil für Fahrten zwischen Wohnung und Betrieb 5.400 € (50.000 × 0,03 % × 12 Monate).

Da der Privatanteil 11.400 € beträgt, während die tatsächlichen Gesamtkosten nur 10.000 € betragen, liegt ein Fall der Kostendeckelung vor.

Folgende Eintragungen in der Anlage EÜR sind vorzunehmen:

Betriebsausgaben	
Tatsächliche Kfz-Kosten	10.000 €
AfA für Kfz	0 €
Zinsen für Kfz	0 €
Entfernungspauschale (230 × 30 km × 0,30 €)	2.070 €
Zwischensumme Kosten gesamt	12.070 €
Betriebseinnahmen	
Privatanteil	+6.000 €
Kfz-Kosten für Whg. und Arbeitsstätte = Kostendeckelung	+4.000 €
Gewinnauswirkung gesamt	**-2.070 €**

Im Ergebnis müssen die Entfernungspauschale sowie Heimfahrten im Rahmen einer doppelten Haushaltsführung noch als Betriebsausgaben abzugsfähig sein.

Fahrtenbuch

Wenn Sie den Betriebs-Pkw nur in geringem Umfang privat nutzen, sollten Sie ein Fahrtenbuch führen, damit der Privatanteil entsprechend der tatsächlichen Nutzung ermittelt werden kann.

Auch für Berufe, die der Verschwiegenheitspflicht unterliegen, gibt es keine Ausnahme (BFH, Beschluss v. 3.1.2007, XI B 128/06).

Das Fahrtenbuch müssen Sie während des gesamten Jahres führen. Ein Fahrtenbuch ist nicht ordnungsgemäß, wenn mit seiner Führung – nach vorheriger Anwendung der 1 %-Regel – erst innerhalb eines Jahres begonnen wird (FG Münster, Urteil v. 27.4.2012, 4 K 3589/09 E).

Das Fahrtenbuch muss zu den betrieblichen Fahrten mindestens folgende lesbare Angaben ausweisen:

- das Datum
- das Reiseziel bzw. die Reiseroute
- den/die aufgesuchten Kunden oder Geschäftspartner bzw. die dienstliche Tätigkeit sowie
- den Gesamtkilometerstand am Ende der Fahrt
- nicht ausreichend: nur die Straßenbenennung (ohne Namen und Hausnummer) (FG Baden-Württemberg, Urteil v. 19.4.2010, 6 K 139/06)

Bei Beginn und am Ende einer privaten Nutzung ist der Gesamtkilometerstand anzugeben. Weitere Informationen sind nicht notwendig.

Ein Fahrtenbuch muss in Form eines „Buches" vorliegen und zeitnah geführt werden. Loseblattsammlungen sind nicht ordnungsgemäß! Die wesentlichen Informationen müssen in dem Fahrtenbuch enthalten sein. Der Rückgriff auf weitere Aufzeichnungen reicht nicht aus (BFH, Urteil v. 1.3.2012, VI R 33/10).

Damit ein elektronisches Fahrtenbuch steuerlich anerkannt wird, müssen die Daten entweder unveränderlich sein oder, falls nachträgliche Änderungen erfolgt sind, einschließlich Änderungshistorie aufbewahrt werden und lesbar gemacht werden können. Die Änderungen müssen sofort erkennbar sein. Wird der Anlass der Fahrt erst nachträglich in einem Webportal eingetragen, muss diese Eintragung zeitnah, d.h. innerhalb von sieben Tagen, erfolgen (OFD Rheinland, Verfügung v. 18.2.2013, akt. Kurzinfo LSt-Außendienst 2/2013).

Die sich rechnerisch ergebenden km-Stände müssen mit den tatsächlichen km-Ständen (diese sind z. B. aus den Reparaturrechnungen ersichtlich) übereinstimmen. Sie müssen darauf achten, dass sich die Eintragungen im Fahrtenbuch (z. B. 1.2. Besuch Kunde XYZ in München) nicht mit den sonstigen Belegen (z. B. Bewirtungsbeleg 1.2. Stuttgart) widersprechen.

TIPP

Fahrtenbuch

Machen Sie Ihre Eintragungen direkt in Ihr Fahrtenbuch, verzichten Sie auf Notizzettel. Bei Fehlen eines ordnungsgemäßen Fahrtenbuchs ist der geldwerte Vorteil nach der sog. 1 %-Methode zu berechnen.

Unrichtige Eintragungen im Fahrtenbuch führen dazu, dass dieses insgesamt nicht anerkannt wird. In diesen Fällen wird die Finanzverwaltung die private Nutzung im Wege der Schätzung ermitteln oder, sofern die betriebliche

Nutzung 50 % übersteigt, die 1 %-Regelung anwenden.

Der BFH hat seine ursprünglich strikten Regelungen allerdings etwas eingeschränkt: Kleinere Mängel müssen nicht zur Verwerfung des Fahrtenbuchs führen, wenn die Angaben insgesamt plausibel sind (BFH, Urteil v. 10.4.2008, VI R 38/06).

Sollte das Finanzamt Ihr Fahrtenbuch beanstanden, überlegen Sie sich, ob Sie ggf. Einspruch einlegen wollen. Es sind immer wieder Verfahren anhängig. Doch die Tendenz der Rspr. ist nach den vorliegenden Urteilen klar.

Berechnung

Ein Berechnungsschema für die Ermittlung der tatsächlichen Kosten finden Sie im Stichwort → Fahrtkosten.

TIPP

Abschreibung

Die Abschreibung muss dabei nicht unbedingt mit den AfA-Sätzen angesetzt werden, die bei der Gewinnermittlung Gültigkeit haben. Vielmehr ist im Regelfall von einer AfA für Pkw von 12,5 % (acht Jahre Nutzungsdauer) auszugehen (BFH, Beschluss v. 29.3.2005, IX B 174/03).

Leasingraten sind auf die Laufzeit des Leasingvertrags zu verteilen (BFH, Urteil v. 3.9.2015, VI R 27/14).

Schätzungsmethode

TIPP

Schätzungsmethode

Die Schätzungsmethode kommt nur zur Anwendung, wenn Ihr Fahrzeug zu weniger als 50 % betrieblich genutzt wird und damit gewillkürtes Betriebsvermögen vorliegt. Wägen Sie die Vor- und Nachteile der Betriebsvermögenseigenschaft genau ab, wenn Sie Ihr Fahrzeug wechseln. Sie sollten auch bei der Schätzungsmethode den Umfang der betrieblichen Nutzung dokumentieren, um bei Diskussionen mit dem Finanzamt gegenhalten zu können. Sie sollten zumindest Aufzeichnungen für einen (repräsentativen) Zeitraum von drei Monaten führen. Diese sollen für die Ermittlung ausreichen. Ergeben sich keine wesentlichen Veränderungen, gilt der nachgewiesene Umfang auch für die Zukunft. Einzelheiten ergeben sich aus dem BMF-Schreiben v. 18.11.2009, IV C 6 – S 2177/07/10004.

Auch für die Ermittlung der Kosten bei Anwendung der Schätzungsmethode benutzen Sie das Berechnungsschema im Stichwort → Fahrtkosten.

Die eigentliche Schätzung bezieht sich auf den privaten Nutzungsanteil. Soweit ein Fahrtenbuch geführt wird, können die sich daraus ergebenden Nutzungsanteile zugrunde gelegt werden. Da das Führen des Fahrtenbuchs bei dieser Methode aber nicht Voraussetzung ist, kann der private Nutzungsanteil auch frei geschätzt werden. Der

Nachteil ist hierbei, dass das Finanzamt eine eigene Schätzung anstellen kann und nicht an die Schätzung des Steuerpflichtigen gebunden ist.

Welche Methode ist günstiger?

Welche Methode günstiger ist, lässt sich nur im Einzelfall beantworten. Es gilt jedoch folgende **Faustregel**:

Je mehr Sie privat fahren, desto günstiger ist die Anwendung der 1 %-Regelung. Je weniger Sie privat fahren bzw. bei nur geringen Kfz-Kosten (z. B. weil der Pkw bereits abgeschrieben ist) lohnt sich ein Fahrtenbuch.

Ein Wechsel der Methoden (1 %-Regelung bzw. Fahrtenbuch) ist während des Jahres nur bei einem Fahrzeugwechsel möglich.

Fahrten zwischen Wohnung und Betrieb

Die (Hin- und Rück-)Fahrten zwischen Wohnung und Betrieb gehören zwar zu den betrieblichen Fahrten, dennoch sind pro Entfernungskilometer (Ekm) nur 0,30 € als Betriebsausgaben abzugsfähig. In aller Regel sind die tatsächlichen km-Kosten höher. Der über 0,30 €/Ekm hinausgehende Kostenanteil ist durch einen Zuschlag als „nicht abzugsfähige Betriebsausgabe" zu korrigieren.

Das BMF hat in einem umfangreichen Schreiben zur Behandlung nach der Reform des Reisekostenrechts Stellung genommen (BMF, Schreiben v. 23.12.2014, IV C 6 - S 2145/10/10005 :001). Darin wird u. a. geregelt:

- Unter „Betriebsstätte" ist eine dauerhafte Tätigkeitsstätte zu verstehen, d. h. eine ortsfeste betriebliche Einrichtung des Steuerpflichtigen bzw. des Auftraggebers, die mehr als 48 Monate genutzt werden soll.
- Ein häusliches Arbeitszimmer ist keine Betriebsstätte.
- Als erste Betriebsstätte gilt die Tätigkeitsstätte, die arbeitstäglich oder je Woche an zwei vollen Arbeitstagen oder mindestens zu einem Drittel der regelmäßigen Arbeitszeit aufgesucht wird. Treffen diese Kriterien auf mehrere Tätigkeitsstätten zu, ist die der Wohnung näher gelegene Tätigkeitsstätte erste Betriebsstätte. Die Fahrten zu weiter entfernt liegenden Tätigkeitsstätten sind als Auswärtstätigkeiten zu beurteilen.
- Liegen keine Betriebsstätten vor (z. B. bei ständig wechselnden Tätigkeitsstätten: Fahrzeug, Flugzeug, Schiff), sind die Fahrtkosten unbeschränkt als Betriebsausgaben abziehbar.
- Fährt der Betriebsinhaber von seinem häuslichen Büro zum Sitz seines einzigen Auftraggebers, ist die Entfernungspauschale anzusetzen (BFH, Urteil v. 22.10.2014, X R 13/13).

Mit der 1 %-Regel

Wird der Wert der privaten Nutzung nach der **1 %-Regelung** ermittelt, sind die Aufwendungen für jeden Ekm pro Monat mit 0,03 % des Listenpreises anzusetzen.

BEISPIEL

Fahrten zwischen Wohnung und Betrieb 1 %-Regel

Der Betriebs-Pkw (Listenpreis 45.000 €/alternativ 15.000 €) wird an 220 Tagen für Fahrten zwischen Wohnung und Betrieb (Entfernung 10 km) eingesetzt.

Alternative	A	B
Listenpreis/€	45.000	15.000
0,03 % davon/€	13,50	4,50
Ekm	10	10
Nutzungswert/€	1.620	540
(Listenpreis × 0,03 % × Ekm × 12 Monate)		
Arbeitstage	220	220
Betriebsausgaben/€	660	660
(Arbeitstage × Ekm × 0,30 €)		
Differenz (Nutzungswert – BA)	960	–120

Soweit ein positiver Betrag (Alternative A) verbleibt, liegen in dieser Höhe nicht abzugsfähige Betriebsausgaben vor. Ist die Differenz negativ (Fall B), steht dem Unternehmer ein zusätzlicher (fiktiver) Betriebsausgabenabzug zu. Dieser ist in der steuerlichen Gewinnermittlung außerhalb der Bilanz zusätzlich zu berücksichtigen (FinMin Bayern, Erlass v. 27.3.2003).

Pkw-Nutzung nur für Teilstrecken und gelegentliche Fahrten zwischen Wohnung und Arbeitsstätte

Nutzt ein Arbeitnehmer sein Fahrzeug nur gelegentlich für Fahrten zwischen Wohnung und Arbeitsstätte oder werden Teilstrecken (z. B. bis zum Bahnhof) damit zurückgelegt, ist nicht mehr zwingend die Monatspauschale (0,03 %) anzusetzen (BFH, Urteil v. 4.4.2008, VI R 68/05; BMF, Schreiben v. 4.4.2018 – IV C 5 – S 2334/18/10001).

Hierbei gilt folgende Grundregel:

Entweder Einzelbewertung der tatsächlichen Fahrten mit 0,002 % des Listenpreises je Ekm oder Monatspauschale (0,03 %). Das BMF will diese Regelung aber nur bei Arbeitnehmern, nicht aber Unternehmern anwenden (BMF, Schreiben v. 4.4.2018, IV C 5 – S 2334/18/10001; FG Düsseldorf, Urteil v. 24.7.2014, 11 K 1586/13 F).

Mit Fahrtenbuch

Wird ein **Fahrtenbuch** geführt, stehen die Kosten pro km und der Nutzungsumfang fest. Soweit die tatsächlichen km-Kosten über der Pauschale liegen, handelt es sich um nicht abzugsfähige Betriebsausgaben.

TIPP

Behinderte Menschen

Bei **behinderten Menschen** (= Minderung der Erwerbsfähigkeit beträgt mindestens 70 % bzw. mindestens 50 % bei zusätzlicher erheblicher Gehbehinderung) ist bei den Fahrten zwischen Wohnung und Betrieb keine Korrektur der Betriebsausgaben vorzunehmen.

2 Sie sind Mitinhaber einer Personengesellschaft

Wenn eine Personengesellschaft (z. B. OHG, KG) einen Pkw erwirbt, handelt es sich um einen Betriebs-Pkw. Gleiches gilt, wenn Sie Gesellschafter sind und den Pkw selbst erwerben, dieser aber zu mehr als 50 % für Betriebsfahrten eingesetzt wird.

Wenn Sie den Betriebs-Pkw privat nutzen, muss hierfür ein Privatanteil angesetzt werden. Die Berechnung kann nach der 1 %-Regelung oder anhand eines Fahrtenbuchs erfolgen (vgl. hierzu die Ausführungen unter → Punkt 1).

3 Der Betriebs-Pkw und die Umsatzsteuer

Vorsteuerabzug

Wird der Pkw zu mehr als 10 % betrieblich genutzt, kann die Vorsteuer in vollem Umfang geltend gemacht werden.

Nutzung für Privatfahrten

Für die private Mitbenutzung fällt Umsatzsteuer an. Bemessungsgrundlage hierfür sind die anteilig auf die Privatnutzung entfallenden Kosten.

Wurde der Privatnutzungsanteil nach der **Fahrtenbuchregelung** ermittelt, sind in die umsatzsteuerliche Bemessungsgrundlage nur die Kosten einzubeziehen, für die Vorsteuer abgezogen werden konnte. Für die Abschreibung gilt dies, wenn im Zusammenhang mit dem Pkw-Erwerb Vorsteuer abgezogen werden konnte.

Die AK eines Pkw sind dabei abweichend von den ertragsteuerlichen Grundsätzen gleichmäßig auf den nach § 15a UStG maßgeblichen Berichtigungszeitraum zu verteilen (= fünf Jahre).

Der nach der **1 %-Regelung** anzusetzende Wert ist nach der BFH-Rspr. umsatzsteuerlich nicht bindend (BFH, Urteil v. 11.3.1999, V R 78/98). Die umsatzsteuerliche Bemessungsgrundlage kann wie folgt ermittelt werden:

- durch ein Fahrtenbuch,
- nach der 1 %-Regelung oder
- durch eine sachgerechte Schätzung (unter Vorlage geeigneter Unterlagen) (BMF, Schreiben v. 27.8.2004, IV B 7 - S 7300 - 70/04).

Der so berechnete Wert ist immer als Entnahme zu behandeln (BFH, Urteil v. 7.12.2010, VIII R 54/07).

HINWEIS

Gesellschafter-Geschäftsführer einer GmbH

Die Privatnutzung eines Geschäftsfahrzeugs durch einen Gesellschafter-Geschäftsführer einer GmbH kann Ausfluss des Arbeitsverhältnisses oder gesellschaftsrechtlich veranlasst sein. Dies führt zu unterschiedlichen umsatzsteuerlichen Bewertungen. Aus Vereinfachungsgründen kann die USt-Bemessungsgrundlage aber auch sowohl bei einem tauschähnlichen Umsatz als auch bei einer unentgeltlichen Wertabgabe nach lohnsteuerrechtlichen bzw. ertragsteuerrechtlichen Werten geschätzt werden (s. dazu BMF, Schreiben v. 5.6.2014, IV D 2 - S 7300/07/10002: 001; BFH, Urteil v. 5.6.2014, XI R 2/12).

Fahrten Wohnung–Betrieb

Der Zuschlag für Fahrten zwischen Wohnung und Betrieb unterliegt nicht der Umsatzsteuer (BMF, Schreiben v. 5.6.2014, IV D 2 - S 7300/07/10002: 001). Er ist nicht als unentgeltliche Wertabgabe der Umsatzbesteuerung zu unterwerfen (BFH, Urteil v. 5.6.2014, XI R 36/12).

Mitarbeiter im Ausland

Wird ein im Ausland lebender Mitarbeiter beschäftigt und kann dieser einen betrieblichen Pkw auch privat nutzen, muss sich der Unternehmer auch im Ausland registrieren lassen und dort USt zahlen. Näheres regelt ein BMF-Schreiben (BMF, Schreiben v. 12.9.2013, IV D 3 - S 7117-e/13/10001).

4 Übersicht Betriebs-Pkw

Private Mitbenutzung des Betriebs-Pkw				
Berechnung des Privatanteils	1 %-Regelung		Fahrtenbuch (FB)	
	Bruttolistenpreis	... €	Privatfahrten lt. FB × 100 Gesamtjahresleistung	... %
			Gesamtkosten	... €
	davon 1 %	... €	(Ermittlung siehe →Fahrtkosten)	
	12 Monate × ... €	**... €**	davon ... %	... €
	Zuzüglich Umsatzsteuer (siehe Berechnung unten)			
Behandlung bei der Umsatzsteuer	**Anschaffung mit Vorsteueranspruch**			
	80 % des Werts lt. 1 %-Regelung =	... €	Gesamtkosten mit VorSt-Abzug →Fahrtkosten	... €
			privater Anteil ... %	... €
	davon 19 %	**... €**	davon 19 %	... €
	Wird die BMG durch eine sachgerechte Schätzung ermittelt, beträgt die Umsatzsteuer 19 % der auf die Privatnutzung anteilig entfallenden Kosten. Kostenanteile, für die keine Vorsteuer abgezogen wurde (z. B. Steuer, Versicherung etc.), bleiben außer Betracht.			
	Zu den Gesamtkosten mit VorSt-Abzug gehört auch die Abschreibung für den Pkw.			

Fahrten zwischen Wohnung und Betrieb W–B				
Nicht abzugsfähige Betriebsausgaben	1 %-Regelung		Fahrtenbuch (FB)	
	Listenpreis	… €	Kosten pro km	… €
	davon 0,03 % × Entfernung W–B × 12 Monate		Ermittlung siehe Stichwort →Fahrtkosten	
		… € = … €	Kosten pro km × Anzahl der Fahrten W–B × Entfernung W–B × 2	= … €
	Alternativ 0,002 % × Anzahl der tatsächlichen Fahrten × Entfernung W–B × 12 Monate	… € = … €	– abzugsfähige BA	
	– abzugsfähige BA			
	Anzahl der Arbeitstage × Entfernung W–B × 0,30 €	– … €	Anzahl der Arbeitstage × Entfernung W–B × 0,30 €	– … €
	= nicht abzugsfähige BA	**= … €**	**= nicht abzugsfähige BA**	**= … €**
Umsatzsteuer	Umsatzsteuer fällt nicht an.			

Zur doppelten Haushaltsführung siehe auch →Doppelte Haushaltsführung.

5 Sie nutzen Ihren Privat-Pkw für den Betrieb

Absetzbare Kosten

- Privat-Pkw wird für **Fahrten zwischen Wohnung und Betrieb** eingesetzt: Pro Ekm sind 0,30 € abzugsfähig. Behinderte (vgl. →Punkt 1) können 0,60 € absetzen.
- Privat-Pkw wird für **sonstige betriebliche Fahrten** eingesetzt: Pro km sind 0,30 € oder die nachgewiesenen tatsächlichen km-Kosten (siehe auch Jahresaufwand: Jahresfahrleistung) abzugsfähig.

Notieren Sie sich die betrieblichen Fahrten (Tag, Ziel und Anlass der Fahrt, gefahrene Kilometer), sodass Sie Ihre Wertansätze belegen können.

6 Ihnen wird ein Pkw überlassen

GmbH-Geschäftsführer

Gesellschafter-Geschäftsführer müssen darauf achten, dass zwischen ihnen und der GmbH klare und eindeutige (schriftliche) Vereinbarungen zur Vermeidung einer verdeckten Gewinnausschüttung vorliegen.

Wird der überlassene Pkw zur Ausführung der Fahrten zwischen Wohnung und Betrieb und/oder für Privatfahrten genutzt, liegt darin ein geldwerter Vorteil, der als zusätzlicher Arbeitslohn anzusetzen ist.

Geldwerter Vorteil

- **Überlassung für Privatfahrten**

Zu versteuern sind im Jahr 12 % des Listenpreises bzw. der tatsächliche Kostenanteil laut Fahrtenbuch.

Wird ein überlassener Pkw für weitere Einkunftsarten (z. B. Nebentätigkeit, V+V) eingesetzt, sind diese Fahrten wieder durch die 1 %-Regelung abgegolten (R 8.1 Abs. 9 Nr. 1 Satz 8 LStR 2014).

- **Überlassung für Fahrten zwischen Wohnung und Betrieb**

Zu versteuern sind jährlich 12 × 0,03 % des Listenpreises × Entfernung Wohnung–Arbeitsstätte bzw. der tatsächliche Kostenanteil laut Fahrtenbuch.

Soweit der Pkw nur für berufliche Fahrten genutzt werden darf und auch tatsächlich genutzt wird, ergeben sich keine steuerlichen Konsequenzen. Die Regelung kommt nur dann nicht zur Anwendung, wenn eine Privatnutzung des Firmenfahrzeugs absolut auszuschließen ist, da der Beweis des ersten Anscheins für eine private Nutzung spricht. Das Verbot des Arbeitgebers, das Fahrzeug privat zu nutzen, kann ausreichen, den Anscheinsbeweis zu erschüttern, sofern es nicht nur zum Schein ausgesprochen wurde (BFH, Urteil v. 7.11.2006, VI R 19/05). Auch eine fehlende Fahrerlaubnis ist allein noch kein Nachweis einer fehlenden Privatnutzung (FG München, Urteil v. 17.4.2007, 6 K 2111/05). Das FG Schleswig-Holstein will die Grundsätze auch auf Lastkraftwagen anwenden (FG Schleswig-Holstein, Urteil v. 1.12.2006, 1 K 81/04).

Selbstständige Außendienstler

Wird der Pkw des Auftraggebers auch für Privatfahrten genutzt, liegt hierin ein geldwerter Vorteil (= Betriebseinnahme), der mithilfe der 1 %-Regelung bzw. per Fahrtenbuch zu berechnen ist (vgl. hierzu Punkt 1).

Zuzahlungen

Zuzahlungen zu den Anschaffungskosten

Für den BFH ist der Aufwand beim Arbeitnehmer wie AK eines Nutzungsrechts zu behandeln und im Wege einer Abschreibung (voraussichtliche Gesamtdauer des Nutzungsrechts) zu berücksichtigen (BFH, Urteil v. 18.10.2007, VI R 59/06).

Das BMF sieht die Zuzahlung dagegen nicht als eigenständiges Wirtschaftsgut, sondern als Minderung des geldwerten Vorteils an. Folge: Es können keine Verluste entstehen, nur ein geldwerter Vorteil von 0 €. Allerdings wird der Zuzahlungsbetrag bis zum vollen Verbrauch nicht nur im Zahlungsjahr, sondern auch in den darauf folgenden Kalenderjahren auf den geldwerten Vorteil angerechnet (BMF, Schreiben v. 4.4.2018, IV C 5 - S 2334/18/10001).

Übernahme einzelner laufender Kosten

Einzelne, vom Arbeitnehmer selbst getragene Kraftfahrzeugkosten (z. B. einzelne Treibstoffkosten) können, unabhängig davon, ob die Fahrtenbuchmethode oder die 1 %-Regelung angewandt wird, als Werbungskosten berücksichtigt werden (BFH v. 30.11.2016, VI R 49/14; BFH Urteil v. 30.11.2016, VI R 2/15; BMF, Schreiben v. 4.4.2018 - IV C 5 - S 2334/18/10001).

Pauschalentgelt

Zahlt der Arbeitnehmer für die Pkw-Überlassung ein pauschales Entgelt, mindert dies den Wert der Überlassung.

Allerdings kann die Besteuerung bei der 1 %-Regelung nicht vollkommen vermieden werden, da es sich bei der 1 %-Regelung um eine zwingende Bewertungsregelung handelt (BFH, Urteil v. 7.11.2006, VI R 95/04). Durch ein ordnungsgemäß geführtes Fahrtenbuch kann dies vermieden werden.

Übersteigen die Eigenleistungen des Arbeitnehmers den privaten Nutzungsvorteil für die außerdienstliche Nutzung eines ihm überlassenen betrieblichen Kfz des Arbeitgebers, führt der übersteigende Betrag weder zu negativem Arbeitslohn noch zu Werbungskosten. Dies gilt sowohl bei Anwendung der Fahrtenbuchmethode als auch bei der 1 %-Regelung (BFH, Beschluss vom 15.1.2018, VI B 77/17).

7 Autotelefon

Aufwendungen für ein Autotelefon nebst Freisprechanlage bleiben außer Ansatz, Privatgespräche bleiben nach § 3 Nr. 45 EStG steuerfrei. Auf Navigationsgeräte ist dies nicht anzuwenden (BFH, Urteil v. 16.2.2005, VI R 37/04). Navigationsgeräte sind in die Bemessungsgrundlage wie andere Sonderausstattungen einzubeziehen.

8 Vermietung des privaten Arbeitnehmer-Pkw an den Arbeitgeber

Der BFH hat steuerlich eine interessante Möglichkeit eröffnet, bei der der Arbeitnehmer den betrieblich genutzten Pkw anschafft und an den Betrieb vermietet (BFH, Urteil v. 11.10.2007, V R 77/05). Durch diese Gestaltung spart der Arbeitgeber die Finanzierung des Pkw. Nutzt der Arbeitnehmer den Pkw auch privat, ändert sich für die Berechnung des Nutzungsvorteils nichts. Unklar ist aber, ob beim Arbeitnehmer Einkünfte aus Gewerbebetrieb oder Einkünfte aus nichtselbstständiger Arbeit vorliegen, mit der Folge, dass der Arbeitgeber Lohnsteuer einbehalten muss. Die Frage sollte im Vorfeld mit dem Finanzamt geklärt werden.

9 Diebstahl des betrieblichen Pkw

Wird ein betrieblicher Pkw während einer Privatfahrt gestohlen, gehört der Verlust zur Privatsphäre (BFH, Urteil v. 18.4.2007, XI R 60/04).

10 Sonderfall: Überlassung durch einen Dritten

Ein Freiberufler, der aufgrund seiner geschäftlichen Verbindungen von einem Dritten einen ausschließlich privat genutzten Pkw unentgeltlich zur Nutzung überlassen bekommt, muss Betriebseinnahmen in Höhe der Leasingraten ansetzen. Eine Bewertung der gewährten Nutzungsmöglichkeit nach der sog. 1 %-Regelung kommt insoweit nicht in Betracht (FG Hessen, Urteil v. 1.12.2011, 10 K 939/08).

Nutzt ein Arbeitnehmer einen Dienstwagen, dessen Privatnutzung nach der 1 %-Regelung versteuert wird, für eigenbetriebliche Zwecke, können im Rahmen der betrieblichen Gewinnermittlung keine fiktiven Betriebsausgaben abgezogen werden (FG Münster, Urteil v. 26.9.2014, 11 K 246/13 E).

Fortbildung/Fachtagungen

Kosten für die Fort- und Weiterbildung oder eine zweite Ausbildung gehören zu den Betriebsausgaben oder Werbungskosten.

§§ 4 Abs. 4, 9 Abs. 1 und 6, 10 Abs. 1 Nr. 7 und 12 Nr. 5 EStG; R 9.2 LStR 2013

1 Begriff „Fortbildung"

Steuerlich fallen unter Fortbildung:

- eine Weiterbildung im ausgeübten Beruf (Seminare, Fachtagungen, Fachkurse etc.)
- eine Umschulung
- eine zweite oder weitere Ausbildung nach abgeschlossener erster Berufsausbildung
- ein Erststudium nach abgeschlossener erster Berufsausbildung
- ein Zweit- oder weiteres Studium

Vertiefend siehe → Ausbildung und Studium.

Abgrenzung zu den Kosten der Lebensführung

Der Abzug als Werbungskosten oder Betriebsausgaben setzt voraus, dass die Kosten objektiv in Zusammenhang mit der ausgeübten Tätigkeit stehen und deren Förderung dienen, z. B. um den jeweiligen Anforderungen im Berufsleben gerecht zu werden, aufzusteigen und Karriere zu machen oder sich veränderten Marktbedingungen anzupassen. Die Kosten sind nur dann in voller Höhe abziehbar, wenn eine Mitveranlassung durch die private Lebensführung nicht vorliegt oder von ganz untergeordneter Bedeutung ist. Ist ein konkreter beruflicher Bezug nicht hinreichend erkennbar, sind die Aufwendungen insgesamt nicht abzugsfähig. Sind sowohl berufliche als auch private Motive von nicht untergeordneter Bedeutung für die Fortbildungsmaßnahme erkennbar, können die Kosten, soweit sie dem beruflichen Bereich konkret zuordenbar sind (z. B. Arbeitsunterlagen), in voller Höhe abgezogen werden, für die allgemeinen Kosten (Reisekosten wie z. B. Fahrtkosten, Verpflegung, Übernachtung) kann eine Aufteilung der Kosten in einen beruflichen und einen privaten Teil in Betracht kommen (s. u. private Mitveranlassung).

Einzelfälle

Seminar zur Persönlichkeitsentfaltung/Rhetorikkurs

Kurse zur Persönlichkeitsentfaltung sind nur dann beruflich veranlasst, wenn sie primär auf die spezifischen Bedürfnisse des vom Steuerpflichtigen ausgeübten Berufs ausgerichtet sind. Indizien dafür sind z. B. die Lehrinhalte und ihre konkrete Anwendung in der beruflichen Tätigkeit, der Ablauf des Lehrgangs sowie die teilnehmenden Personen. Ein Lehrgang, der sowohl Grundlagen- als auch Spezialwissen vermittelt, kann beruflich veranlasst sein, wenn der Erwerb des Grundlagenwissens die Vorstufe zum Erwerb von Spezialwissen bildet (BFH, Urteil v. 28.8.2008, VI R 35/05).

Seminare, die keinen direkten beruflichen Bezug erkennen lassen, wie z. B. Selbsterfahrungskurse oder Kurse zur allgemeinen Persönlichkeitsbildung, geben sowohl im beruflichen als auch im privaten Leben Impulse und sind mangels Aufteilungsmöglichkeit in voller Höhe nicht abziehbar. Etwas anderes dürfte gelten, wenn der Arbeitgeber zumindest einen Teil der Kosten übernimmt oder sogar z. B. die Teilnahme an einem Seminar pro Jahr verbindlich vorschreibt (BFH, Urteil v. 9.12.2010, VI R 42/09).

Sprachkurs

Die Kursgebühren und notwendigen Kursunterlagen sind abzugsfähige Werbungskosten bzw. Betriebsausgaben, wenn der Sprachkurs auf die speziellen beruflichen Bedürfnisse zugeschnitten ist, also berufsspezifisches Vokabular und Fachsprache vermittelt werden. Die Kosten eines Grundkurses in einer Fremdsprache sind abziehbar, wenn die Fremdsprache beruflich benötigt wird und Grundkenntnisse der Fremdsprache im Rahmen der beruflichen Tätigkeit ausreichen.

Findet der Sprachkurs in der Nähe des Wohnorts statt, können bei beruflicher Veranlassung auch die mit der Kursteilnahme zusammenhängenden Reisekosten abgezogen werden. Bei Sprachkursen im Ausland ist dagegen immer von einer privaten Mitveranlassung auszugehen (allgemeines touristisches Interesse). Deshalb sind die Reisekosten auch bei einem eigentlich beruflich veranlassten Sprachkurs nur anteilig zu berücksichtigen. Da die private und berufliche Veranlassung stets zeitgleich vorliegt, ist der zeitliche Umfang (Seminarzeit/Freizeit) kein geeigneter Aufteilungsmaßstab. Aus Vereinfachungsgründen können die hälftigen Reisekosten abgezogen werden (s. u. private Mitveranlassung) (BFH, Urteil v. 24.2.2011, VI R 12/10).

Fachtagung

Kosten für Tagungen und Kongresse sind steuerlich abziehbar, wenn der Steuerpflichtige ausschließlich oder weitaus überwiegend im beruflichen Interesse daran teilgenommen hat. Die Reise muss im Rahmen einer lehrgangsmäßigen Organisation durchgeführt werden. Der volle Reisekostenabzug setzt voraus, dass die Verfolgung privater Interessen, wie z. B. Erholung, Bildung und Erweiterung des Horizonts, nach dem Anlass der Reise, dem Reiseort (touristisch interessantes Ziel?), dem vorgesehenen Programm (homogener Teilnehmerkreis, fachspezifische Themen, touristische oder gesellige Programmpunkte) und der tatsächlichen Durchführung (frei verfügbare Zeiten, Mitnahme von Angehörigen) nahezu ausgeschlossen ist. Trifft dies nicht zu, sind die Reisekosten insgesamt nicht abziehbar (BFH, Urteil v. 19.1.2012, VI R 3/11).

Private Mitveranlassung

Ist eine Reise anlässlich einer Fortbildung auch privat veranlasst (gemischte Aufwendungen), kann oft zumindest ein Teilabzug erreicht werden. Konkret dem Beruf zuordenbare Kosten (z. B. Seminargebühren) sind stets in voller Höhe abzugsfähig. Für die Reisekosten gilt:

Besteht eine Reise aus zwei abgrenzbaren Teilen (z. B. eine Woche Seminar und eine Woche Erholungsurlaub), sind die Reisekosten für die Seminarwoche abzugsfähig. Kosten für Hin- und Rückreise werden (nach beruflichen/privaten Zeiten) anteilig berücksichtigt (BFH, Beschluss v. 21.9.2009, GrS 1/06). Vertiefend siehe → Reisekosten.

Ist die Fortbildungsreise **insgesamt** sowohl beruflich als auch privat veranlasst, z. B. bei einer Studien- oder Sprachreise, sind ausschließlich dem Beruf zuordenbare Entgelte (z. B. Seminargebühr) abzugsfähig, die Reisekosten sind aufzuteilen (ggf. im Wege der Schätzung) (s. o. Sprachreise).

Prüfschema zur Abgrenzung bei gemischten Aufwendungen: Vertiefend siehe → Werbungskosten, -pauschbeträge und -pauschalen.

2 Abzugsfähige Kosten

Abzugsfähig sind alle durch die Fortbildung angefallenen Kosten. Dazu gehören stets die (konkret zuordenbaren) Seminar- bzw. Studiengebühren sowie die notwendige Literatur und die Arbeitsmaterialien. Dasselbe gilt für die durch die Fortbildungsveranstaltungen verursachten Reisekosten (Fahrtkosten, Übernachtungskosten, Verpflegungsmehraufwendungen, Reisenebenkosten), wobei hier auch eine anteilige Berücksichtigung (s. o.) in Betracht kommt.

Nicht abzugsfähig sind Kosten für Reiseausstattung (Reisewecker, Reisefön, Koffer, Reisekleidung). Vertiefend siehe → Reisekosten.

Geringwertige Wirtschaftsgüter/ Sammelposten

Bei den Abschreibungsmöglichkeiten für geringwertige Wirtschaftsgüter (GWG) gilt es, genau zu unterscheiden, ob ein sofortiger Betriebsausgabenabzug, die Pool-Abschreibung oder die normale Abschreibung über die Nutzungsdauer in Betracht kommt.

§ 6 Abs. 2 und 2a EStG, § 9 EStG, R 6.13 EStR, R 9.12 LStR

1 Die verschiedenen Abschreibungsmöglichkeiten

Im Betrieb

Für alle Gewinneinkünfte, d. h. für Einkünfte aus Land- und Forstwirtschaft, Gewerbebetrieb oder selbstständiger Arbeit – unabhängig davon, ob die Unternehmer bilanzieren oder ihren Gewinn durch Einnahmenüberschussrechnung nach § 4 Abs. 3 EStG ermitteln –, bestehen verschiedene Wahlmöglichkeiten, je nach Höhe der AK bzw. HK. Maßgebend sind immer die Nettokosten, d.h. ohne enthaltene Umsatzsteuer.

AK/HK bis 250 €

- Sofortabschreibung oder
- lineare Abschreibung nach Nutzungsdauer

Keine Aufnahme in ein Inventar.

AK/HK von 250,01 € bis 1.000 €

Abschreibung mit Sammelposten

AK/HK	Methode
mehr als 250 € bis max. 1.000 €	Bildung eines Sammelpostens; Verteilung über fünf Jahre
ab 1.001 €	lineare Abschreibung nach Nutzungsdauer

oder:

Abschreibung ohne Sammelposten

AK/HK	Methode
bis zu 800 €	Sofortabschreibung oder lineare Abschreibung
ab 801 €	lineare Abschreibung nach Nutzungsdauer

Wirtschaftsgüter mit AK/HK über 250 € sind zu inventarisieren.

WICHTIG

Methodenwahl

Die Methode (mit oder ohne Sammelposten) kann für ein Jahr nur einheitlich für alle Wirtschaftsgüter mit AK und HK von 250 bis 1.000 € gewählt werden. Im nächsten Jahr kann erneut entschieden werden.

Bei den sonstigen Einkunftsarten

TIPP

Überschusseinkünfte

Bei den Überschusseinkünften, d.h. bei den Einkünften aus nichtselbstständiger Arbeit, V+V, Kapitalvermögen oder den sonstigen Einkünften, gibt es den Sammelposten nicht. Für GWG mit AK/HK bis zu 800 € netto kann der sofortige Werbungskosten oder die Abschreibung auf die Nutzungsdauer gewählt werden.

2 Was ist ein „geringwertiges Wirtschaftsgut"?

Voraussetzungen

Folgende Voraussetzungen müssen erfüllt sein:

- Es handelt sich um ein abnutzbares, bewegliches (körperliches) Anlagegut (z. B. Kopier-/Faxgerät, Rechen-/Kaffeemaschine).
- Das Wirtschaftsgut ist selbstständig nutzbar.

TIPP

Immaterielle Wirtschaftsgüter

Grundsätzlich sind immaterielle Wirtschaftsgüter (z. B. Software) nicht „beweglich". Computerprogramme unter 800 € werden jedoch als „Trivialprogramme" angesehen und gelten als beweglich! Die Regelungen für GWG bzw. Sammelposten sind für diese Programme also anwendbar.

Was versteht man unter „selbstständig nutzbar"?

Nur für sich allein nutzbare Wirtschaftsgüter fallen unter die Regelungen.

Selbstständig nutzbar

Selbstständig nutzbar sind z. B.:

Möbel, Besteck, Geschirr, Porzellan, Wäsche (z. B. bei Gaststätten und Hotels), Gemälde, Einrichtungsgegenstände, Teppiche (soweit sie auf gebrauchsfertigem Boden verlegt sind), Werkzeuge (nicht aber maschinengebundene Werkzeuge), Laptops, Computerprogramme, Stühle einer Gaststätte, Euro-Flachpaletten, Fernsehgeräte in Hotels, mobiles Autotelefon etc.

Nicht selbstständig nutzbar sind z. B.:

Gerüst- und Schalungsteile (wenn diese technisch aufeinander abgestimmt oder genormt sind), Ladeneinrichtung (soweit Baukastensystem), einzelne Teile einer Computeranlage (PC, Drucker, Bildschirm, Monitor etc.), maschinengebundene Werkzeuge etc.

Bei einer Schreibtischkombination, die aus einem Schreibtisch, einem Rollcontainer und einem Computertisch besteht, ist jedes Teil selbstständig nutzbar (BFH, Urteil v. 21.7.1998, III R 110/95).

Achten Sie deshalb darauf, dass in der Rechnung für die einzelnen Teile separate Preise ausgewiesen werden.

Einzelne Teile einer Computeranlage (PC, Drucker, Bildschirm, Monitor) sind nicht selbstständig nutzbar. Ausgenommen hiervon sind Laptops sowie Kombinationsgeräte (z. B. ein Gerät, das Fax, Drucker und Kopierer in sich vereint) (BFH, Urteil v. 19.2.2004, VI R 135/01).

Die 800-Euro- bzw. 250-Euro- bis 1.000-Euro-Grenze

Preisnachlässe und Skontoabzüge vermindern die AK. Vertiefend siehe → Abschreibungen/Anschaffungs- und Herstellungskosten. Die in Rechnung gestellte Umsatzsteuer ist bei der Frage, ob die betragsmäßige Grenze überschritten wird, immer außer Betracht zu lassen.

Sonderfall Einlage

Wenn Sie ein privates Wirtschaftsgut auf Dauer betrieblich nutzen wollen, muss dieses mit seinem tatsächlichen Wert (Teilwert) in das Betriebsvermögen eingelegt werden. Wurde es innerhalb von drei Jahren vor der Einlage gekauft bzw. hergestellt, darf der Einlagewert höchstens die AK/HK abzüglich der bis zur Einlage rechnerisch entfallenden Abschreibung (= Restwert) betragen.

3 Abschreibung mit oder ohne Sammelposten

WICHTIG

Methodenwahl

Die für 2018 gewählte Methode gilt für alle Wirtschaftsgüter, die 2018 angeschafft wurden.

Abschreibung ohne Sammelposten

Wirtschaftsgüter mit AK/HK bis 800 €

Haben die AK/HK nicht mehr als 800 € (zzgl. Umsatzsteuer) betragen, können die Kosten als Betriebsausgaben im Jahr der Zahlung behandelt werden. Die Abschreibung darf auch dann in voller Höhe erfolgen, wenn bei Beendigung der Nutzung ein nicht unerheblicher Restwert verbleibt (BFH, Urteil v. 24.7.2013, IV R 1/10). Es besteht auch die Möglichkeit der Abschreibung über die Nutzungsdauer (Wahlrecht!).

Höhere AK/HK

Alle anderen Wirtschaftsgüter müssen nach der Nutzungsdauer abgeschrieben werden.

BEISPIEL

Sammelposten

U hat im Dezember 2018 ein Netbook für 400 € und einen Schreibtisch für 999 € netto erworben. Die AK für das Netbook können als Betriebsausgabe behandelt werden. Der Schreibtisch muss über die Nutzungsdauer (13 Jahre) abgeschrieben werden. Im Jahr der Anschaffung ist nur eine zeitanteilige AfA zulässig. Die Möglichkeit, einen Sammelposten zu bilden, gibt es nicht.

Wird der Schreibtisch bei dieser Methode nach zwei Jahren verkauft, mindert der noch nicht abgeschriebene Restwert den Gewinn im Verkaufsjahr.

Abschreibung mit Sammelposten

Anschaffungskosten bis 250 €

Übersteigen die Netto-AK die 250-Euro-Grenze nicht, können die Ausgaben als sofort abzugsfähige Betriebsausgaben behandelt werden.

HINWEIS

Wahlrecht

Es besteht ein Wahlrecht, das Wirtschaftsgut über die Nutzungsdauer abzuschreiben oder die Kosten als sofortige Betriebsausgaben zu behandeln.

Werden bei einem sofort abgeschriebenen Wirtschaftsgut in einem späteren Jahr nachträgliche AK oder HK aufgewandt, so sind diese Kosten ebenfalls sofortige Betriebsausgaben – auch dann, wenn diese mit den ursprünglichen Kosten den Betrag von 150 € übersteigen.

Anschaffungskosten über 250 €, aber bis 1.000 €

Bildung und Auflösung des Sammelpostens

Für abnutzbare bewegliche Wirtschaftsgüter des Anlagevermögens, die selbstständig genutzt werden können und deren AK über 250 € liegen, aber 1.000 € nicht übersteigen, ist im Wirtschaftsjahr der Anschaffung, Herstellung oder Einlage des Wirtschaftsguts ein Sammelposten zu bilden.

Die Auflösung des Sammelpostens erfolgt im Wirtschaftsjahr der Bildung und den folgenden vier Wirtschaftsjahren mit jeweils 20 %.

BEISPIEL

Bildung und Auflösung

U hat im Januar 2018 einen Schreibtischstuhl für 260 €, im August eine Bohrmaschine für 300 € und im Dezember 2018 einen PC für 600 € sowie einen Schreibtisch für 840 € netto erworben. Der Gesamtbetrag von 2.000 € ist in einen Sammelposten aufzunehmen. Die Abschreibung beträgt 2018 und in den folgenden vier Jahren jeweils 400 €.

Die Anschaffungszeitpunkte der verschiedenen Wirtschaftsgüter bleiben außer Betracht, d. h. **eine zeitanteilige Abschreibung im Anschaffungsjahr ist nicht vorzunehmen**. Für jedes Jahr ist ein eigener Sammelposten zu bilden und gesondert aufzulösen!

Nachträgliche Anschaffungs-/Herstellungskosten

Werden in einem späteren Jahr nachträgliche AK oder HK aufgewandt, sind diese Kosten in den Sammelposten des entsprechenden Jahres einzustellen. Dies gilt auch dann, wenn diese mit den ursprünglichen Kosten den Betrag von 1.000 € übersteigen.

BEISPIEL

Erweiterung

U erwirbt 2018 eine Maschine für 900 €. Im Jahr 2019 wird die Maschine für nochmals 800 € erweitert.

Die AK des Jahres 2018 (900 €) sind in den Sammelposten dieses Jahres einzustellen. Dieser ist bis zum Jahr 2022 gleichmäßig aufzulösen. Die nachträglichen AK gehören in den Sammelposten für 2019, der bis zum Jahr 2023 aufzulösen ist.

Trotz der nachträglich angefallenen Kosten, durch die die 1.000-Euro-Grenze überschritten wird, ist keine wirtschaftsgutbezogene Aktivierung und Abschreibung vorzunehmen.

WICHTIG

Erweiterung im Jahr der Anschaffung

Fallen die nachträglichen Kosten noch im Jahr der Anschaffung an und übersteigen die Gesamtkosten 1.000 €, muss das Wirtschaftsgut über die Nutzungsdauer abgeschrieben werden. Eine Einbeziehung in den Sammelposten ist nicht zulässig (R 6.13 EStR).

Ausscheiden von Wirtschaftsgütern/Wertverluste

BEISPIEL

Entnahme

Im Folgejahr wird die Maschine irreparabel beschädigt. Außerdem schenkt U den PC seinem Sohn.

Diese Vorgänge berühren den Sammelposten nicht. Der Sammelposten ist nur als Rechengröße, nicht als Wirtschaftsgut anzusehen. Daher wird er bis zur Vollauflösung unverändert weitergeführt. Abgänge und auch Wertverluste berühren den Sammelposten nicht.

Bei einem Verkauf von Wirtschaftsgütern bedeutet diese Regelung, dass der Verkaufserlös in vollem Umfang versteuert werden muss, während sich die Restabschreibung erst in den Folgejahren auswirkt.

BEISPIEL

Verkauf

Z kauft 2018 eine Maschine für 1.000 €. Im selben Jahr verkauft er diese für 600 € wieder, da sie für seinen Betrieb nicht geeignet ist. Z hat sich für die Sammelpostenmethode entschieden.

Z muss die Maschine in den Sammelposten aufnehmen und diesen von 2018 bis 2022 mit 200 € jährlich auflösen. Den Verkaufserlös von 600 € muss er jedoch sofort im Jahr 2018 als Ertrag berücksichtigen.

4 Investitionsabzugsbetrag

Auch für die Wirtschaftsgüter, deren AK 1.000 € nicht übersteigen, sind die Vorschriften des → Investitionsabzugsbetrags anwendbar.

TIPP

Grenzen beim InvAB

Die 800-, 250- bzw. 1.000-Euro-Grenze ist auf die **geminderten** AK/HK anzuwenden.

BEISPIEL

Grenzen beim InvAB 1

X plant die Anschaffung einer Maschine, die voraussichtlich 1.500 € kosten wird. Er hat 2017 einen Investitionsabzugsbetrag von 600 € (40 % von 1.500 €) in Anspruch genommen. Im Juli 2018 wird die Maschine (Nutzungsdauer drei Jahre) tatsächlich zum Preis von 1.500 € angeschafft.

Im Jahr 2018 kann X seinen Gewinn um den Investitionsabzugsbetrag von 600 € erhöhen. Diese Gewinnerhöhung kann er neutralisieren, indem er die AK um diesen Betrag mindert. Nimmt er diese Wahlrechte in Anspruch, ist für die Beurteilung, ob die Kosten in den Sammelposten einfließen oder ob das Wirtschaftsgut in den Anlagenbestand aufzunehmen und über die Nutzungsdauer abzuschreiben ist, von den geminderten AK (900 €) auszugehen. Das würde bedeuten, dass die Kosten in den Sammelposten einfließen und über fünf Jahre gleichmäßig zu verteilen sind

(2018 bis 2022 je 180 €), sofern diese Methode gewählt wurde.

X kann sein Wahlrecht aber auch dergestalt ausüben, dass er die AK nur um maximal 499 € mindert. In diesem Fall betragen die AK 1.001 € und die Maschine ist im Anlagenbestand einzeln zu aktivieren und abzuschreiben (2018 zeitanteilig). Im Vergleich ergeben sich folgende Auswirkungen:

	Sammelposten	Einzelaktivierung
2018 Gewinnerhöhung Minderung der AK Abschreibung **Gesamtauswirkung 2018**	+600 -600 180 **-180**	+600 -499 157 **-56**
2019 Abschreibung	-180	-334
2020 Abschreibung	-180	-334
2021 Abschreibung	-180	-156
2022 Abschreibung	-180	0

TIPP

Gestaltung

Durch die Wahlrechte im Rahmen des Investitionsabzugsbetrags kommt auch eine Gestaltung bei der Bildung des Sammelpostens in Betracht. Die betragsmäßigen Vor- und Nachteile sind zwar im Einzelfall nicht gravierend, können sich aber bei einer Vielzahl von Wirtschaftsgütern durchaus sehen lassen: Auf jeden Fall kann durch die Einzelaktivierung eine genauere (und regelmäßig schnellere) Vollabschreibung erzielt werden. Außerdem wird bei einem vorzeitigen Abgang kein Wert mitgeschleppt.

Vertiefend siehe → Investitionsabzugsbetrag.

Geschenke

Aufwendungen für betrieblich veranlasste Geschenke gehören zu den Betriebsausgaben. Sie sind nur in begrenzter Höhe als Betriebsausgaben abziehbar.

§ 4 Abs. 5 Nr. 1, § 9b EStG, § 37b EStG

1 Begrenzter Betriebsausgabenabzug

Aufwendungen für Geschenke dürfen den Gewinn nicht mindern, wenn die AK oder HK der dem einzelnen Empfänger im Wirtschaftsjahr zugewendeten Gegenstände insgesamt 35 € übersteigen. **Bis 35 €** sind sie als Betriebsausgaben **abziehbar**.

TIPP

35-Euro-Freigrenze

Bei der 35-Euro-Regelung handelt es sich nicht um einen Freibetrag, sondern um eine **Freigrenze**.

Schenken Sie einem Kunden einen Gegenstand, der mehr als 35 € gekostet hat, ist der Gesamtbetrag nicht abziehbar. Auch die Umsatzsteuer ist nicht als Vorsteuer anrechenbar.

Geschenke (Bar- oder Sachzuwendungen) sind unentgeltliche Zuwendungen aus betrieblichem Anlass, die nicht als Gegenleistung für eine bestimmte Leistung des Empfängers gedacht und nicht in unmittelbarem zeitlichen oder wirtschaftlichen Zusammenhang mit einer solchen Leistung stehen.

Unter den Geschenkbegriff fallen u. a. Eintrittskarten zu einer Sport- oder Konzertveranstaltung, Gelegenheitsgeschenke (Geschenkkörbe, Blumengebinde, CDs, Vasen, Schalen), Geschenkgutscheine, Lotterielose, Warenproben und Werbegeschenke (z. B. Füllhalter, Kugelschreiber, Kalender, Schreibmappen, Brieftaschen, Feuerzeuge).

Kränze und Blumen anlässlich der Beerdigung eines Geschäftsfreundes sind keine Geschenke, weil keine Zuwendung an einen Dritten vorliegt. Preise anlässlich eines Preisausschreibens sind keine Geschenke. Trinkgelder sind keine Geschenke, weil sie mit einer Gegenleistung im Zusammenhang stehen.

Von diesen Aufwendungen sind Aufwendungen für **privat veranlasste Geschenke** abzugrenzen. Sie sind als typische Kosten der Lebensführung nicht abzugsfähig. Das gilt auch für Geschenke, die sowohl betrieblich als auch wesentlich privat veranlasst sind.

Geld- und Sachgeschenke des Arbeitgebers an eigene **Arbeitnehmer** werden von der 35-Euro-Grenze nicht berührt. Sie sind beim Unternehmer in unbegrenzter Höhe abziehbar, werden aber beim Arbeitnehmer als lohnsteuerpflichtige Einnahmen erfasst. Lohnsteuerfrei sind nur Aufmerksamkeiten. Das sind Sachzuwendungen, deren Gesamtwert 60 € nicht übersteigt (R 19.6 LStR).

Aufzeichnungspflichten

Die Aufwendungen für ein Geschenk müssen einzeln und getrennt von den sonstigen Betriebsausgaben aufgezeichnet werden, sonst sind sie als Betriebsausgaben auch dann nicht abziehbar, wenn die Aufwendungen die 35-Euro-Grenze nicht überschreiten. Das gilt auch für Werbegeschenke, die selbst Werbeträger darstellen (z. B. Kalender mit Firmenlogo) (FG Baden-Württemberg, Urteil v. 12.4.2016, 6 K 2005/11; Rev. beim BFH, Az. I R 38/16).

Anschaffungs-/Herstellungskosten

Bei der Prüfung der Frage, ob die 35-Euro-Freigrenze überschritten ist, sind die AK oder HK des Gegenstands zu ermitteln. Zu den AK gehören alle Aufwendungen, die geleistet werden, um das Wirtschaftsgut zu erwerben. Hierzu gehören auch die Kosten einer Kennzeichnung des Geschenks als Werbeträger. Dagegen sind die Kosten der Verpackung und Versandkosten, die der Lieferant berechnet hat, nicht zu den AK hinzuzurechnen. Anschaffungspreisminderungen wie z. B. Skonti, Rabatte und andere Preisnachlässe sind abzusetzen.

WICHTIG

Pauschalsteuer nach § 37b ist einzubeziehen

Auch die Pauschalsteuer nach § 37b ist bei der Frage, ob die 35-Euro-Grenze überschritten ist, einzubeziehen (BFH, Urteil vom 30.03.2017, IV R 13/14). Diese Regelung wird von der Finanzverwaltung allerdings nicht angewandt (Fußnote im BStBl II 2017, 892).

Die gezahlte Umsatzsteuer gehört nicht zu den AK oder HK, wenn sie als Vorsteuer abziehbar ist.

Die Grenze von 35 € bezieht sich auf den einzelnen Empfänger.

2 Pauschalierung von Sachgeschenken

Betrieblich veranlasste Sachzuwendungen an Kunden, Geschäftsfreunde und deren Arbeitnehmer, aber auch an eigene Arbeitnehmer, stellen für den Empfänger regelmäßig einen steuerpflichtigen geldwerten Vorteil dar. Deshalb müsste der Beschenkte den Wert der Zuwendungen bei der Ermittlung seiner Einkünfte versteuern (§ 37b EStG).

Um diese steuerliche Berücksichtigung beim Empfänger zu vermeiden, wird dem zuwendenden Unternehmer die Möglichkeit eingeräumt, die Einkommensteuer einheitlich für alle innerhalb eines Wirtschaftsjahres gewährten Sachgeschenke – unabhängig davon, ob diese als Betriebsausgabe abziehbar sind oder nicht – mit einem **Pauschalsteuersatz von 30 %** (zzgl. Solidaritätszuschlag und ggf. Kirchensteuer) abzugelten.

Dabei können die Pauschalierungswahlrechte für Sachzuwendungen an Nichtarbeitnehmer und an eigene Arbeitnehmer unabhängig voneinander ausgeübt werden. Bis zur Bestandskraft kann diese Erklärung durch Abgabe einer geänderten Pauschsteueranmeldung widerrufen werden (BFH, Urteil v. 15.6.2016, VI R 54/15).

Nicht unter die Pauschalierung fallen:

- sog. „Streuwerbeartikel" (Sachzuwendungen an Dritte mit AK bis 10 €)
- Sachzuwendungen/Geschenke bis zu 40 € (inklusive Umsatzsteuer) anlässlich eines besonderen persönlichen Ereignisses (z. B. Geburtstag oder Firmenjubiläum)

Unter § 37b EStG fallen nur Zuwendungen, die beim Empfänger dem Grunde nach einkommensteuerpflichtig sind (BFH, Urteile v. 16.10.2013, VI R 57/11, VI R 52/11, VI R 78/12). Damit sind z. B. Geschenke an Ausländer, die im Inland nicht steuerpflichtig sind, nicht nach § 37b EStG zu versteuern. Außen vor bleiben auch Kosten für die eigenen Arbeitnehmer, die im ganz überwiegend eigenbetrieblichen Interesse des Arbeitgebers, z. B. zur Betreuung der Geschäftsfreunde, an einer Veranstaltung teilnehmen.

Ferner müssen die Zuwendungen betrieblich veranlasst sein. Werden die Aufwendungen z. B. vom Geschäftsführer privat getragen, kommt die Anwendung der Pauschalierung nicht in Betracht.

Auch müssen die Zuwendungen zusätzlich zur ohnehin vereinbarten Leistung oder Gegenleistung erbracht werden. Dies ist z. B. nicht der Fall, wenn den Verkäufern, die bei einem Kunden angestellt sind, eine Sachprämie im Erfolgsfall zugewendet wird (BFH, Urteil v. 21.02.2018, VI R 25/16).

Die Pauschalierung kommt auch nicht in Betracht, wenn noch keine Geschäftsbeziehung besteht (Sächsisches FG, Urteil vom 9.3.2017, 6 K 1201/16).

Die Anwendung des § 37b EStG kommt auch bei mehrtägigen Veranstaltungen mit Geschäftspartnern und Arbeitnehmern in Betracht. Zu beachten ist jedoch: Incentive-Veranstaltungen dienen dem privaten Vergnügen und fallen damit unter § 37b EStG – Fortbildungsveranstaltungen jedoch nicht. Gemischt veranlasste Veranstaltungen sind aufzuteilen (OFD Nordrhein-Westfalen, Kurzinfo v. 7.9.2017, LSt 1/2017).

Bei Vorliegen der Voraussetzungen sind alle Geschenke von der Pauschalierung betroffen, unabhängig davon, ob ihr Wert 35 € überschreitet (BFH, Urteil v. 16.10.2013, VI R 52/11).

TIPP

Keine Einkommensteuer

Die pauschal besteuerten Sachzuwendungen und die pauschale Einkommensteuer bleiben bei der Ermittlung der Einkünfte des Empfängers außer Ansatz. Der zuwendende Unternehmer hat die pauschale Einkommensteuer zu übernehmen. Als Schuldner muss er sie mit der Lohnsteueranmeldung anmelden und abführen. Sie ist jedoch weder auf seine eigene noch auf die Einkommensteuer der Empfänger der Geschenke anrechenbar. Der Unternehmer muss den Empfänger des Geschenks von der Steuerübernahme unterrichten.

Die Übernahme der Pauschalsteuer ist auch als Geschenk i. S. d. § 4 Abs. 5 Satz 1 Nr. 1 Satz 1 EStG anzusehen. Sie ist deshalb nicht als Betriebsausgabe abziehbar, wenn die 35-Euro-Grenze für das Sachgeschenk überschritten ist (BMF und BFH, Urteil v. 30.3.2017, IV R 13/14). Bei der Prüfung der 35-Euro-Freigrenze ist aus Vereinfachungsgründen allein auf den Betrag der Zuwendung abzustellen. Die übernommene Steuer ist nicht miteinzubeziehen (BMF, Schreiben v. 29.4.2008, IV B 2 – S 2297 – b/07/0001).

Gewerbesteuer

Wenn Sie einen Gewerbebetrieb unterhalten, müssen Sie eine Gewerbesteuererklärung abgeben. Anhand der folgenden Ausführungen können Sie sehen, an welcher Stelle Sie Steuern einsparen können.

GewStG, GewStDV, GewStR

1 Haben Sie überhaupt einen Gewerbebetrieb?

Wer einen Gewerbebetrieb hat, unterliegt im Gegensatz zu den Freiberuflern der Gewerbesteuer. Informationen zur Abgrenzung Freiberufler/Gewebetreibender finden Sie auf www.haufe.de/mybook unter „Weiterführende steuerliche Informationen" unter dem Stichwort „Abgrenzung freier Beruf/Gewerbetreibende".

Die Gewerbesteuer wird bei natürlichen Personen und Gesellschaftern von Personengesellschaften auf die Einkommensteuer mit dem 3,8-Fachen des Gewerbesteuermessbetrags angerechnet. Damit ist es nicht mehr so bedeutsam, ob „Einkünfte aus Gewerbebetrieb" oder „Einkünfte aus selbstständiger Arbeit" erzielt werden. Vertiefend siehe → Gewerbetreibende/Steuerermäßigung.

TIPP

Fotovoltaikanlage eigenständiger Gewerbebetrieb

Die Fotovoltaikanlage auf dem Betriebsgelände eines Unternehmens stellt einen eigenständigen Gewerbebetrieb dar. Damit erhält der Unternehmer den GewSt-Freibetrag doppelt. Nachteil: Erzielt er in einem Betrieb einen Verlust, werden die Gewinne für die Gewerbesteuer nicht mit den Verlusten verrechnet (BFH, Urteil v. 24.10.2012, X R 36/10). Vertiefend siehe → Solaranlagen und Co.

2 Wie wird die Gewerbesteuer berechnet?

Berechnungsschema

Die Gewerbesteuer wird nach folgendem Schema berechnet:

Berechnungsschema Gewerbesteuer
Gewinn + Hinzurechnungen ./. Kürzungen
= Zwischensumme ./. Gewerbeverluste
= vorläufiger Gewerbeertrag Abrundung auf volle 100 € ./. Freibetrag 24.500 € (nicht KapG)
= Gewerbeertrag × 3,5 %
= Steuermessbetrag × Hebesatz der Gemeinde
= Gewerbesteuer-Jahresschuld

Ausgangswert „Gewinn"

Ausgangswert für die Berechnung der Gewerbesteuer ist der ertragsteuerliche Gewinn (bei einem Einzelunternehmen: Gewinn aus Gewerbebetrieb; bei einer Personengesellschaft: Gewinn laut einheitlicher und gesonderter Gewinnfeststellung; bei einer GmbH: Einkommen). Der Betriebsaufgabe-/Betriebsveräußerungsgewinn eines Einzelunternehmens oder einer Personengesellschaft unterliegt nicht der Gewerbesteuer. Das gilt aber nicht, wenn der Betrieb ursprünglich eine Kapitalgesellschaft war, dann umgewandelt wurde und innerhalb von fünf Jahren veräußert wird (BFH, Urteil v. 17.7.2013, X R 40/10).

Hinzurechnungen

Folgende Betriebsausgaben sind dem Gewinn zu einem Teil wieder hinzuzurechnen:

- **Entgelte für Zinsen**

Hinzugerechnet werden **alle** Zinsaufwendungen. Nicht unter die Hinzurechnung fallen die üblichen Skonti und Rabatte, z. B. im Rahmen von Liefergeschäften. Ist der Vorteil geschäftsunüblich, z. B. Skonto bei einem unüblich langen Zahlungsziel, ist dieser aber zuzurechnen. Allerdings sind auch Abschläge aus der Veräußerung von Geldforderungen (Wechselverkauf, Forfaitierung von Forderungen) zu erfassen. Abzinsungen von Verbindlichkeiten und Rückstellungen im Rahmen der steuerlichen Bilanzierung führen nicht zu einer Hinzurechnung. Das gilt auch für nicht abzugsfähige → Schuldzinsen.

- **Renten und dauernde Lasten**

Alle Renten und dauernden Lasten sind hinzuzurechnen. Ausgenommen sind einmalige Erhöhungsbeträge aufgrund der bilanziellen Anpassung wegen einer Wertsicherungsklausel. Wird ein Bilanzposten wegen Wegfalls der Rentenverpflichtung aufgelöst (z. B. bei Tod), dürfen die hinzuzurechnenden Rentenzahlungen nicht um diesen Betrag gekürzt werden.

- **Mieten, Pachten und Leasingraten**

Unter die aktuelle Regelung fallen alle Miet- und Pachtzahlungen.
In die Berechnung fließen ein:

- 20 % der Miet- und Pachtzinsen (einschließlich Leasingraten) für die Benutzung von beweglichen Wirtschaftsgütern des Anlagevermögens,
- 50 % der Miet- und Pachtzinsen (einschließlich Leasingraten) für die Benutzung von unbeweglichen Wirtschaftsgütern des Anlagevermögens.

Die Hinzurechnung soll auch im Falle einer Weitervermietung (z. B. an ein verbundenes Unternehmen) erfolgen (FG Münster, Urteil v. 22.8.2012, 10 K 4664/10 G).

- **Gewinnanteile des stillen Gesellschafters**

Eine Hinzurechnung erfolgt nur, wenn eine typisch stille Gesellschaft (= Beteiligung am Gewinn, nicht aber an den stillen Reserven des Betriebs) besteht. Vergütungen für erbrachte Arbeitsleistungen des stillen Gesellschafters sind nicht hinzuzurechnen. Atypisch stille Gesellschaften fallen nicht unter diese Regelung. In diesen Fällen handelt es sich um eine Mitunternehmerschaft.

- **Aufwendungen für die zeitlich befristete Überlassung von Rechten**

Zum Beispiel Konzessionen und Lizenzen, mit Ausnahme von Lizenzen, die ausschließlich dazu berechtigen, daraus abgeleitete Rechte Dritten zu überlassen. Lizenzzahlungen für Computerprogramme, bei denen die Rechte nicht mitveräußert werden können, sind danach von der Hinzurechnung ausgenommen.

Von der Summe aller einzubeziehenden Beträge ist ein Freibetrag i. H. v. 100.000 € abzuziehen.

Folgende Berechnung ist vorzunehmen:

Art der BA:	BA	Anteil	In die Berechnung einzubeziehen:
Entgelte für Schulden (Zinsen etc.)		100 %	
Renten und dauernde Lasten		100 %	
Mieten, Pachten und Leasingraten für • bewegliche WG des Anlagevermögens • unbewegliche WG des Anlagevermögens		20 % 50 %	
Gewinnanteile des stillen Gesellschafters		100 %	
Aufwendungen für die Überlassung von Rechten		25 %	
Summe der Beträge			
Freibetrag			100.000 €
Differenzbetrag			
davon 25 % = Hinzurechnungsbetrag			

WICHTIG

Investitionsabzugsbetrag in Sonderfällen

Wird eine Ansparrücklage bereits vor Betriebseröffnung und somit vor Beginn der Gewerbesteuerpflicht gebildet, wirken sich die Beträge gewerbesteuerlich nicht gewinnmindernd aus. Vertiefend siehe → Investitionsabzugsbetrag. Die gewinnerhöhende Auflösung braucht daher nicht in den Gewerbeertrag einbezogen zu werden (Gleichlautende Ländererlasse v. 26.1.2011, BStBl I 2011 S. 152).

Kürzungen

Kürzung für Betriebsgrundstücke

Gehören zu Ihrem Betriebsvermögen betrieblich genutzte Grundstücke, erhalten Sie eine Kürzung in folgender Höhe:

%-Satz	Lage und Art des Grundstücks
1,2 %	**Grundstücke in den alten Bundesländern** 140 % des Einheitswerts
1,2 %	**Grundstücke in den neuen Bundesländern** • Mietwohngrundstücke 100 % des Einheitswerts • Geschäftsgrundstücke 400 % des Einheitswerts • unbebaute Grundstücke 600 % des Einheitswerts • gemischt genutzte Grundstücke, Einfamilienhäuser und sonstige bebaute Grundstücke 250 % des Einheitswerts

Für die Kürzung kommt es auf den Grundstücksbestand am 1.1.2018 an. Gehört ein Grundstück nur teilweise zum Betriebsvermögen (z. B. 50 %), ist die Kürzung nur vom entsprechenden Anteil am Einheitswert zu berechnen. Vertiefend siehe → Betriebsgrundstücke.

Beteiligungen an anderen Unternehmen

Gehört zum Betriebsvermögen eine Beteiligung an einer gewerblich tätigen Personengesellschaft oder eine mindestens 15%ige Beteiligung an einer Kapitalgesellschaft, ist der Betrag, mit dem sich die Beteiligungserlöse auf den Gewinn ausgewirkt haben, zu kürzen. Verluste aus der Beteiligung an einer Personengesellschaft sind hinzuzurechnen.

Gewerbeverluste

Wenn sich bei der Berechnung des Gewerbeertrags (Gewinn + Hinzurechnung ./. Kürzungen) ein negativer Betrag ergibt, wird dieser als Gewerbeverlust im kommenden Jahr angerechnet.

Eine Verlustanrechnung wäre allerdings nicht mehr möglich, wenn Sie

- Ihr **Einzelunternehmen** verkauft oder unentgeltlich übertragen haben bzw. wenn ein solches Unternehmen im Wege der Erbfolge übergegangen ist;
- Ihre bisherige Tätigkeit (z. B. Spedition) eingestellt haben und nunmehr einer ganz anderen Tätigkeit (z. B. Getränkehandlung) nachgehen.

Scheidet bei einer **Personengesellschaft** ein Mitunternehmer aus, geht der auf ihn entfallende Verlustanteil verloren. Dies gilt auch bei kurzfristigen Unterbrechungen (logische Sekunde) (BFH, Urteil v. 11.10.2012, IV R 3/09).

Die Berechnung des Verlustanteils ist nach § 10a GewStG immer nach dem allgemeinen Gewinnverteilungsschlüssel vorzunehmen. Eine anderweitige tatsächliche Gewinnverteilung (z. B. durch vorrangige Zuordnung von Geschäftsführungsvergütungen) bleibt unberücksichtigt.

BEISPIEL

Verlustverteilung

A, B und C sind Gesellschafter einer OHG mit je 33 %. C erhält vorab eine Geschäftsführungsvergütung. Die Verlustverteilung für 2018 sieht wie unten aus (Beträge in Euro).

Als Verlustvortrag wird der Betrag von –900.000 € festgestellt. Zum 31.12.2018 scheidet C aus der Gesellschaft aus. Nach der Gesetzeslage berechnet sich der entfallende Teil des Verlustvortrags nur nach dem Gewinnverteilungsschlüssel. Somit ist ein Betrag von 300.000 € (statt 100.000 €) zukünftig nicht mehr als Verlustvolumen nutzbar.

	Summe	A	B	C
Verlust 2018	-900.000			
Gf-Vergütung	-300.000			300.000
Nach Quote zu verteilen	-1.200.000	-400.000	-400.000	-400.000
Summe	-900.000	-400.000	-400.000	-100.000

Der Verlustvortrag kann bis zu einem Gesamtbetrag der Einkünfte von 1.000.000 € voll abgezogen werden. Darüber hinaus werden Verluste i. H. v. 60 % des verbleibenden Gewerbeertrags abgezogen.

BEISPIEL

Verlustvortrag

D hat 2017 einen Gewerbeverlust von -1.800.000 € erwirtschaftet. Der Gewerbeertrag beträgt 1.600.000 € im Jahr 2018.

Berechnung des Verlustvortrags nach 2018	€
Gewerbeertrag 2018	1.600.000
Verlustvortrag – Sockelbetrag	-1.000.000
verbleiben	600.000
davon 60 %	360.000
Verlustvortrag – Verbrauch 2018 gesamt	1.360.000
Verlustvortrag nach 2019	440.000

Wer erhält einen Freibetrag?

Der Freibetrag i. H. v. 24.500 € steht Einzelunternehmen und Personengesellschaften zu. GmbHs gehen somit leer aus.

Die Steuermesszahl

Die Steuermesszahl beträgt 3,5 %, unabhängig von Rechtsform und Höhe des Gewinns.

Bei einem Gewerbeertrag von 100.000 € und einem Hebesatz der Gemeinde i. H. v. 400 % ergibt dies eine Steuerschuld von 14.000 € (3,5 % von 100.000 € × 400 %).

3 So können Sie Gewerbesteuer sparen

Wenn Sie die folgenden Anregungen in die Praxis umsetzen, können Sie in nicht unerheblichem Umfang Steuern sparen:

- Vereinbaren Sie → Verträge mit Angehörigen.
- Das Gehalt, das Sie sich als Gesellschafter-Geschäftsführer einer GmbH zahlen, sollte an der obersten vertretbaren Grenze angesiedelt sein. Denken Sie über eine Tantiemen- und Pensionszusage nach.

Wegen der umfangreichen Rspr. gibt es Fallstricke, die Sie bei der Pensionszusage beachten müssen. Ihr Steuerberater kann Sie beraten!

Gewerbetreibende/Steuerermäßigung

Gewerbetreibende sind zwar gewerbesteuerpflichtig, erhalten aber eine Anrechnung der gezahlten Gewerbesteuer auf die Einkommensteuer.

§§ 35 EStG

WICHTIG

Verweis

Informationen zur Abgrenzung Freiberufler/Gewebetreibender finden Sie auf www.haufe.de/mybook unter „Weiterführende steuerliche Informationen“ unter dem Stichwort „Abgrenzung freier Beruf/Gewerbetreibende“.

Einkünfte aus Gewerbebetrieb

Inhaber eines Einzelunternehmens und Gesellschafter einer Personengesellschaft erhalten bei der Einkommensteuer eine Ermäßigung. Diese beträgt das 3,8-Fache des Gewerbesteuermessbetrags (Gewerbesteueranrechnung). Vertiefend siehe → Gewerbesteuer. Bei Personengesellschaften erhalten die einzelnen Gesellschafter den Anrechnungsbetrag anteilig. Die Vorschrift bewirkt, dass bei einem Hebesatz von bis zu 380 % die entrichtete Gewerbesteuer durch Anrechnung auf die Einkommensteuer im vollen Umfang in das Unternehmen zurückfließt. Allerdings ist die Gewerbesteuer seit 2008 nicht mehr im Rahmen der Gewinnermittlung als Betriebsausgabe abzugsfähig.

Berücksichtigt man auch den Solidaritätszuschlag, so mindert sich die Steuerbelastung insgesamt um ca. 401 %. Die Kirchensteuer wird allerdings nicht berührt.

Die pauschale Ermäßigung berechnet sich nach folgender Formel:

Gewerbesteuerermäßigung

Summe der positiven gewerblichen Einkünfte : Summe aller positiven Einkünfte × tarifliche Einkommensteuer

Übersteigt die anzurechnende Gewerbesteuer die nach dieser Formel errechnete anteilige Einkommensteuer, verfällt der Anrechnungsüberhang. Dazu kann es z. B. kommen, wenn Sie noch andere Einkünfte haben.

Horizontaler Verlustausgleich

Bei der Ermittlung des Ermäßigungshöchstbetrags sind positive und negative Ergebnisse aus verschiedenen Quellen innerhalb einer Einkunftsart zu saldieren. Bei Ehegatten sind positive Einkünfte des einen Ehegatten nicht mit negativen Einkünften des anderen aus der gleichen Einkunftsart zu verrechnen (BFH, Urteil v. 23.6.2015, III R 7/14).

BEISPIEL

Berechnung

Sie erzielen mit Ihrem Gewerbebetrieb einen Gewinn i. H. v. 100.000 €. Hierfür müssen 10.570 € Gewerbesteuer (Gewerbesteuermessbetrag 2.642 × Hebesatz 400 %) an die Gemeinde bezahlt werden. Außerdem haben Sie Einkünfte aus Kapitalvermögen i. H. v. 50.000 € und einen Verlust bei den Einkünften aus V+V i. H. v. 100.000 €. Unter Berücksichtigung der übrigen Abzüge ergibt sich eine Einkommensteuerschuld i. H. v. 9.000 €.

Es ist folgende Berechnung vorzunehmen: Gewerbl. Einkommen 100.000 € : Summe aller Einkünfte 50.000 € × ESt 9.000 € = 18.000 €. Damit ist der Gesamtbetrag von 10.570 € anrechnungsfähig.

Der Abzug des Steuerermäßigungsbetrags ist zusätzlich auf die tatsächlich zu zahlende Gewerbesteuer beschränkt. Durch die Auswirkung auf den Solidaritätszuschlag kann die Ersparnis insgesamt allerdings größer sein als die tatsächliche Gewerbesteuerschuld.

Haushaltsnahe Tätigkeiten/ Dienstleistungen

Für im eigenen Haushalt erhaltene Haushalts-, Betreuungs- und Pflegeleistungen sowie Handwerkerleistungen und für vergleichbare Haushaltsdienstleistungen bei Unterbringung in einem Pflegeheim sind Steuerermäßigungen möglich.

§ 35a EStG

1 Allgemeines

Keine Betriebsausgaben, Werbungskosten, Sonderausgaben oder außergewöhnlichen Belastungen

Soweit Aufwendungen für die Beschäftigung einer Person im Haushalt, Betreuungsleistungen oder Handwerkerleistungen als **Betriebsausgaben, Werbungskosten** oder **Sonderausgaben** abzugsfähig sind (z. B. Reinigungsarbeiten in beruflich genutzten Räumen), ist keine weitere Steuerermäßigung als „haushaltsnahe Dienstleistung" möglich.

Werden Aufwendungen als **außergewöhnliche Belastungen** abgezogen, können

- der Teil der Aufwendungen, der durch den Ansatz einer **zumutbaren Belastung** nicht als außergewöhnliche Belastung berücksichtigt wird, sowie
- der den Höchstbetrag nach § 33a EStG **übersteigende Teil der Unterhaltsaufwendungen**

über die Steuerermäßigung berücksichtigt werden.

Kinderbetreuungskosten sind im Rahmen des § 10 Abs. 1 Nr. 5 EStG zwar nur teilweise als Sonderausgaben abziehbar. Gleichwohl ist eine Steuerermäßigung auch für den nicht abzugsfähigen Teil nicht möglich. Vertiefend siehe → Kinder.

Berechtigter Personenkreis

Arbeitgeber eines haushaltsnahen Beschäftigungsverhältnisses oder Auftraggeber einer haushaltsnahen Dienstleistung, einer Pflege- oder Betreuungsleistung oder eines Handwerkers können eine **Steuerermäßigung** (direkter Abzug von der tariflichen Einkommensteuer) erhalten.

TIPP

Steuerermäßigung auch für Sie als Mieter

Sie erhalten die Steuerermäßigung auch als **Mieter**, wenn Sie z. B. Ihre Wohnung durch einen Malerbetrieb renovieren lassen, oder für entsprechende Aufwendungen, die Ihnen vom Vermieter in Rechnung gestellt werden.

Ort der Tätigkeit

Die Tätigkeit muss in einem in der EU oder im Europäischen Wirtschaftsraum (EWR = EU-Mitgliedstaaten plus Island, Norwegen und Liechtenstein) liegenden **eigengenutzten Haushalt** ausgeübt werden.

Pflege- und Betreuungsdienstleistungen können auch in der **Wohnung der zu pflegenden Person** durchgeführt werden. Bei einer Heimunterbringung ist Voraussetzung, dass das Heim oder der Ort der dauernden Pflege in der EU oder im EWR liegt.

Aufwendungen in **Zweit-, Wochenend- und Ferienwohnungen im Inland oder EU-/EWR-Ausland** sind ebenfalls zu berücksichtigen, wenn diese Wohnungen tatsächlich selbst genutzt werden. Die Steuerermäßigung kann aber für alle Wohnungen **insgesamt nur einmal** bis zum jeweiligen Höchstbetrag abgezogen werden.

Nachweis und Abzugszeitpunkt

Voraussetzung für den Abzug dieser Steuerermäßigung ist, dass der Steuerpflichtige eine **Rechnung** erhalten hat und die **Zahlung auf das Konto des Leistenden** (unbar, d. h. durch Überweisung, Verrechnungsscheck, Dauerauftrag, Einzugsermächtigung oder Onlinebanking) erfolgt ist.

Die Steuerermäßigung erfolgt für das **Jahr der Zahlung.**

Nicht begünstigte Aufwendungen

Nicht begünstigt sind:

- Aufwendungen für die Erteilung von **Unterricht** (z. B. Nachhilfeunterricht), die **Vermittlung besonderer Fähigkeiten**, sportliche und andere **Freizeitbetätigungen**
- **personenbezogene Dienstleistungen** (z. B. Friseur- und Kosmetikleistungen), wenn diese nicht zu den Pflege- und Betreuungsleistungen gehören
- die Beschäftigung von **im Haushalt** lebenden Ehegatten, Lebensgefährten oder Kindern

TIPP

Betreuung durch Oma oder Opa

Wenn Sie z. B. Ihre Eltern zur Kinderbetreuung in der Weise einsetzen, dass diese den Fahrdienst für Kinder, die das 14. Lebensjahr bereits vollendet haben, übernehmen, und Ihre Eltern erhalten zwar keinen Lohn, aber Sie erstatten ihnen die Fahrtkosten, können Sie den Fahrtkostenersatz steuerlich geltend machen. Voraussetzungen sind allerdings eine vertragliche Vereinbarung, eine Rechnung sowie die unbare Zahlung.

2 Steuerermäßigung für haushaltsnahe Beschäftigungsverhältnisse in Form von Minijobs

Begünstigt sind Aufwendungen für haushaltsnahe geringfügige Beschäftigungsverhältnisse (Minijobs) i. S. d. § 8a SGB IV, die in einem inländischen Haushalt ausgeübt werden. Die Anmeldung erfolgt über den „Haushaltsscheck" (Formular) bei der Minijob-Zentrale in Essen. Vertiefend siehe → Minijobs.

Begünstigt sind die Aufwendungen für typische Tätigkeiten im Haushalt. Dazu gehören z. B. die Reinigung der Wohnung, die Zubereitung von Mahlzeiten, die Gartenpflege und die Versorgung und Betreuung von Kindern, sofern es sich nicht um Kinderbetreuungskosten handelt.

Die **Steuerermäßigung** (direkter Abzug von der Steuer) beträgt 20 % der tatsächlichen Aufwendungen (Bescheinigung der Minijob-Zentrale), höchstens 510 €. Bei Minijobs mit Haushaltsscheckverfahren gehören die pauschalen Abgaben, die bis zum 15. Januar des Folgejahres bezahlt werden, noch zu den Aufwendungen des Vorjahres.

3 Steuerermäßigung für andere Beschäftigungsverhältnisse, Dienst- und Pflegeleistungen

Begünstigte Aufwendungen sind solche in Zusammenhang mit

- einem **sozialversicherungspflichtigen Beschäftigungsverhältnis,**
- der Inanspruchnahme von **haushaltsnahen Dienstleistungen**,
- der Inanspruchnahme von **Pflege- und Betreuungsleistungen und**
- der **Unterbringung in einem Heim** oder **zur dauernden Pflege,** soweit dadurch Aufwendungen für Dienstleistungen anfallen, die mit denen einer Hilfe im Haushalt vergleichbar sind.

Umfang der Förderung

Für alle diese Aufwendungen kann **insgesamt** eine Steuerermäßigung in Anspruch genommen werden. Diese beträgt 20 % der **gesamten** Aufwendungen, höchstens 4.000 €.

Sozialversicherungspflichtige Beschäftigungsverhältnisse

Bei den sozialversicherungspflichtigen Beschäftigungsverhältnissen gehören neben dem Arbeitslohn die Sozialversicherungsbeiträge, die Lohn- und Kirchensteuer, der Solidaritätszuschlag, die Umlagen zur Lohnfortzahlungsversicherung sowie die Unfallversicherungsbeiträge, soweit sie der Arbeitgeber getragen hat, zu den Aufwendungen.

Haushaltsnahe Dienstleistungen

Zu den haushaltsnahen Dienstleistungen gehören nur Tätigkeiten,

- die nicht zu den handwerklichen Leistungen gehören,
- die gewöhnlich durch Haushaltsmitglieder erledigt werden können und
- für die ein externer selbstständiger Dienstleister in Anspruch genommen wird.

Begünstigt sind danach z. B. Gebäudereiniger, Fensterputzer, Schneeräumdienste, Hausmeisterdienste, Gartenpflegearbeiten oder Kosten für von Umzugsspeditionen durchgeführte, privat veranlasste Umzüge. Bei Umzügen sind sowohl Kosten in Zusammenhang mit der „alten" als auch der „neuen" Wohnung berücksichtigungsfähig. Auch Aufwendungen für Tierbetreuung sind begünstigt, sofern die Betreuung im Rahmen des Haushalts (auch „Gassi"-Gehen) erfolgt (BFH, Urteile v. 3.9.2015, VI R 13/15 und v. 25.9.2017, VI B 25/17). Nicht berücksichtigungsfähig ist dagegen die externe (urlaubsbedingte) Unterbringung und Betreuung in Tierpensionen.

Selbst die Inanspruchnahme von Dienstleistungen (Handwerkerleistungen), die jenseits der Grundstücksgrenze auf fremdem, beispielsweise öffentlichem Grund erbracht werden, ist begünstigt, wenn sie in unmittelbarem räumlichem Zusammenhang zum Haushalt durchgeführt werden und dem Haushalt dienen (BFH, Urteile v. 20.3.2014, VI R 55/12 und VI R 56/12). Darunter fallen z. B. Kehrdienst, Schneeräumdienst auf Gehwegen sowie das Verlegen des Hausanschlusses für Telefon, Kabel bzw. Breitbandinternet oder Fernwärme etc.

Leistungen, bei denen die Entsorgung im Vordergrund steht (z. B. Müllgebühren), sind nicht begünstigt. Ist die Entsorgung nur Nebenleistung (z. B. Grünschnittabfuhr bei Gartenpflege), sind neben dem Lohnaufwand auch die Entsorgungskosten absetzbar. Aufwendungen für Verbrauchsmittel (z. B. Reinigungsmittel und Streugut) sind stets begünstigt, nicht jedoch Materialkosten.

BEISPIEL

Aufteilung des Gesamtbetrags

Sie haben einen Cateringservice mit der Durchführung Ihrer Gartenparty beauftragt. Speisen und Getränke werden angeliefert, Geschirr und Besteck werden zur Verfügung gestellt und Personal, das die Speisenausgabe übernimmt, ist für drei Stunden vor Ort.

Nur die Kosten der Personalgestellung vor Ort sind als haushaltsnahe Dienstleistung anzusehen. Die Steuerermäßigung errechnet sich aus dem Arbeitskostenanteil.

Es reicht aus, wenn der Rechnungsaussteller den Arbeitslohnanteil in der Rechnung nur prozentual ausweist.

Pflege- und Betreuungsleistungen

Abzugsfähig sind sowohl Aufwendungen für die Betreuung (z. B. Hausaufgabenbetreuung) von Kindern (über 14

Jahren) im Haushalt, da insoweit kein Sonderausgabenabzug möglich ist, als auch die Betreuung und Pflege älterer Menschen. Die Feststellung oder der Nachweis einer Pflegebedürftigkeit sind nicht erforderlich. Begünstigt sind Dienstleistungen zur Grundpflege, d.h. zur unmittelbaren Pflege am Menschen (Körperpflege, Ernährung und Mobilität), oder zur Betreuung. Dazu gehören auch die Kosten für ein mit der Betreuungspauschale abgegoltenes Notrufsystem, das innerhalb der Wohnung im Rahmen des betreuten Wohnens Hilfeleistung rund um die Uhr sicherstellt (BFH, Urteil v. 3.9.2015, VI R 18/14). Wird das Notrufsystem (Rotes-Kreuz-/Caritas-Notknopf) als eigenständige (alleinige) Bereitschaftsleistung erbracht, erkennt die Verwaltung die Kosten bisher nicht an.

Pflege durch Angehörige

Die Steuerermäßigung können auch **Angehörige** erhalten, wenn sie für Pflege- bzw. Betreuungsleistungen im eigenen Haushalt oder im Haushalt der zu pflegenden Person aufkommen. Die Leistungen der Pflegeversicherung sind mit Ausnahme des Pflegegeldes anzurechnen. Nimmt die zu pflegende Person oder der Angehörige den Pflegepauschbetrag oder den Behindertenpauschbetrag in Anspruch, schließt dies eine Steuerermäßigung für haushaltsnahe Beschäftigungsverhältnisse und Dienstleistungen im Abgeltungsbereich des Pauschbetrags aus. Auch der von einem Kind auf den Steuerpflichtigen übertragene Behindertenpauschbetrag führt zum Ausschluss. Vertiefend siehe → Behinderte Menschen und → Pflegekosten/Heimunterbringung. Die Steuerermäßigung ist haushaltsbezogen und wird nur einmal gewährt, wenn zwei pflegebedürftige Personen in einem Haushalt gepflegt werden.

Unterbringung im Heim oder zur dauernden Pflege

Begünstigt ist auch eine Heimunterbringung wegen Alters oder zur dauernden Pflege (z.B. Altenheim, Pflegeheim, Wohnstift). Nicht begünstigt sind Studentenwohnheime oder andere Ausbildungswohnheime. Wegen der zu berücksichtigenden Aufwendungen ist zu unterscheiden, ob im Heim ein **eigenständiger und abgeschlossener Haushalt** (Bad, Küche, Wohn- und Schlafbereich) vorliegt und eine eigene Wirtschaftsführung des Bewohners gegeben ist oder nicht.

	kein abgeschlossener Haushalt im Heim	abgeschlossener Haushalt im Heim
Grundpflege:		
Pflege- und Betreuungsleistungen	ja	ja
Reinigung des Zimmers	ja	ja
Reinigung der Gemeinschaftsflächen (Flure, Treppenhaus, Gemeinschaftsräume)	ja	ja
Zubereitung von Mahlzeiten in der hauseigenen Küche des Heims	ja	ja

	kein abgeschlossener Haushalt im Heim	abgeschlossener Haushalt im Heim
Servieren von Mahlzeiten (auch im Speisesaal)	ja	ja
Wäscheservice, soweit er im Heim erfolgt	ja	ja
Sonstiges:		
Miete im Altenheim/Wohnstift	nein	nein
Hausmeisterarbeiten	nein	ja
Gartenpflege	nein	ja
Handwerkerleistungen	nein	ja
Dienstleistungen des Haus- und Etagenpersonals (Empfang von Besuchern, kleine Botengänge)	nein	ja

Aufwendungen, die im Voraus geleistet werden, um bei Bedarf bestehende Pflege- und Betreuungsleistungen in Anspruch zu nehmen, sind nur begünstigt, wenn die Dienstleistung tatsächlich in Anspruch genommen wurde. Vertiefend siehe → Pflegekosten/Heimunterbringung.

4 Handwerkerleistungen

Eine Steuerermäßigung gibt es auch für handwerkliche Tätigkeiten im Privathaushalt.

Umfang der Steuerermäßigung

Die Steuerermäßigung beträgt 20 % der Aufwendungen, höchstens 1.200 € jährlich. Sie kann im **Jahr der Zahlung** in Anspruch genommen werden.

Begünstigte und nicht begünstigte Aufwendungen

Zu den **begünstigten Aufwendungen** gehören insbesondere Arbeiten am Dach, an der Fassade, an Garagen, die Reparatur oder der Austausch von Fenstern oder Türen und Bodenbelägen, Maler- und Tapezierarbeiten, Wartung oder Austausch von Heizungsanlagen sowie die Modernisierung des Badezimmers, Aufwendungen für Mess- und Überprüfungsarbeiten (Dichtigkeitsprüfung einer Abwasserleitung, Legionellenprüfung, Kontrolle von Aufzügen oder Blitzschutzanlagen und andere technische Prüfdienste) sowie Maßnahmen zur Feststellung der Ursache von Gebäudeschäden, nicht jedoch Gutachterkosten.

Der Abzug ist nur für Dienstleistungen in Form von **Arbeitslohn, Fahrt- und Maschinenkosten sowie** Kosten für **Verbrauchsmittel** (z. B. Befestigungsmaterial in geringem Umfang oder Streugut) möglich, nicht dagegen **Material- oder Warenkosten.** Bei der Erneuerung der Einbauküche bzw. der Reparatur von Haushaltsgeräten (z. B. Waschmaschine, Herd, Fernseher, PC) sind deshalb auch nur die Arbeitskosten, die auf Arbeiten im Haushalt entfallen, abziehbar. **Nicht** begünstigt sind z. B. Aufwendungen für den Architekten, da es sich um keine handwerkliche Leistung handelt. Auch (Lohn-)Kosten, die in einer Werkstatt anfallen, sind nicht begünstigt, auch wenn sie einen Gegenstand des Haushalts betreffen.

Von der Steuerermäßigung ausgeschlossen sind ferner Aufwendungen für **öffentlich geförderte Maßnahmen**, für die zinsverbilligte Darlehen (z. B. der KfW-Bank) oder steuerfreie Zuschüsse in Anspruch genommen werden. Dies gilt auch für den Teil der Aufwendungen, der sich, z. B. wegen Überschreitung des Förderhöchstbetrags, im Rahmen der öffentlichen Förderung nicht auswirkt.

Neubaumaßnahme oder begünstigte Erweiterung

Aufwendungen im Rahmen einer **Neubaumaßnahme** (erstmalige Erstellung eines Haushalts bis zu dessen erstmaliger Fertigstellung) sind nicht begünstigt. Ein Gebäude gilt dann als fertiggestellt, wenn alle wesentlichen Bauarbeiten abgeschlossen sind und der Bau so weit errichtet ist, dass der Bezug der Wohnung zumutbar ist. Aufwendungen für eine Maßnahme sind dann begünstigt, wenn sie im räumlichen Zusammenhang eines **vorhandenen** Haushalts erbracht werden. Dazu gehören z. B. Restarbeiten am Haus, am Außenputz und an der Gartenanlage, die **nach dem Bezug** eines Neubaus anfallen.

Auch Aufwendungen für eine Erweiterung, z. B. Anbau, Ausbau des Dachgeschosses oder Einbau einer Dachgaube, Bau eines Wintergartens, Erstellung eines Carports oder einer Garage, sind begünstigt. Ob es sich bei den Aufwendungen für eine einzelne Maßnahme steuerlich um Erhaltungs- oder Herstellungsaufwand handelt, ist ohne Bedeutung.

Wohnungswechsel

Bei Umzug in eine andere Wohnung kann eine Steuerermäßigung sowohl für die Renovierung im bisherigen als auch im neuen Haushalt in Anspruch genommen werden. Der Höchstbetrag verdoppelt sich aber nicht.

TIPP

Abschlagszahlungen

Vereinbaren Sie mit Ihrem Handwerker Teil- oder Abschlagszahlungen in verschiedenen Jahren, dann können Sie die Steuerermäßigung für die jeweilige Zahlung in verschiedenen Jahren in Anspruch nehmen. Voraussetzung ist aber jeweils eine Rechnung für die betreffende Teil- oder Abschlagszahlung.

5 Wohnungseigentümergemeinschaft

Liegt eine Beteiligung an einem Grundstück in Form von Wohnungs- oder Teileigentum vor, kann die Steuerermäßigung für haushaltsnahe Beschäftigungsverhältnisse oder vergleichbare Dienstleistungen (z. B. Hausmeister) und Handwerkerleistungen an diesem Grundstück in Anspruch genommen werden.

Geringfügige Beschäftigungsverhältnisse, die eine Wohnungseigentümergemeinschaft abschließt, sind – anders als solche, die von einzelnen Wohnungseigentümern abgeschlossen wurden – nicht begünstigt, da eine Teilnahme am Haushaltsscheckverfahren nicht möglich ist. Die Aufwendungen sind aber im Rahmen der haushaltsnahen Dienstleistungen abziehbar.

Erforderlich ist die Vorlage einer Jahresabrechnung der Wohnungseigentümergemeinschaft. In der Abrechnung müssen die verschiedenartigen Begünstigungen aufgelistet und der auf den Steuerpflichtigen entfallende Kostenanteil ausgewiesen sein.

Die Kosten für die Hausverwaltung durch einen externen Hausverwalter sind keine haushaltsnahen Dienstleistungen, da sie nicht auf dem Grundstück ausgeübt werden.

6 Mehrfache Förderung

Sie können die verschiedenen Steuerermäßigungen **nebeneinander** in Anspruch nehmen, der Höchstbetrag pro Förderart wird allerdings nur einmal gewährt.

BEISPIEL

Mehrere Haushaltsleistungen

Fall 1

Für eine Hilfe im Haushalt werden Sozialversicherungspflichtbeiträge bezahlt. Die Gesamtkosten belaufen sich auf 12.000 € im Jahr. Außerdem wird ein Malermeister mit der Renovierung der Hausfassade beauftragt und es werden 4.000 € Lohnkosten bezahlt. Für die Wartung der Heizungsanlage fallen 150 € Arbeitslohn an.

Die Steuerermäßigung beträgt für die Haushaltshilfe 2.400 €, für die Handwerkerleistungen 830 €.

Fall 2

Ein Landschaftsgärtner erledigt Arbeiten im Garten. Die Arbeiten umfassen Schnittarbeiten an Hecken und Sträuchern, den Austausch von Büschen und anderen Pflanzen sowie das Fällen eines größeren Baumes. In der Rechnung i. H. v. 7.000 € sind 4.700 € Lohnaufwand, 2.000 € Materialkosten (Pflanzen und Erde) sowie 300 € Transportkosten enthalten.

Die Materialkosten sind nicht begünstigt. Die Lohnkosten können in haushaltsnahe Dienstleistungen (Gartenpflegearbeiten) – 20 %, höchstens 4.000 € – und Handwerkerleistungen (Fällen größerer Bäume, Rodungen, Um-/Neugestaltung des Gartens) – 20 %, höchstens 1.200 € – aufgeteilt werden. Die Entgelte müssen in der Rechnung gesondert ausgewiesen sein.

Haushaltsbezogene Höchstbeträge

Die Höchstbeträge sind haushaltsbezogen. Ehegatten, Partner einer eingetragenen Lebensgemeinschaft, die einzeln veranlagt werden, oder Alleinstehende, die zusammen in einem Haushalt leben, können die Steuerermäßigung aus ihren jeweiligen Aufwendungen bis zum hälftigen Höchstbetrag in Anspruch nehmen oder gemeinsam eine andere Aufteilung des Höchstbetrags beantragen.

Wird ein gemeinsamer Haushalt im Laufe des Jahres begründet oder beendet und lebt der Steuerpflichtige die übrige Zeit des Jahres allein in seinem Haushalt, kann er die vollen Höchstbeträge in Anspruch nehmen.

7 Zusammenfassung

Art der begünstigten Tätigkeit	Abzugsbetrag
geringfügig beschäftigte Haushaltshilfe (Minijob)	20 % der Aufwendungen, höchstens 510 €
sozialversicherungspflichtige Haushaltshilfe	20 % der gesamten Aufwendungen, höchstens 4.000 €
haushaltsnahe Dienstleistungen	
haushaltsnahe Pflege- und Betreuungsleistungen	
Unterbringung im Heim oder zur dauernden Pflege bzgl. Aufwendungen, die denen einer Hilfe im Haushalt vergleichbar sind	
Handwerkerleistungen	20 % der Kosten (ohne Material), höchstens 1.200 €

Homeoffice

Arbeiten Sie als Arbeitnehmer oder Selbstständiger zu Hause, können Sie die Aufwendungen für das Zimmer sowie für Arbeitsmittel und (beruflich veranlasste) Fahrten zu Ihrem Arbeitgeber oder Kunden als Werbungskosten oder Betriebsausgaben absetzen.

1 Aufwendungen für das Zimmer

Für den Abzug der laufenden Betriebskosten (Strom, Wasser, Heizung) und die allgemeine Ausstattung des Zimmers (Tapeten, Vorhänge, Deckenlampe, Bodenbelag, Teppich) gelten die Regelungen für →Arbeitszimmer.

TIPP

Vermietung an den Arbeitgeber

Vermietet der Arbeitnehmer das Arbeitszimmer an den Arbeitgeber, der es wiederum dem Arbeitnehmer zur Berufsausübung überlässt, liegen beim Arbeitnehmer Vermietungseinkünfte vor. Dabei ist die Miete Einnahme und die Kosten sind in voller Höhe abzugsfähige Werbungskosten. Dies funktioniert aber nur, wenn der Mietvertrag im vorrangigen Interesse des Arbeitgebers steht, also ein Arbeitsplatz im Betrieb eingespart wird, und auch bei anderen Mitarbeitern Räume angemietet wurden. Sonst wird die Miete als Arbeitslohn angesehen und für die Kosten gelten die Abzugsregelungen für Arbeitszimmer (s. o.).

2 Arbeitsmittel

Zum Abzug der für den Beruf benötigten Gegenstände, z. B. EDV-Anlage, Schreibtisch, Schreibtischstuhl, Lampe, Papierkorb, Regale, Bücherschränke: Vertiefend siehe → Computer.

Stellt der Arbeitgeber die EDV-Anlage zur Verfügung, ist eine eventuelle private Mitbenutzung nicht zu versteuern.

3 Fahrtkosten

Für Fahrten zu Ihrem Arbeitgeber sind entweder die tatsächlichen Kosten abzugsfähig oder nur die Entfernungspauschale. Vertiefend siehe → Fahrtkosten. Was Sie ansetzen dürfen, hängt davon ab, ob Sie bei Ihrem Arbeitgeber eine erste Tätigkeitsstätte haben. Zur Abgrenzung: Vertiefend siehe → Reisekosten.

Dieselbe Abgrenzung gilt für Selbstständige, die zu ihrem Auftraggeber fahren.

Investitionsabzugsbetrag

Mithilfe des Investitionsabzugsbetrags können Sie Ihre Steuerbelastung entscheidend beeinflussen. Voraussetzung ist, dass Sie beabsichtigen, innerhalb der nächsten drei Wirtschaftsjahre Investitionen zu tätigen. Durch das Steueränderungsgesetz 2015 (StÄndG 2015) vom 2.11.2015 wurde die Vorschrift des § 7g EStG in einigen Punkten verändert. Diese bringen dem Unternehmer wesentliche Erleichterungen.

§ 7g EStG; R 7g EStR; BMF, Schreiben v. 20.11.2013, IV C 6 – S 2139 b/07/10002

1 Bildung des Investitionsabzugsbetrags

Begünstigtes Wirtschaftsgut

Es muss sich um ein bewegliches Wirtschaftsgut handeln. Nicht begünstigt ist der geplante Erwerb bzw. die Herstellung von unbeweglichen (Gebäude) und immateriellen Gütern (Praxis-/Geschäftswerte, Lizenzen, Patente, Finanzanlagen). Das zu beschaffende Wirtschaftsgut muss später zum Anlagevermögen gehören. Gegenstände, die als Ausstellungsstücke oder Vorführwagen dienen, gehören bis zu einer Umwidmung für den Verkauf zum Anlagevermögen.

TIPP

Gebrauchte WG

Unter die begünstigte Anschaffung fallen auch gebrauchte und geringwertige Wirtschaftsgüter! Vertiefend siehe → Geringwertige Wirtschaftsgüter/Sammelposten.

Nach der geänderten Behandlung von Blockheizkraftwerken als Gebäudebestandteil ist die Inanspruchnahme des Investitionsabzugsbetrags hierfür nicht mehr möglich.

Neuregelungen seit 2016

Das Steueränderungsgesetz 2015 brachte für den Anwendungsbereich des § 7g EStG einige wesentliche Änderungen, die für Investitionsabzugsbeträge anzuwenden sind, die in nach dem 31. Dezember 2015 endenden Wirtschaftsjahren in Anspruch genommen werden:

- Eine konkrete Investitionsabsicht muss nicht mehr vorliegen.
- Eine (Funktions-)Benennung der anzuschaffenden Investitionsgüter muss nicht mehr erfolgen.
- Die Auflösung des Investitionsabzugsbetrags kann im Investitionszeitraum jederzeit erfolgen.
- Der Investitionsabzugsbetrag muss nicht im Zeitpunkt einer Investition zwingend hinzugerechnet werden.
- Übermittlung per Datenfernübertragung (E-Bilanz bzw. Vordruck EÜR)

Bei Investitionsabzugsbeträgen, die in früheren Wirtschaftsjahren in Anspruch genommen wurden, ist § 7g Abs. 1 bis 4 EStG in der am 31. Dezember 2015 geltenden Fassung weiter anzuwenden (§ 52 Abs. 16 EStG).

Betriebsbezogene Voraussetzungen

Der Betrieb, für den das Wirtschaftsgut angeschafft wird, muss sich aktiv am wirtschaftlichen Verkehr beteiligen. Eine Anschaffung für einen verpachteten Betrieb ist nicht begünstigt. Außerdem darf das Unternehmen bestimmte Größenmerkmale nicht überschreiten:

Größenmerkmale im Jahr des Abzugs der Investitionszulage bei		
Bilanzierung	Einnahmen-überschuss-rechnung	Land- u. forstwirtsch. Betrieb
Betriebsvermögen ≤ 235.000 €	Gewinn ≤ 100.000 €	Wirtschaftswert ≤ 125.000 €

Das Betriebsvermögen ist die Differenz zwischen aktivischen und passivischen Wirtschaftsgütern.

BEISPIEL

Berechnung des Betriebsvermögens

Die Bilanz von U weist Anlagevermögen von 225.000 € und Umlaufvermögen von 125.000 € und somit eine Bilanzsumme von 350.000 € aus. Auf der Passivseite stehen Verbindlichkeiten von 150.000 €.

Die Differenz zwischen Aktiva und passiven Wirtschaftsgütern beträgt 200.000 € und entspricht dem Eigenkapital. Da die Grenze von 235.000 € nicht überschritten ist, kann U einen Investitionsabzugsbetrag bilden.

WICHTIG

Bestandteile des Betriebsvermögens

Obwohl die Gewerbesteuer keine Betriebsausgabe mehr ist, mindert die Gewerbesteuerrückstellung weiterhin das maßgebliche Betriebsvermögen. Ein Anspruch auf Investitionszulage ist ebenfalls zu berücksichtigen (BFH, Urteil v. 3.8.2017, IV R 12/14). Bei Personengesellschaften ist zu beachten, dass auch Sonder- und Ergänzungsbilanzen in die Berechnung einfließen.

Auch Unternehmen, die ihren Gewinn durch Einnahmenüberschussrechnung ermitteln, müssen eine eingrenzende Größenordnung beachten. Dadurch kommen z. B. besserverdienende Freiberufler nicht in den Genuss des Investitionsabzugsbetrags. Berechnungsgröße ist der Gewinn vor Abzug des Investitionsabzugsbetrags. Eine Gewinnerhöhung aufgrund der Auflösung eines Investitionsabzugsbetrags ist aber einzubeziehen (BFH, Urteil v. 15.4.2015, VIII R 29/13).

Investitionsabsicht

Bis 2015 musste der Unternehmer ernsthaft beabsichtigen, ein begünstigtes Wirtschaftsgut **innerhalb der nächsten drei Wirtschaftsjahre** anzuschaffen oder herzustellen. Weiterhin musste das begünstigte Wirtschaftsgut in den beim Finanzamt einzureichenden Unterlagen seiner Funktion nach benannt und die Höhe der voraussichtlichen Anschaffungs- oder Herstellungskosten angegeben werden. Derzeit ist dem Unternehmer die Bildung des Investitionsabzugsbetrags und dessen Höhe ins Belieben gestellt. Er muss weder konkrete Investitionspläne haben noch die geplanten Anschaffungen konkret benennen.

Allerdings muss beabsichtigt sein, das Unternehmen fortzuführen. Bestehen Pläne, das Unternehmen einzustellen oder zu veräußern, liegt keine Investitionsabsicht vor. Eine Übertragung des Betriebs im Wege der vorweggenommenen Erbfolge ist aber nicht schädlich (BFH, Urteil v. 10.3.2016, IV R 14/12).

Auch der Betriebsgründer kann bereits vor Aufnahme der aktiven betrieblichen Tätigkeit einen Investitionsabzugsbetrag bilden, ohne dass er den Nachweis konkreter Bestellabsichten führen muss.

Nutzungsabsicht

Die Inanspruchnahme des Investitionsabzugsbetrags setzt voraus, dass folgende Voraussetzungen für die Nutzung erfüllt sind:

- Das Wirtschaftsgut muss mindestens **zwei Wirtschaftsjahre** (Jahr der Anschaffung bzw. Herstellung und im darauf folgenden Wirtschaftsjahr)
- in einer inländischen Betriebsstätte verbleiben und
- ausschließlich oder nahezu ausschließlich (mindestens zu 90 %) betrieblich genutzt werden.

Die Verbleibensvoraussetzungen des § 7g Abs. 2 EStG dürften auch dann erfüllt sein, wenn das anzuschaffende Wirtschaftsgut einem Betriebsunternehmen im Rahmen einer Betriebsaufspaltung überlassen werden soll. Dabei reicht es aus, wenn die Gesellschafter des Besitzunternehmens, das die Anschaffung tätigt, lediglich mittelbar über eine Personengesellschaft an der Betriebsgesellschaft beteiligt sind (BFH, Urteil v. 29.11.2007, IV R 82/05).

TIPP

Pkw mit 1 %-Regel

Nach dem BMF, Schreiben v. 20.11.2013, IV C 6 – S 2139 – b/07/10002, ist bei einem betrieblichen Pkw, der auch privat genutzt wird, bei Anwendung der sog. 1 %-Regelung grundsätzlich von einem schädlichen Nutzungsumfang auszugehen. Das heißt, nur bei Führung eines Fahrtenbuchs kann der Nachweis einer mindestens 90%igen Nutzung erbracht werden.

Dies bedeutet aber nicht, dass ein Investitionsabzugsbetrag für die zukünftige Anschaffung eines Pkw versagt werden kann, wenn für den derzeit vorhandenen Pkw die 1 %-Regelung angewandt wird, der Unternehmer aber beabsichtigt, den betrieblichen Nutzungsanteil nach der Anschaffung mittels eines Fahrtenbuchs zu dokumentieren (BFH, Beschluss v. 26.11.2009, VIII B 190/09).

Für einen Luxus-Pkw darf aber kein Investitionsabzugsbetrag gebildet werden. Dies folgt aus dem Abzugsverbot für unangemessene Aufwendungen gem. § 4 Abs. 5 Satz 1 Nr. 7 EStG (BFH, Urteil v. 10.10.2017, X R 33/16).

TIPP

Fotovoltaikanlage

Bei einer Fotovoltaikanlage gilt der eigene Verbrauch nicht als schädlich, auch wenn für den selbst verbrauchten Strom keine Vergütung mehr gezahlt wird. Somit ist der Investitionsabzugsbetrag nicht in Gefahr, wenn mehr als 10 % selbst verbraucht werden (BMF, Schreiben v. 20.11.2013, IV C 6 – S 2139 – b/07/10002, Rn. 41).

Dokumentation

Die Summe der Abzugsbeträge und der hinzuzurechnenden oder rückgängig zu machenden Beträge ist nach amtlich vorgeschriebenen Datensätzen durch Datenfernübertragung zu übermitteln (§ 7g Abs. 1 Satz 1 Nr. 2 EStG).

Die Finanzbehörde kann aber auf Antrag auf eine elektronische Übermittlung verzichten, um unbillige Härten zu vermeiden. Dann müssen sich die Summen der Abzugsbeträge und der hinzuzurechnenden oder rückgängig zu machenden Beträge aus den beim Finanzamt einzureichenden Unterlagen ergeben.

Höhe des Investitionsabzugsbetrags

Das Unternehmen kann max. 40 % der voraussichtlichen Investitionsaufwendungen abziehen. Der Unternehmer hat somit ein Wahlrecht zwischen 1 € und dem Maximalbetrag.

BEISPIEL

Berechnung des Investitionsabzugsbetrags

U will in zwei bis drei Jahren investieren. Die Kosten hierfür schätzt er auf 100.000 €. U kann 2018 einen Betrag von 0 bis 40.000 € als Investitionsabzugsbetrag in Anspruch nehmen. Er wird sein Wahlrecht je nach Gewinnsituation ausüben: Hat er einen hohen Gewinn erzielt, wird er auch einen möglichst hohen Investitionsabzugsbetrag wählen. Schreibt er rote Zahlen, wird er auf den Abzugsbetrag verzichten und im nächsten Jahr neu überlegen.

Höchstbetrag

Die Summe der Beträge, die im Wirtschaftsjahr des Abzugs und in den drei vorangegangenen Wirtschaftsjahren insgesamt abgezogen wurden, darf je Betrieb 200.000 € nicht übersteigen.

Dieser Betrag ist um die Beträge zu kürzen, die im Jahr der Anschaffung oder wegen nicht durchgeführter Anschaffung bzw. nicht erfüllter Verbleibensvoraussetzung hinzugerechnet werden mussten.

BEISPIEL

Berechnung des Höchstbetrags

Z hat im Jahr 2016 für zwei Wirtschaftsgüter einen Investitionsabzugsbetrag i. H. v. 60.000 € (Fahrzeug) bzw. 40.000 € (Maschine) und im Jahr 2017 einen Betrag von 50.000 € in Anspruch genommen. Im Jahr 2018 möchte er einen Investitionsabzugsbetrag von 80.000 € geltend machen. Das Fahrzeug ist im Jahr 2018 angeschafft worden, die Maschine soll nicht mehr erworben werden.

Den maximalen Betrag von 80.000 € (40 % von 200.000 €) kann Z aber nur in Anspruch nehmen, wenn er dadurch nicht die Höchstgrenze von 200.000 € überschreiten würde.

Das Fahrzeug, für dessen Anschaffung der Investitionsabzugsbetrag 2016 gewinnmindernd berücksichtigt wurde, ist 2018 planmäßig angeschafft worden. Dafür hat Z eine Gewinnerhöhung i. H. v. 60.000 € nach § 7g Abs. 2 Satz 1 EStG vorgenommen. Für die Maschine besteht keine Investitionsabsicht mehr. Daher will Z den Betrag i. H. v. 40.000 € auflösen.

Somit ergibt sich folgende Berechnung:

Investitionsabzugsbetrag 2016	100.000 €
Investitionsabzugsbetrag 2017	50.000 €
Investitionsabzugsbetrag 2018	80.000 €
Hinzurechnung nach § 7g Abs. 2 Satz 1 EStG	- 60.000 €
Auflösung nach § 7g Abs. 2 Satz 2 EStG	- 40.000 €
Gesamtbetrag	130.000 €

Die Höchstgrenze des § 7g Abs. 1 EStG ist nicht überschritten. Z kann 2018 80.000 € gewinnmindernd abziehen.

Außerhalb der Bilanz

Die Gewinnminderung wird nicht als Bilanzposition gezeigt, sondern außerhalb der bilanziellen Gewinnermittlung im Rahmen der steuerlichen Gewinnberechnung abgezogen. Damit wird die handelsrechtliche Bilanz nicht berührt.

Zeitpunkt der Geltendmachung

Grundsätzlich sollte der Antrag mit der Steuererklärung eingereicht werden. Der Investitionsabzugsbetrag kann aber auch noch jederzeit nachträglich, z. B. zur Kompensation eines Betriebsprüfungsergebnisses, gebildet werden, solange der Steuerbescheid änderbar ist (BMF, Schreiben v. 20.3.2017, IV C 6 - S 2139-b/07/10002-02, Rn. 21).

2 Folgewirkungen beim Investitionsabzugsbetrag

Als Folge der Bildung des Investitionsabzugsbetrags ist in den nachfolgenden drei Wirtschaftsjahren einiges zu beachten. Folgende Fallgestaltungen sind denkbar:

Fall 1: planmäßige Anschaffung

Das heißt, die AK entsprechen mindestens der Schätzung oder sind höher. Im Jahr der Anschaffung:

- **1. Wahlrecht** zur **Gewinnerhöhung** (Hinzurechnungsbetrag; § 7g Abs. 2 Satz 1 EStG) um bis zu 40 % der Anschaffungs- oder Herstellungskosten. Der Betrag ist außerdem begrenzt auf die insgesamt gebildeten und noch nicht aufgelösten Investitionsabzugsbeträge. Dieses Wahlrecht darf nur im Jahr der Anschaffung oder Herstellung des begünstigten Wirtschaftsguts ausgeübt werden.
- **2. Wahlrecht: Gewinnminderung** um bis zu 40 % der AK bzw. HK, max. Hinzurechnungsbetrag (§ 7g Abs. 2 Satz 2 EStG).
- **Minderung der AfA-Bemessungsgrundlage** um den Betrag der Gewinnminderung

In Verlustjahren bietet es sich z. B. an, vom 2. Wahlrecht (Neutralisierung von 1.) keinen Gebrauch zu machen. Wird auf die Hinzurechnung verzichtet, kann auch die Neutralisierung nicht in Anspruch genommen werden. Folglich werden die Anschaffungs- bzw. Herstellungskosten nicht gemindert, sodass sowohl die planmäßigen Abschreibungen als auch evtl. Sonderabschreibungen (§ 7 Abs. 5 EStG) höher ausfallen. Im Regelfall wird der Unternehmer jedoch vom Wahlrecht der Hinzurechnung Gebrauch machen, um die spätere Auflösung des Investitionsabzugsbetrags mit der Folge der zinswirksamen Änderung des ursprünglichen Steuerbescheids abzuwenden.

Soweit das Hinzurechnungswahlrecht nicht beansprucht wird, bleibt der Investitionsabzugsbetrag stehen. Spätestens zum Ende des Investitionszeitraums ist der noch bestehende Investitionsabzugsbetrag aufzulösen und die ursprüngliche Steuerfestsetzung zu ändern. Diese Änderung löst Nachzahlungszinsen im Rahmen des § 233a AO aus.

Von Vorteil ist die Regelung in den Fällen, in denen der Unternehmer im restlichen Investitionszeitraum mit Sicherheit weitere Investitionen tätigen wird, durch die der Investitionsabzugsbetrag aufgelöst werden kann.

Unklar ist, bis zu welchem Zeitpunkt der Unternehmer das Wahlrecht des § 7g Abs. 2 EStG ausüben kann.

BEISPIEL

Planmäßige Anschaffung

U hat 2016 einen Investitionsabzugsbetrag für die Anschaffung eines Fahrzeugs i. H. v. 12.000 € (geschätzte AK: 30.000 €) in Anspruch genommen. Die Anschaffung erfolgte für 32.000 € im Jahr 2018. Er möchte den höchstmöglichen Gewinnminderungsbetrag geltend machen.

Folgewirkungen für 2018:

- Ausübung des 1. Wahlrechts: Gewinnerhöhung um 12.000 €
- Ausübung des 2. Wahlrechts: Gewinnminderung 40 % von 32.000 €, max. 12.000 €
- Minderung der AfA-Bemessungsgrundlage um den Gewinnminderungsbetrag von 12.000 €, damit verbleiben 20.000 € als AfA-Bemessungsgrundlage.

Fall 2: geplante Anschaffungskosten unterschritten

BEISPIEL

Weniger Anschaffungskosten als geplant

U hat 2016 einen Investitionsabzugsbetrag i. H. v. 12.000 € (geschätzte AK: 30.000 €) in Anspruch genommen. Eine Anschaffung erfolgte für lediglich 20.000 € im Jahr 2018. Es ist unklar, ob weitere Investitionen vorgenommen werden. Z möchte den höchstmöglichen Gewinnminderungsbetrag geltend machen.

Folgewirkungen für 2018:

- Ausübung des 1. Wahlrechts: Gewinnerhöhung um 8.000 €
- Ausübung des 2. Wahlrechts: Gewinnminderung von 40 % von 20.000 € = 8.000 €
- Minderung der AfA-Bemessungsgrundlage um den Gewinnminderungsbetrag von 8.000 €, damit verbleiben 12.000 € als AfA-Bemessungsgrundlage.

Weitere Folgewirkungen: Der verbleibende Investitionsabzugsbetrag (4.000 €) bleibt bis 2019 stehen und kann für weitere Investitionen genutzt werden. Wird keine dementsprechende Anschaffung vorgenommen, ist die Steuerfestsetzung **für das Jahr des Abzugs des Investitionsabzugsbetrags** (im Beispiel: 2016) zu ändern und der Gewinn um diesen Betrag zu erhöhen.

Fall 3: keine Anschaffung

Wird **bis zum Jahr 2019** keine Investition vorgenommen, ist der Investitionsabzugsbetrag in vollem Umfang rückgängig zu machen. Der Investitionsabzugsbetrag ist in dem Jahr rückgängig zu machen, in dem er ursprünglich gewinnmindernd geltend gemacht wurde (im Beispielsfall: 2016). Das bedeutet, dass der dadurch entstehende Mehrsteuerbetrag nach § 233a AO verzinst wird.

Fall 4: vorzeitige Aufgabe der Investitionsabsicht

BEISPIEL

Keine Anschaffung

U hat 2016 einen Investitionsabzugsbetrag i. H. v. 12.000 € (geschätzte AK: 30.000 €) in Anspruch genommen. 2018 gibt er diesen Investitionsplan auf. U sollte dem Finanzamt umgehend die Aufgabe seiner Pläne mitteilen, damit der Steuerbescheid für 2016 geändert wird (Folgen wie Fall 3). U spart dadurch Zinsen auf den Nachzahlungsbetrag.

Fall 5: Aufgabe einer späteren Investitionsabsicht

BEISPIEL

Keine Investitionsabsicht mehr

U hat in 2017 einen Investitionsabzugsbetrag i. H. v. 20.000 € gebildet. 2018 hat er investiert. Er entschließt sich jedoch zunächst, keine Hinzurechnung vorzunehmen, da er für 2020 weitere Investitionen plant. Dementsprechend reicht er seine Steuererklärungen für 2018 im Mai des Jahres 2019 ein. Das Finanzamt veranlagt entsprechend den Steuererklärungen. Die Bescheide ergehen unter dem Vorbehalt der Nachprüfung (§ 164 AO). Im weiteren Verlauf des Jahres 2019 ergibt sich jedoch, dass bis zum Ende des Investitionszeitraums keine weiteren Investitionen erfolgen sollen.

U sollte die Änderung des Steuerbescheids für 2018 beantragen und die Hinzurechnung sowie deren Neutralisierung verlangen. Als Folge sind die Abschreibungsbeträge für 2018 und die Folgejahre zu ändern. Andernfalls ist der Investitionsabzugsbetrag im Jahr 2021 aufzulösen und der Steuerbescheid für 2017 zu ändern.

Weitere Folgen

Folgen einer schädlichen Nutzung

Erfolgt die Auflösung bei Anschaffung eines Wirtschaftsguts, das nicht

- innerhalb des Zweijahreszeitraums
- in einer inländischen Betriebsstätte
- ausschließlich oder fast ausschließlich betrieblich

genutzt wird, sind alle Vorteile im Jahr der Berücksichtigung rückgängig zu machen.

Einbringung des Betriebs in eine andere Gesellschaft

Ein Investitionsabzugsbetrag kann auch dann noch gebildet werden, wenn bereits feststeht, dass der Betrieb zu Buchwerten in eine Kapital- oder Personengesellschaft eingebracht wird (BMF, Schreiben v. 20.03.2017, IV C 6 – S 2139-b/07/10002-02, Rn. 22).

Zu Unrecht gebildeter Investitionsabzugsbetrag

Ein Investitionsabzugsbetrag, der zu Unrecht gebildet wurde, aber bestandskräftig ist, ist rückgängig zu machen, wenn die Investition unterbleibt. Die Änderung des Bescheids im Jahr der Bildung erfolgt nach § 7g Abs. 3 EStG (BFH, Beschluss v. 5.2.2018, X B 161/17).

Veräußerung des Betriebs

Die Rückgängigmachung eines Investitionsabzugsbetrags im Jahr der Betriebsaufgabe führt nicht zu einem steuerbegünstigten Veräußerungs- bzw. Aufgabegewinn (BFH, Urteil v. 27.4.2016, X R 16/15).

Gesamthandsvermögen – Sonderbetriebsvermögen

Eine begünstigte Investition i. S. d. § 7g EStG liegt auch dann vor, wenn bei einer Personengesellschaft der Investitionsabzugsbetrag vom Gesamthandsgewinn abgezogen wurde und die geplante Investition von einem ihrer Gesellschafter vorgenommen und in dessen Sonderbetriebsvermögen aktiviert wird (BFH, Beschluss v. 15.11.2017, VI R 44/16). Wird der Investitionsabzugsbetrag im Sonderbetriebsvermögen gebildet, ist er zwingend auch im Sonderbetriebsvermögen hinzuzurechnen, selbst wenn die Investition im Gesamthandsbereich der Personengesellschaft erfolgt (FG Münster, Urteil v. 28.6.2017, 6 K 3183/14 F).

Verzinsung des Änderungsbescheids

Ist der Investitionsabzugsbetrag rückgängig zu machen, beginnt die Verzinsung der nachzuzahlenden Steuer 15 Monate nach Ablauf des Kalenderjahres, in dem der Abzugsbetrag geltend gemacht wurde (§ 7g Abs. 3 Satz 4 EStG).

3 Sonderabschreibung

Unabhängig von der Inanspruchnahme des Investitionsabzugsbetrags kann der Unternehmer für Investitionen eine Sonderabschreibung in Anspruch nehmen. Daneben wird die planmäßige (lineare) Abschreibung im normalen Umfang gewährt. Die Sonderabschreibung ist nicht abhängig von der vorherigen Bildung eines Investitionsabzugsbetrags.

Die Voraussetzungen für die Sonderabschreibung entsprechen denen des Investitionsabzugsbetrags:

- bewegliches Wirtschaftsgut des Anlagevermögens
- aktiver Betrieb, der am Schluss des der Anschaffung bzw. Herstellung vorangehenden Wirtschaftsjahres gewisse Größenmerkmale nicht überschreiten darf
- Nutzungsabsicht

Liegen diese Voraussetzungen vor, kann der Unternehmer eine Sonderabschreibung i. H. v. insgesamt 20 % der AK bzw. HK vornehmen.

TIPP

Sonderabschreibung beliebig

Der Unternehmer kann diese Sonderabschreibung im Jahr der Anschaffung bzw. Herstellung und in den vier folgenden Wirtschaftsjahren nach Belieben in Anspruch nehmen. Eine zeitanteilige Kürzung im Jahr der Anschaffung ist nicht vorzunehmen.

BEISPIEL

Berechnung der Sonderabschreibung

U hat 2016 einen Investitionsabzugsbetrag für die Anschaffung einer Maschine i. H. v. 12.000 € (geschätzte AK: 30.000 €) in Anspruch genommen und die Maschine am 1.4.2018 für 30.000 € angeschafft (Nutzungsdauer zehn Jahre). Er wählt die Gewinnerhöhung, verzichtet aber auf die Gewinnneutralisierung 2018.

Es ergeben sich folgende Berechnungen:

Investitionszulagenbetrag 2016 – Gewinnauswirkung	–12.000 €
Gewinnerhöhungsbetrag 2018 – Gewinnauswirkung	+12.000 €
Neutralisierung des Gewinnerhöhungsbetrags 2018	0 €
AfA-Bemessungsgrundlage	30.000 €
Sonderabschreibung (Wahlrecht) 20 %	6.000 €

Die Jahre 2018 bis 2022 stehen als Zeitraum für die Sonderabschreibung zur Verfügung.

Es ergeben sich vielfältige Möglichkeiten, die Sonderabschreibung zu platzieren. Einige seien davon beispielhaft dargestellt:

	Möglichkeit 1 (€)	Möglichkeit 2 (€)	Möglichkeit 3 (€)
AK	30.000	30.000	30.000
Planmäßige AfA 2018 (zeitanteilig 9/13)	- 2.250	- 2.250	- 2.250
Sonderabschreibung 2018 (kein zeitanteiliger Ansatz)	- 6.000	- 1.200	- 1.000
Planmäßige AfA 2019	- 3.000	- 3.000	- 3.000
Sonderabschreibung 2019	0	- 1.200	0
Planmäßige AfA 2020	- 3.000	- 3.000	- 3.000
Sonderabschreibung 2020	0	- 1.200	- 2.000
Planmäßige AfA 2021	- 3.000	- 3.000	- 3.000
Sonderabschreibung 2021	0	- 1.200	0
Planmäßige AfA 2022	- 3.000	- 3.000	- 3.000
Sonderabschreibung 2022	0	- 1.200	- 3.000
Restwert 31.12.2022	9.750	9.750	9.750

Abschreibung nach Ablauf des Sonderabschreibungszeitraums

Nach Ablauf des Sonderabschreibungszeitraums ist der Restwert gleichmäßig auf die verbleibende Restlaufzeit zu verteilen (§ 7a Abs. 9 EStG).

Im vorgenannten Beispiel beträgt die jährliche Abschreibung somit 1.950 € (9.750 € / fünf Jahre Restnutzungsdauer).

4 Schädliches Verhalten

Alle steuerlichen Auswirkungen, die durch die Inanspruchnahme des Investitionsabzugsbetrags und der Sonderabschreibung bedingt sind, müssen rückgängig gemacht werden, wenn

- keine Auflösung des Investitionsabzugsbetrags bis zum Ende des Investitionszeitraums (Jahr des Abzugs des Investitionsabzugsbetrags plus drei Jahre) erfolgt ist oder
- eine schädliche Nutzung erfolgt.

Damit keine schädliche Nutzung vorliegt, muss das Wirtschaftsgut

- im Jahr der Anschaffung bzw. Herstellung und im darauffolgenden Wirtschaftsjahr
- in einer inländischen Betriebsstätte
- ausschließlich oder fast ausschließlich betrieblich genutzt werden.

Die Nutzungsvoraussetzungen können auch dann erfüllt sein, wenn das Wirtschaftsgut zeitweise in einem anderen Betrieb des Steuerpflichtigen eingesetzt wird. Für die Prüfung, ob die Grenze der Größenmerkmale des § 7g Abs. 1 Satz 2 Nr. 1 EStG noch erfüllt ist, werden dann aber beide Betriebe zusammengerechnet (BFH, Urteil v. 19.3.2014, X R 46/11).

5 Rückgängigmachen aller Vorteile

Die folgende Übersicht soll verdeutlichen, welche Folgerungen in diesem Fall zu ziehen sind:

Rückgängigmachen aller Vorteile (§ 7g Abs. 4 und 6 EStG)		
In Anspruch genommen	**Zeitpunkt der Rückgängigmachung**	**Folge bei Rückgängigmachung**
Investitionsabzugsbetrag	im Jahr des Abzugs	Gewinnerhöhung
Hinzurechnungsbetrag § 7g Abs. 2 Satz 1 EStG	im Jahr der Investition	Gewinnminderung
Neutralisierungsbetrag § 7g Abs. 2 Satz 2 EStG	im Jahr der Investition	Gewinnerhöhung
		Erhöhung der AfA-Bemessungsgrundlage für planmäßige AfA
	im Jahr der Investition und evtl. Folgejahr	Gewinnminderung durch Erhöhung der planmäßigen AfA
Sonderabschreibung § 7g Abs. 5 u. 6 EStG	im Jahr der Inanspruchnahme	Gewinnerhöhung
In allen Fällen sind die ursprünglichen Steuerfestsetzungen zu ändern (im Einzelfall: erstmalige Steuerfestsetzung)!		
Folge: Verzinsung des Nachzahlungsbetrags gem. § 233a AO		

Kapitalanlagen

Durch die Abgeltungsteuer unterliegen die meisten Kapitaleinkünfte nicht mehr der Regelbesteuerung. Es gilt aber vieles zu beachten.

§§ 20, 9, 3c, 24c, 32d EStG, R 20.1–20.3 EStR

1 Allgemeines

Kapitalerträge von Privatpersonen unterliegen regelmäßig nicht mehr dem normalen (progressiven) Einkommensteuertarif. Stattdessen muss z. B. die auszahlende Bank eine 25%ige Abgeltungsteuer einbehalten. Mit dieser ist die Steuerschuld des Anlegers regelmäßig abgegolten. Die Anrechnung der einbehaltenen Steuerbeträge im Rahmen der Veranlagung entfällt. Es gibt jedoch Ausnahmen, bei denen die Erträge im Rahmen der Einkommensteuerveranlagung zu erfassen sind.

! WICHTIG

Teilweise Abschaffung der Abgeltungsteuer

Der Koalitionsvertrag vom 7.2.2018 sieht vor, dass die Abgeltungsteuer auf Zinserträge abgeschafft werden soll. Verbunden werden soll dieses mit der Einführung eines automatischen Informationsaustausches. Weitere Informationen zum genauen Vorhaben oder Termin liegen noch nicht vor.

Erfassung durch die Abgeltungsteuer

Was fällt darunter?

Fast alle Kapitalerträge sind mit der Abgeltungsteuer zu belegen, z. B.:

- Zinsen auf Spareinlagen
- Zinsen auf festverzinsliche Wertpapiere
- Erträge auf Anteile an Investmentfonds
- Dividendenzahlungen
- Gewinne aus der Veräußerung von privaten Kapitalanlagen (→ Spekulationsgeschäfte)

Die wichtigsten Ausnahmen

- Erträge, die im Rahmen eines Betriebs (gewerblich, freiberuflich) anfallen
- Gläubiger und Schuldner sind nahestehende Personen und die Zahlungen sind beim Schuldner Betriebsausgaben oder Werbungskosten (s. a. BFH, Urteil v. 28.1.2015, VIII R 8/14).
- Einnahmen z. B. aus Darlehen, sofern der Gläubiger oder eine ihm nahestehende Person zu mehr als 10 % beteiligt ist (s. a. BFH, Urteil v. 29.4.2014, VIII R 23/13). Bei einer mittelbaren Beteiligung gilt das nur dann, wenn auch die zwischengeschaltete Kapi-

talgesellschaft beherrscht wird (BFH, Urteil v. 20.10.2016, VIII R 27/15).

Werden z. B. Zinsen an Familienangehörige gezahlt, ist der Abgeltungsteuersatz nicht unbedingt ausgeschlossen, denn ein lediglich aus der Familienangehörigkeit abgeleitetes persönliches Interesse reicht nicht aus. Erforderlich ist ein Beherrschungsverhältnis zwischen dem Darlehensgeber und dem Anteilseigner (BFH, Urteil v. 14.5.2014, VIII R 31/11).

Werbungskosten können in diesen Fällen in vollem Umfang geltend gemacht werden.

Veranlagungsoption

Der Steuerpflichtige kann beantragen, dass die Einkünfte in die Veranlagung einzubeziehen sind (Günstigerprüfung). Dies liegt dann in seinem Interesse, wenn seine Steuerbelastung geringer ist als 25 %. Das Finanzamt prüft dann, ob der persönliche Grenzsteuersatz günstiger ist als die Abgeltungsteuer. In diesem Fall wird die einbehaltene Kapitalertragsteuer auf die Einkommensteuer angerechnet.

BEISPIEL

Abgeltungsteuer günstiger

E hat 2018 ein z. v. E. von 24.500 € erzielt. Darauf entfällt eine Jahressteuer von 3.709 €. Das entspricht einem Steuersatz von 15,14 %. Trotzdem bleibt die Abgeltungsteuer günstiger. Vergleichsmaßstab ist der Grenzsteuersatz. Das ist der Steuersatz, der auf den letzten Euro des z. v. E. angewandt wird. Im Beispiel beträgt dieser Satz 28,59 % und übersteigt damit den besonderen Steuersatz von 25 %.

TIPP

Nutzen Sie die Günstigerprüfung

In Fällen, in denen Sie die Günstigerprüfung nutzen wollen, müssen Sie dies unbedingt durch ein Kreuz in der Anlage KAP beantragen. Nur dann führt das Finanzamt die Prüfung durch. Außerdem sollten Sie Ihren Steuerbescheid daraufhin kontrollieren.

Veranlagungsantrag bei Anteilseignern

Auf Antrag können Anteilseigner von Kapitalgesellschaften ihre Erträge der individuellen Einkommensteuer unterwerfen, wenn sie mindestens zu

- 25 % beteiligt sind oder
- 1 % beteiligt und beruflich für die Gesellschaft tätig sind sowie durch eine berufliche Tätigkeit für diese maßgeblichen unternehmerischen Einfluss auf deren wirtschaftliche Tätigkeit nehmen können.

In diesen Fällen sind die Erträge im Rahmen der Einkommensteuererklärung anzusetzen und unterliegen dem persönlichen Steuersatz. Die einbehaltenen Steuern werden angerechnet. Auch in diesen Fällen können alle Werbungskosten in vollem Umfang geltend gemacht werden.

TIPP

Antrag zusammen mit Steuererklärung

Der Veranlagungsantrag muss spätestens mit Abgabe der Einkommensteuererklärung gestellt werden (BFH, Urteil v. 28.7.2015, VIII R 50/14). Allerdings hat der BFH einem steuerlich nicht beratenen Steuerpflichtigen die Wiedereinsetzung in die Antragsfrist gewährt, weil ihm nicht vorzuwerfen sei, dass er die komplizierten, unvollständigen und zum Teil irreführenden amtlichen Anleitungen zur Anlage KAP nicht verstanden habe (BFH, Urteil v. 29.8.2017, VIII R 33/15).

Die Möglichkeit zur Option besteht nicht in den Fällen, in denen nur negative Einkünfte aus der Beteiligung erzielt wurden (FG Düsseldorf, Urteil v. 24.5.2016, 13 K 3369/14 E; Revision beim BFH, Az. VIII R 19/16).

Sonstige Veranlagungsanträge

TIPP

Berechnung der Abgeltungsteuer prüfen lassen

Daneben können Sie insbesondere in folgenden Fällen noch beantragen, die Berechnung der Abgeltungsteuer im Rahmen der Einkommensteuerveranlagung zu überprüfen:

- bei einem nicht vollständig ausgeschöpften Sparerpauschbetrag
- zur Anwendung der Ersatzbemessungsgrundlage bei nicht nachzuweisenden AK (§ 43a Abs. 2 Satz 7 EStG)
- bei einem noch zu berücksichtigenden Verlust, der z. B. bei einer anderen Bank entstanden ist und dort nicht ausgeglichen werden konnte
- bei einem Verlustvortrag nach § 20 Abs. 6 EStG
- bei noch nicht berücksichtigten ausländischen Steuern
- zur Überprüfung des Steuereinbehalts dem Grunde oder der Höhe nach

Auf diese Einkünfte wird der Abgeltungsteuersatz (25 %) angewandt. Der persönliche Grenzsteuersatz kommt nur auf Antrag zum Einsatz, wenn dieser günstiger ist.

HINWEIS

Antragsvoraussetzungen

Der Antrag kann nur

- für alle der Abgeltungsteuer unterliegenden Erträge und
- von Ehegatten gemeinsam

gestellt werden.

Der über die Pauschbeträge hinausgehende Werbungskostenabzug ist allerdings ausgeschlossen.

Die Finanzverwaltung vertritt in diesem Zusammenhang die Rechtsauffassung, dass derartige Wahlrechte fristgebunden sind und nur bis zum Eintritt der Bestandskraft ausgeübt werden können. Dies hat zur Folge, dass nachträgliche Korrekturen grundsätzlich ausgeschlossen sind, unabhängig davon, ob der Steuerpflichtige die Ausübung des Wahlrechts grob fahrlässig oder versehentlich unterlassen hat.

Ob diese Regelung vor Gericht Bestand haben wird, ist noch nicht abzusehen. Jedenfalls kann eine bereits bestandskräftige Einkommensteuerveranlagung dann zugunsten des Steuerpflichtigen im Rahmen der Günstigerprüfung nach § 32d Abs. 6 EStG geändert werden, wenn das Finanzamt die Steuer aufgrund nachträglich erklärter Kapitaleinkünfte erhöht hat (FG Münster, Urteil v. 22.3.2013, 4 K 3386/12 E).

Außerdem können Sie beantragen, dass im Rahmen der Einkommensteuererklärung der Einbehalt der Abgeltungsteuer überprüft wird. Das ist in den Fällen interessant, in denen Sie den Sparerpauschbetrag durch einen Freistellungsauftrag nicht oder nicht richtig gestellt haben.

BEISPIEL

Günstigerprüfung

S hat Konten bei der A- und bei der B-Bank. Er gibt einen Freistellungsauftrag nur bei der B-Bank ab. Dort erzielt er Zinseinnahmen von 500 €. Die A-Bank behält von den dort erzielten Zinseinnahmen i. H. v. 600 € Abgeltungsteuer ein. S hat seinen Sparerpauschbetrag i. H. v. (801 ./. 500 =) 301 € nicht ausgenutzt. Wenn er keinen Antrag stellt, verliert er bares Geld.

Beantragt er dagegen die Günstigerprüfung im Rahmen der Einkommensteuererklärung, erhält er 75,25 € (25 % von 301 €) zurück.

Veräußerungsgewinne

Unter die Einnahmen aus Kapitalvermögen und damit auch unter die Abgeltungsteuer fallen seit 2009 auch Vorgänge, die bisher als „Spekulationsgewinne“ bezeichnet wurden und regelmäßig nur bei Verkäufen innerhalb einer Frist von einem Jahr steuerpflichtig wurden.

Es handelt sich um folgende Vorgänge:	Gilt für
Veräußerung von Anteilen an Körperschaften (z. B. Aktien)	Anteile, die nach dem 31.12.2008 erworben wurden
Veräußerung von Dividenden- und Zinsscheinen ohne Stammrecht	Veräußerungen nach dem 31.12.2008
Gewinne und Verluste aus Termingeschäften	Rechte, die nach dem 31.12.2008 erworben wurden

Es handelt sich um folgende Vorgänge:	Gilt für
Veräußerung eines Anteils an einer stillen Gesellschaft bzw. eines partiarischen Darlehens	entsprechende WG, Rechte oder Rechtspositionen, deren Anschaffung oder Erstellung nach dem 31.12.2008 erfolgte
Rechtsübertragung bei Hypotheken, Grundschulden, Renten	
Veräußerung einer Rechtsposition i. S. d. § 20 Abs. 1 Nr. 9 EStG (z. B. Anspruch aus Gewinnausschüttung)	
Veräußerung einer Kapitallebensversicherung	Abschluss des Versicherungsvertrags nach dem 31.12.2004; Veräußerung nach dem 31.12.2008
Veräußerung von sonstigen Kapitalforderungen	Zufluss nach dem 31.12.2008; Ausnahmen

Für die anderen Vorgänge gelten die Altregelungen. Vertiefend siehe → Spekulationsgeschäfte.

Dazu gehört auch der Erlös aus dem Verkauf von Genussrechten, die vor dem 1.1.2009 erworben wurden (BFH, Urteil v. 12.12.2012, I R 27/12). Ein Entgelt für die vorzeitige Beendigung des Genussrechtsverhältnisses gehört dagegen zu den Einkünften aus Kapitalvermögen (BFH, Urteil v. 11.2.2015, VIII R 4/12).

BEISPIEL

Wann gilt die Altregelung?

- Aktien am 5.1.2008 erworben, am 15.10.2018 veräußert – Altregelung, nicht steuerpflichtig
- Grundstücksveräußerung – keine Aufzählung im § 20 EStG – Altregelung

Berechnung der Veräußerungsgewinne

Die Berechnung der Gewinne erfolgt nach folgender Methode:

Veräußerungspreis
./. AK
./. Veräußerungskosten
= Veräußerungsgewinn/Veräußerungsverlust

Veräußerungskosten dürfen entgegen dem Werbungskostenabzugsverbot abgezogen werden. Auch bei der Gewinnermittlung für Termingeschäfte sind die Aufwendungen im Zusammenhang mit diesen abziehbar.

Bei der Veräußerung von Wertpapieren wird unterstellt, dass die zuerst angeschafften Wertpapiere auch zuerst veräußert wurden.

TIPP

Bankabrechnung prüfen

Kontrollieren Sie die Abrechnung Ihrer Bank insbesondere dann, wenn Sie Wertpapiere nach einem Depotwechsel verkaufen. Hat die übergebende Bank den Erwerbszeitpunkt und die AK nicht korrekt mitgeteilt, kann es dazu kommen, dass zu viele Abgaben einbehalten werden. Sie können solche Fehler in der Steuererklärung korrigieren!

Aber: Fehler, die z. B. die Bank bei Einbehalt und Abführung der KapESt macht und die erst nach Ablauf eines Kalenderjahres aufgedeckt werden, dürfen nach § 20 Abs. 3a Satz 1 EStG im Rahmen des Veranlagungsverfahrens nur mit Wirkung für die Zukunft korrigiert werden. Nach dieser Regelung ist die Fehlerkorrektur nur im Jahr der Aufdeckung des Fehlers vorzunehmen. Der Steuerpflichtige muss durch eine Bescheinigung der zum KapESt-Abzug verpflichteten Stelle nachweisen, dass diese die Korrektur nicht vorgenommen hat und auch in Zukunft nicht vornehmen wird. Eine Antragsveranlagung nach § 32d Abs. 4 oder 6 EStG, durch die eine rückwirkende Fehlerkorrektur vorgenommen werden soll, ist nicht zulässig.

Termingeschäfte/Optionen

Die Anschaffung einer Option und der Ausgang des Optionsgeschäfts sind grundsätzlich als Einheit zu behandeln. Dementsprechend ist der Ausgang des Optionsgeschäfts, auch bei einem Verlust, in vollem Umfang steuerbar (BFH, Urteile vom 12.1.2016, IX R 48/14, IX R 49/14 und IX R 50/14). Zu beachten ist allerdings die eingeschränkte Möglichkeit der Verlustnutzung.

Fremdwährungsgeschäfte

Bei Fremdwährungsgeschäften sind die Einnahmen im Zeitpunkt der Veräußerung und die AK im Zeitpunkt der Anschaffung in Euro umzurechnen. Das bedeutet, dass alle Fremdwährungsgewinne der Abgeltungsteuer unterliegen.

BEISPIEL

Gewinn oder Verlust?

L kauft am 5.1.2018 100 Stück Aktien für 130 USD. Der Kurs beträgt 1,20 €. L zahlt somit 15.600 €. Er verkauft die Aktien am 20.10.2018 für 120 USD, Kurs 1,40 € und erhält 16.800 €. Obwohl K auf Dollarbasis einen Verlust erzielt hat, muss er 1.200 € versteuern.

Unentgeltlicher Erwerb

Bei unentgeltlichem Erwerb (z. B. Erbschaft, Schenkung) sind die Anschaffungswerte des Rechtsvorgängers maßgebend.

Erfassung im Rahmen der Einkommensteuerveranlagung

Folgende Einnahmen sind im Rahmen der Einkommensteuerveranlagung zu erfassen:

Einnahmen, die nicht unter die Abgeltungsteuer fallen/Besteuerung auf Antrag

Inländische Einnahmen, die nicht unter die Abgeltungsteuer fallen (s. unter „Die wichtigsten Ausnahmen") müssen immer in der ESt-Erklärung aufgeführt werden. Auch wenn ein Veranlagungsantrag gestellt wird oder die Günstigerprüfung erfolgen soll, müssen die Einnahmen in der Steuererklärung angegeben werden.

Dasselbe gilt für den Antrag, den Anteilseigner von Kapitalgesellschaften stellen können. Außerdem sind im Veranlagungsverfahren alle ausländischen Einnahmen zu erklären.

Gehören Dividenden zu den Einnahmen, gilt hierfür das Teileinkünfteverfahren. Es werden nur 60 % der Einnahmen versteuert.

Steuererstattungszinsen

Zinsen auf Steuererstattungen gehören zu den steuerpflichtigen Einnahmen. Das Ergebnis ist für die Steuerzahler unbefriedigend: Erstattungszinsen müssen versteuert werden, während Nachzahlungszinsen nicht abziehbar sind.

Kapitallebensversicherungen

Einnahmen aus Kapitallebens- und Rentenversicherungen unterliegen der „normalen" Versteuerung. Dabei gilt:

- Die Ertragsanteile aus Verträgen, die bis 2004 geschlossen wurden, sind steuerfrei, wenn die Mindestlaufzeit von zwölf Jahren erfüllt ist.
- Erträge aus Kapitallebensversicherungen, die nach dem 31.12.2004 abgeschlossen werden, müssen versteuert werden. Steuerpflichtig ist die Differenz zwischen Ablaufleistung und den gezahlten Beiträgen.
- Erfolgt die Auszahlung nach Vollendung des 60. Lebensjahres und nach Ablauf von zwölf Jahren seit dem Vertragsabschluss, sind die Erträge nur zur Hälfte steuerpflichtig.

Diese Regelung gilt entsprechend für Erträge aus fondsgebundenen Lebensversicherungen, für Erträge im Erlebensfall bei Rentenversicherungen ohne Kapitalwahlrecht, soweit keine lebenslange Rentenzahlung vereinbart und erbracht wird, und für Erträge bei Rückkauf des Vertrags bei Rentenversicherungen ohne Kapitalwahlrecht.

Wird eine Kapitallebensversicherung mit Rentenwahlrecht abgeschlossen, erfolgt auch bei Ausübung der Rentenoption eine Besteuerung der Erträge aus der Anspar- bzw. Aufschubphase.

Ausgenommen von diesen Regelungen sind sog. vermögensverwaltende Versicherungsverträge. Diese liegen vor, wenn in einem Versicherungsvertrag eine gesonderte Verwaltung von speziell für diesen Vertrag zusammengestellten Kapitalanlagen vereinbart ist.

Rentenversicherungen

HINWEIS

Riester-Rente

Erträge aus Riester-Renten sind nicht als Einnahmen aus Kapitalvermögen, sondern als „Sonstige Einkünfte" zu versteuern. Vertiefend siehe → Altersvorsorgeaufwendungen.

Rentenversicherungen mit Kapitalwahlrecht, bei denen der Versicherungsnehmer die Rentenzahlung wählt, sind nicht als Kapitaleinkünfte, sondern als sonstige Einkünfte nach § 22 Nr. 1 Satz 3, Buchst. a, Doppelbuchst. aa EStG mit dem Ertragsanteil zu versteuern.

Nimmt der Versicherungsnehmer jedoch die Kapitalauszahlung in Anspruch, muss der Zinsanteil versteuert werden.

WICHTIG

Rentenzahlung – Voraussetzungen

Voraussetzungen für das Vorliegen einer Rentenzahlung sind:

- gleichbleibender oder steigender wiederkehrender Bezug
- zeitlich unbeschränkte Gültigkeit für die Lebenszeit der versicherten Person (lebenslange Leibrente)

In vollem Umfang zu versteuern sind Renten, wenn eine Höchstlaufzeit (abgekürzte Leibrente) oder eine festgelegte Dauer (Zeitrente) vereinbart wird. Bei einer Mindestlaufzeit (verlängerte Leibrente) erfolgt eine volle Versteuerung nur dann, wenn die Rentengarantiezeit über die mittlere Lebenserwartung des Versicherten bei Rentenbeginn hinausgeht. In den anderen Fällen gilt die Ertragsanteilsbesteuerung auch für den Erben.

TIPP

Lebenslange Rente

Die Auszahlung in Form einer lebenslangen Rente ist steuerfrei, soweit die darin enthaltenen Zinsen die Ansparzeit (Vertragsschluss bis Rentenbeginn) betreffen. Nicht begünstigt ist die Auszahlung durch Einmalbetrag oder mehrere Teilbeträge.

Steuerpflichtig sind aber die Zinsen aus der Zeit vom Rentenbeginn bis zur tatsächlichen Auszahlung (Ertragsanteil).

BEISPIEL

Rentenversicherung mit Kapitalwahlrecht

A hat eine Rentenversicherung mit Kapitalwahlrecht abgeschlossen. Mit Vollendung des 64. Lebensjahres kann er wählen, ob er eine Einmalzahlung erhält oder lebenslang einen gleichbleibenden Betrag. Wählt A die Auszahlung als **Rente**, bleiben die Beträge steuerfrei, nur der Zinsanteil, der auf die Zeit vom Beginn der Rentenzahlung bis zur Auszahlung eines jeden einzelnen Rentenbetrags anfällt, ist steuerpflichtig. Wählt er dagegen eine Kapitalauszahlung, muss er alle Erträge versteuern.

Hat A vereinbart, dass die Auszahlung in Form einer konstanten Anzahl von Investmentfondsanteilen erfolgen soll, ist der Grundsatz, dass es sich um eine gleichbleibende Rente handeln muss, nicht gewahrt, da die Fondsanteile Wertschwankungen oder einem totalen Wertverlust unterliegen können und es dadurch zu einem zumindest zeitweise sinkenden Bezug kommen kann.

ACHTUNG

Spätere Kapitalauszahlung

Wählt A zunächst die Rentenzahlung und lässt sich später den Restbetrag als Einmalbetrag auszahlen, ist dieser Betrag noch steuerpflichtig.

BEISPIEL

Abgekürzte Leibrente

B hat eine Rentenversicherung abgeschlossen, die ihm ab Vollendung des 64. Lebensjahres bis zum Tod, längstens aber 20 Jahre, eine Rente zahlt. Begrifflich handelt es sich hier um eine **abgekürzte Leibrente**. Die Auszahlung ist in vollem Umfang steuerpflichtig.

BEISPIEL

Zeitrente

C hat ebenfalls eine Rentenversicherung abgeschlossen, die ihm ab Vollendung des 64. Lebensjahres für 20 Jahre eine Rente zahlt. Die Auszahlung der **Zeitrente** ist in vollem Umfang steuerpflichtig.

BEISPIEL

Verlängerte Leibrente

E hat eine Rentenversicherung abgeschlossen, die ihm ab Vollendung des 64. Lebensjahres bis zum Tod, mindestens aber zwölf Jahre, eine Rente zahlt. Sollte er vorher versterben, erhalten seine Erben die Rente bis zum Ablauf der Laufzeit.

Es handelt sich um eine **verlängerte Leibrente**, die steuerfrei bleibt. Wäre jedoch die Mindestlaufzeit mit 20 Jahren vereinbart worden, müsste E (und bei Versterben vor Ablauf dieses Zeitraums auch seine Erben) die Rentenzahlungen im vollen Umfang versteuern. In diesem Fall wäre nämlich die Mindestlaufzeit länger als die Lebenserwartung von E.

Zinsen aus Rentennachzahlungen

Als Folge der Rechtsprechung des BFH gehören Zinsen aus Rentennachzahlungen nicht mehr zu den Leistungen i.S.d. § 22 EStG, sondern sind nach § 20 Abs. 1 Nr. 7 EStG als Erträge aus sonstigen Kapitalforderungen zu erfassen (BFH, Urteil v. 9.6.2015, VIII R 18/12; H 20.2 EStR).

Verzugszinsen

Zivilrechtliche Verzugs- oder Prozesszinsen unterliegen nicht der Besteuerung (BFH, Urteil v. 24.5.2011, VIII R 3/09).

Bitcoins

Der Gewinn oder Verlust aus der Veräußerung von Bitcoins führt zu sonstigen Einkünften aus privaten Veräußerungsgeschäften, sofern Erwerb und Veräußerung der Bitcoins innerhalb eines Jahres stattfanden (§ 22 Nr. 2 EStG i.V.m. § 23 Abs. 1 Satz 1 Nr. 2 EStG). Vertiefend siehe → Spekulationsgeschäfte.

2 Sparerpauschbetrag/ Werbungskosten

Unterliegen die Einnahmen dem Abgeltungsteuersatz, wird der Sparerpauschbetrag gewährt. Dieser beträgt

- 801 € für Alleinstehende bzw.
- 1.602 € für zusammen veranlagte Ehegatten.

Damit sind sämtliche Werbungskosten (z. B. Depotgebühren, Fremdfinanzierungszinsen etc.) abgegolten. Auch bei der Günstigerprüfung kommt ein Abzug der tatsächlich entstandenen Werbungskosten nicht in Betracht (BFH, Urteil v. 28.1.2015, VIII R 13/13).

Die tatsächlichen Werbungskosten können nur in den Ausnahme- und Antragsfällen in vollem Umfang bzw. bei Dividenden nur zu 60 %, geltend gemacht werden. In den Fällen, in denen die tatsächlichen Werbungskosten geltend gemacht werden können, kommt der Sparerpauschbetrag nicht zur Anwendung (FG Münster, Urteil v. 16.7.2014, 10 K 2637/11 E).

Etwas anderes gilt nur, wenn die Einnahmen dem Betriebsvermögen zufließen („Einnahmen im Betriebsvermögen“) oder wenn Anteilseigner von Kapitalgesellschaften einen Antrag auf Einbeziehung der Einkünfte in die Regelbesteuerung stellen.

TIPP

Wertpapiere in den Betrieb einlegen

Sofern für Ihre Kapitaleinkünfte hohe Kosten anfallen, z. B. Zinsen für fremdfinanzierte Wertpapiere, können Sie diese in Abgeltungsteuerfällen nur dann geltend machen, wenn Sie die Wertpapiere in den betrieblichen Bereich einlegen. Sofern Sie keinen Betrieb haben, kommt u. U. die Gründung einer gewerblich geprägten Personengesellschaft in Betracht.

3 Freistellungsauftrag

Der Einbehalt der Abgeltungsteuer kann durch den Sparerpauschbetrag (für Ledige 801 € bzw. für Ehegatten 1.602 €) ganz oder teilweise verhindert werden. Hierzu muss der Anleger seiner Bank o. Ä. einen schriftlichen Freistellungsauftrag erteilen. Dieser muss dem amtlichen Muster entsprechen; das Kreditinstitut hat entsprechende Formblätter. Liegt ein Freistellungsauftrag vor, so braucht das Kreditinstitut den Zinsabschlag nicht vorzunehmen. Der Freistellungsauftrag kann nicht auf einzelne Konten oder Depots einer Bank beschränkt werden. Er gilt somit immer für alle Konten und Depots dieser Bank.

Sie dürfen Freistellungsaufträge mehrfach und an mehrere Kreditinstitute erteilen. Insgesamt dürfen durch die Freistellungsaufträge die Grenzen von 801/1.602 € nicht überschritten werden.

TIPP

Freistellungsauftrag, aber richtig!

Es ist wichtig, dass Sie den Freistellungsauftrag richtig platzieren! Nutzen Sie den Höchstbetrag nicht in voller Höhe aus, obwohl Ihre Einkünfte, die der Abgeltungsteuer unterliegen, höher sind, müssen Sie besonders aufpassen, damit Sie kein Geld verlieren.

4 Verluste

Verluste aus den Einkünften, die der Abgeltungsteuer unterliegen, können nicht mit anderen positiven Einkünften verrechnet werden. Diese werden jedoch auf zukünftige Erträge vorgetragen.

Eine weitere Einschränkung gilt für Aktienveräußerungen: Aktienveräußerungsverluste dürfen nur mit Aktienveräußerungsgewinnen ausgeglichen bzw. verrechnet werden (§ 20 Abs. 6 Satz 5 EStG).

BEISPIEL

Gewinne und Verluste

A hat Zinserträge i.H.v. 2.000 € bezogen. Daneben hat er aus der Veräußerung von Aktien Gewinne i.H.v. 500 € und Verluste von 1.200 € erzielt.

Die Zinserträge unterliegen in vollem Umfang der Abgeltungsteuer. Die Aktienveräußerungsgewinne werden mit den Verlusten verrechnet. Der Restbetrag von 700 € wird vorgetragen auf das nächste Jahr.

Verluste und Gewinne bei verschiedenen Banken

Hat der Anleger Verluste und Gewinne bei verschiedenen Banken, muss er bis zum 15.12. des entsprechenden Jahres bei seiner Bank eine Bescheinigung über die angefallenen Verluste anfordern. Der Verlusttopf wird daraufhin bei dieser Bank geleert und die Verluste im Rahmen der Einkommensteuerveranlagung angerechnet.

Verluste im Ausland

Verluste, die bei ausländischen Banken entstanden sind, müssen ebenfalls bei der Veranlagung geltend gemacht werden.

Verlustvortrag aus Altjahren

Seit 2014 dürfen auch Altverluste lediglich mit Gewinnen aus § 23 EStG (Spekulationsgewinne) verrechnet werden. Vertiefend siehe → Spekulationsgeschäfte.

5 Die neue Fondsbesteuerung ab 2018

Ab 2018 wurde die Fondsbesteuerung (ausgenommen Rentenfonds) vollkommen umgestellt. Steuerlich gilt der Fondsbestand zum 31.12.2017 als verkauft und zum 1.1.2018 als wieder angeschafft. Der dabei entstehende Gewinn oder Verlust aus der fiktiven Veräußerung der Anteile ist gesondert festzustellen, aber erst zu dem Zeitpunkt zu versteuern, zu dem die Alt-Anteile tatsächlich veräußert werden. Die wichtigsten weiteren Änderungen:

- Deutsche Fonds zahlen 15 % Körperschaftsteuer, was zu einer Verringerung des Ausschüttungsvolumens führt.
- Der Anleger erhält zum Ausgleich je nach Art des Fonds Steuerfreistellung für in- und ausländische Fonds.

Teilfreistellungssätze	natürliche Personen (Privatvermögen)	natürliche Personen (Betriebsvermögen)	Körperschaften
Aktienfonds (mindestens 51 % in Kapitalbeteiligungen angelegt)	30 %	60 %	80 %
Mischfonds (mindestens 25 % in Kapitalbeteiligungen angelegt)	15 %	30 %	40 %
Immobilienfonds			
• mindestens 51 % in Immobiliengesellschaften angelegt	60 %	60 %	60 %
• mindestens 51 % in Auslandsimmobilien angelegt	80 %	80 %	80 %

Ausgenommen von der Freistellung sind Fonds, die in Swaps investieren (Fully-funded Swaps). Die Steuerfreistellung gilt sowohl für laufende Erträge als auch für Gewinne bzw. Verluste, die bei einem Verkauf anfallen.

Laufende Einkünfte ausschüttender Fonds

Bei ausschüttenden Fonds unterliegen die so geminderten Ausschüttungen der Abgeltungsteuer.

BEISPIEL

Teilfreistellung

Der Anleger erhält für einen Aktienfonds (> 51 % Aktien) eine Bruttoausschüttung von 1.000 €. Die Bank behält hierfür 175 € Abgeltungsteuer ein (1.000 × 70 % × 25 %). Der Anleger erhält einen Auszahlungsbetrag von 825 €.

Laufende Einkünfte thesaurierender Fonds

Für thesaurierende Fonds wird eine „Vorabpauschale" berechnet. Diese gilt am 1.1. des Folgejahres als zugeflossen. Der Wert des Fondsanteils am Jahresanfang wird mit 70 % des von der Deutschen Bundesbank zum Jahresanfang errechneten Basiszinssatzes multipliziert. Der Basiszinssatz für 2018 ist mit 0,87 % festgestellt worden (BMF, Schreiben v. 4.1.2018, IV C 1 – S 1980-1/14/10001 :038).

BEISPIEL

Laufende Besteuerung eines thesaurierenden Fonds

Der Wert des Fondsbestandes (Aktienfond > 51 % Aktien) am 1.1.2018 beträgt 50.000 €, am 31.12. 52.000 €.

Die Vorabpauschale beträgt somit 304,50 € (50.000 × 0,87 % × 0,7).

Verglichen wird die Vorabpauschale mit dem Zuwachs, den der Fonds bis zum 31.12. erzielt hat. Ist der Zuwachs geringer als die Vorabpauschale, wird dieser für die Abgeltungsteuer zugrunde gelegt.

Die so ermittelten fiktiven Einkünfte werden um die Steuerfreistellung von 30 % gekürzt. Der verbleibende Betrag von 213,15 € unterliegt der Abgeltungsteuer (25 % = 53,29 €). Als Zuflusszeitpunkt gilt der 1.1.2019.

Den Steuerbetrag muss der Anleger der Bank zur Verfügung stellen. I. d. R. wird dazu ein Verrechnungskonto vereinbart oder es erfolgt ein Teilverkauf der Fondsanteile. Der Anleger kann dieser Belastung widersprechen, muss dann aber die Erträge in seiner Steuererklärung angeben.

Verkauf von Fondsanteilen

Werden Fondsanteile eines ausschüttenden Fonds verkauft, ist der Differenzbetrag zwischen Verkaufserlös und Anschaffungskosten steuerpflichtig. Bei einem thesaurierenden Fond trifft dies auch zu, allerdings werden die bereits versteuerten Vorabpauschalen angerechnet, sodass eine Doppelbesteuerung vermieden wird. In beiden Fällen erfolgt die Teilfreistellung des Unterschiedsbetrags.

Wird ein Fonds mit Verlust verkauft, erhöht sich der Verlust bei einem thesaurierenden Fonds um die Vorabpauschalen. Auch hier ist der Verlust nur mit dem Betrag steuerwirksam, der nicht der Teilfreistellung unterliegt.

Verkauf von Fondsanteilen – Altbestand vor 2009

Für Altbestände, die bereits vor Einführung der Abgeltungsteuer am 1.1.2009 angeschafft wurden und bei denen der Verkauf vor dem 1.1.2018 steuerfrei gewesen wäre (bestandsgeschützte Alt-Anteile), ist die Neuregelung u. U. von Nachteil. Anleger erhalten für diese Bestände beim Verkauf auf den Gewinn, der zwischen dem 31.12.2017 und dem Zeitpunkt der Veräußerung angefallen ist, einen Freibetrag von 100.000 € (Ehegatten doppelt). Ein darüber hinausgehender Ertrag ist allerdings zu versteuern. Voraussetzung für den Freibetrag ist, dass die Alt-Anteile seit der Anschaffung nicht im Betriebsvermögen gehalten wurden.

BEISPIEL

Verkauf von Fondsanteilen – Altbestand

Der Fondsbestand eines Aktienfonds wurde 2006 für 200.000 € erworben. Zum 31.12.2017 betrug der Wert 250.000 €, verkauft wurde der Fonds für 400.000 €. Vom Veräußerungsgewinn bleibt der Betrag von 50.000 €, der bis zum 31.12.2017 angefallen ist, außer Betracht. Vom Restbetrag (150.000 €) wird der Freibetrag von 100.000 € abgezogen. Der verbleibende Gewinn von 50.000 ist zu 70 % steuerpflichtig (Teilfreistellung). Es verbleibt eine Steuerschuld von 8.750 € (50.000 × 70 % × 25 %).

WICHTIG

Freibetrag

Der persönliche Freibetrag von 100.000 € ist nur in der Veranlagung und nicht bei der Erhebung der Kapitalertragsteuer anzuwenden. Das bedeutet, dass die Bank zunächst einmal die volle Abgeltungsteuer einbehalten muss. Eine Erstattung gibt es dann mit dem Steuerbescheid.

Unterliegen die Erträge aus Investmentfonds im Rahmen der endgültigen Besteuerung nicht dem besonderen Steuersatz (§ 32d EStG), z. B. weil sie im Betriebsvermögen gehalten werden, können darauf entfallende Betriebsausgaben nur anteilig abgezogen werden, soweit die Teilfreistellung nicht gilt.

Weitere Auswirkungen: Die Anrechnung im Ausland gezahlter ausländischer Quellensteuern entfällt.

Rentenfonds sind von der Neuregelung nicht betroffen.

Für die steuerliche Behandlung der Einkünfte aus einem Spezial-Investmentfonds gelten abweichende Regeln: Der gesonderte Steuertarif nach § 32d EStG ist nicht anzuwenden und entfaltet somit keine Abgeltungswirkung; damit ist ein Abzug der tatsächlichen Werbungskosten nach § 20 Abs. 9 EStG möglich. Auf die Einkünfte ist der individuelle Steuersatz anzuwenden.

6 Einnahmen im Betriebsvermögen

Die Erträge werden im Rahmen der Gewinnermittlung erfasst und unterliegen somit der normalen Versteuerung (Einkommen- bzw. Körperschaftsteuer). Nach dem „Teileinkünfteverfahren" sind Dividenden und ähnliche Erträge zu 60 % steuerpflichtig. Es erfolgt eine Anrechnung der einbehaltenen Steuerbeträge. Außerdem sind Betriebsausgaben, die mit den Einnahmen in Zusammenhang stehen, in dem Verhältnis abzugsfähig, in dem sie steuerpflichtig sind.

7 Kirchensteuerpflicht

Die Bank muss einmal jährlich beim Bundeszentralamt für Steuern (BZSt) nachfragen, ob der Steuerpflichtige am 31.8. kirchensteuerpflichtig ist und auf Basis der erteilten Auskunft die Kirchensteuer einbehalten und abführen. Das Ergebnis der Abfrage ist für die Bank bindend. Ändern sich später die Verhältnisse des Steuerpflichtigen, weil dieser z. B. nach dem 31.8. aus der Kirche austritt, können diese Änderungen nur mit der Steuererklärung geltend gemacht werden.

Durch einen Sperrvermerk kann verhindert werden, dass das BZSt der Bank Auskünfte erteilt. Anträge müssen bis zum 30. Juni beim BZSt eingegangen sein. Der Sperrvermerk verpflichtet dann aber zur Abgabe einer Steuererklärung.

Besteht Kirchensteuerpflicht, ermäßigt sich die Abgeltungsteuer um 25 % der auf die Kapitalerträge entfallenden Kirchensteuer. Die Steuer berechnet sich nach folgender Formel:

$$\frac{\text{Einkommen ./. (anr. ausl. Steuern} \times 4)}{4 + \text{Kirchensteuersatz}}$$

BEISPIEL

Kirchensteuer bei Zinserträgen

A erzielt bei der B-Bank Zinserträge von 1.000 €. Ein Freistellungsauftrag besteht nicht. Der Kirchensteuersatz beträgt 9 %.

Die Einkommensteuer für die Kapitalerträge beträgt 244,50 € (1.000/ 4,09). An Kirchensteuer werden 22 € (9 % von 244,50 €) einbehalten.

TIPP

Kirchensteuer als Sonderausgabe

Kirchensteuer, die im Rahmen des besonderen Einkommensteuersatzes anfällt, ist nicht als Sonderausgabe abzugsfähig. Kommt nachträglich die Günstigerprüfung zur Anwendung, ist die Kirchensteuer als Sonderausgabe abzugsfähig. Achten Sie darauf, dass diese im ESt-Bescheid berücksichtigt ist.

8 Nichtveranlagungsbescheinigung

Bei Vorliegen der Voraussetzungen und auf besonderen Antrag bescheinigt Ihnen das Finanzamt, dass Sie nicht zur Einkommensteuer veranlagt werden (Nichtveranlagungsbescheinigung oder NV-Bescheinigung). Die Bescheinigung wird widerruflich i. d. R. für drei Jahre ausgestellt.

Bei Vorlage einer NV-Bescheinigung können die Kreditinstitute von der Erhebung des Zinsabschlags absehen (§ 44a EStG). Von Bedeutung ist die NV-Bescheinigung für Schüler, Studierende und Rentner. Während ein Freistellungsauftrag nur bis zur Höhe der Freibeträge von 801 € bzw. 1.602 € gilt, entfällt der Zinsabschlag bei Vorlage einer Freistellungsbescheinigung für sämtliche Kapitaleinkünfte.

9 Ausfall einer privaten Darlehensforderung

TIPP

Darlehensausfall berücksichtigen

Mit seiner Entscheidung, dass der endgültige Ausfall einer Kapitalforderung i. S. d. § 20 Abs. 1 Nr. 7 EStG einem Verkauf der Forderung gleichzusetzen ist und in der privaten Vermögenssphäre zu einem steuerlich anzuerkennenden Verlust führen kann, hat der BFH die Trennung von Vermögens- und Ertragsebene für Einkünfte aus Kapitalvermögen aufgegeben. Durch die Vorschriften zur Abgeltungsteuer können danach alle Wertveränderungen im Zusammenhang mit Kapitalanlagen erfasst werden, sowohl positiv als auch negativ.

Ein Verlust liegt vor, wenn die Rückzahlung der Kapitalforderung unter dem Nennwert des hingegebenen Darlehens bleibt. Die Zinszahlungen bleiben dabei außer Betracht. Allerdings verlangt der BFH den endgültigen Forderungsausfall, d.h. dass weitere Rückzahlungen nicht mehr zu erwarten sind. Die Eröffnung eines Insolvenzverfahrens reicht hierfür in der Regel nicht aus, bei einer Ablehnung der Eröffnung des Insolvenzverfahrens mangels Masse sind die Voraussetzungen erfüllt.

Auch derartige Verluste unterliegen der Verlustverrechnungsbeschränkung für Kapitaleinkünfte (§ 20 Abs. 6 EStG).

Ob auch ein Verzicht auf eine Darlehensforderung steuerlich zu berücksichtigen ist, hat der BFH ausdrücklich offengelassen (BFH, Urteil v. 24.10.2017, VIII R 13/15).

10 Veräußerung von Anteilen an Kapitalgesellschaften

Ein Gewinn oder Verlust aus der Veräußerung von Anteilen an einer Kapitalgesellschaft (z.B. GmbH) gehört nach § 17 EStG zu den Einkünften aus Gewerbebetrieb, wenn der Veräußerer irgendwann innerhalb der letzten fünf Jahre am Kapital der Gesellschaft unmittelbar oder mittelbar zu mind. 1 % beteiligt war. § 17 EStG greift also auch dann, wenn der Beteiligungsumfang zum Zeitpunkt der Veräußerung nicht mehr als 1 % beträgt, aber im Fünfjahreszeitraum eine Beteiligung von mind. 1 % vorgelegen hat. Steuerpflichtig ist dann auch der Verkauf eines Anteils von weniger als 1 %.

Der Veräußerungsgewinn/-verlust unterliegt dem Teileinkünfteverfahren (§ 3 Nr. 40 Satz 1 EStG) und wird dem Einkommen nur mit 60 % zugerechnet. Das gilt auch bei Anteilsveräußerungen nach § 17 EStG gegen wiederkehrende Bezüge (BFH, Urteil v. 18.11.2014, IX R 4/14).

Ein Verlust entsteht auch, wenn dem Gesellschafter bei Liquidation der Gesellschaft keine oder nur geringere Liquidationserlöse zufließen, als er an AK für die Anteile aufgewandt hat.

Zu den AK einer Beteiligung an einer Kapitalgesellschaft rechnen auch nachträgliche Aufwendungen auf die Beteiligung. Dazu konnten z.B. auch Darlehen gehören, die in der Krise hingegeben wurden, Finanzplandarlehen oder krisenbestimmte Darlehen (BMF, Schreiben v. 21.10.2010, IV C 6 – S 2244/08/10001, BStBl 2010 I S. 832). Auch die Inanspruchnahme aus einer Bürgschaft gehörte bisher dazu. Mit der Aufhebung des Eigenkapitalersatzrechts durch das MoMiG können Aufwendungen des Gesellschafters aus eigenkapitalersetzenden Finanzierungshilfen oder aus einer Inanspruchnahme als Bürge für Verbindlichkeiten der Gesellschaft nicht mehr als nachträgliche Anschaffungskosten im Rahmen des § 17 EStG erfasst werden. Die bisherigen Grundsätze sind aber weiter anzuwenden, wenn der Gesellschafter eine eigenkapitalersetzende Finanzierungshilfe bis zum 27.09.2017 (Veröffentlichung des Urteils) geleistet hat oder wenn eine solche eigenkapitalersetzend geworden ist (BFH, Urteil vom 11.07.2017, IX R 36/15).

Die Gewinnermittlung ist nicht nach dem Zuflussprinzip, sondern zum Zeitpunkt der Veräußerung vorzunehmen. Fallen nachträglich noch Änderungen an, weil z. B. ein eigenkapitalersetzendes Darlehen ausfällt, muss der Einkommensteuerbescheid des Veräußerungsjahres geändert werden, auch wenn dieser bereits bestandskräftig ist (BFH, Urteil v. 16.6.2015, IX R 30/14).

Für den steuerpflichtigen Teil des Veräußerungsgewinns sieht § 17 Abs. 3 EStG einen Veräußerungsfreibetrag vor. Dieser beträgt 9.060 € bei einer 100%igen Beteiligung. Bei einem geringeren Anteil wird der Freibetrag nur anteilig gewährt (z. B. bei einer 30%igen Beteiligung 2.718 €). Beträgt der Veräußerungsgewinn mehr als 36.100 €, wird der Freibetrag um den übersteigenden Betrag gekürzt. Auch Verluste sind zu 60 % steuerwirksam.

TIPP

Keine Verlustverrechnungsbeschränkung

Zu beachten ist, dass für derartige Verluste die Beschränkungen des § 20 Abs. 6 EStG (Verlustverrechnungsbeschränkung) nicht gelten, da die Einkünfte unter § 17 EStG fallen.

Nachträgliche Schuldzinsen für die Anschaffung einer im Privatvermögen gehaltenen wesentlichen Beteiligung, die auf Zeiträume nach der Veräußerung der Beteiligung entfallen, können seit 2009 nicht als nachträgliche Werbungskosten bei den Einkünften aus Kapitalvermögen abgezogen werden (BFH, Urteil v. 21.10.2014, VIII R 48/12).

11 Lohnt es sich, Zinseinkünfte auf Kinder zu verlagern?

Durch die Abgeltungsteuer ist die Vermögensübertragung auf Kinder aus steuerlichen Gründen unattraktiver geworden. Der Abgeltungsteuersatz ist für alle gleich, unabhängig von der Höhe der Einkünfte. Zwar könnte für die Kinder noch eine Berücksichtigung im Rahmen der Veranlagung beantragt werden, aber dann wird sich das Finanzamt sicher intensiv damit beschäftigen, ob eine anzuerkennende Übertragung vorliegt.

Wollen Sie trotzdem Vermögen übertragen, müssen Sie folgende Grundsätze beachten:

- Nach der Vermögensübertragung müssen die Kapitalanlagen auf den Namen des Kindes laufen.
- Außerdem muss der endgültige Übergang feststehen. Der Wille der Eltern sollte für die Bank eindeutig erkennbar sein (z. B. durch ausdrückliche Regelungen zur Begünstigung und Gläubigerstellung des Kindes).
- Für die steuerrechtliche Zurechnung der Kapitalerträge ist es erforderlich, dass die Eltern das Geldvermögen der Kinder wie fremdes Vermögen behandeln.
- Auslegungsschwierigkeiten können vermieden werden, wenn bei Errichten des Sparkontos klargestellt ist, dass eine Verfügungsbefugnis der Eltern nur auf dem elterlichen Sorgerecht (entspr. §§ 1626 ff. BGB) beruht und tatsächlich entsprechend verfahren wird.

- Die Zinseinkünfte sollten bei minderjährigen Kindern vorsorglich bis zur Volljährigkeit stehen gelassen werden. Schädlich ist es, wenn die Erträge für den Unterhalt des Kindes oder für Belange der Eltern verwendet werden. Bei volljährigen Kindern können die Eltern verlangen, dass das Kind die Erträge und das Vermögen zur Bestreitung seines Unterhalts einsetzt.

12 Automatisierter Kontenabruf durch das Finanzamt und andere Behörden

Der automatisierte Kontenabruf (Kontenabrufverfahren) bezeichnet den Zugriff staatlicher Stellen, insbesondere des Finanzamtes, auf Inhalte inländischer Konten und Depots. Durch das Steuerumgehungsbekämpfungsgesetz wurden die Befugnisse und Verpflichtungen erweitert. Aktuell sind zum Zweck des Kontenabrufs inländische Kreditinstitute verpflichtet, für jedes inländische Konto/Depot eine Datei mit folgenden Stammdaten anzulegen: Kontonummer, Datum der Einrichtung und Auflösung des Kontos, Name und Geburtsdatum des Kontoinhabers, Name und Geburtstag eines Verfügungsberechtigten/wirtschaftlich Berechtigten. Kontenstände und Kontenbewegungen sind nicht Teil der Stammdaten. Sie können jedoch grundsätzlich durch ein Auskunftsersuchen nach § 92 Satz 2 Nr. 1 AO und § 93 Abs. 1 AO bei der betreffenden Bank abgefragt werden.

Zugriffsrecht

Der automatisierte Kontenabruf von Stammdaten inländischer Konten oder Depots darf grundsätzlich nur durch das Bundeszentralamt für Steuern auf Ersuchen des zuständigen Finanzamts gemäß § 93 Abs. 7 AO durchgeführt werden. Der automatisierten Kontenabruf ist auf folgende Fälle beschränkt:

- Der Steuerpflichtige hat beim Finanzamt die o. g. Günstigerprüfung beantragt.
- Es sollen bundesgesetzlich geregelte Steuern (z. B. Einkommen- und Körperschaftsteuer) erhoben werden.
- Der Steuerpflichtige stimmt dem Kontenabruf zu.

Informationspflicht des Finanzamts

Das Finanzamt ist verpflichtet, ein Kontenabrufersuchen sowie das Ergebnis des Kontenabrufs zu dokumentieren und i. d. R. den Betroffenen außerdem über die Durchführung zu benachrichtigen.

Kontenabruf durch andere Behörden für außersteuerliche Zwecke

Ein Kontenabruf kann auch auf Antrag der Sozialbehörden (Arbeitsämter/Jobcenter) durch das Bundeszentralamt für Steuern erfolgen in Angelegenheiten der Grundsicherung für Arbeitsuchende (ALG II/„Hartz IV"), der Sozialhilfe, der Ausbildungsförderung nach dem BAföG und des Wohngeldes nach dem Wohngeldgesetz. Eine Anfrage zum Zwecke des Kontenabrufs ist zulässig, soweit es zur Überprüfung der Anspruchsvoraussetzungen erforderlich ist und der Betroffene vorher auf die Möglichkeit eines Kontenabrufs informiert wurde. Die Dokumentationspflicht gilt auch für den Kontenabruf auf Ersuchen der Sozialbehörden (§ 93 Abs. 8 AO).

Einen Kontenabruf kann die BaFin auch auf Ersuchen von Strafverfolgungsbehörden und Gerichten vornehmen.

Kassensysteme/Sonderprüfung

Die Überprüfung von Bareinnahmen rückt immer mehr in den Fokus der Steuerbehörden. Hintergrund ist die Möglichkeit, Kassensysteme derart zu manipulieren, dass Einnahmen leichter verkürzt werden können. Dagegen soll sowohl im Rahmen von Betriebsprüfungen als auch durch gesetzliche Maßnahmen verstärkt vorgegangen werden. Das Stichwort will einen kurzen Überblick über die Rechtslage sowie geplante Gesetzesänderungen geben.

1 Die aktuelle Rechtslage

Seit dem 1. Januar 2002 sind Unterlagen i. S. d. § 147 Abs. 1 AO, die mithilfe eines Datenverarbeitungssystems erstellt worden sind, während der Dauer der Aufbewahrungsfrist jederzeit verfügbar, unverzüglich lesbar und maschinell auswertbar aufzubewahren. Das BMF-Schreiben vom 26.10.2010 zur „Aufbewahrung digitaler Unterlagen bei Bargeschäften" konkretisiert diese Anforderung u. a. hinsichtlich der elektronischen Kassensysteme:

- Alle steuerlich relevanten Einzeldaten sind unveränderbar und vollständig aufzubewahren (Einzelaufzeichnungspflicht). Eine Verdichtung dieser Daten oder ausschließliche Speicherung der Rechnungsendsummen ist unzulässig.
- Ein ausschließliches Vorhalten aufbewahrungspflichtiger Unterlagen in ausgedruckter Form ist nicht ausreichend.
- Die digitalen Unterlagen und die Strukturinformationen müssen in einem auswertbaren Datenformat vorliegen.
- Die Einsatzorte und -zeiträume der Geräte sind zu protokollieren und diese Protokolle aufzubewahren.
- Die zum Gerät gehörenden Organisationsunterlagen (u. a. Bedienungsanleitung, Programmieranleitung) müssen aufbewahrt werden.
- Die Aufzeichnungen müssen den Grundsätzen zur ordnungsmäßigen Führung und Aufbewahrung von Büchern, Aufzeichnungen und Unterlagen in elektronischer Form sowie zum Datenzugriff (GoBD) entsprechen (BMF, Schreiben v. 14.11.2014, IV A 4 – S 0316/13/10003, BStBl 2014 I S. 1450).

TIPP

Technische Anforderungen

Die Anforderungen gelten seit 2010 für alle Geräte, die die technischen Möglichkeiten, ggf. durch Nachrüstung, bieten. Soweit ein Gerät diesen Anforderungen bauartbedingt nicht oder nur teilweise genügt, durfte es längstens bis zum 31. Dezember 2016 weiterhin einsetzt werden.

Somit müssen spätestens seit 2017 alle Geräte die Voraussetzungen erfüllen.

2 Gesetzesänderungen

Das Gesetz zum Schutz vor Manipulationen an digitalen Grundaufzeichnungen verschärft in den kommenden Jahren die Anforderungen an Unternehmen, die Bargeschäfte tätigen. Die Kernpunkte sind:

- **Einführung einer Kassen-Nachschau**

Seit 2018 gibt es eine Kassen-Nachschau. Diese kann unangekündigt erfolgen und stellt ein besonderes Verfahren zur zeitnahen Prüfung der Ordnungsmäßigkeit der Kassenaufzeichnungen und der ordnungsgemäßen Übernahme der Kassenaufzeichnungen in die Buchführung dar. Näheres zu Vorgehen und Befugnissen der Finanzverwaltung regelt das BMF-Schreiben vom 29.5.2018 (IV A 4 – S 0316/13/10005 :054).

- **Verpflichtender Einsatz einer technischen Sicherheitseinrichtung bei Nutzung eines elektronischen Aufzeichnungssystems (keine Registrierkassenpflicht)**

Elektronische Aufzeichnungssysteme müssen ab 2020 über eine zertifizierte technische Sicherheitseinrichtung verfügen. Werden bisher Geräte eingesetzt, die die Voraussetzungen des BMF Schreibens vom 26.11.2010 erfüllen, aber nicht aufrüstbar sind, gilt eine verlängerte Übergangsfrist bis zum 31.12.2022, während der die Geräte noch genutzt werden können.

- **Sanktionierung von Verstößen**

Unabhängig davon, ob ein steuerlicher Schaden entstanden ist, können Verstöße gegen die neuen Verpflichtungen als Steuerordnungswidrigkeit mit einer Geldbuße von bis zu 25.000 € geahndet werden. Das gilt auch für die unrichtige Verbuchung oder Aufzeichnung von Geschäftsvorfällen.

3 Merkblatt der Finanzverwaltung

Die OFD Karlsruhe hat ein Merkblatt zur Ordnungsmäßigkeit der Kassenbuchführung herausgegeben, das auf der Internetseite der OFD Karlsruhe zum Download bereitsteht. Das Merkblatt informiert u.a. über die Einzelaufzeichnungspflicht und Ausnahmen, über den Einsatz offener Ladenkassen und elektronischer Registrierkassen, die Verfahrensdokumentationen, das Datenzugriffsrecht, die Kassensicherungsverordnung sowie die Folgen von Mängeln.

Kinder

Wenn im Rahmen der Einkommensteuerveranlagung Kinder berücksichtigt werden sollen, muss für jedes Kind eine eigene Anlage Kind ausgefüllt werden. Dort kann auch der Abzug der kindabhängigen Freibeträge und steuerlichen Vergünstigungen für Kinder beantragt werden.

§§ 31, 32, 33a Abs. 2, 10 Abs. 1 Nr. 5, Nr. 9, 24b EStG

1 Voraussetzungen für die Kinderberücksichtigung

Für alle kindabhängigen Steuervergünstigungen ist Grundvoraussetzung, dass das Kind steuerlich berücksichtigt wird. Die Berücksichtigung hängt vom **Kindschaftsverhältnis** und dem **Alter** des Kindes ab. Für in Deutschland lebende Kinder muss zur Identifikation des Kindes (durch Datenabgleich) die Identifikationsnummer angegeben werden, Auslandskinder sind in anderer geeigneter Weise, z. B. durch amtliche Dokumente wie Geburtsurkunde, Ausweis oder eine im Heimatland vergebene persönliche Nummer, zu identifizieren.

Kindschaftsverhältnis

Ein Kindschaftsverhältnis besteht bei leiblichen Kindern (= eheliche, uneheliche, für ehelich erklärte Kinder), Adoptivkindern und Pflegekindern, bei denen das Obhuts- und Pflegeverhältnis zu den leiblichen Eltern nicht mehr besteht. Dies trifft z. B. auch auf minderjährige unbegleitete Flüchtlinge zu, die in den Haushalt aufgenommen werden (BZSt v. 25.10.2016, ST II 2-S 2471-PB/16/00002). Adoptivkinder können im Regelfall nur bei den Adoptiveltern, Pflegekinder nur bei den Pflegeeltern berücksichtigt werden.

Alter des Kindes

Kinder unter 18 Jahren

Kinder werden ab dem Geburtsmonat bis zum Monat der Vollendung des 18. Lebensjahres immer berücksichtigt.

BEISPIEL

Altersberechnung

Ein Ehepaar hat zwei Kinder. Sohn Tom ist am 15.3.2000, Tochter Lena am 8.6.2018 geboren.

Tom wird im März 2018 18 Jahre alt. Bis einschließlich März wird er auf jeden Fall berücksichtigt. Danach kommt es darauf an, ob er die Voraussetzungen, die für volljährige Kinder gelten, erfüllt. Tochter Lena ist sieben Monate lang (Juni bis Dezember 2018) zu berücksichtigen.

Kinder von 18 bis 25 Jahren

Bei volljährigen Kindern hängt die Berücksichtigung davon ab, ob sie bestimmte **zusätzliche** Voraussetzungen erfüllen, z. B. in Berufsausbildung sind. Ob das Kind **verheiratet** ist oder ob es selbst ein Kind hat, spielt keine Rolle.

Eine **Übersicht** zu den altersmäßigen Bedingungen finden Sie **am Ende des Stichworts**.

Im Folgenden einige Erläuterungen zu den einzelnen Bedingungen:

Arbeitslosigkeit

Die Berücksichtigung des Kindes (bis **21 Jahre**) ist möglich, wenn das Kind nicht in einem Beschäftigungsverhältnis steht (Minijob mit max. 450 € mtl. bzw. Tätigkeit unter 15 Stunden wöchentlich ist unschädlich) und sich bei der Bundesagentur für Arbeit oder einem anderen für Arbeitslosengeld II zuständigen Leistungsträger (z. B. ARGE) tatsächlich **als Arbeit suchend gemeldet,** also die Tatsache seiner künftigen oder gegenwärtigen Arbeitslosigkeit angezeigt hat (BFH, Urteil v. 7.7.2016, III R 19/15). Nicht maßgebend ist die tatsächliche Registrierung (BFH, Urteil v. 18.2.2016, V R 22/15). Hat die Agentur für Arbeit die Vermittlung (zeitweise) eingestellt, z. B. weil das Kind vereinbarte Termine nicht eingehalten hat, ist für diese Zeit eine Berücksichtigung nicht möglich.

Berufsausbildung

Zur Berufsausbildung zählen die Ausbildung für einen künftigen Beruf, z. B. betriebliche Lehre, die allgemeine Schulbildung (Grund-, Haupt-, Real-, Haushalts-, Berufsfachschule, Gymnasium) sowie ein Studium (Fachhochschule, Universität, Berufsakademie). Darüber hinaus gehören dazu sämtliche Maßnahmen, bei denen Kenntnisse und Fähigkeiten vermittelt werden, die als Grundlage für die Ausübung des angestrebten Berufs geeignet sind, wie z. B. Volontariat, Praktika von Studenten, Vorbereitung auf das Doktorexamen (Promotion), ein zeitlich begrenzter Besuch von Allgemeinwissen vermittelnden Schulen im Ausland oder Sprachaufenthalte im Ausland, z. B. als Au-pair (wenn wöchentlich mindestens zehn Unterrichtsstunden theoretisch-systematischer Sprachunterricht stattfinden). Die Ausbildung muss für den angestrebten Beruf geeignet sein und ernsthaft und nachhaltig betrieben werden. Unter diesen Voraussetzungen kann ein Studium auch neben einer Erwerbstätigkeit eine Ausbildung sein (BFH, Urteil v. 8.9.2016, III R 27/15). Die Verwaltung beurteilt die ersten vier Monate des freiwilligen Wehrdienstes ebenfalls als Ausbildung. Auch eine zweite oder weitere Ausbildung ist begünstigt.

Übergangszeiten

Eine Berücksichtigung in einer Übergangszeit zwischen Ausbildung (Schule) und Beginn des Bundesfreiwilligendienstes, eines freiwilligen Jahres oder des freiwilligen Wehrdienstes bzw. zwischen Ende dieser freiwilligen Dienste und einer weiteren Ausbildung (z. B. Studium) ist möglich, wenn die Übergangszeit nicht länger als **vier volle** Monate dauert.

BEISPIEL

Übergangszeiten

Ein Kind beendet am 30.6. seinen Freiwilligendienst und beginnt am 15.11. eine Ausbildung.

Es kann auch für Juli bis Oktober (Übergangszeit) und ab November

(Berufsausbildung) berücksichtigt werden. **Angefangene Monate** (hier November) **zählen nicht** zu den vier Übergangsmonaten. Etwas anderes gilt nur, wenn das Kind eine abgeschlossene Berufsausbildung hat und in der Übergangszeit (voll) erwerbstätig ist (s. u.).

Beträgt die Übergangszeit dagegen mindestens fünf volle Monate, kann das Kind während der **gesamten** Übergangszeit, also auch für die ersten vier Monate, nicht berücksichtigt werden, es sei denn, ein anderer Berücksichtigungstatbestand (z. B. kein Ausbildungsplatz, s. u.) ist erfüllt.

Die Viermonatsfrist gilt auch für den Zeitraum zwischen zwei Ausbildungsabschnitten, einer abgebrochenen Ausbildung bzw. dem Verlust eines Ausbildungsplatzes und dem Beginn einer neuen bzw. Fortsetzung der Ausbildung. Ebenso ist der Zeitraum zwischen einer abgeschlossenen ersten Berufsausbildung und einer neuen (zweiten) Ausbildung begünstigt, allerdings nur, wenn das (volljährige) Kind in dieser Zeit nicht (voll) erwerbstätig ist (s. u.).

Kein Ausbildungsplatz

Kann ein Kind seine Ausbildung wegen eines fehlenden Ausbildungsplatzes nicht beginnen oder fortsetzen, ist eine Berücksichtigung möglich, wenn das ernsthafte Bemühen des Kindes nachgewiesen wird (z. B. Bescheinigung von der Bundesagentur für Arbeit, Bewerbung um Studienplatz etc.). Auch ein bereits fest zugesagter Ausbildungsplatz (für das Folgejahr) ist ausreichend, wenn ein früherer Ausbildungsbeginn aus nicht vom Kind zu vertretenden Gründen nicht möglich ist.

Freiwilligendienste

Eine Kinderberücksichtigung ist auch möglich, wenn das Kind

- ein freiwilliges soziales oder ökologisches Jahr (Jugendfreiwilligendienstgesetz),
- einen Freiwilligendienst i. S. d. EU-Verordnung zur Einrichtung von „Erasmus+",
- einen Dienst im Ausland nach § 5 des Bundesfreiwilligendienstgesetzes oder einen entwicklungspolitischen Freiwilligendienst („weltwärts"),
- einen Freiwilligendienst aller Generationen,
- einen internationalen Jugendfreiwilligendienst oder Bundesfreiwilligendienst

ableistet. Die Aufzählung ist abschließend. Andere (vergleichbare Dienste) sind nicht begünstigt.

Wehrdienst

Leistet ein Kind den **freiwilligen** Wehrdienst ab, kann es in den ersten vier Monaten in jedem Fall steuerlich berücksichtigt werden. Danach hängt die Berücksichtigung davon ab, ob einer der o. a. Gründe (z. B. Warten auf einen Ausbildungsplatz, Ausbildung im Rahmen des Wehrdienstes zum Offizier, Rettungssanitäter oder Berufskraftfahrer) vorliegt (BFH, Urteil v. 3.7.2014, III R 53/13). Für die Zeiten vor und nach dem Wehrdienst gilt die viermonatige Übergangszeit (s. o.).

Die Ableistung des früheren **gesetzlichen** Grundwehr- oder Zivildienstes (vor 1.7.2011) kann dazu führen, dass das Kind über die Altersgrenze hinaus berücksichtigt wird, wenn es nach Erreichen der Altersgrenze noch als Arbeit suchend gemeldet bzw. in Ausbildung oder innerhalb der viermonatigen Übergangszeit ist.

Erwerbstätigkeit des Kindes

Minderjährige Kinder können immer berücksichtigt werden, egal ob sie in Ausbildung oder (voll) erwerbstätig sind. Bei volljährigen Kindern spielt es bis zum Abschluss der ersten Ausbildung (erster Berufsabschluss, Erststudium mit Bachelorabschluss) ebenfalls keine Rolle, ob das Kind, das die Voraussetzungen für eine Berücksichtigung dem Grunde nach erfüllt, (voll) erwerbstätig ist oder nicht. Eine Erstausbildung ist beendet, wenn das eigentliche Berufsziel des Kindes (mit Abschlussprüfung) erreicht ist. Mehraktige Ausbildungsmaßnahmen sind noch Teil einer einheitlichen Erstausbildung, wenn sie zeitlich (unmittelbar aufeinanderfolgend) und inhaltlich (derselbe Fachbereich) so aufeinander abgestimmt sind, dass die Ausbildung nach Erreichen des ersten Abschlusses (z. B. Bachelor) fortgesetzt werden soll und das angestrebte Berufsziel erst über einen weiterführenden Abschluss (z. B. Master) erreicht werden kann (BFH, Urteil v. 8.9.2016, III R 27/15). Notwendig ist dabei, dass die weiterführende Ausbildung zum nächstmöglichen Zeitpunkt begonnen wird (BFH, Urteil v. 11.4.2018, III R 18/17). Offen ist, ob eine Kinderberücksichtigung während einer für den weiterführenden Abschluss notwendigen zwischenzeitlichen berufspraktischen Tätigkeit nach dem ersten Abschluss möglich ist (anhängiges Verfahren, BFH, Az. XI R 25/17).

BEISPIEL

Vollerwerbstätigkeit ohne ersten Abschluss

Ein Kind hat nach dem Abitur im Juni vier Monate lang 40 Stunden wöchentlich gearbeitet und monatlich 2.500 € Bruttolohn erhalten. Danach studiert es.

Das Kind kann das ganze Jahr berücksichtigt werden, weil es entweder in Ausbildung ist (Schule, Studium) oder sich in einer viermonatigen Übergangszeit zwischen zwei Ausbildungsabschnitten befindet. Die Erwerbstätigkeit des Kindes und die Höhe der dabei erzielten Einkünfte spielen keine Rolle, weil noch kein erster Berufsabschluss erreicht wurde.

Nach Abschluss der **erstmaligen** Ausbildung bzw. des Erststudiums kann ein Kind, das danach eine (weitere) Ausbildung macht, sich in einer Übergangszeit befindet oder einen Ausbildungsplatz sucht, nur berücksichtigt werden, wenn es in der Woche regelmäßig insgesamt nicht mehr als 20 Stunden arbeitet oder nur geringfügig (Arbeitslohn aus Minijob mit mtl. max. 450 €) bzw. geringfügig kurzfristig (weniger als 3 Monate/70 Arbeitstage) beschäftigt ist.

BEISPIEL

Erwerbstätigkeit nach dem ersten Abschluss

Ein 20 Jahre altes Kind hat seine Lehre im September mit der Gesellenprüfung abgeschlossen. Es bewirbt sich im September um einen Studienplatz und erhält im Oktober die Zusage, dass es zum Sommersemester des nächsten Jahres mit dem Studium beginnen kann.

Das Kind ist ab September bis zum Studienbeginn

- voll erwerbstätig (> 20 Std./Woche),
- geringfügig beschäftigt (450-Euro-Minijob),
- nicht erwerbstätig.

Das Kind erfüllt dem Grunde nach auch ab Oktober die Voraussetzungen für eine Berücksichtigung (Ausbildungsplatz suchend). Im ersten Fall kann es jedoch wegen der Erwerbstätigkeit ab Oktober bis zum Studienbeginn nicht mehr berücksichtigt werden. Im zweiten und dritten Fall ist die Berücksichtigung dagegen weiterhin möglich. Die geringfügige Beschäftigung ist unschädlich.

Eine Erwerbstätigkeit nach erstmaligem Berufsabschluss ist auch dann unschädlich, wenn sie im Rahmen eines Ausbildungsdienstverhältnisses ausgeübt wird.

BEISPIEL

Ausbildungsdienstverhältnis

Ein volljähriges Kind hat seine Lehre im Juli mit der Gesellenprüfung abgeschlossen. Ab September beginnt es eine zweite betriebliche Ausbildung. Im Rahmen der Ausbildung hat das Kind eine Arbeitszeit von 40 Std./Woche und erhält eine Ausbildungsvergütung von monatlich 1.000 €.

Das Kind kann das ganze Jahr berücksichtigt werden. Da die Erwerbstätigkeit im Rahmen eines Ausbildungsdienstverhältnisses erfolgt, ist sie ohne Bedeutung.

Wird die Erwerbstätigkeit nur vorübergehend (höchstens zwei Monate) über 20 Stunden wöchentlich hinaus ausgeweitet, ist dies unbeachtlich, wenn während des gesamten Berücksichtigungszeitraums im Jahr die durchschnittliche Arbeitszeit nicht mehr als 20 Stunden beträgt. Einzelheiten und Berechnungsbeispiele vgl. BZSt, A 20.3.1 DA-KG 2017.

Behinderte Kinder

Behinderte Kinder können **ohne Altersbegrenzung** berücksichtigt werden, wenn die Behinderung vor Vollendung des 25. Lebensjahres eingetreten ist und sich das Kind behinderungsbedingt nicht selbst unterhalten kann, d. h. nicht über ausreichende Mittel (Einkünfte, Bezüge) verfügt, um seinen notwendigen Lebensbedarf (allgemeiner Lebensbedarf i. H. v. 9.000 €/Jahr und individueller behinderungsbedingter Mehrbedarf mindestens in Höhe des Behindertenpauschbetrags) zu decken.

Das Vermögen des Kindes bleibt bei der Prüfung außer Betracht.

Als Behinderung zählen neben körperlichen, seelischen und geistigen Behinderungen auch Suchtkrankheiten (z. B. Drogenmissbrauch und Alkoholismus). I. d. R. ist ein Grad der Erwerbsminderung von mindestens 50 % notwendig.

TIPP

Vollstationär untergebrachtes Kind

Soweit ein vollstationär untergebrachtes Kind, außer über die Eingliederungshilfe einschließlich Taschengeld und ggf. ein Arbeitsentgelt aus einer Werkstatt für behinderte Menschen, über keine weiteren Einkünfte oder Bezüge verfügt, kann aus Vereinfachungsgründen davon ausgegangen werden, dass die eigenen Mittel des Kindes nicht ausreichen, um sich selbst zu unterhalten.

Eine gewährte Eingliederungshilfe bleibt bei der Prüfung des Selbstunterhalts im Endergebnis außer Betracht, weil sie einerseits als dem Kind zur Verfügung stehende Mittel anzusehen, andererseits aber als behinderungsbedingter Mehraufwand abziehbar ist (BFH, Urteil v. 11.4.2013, III R 35/11).

2 Kindergeld und Freibeträge für Kinder

Das Entweder-oder-Prinzip

Wenn ein Kind steuerlich berücksichtigt werden kann, erhält man für **jeden Berücksichtigungsmonat** grundsätzlich Kindergeld oder die steuerlichen Freibeträge.

Während des Jahres wird für das Kind (monatlich) nur Kindergeld ausgezahlt. Erst im Rahmen der Jahresveranlagung überprüft das Finanzamt automatisch, ob sich beim Ansatz von **Kinderfreibetrag** und **Freibetrag für Betreuungs- und Erziehungs- oder Ausbildungsbedarf** betragsmäßig ein höherer Steuervorteil ergibt als durch das Kindergeld, und berücksichtigt dies entsprechend.

ACHTUNG

Die Vergleichsberechnung erfolgt immer, wenn ein **Kindergeldanspruch** besteht, und zwar unabhängig davon, ob das Kindergeld beantragt bzw. tatsächlich ausgezahlt wurde.

BEISPIEL

Weder Kindergeld noch Freibeträge

Für den volljährigen Sohn Hans (Schulausbildung) wurde bisher kein Kindergeld beantragt. Bei der Einkommensteuerveranlagung wird trotzdem verglichen, ob der **Kindergeldanspruch** oder der Abzug der Freibeträge zu einem steuerlich günstigeren Ergebnis führen würde. Wäre das Kindergeld günstiger, dann erfolgt kein Ansatz der Freibeträge, und zwar auch dann nicht, wenn bisher tatsächlich kein Kindergeld ausgezahlt wurde. Damit haben die Eltern bisher **keine** Vergünstigung erhalten.

TIPP

Kindergeld nachträglich beantragen

Wenn ein Kind, für das Sie bisher kein Kindergeld erhalten haben, vom Finanzamt bei der Jahressteuerveranlagung berücksichtigt wird, dann können Sie das Ihnen zustehende Kindergeld noch nachträglich bei der Familienkasse beantragen, allerdings seit Januar 2018 nur noch rückwirkend für sechs Monate (§ 66 Abs. 3 EStG).

Stellt sich bei der Steuerveranlagung heraus, dass Sie für ein Kind zu Unrecht Kindergeld erhalten haben, wird das Kindergeld zurückgefordert.

Kindergeld

Wer erhält Kindergeld?

Kindergeld können in der Bundesrepublik Deutschland wohnende (nicht jedoch geduldete, zur vorübergehenden Dienstleistung in die Bundesrepublik Deutschland entsandte Ausländer oder im Rahmen von Werkverträgen Tätige) und unbeschränkt einkommensteuerpflichtige Eltern bekommen. Ein Kindergeldanspruch besteht auch für zeitweise in Deutschland lebende und hier arbeitende EU-Ausländer (z. B. Saisonarbeiter), wenn sie (auf Antrag) als unbeschränkt steuerpflichtig behandelt werden können.

Im Ausland wohnende, nicht unbeschränkt einkommensteuerpflichtige Eltern können deutsches Kindergeld für ihre Kinder nur in wenigen Ausnahmefällen erhalten. Informationen darüber erteilt die zuständige Familienkasse.

Für welche Kinder?

Sie bekommen Kindergeld für

- Kinder, die im ersten Grad mit Ihnen verwandt sind (leibliche Kinder, Adoptivkinder),
- Pflegekinder,
- in Ihren Haushalt aufgenommene Kinder des Ehegatten (Stiefkinder).

Großeltern können für in ihren Haushalt aufgenommene Enkelkinder Kindergeld beziehen, wenn die leiblichen Eltern verzichten. Vollwaisen und Kinder, die den Aufenthaltsort der Eltern nicht kennen, können ggf. für sich selbst Kindergeld erhalten.

Das Kind muss außerdem in der Bundesrepublik Deutschland, einem EU- oder EWR-Staat (Island, Liechtenstein, Norwegen) seinen Wohnsitz haben.

Besteht für die Kinder im Heimatland ein Anspruch auf eine dem Kindergeld vergleichbare Leistung, wird, wenn diese Leistung niedriger ist, ein Unterschiedsbetrag bis zur Höhe des inländischen Kindergeldes gezahlt.

Kindergeldhöhe

Das Kindergeld beträgt monatlich

- für das erste und zweite Kind jeweils 194 €,
- für das dritte Kind 200 €,
- für das vierte und jedes weitere Kind jeweils 225 €.

Kinderzuschlag

Geringverdienende, die zwar über ausreichend Einkommen verfügen, um ihren eigenen Lebensunterhalt zu decken, aber nicht den ihrer Kinder, können einen Kinderzuschlag (max. 170 € monatlich), der zusammen mit dem Kindergeld ausgezahlt wird, erhalten. Informationen darüber bekommen Sie von der Familienkasse.

Wie erhalte ich das Geld?

Stellen Sie einen Kindergeldantrag bei der örtlich für Sie zuständigen Familienkasse der Bundesagentur für Arbeit bzw., wenn Sie Beamter oder Beamtin sind, bei Ihrer Besoldungsstelle.

Nur einer erhält das Kindergeld

Kindergeld für ein bestimmtes Kind wird immer nur **einer** Person ausbezahlt. Bei mehreren Berechtigten (z. B. getrennt lebenden Ehegatten oder nicht verheirateten Eltern) erhält derjenige das Kindergeld, der das Kind in seinen Haushalt aufgenommen hat. Bei gemeinsamem Haushalt der Berechtigten bestimmen diese selbst den Kindergeldempfänger. Lebt das Kind nicht im Haushalt der anspruchsberechtigten Person(en), erhält derjenige das Kindergeld, der die höheren Unterhaltskosten trägt.

Rechtlich steht das Kindergeld immer beiden Elternteilen zu. Das führt z. B. dazu, dass das Kindergeld zwar an die Mutter in voller Höhe ausbezahlt wird, der von ihr getrennt lebende Vater aber bei der Berechnung des Unterhalts für das Kind die Hälfte des Kindergeldes (= der **zivilrechtliche Ausgleichsanspruch**) als geleistete Zahlung angerechnet bekommt.

Steuerliche Freibeträge

Anstelle des Kindergeldes werden bei der Günstigerprüfung der Kinderfreibetrag (für den Grundbedarf des Kindes) und der Freibetrag für den Erziehungs-, Betreuungs- und Ausbildungsbedarf berücksichtigt. Zusätzlich kann eventuell ein „Ausbildungsfreibetrag“ (s. u.) beantragt werden.

Kinderfreibetrag

Jedem Elternteil steht für jedes bei ihm **zu berücksichtigende Kind** ein Kinderfreibetrag i. H. v. jährlich **2.394 €** zu. Werden die Eltern gemeinsam veranlagt, verdoppelt sich der Freibetrag für ein Kind auf **4.788 €**.

Ein einzelner Elternteil kann den verdoppelten Kinderfreibetrag von 4.788 € auch erhalten, wenn

- der andere Elternteil verstorben oder nicht unbeschränkt steuerpflichtig ist (Wohnsitz im Ausland),
- der Vater des Kindes amtlich nicht feststellbar ist (weil z. B. die Mutter den Behörden den Namen verschweigt), der Wohnsitz des anderen Elternteils nicht bekannt ist oder
- das Kind von dieser Person allein adoptiert wurde oder nur zu ihr in einem Pflegekindschaftsverhältnis steht.

Übertragung des Freibetrags

Lebt das Kind nur bei einem Elternteil und kommt der andere Elternteil seiner Unterhaltsverpflichtung dem Kind gegenüber nicht zu mindestens 75 % nach oder ist er aufgrund zu geringer eigener Einkünfte nicht zum Kindesunterhalt verpflichtet, kann auf Antrag der verdoppelte Kinderfreibetrag bei dem Elternteil, bei dem das Kind lebt, berücksichtigt werden. Die Übertragung ist für Zeiträume, in denen Unterhaltsleistungen nach dem Unterhaltsvorschussgesetz gezahlt wurden, nicht möglich. Mit der Übertragung stehen alle kindabhängigen Steuervergünstigungen nur noch dem Elternteil zu, der den (verdoppelten) Kinderfreibetrag bekommt.

Wird der Freibetrag übertragen, erfolgt bei der Vergleichsberechnung auch die Anrechnung des vollen Kindergeldanspruchs.

Der Kinderfreibetrag kann mit Zustimmung eines Elternteils auch auf einen Stiefelternteil oder auf die Großeltern (für Enkelkinder) übertragen werden, wenn die Kinder in deren Haushalt leben (notwendig: **Anlage K**).

Freibetrag für den Erziehungs-, Betreuungs- und Ausbildungsbedarf

Der Freibetrag beträgt jährlich **1.320 €** je Elternteil und verdoppelt sich auf **2.640 €** in den gleichen Fällen, in denen auch der verdoppelte Kinderfreibetrag angesetzt wird (s. o.). Wie beim Kinderfreibetrag gilt auch hier das Monatsprinzip.

Übertragung des Freibetrags

Eine Übertragung des Freibetrags ist nur bei **minderjährigen Kindern** mit getrennt lebenden Eltern möglich, wenn das Kind nur in der Wohnung eines Elternteils **gemeldet** ist. Dieser Elternteil erhält auf Antrag den verdoppelten Freibetrag (vgl. S. 2 der Anlage Kind). Der andere Elternteil kann der Übertragung widersprechen, wenn er Kinderbetreuungskosten getragen hat oder das Kind regelmäßig in nicht unwesentlichem Umfang betreut. Erforderlich ist ein – üblicherweise für einen längeren Zeitraum im Voraus festgelegter – weitgehend gleichmäßiger Betreuungsrhythmus mit einem zeitlichen Betreuungsanteil von jährlich durchschnittlich 10 % (BFH, Urteil v. 8.11.2017, III R 2/16).

Der Freibetrag kann unter den beim Kinderfreibetrag genannten Voraussetzungen auch auf die Großeltern übertragen werden.

TIPP

Verlust der kindabhängigen Vergünstigungen vermeiden

Wird lediglich der Betreuungsfreibetrag, aber nicht der Kinderfreibetrag übertragen, ist nur das halbe Kindergeld anzurechnen. Außerdem können beide Elternteile die anderen kindabhängigen Steuervergünstigungen weiterhin (hälftig) bekommen.

Auslandskinder

Bei im Ausland lebenden Kindern, die im Inland keinen Wohnsitz haben, können alle infrage kommenden kindabhängigen Steuervergünstigungen (Kinderfreibetrag, Freibetrag für Erziehung, Kinderbetreuungskosten, Ausbildungsfreibetrag) länderabhängig eventuell nur in niedrigerer Höhe (1/4, 2/4, 3/4 des inländischen Freibetrags) berücksichtigt werden. Zur Ländergruppeneinteilung vgl. BMF, Schreiben v.

20.10.2016, IV C 8 - S 2285/07/0005:063.

Weitere Steuervergünstigungen für Kinder

Zusätzlich kommen für berücksichtigungsfähige Kinder folgende Steuervergünstigungen infrage:

- Abzug von **Kinderbetreuungskosten** für unter 14-jährige Kinder (s. u.)
- Abzug von **Schulgeld** (s. u.)
- Freibetrag wegen auswärtiger Unterbringung volljähriger Kinder (Ausbildungsfreibetrag) (s. u.)
- Pauschbetrag für ein behindertes Kind → Behinderte Menschen
- **Entlastungsbetrag** für **Alleinerziehende (s. u.)**

Kinderbetreuungskosten

Aufwendungen für Kinderbetreuung sind vorrangig als Sonderausgaben abziehbar. Ist dort ein Abzug nicht möglich, kommt eine Steuerermäßigung für haushaltsnahe Tätigkeiten oder Dienstleistungen in Betracht.

Sonderausgabenabzug

Für den Sonderausgabenabzug sind erforderlich:

- zum Haushalt gehörendes berücksichtigungsfähiges Kind (s. o.), das das 14. Lebensjahr noch nicht vollendet hat oder wegen einer vor Vollendung des 25. Lebensjahres eingetretenen körperlichen, geistigen oder seelischen Behinderung außerstande ist, sich selbst zu unterhalten
- tatsächliche Betreuungskosten
- vorliegende Rechnung
- unbare Zahlung

Haushaltszugehörigkeit

Das Kind gehört zum Haushalt, wenn es in der Wohnung des Steuerpflichtigen lebt oder sich mit seiner Einwilligung vorübergehend auswärts (z. B. im Internat) aufhält.

Bei nicht zusammenlebenden Eltern ist grundsätzlich (= widerlegbare Vermutung) die Meldung des Kindes maßgebend, d. h. ein sog. „Zahlvater" kann i. d. R. keine Betreuungskosten absetzen.

Ein Kind kann ausnahmsweise zum Haushalt des Elternteils gehören, bei dem es nicht gemeldet ist, wenn der Elternteil dies nachweist oder glaubhaft macht.

Lebt das Kind in vergleichbarem zeitlichem Umfang in den Haushalten beider getrennt lebender Elternteile, kann es auch zu beiden Haushalten gehören.

Betreuungskosten

Begünstigt sind nur tatsächlich angefallene Kosten für Betreuungsdienstleistungen wie z. B. die Betreuung des Kindes in Kindergärten, Kinderkrippen und Kindertagesstätten, im Internat, die Betreuung durch Tagesmütter, Babysitter und die Hausaufgabenbetreuung. Abzugsfähig sind auch Sachleistungen (z. B. Fahrtkostenersatz, Unterbringung und Verpflegung in ihrem Haushalt, Eintrittsgelder) für die betreuende Person.

TIPP

Unterkunftskosten im Internat begünstigt

Unterbringungskosten (keine Verpflegung) in einem Internat entfallen auch auf die betreuende Personensorge und sind abzugsfähig (Thüringer FG, Urteil v. 25.10.2016, 2 K 95/15). Die Verwaltung wendet das Urteil an.

Kosten für Unterricht zur Vermittlung besonderer Fähigkeiten oder Fertigkeiten (z. B. Musikschule, Computerkurs, Nachhilfe, Schulgeld), für sportliche und andere Freizeitbetätigungen (z. B. Ferienlager) sowie Sachleistungen für das Kind (z. B. Fahrtkosten zur Betreuungseinrichtung, Verpflegung und Unterbringung, Eintrittsgelder) können **nicht** abgezogen werden. Das vom Bund gezahlte Betreuungsgeld wird nicht auf die Betreuungskosten angerechnet, führt also nicht zu einer Kürzung der abzugsfähigen Aufwendungen.

TIPP

Gemischte Aufwendungen

- Elternbeiträge für eine **Kernzeit- oder Nachmittagsbetreuung in der Schule**, die nicht nur auf Hausaufgaben- oder allgemeine Betreuung, sondern auch auf Nachhilfe oder bestimmte Kurse (z. B. Computerkurs) oder auf eine Verpflegung entfallen, sind nur anteilig zu berücksichtigen. Lassen Sie den Rechnungsbetrag durch die Schule schriftlich aufschlüsseln.
- Beschäftigen Sie eine Person im Rahmen eines **Au-pair**-Verhältnisses in Ihrem Haushalt, kann aus Vereinfachungsgründen davon ausgegangen werden, dass die Aufwendungen je hälftig auf Hausarbeiten und Kinderbetreuung entfallen.

Abzugshöhe

Abziehbar sind **zwei Drittel** der Aufwendungen, **max. 4.000 € je Kind**. Der Höchstbetrag von 4.000 € ist ein Jahresbetrag, der auch gilt, wenn die Abzugsvoraussetzungen nur während eines Teils des Jahres vorgelegen haben.

Leben Eltern, die nicht zusammen zur Einkommensteuer veranlagt werden, mit dem gemeinsamen Kind in einem Haushalt, kann jeder Elternteil seine Aufwendungen bis zum hälftigen Höchstbetrag (2.000 €) abziehen. Eine andere Aufteilung des Höchstbetrags ist auf gemeinsamen Antrag der Eltern möglich.

Bei **nicht zusammenlebenden Eltern** kann nur der Elternteil, in dessen Haushalt das Kind lebt, den Kostenabzug geltend machen, vorausgesetzt, er hat gezahlt. Zahlt der andere Elternteil, kann grundsätzlich kein Elternteil Kosten absetzen.

Lebt das Kind in den getrennten Haushalten beider Elternteile, wird der Höchstbetrag wie bei zusammenlebenden, nicht zusammen veranlagten Eltern aufgeteilt.

Nachweise und Pflichten

WICHTIG

Rechnung und unbare Zahlung

Für den Kostenabzug benötigen Sie eine **Rechnung** (Arbeitsvertrag, Gebührenbescheid Kindergarten oder Fahrkarte) und die Zahlung muss **unbar** (Überweisung, Verrechnungsscheck oder Lastschrifteinzugsverfahren) erfolgen. Die Belege müssen Sie nur auf Anforderung vorlegen.

TIPP

Betreuung durch Angehörige

Stellen Sie **Angehörige** zur Kinderbetreuung an, schließen Sie am besten einen schriftlichen Vertrag, in dem Sie sämtliche Punkte (Betreuungszeit und Ort, Umfang der Leistung, Lohnhöhe) wie unter Fremden vereinbaren. Erfolgt die Betreuung im Rahmen eines Dienstverhältnisses (Minijob oder reguläres sozialversicherungspflichtiges Beschäftigungsverhältnis), müssen Sie die Pflichten als Arbeitgeber erfüllen.

Wird im Zusammenhang mit einer ansonsten unentgeltlichen Betreuung z. B. durch Angehörige (Großeltern) ein Fahrtkostenersatz gewährt, so ist dieser zu berücksichtigen, wenn darüber eine Rechnung erstellt wird und die Zahlung unbar erfolgt.

BEISPIEL

Haushaltshilfe und Kinderbetreuung

Eine alleinerziehende, berufstätige Mutter eines 10-jährigen Kindes beschäftigt eine Haushaltshilfe. Der monatliche Arbeitslohn beträgt 400 €. Die Tätigkeit der Haushaltshilfe besteht zu 70 % aus Hausarbeit und zu 30 % aus der Beaufsichtigung des Kindes während der Abwesenheit der Mutter.

Als Sonderausgabe sind nur die Aufwendungen für die Beaufsichtigung des Kindes abziehbar: 12 Monate à 400 € = 4.800 €, davon 30 % = 1.440 €, davon 2/3 = 960 € (max. 4.000 €).

BEISPIEL

Betreuungskosten bei nicht verheirateten Eltern

Nicht verheiratete, berufstätige Eltern leben mit ihrem gemeinsamen 10-jährigen Kind in einer Wohnung. Von den Betreuungskosten (monatlich 500 €) zahlt der Vater 400 €, die Mutter 100 €. Ein Antrag auf anderweitige Verteilung der Kinderbetreuungskosten liegt nicht vor.

Der Vater kann von seinen gezahlten 4.800 € 2/3 = 3.200 €, maximal aber 2.000 € (hälftiger Höchstbetrag) abziehen. Die Mutter kann von ihren gezahlten 1.200 € ebenfalls 2/3 = 800 € (max. Höchstbetrag 2.000 €) absetzen. Eine andere Verteilung (z. B. Abzug der Kosten zu 4/5 beim

Vater) ist auf gemeinsamen Antrag beider Elternteile möglich und hier sinnvoll.

Steuerermäßigung

Ist der Sonderausgabenabzug für die Betreuungskosten nicht möglich (z. B. über 14 Jahre altes Kind), können Sie eine Steuerermäßigung nach § 35a EStG beantragen, vorausgesetzt, die Betreuung des Kindes erfolgte in Ihrem Haushalt. Vertiefend siehe → Haushaltsnahe Tätigkeiten/Dienstleistungen.

Für das nicht als Sonderausgabe abziehbare Drittel der Kinderbetreuungskosten sowie die den Höchstbetrag bei den Sonderausgaben (4.000 €) übersteigenden Kosten gibt es keine Steuerermäßigung.

Schulgeld

Besucht ein berücksichtigungsfähiges Kind eine **überwiegend privat finanzierte Schule** im Inland oder eine „Deutsche Schule" im Ausland und führt die Schule zu einem inländisch anerkannten allgemeinbildenden oder berufsbildenden Schul- oder Berufsabschluss, sind **30 % der für den Schulbesuch entstandenen Aufwendungen** (**ohne** Aufwendungen für Beherbergung, Betreuung und Verpflegung), **höchstens 5.000 €** je Kind, jährlich als Sonderausgaben abzugsfähig. Dasselbe gilt für Einrichtungen, die auf einen entsprechenden Abschluss vorbereiten. Die Zahlungen werden bei dem Elternteil berücksichtigt, der sie getragen hat. Haben beide Elternteile gezahlt, gilt für jeden Elternteil der hälftige Höchstbetrag von 2.500 €, es sei denn, die Eltern beantragen einvernehmlich eine andere Aufteilung.

Der Abzug ist auch für ausländische Schulen innerhalb der EU/des EWR möglich. Der Abzug hängt hier davon ab, ob der Schulabschluss im Inland anerkannt oder als einem inländischen Abschluss gleichwertig anerkannt wird. Dies kann ggf. durch eine Bescheinigung des zuständigen inländischen Ministeriums eines Bundeslandes, durch Bestätigung der Kultusministerkonferenz der Länder oder eine inländische Zeugnisanerkennungsstelle nachgewiesen werden.

„Ausbildungsfreibetrag"

Zur Abgeltung von Aufwendungen für die Berufsausbildung eines Kindes (z. B. Schulgeld, Lernmaterial, Fahrtkosten, Unterkunftskosten) können Eltern auf Antrag einen „Ausbildungsfreibetrag" **(Sonderbedarf eines sich in Berufsausbildung befindlichen, auswärts untergebrachten volljährigen Kindes)** erhalten.

Abzugsvoraussetzungen

Der Freibetrag steht Ihnen für jedes Kind zu,

- für das Sie **Anspruch auf Kindergeld** oder einen **Kinderfreibetrag** bzw. einen **Freibetrag für Erziehung, Betreuung und Ausbildung** haben,
- welches das **18. Lebensjahr vollendet** hat und
- das während der **Berufsausbildung auswärts untergebracht** ist.

Auswärtige Unterbringung

Das Kind muss für eine gewisse Dauer (z. B. einen Ausbildungsabschnitt) räumlich und hauswirtschaftlich getrennt vom Haushalt der Eltern untergebracht und verpflegt werden (z. B. Studium). Ob das Kind auch im elterlichen Haushalt noch ein Zimmer hat, ist ohne Bedeutung.

Höhe des Freibetrags

Der Ausbildungsfreibetrag beträgt 924 € im Jahr. War das Kind nur zeitweise in Ausbildung oder auswärts untergebracht, wird der Freibetrag für alle Monate, in denen das Kind mindestens einen Tag die Voraussetzungen erfüllt, zeitanteilig angesetzt.

Einbezogen werden auch Übergangszeiten von nicht mehr als vier Monaten zwischen zwei Ausbildungsabschnitten sowie zwischen Wehrdienst und (weiterer) Ausbildung bzw. Ausbildungsabschnitt und Wehrdienst.

BEISPIEL

Kind im Internat

Ein im Internat untergebrachtes Kind wird im Mai 18 Jahre alt und macht im Juni Abitur. Danach ist es zwei Monate zu Hause, wohnt ab September in einer gemieteten Wohnung am künftigen Studienort und beginnt im Oktober das Studium.

Für Januar bis April ist kein Ausbildungsfreibetrag möglich (unter 18 Jahre). Für Mai und Juni beträgt der Ausbildungsfreibetrag **154 €** (2/12 v. 924 €). Für Juli und August ist kein Ausbildungsfreibetrag möglich (keine auswärtige Unterbringung). Ab September erhalten die Eltern wieder einen Ausbildungsfreibetrag von **308 €** (4/12 v. 924 €). Der September zählt mit, weil die Unterbrechung zwischen den Ausbildungsabschnitten Abitur und Studium weniger als vier Monate beträgt.

Aufteilung beim Elternpaar

Eltern, die nicht zusammen veranlagt werden (getrennt lebende, geschiedene, nicht verheiratete Eltern), erhalten den Freibetrag grundsätzlich hälftig, eine andere beliebige Aufteilung ist auf gemeinsamen Antrag hin möglich.

Entlastungsbetrag für Alleinerziehende

Abzugsvoraussetzungen

Der Entlastungsbetrag setzt voraus:

- **alleinstehender** Elternteil
- **Kind**, für das ein **Anspruch auf Kindergeld oder Kinderfreibetrag bzw. Freibetrag zur Betreuung** besteht (Voraussetzungen s. o.)
- **Haushaltszugehörigkeit** des Kindes

Alleinstehend

Als **alleinstehend** gelten Steuerbürger, die ledig, geschieden oder verwitwet sind bzw. deren Ehegatte das ganze Jahr über nicht im Inland gewohnt hat. Nicht alleinstehend sind Personen, die mit anderen volljährigen Personen eine **Haushaltsgemeinschaft** bilden. Diese liegt vor, wenn ein gemeinsames Wirtschaften („Wirtschaften aus einem

Topf") stattfindet. Eine Haushaltsgemeinschaft wird angenommen, wenn der/die Alleinerziehende in einer

- eheähnlichen Lebensgemeinschaft,
- eingetragenen gleichgeschlechtlichen Lebenspartnerschaft,
- Wohngemeinschaft mit Eltern, Großeltern oder Geschwistern oder
- Wohngemeinschaft mit eigenen Kindern, die steuerlich **nicht** bei ihm/ihr berücksichtigt werden können,

zusammenlebt.

Ist eine andere erwachsene Person in der Wohnung gemeldet, wird unterstellt, dass ein gemeinsames Wirtschaften und damit eine schädliche Haushaltsgemeinschaft vorliegen. Das gemeinsame Wirtschaften kann sowohl darin bestehen, dass die andere volljährige Person zu den Kosten des gemeinsamen Haushalts beiträgt, als auch in einer Entlastung durch tatsächliche Hilfe und Zusammenarbeit. Diese gesetzliche Vermutung kann bei Wohngemeinschaften, nicht aber bei eheähnlichen Gemeinschaften und eingetragenen Lebenspartnerschaften widerlegt werden, indem der/die Alleinerziehende glaubhaft versichert, dass die im Haushalt gemeldete Person selbstständig und getrennt wirtschaftet, also einen vollständig getrennten Haushalt führt (z. B. bei Untermietern).

BEISPIEL

Mutter mit zwei Kindern

Eine alleinstehende Mutter lebt zusammen mit ihren zwei volljährigen Kindern, die beide in Berufsausbildung sind. Die Mutter gilt als alleinerziehend, weil (und solange) beide Kinder steuerlich bei ihr berücksichtigt werden können. Soweit die anderen Voraussetzungen erfüllt sind, steht ihr der Entlastungsbetrag zu.

Sobald eines der im Haushalt lebenden Kinder nicht mehr steuerlich berücksichtigt werden kann, entfällt der Entlastungsbetrag, weil eine gemeinsame Haushaltsführung mit dem Kind praktisch nicht widerlegbar ist. Denn bei langjährig zusammenlebenden Angehörigen werden an den Nachweis, dass jeweils vollständig getrennte eigene Haushalte geführt werden, strenge Anforderungen gestellt.

Haushaltszugehörigkeit

Das Kind gehört zum Haushalt, wenn es in der Wohnung des Alleinerziehenden mit **Haupt- oder Nebenwohnsitz gemeldet** ist, oder – sofern das nicht der Fall ist – dauerhaft in der Wohnung lebt. Durch die Meldung wird die Haushaltszugehörigkeit auch dann angenommen, wenn das Kind möglicherweise tatsächlich in einem eigenen Haushalt lebt (BFH, Urteil v. 5.2.2015, III R 9/13). Ohne Meldung muss nachgewiesen werden, dass das Kind zum Haushalt gehört. Ist das Kind bei beiden (getrennt lebenden) Elternteilen gemeldet und nur einer von beiden Elternteilen ist alleinstehend, bekommt dieser – unabhängig von der Kindergeldauszahlung – den Entlastungsbetrag. Sind beide Elternteile jeweils alleinstehend und haben das Kind annähernd gleichwertig in ihre Haushalte aufgenommen, können sie unabhängig davon, wer das Kindergeld ausgezahlt bekommen hat, untereinander bestimmen, wer den Entlastungsbetrag bekommen soll, es sei denn, einer von beiden hat den Entlastungsbetrag bei seiner Veranlagung oder über die Steuerklasse II bei seinem Lohnsteuerabzug bereits in Anspruch genommen. Treffen die Eltern keine Entscheidung über die Zuordnung des Entlastungsbetrags oder können sie sich nicht einigen, erhält derjenige den Entlastungsbetrag, dem das **Kindergeld ausgezahlt** wird.

Höhe

Der Entlastungsbetrag beträgt jährlich 1.908 € für das erste Kind, für jedes weitere berücksichtigungsfähige Kind kommen 240 € dazu. Er wird, wenn die Abzugsvoraussetzungen nur einen Teil des Jahres vorliegen (z. B. Geburt im Mai), zeitanteilig berücksichtigt.

Stirbt bei zusammenlebenden Eltern ein Elternteil, erhält der Überlebende, wenn die übrigen Voraussetzungen erfüllt sind, den Entlastungsbetrag (anteilig) ab dem Monat des Todes.

Heiratet ein Alleinerziehender, ist für das **gesamte** Jahr – auch für den Zeitraum **vor** der Hochzeit – kein Entlastungsbetrag möglich, egal welche Veranlagungsart die Eheleute wählen.

BEISPIEL

Mehrere Kinder

Eine alleinstehende Person hat zwei Kinder unter 25 Jahren. Das erste Kind ist bis Juli in Ausbildung und bezieht ab September eine eigene Wohnung. Das zweite Kind ist das ganze Jahr in der Wohnung des Elternteils gemeldet.

Die Voraussetzungen für den Entlastungsbetrag liegen für die Monate Januar bis Juli und September bis Dezember vor. Im August verhindert das nicht berücksichtigungsfähige erwachsene erste Kind den Abzugsbetrag. Für Januar bis Juli sind für das erste Kind 7/12 von 1.908 € und das zweite Kind 7/12 von 240 € zu berücksichtigen, von September bis Dezember 4/12 von 1.908 € (zweites Kind wird zum einzigen berücksichtigungsfähigen Kind).

Weitere Einzelfälle und Erläuterungen vgl. BMF, Schreiben v. 23.10.2017, IV C 8-S 2265-a/14/10005, 2017/0877364.

ACHTUNG

Splittingtarif für Alleinerziehende?

Nachdem der BFH den Splittingtarif für Alleinerziehende (erneut) abgelehnt hat (Az. III R 62/13), wurde gegen die ablehnende Entscheidung Verfassungsbeschwerde beim Bundesverfassungsgericht (Az. BvR 221/12) eingereicht. Legen Sie als Alleinerziehender mit Hinweis auf das Gerichtsverfahren Einspruch gegen die Anwendung des Grundtarifs ein und beantragen Sie das Ruhen des Einspruchsverfahrens.

Voraussetzungen für die steuerliche Berücksichtigung von Kindern

Es besteht ein Kindschaftsverhältnis.

Kind hat das 18. Lebensjahr vollendet.

Kind hat das 18. Lebensjahr noch nicht vollendet.

Kinder von 18 – 21 Jahren

- Das Kind steht nicht in einem Beschäftigungsverhältnis und ist bei einer Agentur für Arbeit im Inland als Arbeitssuchender gemeldet.

Kinder von 18 – 25 Jahren

- Das Kind
  - befindet sich in Berufsausbildung oder in einer Übergangszeit zwischen zwei Ausbildungen bzw. Ausbildungsabschnitten oder zwischen Ausbildung(sabschnitt) und Wehrdienst bzw. Freiwilligendienst von höchstens vier Monaten **oder**
  - kann eine Berufsausbildung mangels Ausbildungsplatzes nicht beginnen oder fortsetzen **oder**
  - leistet ein soziales, ökologisches oder europäisches Freiwilligenjahr (Erasmus), den Bundesfreiwilligendienst oder entsprechende Dienste.

Kinder von 18 bis unbegrenzt

- Das Kind ist körperlich, geistig oder seelisch behindert (50 % Grad der Erwerbsminderung) und nicht fähig, sich allein zu unterhalten. Die Behinderung ist vor dem 25. Lebensjahr eingetreten.

Kleinunternehmer

Kleingewerbetreibende können im Bereich der Buchführung und der Besteuerung einige Vereinfachungen in Anspruch nehmen. Das Umsatzsteuerrecht hat den Begriff des „Kleinunternehmers" geprägt. Hiernach können Unternehmer mit geringen Umsätzen Erleichterungen in Anspruch nehmen.

§ 4 Abs. 3 EStG, §§ 140 ff. AO, § 19 UStG

1 Kleingewerbetreibende

Buchführungspflicht

Unternehmen, die bestimmte Betriebsgrößen nicht übersteigen, sind von der Verpflichtung, Bücher zu führen, befreit:

Umsatz	600.000 €
oder	
Gewinn	60.000 €

WICHTIG

Unternehmer, die nicht buchführungspflichtig sind, können ihren Gewinn durch → Einnahmenüberschussrechnung ermitteln. Alle anderen müssen einen Jahresabschluss, d. h. eine Bilanz und eine Gewinn-und-Verlust-Rechnung, erstellen. Vertiefend siehe → Bilanzierung/E-Bilanz.

2 Kleinunternehmer im Umsatzsteuerrecht

Vertiefend siehe → Umsatzsteuer. Die Regelungen können aber auch Auswirkungen auf die Einkommen- und Gewerbesteuer haben. Vertiefend siehe → Bilanzierung/E-Bilanz und → Investitionsabzugsbetrag.

Der Kleinunternehmer und die Rechnung

Auch Kleinunternehmer müssen die Vorschriften für das Ausstellen von Rechnungen beachten. Vertiefend siehe → Umsatzsteuer.

Kleinunternehmer im Sinne des § 19 UStG dürfen jedoch abweichend von diesen Vorschriften **die Umsatzsteuer und den USt-Satz nicht ausweisen**. Das gilt auch für Kleinbetragsrechnungen (BFH, Urteil v. 25.9.2013, XI R 41/12).

3 Existenzgründer

Vertiefend siehe → Existenzgründer.

Krankheitskosten

Krankheitskosten gehören zu den außergewöhnlichen Belastungen allgemeiner Art. Sie mindern, soweit sie eine zumutbare Eigenbelastung übersteigen, das zu versteuernde Einkommen.

§ 33 EStG

Vertiefend siehe → Außergewöhnliche Belastung, → Behinderte Menschen und → Pflegekosten/Heimunterbringung.

1 Aufwendungen zur Heilung von Krankheiten

Der steuerliche Abzug von Krankheitskosten setzt voraus, dass die Aufwendungen infolge einer tatsächlichen Erkrankung angefallen sind und nicht lediglich gesundheitsfördernde Vorbeuge- oder Folgekosten darstellen. Da diese Abgrenzung schwierig sein kann, muss die Notwendigkeit der Kosten (Zwangsläufigkeit) nachgewiesen werden.

Nachweise

Nach § 64 EStDV ist als Beleg für die Zwangsläufigkeit der Ausgaben grundsätzlich ein **einfacher** Nachweis in Form einer Verordnung durch einen Arzt oder einen Heilpraktiker erforderlich. In bestimmten Fällen ist ein **qualifizierter** Nachweis in Form eines amtsärztlichen Gutachtens oder einer ärztlichen Bescheinigung des Medizinischen Dienstes der Krankenversicherung (MDK) vorgeschrieben.

Der qualifizierte Nachweis muss stets vor Beginn der Maßnahme vorliegen. Er ist erforderlich bei

- Bade- und Heilkuren,
- psychotherapeutischer Erst- oder Fortsetzungsbehandlung,
- einer medizinisch erforderlichen auswärtigen Unterbringung eines an Legasthenie oder einer anderen Behinderung leidenden Kindes (dasselbe gilt für den auswärtigen Schulbesuch eines hochbegabten Kindes oder für Aufwendungen zur Behandlung von Lese- und Rechtschreibschwäche oder für logopädische Therapien),
- der Notwendigkeit der Betreuung einer volljährigen Person (bei Begleitung minderjähriger Kinder genügt der einfache Nachweis) durch eine Begleitperson z. B. im Urlaub oder während einer Kur, sofern nicht bereits das Merkzeichen „H" (hilflos) im Behindertenausweis eingetragen ist,
- medizinischen Hilfsmitteln, die als allgemeine Gebrauchsgegenstände des täglichen Lebens angesehen werden (z. B. Garagenrolltor, Fahrstuhl, Auffahrrampe, Bewegungsbad),
- wissenschaftlich nicht anerkannten Behandlungsmethoden, d. h. wenn Qualität und Wirksamkeit nicht dem allgemein anerkannten Stand der medizinischen Erkenntnisse entsprechen (BFH, Urteil v. 26.6.2014, VI R

51/13). Aufwendungen sind bei einem Erkrankten mit nur noch begrenzter Lebenserwartung auch dann zwangsläufig, wenn die Methoden aus schulmedizinischer oder naturheilkundlicher Sicht nicht anerkannt sind. Dies gilt z. B. für Frisch- und Trockenzellenbehandlung, Sauerstoff-, Chelat- und Eigenbluttherapie, immunbiologische Krebsabwehrtherapie, Kosten eines Wasserionisierers oder eine Delfin- oder Reittherapie, Liposuktion (operative Fettabsaugung, BFH, Urteil v. 18.6.2015, VI R 68/14, BFH/NV 2015 S. 1480) sowie Reikibehandlung (BFH, Beschluss v. 21.2.2018, VI R 11/16).

In allen anderen Fällen reicht der einfache Nachweis, also z. B. bei medizinischen Hilfsmitteln (Brille, Hörgerät, Zahnersatz, Treppenschräglift, Sitzerhöhung, Badewannenlift, Haltegriffe, Hausnotruf bei behinderten Menschen, Spezialrauchmelder bei Gehörlosen), Austausch von Möbeln wegen Gesundheitsgefährdung (z. B. bei Hausstauballergie oder Formaldehydbelastung, Allergikerbettwäsche), Aufwendungen für eine künstliche Befruchtung, Kosten einer Laseroperation am Auge, einer Zahnbehandlung oder bei der Notwendigkeit von Besuchsfahrten zu Ehegatten oder Kindern im Krankenhaus zur Heilung bzw. Linderung einer Krankheit. Einzelheiten und weitere Einzelfälle s. u.

Bei einer dauerhaften Erkrankung mit anhaltendem Verbrauch bestimmter Medikamente oder Hilfsmittel reicht die einmalige Vorlage der (ärztlichen) Verordnung. Die Nachweise müssen nur auf Anforderung des Finanzamts vorgelegt werden.

TIPP

Berufskrankheiten

Handelt es sich um eine typische Berufskrankheit (Staublunge eines Bäckers oder Bergmanns) oder besteht ein eindeutiger Zusammenhang mit dem Beruf (z. B. Strahlenschäden bei einem medizinisch-technischen Assistenten) oder wurde die Krankheit durch den Beruf verursacht (z. B. HIV-Infektion bei der Berufsausübung), sind die Krankheitskosten Werbungskosten oder Betriebsausgaben. Burnout ist keine typische Berufskrankheit (BFH, Beschluss v. 9.11.2015, VI R 36/13).

Einzelfälle

Absetzbar sind die unmittelbar angefallenen Krankheitskosten, insbesondere:

- Kosten für **ärztliche stationäre oder ambulante Behandlung** – auch für einen teuren Spezialarzt – oder einen **Heilpraktiker**
- **Arznei-, Heil- und medizinische Hilfsmittel** (einschließlich Rezeptgebühr) **nach Verordnung durch Arzt oder Heilpraktiker.** Nicht rezeptpflichtige Medikamente sind ebenfalls nur nach entsprechender Verordnung abziehbar. Bei länger andauernden Erkrankungen reicht die einmalige Vorlage einer Verordnung. Aufwendungen für **medizinische Fachliteratur** sind nicht abziehbar, selbst wenn sie dazu dient, die Entscheidung für eine bestimmte Therapie oder die Auswahl eines bestimmten Facharztes zu treffen.

- **Krankenhauskosten** (auch Ein- oder Zweibettzimmer, Chefarztbehandlung, nicht jedoch die Kosten für Telefon oder Fernseher). Es erfolgt keine Kürzung der Krankenhauskosten um eine Haushaltsersparnis.
- Aufwendungen für die **krankheitsbedingte Unterbringung** der eigenen Person in einem Heim. Sämtliche Kosten (einschließlich Unterbringung und Verpflegung) sind als Krankheitskosten zu behandeln. Eine Haushaltsersparnis ist nicht zu berücksichtigen. Ebenso abzugsfähig sind die Kosten aufgrund der **krankheitsbedingten Unterbringung eines nahen Angehörigen** im Pflegeheim. Vertiefend siehe → Pflegekosten/Heimunterbringung.

Weitere Einzelfälle:

- **Aids:** Aufwendungen zur Linderung von Aids sind abziehbar.
- **Allergie:** Kosten für den Austausch allergieauslösender Möbel (Asthma, Formaldehydbelastung) sind abzugsfähig, ebenso Aufwendungen für das Fällen der das Wohnhaus umgebenden Bäume, wenn dies wegen Pollenallergie notwendig ist (einfacher Nachweis ausreichend).
- Aufwendungen für den **behindertengerechten Umbau** einer Wohnung oder eines Gebäudes. Vertiefend siehe → Behinderte Menschen.
- **Aufwendungen für den krankheitsbedingten Umbau** einer Wohnung oder eines Gebäudes z. B. wegen Schadstoffbelastung. Vertiefend siehe → Außergewöhnliche Belastung.
- **Burn-out:** abzugsfähige Krankheitskosten mit qualifiziertem Nachweis (BFH, Beschluss v. 9.11.2015, VI R 36/13)
- **Diätverpflegung:** Mehraufwendungen für eine Diätverpflegung sind abzugsfähig, wenn es sich bei den Präparaten um Arzneimittel i. S. d. § 2 AMG (Arzneimittelgesetz) handelt, nicht dagegen Nahrungsergänzungsmittel (BFH, Urteil v. 15.4.2015, VI R 89/13). Hier gilt das gesetzliche Abzugsverbot.
- **Gesundheitssport:** Die Aufwendungen sind – ohne ärztliche Verordnung – auch dann nicht abziehbar, wenn sie wegen einer Erkrankung besonders notwendig oder ratsam sind (z. B. „Rückenschule“ oder „Aktivwoche 55+“).
- **Fahrtkosten** in Zusammenhang mit ärztlichen Behandlungen sind abzugsfähig. Kosten, die anfallen, um einen kranken Angehörigen, der in seinem eigenen Haushalt lebt, zu betreuen und zu versorgen, können unter besonderen Umständen abziehbar sein bzw. über den Pflegepauschbetrag erfasst werden. Auch behinderte Menschen können Fahrtkosten geltend machen. Vertiefend siehe → Behinderte Menschen.
- **heileurythmische Behandlung:** Kosten sind grundsätzlich abzugsfähig, einfacher Nachweis ausreichend, da anerkannte Behandlungsmethode (BFH, Urteil v. 26.2.2014, VI R 27/13).
- **künstliche Befruchtung:** Der Kostenabzug ist möglich, wenn die jeweilige Insemination der gezielten

medizinisch indizierten Behandlung zum Zwecke der Heilung oder Linderung der Krankheit Empfängnisunfähigkeit der Frau bzw. Zeugungsunfähigkeit des Mannes (Ersatz der gestörten Körperfunktion) erfolgt. Abzugsvoraussetzung ist aber immer, dass die Maßnahme mit den (inländischen) Richtlinien der Berufsordnungen für Ärzte und dem Embryonenschutzgesetz (ESchG) in Einklang steht (BFH, Beschluss v. 19.4.2017, VI R 20/15). Unter dieser Voraussetzung wird der Kostenabzug bei homologischer Insemination (Samenspende vom Ehegatten) und bei heterologischer Insemination (Samen eines Dritten) anerkannt. Dies gilt für eine In-vitro-Fertilisation (IVF) und eine intrazytoplasmatische Spermieninjektion (ICSI), auch wenn sie im Ausland durchgeführt wird. Ein Verstoß gegen deutsches Recht liegt nicht vor, wenn zwar mehr als drei Eizellen befruchtet werden, aber lediglich ein oder zwei entwicklungsfähige Embryonen entstehen sollen (sog. deutscher Mittelweg) (BFH, Urteil v. 17.5.2017, VI R 34/15). Der Abzug ist auch bei einer in gleichgeschlechtlicher Partnerschaft lebenden unfruchtbaren Frau möglich (BFH, Urteil v. 5.10.2017, VI R 47/15).

- **Kur:** Die Aufwendungen für die Kur sind nur dann abziehbar, wenn die Kur zur Heilung oder Linderung einer festgestellten Krankheit notwendig ist und eine andere Behandlungsweise nicht oder kaum Erfolg versprechend erscheint. Ein qualifizierter Nachweis ist erforderlich.

Höhe der Kuraufwendungen:

- **Arzt- und Kurmittelkosten** (Bäder, Packungen, Massagen etc.) sind auch abzugsfähig, wenn die Notwendigkeit der Kur nicht nachgewiesen wurde, die Heilmittel aber ärztlich verordnet waren.
- **Unterbringungskosten** sind in tatsächlicher und angemessener Höhe abzugsfähig.
- **Verpflegungsmehraufwendungen** sind gekürzt um die Haushaltsersparnis (20 % der Aufwendungen) abzugsfähig.
- Kosten für **öffentliche Verkehrsmittel**, nur ausnahmsweise (entsprechend Behinderung) sind eigene Kfz-Kosten abziehbar.

Bei **Auslandskuren** werden nur die Kosten einer vergleichbaren Inlandskur anerkannt.

Bei **behinderten Menschen** können Aufwendungen für eine Heilkur auch dann geltend gemacht werden, wenn der Behindertenpauschbetrag abgezogen wird.

Bei **Heilkur eines Kindes** muss das Kind während der Kur in einem Kinderheim untergebracht sein. Findet die Unterbringung nicht in einem Heim statt und wird das Kind von einem Elternteil begleitet, muss die vor Kurantritt ausgestellte amtsärztliche Bescheinigung beinhalten, dass und warum der Kurerfolg auch bei einer Unterbringung außerhalb des Kinderheims gewährleistet ist. Bei minderjährigen Kindern sind dann auch die Kosten einer Begleitperson abzugsfähig. Es genügt der einfache

Nachweis (BFH, Urteil v. 5.10.2011, VI R 88/10; BFH, Urteil v. 1.11.2010, VI R 17/09).

- **Legasthenie:** Die Aufwendungen zur Behandlung einer Lese- und Rechtschreibschwäche sind abziehbar, wenn diese krankheitsbedingt ist. Ein qualifizierter Nachweis ist erforderlich.
- **naturheilkundliche Behandlung:** Für Angehörige besteht weder eine rechtliche noch eine sittliche Verpflichtung, eine von der Krankenkasse nicht bezahlte naturheilkundliche Krebsnachbehandlung in Höhe eines größeren Betrags für einen krankenversicherten Elternteil zu tragen.
- **Operationen** gehören zu den abzugsfähigen Krankheitskosten, nicht jedoch kosmetische und Schönheitsoperationen (z. B. Haartransplantationen), es sei denn, sie sind aus psychischen Gründen notwendig.
- **Pflegepersonal:** Pflegen Sie Angehörige selbst, erhalten Sie u. U. den Pflegepauschbetrag. Aufwendungen für eine ambulante Pflegekraft sind zusätzlich als Krankheitskosten abziehbar. Vertiefend siehe → Pflegekosten/Heimunterbringung.
- **Privatschulbesuch:** Die Kosten sind abzugsfähig, wenn der Schulbesuch mit individueller Förderung wegen der Behinderung eines Kindes begründet (Lese- und Rechtschreibschwäche) wird, weil eine geeignete öffentliche oder private Schule nicht zur Verfügung steht oder nicht in zumutbarer Weise erreicht werden kann. Dasselbe gilt für den auswärtigen Schulbesuch eines (kranken) hochbegabten Kindes. In allen Fällen ist ein qualifizierter Nachweis notwendig (BFH, Urteil v. 12.5.2011, VI R 37/10; BFH, Urteil v. 19.11.2015, VI R 45/11).
- **Trinkgeld an Ärzte, Praxisteam, Krankenhauspersonal** ist nicht abzugsfähig.

2 Ersatz von dritter Seite

Von den Krankheitskosten sind Ersatzleistungen (Zahlungen der Krankenkasse, Beihilfen, Unterstützungen, Schadensersatz Dritter) abzuziehen, wenn mit der Erstattung (z. B. aufgrund der abgeschlossenen Krankenversicherung) gerechnet werden konnte, unabhängig davon, wann die Erstattung erfolgte. Wegen einer möglichen Beitragsrückerstattung der Krankenversicherung nicht geltend gemachte Kosten sind nicht abzugsfähig.

Leistungen aus der **Krankenhaustagegeldversicherung** sind bis zur Höhe der Krankenhauskosten anzurechnen, nicht dagegen **Krankentagegelder**, denn diese werden als Ersatz für entgangene Einnahmen wegen Arbeitsunfähigkeit gezahlt.

Mindestlohn

Seit dem 1.1.2015 hat jeder Arbeitnehmer einen gesetzlichen Anspruch auf Zahlung eines Mindestlohns. Der Arbeitgeber muss zum Nachweis der Voraussetzungen Aufzeichnungen führen.

MiLoG (Mindestlohngesetz)

1 Allgemeines

Das Mindestlohngesetz ist auf alle Arbeitsverhältnisse im Inland anwendbar. Der gesetzliche Mindestlohn beträgt seit dem 1.1.2017 **8,84 €** (Bruttolohn) je Zeitstunde. Geplant ist eine Erhöhung des Mindestlohns zum 1.1.2019 auf 9,19 Euro und auf 9,35 Euro zum 1.1.2020.

Das MiLoG enthält keine Regelungen zur Einbeziehung anderer Vergütungsbestandteile. Damit dürfen Zulagen, die nicht zeitbezogen vergütet werden, nicht einbezogen werden. Ein Leistungsbonus ist jedoch in die Berechnung des Mindestlohns einzubeziehen (ArbG Düsseldorf, Urteil v. 20.4.2015, 5 Ca 1675/15). Das gilt auch für monatlich anteilig ausgezahltes Weihnachts- und Urlaubsgeld (BAG, Urteil v. 25.5.2016, 5 AZR 135/16).

Das Unterschreiten der Lohnuntergrenze stellt u. U. einen Straftatbestand dar.

2 Ausnahmen

Ausgenommen sind folgende Personengruppen:

- Praktikanten (ausbildungsbezogenes Pflichtpraktikum, Praktikum von max. drei Monaten zur beruflichen Orientierung, ausbildungs- oder studienbegleitendes Praktikum von max. drei Monaten, Einstiegsqualifizierung bzw. Berufsausbildungsvorbereitung)
- Kinder und Jugendliche ohne abgeschlossene Berufsausbildung
- Auszubildende im Sinne des Berufsbildungsgesetzes
- Langzeitarbeitslose im Sinne des § 18 Abs. 1 SGB III
- ehrenamtlich Tätige

Besonders zu beachten ist die Dokumentationspflicht für Praktikanten. Unverzüglich nach Abschluss des Praktikumsvertrags, auf jeden Fall vor Aufnahme der Praktikantentätigkeit, sind die wesentlichen Vertragsbedingungen schriftlich niederzulegen, die Niederschrift zu unterzeichnen und dem Praktikanten auszuhändigen.

3 Besondere Aufzeichnungspflichten

Besondere Aufzeichnungs- und Dokumentationspflichten bestehen insbesondere für Arbeitgeber, die Arbeitnehmer in Wirtschaftszweigen des § 2a SchwarzArbG (Bau-, Gaststätten- und Beherbergungs-, Transport- und Personenbeförderungs-, Gebäudereinigungs- und Schaustellergewerbe, Forstwirtschaft, Fleischwirtschaft) oder nach § 8 Abs. 1 SGB IV (Minijobber und kurzfristig Beschäftigte) beschäftigen. Für diese Beschäftigten müssen mindestens Beginn, Ende und Dauer der täglichen Arbeitszeit aufgezeichnet und mindestens zwei Jahre aufbewahrt werden.

HINWEIS

Minijobber im Privathaushalt

Der Mindestlohn gilt auch für geringfügig Beschäftigte in Privathaushalten, nicht aber die Aufzeichnungs- und Dokumentationspflichten.

Minijobs

Eine geringfügig entlohnte Beschäftigung (Minijob) liegt vor, wenn das Arbeitsentgelt regelmäßig 450 € im Monat nicht übersteigt. Die wöchentliche Arbeitszeit und die Anzahl der monatlichen Arbeitseinsätze spielen keine Rolle.

§§ 8, 8a SGB IV, § 168 SGB VI, §§ 40a, 35a EStG

Vertiefend siehe → Haushaltsnahe Tätigkeiten/Dienstleistungen und → Pflegekosten/ Heimunterbringung.

1 Behandlung bei der Sozialversicherung

Das Sozialversicherungsrecht unterscheidet zwischen

- geringfügig entlohnten und
- kurzfristigen Beschäftigungen.

Geringfügig entlohnte Beschäftigung

Die Bedeutung der Entgeltgrenze

Bei der geringfügig entlohnten Beschäftigung darf der durchschnittliche Verdienst 450 € je Monat nicht überschreiten. Dabei sind die Vorschriften zum → Mindestlohn zu beachten. Neben dem Arbeitsentgelt zu zahlende zusätzliche Beträge (z. B. Urlaubs- und Weihnachtsgeld) sind bei der Durchschnittsberechnung mit einzubeziehen, wenn die Zahlung mit hinreichender Sicherheit (Tarifvertrag, betriebliche Übung) erfolgen wird.

BEISPIEL

Entgeltgrenze

A erhält ein monatliches Entgelt von 440 € sowie ein tarifliches Weihnachtsgeld von 300 €.

Das Gesamtentgelt beträgt 5.580 €, durchschnittlich also 465 € je Monat. Da die Arbeitsentgeltgrenze von 450 € überschritten wird, ist der Arbeitnehmer von Beginn an sozialversicherungspflichtig. Ein nur gelegentliches und nicht vorhersehbares Überschreiten der

Arbeitsentgeltgrenze ist unschädlich. Bei schwankendem Arbeitslohn ist die Prognose des Arbeitslohns maßgeblich. Ist danach von einer Beschäftigung unter 450 € auszugehen und tritt aufgrund nicht vorhersehbarer Umstände eine Änderung ein, bleibt es bei der Versicherungsfreiheit. Es reicht aus, eine Jahresprognose zu erstellen (Obergrenze 5.400 €), ohne die zu erwartenden Arbeitsentgelte für die einzelnen Monate im Vorfeld festzulegen.

TIPP

Übungsleiterpauschale

Die nach § 3 Nr. 26 und Nr. 26a EStG steuerfreien Einnahmen von max. 2.400 € (Übungsleiterpauschale) und 720 € (Ehrenamtsfreibetrag) bleiben auch bei der sozialversicherungsrechtlichen Beurteilung außer Betracht.

Mehrere Minijobs

Übt der Arbeitnehmer mehrere Minijobs nebeneinander aus, ist durch Zusammenrechnung des Arbeitslohns aller geringfügigen Beschäftigungsverhältnisse zu prüfen, ob die 450-Euro-Grenze überschritten wird.

BEISPIEL

Mehrere Minijobs

C verdient bei X monatlich 300 €. Ab September arbeitet er zusätzlich bei W für 180 € monatlich.

Ab September besteht Versicherungspflicht für **beide** Arbeitsverhältnisse, da die Grenze überschritten ist.

Minijobs neben einer Haupttätigkeit

Übt ein Arbeitnehmer neben einer versicherungspflichtigen Haupttätigkeit noch Minijobs aus, bleibt der zuerst aufgenommene Minijob versicherungsfrei. Alle weiteren Minijobs werden für die Renten-, Kranken- und Pflegeversicherung, nicht jedoch für die Arbeitslosenversicherung zusammengerechnet.

Beamte und Minijobs

Das Beamtenverhältnis wird aufgrund der Versicherungsfreiheit nicht mit Minijobs zusammengerechnet. Für die Renten- und Arbeitslosenversicherung werden die Minijobs so behandelt, als ob es keine Hauptbeschäftigung gäbe. Bei der Kranken- und Pflegeversicherung herrscht jedoch absolute Versicherungsfreiheit.

BEISPIEL

Beamte

Der Beamte D geht neben seiner Haupttätigkeit (monatlich 1.800 €) noch zwei Minijobs mit 200 € bzw. 280 € nach.

Beide Minijobs bleiben grundsätzlich kranken- und pflegeversicherungsfrei. Da das Entgelt der Minijobs 450 € übersteigt, fallen aber Pflichtbeiträge zur Renten- und Arbeitslosenversicherung an.

Nachträgliche Erhöhung des Arbeitsentgelts

Erhöht sich das Arbeitsentgelt nachträglich, z.B. durch eine rückwirkende Tariferhöhung, und wird dadurch die 450-Euro-Grenze überschritten, hat dies nur Auswirkungen für die Zukunft.

Rentenversicherungspflicht

Minijobs waren bis 2012 grundsätzlich sozialversicherungsfrei. Für bestehende Arbeitsverhältnisse gilt dies auch weiter, solange der Arbeitslohn die bisherige Grenze von 400 € nicht übersteigt.

TIPP

Übergang auf neues Recht

Erhöht sich allerdings das regelmäßige monatliche Arbeitsentgelt auf einen Betrag zwischen 400 € und 450 €, gilt für die alte Beschäftigung das neue Recht. Dann tritt bei dem bisher versicherungsfreien Minijob Versicherungspflicht in der Rentenversicherung ein. Der Minijobber kann sich jedoch von der Versicherungspflicht in der Rentenversicherung befreien lassen (schriftlicher Antrag an den Arbeitgeber).

Wurden hingegen in der Beschäftigung bereits vor dem 1. Januar 2013 Rentenversicherungsbeiträge aufgestockt, bleibt der Minijobber weiterhin versicherungspflichtig. In diesem Fall ist die Befreiung von der Rentenversicherungspflicht nicht möglich.

WICHTIG

Rentenversicherungspflicht

Minijobs, die nach dem 1. Januar 2013 aufgenommen wurden, sind versicherungspflichtig in der gesetzlichen Rentenversicherung. Dieser Personenkreis kann sich aber von der Versicherungspflicht in der Rentenversicherung befreien lassen.

Hierfür muss der Beschäftigte dem Arbeitgeber schriftlich mitteilen, dass er die Befreiung wünscht. Dann zahlt der Arbeitgeber weiterhin den Pauschalbeitrag zur Rentenversicherung, der Minijobber zahlt keinen eigenen Beitrag. Den Antrag des Arbeitnehmers muss der Arbeitgeber zu den Entgeltunterlagen nehmen, aber nicht an die Minijobzentrale senden. Ein Musterantrag zur Befreiung von der Rentenversicherungspflicht ist auf der Internetseite der Minijobzentrale zu finden.

Die Befreiung wirkt ab dem Kalendermonat des Eingangs beim Arbeitgeber, frühestens ab dem Beschäftigungsbeginn. Voraussetzung ist, dass der Arbeitgeber der Minijobzentrale die Befreiung innerhalb von sechs Wochen nach Eingang des Befreiungsantrags meldet.

Beiträge

Liegt eine geringfügig entlohnte Tätigkeit vor, muss der Arbeitgeber Beiträge zur Renten- und i.d.R. auch zur Krankenversicherung zahlen. Dabei ist zwischen

- Arbeitnehmern, die ausschließlich im Privathaushalt beschäftigt sind, und

- sonstigen Arbeitnehmern im gewerblichen Bereich

zu unterscheiden.

Pauschalbeiträge zur Renten- und Krankenversicherung

Kommt der pauschale Beitragssatz zur Rentenversicherung (RV) zur Anwendung, beträgt dieser für Arbeitnehmer im Privathaushalt 5 %, bei sonstigen Arbeitnehmern (im gewerblichen Bereich) 15 % des Arbeitslohns. Andernfalls beträgt der Beitragssatz 18,6 %.

Beitragspflichtig sind auch Personen, die in ihrer Haupttätigkeit beitragsbefreit sind (z. B. Beamte) oder die nur eine geringfügige Beschäftigung ausüben (z. B. Rentner).

Der Beitragssatz zur Krankenversicherung (KV) beträgt für Arbeitnehmer im Privathaushalt 5 %, bei sonstigen Arbeitnehmern 13 % des Arbeitslohns.

Zusätzlich muss der Arbeitgeber folgende Umlagen an die Minijobzentrale abführen:

Umlage U1	Lohnfortzahlung bei Krankheit	0,90 %
Umlage U2	wegen Schwangerschaft/ Mutterschaft	0,24 %
INSO	Insolvenzumlage	0,06 %

(Alle Beitragssätze nach dem Stand von 2018; die Sätze für 2019 lagen bei Redaktionsschluss noch nicht vor!)

Bei rentenversicherungspflichtigen Minijobs mit geringen Verdiensten ist der zu zahlende monatliche Rentenversicherungsbeitrag von mind. 175 € zu berechnen (Mindestbemessungsgrundlage). Das gilt auch für Beschäftigungen, die bereits vor dem 1. Januar 2013 begonnen haben.

TIPP

Mindestbemessungsgrundlage

Auch bei der Frage, ob die Mindestbemessungsgrundlage zu beachten ist, sind mehrere Minijobs zusammenzuzählen. Lassen Sie sich daher als Arbeitgeber von Ihrem Arbeitnehmer bestätigen, dass der Gesamtverdienst aus allen Minijobs mehr als 175 € beträgt. Dann sind Sie auf der sicheren Seite.

Ist der Arbeitgeber ein Privathaushalt, wird ein Beitrag zur Unfallversicherung i. H. v. 1,6 % einbehalten. In anderen Fällen besteht neben der Meldepflicht bei der Minijobzentrale auch eine Melde- und Beitragspflicht zur gesetzlichen Unfallversicherung. Die gesetzliche Unfallversicherung kommt für die Folgen von Arbeitsunfällen oder Berufskrankheiten auf und wird hierbei nicht automatisch über die Minijobzentrale abgedeckt. Eine private Unfallversicherung ersetzt nicht die gesetzliche Unfallversicherung.

Zusammentreffen mit einer anderen Erwerbstätigkeit bei Überschreiten der Jahresarbeitsentgeltgrenze

BEISPIEL

Überschreiten der Beitragsbemessungsgrenze 1

G überschreitet mit seiner Haupttätigkeit die Beitragsbemessungsgrenze und ist freiwillig bei einer **gesetzli-**

chen **Krankenkasse** versichert. Daneben übt er eine geringfügige Beschäftigung aus.

Sowohl die Pauschalbeiträge zur RV als auch zur KV sind zu zahlen.

BEISPIEL

Überschreiten der Beitragsbemessungsgrenze 2

Alternative: G ist Mitglied einer **privaten Krankenversicherung.**

In der Krankenversicherung fallen keine Pauschalbeiträge an. Zur RV sind Pauschalbeiträge abzuführen.

Haushaltsscheck

Liegt eine **ausschließliche Beschäftigung im privaten Haushalt** vor und handelt es sich um Tätigkeiten, die sonst durch Haushaltsmitglieder erledigt werden (z. B. Reinigungs- oder Gartenarbeiten, Pflegetätigkeiten – auch Tagesmütter), gelten die Besonderheiten des **Haushaltsscheckverfahrens.**

Der Haushaltsscheck dient der Anmeldung von Sozialabgaben und der Pauschsteuer bei der Deutschen Rentenversicherung Knappschaft-Bahn-See (Minijobzentrale).

Den Haushaltsscheck muss der Arbeitgeber zu Beginn sowie zum Ende jeder Beschäftigung eines Arbeitnehmers abgeben und sobald sich dessen Entgelt ändert. Ist ein fester Lohn vereinbart, gilt die Beginnmeldung als Dauerbeleg.

Auf der Basis dieser Angaben errechnet die Einzugsstelle den Beitrag und zieht diesen am 31. Juli bzw. 31. Januar für die jeweils vorhergehenden sechs Monate im Lastschriftverfahren ein.

Verzichtet der Arbeitnehmer auf die Rentenversicherungsfreiheit, muss er die Differenz zum Regelbeitrag (Aufstockungsbetrag) i. H. v. 3,6 % (gewerblicher Minijob) bzw. 13,6 % (Minijob im Haushalt) selbst tragen. Dies wird beim Arbeitgeber zusammen mit den Pauschalsätzen eingezogen. Auch hier ist die Mindestbemessungsgrundlage zu beachten.

BEISPIEL

Haushaltsscheckverfahren

Die Haushaltshilfe H verdient im Monat 100 €. Sie ist rentenversicherungspflichtig. Der Arbeitgeber (Privathaushalt) muss folgende Abgaben leisten:

Krankenversicherung (5 %)	5,00 €
Rentenversicherung AG-Anteil 5 % von 100 €	5,00 €
Rentenversicherung AN-Anteil 18,6 % von 175 € (32,55) abzgl. AG-Anteil (5,00 €)	27,55 €
Umlage U1 (Lohnfortzahlung bei Krankheit)	0,90 €
Umlage U2 (wegen Schwangerschaft/Mutterschaft)	0,24 €
Unfallversicherung	1,60 €
Steuer	2,00 €

Der Arbeitnehmer bekommt noch (100 € ./. 27,55 € =) 72,45 € ausbezahlt. Der Arbeitgeber zahlt den Arbeitnehmeranteil von 27,55 € und den eigenen Anteil von 14,74 € an die Minijobzentrale.

Ist der Arbeitnehmer von der Rentenversicherungspflicht befreit, bekommt er 100 € ausbezahlt und der Arbeitgeber zahlt nur 14,74 € an die Minijobzentrale.

Vordrucke

Vordrucke erhalten Sie bei der DR Knappschaft-Bahn-See, Minijobzentrale, 45115 Essen und im Internet.

Gleitzone

Voraussetzungen

Die Gleitzonenregelung wird angewendet, wenn der Arbeitslohn im Monat zwischen 450,01 € und 850 € liegt. Während Arbeitnehmer mit einem Arbeitslohn bis 450 € je Monat versicherungsfrei bleiben, sind Beschäftigte mit einem Lohn von mehr als 450 € (ggf. Summe aus mehreren Dienstverhältnissen) versicherungspflichtig. Der Arbeitgeber hat in der Gleitzone den vollen Beitragssatz zu leisten, der Beitragssatz des Arbeitnehmers steigt mit der Höhe des Entgelts an.

BEISPIEL

Gleitzonenregelung

I wird voraussichtlich von Januar bis Juni 550 € und von Juni bis Dezember 390 € verdienen. Außerdem stehen ihm 120 € Weihnachtsgeld zu.

Der Jahresarbeitslohn beträgt 5.760 € (6 × 550 € + 6 × 390 € + 120 €). Daraus ergibt sich der maßgebliche Lohn von 480 € (1/12 von 5.760 €). Damit ist die 450-Euro-Grenze überschritten und die Gleitzonenregelung anzuwenden.

Es gibt einen Gleitzonenrechner. Suchen Sie auf der Internetseite www.deutsche-rentenversicherung-bund.de oder www.minijob-zentrale.de nach dem Stichwort „Gleitzone".

Kurzfristige Beschäftigung

Steht schon von Beginn an fest, dass die Beschäftigung zeitlich begrenzt ist (z. B. Student mit Semesterferienjob), besteht keine Sozialversicherungspflicht, unabhängig von der Höhe des Entgelts.

WICHTIG

Neue Zeitgrenze bei kurzfristiger Beschäftigung

Die für die Versicherungsfreiheit kurzfristiger Beschäftigungen maßgebende Zeitgrenze beträgt ab dem 1.1.2019 nur noch zwei Monate bzw. 50 Arbeitstage. Die bis zum 31.12.2018 geltende Regelung (drei Monate bzw. 70 Arbeitstage) ist ausgelaufen.

Dabei gilt die Zweimonatsfrist, wenn die Beschäftigung an mind. fünf Tagen pro Woche ausgeübt wird, und die 50-Tage-Frist bei geringerer wöchentlicher Beschäftigung. Die Beschäftigung muss vertraglich oder nach der Art des Beschäftigungsverhältnisses begrenzt angelegt sein (z. B. Saisontätigkeit). Das gilt nicht, wenn es sich um eine

soweit wegen der zumutbaren Eigenbelastung keine Berücksichtigung als außergewöhnliche Belastung erfolgt oder auf den Abzug als außergewöhnliche Belastung verzichtet wird (Wahlrecht). Die Ermäßigung ist auch möglich, wenn z. B. im Rahmen des betreuten Wohnens in einem Heim ein **abgeschlossener** eigener **Haushalt** geführt wird. Vertiefend siehe → Haushaltsnahe Tätigkeiten/Dienstleistungen.

Aufwendungen für Angehörige

Wurden Aufwendungen für den Unterhalt, die Betreuung oder Pflege eines **Angehörigen** gezahlt, sind die Kosten als (eigene) außergewöhnliche Belastung allgemeiner Art (§ 33 EStG) oder über eine Steuerermäßigung (§ 35a Abs. 2 EStG) berücksichtigungsfähig.

Sofern die Aufwendungen (auch Heimunterbringung) nicht wegen Pflegebedürftigkeit, Behinderung oder krankheitshalber angefallen sind, ist nur der Abzug als Unterhaltszahlung (§ 33a Abs. 1) EStG möglich. Einkünfte und Bezüge der unterstützten Person werden dabei angerechnet (§ 33a Abs. 1 EStG). Vertiefend siehe → Unterhaltszahlungen.

TIPP

Tabellarische Übersichten

Wichtiges zum Thema „Pflegekosten/Heimunterbringung" sowie Tabellen, aus denen auf einen Blick ersichtlich ist, welche Steuervergünstigung je nach Fallgestaltung möglich ist, finden Sie auf www.haufe.de/mybook unter „Weiterführende steuerliche Informationen".

Pflegepauschbetrag

Den Pauschbetrag (924 € Jahresbetrag) kann die Person, die die Pflege **persönlich** durchführt, geltend machen, vorausgesetzt, die Pflege erfolgt in ihrer Wohnung oder in der Wohnung der zu pflegenden Person (§ 33b Abs. 6 EStG). Alternativ sind die tatsächlichen Kosten der pflegenden Person für die Pflege unter Berücksichtigung der zumutbaren Eigenbelastung als allgemeine außergewöhnliche Belastung (§ 33 EStG) abzugsfähig (Wahlrecht).

Aufwendungen zur Heimunterbringung von Kindern

Die für das Kind entstandenen, von den Eltern getragenen Heimkosten, sind grundsätzlich abgegolten, wenn der dem Kind zustehende Pauschbetrag für behinderte Menschen auf die Eltern übertragen wurde. Zusätzlich können die Eltern neben möglichen Krankheitskosten des Kindes auch ihnen für die Pflege entstandene Kosten als allgemeine außergewöhnliche Belastung geltend machen. Dazu gehören z. B.:

- Fahrten zur Betreuungseinrichtung, um das Kind zu betreuen bzw. zu pflegen (Abzug in Höhe der Kosten öffentlicher Verkehrsmittel)
- Unterbringungskosten der Eltern am Ort der Betreuungseinrichtung
- **therapeutisch notwendige** Aufwendungen für einen gemeinsamen Urlaub in angemessener Höhe
- Aufwendungen für Pflegevorrichtungen (z. B. Hebelift, Spezialbett)
- Aufwendungen für Pflegedienste, um Besuche des Kindes in der Wohnung

der Eltern zu erleichtern, wenn der behandelnde Arzt die Notwendigkeit zur Linderung oder Heilung attestiert

- tatsächliche Kosten, die durch die persönliche Pflege und Betreuung des Kindes in der Wohnung entstehen

Vertiefend siehe → Behinderte Menschen.

3 Ersatzleistungen/ Pflegegelder/Pflegehilfe

Leistungen an die gepflegte Person aus der gesetzlichen oder privaten Pflegeversicherung sind nach § 3 Nr. 1 Buchst. a EStG steuerfrei. Auch die Weiterleitung des Pflegegeldes (§ 37 SGB XI) an einen Angehörigen, der die Pflege übernimmt, bleibt bei diesem nach § 3 Nr. 36 EStG steuerfrei.

Alle von der Pflegeversicherung ersetzten Kosten, z. B. das Pflegegeld nach § 37 SGB XI (für selbst übernommene bzw. selbst organisierte Pflege), Leistungen im Rahmen des persönlichen Budgets i. S. d. § 17 SGB IX, Leistungen nach § 36 SGB XI (Pflegesachleistungen, häusliche Pflegehilfe) sowie für zusätzliche Betreuungsleistungen (§ 45b SGB XI) mindern den als außergewöhnliche Belastung abziehbaren Betrag. Soweit die Pflege im eigenen Haushalt stattfindet, kann (nur) für das erhaltene Pflegegeld nach § 37 SGB XI (selbst beschaffter Pflegedienst) gleichzeitig eine Steuerermäßigung (§ 35a EStG) in Anspruch genommen werden. Vertiefend siehe → Haushaltsnahe Tätigkeiten/Dienstleistungen.

Reisekosten

Aufwendungen in Zusammenhang mit betrieblichen Auswärtstätigkeiten sind als Betriebsausgabe abzugsfähige Reisekosten.

§ 4 Abs. 5 Nr. 5, 6a i. V. m. 9 Abs. 1 Nr. 5a, Abs. 4a EStG

1 Überblick

Reisekosten sind alle Aufwendungen, die durch eine so gut wie ausschließlich betrieblich veranlasste vorübergehende Tätigkeit außerhalb der Wohnung und der **ersten Betriebsstätte** des Selbstständigen (Gewerbetreibender oder Freiberufler) entstehen (Auswärtstätigkeit).

Ort der Tätigkeit	Auswirkung
am Betriebssitz	keine Reisekosten
zu Hause (Arbeitszimmer bzw. Betriebsstätte)	keine Reisekosten
vorübergehend außerhalb der Wohnung und dem Betrieb	Reisekosten
an ständig wechselnden Einsatzorten	Reisekosten
auf einem Fahrzeug	Reisekosten

Betriebliche Veranlassung

Eine betriebliche Veranlassung liegt vor, wenn der Selbstständige in Zusammenhang mit seiner betrieblichen Tätigkeit auswärtig tätig wird (z. B. Kunden- und Lieferantenbesuche, Montage, Baustelle). Dazu gehören auch auf eigene Initiative durchgeführte Tätigkeiten, wenn ein betrieblicher Zusammenhang besteht (z. B. Teilnahme an Fortbildungslehrgängen, Fachkongressen, Fachtagungen, Messen). Soweit eine private (Mit-)Veranlassung gegeben ist, kommt u. U. eine anteilige Berücksichtigung der Reisekosten als Betriebsausgaben in Betracht. Vertiefend siehe → Fortbildung/Fachtagungen und → Werbungskosten, -pauschbeträge und -pauschalen.

Erste Betriebsstätte

Eine erste Betriebsstätte kann nur eine von der Wohnung getrennte, ortsfeste Tätigkeitsstätte des Selbstständigen sein, i. d. R. der Betriebssitz. Betrieblich genutzte Räume, die sich in der selbst genutzten Wohnung befinden (Homeoffice/häusliches Arbeitszimmer) sind keine (erste) Betriebsstätte (BFH, Urteil v. 22.10.2014, X R 13/13).

Es ist nicht notwendig, dass der Selbstständige als Eigentümer oder Mieter über die Tätigkeitsstätte verfügen kann. Eine erste Betriebsstätte ist auch beim Auftraggeber (Kunden), z. B. wenn dieser der einzige Auftraggeber ist und bei ihm alle wesentlichen Tätigkeiten ausgeübt werden (o. a. BFH-Urteil), oder bei einem vom Auftraggeber bestimmten Dritten möglich. Dabei ist ohne Bedeutung, ob die Räume zur ausschließlichen (alleinigen) Nutzung durch den Selbstständigen zur Verfügung stehen.

Weitere Voraussetzung für die Annahme einer ersten Betriebsstätte ist, dass der Selbstständige dort **dauerhaft** (unbefristet oder voraussichtlich länger als 48 Monate oder für die gesamte Dauer der betrieblichen Tätigkeit) tätig wird.

Je Betrieb kann ein Selbstständiger nur eine erste Betriebsstätte haben. Übt er seine Tätigkeit an mehreren Orten aus, ist die erste Betriebsstätte dort, wo er arbeitstäglich oder je Woche an zwei vollen Arbeitstagen oder zu mindestens einem Drittel seiner regelmäßigen Arbeitszeit tätig werden will. Treffen diese Bedingungen auf mehrere Tätigkeitsstätten zu, ist die der Wohnung nächstgelegene die erste Tätigkeitsstätte. Treffen die Bedingungen auf keinen Tätigkeitsort zu, gibt es keine erste Betriebsstätte.

BEISPIEL

Mehrere Filialen

Ein Einzelunternehmer, wohnhaft in A, betreibt zwei Filialen, eine in B-Stadt (Entfernung zur Wohnung 12 km), die andere in C-Stadt (Entfernung zur Wohnung 20 km). Er sucht
a) die Filiale in B-Stadt einen Tag wöchentlich, die Filiale in C-Stadt an vier Tagen die Woche auf.
b) beide Filialen arbeitstäglich auf.

In Fall a) befindet sich die erste Betriebsstätte in C-Stadt, denn nur hier sind die zeitlichen Kriterien (Tätigkeit wöchentlich zwei volle Arbeitstage) erfüllt. Bei der Tätigkeit in B-Stadt handelt es sich um eine Auswärtstätigkeit mit Reisekostenabzug.

In Fall b) erfüllen beide Filialen die zeitlichen Vorgaben (arbeitstäglich aufgesucht). Damit gilt die der Wohnung nächstgelegene Filiale in B-Stadt als erste Betriebsstätte, die Tätigkeit in C-Stadt führt zum Reisekostenabzug.

Tätigkeit bei Kunden

Ein selbstständiger Versicherungsmakler erledigt im häuslichen Arbeitszimmer die anfallenden Bürotätigkeiten und erbringt seine Beratungsleistungen bei den einzelnen Kunden.

Das Arbeitszimmer ist keine erste Betriebsstätte, die Wohnungen/Betriebe der Kunden erfüllen nicht die zeitlichen Kriterien (arbeitstäglich, wöchentlich zwei Tage ...). Damit ist keine erste Betriebsstätte vorhanden. Die Kundenbesuche sind Auswärtstätigkeiten mit Reisekostenabzug.

Für Tätigkeiten an der ersten Betriebsstätte sind nur Fahrtkosten in Höhe der Entfernungspauschale und Übernachtungskosten, wenn eine Übernachtung aus nicht privaten Gründen (z. B. Überstunden, Nachtarbeit, witterungsbedingte Umstände) notwendig war, abzugsfähig. Vertiefend siehe → Fahrtkosten und → Firmenwagen.

Aus-/Fortbildung

Sucht ein Selbstständiger im Rahmen seiner Tätigkeit zu Aus- oder Fortbildungszwecken vorübergehend eine Ausbildungs- oder Fortbildungsstätte außerhalb seines Betriebs auf, führt dies zu Reisekosten. Macht er eine erste Ausbildung in Vollzeit oder unterbricht er seine betriebliche Tätigkeit, um an einer Bildungseinrichtung ein Vollzeitstudium aufzunehmen oder an einer vollzeitigen Bildungsmaßnahme (z. B. Meisterschule, Heilpraktikerschule) teilzunehmen, gilt die Bildungseinrichtung wie eine erste Betriebsstätte, sodass keine Reisekosten abzugsfähig sind. Fahrten sind nur über die Entfernungspauschale von 0,30 € je Entfernungskilometer (Ekm) (einfache Strecke) abziehbar, Verpflegungspauschalen sind nicht abzugsfähig. Wird an der Bildungseinrichtung oder in deren Nähe übernachtet, kann eine betrieblich verursachte → doppelte Haushaltsführung vorliegen.

2 Kostenabzug

Grundsätzlich sind als Reisekosten abzugsfähig:

- Aufwendungen für Fahrten
- Verpflegungsmehraufwendungen
- Unterkunftskosten
- Reisenebenkosten

Fahrtkosten

Berücksichtigungsfähig sind alle Fahrten in Zusammenhang mit der auswärtigen Tätigkeit (z. B. Fahrten von zu Hause oder vom Betriebssitz aus zur auswärtigen Einsatzstelle oder zum Zweigbetrieb oder zu einer auswärtigen Unterkunft oder zwischen auswärtiger Unterkunft und auswärtiger Tätigkeitsstätte) einschließlich Zwischenfahrten (z. B. Besuch einer Gaststätte zur Einnahme des Mittagessens). Nicht abzugsfähig sind Besuchsfahrten des Ehegatten zur auswärtigen Tätigkeitsstätte, und zwar selbst dann, wenn eine

Heimfahrt des Unternehmers aus betrieblichen Gründen nicht möglich ist.

Unabhängig vom benutzten Verkehrsmittel sind stets die tatsächlichen Ausgaben abzugsfähig (z. B. Fahrkarte, Taxiquittung etc.). Der Abzug gilt für alle Fahrten im Rahmen der Auswärtstätigkeit (auch mehrmalige tägliche Fahrten). Nutzen Sie ein betriebliches Fahrzeug, sind die Kfz-Kosten bereits in den Betriebsausgaben erfasst. Bei Nutzung motorbetriebener **privater** Verkehrsmittel können die Kosten entweder pauschal mit 0,30 €/km bei Kfz-Nutzung bzw. 0,20 €/km bei Nutzung anderer motorbetriebener Fahrzeuge (Motorrad, Motorroller, Moped, E-Bike) oder mit den tatsächlichen Kosten je Kilometer, wenn diese höher sind als die Pauschale, geltend gemacht werden. Zur Ermittlung der tatsächlichen Aufwendungen, siehe vertiefend → Fahrtkosten.

Ereignet sich während einer Auswärtstätigkeit ein Unfall, sind die entstandenen Unfallkosten **zusätzlich** zu den Kilometerpauschalen abzugsfähig. Auch Park- und Straßenbenutzungsgebühren sind neben den Pauschalen als Reisenebenkosten absetzbar.

Sonderfälle Sammelpunkt und weiträumiges Tätigkeitsgebiet

Sucht ein Selbstständiger **ohne** erste Betriebsstätte arbeitstäglich dauerhaft denselben Ort (z. B. zur Übernahme eines Fahrzeugs) oder ein weiträumiges Tätigkeitsgebiet (z. B. Zustellbezirke von Paketzustellern, nicht jedoch Kehrbezirke von Schornsteinfegern oder Einsatzbereiche von Pflegediensten) auf, sind die Fahrten zu dem Ort bzw. bis zur Grenze des weiträumigen Tätigkeitsgebiets nicht mit den tatsächlichen Kosten, sondern (verkehrsmittelunabhängig) nur in Höhe der Entfernungspauschale von 0,30 € je Kilometer der Entfernung abziehbar.

Verpflegungspauschale

Dreimonatsfrist

Verpflegungsmehraufwendungen während einer auswärtigen Tätigkeit sind, unabhängig von den tatsächlichen Verpflegungskosten, (nur) mit Verpflegungspauschalen berücksichtigungsfähig. Die Pauschalen können jeweils nur für die ersten drei Monate derselben Auswärtstätigkeit steuerlich geltend gemacht werden.

Ob dieselbe Auswärtstätigkeit vorliegt oder nicht, hängt davon ab, ob die Arbeit am selben Ort aufgrund eines oder verschiedener Aufträge verrichtet wird.

BEISPIEL

Dieselbe Auswärtstätigkeit

- C arbeitet vier Monate lang im Betrieb eines Kunden an der Umstellung der EDV-Anlage.
  Nach Ablauf von drei Monaten an derselben auswärtigen Tätigkeitsstätte können die Verpflegungsmehraufwendungen nicht mehr abgezogen werden.
- Handwerker D ist in einem Neubaugebiet tätig. Zuerst arbeitet er zwei Monate an Haus 1, danach für vier Monate an Haus 2 in unmittelbarer Nachbarschaft.
  Handelt es sich um einen einheitlichen Auftrag, beginnt die Drei-

monatsfrist einheitlich bereits ab der Tätigkeit auf Baustelle 1. Handelt es sich um verschiedene Auftraggeber oder Kunden, läuft, unbeachtlich der räumlichen Nähe, mit Arbeitsbeginn auf Baustelle 2 eine neue Dreimonatsfrist.

Die Dreimonatsfrist beginnt, sobald der Selbstständige dieselbe auswärtige Tätigkeitsstätte in einer Woche an mindestens drei Tagen aufsucht. Sie läuft auch dann weiter, wenn diese Tätigkeitsstätte in der Folgezeit nur noch an ein oder zwei Tagen wöchentlich aufgesucht wird.

BEISPIEL

Handwerker A arbeitet ab 15.2. an drei Tagen in der Woche auf Baustelle 1 und an zwei Tagen in der Woche auf Baustelle 2. Nach Abwicklung von Bauvorhaben 1 arbeitet er ab 1.7. an allen Tagen der Woche auf Baustelle 2. Ab 1.9. arbeitet er auf Baustelle 2 nur noch zwei Tage und drei Tage auf Baustelle 3.

Für die Arbeitstage auf Baustelle 1 kann A für die Zeit zwischen 15.2 und 14.5. (drei Monate) Verpflegungspauschbeträge geltend machen. Bis 30.6. ist der Abzug der Verpflegungspauschale für alle Tage der Tätigkeit auf Baustelle 2 möglich. Ab 1.7. (Tätigkeit mindestens drei Tage/Woche) beginnt für Baustelle 2 die Dreimonatsfrist und endet Ende September. Dass ab September die Tätigkeit auf Baustelle 2 nur noch zwei Tage umfasst, beeinflusst den Ablauf der Dreimonatsfrist nicht. Gleichzeitig beginnt ab September eine neue Dreimonatsfrist für Baustelle 3.

Sonderfall Fahrtätigkeit

Bei einem Selbstständigen, der eine **Fahrtätigkeit** ausübt, also seinen Arbeitsplatz auf einem Fahrzeug hat (z. B. Fuhrunternehmer, Taxiunternehmer, Busunternehmer), gilt die Dreimonatsregelung nicht, weil jede neue Fahrt eine neue Auswärtstätigkeit darstellt. Dies gilt auch, wenn regelmäßig dieselbe Strecke gefahren wird (BFH, Urteil v. 24.2.2011, VI R 66/10).

Eine Unterbrechung der Dreimonatsfrist von mindestens vier Wochen, aus welchem Grund auch immer (Urlaub, Krankheit, Tätigkeit am Betriebssitz), führt zu einem Neubeginn des Dreimonatszeitraums.

BEISPIEL

Unterbrechung der Dreimonatsfrist

Der selbstständig tätige PC-Betreuer K ist von 1.1. bis 30.6. bei einem Kunden mit dem Aufbau einer EDV-Anlage beschäftigt. Vom 10.2. bis 18.2. war er krank, anschließend hatte er bis 15.3. Urlaub.

Die Dreimonatsfrist beginnt am 1.1. und endet regulär Ende März. Durch die mehr als vierwöchige Unterbrechung beginnt jedoch am 16.3. eine neue Dreimonatsfrist, die am 15.6. endet.

Verpflegungspauschale: auswärtige Tätigkeit im Inland

Bei einer inländischen Auswärtstätigkeit können folgende Pauschalen beansprucht werden:

Abwesenheitsdauer anlässlich der Auswärtstätigkeit	Pauschbetrag
mehr als acht Stunden und weniger als 24 Stunden	12 €
24 Stunden	24 €
An-/Abreisetag bei Auswärtstätigkeit mit Übernachtung	12 €

Wird eine Auswärtstätigkeit direkt von der Wohnung aus angetreten, beginnt die Abwesenheitsdauer mit dem Verlassen der Wohnung. Fahren Sie zunächst zum Betriebssitz, beginnt die Abwesenheitsdauer mit Verlassen des Betriebs. Entsprechendes gilt für die Beendigung der Auswärtstätigkeit.

Werden an **einem Tag mehrere Reisen** unternommen, sind die Abwesenheitszeiten zusammenzurechnen.

BEISPIEL

Eintägige Auswärtstätigkeit

Der selbstständige Handelsvertreter H fährt um 7:00 Uhr direkt von der Wohnung zu einem Kunden. Um 12:00 Uhr trifft er in seinem Büro (Betriebssitz) ein. Nachmittags besucht H noch einen Kunden (Abfahrt Büro 14:00 Uhr) und fährt anschließend von dort aus direkt nach Hause (Ankunft 19:00 Uhr).

Die beiden Auswärtstätigkeiten haben jeweils eine Dauer von fünf Stunden. Durch die Zusammenrechnung ergibt sich eine Gesamtdauer von zehn Stunden (= Pauschbetrag 12 €).

Verpflegungspauschale: mehrtägige Reisen

BEISPIEL

Mehrtägige Auswärtstätigkeit

Eine mehrtägige Auswärtstätigkeit (Einbau einer Großküche in einer Gaststätte) beginnt am 2.3. um 19:00 Uhr und wird am 5.3. um 7:00 Uhr beendet.

Die Verpflegungspauschalen betragen insgesamt 72 € (Anreisetag 2.3. = Pauschbetrag 12 €, 3.3. und 4.3. je 24 Stunden = 2 × 24 €, Abreisetag 5.3. = 12 €). Die Abwesenheitsdauer am An- und Abreisetag ist ohne Bedeutung.

Sonderfall Mitternachtsregelung

Wird eine Auswärtstätigkeit an einem Tag begonnen und am anderen Tag beendet, ohne dass eine Übernachtung stattgefunden hat, und beträgt die Abwesenheitsdauer an beiden Tagen zusammen insgesamt mehr als acht Stunden, sind 12 € Verpflegungspauschale möglich.

BEISPIEL

Notfalldienst

Ein selbstständig tätiger Handwerker wird wegen einer defekten Maschine zu einem Notfalleinsatz gerufen. Er verlässt seine Wohnung um 22:00 Uhr und kehrt am nächsten Morgen um 7:00 Uhr in seine Wohnung zurück.

Da keine Übernachtung stattgefunden hat, sind die Abwesenheitszeiten beider Tage zu addieren. Damit ergeben sich über acht Stunden Abwesenheit und ein Pauschbetrag von 12 €.

Verpflegungspauschale: Auslandsreisen

Für Auswärtstätigkeiten im Ausland können meist höhere Pauschalen zum Abzug gebracht werden. Deren Höhe ist vom besuchten Land und der Dauer der Reise abhängig. Die Pauschbeträge werden jährlich neu durch das Bundesfinanzministerium festgelegt und sind im Internet abrufbar. Wie im Inland sind die Pauschalen nach der Dauer der Abwesenheit bzw. nach An- und Abreisetag gestaffelt (BMF, Schreiben v. 8.11.2017, IV C 5 – S 2353/08/10006: 008 – 2017/0918346).

Verpflegungspauschale: eintägige Auslandsreisen

Wird eine Reise am selben Tag begonnen und beendet, sind die Pauschalen des letzten Tätigkeitsorts im Ausland maßgebend.

BEISPIEL

Eintägige Auslandsreise

Weinhändler W verlässt um 7:00 Uhr seine Wohnung und besucht zunächst einen Lieferanten in Frankreich. Anschließend fährt er weiter zu einem Kunden nach Luxemburg. Gegen 23:00 Uhr trifft er wieder zu Hause ein. Maßgebend ist die für Luxemburg geltende Pauschale.

Verpflegungspauschale: mehrtägige Auslandsreisen

Die Höhe der Verpflegungspauschale richtet sich nach dem Land, das der Reisende vor Mitternacht (Ortszeit) zuletzt erreicht hat. Für den Tag der Rückreise ist der letzte Tätigkeitsort im Ausland maßgebend.

BEISPIEL

Mehrtägige Auslandsreise in verschiedene Länder

W verlässt am 6.4. um 7:00 Uhr seine Wohnung und fährt zu einem in der Schweiz ansässigen Kunden. Anschließend geht es weiter nach Italien, wo W gegen 22:00 Uhr eintrifft. Nach einer Übernachtung besucht W in Italien am 7.4. und 8.4. verschiedene andere Kunden. Am 9.4. fährt er über die Schweiz zurück nach Deutschland und trifft um 15:00 Uhr zu Hause ein.

Für den 6.4. sind die für Italien geltenden Verpflegungspauschalen maßgebend (Ankunft in Italien vor 24:00 Uhr). Der 7.4. und 8.4. rechnen jeweils als voller Abwesenheitstag (= Pauschale für 24 Stunden). Für den 9.4. richtet sich die Pauschale nach den für Italien geltenden Regelungen, da W in der Schweiz nicht „tätig geworden" ist.

Verpflegungspauschale: Flugreisen

Auch bei Flugreisen kommt es darauf an, welches Land vor 24:00 Uhr Ortszeit zuletzt erreicht wird (z. B. Abflug Bundesrepublik Deutschland 6.4. um 10:00 Uhr, Ankunft USA 6.4. um 18:00 Uhr – Ortszeit 12:00 Uhr – maßgebend sind die für die USA geltenden Pauschalen). Zwischenlandungen bleiben unberücksichtigt. Für den Rückreisetag ist der letzte Tätigkeitsort im Ausland maßgebend.

Gleichzeitige doppelte Haushaltsführung

Wird eine Auswärtstätigkeit bei gleichzeitiger doppelter Haushaltsführung ausgeübt, d. h. liegt eine doppelte Haushaltsführung mit Verpflegungsmehraufwand vor und wird von dort aus eine Auswärtstätigkeit mit Verpflegungsmehraufwand ausgeführt, ist nur ein Pauschbetrag täglich, der höhere, abziehbar. Vertiefend siehe → Doppelte Haushaltsführung.

Übernachtungskosten

Abzugsfähig sind – auch für Auslandsreisen – die beruflich veranlassten Mehraufwendungen für die Übernachtungsunterkunft in tatsächlicher Höhe (Belege aufbewahren!). Die Angemessenheit der Unterkunft (Kostenhöhe) wird nicht geprüft. Voraussetzung für einen beruflich veranlassten Mehraufwand ist, dass der Steuerpflichtige noch über eine andere Unterkunft (kein eigener Hausstand/Wohnung nötig, Zimmer z. B. bei den Eltern ausreichend) verfügt. Ist die Unterkunft am Tätigkeitsort die einzige Wohnung/Unterkunft des Steuerpflichtigen, ist kein Abzug möglich, weil dann kein beruflich veranlasster Mehraufwand vorliegt.

Bei einer längerfristigen Auswärtstätigkeit an derselben Tätigkeitsstätte im Inland können die Kosten nach Ablauf von 48 Monaten nur noch wie bei doppelter Haushaltsführung bis zu 1.000 € monatlich abgezogen werden. Vertiefend siehe → Doppelte Haushaltsführung.

Die 48-Monatsgrenze gilt nur, wenn die Tätigkeit an der auswärtigen Tätigkeitsstätte an mindestens drei Tagen wöchentlich ausgeübt wird. Sie gilt auch für Auswärtstätigkeiten, die vor 2014 begonnen haben, also in Jahren, in denen die alte Rechtslage galt.

BEISPIEL

48-Monatszeitraum

Der selbstständige IT-Systemmanager, Betriebssitz in X-Stadt, betreut seit 1.10.2013 an zwei Tagen in der Woche die EDV-Anlage des Kunden vor Ort in Y-Stadt. Ab 15.3.2014 ist er an drei Tagen wöchentlich beim Kunden in Y-Stadt tätig. Er übernachtet in Y-Stadt im Hotel.

Die 48-Monatsfrist beginnt am 15.3.2014 (drei Tage wöchentlich) und endet am 14.3.2018. Ab 1.5.2018 greift die Begrenzung des Abzugs auf monatlich 1.000 €.

Eine Unterbrechung von mindestens sechs Monaten (egal aus welchem Grund) führt zu einem Neubeginn der 48-Monatsfrist.

TIPP

Übernachtung in einem Fahrzeug

Fuhrunternehmer, die in der Schlafkabine ihres Lkw übernachten, können keine Übernachtungskosten abrechnen, aber die Kosten für die Benutzung sanitärer Einrichtungen (Dusche, Toilette, Waschgelegenheit) sowie die Reinigung des Schlafplatzes abziehen. Dazu müssen sie im Regelfall die Aufwendungen für einen repräsentativen Zeitraum (drei Monate) aufzeichnen und so glaubhaft machen. Aus den auf diese Weise ermittelten Aufwendungen wird ein täglicher Durchschnittswert berechnet, der auch künftig für jeden Abwesenheitstag angesetzt werden darf (BMF, Schreiben v. 4.12.2012, IV C 5 - S 2353/12/10009 - 2012/1074468). Der BFH hat in einem solchen Fall pauschal 5 € pro Tag akzeptiert (BFH, Urteil v. 28.3.2012, VI R 48/11).

Pauschalpreis für Hotel

Wegen des ermäßigten Umsatzsteuersatzes werden in Hotelrechnungen im Inland Übernachtungskosten in der Rechnung gesondert ausgewiesen. Sind alle anderen Leistungen, die dem vollen Umsatzsteuersatz unterliegen (z. B. Frühstück, Telefon- und Internetkosten, Parkplatz) in einem Sammelposten zusammengefasst, müssen die Verpflegungskosten herausgerechnet werden.

Die anteilig enthaltenen Verpflegungskosten sind anzusetzen mit

- 20 % der Verpflegungspauschale für das Frühstück und
- jeweils 40 % der Verpflegungspauschale für Mittag- oder Abendessen.

Maßgebend ist der für den Unterkunftsort gültige Pauschbetrag für Verpflegungsmehraufwendungen bei einer Auswärtstätigkeit mit einer Abwesenheitsdauer von mindestens 24 Stunden.

BEISPIEL

Gesamtpreis aufteilen

D reist geschäftlich nach Frankfurt. Die Hotelrechnung über 100 € gliedert sich in Übernachtungskosten (80 €) und eine Servicepauschale (20 €), die auch das Frühstück abdeckt.

Zur Ermittlung der abzugsfähigen Hotelkosten ist die Hotelrechnung um 4,80 € (20 % von 24 €) für das Frühstück zu kürzen. Damit sind 95,20 € abzugsfähig. Die Aufwendungen für das Frühstück sind gesondert über die Verpflegungspauschalen abziehbar.

Reisenebenkosten

Zu den in tatsächlicher Höhe abzugsfähigen Reisenebenkosten gehören z. B. Kosten für die Beförderung und Aufbewahrung des Gepäcks, Park- und Straßennutzungsgebühren, Telefonkosten für berufliche bzw. geschäftliche Gespräche, Wertverluste infolge von Diebstahl des für die Reise notwendigen persönlichen Gepäcks (außer Geld und Schmuck), Versicherungen (z. B. Unfallversicherung, Reisegepäckversicherung), soweit berufliche Reisen abgedeckt sind, und Trinkgelder, z. B.

für das Hotelpersonal. Trinkgelder, die anlässlich von Restaurantbesuchen anfallen, sind nur abzugsfähig, wenn es sich um eine Bewirtung handelt. Dauert die Auswärtstätigkeit länger als eine Woche, sind auch private Telefonate zur Kontaktaufnahme mit der Familie abzugsfähig (BFH, Urteil v. 5.7.2012, VI R 50/10).

Nicht abzugsfähig – wegen privater Mitbenutzung – ist die Anschaffung von Koffern und anderer Reiseausrüstung (z. B. Reisefön, Schirm, Stadtführer, Kleidung).

Renten

Renten, die nicht vom früheren Arbeitgeber gezahlt werden, fallen unter die Einkunftsart „Sonstige Einkünfte". Die Höhe der Besteuerung hängt davon ab, wie die Beiträge ursprünglich in der Ansparphase steuerlich behandelt wurden.

§ 22 EStG

1 Versorgungsbezüge

Renten und andere Vorteile, die Ihnen aus einem früheren Dienstverhältnis zufließen, stellen Versorgungsbezüge dar und werden im Rahmen der Einkünfte aus nichtselbstständiger Arbeit nach § 19 EStG besteuert. Dazu gehören insbesondere die **Betriebsrente**, die der frühere Arbeitgeber bezahlt, und die **Beamtenpension**.

2 Steuerfreie Renten

Nicht alle Renten unterliegen der Besteuerung. So sind z. B. steuerfrei: Renten aus der gesetzlichen Unfallversicherung (Berufsgenossenschaft), einer privaten Pflegeversicherung, der Abfindungsbetrag einer Witwen- oder Witwerrente wegen Wiederheirat des Berechtigten, Renten, die wegen der Anrechnung von Kindererziehungszeiten an Mütter der Geburtsjahrgänge vor 1921 ausgezahlt werden, Renten, die an Wehrdienst- oder Zivildienstbeschädigte oder deren Hinterbliebene oder die aufgrund der gesetzlichen Vorschrift zur Wiedergutmachung nationalsozialistischen Unrechts gezahlt werden, und SED-Opferrenten.

3 Sonstige Einkünfte

Renten, die nicht der frühere Arbeitgeber zahlt, werden als sonstige Einkünfte nach § 22 EStG besteuert. Es handelt sich dabei um Leibrenten, d. h. Renten, die auf Lebenszeit gezahlt werden, und um abgekürzte Leibrenten mit einer Höchstlaufzeit. Reine Zeitrenten werden nicht als sonstige Einkünfte besteuert.

Die Besteuerung der Renten ist nicht einheitlich, weil auch die Beiträge in der Ansparphase steuerrechtlich unterschiedlich behandelt wurden.

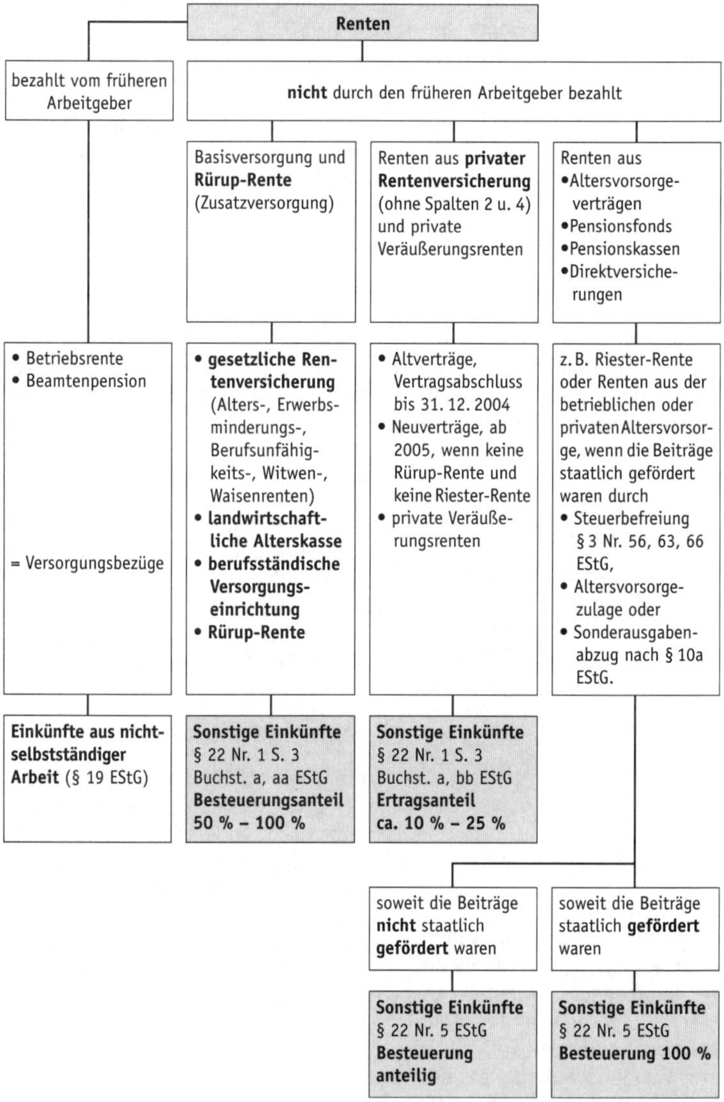
Renten
bezahlt vom früheren Arbeitgeber
nicht durch den früheren Arbeitgeber bezahlt
Basisversorgung und Rürup-Rente (Zusatzversorgung)
Renten aus privater Rentenversicherung (ohne Spalten 2 u. 4) und private Veräußerungsrenten
Renten aus •Altersvorsorgeverträgen •Pensionsfonds •Pensionskassen •Direktversicherungen
• Betriebsrente • Beamtenpension
= Versorgungsbezüge
• gesetzliche Rentenversicherung (Alters-, Erwerbsminderungs-, Berufsunfähigkeits-, Witwen-, Waisenrenten) • landwirtschaftliche Alterskasse • berufsständische Versorgungseinrichtung • Rürup-Rente
• Altverträge, Vertragsabschluss bis 31. 12. 2004 • Neuverträge, ab 2005, wenn keine Rürup-Rente und keine Riester-Rente • private Veräußerungsrenten
z. B. Riester-Rente oder Renten aus der betrieblichen oder privaten Altersvorsorge, wenn die Beiträge staatlich gefördert waren durch • Steuerbefreiung § 3 Nr. 56, 63, 66 EStG, • Altersvorsorgezulage oder • Sonderausgabenabzug nach § 10a EStG.
Einkünfte aus nichtselbstständiger Arbeit (§ 19 EStG)
Sonstige Einkünfte § 22 Nr. 1 S. 3 Buchst. a, aa EStG Besteuerungsanteil 50 % – 100 %
Sonstige Einkünfte § 22 Nr. 1 S. 3 Buchst. a, bb EStG Ertragsanteil ca. 10 % – 25 %
soweit die Beiträge nicht staatlich gefördert waren
soweit die Beiträge staatlich gefördert waren
Sonstige Einkünfte § 22 Nr. 5 EStG Besteuerung anteilig
Sonstige Einkünfte § 22 Nr. 5 EStG Besteuerung 100 %

4 Gesetzliche Renten und Rürup-Renten

Die Renten aus der **gesetzlichen Rentenversicherung** (Alters-, Erwerbsminderungs-, Berufsunfähigkeits-, Witwen- oder Witwerrenten, Waisenrenten, Erziehungsrenten), aus der **landwirtschaftlichen Alterskasse**, aus **berufsständischen Versorgungseinrichtungen** (z. B. Versorgungswerk der Ärzte, Architekten, Rechtsanwälte usw.) und die **Rürup-Rente** werden nach § 22 Nr. 1 Satz 3 Buchst. a, Doppelbuchst. aa EStG mit dem Besteuerungsanteil besteuert.

Besteuerungsanteil

Die Besteuerung erfolgt nach dem sog. Kohorten-Prinzip, d. h. die Höhe des Besteuerungsanteils richtet sich nach dem Jahr des Rentenbeginns. Unter **Beginn der Rente** ist der Zeitpunkt zu verstehen, ab dem die Rente (ggf. nach rückwirkender Zubilligung) tatsächlich bewilligt wird. Für alle Neurentner eines Jahres gilt derselbe Prozentsatz. Der **Besteuerungsanteil** beträgt für Renten, die spätestens im Jahr 2005 erstmals gezahlt wurden, 50 %. Für jeden neu hinzukommenden Rentenjahrgang (Kohorte) erhöht sich der Prozentsatz seit 2006 um jährlich 2 % und ab 2021 um jährlich 1 %. Renten, die erstmals im Jahr 2040 gezahlt werden, erreichen dann einen Besteuerungsanteil von 100 %. Damit wird die Rentenbesteuerung in die **nachgelagerte Besteuerung** überführt.

Der Besteuerungsanteil für Rentner, die erstmals **2018** eine gesetzliche Rente erhalten, beträgt **76 %.**

Bemessungsgrundlage

Bemessungsgrundlage für die Berechnung des Besteuerungsanteils ist der Jahresbetrag der Rente, d. h. die Bruttorente und nicht die ausgezahlte Rente. Die einbehaltenen und abgeführten Beiträge zur Kranken- und Pflegeversicherung gehören auch zur Bemessungsgrundlage, soweit sie vom Rentner gezahlt werden. Die Zuschüsse, die die Rentenversicherung zur Krankenversicherung bezahlt, sind steuerfrei nach § 3 Nr. 14 EStG.

BEISPIEL

Besteuerungsanteil

Ein verheirateter Rentner bezieht seit Februar 2018 eine monatliche Rente von 2.300 €. Andere Einkünfte liegen nicht vor.

In diesem Fall beträgt der Besteuerungsanteil 76 % aus 25.300 € = 19.228 €. Dieser Betrag liegt nach Abzug von Kranken- und Pflegepflichtversicherungsbeiträgen als Sonderausgaben unter dem Grundfreibetrag (18.000 €), sodass die Rente nicht besteuert wird, wenn keine anderen Einkünfte vorliegen.

Steuerfreier Teil der Rente

Bei Renten, die vor 2005 erstmals gezahlt wurden, beträgt der steuerfreie Teil 50 % der im Jahr 2005 gezahlten Rente. In allen anderen Fällen wird der steuerfreie Teil der Rente in dem Jahr, das dem Jahr des Rentenbeginns folgt **(zweites Jahr des Rentenbezugs)**, ermittelt. Dies gilt auch dann, wenn die Rente schon im Jahr ihres Beginns für volle zwölf Monate bezogen wurde. Der steuerfreie Teil ergibt sich aus dem Unterschiedsbetrag zwischen dem Jahresbetrag der Rente und dem Besteuerungsanteil in diesem Jahr.

Der steuerfreie Teil der Rente wird **betragsmäßig** für den einzelnen Rentner **festgeschrieben** und ist **für die gesamte Laufzeit** der Rente grundsätzlich unverändert zu beachten.

WICHTIG

Volle Besteuerung der Rentenerhöhungen

Regelmäßige Anpassungen der Rente, z. B. wegen allgemeiner Steigerung der Nettolöhne, führen nicht zu einer Neuberechnung des Freibetrags. Im Ergebnis wird somit ab dem dritten Rentenzahlungsjahr jede **Rentenerhöhung zu 100 % besteuert**.

BEISPIEL

Rentenberechnung mehrerer Jahre

Anna Bauer erhält ab August 2010 eine Altersrente aus der gesetzlichen Rentenversicherung in Höhe von mtl. 1.000 €. Ab 1.7.2011 beträgt die Rente 1.020 €. Durch weitere Anpassungen des Rentenniveaus an die gestiegenen Nettolöhne erhöht sich die Rente in den Jahren 2012 bis 2017 zusätzlich. Ab Juli 2017 wird eine monatliche Rente in Höhe von 1.165 € gezahlt. Ab 1.7.2018 beträgt die Rente 1.190 € je Monat. Im Jahr 2018 werden insgesamt 760 € Krankenversicherungs- und 220 € Pflegepflichtversicherungsbeiträge von der Rente abgezogen.

2010

Zugeflossene Rente (5 × 1.000 € =)	5.000 €
Besteuerungsanteil 60 % von 5.000 € =	3.000 €
abzgl. WK-Pauschbetrag (s. u.)	./. 102 €
Sonstige Einkünfte § 22 EStG	2.898 €

2011

Zugeflossene Rente (6 × 1.000 € und 6 × 1.020 € =)	12.120 €
Besteuerungsanteil	
60 % von 12.120 € =	7.272 €
abzgl. WK-Pauschbetrag (s. u.)	./. 102 €
Sonstige Einkünfte § 22 EStG	7.170 €
steuerfreier Teil (2. Jahr) (12.120 ./. 7.272 =)	**4.848 €**

2018

Zugeflossene Rente (6 × 1.165 €+ 6 × 1.190 € =)	14.130 €
abzgl. steuerfreier Teil (aus dem 2. Jahr)	./. 4.848 €
= Besteuerungsanteil	9.282 €
abzgl. WK-Pauschbetrag	./. 102 €
Sonstige Einkünfte § 22 EStG	**9.180 €**

Die Rentenerhöhungen ab 2012 werden in voller Höhe besteuert.

Der steuerfreie Teil beträgt für Anna Bauer auch in den folgenden Jahren 4.848 €.

Der **steuerfreie Teil** der Rente ist nur dann **neu zu berechnen**, wenn sich der Rentenbetrag grundsätzlich verändert. Dies ist zum Beispiel der Fall, wenn eine Rente wegen Anrechnung anderer Einkünfte ermäßigt oder eine Rente wegen Tod des Berechtigten nur noch für einen Teil des Jahres gezahlt wird. Hier wird der steuerfreie Teil der Rente entsprechend anteilig gekürzt.

Folgerenten

Folgerenten (Renten nach einer vorhergehenden Rente aus derselben Versicherung) liegen z. B. vor, wenn

- eine Rente wegen voller Erwerbsminderung in eine Rente wegen teilweiser Erwerbsminderung umgewandelt wird (oder umgekehrt),
- eine Erwerbsminderungsrente in eine Altersrente umgewandelt wird,
- eine kleine Witwenrente in eine große Witwenrente (oder umgekehrt) geändert wird,
- eine Altersrente bei Tod in eine nachfolgende Witwenrente übergeht.

Diese Folgerenten sind zwar versicherungsrechtlich eigenständige Renten, aber bei der Ermittlung des Besteuerungsanteils wird nicht ihr tatsächlicher Rentenbeginn für die Ermittlung des Prozentsatzes herangezogen. Für diese Folgerente wird ein **fiktives** (gedachtes) **Jahr des Rentenbeginns** ermittelt. Der tatsächliche Beginn der Folgerente wird dabei um die Laufzeit der Vorgängerrente in die Vergangenheit verschoben. Dadurch mindert sich der prozentuale Besteuerungsanteil. Dieser darf 50 % nicht unterschreiten.

BEISPIEL

Beispiel für eine Folgerente

Willi Weber bezieht von 1. Oktober 2008 bis 31. März 2011 eine Erwerbsminderungsrente aus der gesetzlichen Rentenversicherung in Höhe von mtl. 1.000 €. Anschließend ist er wieder erwerbstätig. Ab 1. November 2018 erhält er eine Altersrente in Höhe von 1.800 €.

2008

Besteuerungsanteil 56 % von 3.000 € =	1.680 €

2009

Besteuerungsanteil 56 % von 12.000 € =	6.720 €
Der steuerfreie Teil dieser Rente beträgt	5.280 €

2018

Die Altersrente ist eine **Folgerente.**

Tatsächlicher Rentenbeginn	1.11.2018

Der Rentenbeginn der Altersrente wird um die Laufzeit der Vorgängerrente in die Vergangenheit verschoben:

./. Laufzeit Vorgängerrente 1.10.2008–31.3.2011	./. 30 Monate
= fiktiver Rentenbeginn der Altersrente	1.5.2016
Daraus ergibt sich ein Besteuerungsanteil für die Altersrente i. H. v. 72 % von 3.600 € =	2.592 €
abzgl. WK-Pauschbetrag (s. u.)	./. 102 €
Sonstige Einkünfte (§ 22 EStG)	2.490 €

Der steuerfreie Teil der Altersrente wird im Jahr 2019 berechnet.

Endet die Vorgängerrente vor 2005, wird diese für die Berechnung eines fiktiven Rentenbeginns bei einer Folgerente nicht mehr berücksichtigt.

Rentennachzahlungen

Werden Renten **für mehrere Jahre** in einem Jahr nachgezahlt, z. B. wegen verspäteter Antragstellung, sind diese insgesamt im Zuflussjahr zu erfassen und in Zeile 10 der Anlage R einzutragen. Das Finanzamt wird prüfen, ob für diese Nachzahlungen eine **Tarifvergünstigung** nach der sog. Fünftel-Regelung in Betracht kommt.

ACHTUNG

Rentennachzahlung nur für ein Jahr

Werden Rentenbeträge **nur** für das unmittelbar **vorangegangene Jahr** im laufenden Jahr nachbezahlt, z. B. wegen verspäteter Rentenantragstellung, ist die gesamte zugeflossene Rente (einschl. der Nachzahlung) in Zeile 5 und nicht in Zeile 10 einzutragen.

Öffnungsklausel

Auf Antrag des Steuerpflichtigen werden **Teile** der Leibrenten, die eigentlich der nachgelagerten Besteuerung mit dem Besteuerungsanteil unterliegen würden, mit einem niedrigeren Ertragsanteil besteuert (s. u.). Die Anwendung der Öffnungsklausel setzt voraus, dass bis zum 31.12.2004 in **mindestens zehn Jahren** Beiträge gezahlt wurden, die oberhalb des **Höchstbetrags zur gesetzlichen Rentenversicherung** lagen. Die Jahre müssen nicht unmittelbar aufeinanderfolgen. Der Antrag ist beim zuständigen Finanzamt zu stellen (Anlage R, Zeile 11).

TIPP

Nachweis der Versicherung

Lassen Sie sich von Ihrem Versicherungsträger den prozentualen Anteil der Rente, der mit dem Ertragsanteil besteuert werden kann, mitteilen.

Rürup-Rente

Vertiefend siehe → Altersvorsorgeaufwendungen und → Versicherungen.

5 Renten aus der privaten Rentenversicherung

Bestimmte Renten aus der privaten Rentenversicherung werden mit einem geringeren **Ertragsanteil** besteuert, weil die entsprechenden Rentenbeiträge aus versteuertem Einkommen gezahlt wurden. Für diese Beiträge gab es in der Ansparphase keinen oder nur einen geringen Sonderausgabenabzug.

Hierunter fallen insbesondere:

- Renten aus vor dem 1.1.2005 abgeschlossenen privaten Rentenversicherungsverträgen

- Renten aus ab 2005 abgeschlossenen Lebensversicherungen, die nicht die Voraussetzungen der Riester- oder Rürup-Rente erfüllen
- Veräußerungsleibrenten

Ertragsanteil

Der Ertragsanteil bestimmt sich nach dem bei Beginn der Rente vollendeten Lebensjahr des Rentenberechtigten.

Auszug:

Bei Beginn der Rente vollendetes Lebensjahr	Ertragsanteil in %
30	44
40	38
50	30
60	22
63	20
64	19
65	18
70	15
80	8

6 Rentenbezugsmitteilungen

Die Besteuerung der Leibrenten wird durch jährliche elektronische Rentenbezugsmitteilungen der Rentenversicherungsträger und der Lebensversicherungsunternehmen an die Zentrale Stelle (Deutschen Rentenversicherung Bund) gesichert. Von hier werden die Daten elektronisch an die Landesfinanzbehörden weitergeleitet und im Rahmen der Veranlagung zur Einkommensteuer ausgewertet. Die Rentendaten sind an die steuerliche **Identifikationsnummer** gekoppelt und können so der jeweiligen Steuerveranlagung zugeordnet werden. Renten, die steuerfrei sind, werden nicht in das Rentenbezugsmitteilungsverfahren einbezogen.

7 Renten aus privaten Altersvorsorgeverträgen und aus der betrieblichen Altersversorgung

Betroffen sind Renten aus

- Riester-Rentenversicherungsverträgen,
- Pensionsfonds, Pensionskassen,
- Direktversicherungen und
- umlagefinanzierten Versorgungseinrichtungen (z. B. VBL-Versorgungsanstalt des Bundes und der Länder).

Ansparphase

Während der Ansparphase wurde eine **Altersvorsorgezulage** in Anspruch genommen oder die Beiträge waren steuerlich besonders begünstigt, weil sie nach § 3 Nr. 56, 63, 66 EStG (teilweise) steuerfrei waren oder nach § 10a EStG ein **besonderer Sonderausgabenabzug** in Betracht kam.

Hinweis: Wichtiges zum Thema „Betriebliche Altersvorsorge" finden Sie auch auf www.haufe.de/mybook unter „Weiterführende steuerliche Informationen". Vertiefend siehe → Altersvorsorgeaufwendungen.

Besteuerung

Die Renten aus privaten oder betrieblichen Altersvorsorgeverträgen werden grundsätzlich **in voller Höhe besteuert (nachgelagerte Besteuerung)**. Wurden die Beiträge in der Ansparphase nur teilweise steuerlich gefördert, d. h. es wurden auch nicht geförderte Beiträge gezahlt, muss die Rente für die Besteuerung aufgeteilt werden. Der Rentenanteil, der auf steuerlich nicht geförderten Beiträgen beruht, wird nur anteilig mit dem **Ertragsanteil** besteuert.

TIPP

Leistungsmitteilung

Von Ihrem Versicherungsunternehmen erhalten Sie eine **Leistungsmitteilung** (Bescheinigung), aus der hervorgeht, welcher Teil der Rente voll zu versteuern ist und welcher Teil nur anteilig besteuert wird. Die Besteuerungsvorschrift ist ebenfalls angegeben. Übernehmen Sie bitte die Angaben aus der Bescheinigung in Ihre Anlage R, S. 2.

Auch Leistungen (Rentenzahlungen) aus Riester-Altersvorsorgeverträgen unterliegen der nachgelagerten Besteuerung **in voller Höhe**. Dies gilt auch für den Teil der Leistungen, der aus Altersvorsorgezulagen stammt. Der Teil der Rente, der aus eigenen Beitragszahlungen stammt, wird damit sogar zweimal besteuert, da die Beiträge i. d. R. aus versteuerten Einnahmen bezahlt wurden. Vertiefend siehe → Altersvorsorgeaufwendungen.

8 Zusammenfassende Übersicht über die Rentenbesteuerung

Rentenart	Fundstelle	Besteuerung
Rentenzahlung vom Arbeitgeber aufgrund einer Pensionszusage **(Direktzusage)** oder aus Unterstützungskassen **(Betriebsrente)**	Einkünfte aus nichtselbständiger Arbeit § 19 Abs. 2 EStG	**Arbeitslohn** nach § 19 EStG; i. d. R. Versorgungsbezüge (Versorgungsfreibetrag und Zuschlag zum Versorgungsfreibetrag)
Alle Renten aus der **gesetzlichen** Rentenversicherung, den landwirtschaftlichen Alterskassen, von berufsständischen Versorgungseinrichtungen, **Rürup-Renten**	Sonstige Einkünfte § 22 Nr. 1 Satz 3 Buchst. a) Doppelbuchst. aa) EStG	**Besteuerungsanteil** (nach dem Jahr des Rentenbeginns; bei Rentenbeginn 2018: 76 %)
Renten aus **privaten** Rentenversicherungen (ohne Riester- und ohne Rürup-Renten)	Sonstige Einkünfte § 22 Nr. 1 Satz 3 Buchst. a) Doppelbuchst. bb) EStG	**Ertragsanteil** (nach dem Alter bei Rentenbeginn), z. B. bei Rentenbeginn 65 Jahre: 18 %

Rentenart	Fundstelle	Besteuerung
Riester-Rente (einschl. Wohnriester)		
Rentenzahlung aus einer **Pensionskasse**, einem **Pensionsfonds** oder aus einer **Direktversicherung**	Sonstige Einkünfte § 22 Nr. 5 EStG i. V. m. § 22 Nr. 1 Satz 3 Buchst. a) Doppelbuchstabe bb) EStG	• soweit Beiträge staatlich gefördert wurden (Zulage und/oder Sonderausgabenabzug) oder steuerfrei waren: **volle Besteuerung** • soweit keine Förderung (Beiträge aus versteuertem Einkommen): Besteuerung mit dem **Ertragsanteil**
Renten aus Zusatzversorgungseinrichtungen, z. B. Versorgungsanstalt des Bundes und der Länder (VBL) bzw. Renten aus Zusatzversorgungskassen der Kommunen oder Kirchen (ZVK)		
Kapitalauszahlung aus einer Lebensversicherung, die **vor dem 1.1.2005** abgeschlossen wurde (Altvertrag)		i. d. R. **steuerfrei**; in Einzelfällen Besteuerung nach § 20 Abs. 1 Nr. 6 EStG a. F.
Kapitalauszahlung aus einer Lebensversicherung, im Erlebensfall aus einem Neuvertrag (Vertragsabschluss **nach dem 31.12.2004**)	Einkünfte aus Kapitalvermögen § 20 Abs. 1 Nr. 6 EStG	**Einnahmen aus Kapitalvermögen** in Höhe des **vollen** Unterschiedsbetrags zwischen Auszahlung und Beiträgen; bei Mindestlaufzeit von 12 Jahren und 60. Lebensjahr (Vertragsabschluss nach 2011: 62. Lebensjahr) vollendet, nur **halber** Unterschiedsbetrag
private Veräußerungsrenten	Sonstige Einkünfte § 22 Nr. 1 Satz 3 Buchst. a) Doppelbuchst. bb) EStG	**Besteuerung mit dem Ertragsanteil**

9 Werbungskosten

Werbungskosten in tatsächlicher Höhe

Zu den als Werbungskosten im Zusammenhang mit Renteneinkünften abzugsfähigen Kosten gehören z. B. Gewerkschaftsbeiträge, Rechtsberatungskosten, Prozesskosten im Zusammenhang mit Ansprüchen aus der Rentenversicherung, Aufwendungen für (Steuer-)Literatur (z. B. Rentenratgeber oder „Steuer 2019"), Fahrtkosten zur Rentenberatung und Schuldzinsen für einen Kredit zur Nachentrichtung freiwilliger Beiträge zur gesetzlichen Rentenversicherung.

Finanzierungskosten, die durch den Abschluss eines Vertrags über eine sofort beginnende Leibrentenversicherungsleistung gegen Zahlung eines Einmalbetrags veranlasst sind, können als Werbungskosten abziehbar sein, wenn damit zu rechnen ist, dass die Summe der Besteuerungsanteile den Finanzierungsaufwand übersteigt.

Die Beiträge eines Arbeitnehmers zur gesetzlichen Rentenversicherung sind **nicht** als vorab entstandene Werbungskosten, sondern nur als Sonderausgaben abziehbar.

Pauschbetrag für Werbungskosten

Bei Renten wird mindestens ein Werbungskostenpauschbetrag von 102 € berücksichtigt, wenn keine höheren tatsächlichen Werbungskosten geltend gemacht werden. Beim Erhalt mehrerer Renten kann der Pauschbetrag insgesamt nur einmal berücksichtigt werden. Werden Ehegatten zusammen zur Einkommensteuer veranlagt, erhält jeder Ehegatte mit Renteneinkünften den Pauschbetrag.

10 Sie zahlen eine Rente

Rentenzahlungen können entweder gar nicht, als Werbungskosten bzw. Betriebsausgaben oder als Sonderausgaben abgezogen werden.

Betriebsausgaben oder Werbungskosten

Haben Sie Vermögensgegenstände, die bei Ihnen der Erzielung von Einkünften dienen (z. B. ein vermietetes Grundstück) gegen Rentenzahlungen erworben, ist zu prüfen, ob es sich um eine entgeltliche Übertragung handelt. Diese liegt vor, wenn Leistung und Gegenleistung gleichwertig sind. In diesen Fällen haben Sie als Erwerber des Vermögens AK, die sich aus den Rentenleistungen durch Kapitalisierung berechnen lassen.

Der in den jeweiligen Rentenzahlungen enthaltene Zinsanteil (Ertragsanteil) kann als Betriebsausgabe oder Werbungskosten abgezogen werden. Der Veräußerer versteuert den Ertragsanteil als sonstige Einkünfte.

Sonderausgaben

Kirchensteuerzahlungen für den Erblasser

Zahlt ein Erbe die noch offene KiSt des Erblassers, kann der Erbe diese im Jahr der Zahlung als Sonderausgabe abziehen (BFH, Urteil v. 21.7.2016, X R 43/13).

Vermögensübertragung gegen Versorgungsleistungen

Versorgungsleistungen sind ganz oder teilweise existenzsichernde Zahlungen im Zusammenhang mit unentgeltlichen Vermögensübertragungen (§ 10 Abs. 1a Nr. 2 EStG).

Seit dem **1.1.2008** kann ein Sonderausgabenabzug nur vorgenommen werden, wenn eine unentgeltliche Zuwendung mit lebenslangen, wiederkehrende Versorgungsleistungen an den Übergeber des Vermögens (oder dessen Ehegatte oder Abkömmling) **im Zusammenhang mit der Übertragung eines Mitunternehmeranteils, eines Betriebs oder Teilbetriebs, einer Beteiligung an einer GmbH in bestimmten Fällen** erfolgt.

Der Übernehmer hat den vollen **Sonderausgabenabzug**, der Übergeber versteuert in voller Höhe **sonstige Einkünfte nach** § 22 Nr. 1a EStG.

Versorgungsausgleich nach Scheidung

§ 10 Abs. 1a Nr. 3 EStG

Vertiefend siehe → Altersvorsorgeaufwendungen.

Reparaturen

Dient ein Haus bzw. eine Wohnung der Erzielung von Einkünften, sind Reparaturaufwendungen als Betriebsausgaben oder Werbungskosten abzugsfähig. Betrifft der Aufwand die eigengenutzte Wohnung, lesen Sie bitte unter → Haushaltsnahe Tätigkeiten/Dienstleistungen weiter.

§§ 7, 9, 21 EStG, § 82b EStDV, R 21.1 EStR, H 21.1 EStR

1 Abgrenzung von Reparaturen und Herstellungskosten

Der Abgrenzung von Reparaturkosten (steuerlicher Begriff: Erhaltungsaufwendungen) und nachträglichen Herstellungskosten (HK) kommt wegen der sehr unterschiedlichen steuerlichen Auswirkung große Bedeutung zu.

	Erhaltungsaufwendungen (Reparaturen)	**Nachträgliche Herstellungskosten**
Abzug	• sofort in voller Höhe	• nur im Wege der AfA
Abzugszeitpunkt	• im Jahr der Zahlung	• ab dem Zeitpunkt der Entstehung (Zahlungszeitpunkt ohne Bedeutung)

Vertiefend siehe → Abschreibungen/Gebäude.

Erhaltungsaufwendungen (Reparaturen)

Aufwendungen für die Erneuerung von bereits vorhandenen Teilen, Einrichtungen oder Anlagen, die dazu dienen, ein Gebäude in einem ordnungsgemäßen Zustand zu erhalten, werden als „Erhaltungsaufwendungen" bezeichnet und sind im Jahr der Zahlung in voller Höhe als Werbungskosten abzugsfähig. Dabei kommt es darauf an, dass die erneuerten Teile die **Funktion** des bisherigen Teils übernehmen. Ob dabei andere Materialien oder eine technisch andere Wirkungsweise zum Einsatz kommen, ist ohne Bedeutung.

Erhaltungsaufwendungen sind z. B. Aufwendungen für Dacherneuerung, nachträgliche Wärmeschutzmaßnahmen, Anbringen einer Außenverkleidung/Fassade, Austausch von Fenstern und Türen, Erneuerung eines Bades, Heizungserneuerung (auch Umstellung des Heizsystems), Einbau einer Solaranlage zur Brauchwassererwärmung.

Erhaltungsaufwendungen liegen auch vor, wenn eine werterhöhende Modernisierung dem Gebäude den zeitgemäßen Standard zurückgibt, den es ursprünglich besessen hat, der aber durch technischen Fortschritt oder Änderung der Lebensgewohnheiten verloren gegangen ist.

TIPP

Vereinfachungsregelung

Betragen die Aufwendungen für eine **einzelne Baumaßnahme** in einem Gebäude nicht mehr als 4.000 € netto (mit Umsatzsteuer = 4.760 €), können diese aus Vereinfachungsgründen auf Antrag als Erhaltungsaufwendungen behandelt und sofort im Jahr der Zahlung in voller Höhe abgezogen werden. Eine Abgrenzung zwischen Erhaltungsaufwendungen und nachträglichen HK ist nicht erforderlich. Verschiedene (auch gleichzeitige) Baumaßnahmen im selben Gebäude sind bzgl. der Anwendung der 4.000-Euro-Grenze getrennt zu beurteilen.

Beim Austausch einer Einbauküche in einer vermieteten Wohnung liegen keine Erhaltungsaufwendungen vor, sondern Anschaffungskosten für ein neues eigenständiges Wirtschaftsgut, das auf zehn Jahre abzuschreiben ist (BFH, Urteil v. 3.8.2016, IX R 14/15).

HK, nachträgliche HK und Herstellungsaufwand

Aufwendungen bis zur endgültigen Fertigstellung eines Gebäudes stellen immer (erstmalige) HK dar. Aufwendungen für Baumaßnahmen, die an einem bereits bestehenden Gebäude durchgeführt werden, sind i. d. R. nachträgliche HK, z. B.:

- **Vollverschleiß und Neubau:** Ist das Gebäude so sehr abgenutzt, dass es praktisch nicht mehr nutzbar ist (Bauruine), entsteht durch die Renovierung/Modernisierung ein neues Gebäude.
- **Erweiterungen**
- **wesentlichen Verbesserungen**

In welchen Fällen liegt eine „Erweiterung" vor?

Die Erstellung eines **Anbaus** und die **Aufstockung** eines Gebäudes sind klassische Erweiterungen. Sämtliche Baumaßnahmen, die eine **Vergrößerung der Wohn- oder Nutzfläche** (z. B. Dachgeschossausbau) zur Folge haben, führen zu nachträglichen HK. Dies gilt selbst dann, wenn der Flächenzuwachs geringfügig ist (Einbau einer Dachgaube, Anbau einer Terrasse oder eines Balkons).

Auch bei der Umwidmung von Nutzflächen in Wohnflächen (z. B. aus einem nicht beheizbaren Kellerraum wird ein Kinderzimmer) handelt es sich um eine Erweiterung.

Bei einer **Substanzmehrung** liegen ebenfalls nachträgliche HK vor, wenn bisher nicht Vorhandenes eingebaut wird (z. B. Einbau einer zusätzlichen Treppe oder von Trennwänden, erstmaliger Einbau einer Alarmanlage oder einer Markise).

Nicht um HK, sondern um Erhaltungsaufwendungen handelt es sich, wenn der neue Gebäudebestandteil die **Funktion** des alten in vergleichbarer Weise erfüllt (z. B. Versetzen von Wänden, Vergrößern vorhandener Fenster).

Werden durch Baumaßnahmen bereits eingetretene Schäden beseitigt bzw. drohende Schäden vermieden (z. B. Errichtung einer Betonvorsatzschale zur Trockenlegung der durchfeuchteten Fundamente, Anbringung einer Überdachung an den Wohnungszugängen oder an einer Dachterrasse zum Schutz vor weiteren Wasserschäden), liegen Erhaltungsaufwendungen vor.

Die „wesentliche Verbesserung"

Aufwendungen, die dazu führen, dass das Gebäude eine **über den ursprünglichen Zustand** (zum Zeitpunkt der Anschaffung oder Herstellung) **hinausgehende wesentliche Verbesserung** erfährt, sind Gebäudeherstellungskosten.

Eine wesentliche Verbesserung liegt vor, wenn die Baumaßnahmen zur Renovierung eines Gebäudes in ihrer Gesamtheit über eine zeitgemäße Erneuerung hinausgehen, den Gebrauchswert des Gebäudes deutlich erhöhen und eine erweiterte Nutzungsmöglichkeit für die Zukunft geschaffen wird. Dies ist insbesondere in folgenden Fällen gegeben:

- Durch eine Baumaßnahme wird der Wohnstandard des Gebäudes erheblich gesteigert (**Standardhebung**). Dabei wird zwischen sehr einfachem Standard, mittlerem Standard (der selbst höheren Ansprüchen genügt) und sehr anspruchsvollem Standard (Luxussanierung unter Verwendung außergewöhnlich hochwertiger Materialien und Umsetzung des technisch Machbaren) unterschieden. Untersucht werden dabei die **vier zentralen Ausstattungsmerkmale** des Gebäudes (Heizung, Fenster, Elektro- und Sanitärinstallation). Liegt eine Hebung des Standards in mindestens drei der **vier zentralen Ausstattungsmerkmale** vor oder gibt es in zwei Bereichen eine Standardhebung und in einem dritten Bereich nachträgliche HK, sind die gesamten Aufwendungen als nachträgliche HK zu behandeln.
- Durch eine Baumaßnahme tritt eine erhebliche Erhöhung des Gebrauchswerts des Gebäudes ein. Es ergibt sich ein deutlicher Anstieg der erzielbaren Miete (im Vergleich zu der realisierbaren Miete bei einer Neuvermietung unmittelbar vor der Baumaßnahme). Mietsteigerungen, die lediglich auf zeitgemäßen, bestanderhaltenden Erneuerungen beruhen, sind in die Beurteilung nicht einzubeziehen.
- Die Gesamtnutzungsdauer wird deutlich verlängert.

Vertiefend siehe BMF, Schreiben v. 18.7.2003, IV C 3 - S 2211 - 94/03, BStBl 2003 I S. 386.

Allein aus der Höhe der Instandsetzungsaufwendungen im Verhältnis zum Kaufpreis kann aber nicht ohne nähere Prüfung auf das Vorliegen von HK geschlossen werden (BFH, Urteil v. 22.9.2009, IX R 21/08).

Mehrere Baumaßnahmen

Jede Baumaßnahme ist für sich daraufhin zu untersuchen, ob Erhaltungsaufwendungen oder HK vorliegen. Sind mehrere Baumaßnahmen aber bautechnisch verknüpft, ist insgesamt zu entscheiden, ob Erhaltungsaufwendungen oder HK vorliegen.

BEISPIEL

Erhaltungsaufwendungen oder HK?

- Um einen Anbau errichten zu können, müssen zunächst Ausbesserungsarbeiten an den bestehenden Fundamenten des Gebäudes durchgeführt werden.

Da die Ausbesserungsarbeiten an den Fundamenten erforderlich sind, um den Erweiterungsbau erstellen zu können, liegt eine Gesamtbaumaßnahme mit HK vor.

- Ein schadhaftes Flachdach wird durch ein Satteldach ersetzt. Der neu entstandene Dachraum wird ausgebaut.
  Die Erstellung eines Satteldachs ist Voraussetzung für den Dachgeschossausbau. Es liegt eine einheitliche Gesamtbaumaßnahme mit HK vor.

2 Zeitnahe Modernisierungsmaßnahmen nach dem Kauf

Anschaffungsnahe Herstellungskosten

Nicht zu den Erhaltungsaufwendungen, sondern zu den anschaffungsnahen HK eines Gebäudes gehören Aufwendungen für Instandsetzungs- und Modernisierungsmaßnahmen,

- die **innerhalb von drei Jahren** nach Anschaffung des Gebäudes durchgeführt werden und
- deren Gesamtkosten (ohne Umsatzsteuer) in den ersten drei Jahren **15 % der AK des Gebäudes übersteigen (**§ 6 Abs. 1 Nr. 1a EStG).

Die Aufwendungen werden zur Bemessungsgrundlage der Gebäudeabschreibung hinzugerechnet.

Auch sog. **Schönheitsreparaturen** (wie z. B. das Tapezieren, Anstreichen der Wände und Decken, das Streichen der Fußböden, Heizkörper, der Türen sowie der Fenster) sind bauliche Maßnahmen, durch die Mängel oder Schäden an vorhandenen Einrichtungen eines bestehenden Gebäudes beseitigt werden. Die Aufwendungen sind immer (Änderung der Rechtsprechung) in die Prüfung der 15 %-Grenze einzubeziehen (BFH, Urteil v. 14.6.2016, IX R 25/14). Entsprechend sind Aufwendungen für Maßnahmen, die das Gebäude erst betriebsbereit (d. h. vermietbar) machen, und die Kosten für eine über den ursprünglichen Zustand hinausgehende wesentliche Verbesserung des Gebäudes zu behandeln, wenn diese im Rahmen einer Renovierung und Modernisierung im Zusammenhang mit dem Erwerb des Gebäudes anfallen.

Bei der Prüfung, ob die Aufwendungen für Instandsetzungs- und Modernisierungsaufwendungen zu anschaffungsnahen Herstellungskosten führen, ist nicht auf das gesamte Gebäude, sondern auf den jeweiligen selbstständigen Gebäudeteil abzustellen, wenn das Gesamtgebäude in unterschiedlicher Weise genutzt wird und daher in verschiedene Wirtschaftsgüter aufzuteilen ist. Vertiefend siehe → Abschreibungen/Gebäude.

Nicht in die Prüfung der 15 %-Grenze einbezogen werden:

- Aufwendungen für Erweiterungen (diese sind immer HK)
- Aufwendungen für Erhaltungsarbeiten, die jährlich üblicherweise anfallen (z. B. Heizungswartung)

Herstellung der Betriebsbereitschaft des Gebäudes

Ist ein Gebäude zum Zeitpunkt der Anschaffung betriebsbereit, können Erhaltungsaufwendungen i.d.R. sofort als Werbungskosten abgezogen werden.

Ist das Gebäude objektiv oder subjektiv nicht betriebsbereit, gehören die Aufwendungen, die erforderlich sind, um es in einen betriebsbereiten Zustand zu versetzen, zu den **AK**. Die Betriebsbereitschaft setzt die Funktionstüchtigkeit voraus.

Objektiv ist ein Gebäude **funktionsuntüchtig**, wenn wesentliche Teile nicht nutzbar sind, unabhängig von einer tatsächlichen Nutzung.

BEISPIEL

„Objektive Funktionsuntüchtigkeit"

Beim Kauf eines Hauses ist bekannt, dass die eingebaute Heizung nicht voll funktionsfähig ist und außerdem die gesetzlich geforderten Emissionsgrenzen überschreitet. Sofort nach dem Erwerb wird eine Heizungsanlage eingebaut, die technisch auf dem neuesten Stand ist.

Das Haus ist objektiv nicht funktionstüchtig, die Kosten für den Austausch der Heizungsanlage gehören zu den **AK.**

Subjektiv ist ein Gebäude **funktionsuntüchtig**, wenn es für die konkrete Zweckbestimmung des Erwerbers nicht nutzbar ist und bauliche Änderungen erforderlich werden.

BEISPIEL

„Subjektive Funktionsuntüchtigkeit"

Der Unternehmer A erwirbt ein vermietetes Wohngebäude. Er will es als Bürogebäude nutzen. Nach sechs Monaten kündigt er den Mietern und beginnt mit Umbaumaßnahmen, damit die Büronutzung ermöglicht wird.

Das Objekt ist subjektiv nicht funktionstüchtig, weil die geplante Nutzung nicht möglich ist. Die Aufwendungen zur Umgestaltung der Räume führen zu **AK.**

Beurteilung der Betriebsbereitschaft aus Sicht der Finanzverwaltung

	Betriebsbereitschaft
Der Erwerber nutzt das Gebäude ab dem Zeitpunkt der Anschaffung wie geplant durch Vermietung oder Eigennutzung.	ja
Eine bestehende Vermietung wird uneingeschränkt fortgesetzt.	ja
Das Gebäude ist vermietet, die Mietverträge werden sofort gekündigt, weil der Vermieter eine anderweitige Nutzung plant.	nein
Nach der Anschaffung wird das Gebäude zunächst nicht genutzt.	offen
Nach der Anschaffung wird das Gebäude zunächst nicht genutzt, aber Baumaßnahmen für die Nutzung gem. geplanter Zweckbestimmung werden durchgeführt.	nein

3 Reparaturen in der eigenen Privatwohnung

Im Normalfall sind Reparaturkosten, die die eigene Wohnung betreffen, bei der Ermittlung des z. v. E. nicht abzugsfähig. Sie gehören zu den Kosten der privaten Lebensführung.

In besonderen Fällen können die Aufwendungen aber steuerlich geltend gemacht werden. So können z. B. Aufwendungen für Baumaßnahmen, durch die konkrete Gesundheitsgefährdungen beseitigt (z. B. Sanierung bei Hausschwamm, Asbestsanierung des Daches) oder vom Gebäude ausgehende unzumutbare Beeinträchtigungen (Gebäudesanierung bei Geruchsbelästigung) behoben werden, steuerlich als → außergewöhnliche Belastungen geltend gemacht werden. Auch die behindertengerechte Umgestaltung von Teilen der eigenen Wohnung führt zu außergewöhnlichen Belastungen. Vertiefend siehe → Außergewöhnliche Belastung und → Behinderte Menschen.

Für Handwerkerleistungen im Zusammenhang mit der eigengenutzten Wohnung kann evtl. eine **Steuerermäßigung** in Anspruch genommen werden. Vertiefend siehe → Haushaltsnahe Tätigkeiten/Dienstleistungen.

Eigennutzung nach Auszug des Mieters

Kündigt der Eigentümer dem Mieter, um selbst in die Wohnung einzuziehen, können die anfallenden Kosten der Renovierung nicht als WK abgezogen werden, wenn sie die bei einem Wohnungswechsel typischen Arbeiten wie Schönheitsreparaturen (Tapezieren, Malerarbeiten) und sonstige kleinere Reparaturen betreffen.

Aufwendungen zur Beseitigung eines Schadens, der die mit dem gewöhnlichen Gebrauch der Mietsache verbundene Abnutzung deutlich übersteigt (z. B. mutwillig verursachter Schaden), können Werbungskosten sein (BFH, Urteil v. 11.7.2000, IX R 48/96).

Wird ein Teil der Mietkaution einbehalten, handelt es sich um zusätzliche Mieteinnahmen.

TIPP

Rechtzeitige Renovierung

Gehen Sie auf Nummer sicher und lassen Sie die Reparaturen ausführen, solange die Wohnung noch vermietet ist. Unproblematisch ist in diesem Fall der Abzug von Reparaturaufwendungen, die der ordnungsgemäßen Erhaltung der Mietsache dienen.

Vermietung nach Eigennutzung

Wer Aufwendungen für seine zunächst selbst bewohnte, anschließend leer stehende und noch nicht vermietete Wohnung als vorab entstandene Werbungskosten geltend macht, muss seinen Entschluss, die Wohnung zu vermieten, durch ernsthafte und nachhaltige Vermietungsbemühungen belegen (BFH, Urteil v. 28.10.2008, IX R 1/07).

Keinesfalls sollte sich eine Renovierung länger als nötig hinziehen. Nach Ansicht des BFH deutet eine lange Renovierungszeit darauf hin, dass keine Vermietungsabsicht besteht. Die Kosten sind in diesen Fällen nicht abzugsfähig (BFH, Urteil v. 11.8.2010, IX R 3/10). Im Zweifel sollten geplante Reparaturarbeiten erst nach Mietbeginn oder nach Abschluss des Mietvertrags durchgeführt werden, sonst besteht die Gefahr, dass die gesamten Aufwendungen steuerlich nicht abzugsfähig sind.

Hat sich der Erwerber eines Gebäudes zunächst entschlossen, das leer stehende Objekt zu vermieten, und hat deshalb renoviert, ist aber anschließend selbst eingezogen, kann er die Renovierungskosten steuerlich geltend machen (FG Hamburg, Urteil v. 15.6.2011, 1 K 14/10).

4 Reparaturen teilweise eigengenutzter Objekte

Entstehen Reparaturaufwendungen bei einem gemischt genutzten Gebäude (teilweise durch den Eigentümer selbst bewohnt, teilweise vermietet), ist wie folgt vorzugehen:

- **direkte Zuordnung der Kosten:** Soweit die Reparatur einen konkreten Gebäudeteil betrifft (z. B. Erneuerung des Bades in einer vermieteten OG-Wohnung), ist der Aufwand diesem Gebäudeteil allein zuzurechnen und die Aufwendungen sind als Werbungskosten abzugsfähig.
- **flächenmäßige Zuordnung der Kosten:** Betrifft die Reparatur das Gebäude als Ganzes (z. B. Dach wird neu gedeckt, Außenfassade wird erneuert), sind die Gesamtaufwendungen im Verhältnis der Nutzflächen zu verteilen. Der auf den vermieteten Teil des Gebäudes entfallende Teil der Kosten ist steuerlich abzugsfähig.

5 Verteilung größeren Erhaltungsaufwands bei Wohngebäuden

Nach § 82b EStDV können größere Erhaltungsaufwendungen auf Antrag **gleichmäßig auf zwei bis fünf Jahre** verteilt werden. Die Gebäude dürfen nicht zu einem Betriebsvermögen gehören und müssen überwiegend Wohnzwecken dienen. Durch die Verteilung ist unter Ausnutzung der höheren Grenzsteuersätze insgesamt eine höhere Steuererstattung möglich.

BEISPIEL

Zusätzliche Steuerersparnis

F, Einzelveranlagung, z. v. E. seit Jahren 40.000 €, hat 2018 für 20.000 € umfangreiche Reparaturen an seinem vermieteten Haus durchgeführt.

F kann diese Kosten entweder 2018 in vollem Umfang als Werbungskosten geltend machen (Steuerminderung 6.203 €) oder z. B. auf die Jahre 2018 bis 2022 gleichmäßig verteilen, d. h. jährlich 4.000 € als Erhaltungsaufwand geltend machen (Steuerminderung 5 × 1.382 € = 6.910 €). Die Verteilung führt zu einer zusätzlichen Steuerentlastung von 707 €.

6 Zahlung durch Dritte

Grundsätzlich kann nur derjenige, der entsprechende Aufwendungen getragen hat, einen Abzug von Betriebsausgaben oder Werbungskosten geltend machen. Erhaltungsaufwendungen bei den Einkünften aus V+V sind aber auch dann

Werbungskosten des Steuerpflichtigen, wenn sie auf einem von einem Dritten im eigenen Namen, aber im Interesse des Steuerpflichtigen abgeschlossenen Werkvertrag beruhen und der Dritte dem Steuerpflichtigen den Betrag zuwendet.

BEISPIEL

Abgekürzter Zahlungsweg

Der Steuerpflichtige hat eine Eigentumswohnung erworben, die er vermieten will. Die Wohnung muss vor ihrer erneuten Vermietung renoviert werden. Zu diesem Zweck beauftragt der Vater des Steuerpflichtigen nach Rücksprache mit ihm Handwerker und bezahlt nach Durchführung der Erhaltungsarbeiten auch die nicht an den Wohnungseigentümer gerichteten Rechnungen. Auf eine Rückforderung des Betrags verzichtet der Vater gegenüber dem Sohn.

Insoweit liegt eine Zuwendung an den Steuerpflichtigen vor. Die entstandenen Kosten sind über den abgekürzten Zahlungsweg beim Steuerpflichtigen als Werbungskosten aus V+V abzugsfähig (BFH, Urteil v. 15.1.2008, IX R 45/07).

Bei Kreditverbindlichkeiten und anderen Dauerschuldverhältnissen (z. B. Miet- und Pachtverträge) kommt eine Berücksichtigung der Zahlung unter dem Gesichtspunkt der Abkürzung des Vertragswegs nicht in Betracht (BMF, Schreiben v. 7.7.2008, IV C 1 – S 2211/07/10007, BStBl 2008 I S. 717).

7 Instandhaltungsrücklagen bei Eigentumswohnungen

Bei einer Eigentumswohnung müssen Zahlungen in eine Instandhaltungsrücklage geleistet werden.

Nicht die jährlichen Einzahlungen in die Instandhaltungsrücklage, sondern der auf den Steuerpflichtigen entfallende „Verbrauch der Instandhaltungsrücklage“ (Entnahme zur Bezahlung von Reparaturrechnungen durch den Hausverwalter nach Beschluss der Wohnungseigentümerversammlung) ist als Werbungskosten abzugsfähig. Der entsprechende Betrag ist aus der Jahresabrechnung des Hausverwalters ersichtlich.

Wird eine Eigentumswohnung veräußert, übernimmt der Erwerber den auf die Wohnung entfallenden Anteil der Instandhaltungsrücklage (Übertragung von Kapital). Insoweit liegen beim Erwerber keine AK vor.

Schuldzinsen

Die Schuldzinsen eines Unternehmens sind u. U. nicht in vollem Umfang steuerlich abzugsfähig. Wir zeigen auf, wie Sie den Betriebsausgabenabzug sicherstellen. Die Abzugsbeschränkung gilt nicht für Kapitalgesellschaften. Vertiefend siehe → Finanzierungskosten.

§ 4 Abs. 4 und 4a EStG

1 Betriebliche oder private Schuld?

Zunächst ist die betriebliche Veranlassung der Zinsen zu prüfen. Betriebliche Schuldzinsen liegen vor, wenn die Geldmittel für betriebliche Zwecke (z. B. zur Begleichung einer Lieferantenrechnung, zur Bezahlung der Geschäftsmiete) eingesetzt werden.

- Wenn eines Ihrer Bankkonten ein Guthaben aufweist, können Sie dieses entnehmen. Werden im Anschluss daran betriebliche Aufwendungen durch Belastung des Girokontos bzw. durch Aufnahme eines Darlehens finanziert, sind die anfallenden Zinsaufwendungen betrieblich veranlasst.
- Wird ein Darlehen nicht zur Finanzierung betrieblicher Aufwendungen, sondern zur Finanzierung einer Entnahme verwendet (z. B. das Girokonto weist einen Schuldenstand aus, am 1.3. werden 40.000 € von diesem Konto für private Zwecke abgebucht, zwei Tage später wird ein Darlehen über 40.000 € aufgenommen), liegen private Schulden und demzufolge keine betrieblichen Zinsen vor. Schuldzinsen für eine private Schuld sind nicht als Betriebsausgaben abzugsfähig.

2 Abzugsbeschränkung für betrieblich veranlasste Zinsaufwendungen

Grundsätze

In einem zweiten Schritt ist bei Einzelunternehmen und Personengesellschaften (nicht bei einer GmbH) zu untersuchen, inwieweit die betrieblich veranlassten Schuldzinsen tatsächlich als Betriebsausgaben abziehbar sind. Die Abzugsfähigkeit wird durch die Vorschrift des § 4 Abs. 4a EStG eingeschränkt.

- Schuldzinsen im Zusammenhang mit dem Kauf/der Herstellung von Anlagegütern (z. B. Maschinen, Betriebsgebäude) sind stets als Betriebsausgaben abzugsfähig (sog. Investitionsdarlehen). Dabei ist die tatsächliche Verwendung, nicht der Darlehenszweck lt. Darlehensvertrag ausschlaggebend. Damit sind auch Zinseszinsen und Verzugszinsen voll abzugsfähig, soweit diese mit Anlagegütern in Zusammenhang stehen (BFH, Urteil v. 7.7.2016, III R 26/15)

TIPP

Zusammenhang mit Anlagegütern

Der Zusammenhang besteht auch, wenn die Aufwendungen über ein Kontokorrentkonto finanziert werden und dadurch auf diesem ein negativer Saldo entsteht oder sich erhöht (BFH, Urteil v. 23.2.2012, IV R 19/08). Werden Darlehensmittel zunächst auf ein betriebliches Kontokorrentkonto überwiesen, von dem dann Anlagegüter bezahlt werden, oder wird zunächst das Kontokorrentkonto belastet und anschließend ein Darlehen aufgenommen, liegt ein Finanzierungszusammenhang mit Investitionen nur vor, wenn ein enger zeitlicher (bis zu 30 Tagen) und betragsmäßiger Zusammenhang hergestellt werden kann. Beträgt der Zeitraum mehr als 30 Tage, muss der Finanzierungszusammenhang nachgewiesen werden (BMF, Schreiben v. 18.2.2013, IV C 6 - S 2144/07/10001).

WICHTIG

„Vorratsvermögen"

Darlehen zur Finanzierung von Umlaufvermögen sind keine Investitionsdarlehen, auch wenn dies anlässlich der Betriebseröffnung angeschafft wird oder das Darlehen für den Kauf von Grundstücken durch einen Immobilienhändler aufgenommen wurde (BFH, Urteil v. 30.8.2012, IV R 48/09).

Sonstige Schuldzinsen sind nicht in vollem Umfang abzugsfähig, soweit „Überentnahmen" vorliegen.

TIPP

Nicht mehr als 2.050 € Schuldzinsen

Betragen die sonstigen Schuldzinsen (Gesamtbetrag an Schuldzinsen abzüglich Schuldzinsen für Investitionsdarlehen) nicht mehr als 2.050 €, können sie in vollem Umfang als Betriebsausgaben abgesetzt werden.

2.050 € überschritten

Betragen die Schuldzinsen (ohne Schuldzinsen für Investitionsdarlehen) mehr als 2.050 €, muss überprüft werden, ob „Überentnahmen" vorliegen. Ist dies der Fall, ist ein Teil der angefallenen Schuldzinsen nicht als Betriebsausgaben abzugsfähig.

WICHTIG

Gewinnermittlungsart egal

Die Abzugsbeschränkung gilt unabhängig davon, ob der Gewinn durch eine Bilanz oder mittels einer → Einnahmenüberschussrechnung ermittelt wird.

3 Grundlagen zur Ermittlung der nicht abzugsfähigen Schuldzinsen

Wann ergeben sich „Überentnahmen"?

Entnahmen 2018 ./. Gewinn 2018 ./. Einlagen 2018	
Positiver Betrag:	Negativer Betrag:
Überentnahme	**Unterentnahme**

Gewinn

Unter „Gewinn" ist der steuerliche Gewinn lt. Einnahmenüberschussrechnung bzw. Bilanz zuzüglich der außerhalb der Gewinnermittlung vorzunehmenden Hinzurechnungen (z. B. für nicht abzugsfähige Betriebsausgaben) vor Anwendung des § 4 Abs. 4a EStG zu verstehen. Vertiefend siehe → Einnahmenüberschussrechnung und → Bilanzierung/E-Bilanz. Steuerfreie Gewinne (z. B. Investitionszulagen) sind Teil des Gewinns. Dazu gehört auch der anlässlich einer Betriebsveräußerung/-aufgabe erzielte Gewinn.

Entnahmen

Als Entnahmen sind sämtliche Geld-, Sach- und Nutzungsentnahmen (z. B. Wert der privaten Kfz-Nutzung) des (Wirtschafts-)Jahres 2018 anzusetzen. Zu den Entnahmen gehören auch anlässlich einer Betriebsveräußerung/-aufgabe erzielte Erlöse, soweit diese in das Privatvermögen überführt worden sind.

ACHTUNG

Entnahmen bei Betriebsaufgabe

Zu den Entnahmen gehören bei einer Betriebsaufgabe grundsätzlich auch Überführungen von Wirtschaftsgütern in das Privatvermögen oder die Entnahme des Veräußerungserlöses. Diese Beträge bleiben bei Betrieben, die vor dem 1.1.1999 gegründet wurden, einmalig außer Betracht (OFD Münster, Verfügung v. 12.1.2007, S 2144 – 52 – St12 – 33).

TIPP

Geldentnahmen beschränken

Je geringer die Entnahmen sind, desto größer ist der abzugsfähige Teil der betrieblichen Schuldzinsen. Kontrollieren Sie sämtliche Geldentnahmen vom betrieblichen Girokonto. Soweit das Konto zum Zeitpunkt der Entnahme im Minus war, können Sie den Betrag bei der Berechnung der Entnahmen weglassen (BMF, Schreiben v. 22.5.2000, IV C 2 - S 2144 - 60/00, Punkt 6).

Einlagen

Als Einlagen sind sämtliche im (Wirtschafts-)Jahr 2018 getätigten Geld-, Sach- und Nutzungseinlagen anzusetzen. Wird jedoch nur kurzfristig Geld eingelegt, kann dies einen Missbrauch von Gestaltungsmöglichkeiten darstellen, wenn die Einlage allein dazu dient, die Hinzurechnung nicht abziehbarer

Schuldzinsen zu umgehen (BFH, Urteil v. 21.8.2012, VIII R 32/09).

WICHTIG

Entnahmen und Einlagen bei der EÜR

Entnahmen und Einlagen müssen auch bei der Gewinnermittlung durch → Einnahmenüberschussrechnung aufgezeichnet werden.

4 Berechnung des nicht abzugsfähigen Betrags

Die nicht abzugsfähigen betrieblichen Schuldzinsen werden mit 6 % der Überentnahmen des Jahres 2018 zuzüglich der Überentnahmen aus den Vorjahren bzw. abzüglich der Unterentnahmen der Vorjahre berechnet. Der sich ergebende Betrag, höchstens jedoch der um 2.050 € verminderte Betrag der Schuldzinsen (ohne Schuldzinsen für Investitionsdarlehen) des (Wirtschafts-)Jahres 2018, ist dem Gewinn hinzuzurechnen. Diese Berechnung führt dazu, dass sich Überentnahmen (und damit eine Hinzurechnung) auch dann ergeben, wenn im Vz. selbst keine Überentnahme, aber ein Saldo aufgrund von Überentnahmen aus den Vorjahren vorlag (BFH, Urteil v. 17.8.2010, VI-I R 42/07).

Die Berechnung der nicht abzugsfähigen Schuldzinsen ist anhand der Anlage SZE nachvollziehbar zu bewerkstelligen.

Mit der Berechnung der Über-/Unterentnahmen wurde grundsätzlich zum 1.1.1999 mit 0 DM begonnen. Den Saldo aus den Vorjahren können Sie folglich selbst ermitteln, wenn Sie für 1999 bis 2017 jeweils folgende Berechnung (nach Umrechnung auf Euro) durchführen:

Entnahmen ./. Gewinn ./. Einlagen

Über- und Unterentnahmen der Wirtschaftsjahre vor 1999 bleiben unberücksichtigt (§ 52 Abs. 11 EStG, siehe auch BMF, Schreiben v. 12.6.2006, IV B 2 – S 2144 - 39/06).

BEISPIEL

Kürzungsbetrag

Von 1999 bis 2017 ist im Fall A per Saldo eine Überentnahme i. H. v. 100.000 € (bzw. im Alternativfall B eine Unterentnahme von 50.000 €) zu berücksichtigen. Im Jahr 2018 beträgt die Überentnahme 70.000 €. Die betrieblich veranlassten Schuldzinsen (ohne Schuldzinsen für Investitionsdarlehen) belaufen sich im Jahr 2018 auf insgesamt 10.000 €.

1. Berechnung des Kürzungsbetrags in €

	Fall A	Fall B
Überentnahmen 2018 Überentnahmen bzw. Unterentnahmen Vorjahre	70.000 100.000	70.000 -50.000
= Bemessungsgrundlage davon 6 %	170.000 10.200	20.000 1.200

2. Höchstbetragsberechnung

Tatsächliche Schuldzinsen	10.000	10.000
./. Kürzungsbetrag	2.050	2.050
= Höchstbetrag	7.950	7.950
3. Tatsächlicher Kürzungsbetrag	7.950	1.200

Schuldzinsen für Investitionsdarlehen

TIPP

Gesondertes Darlehen für Anlagegüter

Wird für den Kauf bzw. die Herstellung von Anlagegütern ein **gesondertes** Darlehen aufgenommen, sind die Schuldzinsen hierfür stets als Betriebsausgaben abzugsfähig und nicht in die Berechnung mit einzubeziehen.

Eine Finanzierung durch Belastung des Girokontos reicht nicht aus.

5 Wie wirken sich Verluste aus?

Verluste sind in die Berechnung der Über-/Unterentnahmen mit einzubeziehen. Nach Sinn und Zweck des Gesetzes darf in einem Verlustjahr die Überentnahme nicht größer sein als der Betrag, um den die Entnahmen die Einlagen übersteigen. Der Verlust ist jedoch mit Unterentnahmen vergangener und zukünftiger Jahre zu verrechnen. Entsprechendes gilt für einen Verlust, soweit er nicht durch einen Einlagenüberschuss ausgeglichen wird.

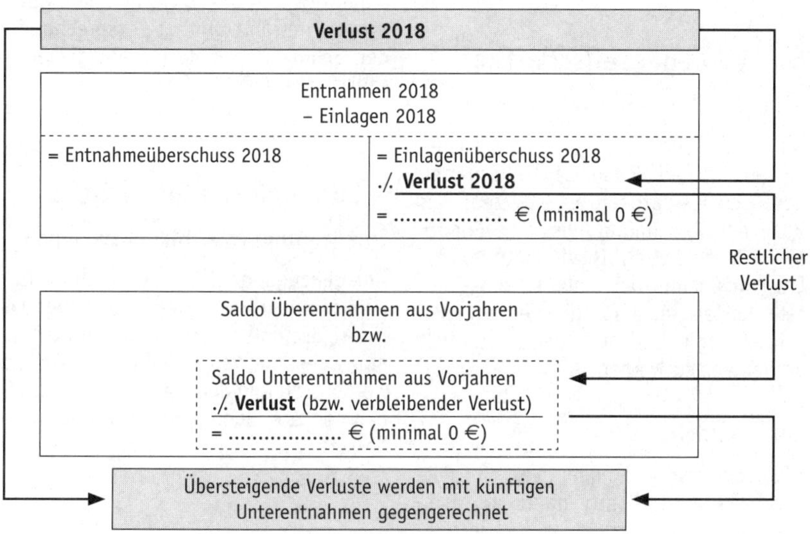

BEISPIEL

Verlust

Ein Betrieb hat im Jahr 2018 einen Verlust i. H. v. 100.000 €. Die Entnahmen belaufen sich auf 7.200 €, die Einlagen auf 80.000 €. Der Saldo aus den Vorjahren beträgt 10.000 € (Unterentnahmen).

Im Jahr 2018 sind die Entnahmen und Einlagen einander gegenüberzustellen. Es ergibt sich ein Einlagenüberschuss i. H. v. 72.800 €. Der Einlagenüberschuss ist mit dem Verlust bis maximal 0 € zu verrechnen. Ein ggf. noch verbleibender Verlustanteil (100.000 € ./. 72.800 € = 27.200 €) ist mit den Unterentnahmen der Vorjahre gegenzurechnen (27.200 € ./. 10.000 € = 17.200 €). Der verbleibende Verlust ist mit künftigen Unterentnahmen gegenzurechnen.

6 Personengesellschaften

Gesellschafterbezogene Ermittlung

Die Ermittlung der nicht abziehbaren Zinsen ist bei Personengesellschaften gesellschafterbezogen zu ermitteln. Als Basis der Berechnung muss eine Ermittlung der erzielten Gewinnanteile, der Entnahmen und der Einlagen jedes Gesellschafters auch für die vergangenen Jahre, beginnend mit dem 1.1.1999, vorgenommen werden.

Besonderheiten

- Tätigkeitsvergütungen von Gesellschaftern sind nur dann als Entnahme zu behandeln, wenn sie ausbezahlt worden sind. Keine Entnahme liegt vor, wenn eine Gutschrift auf dem Kapitalkonto erfolgt ist.
- Die Hingabe eines Gesellschafterdarlehens ist eine Einlage, die Rückzahlung eine Entnahme.
- Die Überlassung von Wirtschaftsgütern durch einen Gesellschafter stellt eine Einlage (in das Sonderbetriebsvermögen) dar. Nutzungsentgelte sind Entnahmen, soweit die Gelder den betrieblichen Bereich (z. B. durch Überweisung auf ein privates Konto des überlassenden Gesellschafters) verlassen.

Sockelbetrag

WICHTIG

Sockelbetrag ist firmenbezogen

Der Sockelbetrag von 2.050 € wird allerdings für das Unternehmen **nur einmal** gewährt und ist entsprechend den Schuldzinsenanteilen auf die Gesellschafter aufzuteilen.

7 So reagieren Sie richtig

Finanzierung von Anlagenzugängen

Anlagenzugänge (z. B. Kauf eines Betriebsgrundstücks, Erwerb einer Produktionsmaschine) sollten durch Aufnahme eines gesonderten Darlehens finanziert werden. Vermeiden Sie Darlehensaufnahmen zur allgemeinen Liquiditätsverbesserung!

Umwandlung in eine GmbH

Die Umwandlung in eine GmbH ist überlegenswert. Für eine GmbH gilt die Zurechnungsvorschrift nicht, außerdem ist ein günstiger Steuersatz von 15 % anzuwenden. Die Umwandlung sollte aber reiflich überlegt werden. Zu den Vor- und Nachteilen der einzelnen Rechtsformen siehe → Existenzgründer.

Wenden Sie das Zwei-Konten-Modell an

Wenn sich bei Ihnen keine Überentnahmen ergeben, sollten Sie das Zwei-Konten-Modell (auch Mehr-Konten-Modell genannt) anwenden.

Zwei-Konten-Modell

Sie benötigen zwei Girokonten.

- Vom ersten Konto werden sämtliche betrieblichen Ausgaben bezahlt, ggf. auch durch Aufnahme eines Darlehens.
- Das andere Girokonto dient als „Einnahmenkonto", Kundenzahlungen laufen nur auf diesem Konto auf.
- Wird für private Zwecke Geld benötigt, heben Sie dieses vom Einnahmenkonto ab, sodass sich kein Schuldsaldo ergibt!

So sind sämtliche Zinsen betrieblich veranlasst.

Wenn Sie Entnahmen in einer Größenordnung haben, die zu Überentnahmen führen würden, sollte ein Teil der Entnahmen vom Ausgabenkonto getätigt werden. Grund dafür ist, dass Entnahmen vom Einlagenkonto zu höheren Überentnahmen führen, während Entnahmen vom Ausgabenkonto unberücksichtigt bleiben.

Das sog. „umgekehrte" Zwei-Konten-Modell ist jedoch steuerschädlich. Beim umgekehrten Zwei-Konten-Modell wird ein bestehender betrieblicher Schuldsaldo auf dem Betriebsausgabekonto durch Entnahmen vergrößert und kurzfristig durch Überweisungen vom Betriebseinnahmekonto zurückgeführt. Diese Mittelverwendung zur privaten Schuldentilgung ist nicht betrieblich veranlasst, sondern stellt eine Entnahme dar (BFH, Urteil v. 3.3.2011, IV R 53/07).

Als Ausweg könnten nach der Entnahme vom Ausgabenkonto die Ausgangsrechnungen so gestellt werden, dass die Kunden Zahlungen auf das Ausgabenkonto leisten. Sobald der Gesamtbetrag dieser Zahlungen so hoch ist wie die Entnahmen, werden die Kundenrechnungen wieder so gestellt, dass die Erlöse auf das Einnahmenkonto fließen.

Solaranlagen und Co.

Der Betreiber einer stromgewinnenden Anlage betreibt i. d. R. einen Gewerbebetrieb. Er muss die Einkünfte in seiner Einkommensteuererklärung angeben und meist Umsatzsteuer abführen.

§ 15 EStG, §§ 1, 2, 15 UStG

1 Überblick

Durch die Einspeisung von Strom in das Netz des örtlichen Stromlieferanten werden Einkünfte aus einem **Gewerbebetrieb erzielt.** Die Aufnahme der gewerblichen Tätigkeit ist dem Finanzamt anzuzeigen. Vertiefend siehe → Existenzgründer.

TIPP

Anrechnung auf Renten

Überschüsse aus dem Betrieb einer Fotovoltaikanlage können zur Kürzung von Renten oder anderen Sozialleistungen führen. Sollten Sie mit dem Gedanken spielen, Ihre Fotovoltaikanlage entgeltlich oder unentgeltlich auf den Ehegatten oder andere Familienmitglieder zu übertragen, um die Kürzungen zu vermeiden, ist diese Übertragung nicht rückwirkend, sondern nur für die Zukunft mit den vorgenannten steuerlichen Folgen möglich.

Gewinnermittlung

I. d. R. kann der Gewinn durch eine **Einnahmenüberschussrechnung** (Einnahmen abzgl. Aufwendungen) ermittelt werden. Vertiefend siehe → Einnahmenüberschussrechnung.

Sowohl die Vergütung für den eingespeisten Strom als auch die **Selbstverbrauchsvergütung**, die für den privat verbrauchten Strom gezahlt wird, stellen Betriebseinnahmen dar. Zusätzlich ist der privat verbrauchte Strom als Sachentnahme bei den Betriebseinnahmen zu erfassen.

Abschreibung

Die Fotovoltaikanlage wird auf die Nutzungsdauer von 20 Jahren abgeschrieben. Damit ergibt sich eine gleichmäßige AfA von 5 % über den gesamten Zeitraum. Im ersten Jahr ist die AfA nach Monaten aufzuteilen.

Investitionsabzugsbetrag (IAB)

Schon vor Fertigstellung der Anlage kann ein Investitionsabzugsbetrag in Höhe von 40 % der voraussichtlichen Kosten steuermindernd geltend gemacht werden. Vertiefend siehe → Investitionsabzugsbetrag.

Umsatzsteuer

Mit dem regelmäßigen Verkauf des selbst erzeugten Stroms werden Sie zum umsatzsteuerlichen Unternehmer. Damit können Sie sich die Umsatzsteuer, die im Zusammenhang mit der Anschaffung gezahlt wurde, vom Finanzamt erstatten lassen.

2 Detailinformationen

Wichtiges zum Thema „Solaranlagen und Co.“ finden Sie auch auf www.haufe.de/mybook unter „Weiterführende steuerliche Informationen“.

Sonderausgaben

Bei Sonderausgaben handelt es sich um Kosten der privaten Lebensführung, die steuerlich abziehbar sind. Alle Sonderausgaben sind im Gesetz abschließend genannt. Es wird unterschieden zwischen Vorsorgeaufwendungen (Versicherungsbeiträge) und anderen Sonderausgaben.

1 Allgemeines zum Sonderausgabenabzug

Aufwendungen, die zu den Betriebsausgaben bzw. Werbungskosten gehören, sind bei den entsprechenden Einkünften der Höhe nach unbegrenzt abziehbar und können nicht als Sonderausgaben berücksichtigt werden.

BEISPIEL

Abgrenzung zum Betriebsausgaben- oder Werbungskostenabzug

Die Haftpflichtversicherungsbeiträge für ein **vermietetes** Mehrfamilienhaus sind Werbungskosten bei den Einkünften aus V+V und keine Sonderausgaben.

Dagegen können Beiträge zur privaten Familienhaftpflichtversicherung oder zur Grundstückshaftpflichtversicherung für das **eigengenutzte** Einfamilienhaus bei den Sonderausgaben abgezogen werden.

Sonderausgaben kann nur derjenige geltend machen, der sie **selbst schuldet** und **selbst leistet**. Bei zusammen veranlagten Ehegatten/Lebenspartnern kommt es für den Abzug von Sonderausgaben nicht darauf an, ob sie der Ehemann oder die Ehefrau gezahlt hat.

Bei einer Einzelveranlagung von Ehegatten/Lebenspartnern nach § 26a EStG kann grundsätzlich nur derjenige Sonderausgaben abziehen, der die Aufwendungen getragen hat. Auf übereinstimmenden Antrag ist ein hälftiger Abzug möglich. Vertiefend siehe → Ehegattenveranlagung. Sonderausgaben können nur im Jahr der Zahlung (Abfluss) berücksichtigt werden.

Sonderausgaben

Vorsorgeaufwendungen (Versicherungsbeiträge)

1. Altersvorsorgeaufwendungen

- **Basisversorgung**
  Beiträge zu
  - gesetzlicher Rentenversicherung (einschließlich Arbeitgeberanteil)
  - landwirtschaftliche Alterskasse
  - berufsständischer Versorgungseinrichtung
- **Zusatzversorgung**
  - Beitrag zu einer kapitalgedeckten privaten Altersversorgung (Rürup-Rentenversicherung)

2. Sonstige Vorsorgeaufwendungen

- **Basiskranken- und Pflegepflichtversicherung**
  Beiträge zu
  - gesetzlicher Krankenversicherung
  - privater Krankenversicherung (nur Basisversicherung)
- **andere sonstige Vorsorgeaufwendungen**
  Beiträge zu
  - gesetzlicher und privater Krankenversicherung, soweit sie über die Basisversorgung hinausgehen
  - Arbeitslosenversicherung
  - Erwerbs- und Berufsunfähigkeitsversicherung
  - Unfallversicherung
  - Haftpflichtversicherung
  - bestimmten Lebensversicherungen

3. Riester-Rentenversicherung

(Zusätzliche Altersvorsorge)
Anlage AV

Abzug der **Altersvorsorge-** und sonstigen **Vorsorgeaufwendungen** bis zu unterschiedlichen Höchstbeträgen. Förderung der **Riester-Beiträge** über die Altersvorsorgezulage oder einen besonderen Sonderausgabenabzug.

andere Sonderausgaben

- Unterhaltsleistungen an den geschiedenen oder dauernd getrennt lebenden Ehegatten/Lebenspartner
- Kirchensteuer
- Kinderbetreuungskosten
- Kosten für die eigene Berufsausbildung oder die des Ehegatten
- Schulgeld
- Spenden

Abzug der **tatsächlichen Aufwendungen** (teilweise begrenzt) mindestens in Höhe des **Sonderausgaben-Pauschbetrags**

2 Vorsorgeaufwendungen (Versicherungen)

Vertiefend siehe → Versicherungen und → Altersvorsorgeaufwendungen.

3 Andere Sonderausgaben

Sonderausgaben-Pauschbetrag

Für Sonderausgaben, die nicht zu den Vorsorgeaufwendungen gehören, wird ein Sonderausgaben-Pauschbetrag von 36 € abgezogen, wenn nicht höhere tatsächliche Sonderausgaben geltend gemacht werden.

Werden Ehegatten/eingetragene Lebenspartner zusammen zur Einkommensteuer veranlagt, verdoppelt sich der Betrag auf 72 € (§ 10c EStG).

Gezahlte Kirchensteuer

Als Sonderausgabe abziehbar ist die gesetzlich geschuldete und gezahlte Kirchensteuer im Inland oder EU/EWR-Ausland. Dazu gehören auch die vom Arbeitgeber abgeführte Kirchenlohnsteuer, die vierteljährlich vorausgezahlte oder für Vorjahre nachgezahlte Kirchensteuer und das besondere Kirchgeld.

HINWEIS

Als Abgeltungsteuer erhobene Kirchensteuer

Die als Zuschlag zur Kapitalertragsteuer (Abgeltungsteuer) oder als Zuschlag auf die nach dem gesonderten Tarif des § 32d Abs. 1 EStG ermittelte Einkommensteuer erhobene Kirchensteuer ist nicht als Sonderausgabe abziehbar.

Kirchgeld

Das **allgemeine Kirchgeld** ist die Steuer der örtlichen Kirchengemeinde, die i. d. R. durch persönliches Anschreiben von Personen erhoben wird, die der Kirche angehören, aber keine gesetzliche Kirchensteuer entrichten.

Das **besondere Kirchgeld** wird von der Finanzverwaltung festgesetzt und erhoben, wenn ein Ehegatte/Lebenspartner mit höheren Einkünften konfessionslos ist und der andere Ehegatte/Lebenspartner, der keine oder nur geringe Einkünfte hat, - sowie ggf. die Kinder - einer Kirche angehören. Das Kirchgeld beträgt etwa ein Drittel der gesetzlichen Kirchensteuer. Ab einem gemeinsamen z. v. E. von 30.000 € bei Zusammenveranlagung wird ein Kirchgeld erhoben. Nicht alle Landeskirchen erheben das Kirchgeld. Einzelne Landeskirchen ermäßigen das Kirchgeld.

BEISPIEL

Besonderes Kirchgeld

Max Maier ist Alleinverdiener und gehört keiner Kirche an. Seine Ehefrau ist, wie ihre beiden Kinder, Mitglied der evangelischen Kirche. Frau Maier hat keine Einkünfte. Das gemeinsame z. v. E. beträgt 120.000 €.

z. v. E.	120.000 €
abzgl. Kinderfreibeträge	14.712 €

Bemessungs-grundlage	105.288 €
besonderes Kirchgeld	840 €

Die gesetzliche Kirchensteuer würde bei einem Steuersatz von 8 % 2.160 € betragen.

Erstattungsüberhang

Wird gezahlte Kirchensteuer in einem späteren Jahr **erstattet**, mindern sich zunächst die Kirchensteuerzahlungen im Erstattungsjahr. Ein danach evtl. verbleibender **Erstattungsüberhang** ist dem Gesamtbetrag der Einkünfte des Erstattungsjahres hinzuzurechnen.

BEISPIEL

Kirchensteuer

Ende Dezember 2017 wird Ihnen der Einkommensteuerbescheid für 2016 zugestellt. Daraus ergibt sich eine Erstattung von 870 €, die im Januar 2018 Ihrem Konto gutgeschrieben wird. Für das Jahr 2018 haben Sie 830 € Kirchensteuer in Form von Vorauszahlungen geleistet.

Der Erstattungsbetrag ist 2018 zugeflossen und mindert die Zahlung und damit den Sonderausgabenabzug des Jahres 2018 auf 0 €. Der zusätzliche Erstattungsüberhang von 40 € wird dem Gesamtbetrag der Einkünfte des Jahres 2018 hinzugerechnet.

ACHTUNG

Kirchensteuer des Erblassers

Zahlt ein Erbe die noch offene KiSt des Erblassers, kann der Erbe diese im Jahr der Zahlung als Sonderausgabe abziehen (BFH, Urteil v. 21.7.2016, X R 43/13). Erstattungen überzahlter Kirchensteuer des Erblassers sind auf eigene Kirchensteuerzahlungen des Erben anzurechnen.

Freiwillige Zuwendungen und Zuwendungen an Religionsgemeinschaften ohne gesetzliche Kirchensteuer

Keine Kirchensteuern sind freiwillige Beiträge an Kirchen oder andere religiöse Gemeinschaften. Diese sind ggf. als Spenden abziehbar. Beiträge der Mitglieder an Religionsgemeinschaften, die in mindestens einem Bundesland als Kirche anerkannt sind, aber während des ganzen Jahres keine Kirchensteuer erheben (z. B. Heilsarmee, Neuapostolische Kirche, Gemeinschaft der Siebenten-Tags-Adventisten oder Zeugen Jehovas Deutschland), sind aus Billigkeitsgründen wie Kirchensteuer als Sonderausgabe abziehbar.

Der Abzug wie Kirchensteuer ist bis zur Höhe der Kirchensteuer zulässig, die zu zahlen wäre, wenn die Kirche Kirchensteuer erheben würde. Übersteigende **freiwillige Zuwendungen** an die Religionsgemeinschaft sind im Rahmen des Spendenabzugs als Sonderausgabe abziehbar. Vertiefend siehe → Spenden.

TIPP

Kappung der Kirchensteuer

Gut verdienende Steuerpflichtige können außerhalb der Steuerveranlagung Kirchensteuer sparen, indem sie bei ihrer Kirche einen Antrag auf **Kappung der Kirchensteuer** stellen. Diese kommt in Betracht, wenn die Kirchensteuer (je nach Bundesland) mehr als 3 % bis 4 % des z. v. E. beträgt.

Weitere Sonderausgaben

Zu den anderen Sonderausgaben gehören auch:

- Unterhaltsleistungen an den geschiedenen oder dauernd getrennt lebenden Ehegatten: Vertiefend siehe → Unterhaltszahlungen.
- Renten und dauernde Lasten: Vertiefend siehe → Renten.
- Kinderbetreuungskosten: Vertiefend siehe → Kinder.
- Berufsausbildungskosten: Vertiefend siehe → Ausbildung und Studium.
- Schulgeld: Vertiefend siehe → Kinder.
- Spenden: Vertiefend siehe → Spenden.

Spekulationsgeschäfte

Unter Spekulationsgeschäften versteht man den Verkauf von bestimmten Wirtschaftsgütern innerhalb einer gesetzlich festgelegten Frist. Nicht darunter fällt der Verkauf von Kapitalanlagen. Diese sind als Kapitaleinkünfte zu versteuern. Lesen Sie daher auch auf jeden Fall das Stichwort → Kapitalanlagen.

§§ 20, 23 EStG

1 Kauf und Verkauf von Grundstücken

Veräußern Sie ein privates Grundstück innerhalb von zehn Jahren nach dessen Erwerb, liegt ein Spekulationsgeschäft vor, das der Besteuerung unterliegt. Ohne Belang sind die Gründe für den Verkauf, sodass eine Steuerpflicht auch z. B. dann eintritt, wenn die Versteigerung droht (BFH, Urteil v. 27.9.2012, III R 19/11). Bei einer Ratenzahlung über mehrere Jahre wird der Veräußerungsgewinn in mehreren Veranlagungszeiträumen erfasst (BFH, Urteil v. 11.11.2009, IX R 57/08). Das gilt auch in Verlustfällen (BFH, Urteil v. 6.12.2016, IX R 18/16).

Zehnjahresfrist

Für die Fristberechnung kommt es darauf an, wann der Kaufvertrag und der Verkaufsvertrag abgeschlossen wurden.

Die Nutzung einer Rückerwerbsoption setzt eine neue Spekulationsfrist in Gang. Sie wird nicht als Rückabwicklung gewertet (FG Münster, Urteil v. 30.10.2012, 1 K 2240/09 E). Steht die Grundstücksveräußerung unter einem Genehmigungsvorbehalt (aufschiebende Bedingung), ist dieser für die Fristberechnung unerheblich (BFH, Urteil v. 10.2.2015, IX R 23/13).

Beispielsfälle

Sie haben ein Grundstück bebaut

BEISPIEL

Erwerb, Bebauung und Vermietung

Sie haben am 15.3.2011 ein unbebautes Grundstück erworben. Im März 2015 haben Sie ein Haus darauf erstellt und dieses anschließend vermietet.

Wenn Sie das bebaute Grundstück vor dem 16.3.2021 veräußern, unterliegt der Veräußerungsgewinn der Besteuerung. Dabei kommt es auf den Zeitpunkt des Erwerbs an. Die Fertigstellung des Gebäudes ist unmaßgeblich.

Gebäude und Außenanlagen sind in die Besteuerung des Veräußerungsgewinns auch dann einzubeziehen, wenn sie in einem teilfertigen Zustand verkauft werden.

Geschenkte und geerbte Grundstücke

Bei einem geschenkten oder geerbten Grundstück kommt es für die Frist auf den Zeitpunkt des Erwerbs durch den Vorbesitzer an. Erwirbt ein Miterbe entgeltlich den Erbteil eines anderen Miterben, so entstehen ihm insoweit AK. Bei einem Verkauf innerhalb der Spekulationsfrist führt dies dazu, dass der Gewinn aus der Veräußerung dieses Grundstücks versteuert werden muss.

Ein Verkauf kann in solchen Fällen zur teuren Steuerfalle werden. Ein Beratungshonorar vor einem Verkauf kann gut angelegt sein und viel Geld sparen!

Erbbaurecht

Die Veräußerung eines unentgeltlich bestellten Erbbaurechts stellt kein privates Veräußerungsgeschäft i. S. d. § 23 EStG dar (BFH, Urteil v. 8.11.2017, IX R 25/15).

Entnahme aus dem Betrieb

Die Entnahme eines betrieblichen Grundstücks (auch im Rahmen einer Betriebsaufgabe) wird als Erwerb angesehen. Zu diesem Zeitpunkt beginnt die Zehnjahresfrist (z. B. Entnahme des Grundstücks, anschließend Verkauf innerhalb der Zehnjahresfrist, Folge: Besteuerung). Der Entnahmewert gilt als Anschaffungswert.

Einlage in den Betrieb

Wenn Sie ein privat erworbenes Grundstück während der Spekulationsfrist in ein Betriebsvermögen einlegen, liegt zunächst keine Veräußerung vor. Ein Veräußerungsvorgang aus dem Betriebsvermögen wird aber auch auf der privaten Ebene steuerpflichtig, wenn das Grundstück während der Spekulationsfrist veräußert wird.

BEISPIEL

Veräußerungsvorgänge nach Einlage

- A erwirbt am 5.1.2013 ein Grundstück für 100.000 €. 2016 legt er dieses in das Betriebsvermögen seines Einzelunternehmens ein. Der Einlagewert beträgt 150.000 €.
  Wird das Grundstück vor dem 6.1.2023 für 230.000 € verkauft, liegt ein Spekulationsgewinn von 130.000 € vor. Dieser muss i. H. v. 80.000 € als Gewinn aus Gewerbebetrieb und i. H. v. 50.000 € als Spekulationsgewinn (§ 22 EStG) versteuert werden.
- A erwirbt am 5.1.2013 ein Grundstück für 100.000 €. Am 1.3.2016 legt er dieses in das Betriebsvermögen seines Einzelunternehmens ein. Der Einlagewert beträgt 150.000 €. Am 2.1.2018 wird das Grundstück wieder entnommen, der Entnahmewert beträgt 200.000 €.
  Zu diesem Zeitpunkt ist ein betrieblicher Gewinn von 50.000 € zu versteuern. Wird das Grundstück vor dem 6.1.2023 für 230.000 € verkauft, liegt ein Spekulationsgewinn von 130.000 € vor. Dieser mindert sich um den bereits erfassten Gewinn von 50.000 €, sodass noch 80.000 € als Spekulationsgewinn versteuert werden. Wird das Grundstück nach dem 5.1.2023, aber vor dem 3.1.2028, für 230.000 € verkauft, sind noch 30.000 € zu versteuern (BMF, Schreiben v. 5.10.2000, IV C 3 – S 2256 – 263/00).

Immer als Veräußerung gilt eine verdeckte Einlage in eine Kapitalgesellschaft (A verkauft ein Grundstück im Wert von 200.000 € für 80.000 € an die ihm gehörende A-GmbH, Folge: verdeckte Einlage von 120.000 €, die zu versteuern ist.).

Verkauf der eigengenutzten Wohnung ist steuerfrei

Wenn Sie das bebaute Grundstück zwischen der Anschaffung (bzw. Fertigstellung) und der Veräußerung für sich als Privatwohnung genutzt haben, bleibt der Verkaufserlös steuerfrei. Gleiches gilt, wenn im Jahr der Veräußerung und in den vorangegangenen zwei Jahren eine entsprechende Eigennutzung vorlag (ein Leerstand zwischen Beendigung der Selbstnutzung und Veräußerung ist unschädlich, wenn die Wohnung im Jahr der Beendigung der Eigennutzung und in den beiden vorangegangenen Jahren zu eigenen Wohnzwecken genutzt wurde).

Wurde Ihnen die Wohnung geschenkt, wird die Zeit, in der der frühere Eigentümer die Wohnung selbst bewohnt hat, Ihnen zugerechnet. Entsprechendes gilt für den Fall der Erbschaft.

Die Steuerfreiheit gilt allerdings nicht für Ferienwohnungen sowie für den Teil des Veräußerungserlöses, der auf das häusliche Arbeitszimmer entfällt (selbst wenn der Abzug der Aufwendungen ausgeschlossen oder eingeschränkt ist). Vertiefend siehe → Arbeitszimmer.

Das FG Köln will den anteiligen Veräußerungsgewinn einer selbst genutzten Wohnung allerdings nicht besteuern, weil das Arbeitszimmer in den privaten Wohnbereich integriert ist und kein selbstständiges Wirtschaftsgut darstellt. Eine Besteuerung stehe auch im Widerspruch zum generellen Abzugsverbot von Kosten für häusliche Arbeitszimmer (FG Köln, Urteil v. 20.3.2018, 8 K 1160/15; Revision beim BFH, Az. IX R 11/18).

Wie wird der Veräußerungsgewinn berechnet?

Benutzen Sie das folgende Schema, auf diese Weise rechnet das Finanzamt:

Berechnung des Veräußerungsgewinns bei Immobilien	
Veräußerungserlös	
abzgl. Veräußerungskosten	
• Verkaufsinserate	... €
• Maklerkosten	... €
• Telefonkosten	... €
• Fahrtkosten	... €
• Abfindungszahlungen an Mieter	... €
• Vorfälligkeitsentschädigung für Ablösung der Finanzierung	... €
• Schuldzinsen für Zeit des Leerstehens ohne Vermietungsabsicht	... €
• Renovierungskosten	... €
• sonstige Kosten	... €
abzgl. AK bzw. HK	
• Kaufpreis	... €
• Nebenkosten	... €
• Grunderwerbsteuer	... €
• Notarkosten	... €
• Gebühr für Grundbucheintragung	... €
• Maklerkosten	... €
• sonstige AK	... €
• HK des Gebäudes, siehe → Abschreibungen/Gebäude	... €
Gewinn aus der Veräußerung	= ... €
Anteil, der auf die eigene Wohnung entfällt	... €
zzgl. in Anspruch genommene Abschreibung (nur für vermieteten Teil)	... €
steuerlicher Veräußerungsgewinn	= ... €

Als **Veräußerungskosten** kommen beispielsweise Aufwendungen für einen Makler, für Annoncen sowie sonstige Kosten (Kopien von Plänen, Fahrtkosten für Besichtigungen etc.) in Betracht.

Wenn Sie ein Grundstück zu einem unter den AK/HK liegenden Wert veräußern, sieht es nach einem Verlustgeschäft aus. Letztendlich kann es dennoch zu einer Besteuerung kommen. Der Veräußerungsgewinn erhöht sich um alle in der Vergangenheit in Anspruch genommenen Abschreibungsbeträge. Die Eigenheimzulage für die Zeit der Eigennutzung ist nicht hinzuzurechnen, da es sich hierbei um keine Abschreibung handelt.

BEISPIEL

Veräußerungsverlust?

A hat 2014 ein Grundstück für 100.000 € gekauft und ein Gebäude für 500.000 € erstellt. Im Jahr 2018 veräußert A das Anwesen für 570.000 €. Bis zur Veräußerung hat er für das Gebäude 40.000 € Abschreibungen geltend gemacht.

Was zunächst nach einem Veräußerungsverlust (570.000 € ./. 600.000 € = –30.000 €) aussieht, wird nach der Hinzurechnung der Abschreibungsbeträge (40.000 €) zu einem Veräußerungsgewinn (10.000 €).

TIPP

Nachträgliche Veräußerungskosten

Müssen Sie auf Verlangen des Käufers noch Arbeiten am Grundstück vornehmen (z. B. Ausbau eines Erdtanks), dann können diese Kosten nachträgliche Veräußerungskosten darstellen (BFH, Urteil v. 24.1.2012, IX R 16/11).

Aufwendungen (z. B. Notar- und Gerichtskosten), die für einen geplanten, aber letztlich gescheiterten Grundstücksverkauf anfallen, sind nicht als Werbungskosten bei den Einkünften aus V+V abziehbar und können auch nicht bei den privaten Veräußerungsgeschäften berücksichtigt werden (BFH, Urteil v. 1.8.2012, IX R 8/12).

Bei „Schrottimmobilien" ist der Kaufpreis in ein steuerpflichtiges Veräußerungsentgelt und eine nicht steuerbare Entschädigungsleistung aufzuteilen, wenn dieser auch für den Verzicht auf Schadensersatz und die Rücknahme der Klage gezahlt wurde (BFH, Urteile v. 6.9.2014, IX R 44/14, IX R 45/14, IX R 27/15).

2 Aktien & Co.

Haben Sie Wertpapiere verkauft, die Sie nach dem 31.12.2008 erworben haben, lesen Sie bitte unter → Kapitalanlagen weiter.

Die vor diesem Stichtag erworbenen Wertpapiere können Sie steuerfrei veräußern, es sei denn, Sie halten mindestens 1 % aller Anteile einer Kapitalgesellschaft. In diesem Fall sieht das EStG die Beteiligung als „wesentlich" an. Der Veräußerungsgewinn ist dann steuerpflichtig (§ 17 EStG).

Für Fonds gibt es ab 2019 Neuregelungen, die sich auch auf Altbestände auswirken. Auch diese sind unter → Kapitalanlagen dargestellt.

3 Andere Wirtschaftsgüter

Veräußerungsgewinne oder -verluste aus dem Verkauf anderer Wirtschaftsgüter sind innerhalb eines Jahres steuerpflichtig. Für Gegenstände, die als Einkunftsquelle genutzt werden und aus denen mindestens in einem Kalenderjahr Einkünfte erzielt wurden, erhöht sich der Spekulationszeitraum auf zehn Jahre.

Die Veräußerungsgewinne (und -verluste) aus dem Verkauf von Wirtschaftsgütern des alltäglichen Gebrauchs, die nach dem 13.12.2010 erworben wurden, sind nicht mehr steuerpflichtig. Hierzu zählen insbesondere Pkw, Fernseher und andere Gebrauchsgüter.

Der Gewinn oder Verlust aus der Veräußerung von Bitcoins führt zu sonstigen Einkünften aus privaten Veräußerungsgeschäften, sofern Erwerb und Veräußerung der Bitcoins innerhalb eines Jahres stattfanden (§ 22 Nr. 2 EStG i. V. m. § 23 Abs. 1 Satz 1 Nr. 2 EStG).

4 Leerverkäufe

Neu aufgenommen in den § 23 EStG wurden Veräußerungsgeschäfte, bei denen die Veräußerung der Wirtschaftsgüter früher erfolgt als der Erwerb (sog. Leerverkäufe). Die Vorschrift gilt für Veräußerungsverträge, die nach dem 20.12.2016, abgeschlossen wurden.

5 Was Sie sonst noch wissen sollten

Freigrenze von 600 €

Die Gewinne (= Gesamtgewinn aller im Jahr 2018 getätigten relevanten Veräußerungen) bleiben steuerfrei, wenn sie im Jahr 2018 weniger als 600 € betragen haben. Ein Gewinn von 600 € und mehr wird voll versteuert. Ehegatten erhalten den Freibetrag doppelt, wenn jeder Veräußerungsgewinne erzielt hat.

Wie wirken sich Veräußerungsverluste aus?

Vertiefend siehe → Kapitalanlagen.

Zunächst einmal ist zu untersuchen, ob sämtliche relevanten Veräußerungen einen Gesamtgewinn ergeben haben. Dabei mindern Verluste eines Geschäfts Gewinne anderer Veräußerungen.

Ergibt sich für das Jahr 2018 ein Gesamtverlust (Gesamtbetrag aller Gewinne abzgl. Verluste aus privaten Veräußerungsgeschäften des Jahres 2018), darf dieser nicht mit anderen im Jahr 2018 erzielten Einkünften verrechnet werden. Der Verlust mindert aber ggf. im Jahr 2017 erzielte Veräußerungsgewinne (= einjähriger Verlustrücktrag). Verbleibende Verluste sind in den Folgejahren mit erzielten Veräußerungsgewinnen gegenzurechnen (= unbegrenzter Verlustvortrag). Dazu ist der Verlust besonders festzustellen. Diese Feststellung gilt als Grundlagenbescheid und damit nach Bestandskraft als bindend. Sofern die Verluste fehlerhaft festgestellt wurden, kann nur dieser Bescheid im Wege des Einspruchs angegriffen werden.

WICHTIG

Verluste geltend machen

Versäumen Sie nicht, Verluste aus privaten Veräußerungsgeschäften in der Steuererklärung geltend zu machen.

Spenden

Spenden sind freiwillige und unentgeltliche Aufwendungen, die weder Betriebsausgaben noch Werbungskosten sind. Sie fallen neben Mitgliedsbeiträgen unter den Sammelbegriff „Zuwendungen" und sind unter bestimmten Voraussetzungen steuerlich abziehbar.

§§ 10b, 34g, EStG; § 50 EStDV

Zu unterscheiden sind:

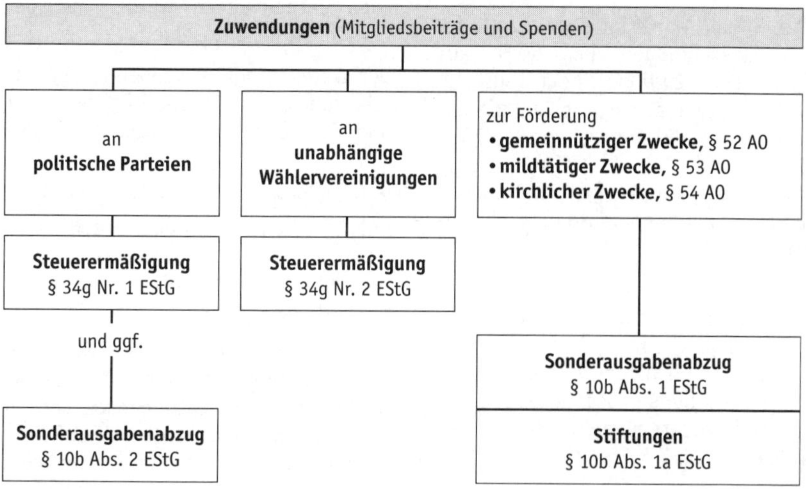

1 Politische Parteien und unabhängige Wählervereinigungen

Steuerermäßigungen

Die tarifliche Einkommensteuer ermäßigt sich **(direkter Steuerabzug)** jeweils um 50 % der Zuwendungen (Mitgliedsbeiträge und Spenden) an **politische Parteien** und an **unabhängige Wählervereinigungen**, höchstens um jeweils 825 €. Die Steuerermäßigungen für Parteien und Wählervereinigungen können **nebeneinander** geltend gemacht werden.

Für zusammen veranlagte Ehegatten/Lebenspartner verdoppeln sich die Höchstbeträge auf jeweils 1.650 €.

Sonderausgaben

Nur bei Zuwendungen an **politische Parteien** kann zusätzlich der Betrag, der über 1.650 € (Einzelveranlagung) bzw. über 3.300 € (Zusammenveranlagung) hinausgeht, als Sonderausgabe abgezogen werden, und zwar bis zur Höhe von insgesamt 1.650 € bei Einzelveranlagung oder bis zur Höhe von insgesamt 3.300 € bei Zusammenveranlagung.

BEISPIEL

Sonderausgaben und Steuerermäßigung

Ein unverheirateter Steuerzahler entrichtet im Jahr 2018 Beiträge und Spenden an eine politische Partei in Höhe von 4.000 € sowie eine Spende von 2.000 € an eine unabhängige Wählervereinigung.

Die Steuer ermäßigt sich bzgl. der Parteizuwendungen um 50 % aus 4.000 € = 2.000 €, höchstens um **825 €** (Steuerabzug). Soweit die Zuwendungen die Grenze von 1.650 € übersteigen (hier: 2.350 €), sind diese bis zu einem Höchstbetrag von **1.650 €** als Sonderausgaben abziehbar.

Die Zuwendung an die Wählervereinigung führt zu einer weiteren Steuerermäßigung von 50 % aus 2.000 € = 1.000 €, höchstens **825 €**. Ein zusätzlicher Sonderausgabenabzug ist insoweit nicht möglich (BFH, Urteil v. 20.3.2017, X R 55/14).

2 Sonstige Zuwendungen für gemeinnützige, mildtätige und kirchliche Zwecke

Werden Zuwendungen an einen begünstigten Zuwendungsempfänger für steuerbegünstigte Zwecke geleistet und liegt ein Zuwendungsnachweis vor, kann hierfür ein Sonderausgabenabzug nach § 10b Abs. 1 EStG in Anspruch genommen werden.

Aufwendungen

Nur Leistungen **ohne Gegenleistung** (Spenden und evtl. Mitgliedsbeiträge) sind zu berücksichtigen.

Die Zuwendungen können in **Geld** oder Sachleistungen bestehen. **Sachzuwendungen** (z. B. für eine Tombola des Vereins) sind mit dem gemeinen Wert (Verkehrswert einschl. USt) zu bewerten. Bei Gegenständen, die aus einem Betrieb entnommenen wurden, ist der Entnahmewert anzusetzen.

Der Wert ist ggf. ausgehend vom Anschaffungspreis, der Qualität, dem Alter und dem Erhaltungszustand zu schätzen.

Keine begünstigten Aufwendungen sind unentgeltliche Nutzungen (z. B. Verzicht des Gebäudeeigentümers auf Miete) und unentgeltliche Leistungen (ehrenamtliche Tätigkeit).

Anders zu beurteilen ist es, wenn der Steuerpflichtige gegenüber der steuerbegünstigten Einrichtung nach Vertrag oder Satzung einen Anspruch auf Zahlung einer Vergütung (z. B. Fahrtkostenpauschale, Aufwandspauschale für die Mithilfe beim Sommerfest) hat, der eingeräumt wurde, bevor die zum Aufwand führende Tätigkeit begonnen wurde, und er auf die Auszahlung verzichtet **(Aufwandsspende)**. Der Anspruch darf nicht unter der Bedingung des Verzichts eingeräumt worden sein.

Begünstigter Zuwendungsempfänger

Begünstigt sind Zahlungen an

- Gebietskörperschaften (Bund, Länder, Landkreise, Gemeinden) oder deren Dienststellen (z. B. Schulen) oder eine andere juristische Person des öffentlichen Rechts (z. B. Universität, Kirche) und
- steuerbegünstigte Organisationen (häufig: gemeinnützige oder mildtätige Vereine)

im Inland oder EU-/EWR-Ausland.

Zuwendungsnachweis

Voraussetzung für den Spendenabzug ist, dass der Steuerpflichtige eine **Zuwendungsbestätigung** nach amtlichem Muster erhalten hat.

ACHTUNG

Vorlage beim Finanzamt nur auf Anforderung

Die Zuwendungsbestätigungen sind vom Zuwendenden nur auf Verlangen der Finanzbehörde vorzulegen. Die Unterlagen sind vom Zuwendenden bis zum Ablauf eines Jahres nach Bekanntgabe der Steuerfestsetzung aufzubewahren **(Belegvorhaltepflicht)**.

Liegt eine solche Zuwendungsbestätigung nicht vor – z. B. bei Haus- und Straßensammlungen –, sind die Aufwendungen nicht abziehbar.

Bei **Zuwendungen von höchstens 200 €** genügt der Bareinzahlungsbeleg oder eine Buchungsbestätigung (Kontoauszug), wenn die Zahlung an eine juristische Person des öffentlichen Rechts oder deren Dienststelle geleistet wird.

Gleiches gilt, wenn der Empfänger der Zuwendungen eine Organisation ist, die als steuerbegünstigten Zwecken dienend anerkannt ist. Hier muss aber ein vom Zuwendungsempfänger hergestellter Überweisungsbeleg verwendet werden, der mit einem Hinweis auf die Steuerbegünstigung versehen ist.

In **Katastrophenfällen** (z. B. Erdbeben) genügt unabhängig von der Höhe der Zuwendungen der Bareinzahlungsbeleg oder der Kontoauszug, wenn die Zahlungen innerhalb eines von den Länderfinanzbehörden bestimmten Zeitraums auf ein speziell eingerichtetes **Sonderkonto** oder vor dessen Einrichtung auf ein sonstiges Konto einer inländischen juristischen Person des öffentlichen Rechts oder eines anerkannten Verbandes der freien Wohlfahrtspflege erfolgen. Auch Zahlungen über ein als Treuhandkonto geführtes Konto eines Dritten mit späterer Übertragung auf das Sonderkonto sind begünstigt.

Bei Zuwendungen an **politische Parteien** muss immer ein Zuwendungsnachweis vorliegen.

TIPP

Elektronisch übermittelte Zuwendungsbestätigung

Der Zuwendungsempfänger kann die Zuwendungsbestätigung auch **elektronisch** (dem amtlichen Muster entsprechende Zuwendungsbestätigung in Form einer **schreibgeschützten Datei**, z. B. PDF-Datei) an den Zuwendenden übersenden und dieser druckt sie aus.

Geplant ist, dass der Zuwendende den Zuwendungsempfänger bevollmächtigt, die Zuwendungsbestätigung der zuständigen Finanzbehörde durch elektronische Datenfernübertragung zu übermitteln. Der Zuwendende muss dazu dem Zuwendungsempfänger seine Steuer-Identifikationsnummer mitteilen.

Steuerbegünstigte Zwecke

Begünstigt sind Ausgaben zur Förderung

- **gemeinnütziger** (z. B. Förderung der Wissenschaft, des Sports, der Kultur, der Bildung, der Jugend- und Altenhilfe, des Tierschutzes, des Naturschutzes),
- **mildtätiger** oder
- **kirchlicher**

Zwecke (§§ 51–54 AO).

Begünstigt sind **Spenden** und meistens auch **Mitgliedsbeiträge**.

WICHTIG

Abziehbarkeit von Mitgliedsbeiträgen

Mitgliedsbeiträge sind **nicht** abzugsfähig bei Förderung des Sports und bei kulturellen Betätigungen, die in erster Linie der Freizeitgestaltung dienen. Auch nicht abziehbar sind die Beiträge an Vereine, die die Förderung der Heimatpflege und Heimatkunde, der Tierzucht, der Pflanzenzucht, der Kleingärtnerei, des Brauchtums, des Karnevals, des Amateurfunkens, des Modellflugs und des Hundesports als Satzungszweck haben. Dies gilt auch für entsprechende Fördervereine.

Dagegen sind Mitgliedsbeiträge an Kulturvereine ohne Freizeitcharakter und deren Fördervereine (z. B. Museen oder Theater) auch dann abziehbar, wenn diese Einrichtungen ihren Mitgliedern Vergünstigungen, z. B. in Form verbilligter Eintrittskarten, gewähren.

Zuwendungen für **kirchliche Zwecke** können ganz oder teilweise als Kirchensteuer nach § 10 Abs. 1 Nr. 4 EStG abziehbar sein. Erhebt eine als Kirche anerkannte Religionsgemeinschaft keine gesetzliche Kirchensteuer (z. B. Neuapostolische Kirche, Heilsarmee, Zeugen Jehovas), können Zuwendungen an diese Kirche bis zur Höhe einer vergleichbaren gesetzlichen Kirchensteuer als Sonderausgabe nach § 10 Abs. 1 Nr. 4 EStG abgezogen werden. Übersteigende Zuwendungen stellen Spenden i. S. d. § 10b Abs. 1 EStG dar. Vertiefend siehe → Sonderausgaben.

TIPP

Unterstützung einer Organisation im Ausland

Auch Spenden an mildtätige oder gemeinnützige Einrichtungen bzw. für kirchliche, religiöse oder wissenschaftliche Zwecke im EU-/EWR-Ausland sind begünstigt. Durch die Unterstützung der Organisation im Ausland müssen aber natürliche Personen im Inland oder das Ansehen der Bundesrepublik im Ausland gefördert werden. Die Zuwendungsbestätigung muss den Erhalt, den gemeinnützigen Zweck und die satzungsgemäße Verwendung beinhalten.

Sonderausgabenabzug für steuerbegünstigte Zwecke

Spenden für steuerbegünstigte Zwecke sind in tatsächlicher Höhe bis zu bestimmten **Höchstbeträgen** als Sonderausgabe abziehbar.

Möglichkeit 1

Zuwendungen zur Förderung mildtätiger, kirchlicher oder gemeinnütziger Zwecke können i. H. v. insgesamt **bis zu 20 % des Gesamtbetrags der Einkünfte** als Sonderausgaben abgezogen werden.

Dabei sind Kapitalerträge, die durch Kapitalertragsteuerabzug mit 25 % (Abgeltungsteuer) besteuert werden, nicht einzubeziehen. Etwas anderes gilt, wenn Kapitalerträge mit dem persönlichen Steuersatz (z. B. bei Günstigerprüfung nach § 32d Abs. 6 EStG – Steuersatz unter 25 %) besteuert werden.

Möglichkeit 2

Liegen **Gewinneinkünfte** vor, können alle Zuwendungen alternativ bis zu einer Grenze von 4 ‰ aus der Summe von Umsatz, Löhnen und Gehältern als Sonderausgabe abgezogen werden.

BEISPIEL

Höchstbetrag Sonderausgabe bei Gewinneinkünften

Ein lediger Steuerbürger spendet im Jahr 2018 2.000 € an eine Universität, 1.000 € an den örtlichen Musikverein (kultureller Zweck), an den er auch 50 € Mitgliedsbeitrag entrichtet hat, und 1.400 € an die Lebensrettungsgesellschaft (gemeinnützig). Seine Einkünfte betragen insgesamt 45.000 €.

Der Mitgliedsbeitrag an den Musikverein ist nicht abziehbar, da der Verein in erster Linie der Freizeitgestaltung dient. Der Höchstbetrag von 20 % aus 45.000 € wird nicht erreicht. Damit sind **4.400 €** als Sonderausgaben abziehbar.

Größere Spenden

Zuwendungen, die wegen Überschreitens der Höchstbeträge im Jahr der Zahlung nicht abgezogen werden können, werden im Rahmen des Einkommensteuerbescheids gesondert festgestellt und in die folgenden Jahre (zeitlich unbefristet) vorgetragen und dort im Rahmen der Höchstbeträge als Sonderausgaben berücksichtigt.

3 Spenden an Stiftungen

Spenden in das zu erhaltende Vermögen einer Stiftung des öffentlichen oder privaten Rechts zur Förderung steuerbegünstigter Zwecke können nach § 10b Abs. 1a EStG **zusätzlich** zu den o. g. Höchstbeträgen im **Jahr der Zahlung und in den neun folgenden Jahren** in Höhe von bis zu insgesamt **1.000.000 €** als Sonderausgaben abgezogen werden.

Der Abzugsbetrag kann nur einmal innerhalb des Zehnjahreszeitraums in Anspruch genommen werden. Der Höchstbetrag steht bei zusammen veranlagten Ehegatten jedem Ehegatten einzeln zu, wenn formal beide spenden.

Spenden in das zu verbrauchende Vermögen einer Stiftung werden wie andere steuerbegünstigte Zwecke i. S. des § 10b Abs. 1 EStG berücksichtigt.

Steuerberatungskosten

Steuerberatungskosten können mit einzelnen Einkunftsarten in Zusammenhang stehen und als Betriebsausgaben oder als Werbungskosten abziehbar sein. Steuerberatungskosten, die weder Betriebsausgaben noch Werbungskosten sind, also zum Bereich der privaten Lebensführung gehören, sind nicht abziehbar.

§ 4 Abs. 4, § 9 Abs. 1 Satz 1 EStG

1 Steuerberatungskosten

Betriebsausgaben und Werbungskosten

Steuerberatungskosten sind Aufwendungen, die im sachlichen Zusammenhang mit einem Besteuerungsverfahren stehen.

Stehen Steuerberatungskosten mit der Ermittlung der Gewinneinkünfte, mit Betriebsteuern (USt, GewSt) oder Investitionszulagen in Zusammenhang, sind die Aufwendungen als **Betriebsausgaben** abziehbar.

Sie können als **Werbungskosten** abgezogen werden, soweit sie zur Erwerbung, Sicherung und Erhaltung der Einnahmen aus nichtselbstständiger Arbeit, aus V+V oder aus sonstigen Einkünften dienen.

Kosten der Lebensführung

Andere Aufwendungen für die Steuerberatung (z. B. bzgl. Hauptvordruck zur ESt-Erklärung, Anlagen Kind, U, Unterhalt, Vorsorgeaufwand, ErbSt-Erklärung) stellen nicht abziehbare Kosten der privaten Lebensführung dar und sind steuerlich nicht abziehbar. Der BFH hat diese gesetzliche Regelung bestätigt und als nicht verfassungswidrig eingestuft (BFH, Urteil v. 4.2.2010, X R 10/08).

Gemischte Aufwendungen

Sind die Aufwendungen sowohl durch die Einkünfte (Anlagen G, S, N, R, SO, V) als auch privat veranlasst **(gemischte Aufwendungen)**, ist im Rahmen einer sachgerechten Schätzung eine Zuordnung zu den Betriebsausgaben, Werbungskosten oder Kosten der Lebensführung vorzunehmen.

TIPP

Aufteilung privat und beruflich veranlasster Steuerberatungskosten

Es wird i. d. R. nicht beanstandet, wenn die Aufwendungen in Höhe von 50 % den Betriebsausgaben oder Werbungskosten zugeordnet werden. Aus Vereinfachungsgründen wird i. d. R. bei gemischten Steuerberatungskosten bis 100 € der Zuordnung durch den Steuerbürger gefolgt.

Art der begünstigten Aufwendungen

Zu den Steuerberatungskosten gehören:

- Aufwendungen für die mündliche oder schriftliche Beratung durch einen Steuerberater in betrieblichen/ beruflichen Steuerangelegenheiten sowie für die Erstellung der betreffenden Steuerformulare

- Aufwendungen für steuerliche Gutachten, für die Hilfeleistung bei der Buchführung und bei der Aufstellung von Bilanzen und Einnahmenüberschussrechnungen sowie für die Beantwortung der sich dabei ergebenden Rechtsfragen, für die Mitarbeit bei durchgeführten Betriebs- und Außenprüfungen durch das Finanzamt sowie die Begleitung eines evtl. Rechtsbehelfsverfahrens
- Beiträge an Lohnsteuerhilfevereine

Nebenkosten

Zu den Steuerberatungskosten zählen auch:

- Kosten für steuerliche Fachliteratur (z. B. **das hier vorliegende Handbuch**), für Steuertabellen und für Software zur Erstellung von Steuererklärungen (z. B. Steuererklärungsprogramm Haufe-Lexware)
- Kosten für eine Steuer-Rechtsschutzversicherung, soweit sie von den Kosten einer üblichen Rechtsschutzversicherung abgegrenzt werden können
- Fahrtkosten einschließlich etwaiger Unfallkosten auf der Fahrt zum oder vom Steuerberater oder Finanzamt

2 Sonstige Beratungskosten

Privat veranlasste sonstige Beratungskosten (z. B. in Finanzierungsangelegenheiten) sind keine Sonderausgaben, auch wenn diese durch den Steuerberater in Rechnung gestellt werden. Soweit die Kosten betrieblich oder beruflich veranlasst sind, können sie aber als Betriebsausgaben oder Werbungskosten abgezogen werden.

3 Prozesskosten

Prozesskosten (z. B. in einem Steuerstrafverfahren) sind als Betriebsausgaben abziehbar, soweit der Rechtsstreit durch betriebliche Vorgänge (z. B. Betriebsteuern USt und GewSt) veranlasst ist. Soweit ein Zusammenhang mit Personensteuern (ESt, SolZ, KiSt) vorliegt, ist ein Abzug ausgeschlossen, auch wenn sich die Steuererklärungspflicht nur aus Gewinneinkünften ergibt (BFH, Urteil v. 18.5.2011, X B 124/10).

Steuerbescheid

Nach Bekanntgabe des Einkommensteuerbescheids sollten Sie diesen intensiv prüfen. Beanstandungen können in der Regel nur innerhalb der Rechtsbehelfsfrist wirksam vorgebracht werden.

1 Was steht alles in meinem Steuerbescheid?

Der Steuerbescheid, den Sie vom Finanzamt bekommen, sieht in den verschiedenen Bundesländern unterschiedlich aus. Der Grundaufbau aller Einkommensteuerbescheide ist gleich. Folgende Übersicht hilft Ihnen:

Grundaufbau eines Steuerbescheids

Gliederung	Was Sie wo finden
Festsetzung	In diesem Abschnitt wird die **Steuer** – unterteilt in Einkommensteuer, Kirchensteuer, Solidaritätszuschlag (mehrere Bescheide) – für das jeweilige Kalenderjahr **festgesetzt**. Dazu können noch Bescheide über Verlustfeststellung, Riester-Rente, Arbeitnehmersparzulage, übertragbare Spenden usw. kommen.
Abrechnung	Auf die festgesetzte Steuer wird die vom Arbeitgeber einbehaltene Lohnsteuer, Kirchensteuer und der Solidaritätszuschlag angerechnet. Von einer Bank einbehaltene Kapitalertragsteuer wird nur angerechnet, wenn die zugrunde liegenden Kapitalerträge in die Veranlagung einbezogen wurden. Wenn Sie Steuervorauszahlungen geleistet haben, werden diese auch angerechnet. Die **verbleibende Steuer** stellt sich als Erstattung oder Nachzahlung dar. Hier erfolgt auch eine Aussage, ob ein Erstattungsbetrag ausbezahlt oder auf eine andere Steuerart umgebucht wird bzw. bis wann Nachzahlungen zu leisten sind.
Vorauszahlungen	Soweit die voraussichtliche Steuer für das laufende und folgende Jahre nicht durch Steuerabzug erhoben wird, werden an dieser Stelle Vorauszahlungen zur Einkommensteuer und den Zuschlagsteuern festgesetzt. In Einzelfällen können auch noch Vorauszahlungen für das zurückliegende Jahr nachträglich angepasst werden. Die Vorauszahlungen bemessen sich grundsätzlich an der Einkommensteuer der letzten Veranlagung. Stimmen die Werte noch mit der aktuellen Einkommenssituation überein? Sind die Einkünfte gesunken, kann jederzeit ein Antrag auf Anpassung der Vorauszahlungen gestellt werden.
Besteuerungsgrundlagen zur Steuerfestsetzung	In diesem Abschnitt wird das der Steuerfestsetzung zugrunde liegende **z. v. E.** ermittelt. Es ist zu prüfen, ob die geltend gemachten Betriebsausgaben oder Werbungskosten abgezogen wurden. Auch die abgezogenen Sonderausgaben oder außergewöhnlichen Belastungen werden dargestellt.
Berechnung der Einkünfte nach § 32d Abs. 1 EStG	Werden Kapitalerträge in die Veranlagung zur Einkommensteuer miteinbezogen und mit dem besonderen Steuersatz von 25 % besteuert, wird ihre Berechnung an dieser Stelle dargestellt.
Berechnung der Steuer	Ausgehend vom z. v. E. erfolgt die **Berechnung der Einkommensteuer, Kirchensteuer und des Solidaritätszuschlags (tarifliche ESt)**. **Steuerermäßigungen**, z. B. für gewerbliche Einkünfte, Parteispenden und haushaltsnahe Dienstleistungen oder Reparaturen im eigenen Haushalt, werden hier direkt von der tariflichen Einkommensteuer abgezogen. Sind bei der Berechnung des z. v. E. Kinderfreibeträge abgezogen worden, weil sie steuerlich günstiger sind als die Kindergeldansprüche, wird das ausbezahlte Kindergeld zurückgefordert, indem es die festzusetzende Steuer erhöht.
Berechnung der Zuschlagsteuern	Die Berechnung der Zuschlagsteuern zur Einkommensteuer (Solidaritätszuschlag und Kirchensteuer) wird dargestellt.

Grundaufbau eines Steuerbescheids	
Erläuterungen	Weicht das Finanzamt von den Angaben in der Steuererklärung ab, ist es verpflichtet, die Abweichung anzugeben und zu begründen. Sind bestimmte steuerliche Bestimmungen strittig (anhängige Gerichtsverfahren vor dem BFH, BVerfG, EuGH), werden Bescheide in bestimmten Punkten vorläufig erlassen. Bezüglich der vorläufigen Punkte muss kein Einspruch eingelegt werden. Der Bescheid kann, nachdem die Urteile ergangen sind, ggf. geändert werden.
Rechtsbehelfsbelehrung	Hier wird erklärt, wie und innerhalb welcher Frist man sich gegen den Steuerbescheid wehren kann, wenn man mit den Inhalten nicht einverstanden ist. Vertiefend siehe unter „Wie kann ich mich gegen unrichtige Bescheide wehren?“.
Hinweise	In diesen Teilen stehen ggf. allgemeine rechtliche Informationen über formale steuerliche Vorschriften.
Zahlung und Folgen verspäteter Zahlung	Informationen zur Überweisung der fälligen Steuerbeträge und zur wirksamen Zahlung werden gegeben. Es wird auf die Möglichkeit des Lastschrifteinzugsverfahrens hingewiesen, um künftig eine verspätete Zahlung zu vermeiden. Die Möglichkeit der Festsetzung eines Säumniszuschlags und weiterer Vollziehungsgebühren wird erwähnt.

2 Wie überprüfe ich meinen Steuerbescheid?

Der Steuerbescheid sollte immer auf Richtigkeit überprüft werden. Die folgende Checkliste soll die Überprüfung erleichtern.

Checkliste

Überprüfung des Steuerbescheids
Adressat
☐ Sind die Angaben zur Person und zum Ehegatten richtig? Ist der Inhaltsadressat im Steuerbescheid gar nicht, falsch oder so ungenau bezeichnet, dass Verwechslungen möglich sind, ist der Verwaltungsakt nichtig und damit unwirksam.
Festsetzung Abrechnung
☐ Ergeht der Steuerbescheid unter dem Vorbehalt der Nachprüfung oder ist er in für Sie wichtigen Punkten vorläufig?
☐ Ist die Kirchenzugehörigkeit richtig?
☐ Ist das Datum zu einem etwaigen Kirchenaustritt während des Jahres richtig?

Überprüfung des Steuerbescheids

- ☐ Sind die vom Finanzamt angerechnete Lohnsteuer, Kirchensteuer und der Solidaritätszuschlag mit den auf der **Anlage N** eingetragenen Werten identisch?
- ☐ Stimmen die vom Finanzamt angerechnete Kapitalertragsteuer und der Solidaritätszuschlag mit den auf der **Anlage KAP** eingetragenen Werten überein? (Eine Anrechnung erfolgt nur, wenn die Kapitaleinkünfte im zu versteuernden Einkommen enthalten sind.)
- ☐ Passen die vom Finanzamt angerechneten Einkommensteuer-, Kirchensteuer- und Solidaritätszuschlags-Vorauszahlungen?
- ☐ Wurde der Erstattungsbetrag auf das richtige Bankkonto überwiesen? Wenn nicht, informieren Sie das Finanzamt sofort über die richtige Bankverbindung.

Besteuerungsgrundlagen

Vergleichen Sie die im Steuerbescheid dargestellte Berechnung des z. v. E. mit Ihrer Steuererklärung. Sehen Sie bei jeder Abweichung nach, ob das Finanzamt die Abweichung erläutert und begründet hat. Gehen Sie dabei wie folgt vor:

1. Überprüfung der Einkünfte

- ☐ **Anlage G und Anlage S:** Ist der erklärte Gewinn angesetzt worden?
- ☐ **Anlage N:** Ist der erklärte Bruttoarbeitslohn angesetzt worden? Ist bei Pensionen oder Betriebsrenten der Versorgungsfreibetrag und der Zuschlag abgezogen worden? Sind die beantragten Werbungskosten vollständig? Wenn nicht, prüfen Sie, ob die Abweichungen im Steuerbescheid erläutert wurden. Haben Sie alle Aufwendungen geltend gemacht?
- ☐ **Anlage R:** Ist der steuerpflichtige Teil der Rente (Besteuerungsanteil oder Ertragsanteil) richtig berechnet worden?
- ☐ **Anlage V:** Sind die Einnahmen wie erklärt und alle Werbungskosten (insbesondere Abschreibungen, Finanzierungs- und Erhaltungsaufwendungen) berücksichtigt worden?

2. Überprüfung des Gesamtbetrags der Einkünfte

- ☐ Sofern Sie vor 2018 das 64. Lebensjahr vollendet haben (geboren spätestens am 1.1.1954), müsste hier der Altersentlastungsbetrag stehen (aber nur, wenn außer Renten- und Versorgungsbezügen noch andere in der Summe positive Einkünfte vorlagen).
- ☐ Bei Alleinerziehenden wird hier der Entlastungsbetrag für Alleinerziehende berücksichtigt.

Überprüfung des Steuerbescheids

3. Überprüfung der Sonderausgaben

- ☐ Tauchen alle im **Hauptvordruck** auf der Seite 2 eingetragenen Beträge im Steuerbescheid auf? Sind für Vorjahre nachgezahlte oder erstattete Kirchensteuern berücksichtigt worden?
- ☐ Sind alle Versicherungsbeiträge aus der **Anlage Vorsorgeaufwand** berücksichtigt? Geprüft werden sollte, ob alle Beiträge zur Kranken- und Pflegeversicherung für Sie, Ihren Ehegatten oder die Kinder, soweit sie der Basisabsicherung dienen, abgezogen wurden. Andere Versicherungsbeiträge wirken sich evtl. steuerlich nicht oder nicht in voller Höhe aus, da diese über den möglichen Höchstbeträgen liegen. Die Berechnung der abziehbaren Versicherungsaufwendungen wird im Bescheid leider nicht dargestellt.
- ☐ Haben Sie Aufwendungen für die erste Berufsausbildung für sich oder Ihren Ehegatten außerhalb eines Ausbildungsdienstverhältnisses?
- ☐ Wurden in der **Anlage Kind** (Seite 3) beantragte Kinderbetreuungskosten und das Schulgeld als Sonderausgaben berücksichtigt?
- ☐ Wurden Sonderausgaben für die Beiträge zur Riester-Rente (Altersvorsorgebeiträge – Anlage AV) abgezogen?

4. Überprüfung der außergewöhnlichen Belastungen

- ☐ Sind die auf der Seite 3 des **Hauptvordrucks** beantragten Aufwendungen (Pauschbetrag für behinderte Menschen, Pflegepauschbetrag) und die anderen außergewöhnlichen Belastungen allgemeiner Art zutreffend erfasst? Wurde die zumutbare Belastung richtig berechnet?
- ☐ Wurden auf der **Anlage Unterhalt** beantragte Unterhaltszahlungen angesetzt?
- ☐ Wurde der auf Seite 2 der **Anlage Kind** beantragte Freibetrag wegen Berufsausbildung berücksichtigt?

Berechnung der Steuer
5. Steuerfreie Einnahmen

- ☐ Wurden Elterngeld, Krankengeld, Arbeitslosengeld und andere steuerfreie Lohnersatzleistungen richtig im Rahmen des Progressionsvorbehalts berücksichtigt?

Überprüfung des Steuerbescheids

6. Steuerermäßigung

- ☐ Wurde eine Steuerermäßigung z. B. für gewerbliche Einkünfte mit Gewerbesteuerpflicht (Anlage G) oder für Parteispenden bzw. Spenden an freie Wählervereinigungen (Hauptvordruck Seite 2) oder im Zusammenhang mit Tätigkeiten rund um Ihren Haushalt, wie z. B. Haushaltshilfen, haushaltsnahe Dienstleistungen, Reparaturen im Haushalt oder Pflegeleistungen (Hauptvordruck Seite 3), wie beantragt von der tariflichen Einkommensteuer abgezogen?

7. Kinder

- ☐ Sind neben den Kindern unter 18 Jahren auch solche über 18 Jahre durch Abzug des Kinderfreibetrags oder durch einen Hinweis, dass das Kindergeld günstiger ist, berücksichtigt worden?

Vergleichen Sie den aktuellen Steuerbescheid auch mit dem des Vorjahres. Vielleicht wurde beim Ausfüllen der Steuererklärung doch etwas übersehen und deshalb nicht geltend gemacht oder eine Eintragung ist in einer unzutreffenden Zeile vorgenommen worden. Betriebsausgaben, Werbungskosten, Sonderausgaben und außergewöhnliche Belastungen können auch im Einspruchsverfahren nachgemeldet werden.

3 Wie kann ich mich gegen unrichtige Bescheide wehren?

Einspruch

Wenn Sie mit dem Steuerbescheid nicht einverstanden sind, können Sie dagegen **Einspruch** erheben. In einem Einspruchsverfahren fallen – auch für den Fall, dass Ihr Einspruch vergeblich war – keine Verfahrenskosten an. Wenn Sie einen zugelassenen Steuerberater mit der Einspruchseinlegung beauftragen, müssen Sie jedoch in aller Regel die anfallenden Gebühren für die Durchführung des Einspruchsverfahrens selbst tragen. Und zwar auch dann, wenn Sie recht bekommen! Nur in seltenen Fällen der Amtspflichtverletzung haben Sie die Chance, auf dem Zivilrechtsweg die notwendigen Beratergebühren als Schadensersatz vom Finanzamt zu erhalten. Zur steuerlichen Abziehbarkeit von Steuerberatungskosten → Steuerberatungskosten.

Form

Ein Einspruch kann nur **schriftlich** oder **elektronisch** beim Finanzamt eingelegt werden. Das kann ein **Schriftstück**, ein **Telefax** oder eine **E-Mail** sein. Bei Letzteren ist zu beachten: Es besteht ein Risiko, dass der Einspruch wegen technischer Übertragungsprobleme nicht rechtzeitig beim Finanzamt eingeht. Eine elektronische Signatur ist nicht erforderlich (BFH, Urteil v. 13.5.2015, III R 26/14). Der Einspruch kann auch direkt beim Finanzamt **zur Niederschrift erklärt** werden.

Einsprüche gegen Steuerbescheide sind auch online unter www.elster.de möglich. Voraussetzung ist eine Registrierung im ElsterOnline-Portal. Nach dem Log-in steht im Bereich Formulare unter dem Punkt „Sonstige Formulare" ein Formular zur elektronischen Einspruchseinlegung zur Verfügung. Außerdem bieten auch Steuersoftwareprogramme die elektronische Übermittlung des Einspruchs an die Finanzverwaltung an. Der Einspruch gilt jeweils im Zeitpunkt der erfolgreichen Datenübermittlung an die Finanzverwaltung als eingelegt.

Name, Anschrift und Steuernummer müssen aus dem Einspruchsschreiben hervorgehen. Außerdem sollte angegeben sein, gegen welchen Steuerbescheid (Steuerart und Jahr) sich der Einspruch richtet.

Eine inhaltliche Begründung für den Einspruch ist zwar gesetzlich nicht zwingend vorgeschrieben, sollte aber dennoch abgegeben werden. Für den Einspruch muss die Rechtsbehelfsfrist beachtet werden. Die Begründung kann später nachgereicht werden.

Mustereinspruchsschreiben

Datum

An das
Finanzamt …

Name, Vorname, Steuernummer
Steuerbescheid für 2018 vom …
über Einkommensteuer, Solidaritätszuschlag und Kirchensteuer

Sehr geehrte Damen und Herren,
gegen den oben angegebenen Steuerbescheid lege ich **Einspruch** ein.
Eine Begründung für den Einspruch folgt innerhalb der nächsten vier Wochen.
Bitte bestätigen Sie mir den Eingang des Einspruchs.

Mit freundlichen Grüßen

(Unterschrift)

Der BFH muss in einem anhängigen Verfahren prüfen, ob ein Einspruch, der bei einem nicht zuständigen Finanzamt eingelegt und von diesem an das zuständige Finanzamt weitergeleitet wurde, nicht erst im Zeitpunkt des Eingangs beim zuständigen Finanzamt, sondern bereits im Zeitpunkt der Absendung durch das nicht zuständige Finanzamt übermittelt wurde (BFH, anhängiges Verfahren, Az. VI R 41/17, Vorinstanz: FG Baden-Württemberg, Urteil v. 4.5.2017, 3 K 3046/14).

Rechtsbehelfsfrist

Der Einspruch muss bis zum Ende der Rechtsbehelfsfrist bei dem Finanzamt, das den Bescheid erlassen hat, eingegangen sein. Die Rechtsbehelfsfrist beträgt **einen Monat** nach Bekanntgabe des Bescheids. Ein Bescheid gilt mit dem dritten Tag nach Aufgabe des Bescheids zur Post (= Datum des Bescheids) als bekannt gegeben. Dieser Tag gilt auch dann, wenn der Bescheid tatsächlich früher im Briefkasten landet. Ist der dritte Tag ein Samstag, Sonntag oder Feiertag, verschiebt sich der Bekanntgabetag auf den nächsten Werktag. Geht Ihnen der Bescheid tatsächlich **später** zu, zählt als Bekanntgabetag der tatsächliche Zugangstag, aber nur, wenn er nachgewiesen oder glaubhaft gemacht werden kann (z. B. Umzug mit Nachsendeauftrag, Poststreik). Wenn Sie (schlüssig) darlegen können, dass Sie **keinen** Bescheid erhalten haben, beginnt auch keine Einspruchsfrist.

Ab dem auf den Bekanntgabetag folgenden Tag berechnet sich die Rechtsbehelfsfrist von einem Monat. Fällt der letzte Tag dieser Frist auch auf einen Samstag, Sonntag oder Feiertag, dann verlängert sich die Frist erneut bis zum Ablauf des darauffolgenden Werktags.

BEISPIEL

Berechnung der Rechtsbehelfsfrist

Als Bescheiddatum ist im Steuerbescheid Dienstag, der 16.4.2019, abgedruckt.

Als Bekanntgabetag des Bescheids gilt grundsätzlich der 19.4.2019. Da dies jedoch ein Feiertag (Karfreitag) ist, verschiebt sich der Bekanntgabetag hier auf den nächsten Werktag, Dienstag, den 23.4.2019. Die Rechtsbehelfsfrist endet dann regulär mit Ablauf des 23.5.2019 (Donnerstag, 24:00 Uhr).

Wenn das reguläre Ende der Rechtsbehelfsfrist auf einen Samstag, Sonntag oder Feiertag fällt, verlängert sich die Frist bis zum nachfolgenden Werktag (24:00 Uhr).

Frist versäumt

Unter Umständen ist der Einspruch auch noch möglich, wenn die Frist bereits abgelaufen ist. Das gilt dann, wenn die Frist ohne eigenes Verschulden versäumt wurde. Dies ist z. B. der Fall, wenn

- Sie während der gesamten Dauer der Rechtsbehelfsfrist im Urlaub waren und der Urlaub nicht länger als sechs Wochen gedauert hat,
- Sie bei Ablauf der Frist (letzter Tag) durch ein unvorhersehbares und unabwendbares Ereignis (plötzliche schwere Erkrankung, Unfall) verhindert waren,
- eine Rechtsbehelfsbelehrung unterblieben oder unrichtig erteilt wurde – hier verlängert sich die Frist auf ein Jahr (BFH, Urteil v. 12.3.2016, III R 14/14),
- Sie Abweichungen von der Steuererklärung vom Finanzamt nicht erläutert bekommen haben und deshalb die Frist abgelaufen ist.

Trifft einer der genannten Punkte zu, kann Einspruch eingelegt und gleichzeitig „**Wiedereinsetzung in den vorigen Stand** (§ 110 AO)“ beantragt werden. Der Einspruch wird dann als rechtzeitig eingelegt behandelt.

TIPP

Fehlende Erläuterungen – Ihr Vorteil

Bei versäumter Rechtsbehelfsfrist sollte insbesondere der letzte Punkt sehr sorgfältig geprüft werden. **Fehlende Erläuterungen im Steuerbescheid** kommen bei Abweichungen von der Steuererklärung in der Praxis leider immer wieder vor. Dies kann zum eigenen Vorteil genutzt werden, denn bei einem Einspruch ist der **gesamte** Fall wieder „offen". Das heißt, es können nicht nur die vom Finanzamt nicht berücksichtigten Kosten beanstandet, sondern auch noch weitere steuermindernde Ausgaben erstmals geltend gemacht werden.

Einspruch durch E-Mail und fehlende Rechtsbehelfsbelehrung

Der BFH hat bestätigt, dass ein Einspruch per E-Mail auch möglich ist, wenn in der Rechtsbehelfsbelehrung nicht ausdrücklich auf diese Möglichkeit hingewiesen wurde.

Einspruch eingelegt – trotzdem zahlen?

Wenn sich aus dem Steuerbescheid eine Nachzahlung ergibt, muss die Steuer grundsätzlich spätestens am Fälligkeitstag (im Bescheid angegeben) bezahlt werden. Sonst fallen automatisch **Säumniszuschläge** an. Daran ändert auch ein eingelegter Einspruch nichts. Es gibt jedoch die Möglichkeit, unter Umständen die Zahlung in Höhe des strittigen Betrags hinauszuschieben, bis das Finanzamt über den Einspruch entschieden hat. Dazu muss der Einspruch genau begründet und gleichzeitig die sog. **Aussetzung der Vollziehung** (§ 361 AO) beantragt werden. Diese ist zu gewähren, wenn nach überschlägiger Prüfung des Sachverhalts ernste Zweifel an der Richtigkeit des Bescheids bestehen. Wurde die Vollziehung ausgesetzt und bleibt der Einspruch erfolglos, müssen allerdings neben der Steuer noch (Aussetzungs-)Zinsen (0,5 % je vollen Monat des Zinslaufs) bezahlt werden.

Ruhen des Verfahrens

Wird Einspruch eingelegt, weil bei einem obersten Gericht (BVerfG oder BFH) ein Musterverfahren in gleicher Sache anhängig ist, ist es sinnvoll, im Einspruchsschreiben gleichzeitig unter Hinweis auf das laufende Gerichtsverfahren das Ruhen des Verfahrens (§ 363 AO) zu beantragen. Vertiefend siehe „Wie verhalte ich mich bei anhängigen Gerichtsverfahren?".

Ergebnis des Rechtsbehelfsverfahrens

Im Einspruchsverfahren wird der Fall in vollem Umfang durch das Finanzamt erneut geprüft, d.h. durch den Einspruch ist der gesamte Fall wieder offen. Das Finanzamt könnte den Bescheid also auch zum Nachteil des Steuerpflichtigen ändern **(Verböserung)**. Das geht aber nur, wenn dieser vorher mit Angabe von Gründen darüber informiert worden ist. In diesem Fall kann der Einspruch zurückgenommen werden, womit das Einspruchsverfahren ohne Änderung beendet ist.

Allgemein gilt, dass das Rechtsbehelfsverfahren vom Finanzamt praktisch immer förmlich abgeschlossen werden muss. Dabei gibt es verschiedene Möglichkeiten:

- **Der Einspruch ist in vollem Umfang oder zumindest teilweise erfolgreich.** In diesem Fall ergeht ein **geänderter Steuerbescheid** (ein sog. Abhilfebescheid).
- Sind **mehrere Punkte strittig** und das Finanzamt möchte **nur einige davon ändern**, dann ergeht ein geänderter Steuerbescheid, in dem die geänderten Punkte erläutert werden. Außerdem wird darüber informiert, dass das Einspruchsverfahren noch nicht beendet ist.
- Der **Einspruch wird vom Finanzamt abgewiesen.** In diesem Fall muss das Finanzamt eine förmliche Einspruchsentscheidung erlassen (Text sinngemäß: „Der Einspruch wird als unzulässig verworfen oder als unbegründet abgewiesen.“).

Ist man mit der Entscheidung des Finanzamts nicht einverstanden, kann gegen die Einspruchsentscheidung beim zuständigen FG innerhalb eines Monats Klage erhoben werden. Die Klage kann nicht wirksam mit einfacher E-Mail erhoben werden. Einzelheiten zur Klage können der Rechtsbehelfsbelehrung entnommen werden, die der Einspruchsentscheidung beigefügt ist. Zur Fristwahrung reicht der rechtzeitige Eingang der Klageschrift. Die Klagebegründung kann nachgereicht werden.

HINWEIS

Teileinspruchsentscheidung

Oft wird wegen eines anhängigen Musterverfahrens Einspruch eingelegt. Das hat zur Folge, dass der Bescheid nicht nur hinsichtlich des Streitpunkts, sondern **insgesamt nicht bestandskräftig** wird. Da sich die Entscheidung über das Musterverfahren hinziehen kann, bleibt die Steuerfestsetzung über diese Zeit offen. Ergeben sich zu nicht strittigen Punkten neue Gesichtspunkte, können diese als neue Streitpunkte in das Verfahren eingeführt werden. Häufig geht das Interesse dahin, die Veranlagung möglichst lange offen zu halten, um von neuen – günstigen – Rechtsentwicklungen zu profitieren. Um dem zu begegnen, kann das Finanzamt eine **Teileinspruchsentscheidung** erlassen. Diese bewirkt, dass, wenn dagegen keine Klage erhoben wird, der Bescheid im Umfang der Teilentscheidung bestandskräftig wird. In der „End-Einspruchsentscheidung“ wird dann nur über den noch offenen Teil des Bescheids entschieden.

Allgemeinverfügung

Anhängige Einsprüche, die eine vom Europäischen Gerichtshof, vom Bundesverfassungsgericht oder vom Bundesfinanzhof entschiedene Rechtsfrage betreffen und denen nach dem Ausgang des Verfahrens vor diesen Gerichten nicht abgeholfen werden kann, können durch Allgemeinverfügung zurückgewiesen werden. Dies bedeutet, durch Veröffentlichung der Allgemeinverfügung im Bundessteuerblatt und auf der Internetseite des

Bundesfinanzministeriums ist der Einspruch – auch ohne förmliche Einzeleinspruchsentscheidung – erledigt.

Klageverfahren

Im Finanzgerichtsverfahren wird mit Eingang der Klage ein Vorschuss auf die Gerichtskosten fällig. Gerichtsgebühren fallen auch an, wenn die Klage später wegen fehlender Erfolgsaussicht zurückgenommen wird, und zwar selbst dann, wenn sich das FG inhaltlich (z. B. wegen fehlender Klagebegründung) mit der Sache noch gar nicht befasst hat. Die Höhe der Aufwendungen hängt davon ab, wie hoch der strittige Steuerbetrag ist. Die kompletten Kosten des Verfahrens werden vom Finanzamt nur dann übernommen, wenn es vollständig unterliegt – der Steuerpflichtige also in allen strittigen Punkten recht bekommt. Bei einer gerichtlichen Einigung muss meist jede Partei ihren Teil der Kosten selbst tragen.

TIPP

Steuerfachmann hinzuziehen

Bereits vor Klageeinlegung (spätestens vor Begründung der Klage) sollte ein Steuerfachmann zurate gezogen werden, um sich über die Erfolgsaussichten der Klage und das Kostenrisiko zu informieren. Geprüft werden sollte außerdem, ob eine Rechtsschutzversicherung die Aufwendungen für das Verfahren übernimmt.

Wird die Klage vom FG zurückgewiesen, besteht die Möglichkeit, beim Bundesfinanzhof – ggf. auch über eine Nichtzulassungsbeschwerde – **Revision** einzulegen. Hier muss man sich aber durch einen Juristen vertreten lassen.

Zu viel erstattet

Wurde die Einkommensteuer durch einen Fehler des Finanzamts zu niedrig festgesetzt und ggf. zu viel erstattet, muss der Steuerpflichtige nicht mit Konsequenzen rechnen, wenn er den Steuerbescheid stillschweigend hinnimmt. Hat das Finanzamt die erforderlichen und richtigen Informationen durch die Steuererklärung erhalten, scheidet die Annahme einer Steuerhinterziehung durch Unterlassen aus, weil der Steuerpflichtige nicht verpflichtet ist, Fehler des Finanzamts richtigzustellen (BFH, Urteil v. 4.12.2012, VIII R 50/10).

4 Wie verhalte ich mich bei anhängigen Gerichtsverfahren?

Aus den Medien erfährt man, dass der Bundesfinanzhof seine Rspr. zugunsten der Steuerzahler geändert hat, die Rechtsauffassung der Finanzbehörde nicht teilt oder sogar, dass das Bundesverfassungsgericht einzelne Bestimmungen des Einkommensteuergesetzes für verfassungswidrig erklärt hat. Dies nützt nichts, wenn das Besteuerungsverfahren abgeschlossen, d. h. die Einspruchsfrist bereits abgelaufen und damit für den Steuerbescheid „Bestandskraft“ eingetreten ist. In Einzelfällen gibt es eine (seltene) Möglichkeit.

Siehe „Änderung auch ohne Einspruch?“.

Hinweis: Wichtiges zum Thema „Anhängige Verfahren“ finden Sie auch auf www.haufe.de/mybook unter „Weiterführende steuerliche Informationen“. Hier können Sie sich darüber informieren, welche bedeutenden Gerichtsverfahren zurzeit in Steuerangelegenheiten anhängig sind.

Wenn eines dieser Verfahren für Sie von Bedeutung sein könnte, müssen Sie Ihren Steuerfall unbedingt „offen“ halten, denn nur so kann Ihr Steuerbescheid bei positivem Prozessausgang geändert werden. Die Finanzverwaltung erlässt Steuerbescheide auch bezüglich einzelner wichtiger Gerichtsverfahren **vorläufig** (§ 165 AO). Dies ergibt sich aus Seite 1 des Steuerbescheids im Teil „**Festsetzung**“. Der Umfang der Vorläufigkeit ergibt sich aus den Erläuterungen zum Bescheid. Die dort genannten Punkte, und nur diese, können im Fall eines positiven Ausgangs des Rechtsstreits noch zu Ihren Gunsten geändert werden. Änderungen in anderen Punkten sind grundsätzlich nur möglich, wenn **Einspruch** eingelegt wurde. Wichtig ist, dass das Finanzamt über den Einspruch nicht nach „bisheriger“ Auffassung ablehnend entscheidet und nur eine Klage beim FG bleibt. Um diese Einspruchsentscheidung zu verhindern, sollte gleich im Einspruchsschreiben oder in der nachgereichten Begründung auf das in gleicher Angelegenheit anhängige Gerichtsverfahren hingewiesen und das „**Ruhen des Einspruchsverfahrens**“ (§ 363 AO) beantragt werden.

5 Änderung auch ohne Einspruch?

Grundsätzlich gilt: Änderungen ohne Einspruch sind nur möglich, wenn sie gesetzlich ausdrücklich zugelassen sind. Im Gegensatz zum Rechtsbehelfsverfahren, das den gesamten Fall offen hält, gelten Änderungsvorschriften immer nur punktuell.

Wurde die Rechtsbehelfsfrist versäumt und liegt auch kein Grund für eine Wiedereinsetzung vor, sieht es für Änderungen zugunsten des Steuerpflichtigen schlecht aus. Allerdings sollte man zwei Ausnahmen prüfen:

- **Änderungen wegen offenbarer Unrichtigkeiten:** Wenn dem Finanzamt beim Erstellen des Steuerbescheids ein Rechenfehler, Schreibfehler, Übertragungsfehler, Ablesefehler oder Ähnliches passiert ist, liegt eine sog. offenbare Unrichtigkeit vor, die auch nach Ablauf der Rechtsbehelfsfrist berichtigt werden kann (§ 129 AO).
- **Änderung aufgrund neuer Tatsachen:** Eine günstige Vorschrift kann auch § 173 AO sein. Er erlaubt die Änderung eines Bescheids, wenn dem Finanzamt nach der Bearbeitung des Falls neue Tatsachen (z. B. neue Werbungskosten) bekannt werden, die zu einer Änderung der Steuer führen würden. Diese Vorschrift ist nicht anwendbar, wenn das Finanzamt in der Steuererklärung aufgeführte Kosten zu Unrecht nicht anerkannt hat, denn diese Kosten waren dem Finanzamt bekannt. Eine neue Tatsache liegt vor, wenn der Abzug von bisher in der Steuererklä-

rung nicht aufgeführten Kosten erstmals beantragt wird. Wird die Nebenkostenabrechnung für eine vermietete Wohnung erst bekannt gegeben, nachdem der Steuerbescheid bestandskräftig war, ist eine Änderung des Steuerbescheids möglich (FG Köln, Urteil v. 24.8.2016, Az. 11 K 1319/16). Eine Änderung zugunsten (niedrigere Steuer) des Steuerpflichtigen ist aber nur möglich, wenn diesen **kein grobes Verschulden** daran trifft, dass das Finanzamt die Sache erst jetzt erfährt. Grobes Verschulden wird angenommen, wenn keine Steuererklärung abgegeben wurde und das Finanzamt schätzen musste oder wenn im Steuerformular auf eine bestimmte Steuervergünstigung hingewiesen wurde (z. B. Behinderung oder Aufwendungen für Wege zwischen Wohnung und Tätigkeitsstätte). Anders sieht es aus, wenn die nachträglich geltend gemachten Kosten im Vordruck nicht genannt sind. Vor allem im Bereich der Werbungskosten und der außergewöhnlichen Belastungen sind die abzugsfähigen Kosten im Vordruck nicht vollständig aufgeführt. Hier sind die Chancen für eine nachträgliche Berücksichtigung der Kosten gut, denn nach der Rspr. trifft den Bürger kein grobes Verschulden, wenn die Ausgaben nur aus steuerlicher Unkenntnis nicht aufgeführt wurden.

Gerichtsentscheidungen (geänderte Rechtsauffassungen) an sich sind keine neuen Tatsachen. Eine neue Tatsache liegt jedoch vor, wenn Sie ausgehend von der alten Rechtslage z. B. den Abzug von Aufwendungen als Werbungskosten bisher nicht geltend gemacht haben, weil ein Werbungskostenabzug nach bisheriger Rechtsauffassung nicht möglich war. Wenn Sie die Kosten jetzt nachträglich geltend machen, werden die Aufwendungen dem Finanzamt nachträglich bekannt, es liegt eine neue Tatsache vor. Allerdings ist auch in diesem Fall ein „grobes Verschulden" (s. o.) zu prüfen.

Steuermodernisierungsgesetz

Mit dem StModG soll die elektronische Kommunikation zwischen der Steuerverwaltung und dem Bürger gefördert werden. Das bisher von der Verwaltung bereits angewandte Risikomanagementsystem wird gesetzlich verankert. Die Umsetzung der Änderungen erfolgt schrittweise in den Jahren 2018 bis 2022.

1 Freitextfeld

In die elektronische Steuererklärung wurde ein sog. „qualifiziertes Freitextfeld" eingefügt. Hier kann der Steuerpflichtige z. B. Angaben zu einem Sachverhalt machen, der nach seiner Auffassung Anlass für eine Bearbeitung gibt. Zum Beispiel kann er mitteilen, dass er einem Sachverhalt bewusst eine andere Rechtsauffassung zugrunde legt als die Finanzverwaltung.

2 Risikomanagementsystem (RMS – § 88 AO)

Die Durchführung oder Nichtdurchführung von Maßnahmen innerhalb der Finanzverwaltung ist unter dem Gesichtspunkt der Wirtschaftlichkeit zu prüfen. Deshalb wird durch ein Risikomanagementsystem (RMS) der Einsatz der Mitarbeiter in der Finanzverwaltung optimiert. Dazu werden Risikofallgruppen anhand IT-gestützter Prüfparameter unterschieden. Das RMS erlaubt es, einfache und unproblematische Fälle (z. B. mit geringen Aufwendungen) vollständig maschinell zu bearbeiten. Kollege Computer prüft also die Steuererklärung. Die Mitarbeiter der Verwaltung werden zur teilweisen oder vollständigen Bearbeitung **prüfungsrelevanter** Fälle oder einzelner Risikosachverhalte (z. B. hohe Werbungskosten, Sonderausgaben oder außergewöhnliche Belastungen bzw. Steuerermäßigungen) eingesetzt.

Wann ein Fall oder ein Sachverhalt als prüfungsrelevant gilt, wird durch ständig wechselnde geheim gehaltene Werte immer wieder neu bestimmt. Ziel ist die Verhinderung von Steuerverkürzungen, die Aufdeckung von Betrugsfällen, die Optimierung der Fallbearbeitung und die Verbesserung der Bearbeitungsqualität durch die Standardisierung von Arbeitsabläufen unter Beachtung bundeseinheitlicher Vorgaben. Organisatorisch wird das RMS so gestaltet, dass Steuerpflichtige keine Kenntnis der Steuerungsparameter haben und ihr Erklärungsverhalten nicht an das RMS anpassen können. Die Bearbeiter können eine Aussteuerung von zu prüfenden Steuerfällen im Einzelfall jederzeit selbst vornehmen. Deshalb muss zur Gewährleistung der Gleichmäßigkeit und Gesetzmäßigkeit der Besteuerung auch immer eine hinreichende Anzahl zufällig ausgewählter Fälle durch Amtsträger der Finanzbehörden vertieft geprüft werden.

3 Länderübergreifende Verwendung von Daten (§ 88b AO)

Bundesweit soll es möglich werden, dass Landesfinanzbehörden gespeicherte Daten unter Beachtung des Steuergeheimnisses zum gegenseitigen Datenabruf bereitstellen und nutzen können. Die Daten können im Rahmen von Verwaltungsverfahren in Steuersachen, eines Strafverfahrens oder einer Steuerordnungswidrigkeit verwendet werden. Die Ergebnisse der Auswertung der Daten müssen den jeweils betroffenen Finanzbehörden elektronisch zur Verfügung gestellt werden.

Strafbefreiende Selbstanzeige

Die Voraussetzungen für eine strafbefreiende Selbstanzeige sind sehr umfassend. Eine wirksame Selbstanzeige ist äußerst schwierig.

§ 371 AO

1 Abkommen zum Datenaustausch

Die Finanzverwaltung hat schon mehrfach **Datenträger gekauft**, die umfangreiche Bankdaten von Personen enthielten, die ihr Geld in sog. Steueroasen vor dem steuerlichen Zugriff des Staates versteckt hatten. Außerdem werden zunehmend Abkommen zwischen der Bundesrepublik, der EU und anderen Staaten über den Austausch von steuerlich relevanten Daten getroffen. Mit mehreren Ländern läuft der Datenaustausch bereits. Weitere Abkommen stehen vor der Unterzeichnung. Beim Datenaustausch erfassen z. B. Banken die Daten ihrer nicht im Inland ansässigen Bankkunden einmal jährlich und leiten diese über ihre nationale Finanzbehörde an die deutsche Finanzbehörden weiter.

Derartige Meldungen lösen unter den Betroffenen meist eine Welle von Selbstanzeigen aus.

2 Strafbefreiende Selbstanzeige – Voraussetzungen

Anders als das allgemeine Strafrecht lässt das Steuerstrafrecht die Möglichkeit zu, sich nach Begehung einer Steuerstraftat (Steuerhinterziehung) selbst anzuzeigen, um Straffreiheit zu erlangen.

Straffreiheit bei Selbstanzeige tritt **nur** unter den folgenden Voraussetzungen ein:

- Mit der Selbstanzeige werden zu **allen noch nicht verjährten Steuerstraftaten einer Steuerart**, mindestens aber zu allen Steuerstraftaten einer Steuerart innerhalb der letzten zehn Kalenderjahre, **in vollem Umfang** die unrichtigen, unvollständigen und unterlassenen Angaben berichtigt, ergänzt oder nachgeholt. Straffreiheit ist bis zu einem hinterzogenen Betrag in Höhe von 25.000 € ohne Strafzuschlag möglich.
  Bei höheren Beträgen tritt Straffreiheit nur ein, wenn ein **Strafzuschlag** gezahlt wird, der nach der Höhe des hinterzogenen Betrags gestaffelt ist. Er beträgt:
  - 10 % bei einem hinterzogenen Betrag bis zu 100.000 €
  - 15 % bei einem hinterzogenen Betrag zwischen 100.000 € und bis zu 1.000.000 €
  - 20 % bei einem hinterzogenen Betrag über 1.000.000 €
- Die hinterzogenen Steuern und die darauf entfallenden Hinterziehungszinsen sowie der Strafzuschlag müssen innerhalb einer angemessenen

Frist entrichtet werden.

- Die **Verjährungsfrist für die Strafbarkeit** von Steuerhinterziehung beträgt für alle Fälle zehn Jahre. **Anlaufhemmung:** Der Beginn der **Festsetzungsfrist** wird für die Steuern auf Kapitalerträge aus Drittstaaten (außerhalb der EU und Staaten ohne automatischen Informationsaustausch in Steuersachen) um bis zu zehn Jahre hinausgeschoben.
- Ein **Strafverfahren** kann **wieder aufgenommen** werden, wenn das Verfahren bereits abgeschlossen ist und sich später herausstellt, dass die Angaben in der Selbstanzeige unrichtig waren. Der gezahlte Strafzuschlag wird nicht erlassen, wenn die Selbstanzeige nicht zur Straffreiheit führt. Er kann aber mit einer etwaigen Geldstrafe verrechnet werden.
- **Sperrwirkung** (beschränkt auf den sachlichen und zeitlichen Umfang der angekündigten Außenprüfung): Eine wirksame Selbstanzeige ist nicht möglich, wenn die Aufdeckung der Tat nicht nur dem Täter selbst, sondern einem an der Tat Beteiligten (Anstifter oder Gehilfe) oder dem Begünstigten bekannt wird. Hat z. B. ein Beschäftigter des Unternehmens die unrichtigen Steuerangaben veranlasst, kann dieser für sich keine wirksame Selbstanzeige machen, wenn dem Betriebsinhaber eine Steuerprüfung bekannt gegeben wird.
  Die Sperrwirkung besteht auch, wenn dem an der Tat Beteiligten oder seinem Vertreter die Einleitung des Straf- oder Bußgeldverfahrens bekannt gegeben worden ist oder ein Amtsträger der Finanzbehörde zur steuerlichen Prüfung (z. B. USt- oder Lohnsteuernachschau) erscheint.

Für die Umsatzsteuer- und Lohnsteuerhinterziehung ist (ohne Einleitung eines Prüfverfahrens) die Wirksamkeit einer **Teilselbstanzeige** vorgesehen.

WICHTIG

Rechtsberatung

Bei einer Selbstanzeige kann sehr viel falsch gemacht werden, was zur Folge haben kann, dass die Selbstanzeige nicht strafbefreiend wirkt. Deshalb sollte man sich unbedingt rechtlich beraten lassen. **Ein Steuerberater oder ein Anwalt** informiert über weitere Details, die Form, den Adressaten und die Wirkung der Selbstanzeige. Wenn Sie sich gegenüber der Finanzverwaltung von einem Anwalt oder Berater vertreten lassen, muss dieser unbedingt **vor** dem erstmaligen Tätigwerden gegenüber der Finanzverwaltung bzgl. dieser Selbstanzeige von Ihnen **bevollmächtigt** werden.

Greift eine Selbstanzeige zur Strafbefreiung nicht, droht dem Steuerpflichtigen eine Freiheitsstrafe von bis zu fünf Jahren oder eine Geldstrafe. In besonders schweren Fällen ist eine Freiheitsstrafe von bis zu zehn Jahren zu erwarten. Betragen die hinterzogenen Steuern mehr als 1.000.000 €, droht nach der Rechtsprechung des Bundesgerichtshofs (BGH) eine Freiheitsstrafe ohne Bewährung.

Umsatzsteuer

Grundsätzlich muss jedes Unternehmen Umsatzsteuer an das Finanzamt abführen. In diesem Stichwort erhalten Sie einen Überblick über die wichtigsten Regelungen.

Steuersätze § 12 UStG, Entstehen der Steuer § 13 UStG, Rechnungen § 14 UStG, Kleinbetragsrechnungen § 33 UStDV, Vorsteuerabzug § 15 UStG, Besteuerungsverfahren/Voranmeldungen § 18 UStG, Kleinunternehmer § 19 UStG

1 Kleinunternehmer

Grundsätze der Nullbesteuerung

Die Nullbesteuerung

- Vorjahresumsatz höchstens 17.500 €
- voraussichtlicher Umsatz des laufenden Jahres nicht mehr als 50.000 €
- Sie müssen keine Umsatzsteuer an das Finanzamt abführen (die Abgabe einer Umsatzsteuererklärung ist deshalb nicht notwendig).
- Die Ihnen in Rechnung gestellten Umsatzsteuerbeträge sind nicht als Vorsteuer abzugsfähig.
- Sie dürfen in Ihren Ausgangsrechnungen keine Umsatzsteuer ausweisen!

Bei der Berechnung der Umsatzgrenze bleiben bestimmte Umsätze unberücksichtigt (beispielsweise die Umsätze aus der Tätigkeit als Versicherungsvertreter, als Arzt, Zahnarzt, Heilpraktiker, Krankengymnast). Auch die Privatnutzung des Pkw bleibt hierfür außen vor (BFH, Urteil v. 15.9.2011, V R 12/1). Dies führt dazu, dass z. B. Ärzte i. d. R. stets die Nullbesteuerung anwenden können.

Unternehmensgründung im Laufe des Jahres

Wenn Sie im Laufe des Jahres eine Tätigkeit aufnehmen, ist der Umsatz des Restjahres zu schätzen und in einen fiktiven Jahresumsatz hochzurechnen. Maßgebend ist die Grenze von 17.500 €.

BEISPIEL

Nullbesteuerung 1

Sie eröffnen am 1.7. ein Geschäft. Die Umsatzerwartungen bis Ende des Jahres liegen bei ca. 5.000 €.

Hochgerechnet ergibt sich ein Jahresumsatz von 10.000 €, sodass die Nullbesteuerung angewendet werden kann.

Schwankende Umsätze

BEISPIEL

Nullbesteuerung 2

U hat im Jahr 2017 5.000 € und im Jahr 2018 45.000 € Umsätze erzielt. Für 2019 rechnet er mit einem Umsatz von nur 10.000 €.

Im Jahr 2018 kann U von der Kleinunternehmerregelung Gebrauch machen. Für 2019 ist er allerdings umsatzsteuerpflichtig, da er die Grenzen des § 19 (Vorjahresumsatz über 17.500 €) überschritten hat. Diese gelten auch dann, wenn bereits zu Beginn des Jahres voraussehbar ist, dass der Jahresumsatz wieder unter die Grenze von 17.500 € sinken wird (BFH, Beschluss v. 18.10.2007, V B 164/06).

Regelbesteuerung günstiger?

Der Kleinunternehmer kann auch (Wahlrecht) die Anwendung der Regelbesteuerung (vgl. → Punkt 2) beantragen. Er ist jedoch dann mindestens fünf Jahre an diese gebunden. Das Wahlrecht ist durch die Abgabe einer Umsatzsteuer-Jahreserklärung ausgeübt, wenn die Steuer nach den allgemeinen Vorschriften berechnet wird (BFH, Urteil v. 24.7.2013, XI R 14/11).

2 Regelbesteuerung

Umfang des Unternehmens

Unterliegt die Haupttätigkeit bereits der Umsatzsteuer, fällt auch für jede weitere, (nur) gelegentlich ausgeübte wirtschaftliche Tätigkeit Umsatzsteuer an.

Grundsätze der Regelbesteuerung

Die Regelbesteuerung

- Umsatzsteuer aus den Ausgangsumsätzen ist in der Voranmeldung anzumelden.
- Die dem Unternehmer in Rechnung gestellten Umsatzsteuerbeträge (Vorsteuer) werden hiervon abgezogen.
- In Höhe des Differenzbetrags muss eine Zahlung an das Finanzamt geleistet werden bzw. man erhält von dort eine Erstattung.

Steuersätze	
Voller Steuersatz	19 %
Ermäßigter Steuersatz	7 %

Muss ich eine Umsatzsteuervoranmeldung abgeben?

In der jährlich abzugebenden Umsatzsteuererklärung müssen Sie die Höhe der Steuerschuld (abzuführende Umsatzsteuer ./. Vorsteuer) selbst berechnen. Außerdem müssen Sie zu bestimmten Stichtagen eine Voranmeldung beim Finanzamt einreichen.

Steuerschuld des Vorjahres	Abgabe der Voranmeldung und Abführung der Steuer
bis 1.000 €	jährlich
1.000–7.500 €	vierteljährlich
über 7.500 €	monatlich

Die Voranmeldungen sind spätestens am 10. des Folgemonats (pünktlich!) auf elektronischem Weg abzugeben. Vertiefend siehe → ELSTER/ELStAM für Unternehmer. Auf Antrag können die Abgabefrist der Voranmeldungen und die Entrichtung der Steuerbeträge um einen Monat verlängert werden.

Voraussetzung ist:

- Sie müssen auf einem amtlichen Vordruck einen Antrag auf Fristverlängerung stellen.
- Die Antragstellung muss bis zum 10. des Folgemonats erfolgen.
- Sie müssen eine Sonderzahlung i. H. v. 1/11 der Summe der Vorauszahlungen für das vorangegangene Jahr leisten (nicht erforderlich bei vierteljährlicher Abgabeverpflichtung). Diese wird im letzten Voranmeldungszeitraum des Besteuerungszeitraums angerechnet, für den sie in Anspruch genommen werden kann. I. d. R. wird dies die Voranmeldung für den Monat Dezember bzw. das IV. Quartal sein.

WICHTIG

Pflicht zur elektronischen Übermittlung

Umsatzsteuer- und Lohnsteuervoranmeldungen sind grundsätzlich auf elektronischem Weg zu übermitteln. Nur im Einzelfall und auf Antrag kann das Finanzamt zur Vermeidung unbilliger Härten genehmigen, dass die Voranmeldungen weiterhin auf Papier oder per Fax übertragen werden. Auch die Umsatzsteuerjahreserklärung ist auf elektronischem Weg abzugeben (ELSTER). Ausnahmen:

- Es ist unzumutbar, die technischen Voraussetzungen zu schaffen.
- Das Unternehmen wird im Kalenderjahr eingestellt.

Wann entsteht die Umsatzsteuer?

Die Steuer entsteht

- bei der Sollbesteuerung mit Ablauf des Voranmeldezeitraums, in dem die Leistungen ausgeführt wurden. Das gilt auch für Teilleistungen;
- bei der Istbesteuerung mit Ablauf des Voranmeldezeitraums, in dem die Entgelte vereinnahmt wurden.

Wann ist die Umsatzsteuer an das Finanzamt abzuführen?

Sollbesteuerung

Die Abführung ist von der Leistungsausführung und nicht von der Zahlung abhängig (= Sollbesteuerung). Unabhängig von der Ausführung des Umsatzes muss der in den erhaltenen Abschlagszahlungen enthaltene Umsatzsteueranteil gleichfalls bis zum 10. des Folgemonats abgeführt werden.

Bei Differenzen zwischen dem auf der Ausgangsrechnung ausgewiesenen und dem tatsächlich gezahlten Entgelt (z. B. infolge eines Skontoabzugs) wird die Umsatzsteuer zum Zeitpunkt der Zahlung korrigiert.

BEISPIEL

Soll- vs. Istbesteuerung

Bezahlen Ihre Kunden nicht umgehend, führt die Sollbesteuerung dazu, dass der Unternehmer die Umsatzsteuer an das Finanzamt abführen muss, bevor der Kunde eine entsprechende Zahlung erbringt. Sie müssen die Beträge folglich vorfinanzieren.

Auf Antrag kann die für Sie günstigere Istbesteuerung (§ 20 UStG) zur Anwendung kommen.

Istbesteuerung

Bei der Istbesteuerung muss die Steuer erst nach der Zahlung des Kunden an das Finanzamt abgeführt werden. Allerdings muss beim Finanzamt ein Antrag gestellt werden, dem regelmäßig entsprochen wird, wenn die Voraussetzungen erfüllt sind.

TIPP

Antrag erforderlich

Die Istbesteuerung kann beantragt werden, wenn

- der Gesamtumsatz des vorangegangenen Kalenderjahrs nicht mehr als 500.000 € betragen hat oder
- keine Bücher geführt werden oder
- der Unternehmer Freiberufler (§ 18 Abs. 1 Nr. 1 EStG – Arzt, Rechtsanwalt etc.) ist.

Bis zum Vorliegen der Genehmigung muss die Sollbesteuerung angewandt werden.

Die Form der Rechnungen

Die Rechnungen, die ein Unternehmer verschickt, müssen nach dem UStG Mindestanforderungen erfüllen.

Mindestbestandteile einer Rechnung

- Name und Anschrift des leistenden Unternehmers (z. B. Lieferant X)
- Name und Anschrift des Leistungsempfängers (= Ihr Unternehmen)
- fortlaufende Rechnungsnummer
- Ausstellungsdatum
- Leistungszeitpunkt **oder** Zahlungszeitpunkt
- Menge und Bezeichnung des Liefergegenstands bzw. Art und Umfang der Leistung
- Höhe des **Netto-**Entgelts
- Umsatzsteuerbetrag
- Steuernummer
- im Fall der Steuerbefreiung ein Hinweis auf die zutreffende Steuerbefreiung
- Steuersatz
- wahlweise Steuernummer **oder** Umsatzsteuer-Identifikationsnummer

TIPP

Alle Angaben enthalten?

Enthält die Rechnung nicht alle aufgeführten Angaben, führt dies beim Rechnungsempfänger zum Versagen des Vorsteuerabzugs. Kontrollieren Sie Ihre Eingangsrechnungen auf die Vollständigkeit der Angaben. Fordern Sie von Ihrem Lieferanten ggf. korrigierte Rechnungen an.

Aber auch für den Aussteller der Rechnung können fehlende Angaben Folgen haben: Insbesondere Name und Anschrift des Leistungsempfängers müssen sich nach Auffassung des BMF leicht und eindeutig feststellen lassen. Ist das nicht der Fall, kann u. U. davon auszugehen sein, dass über eine nicht erbrachte Leistung abgerechnet wird und der Unternehmer die Umsatzsteuer nach § 14c Abs. 2 UStG schuldet (BMF, Schreiben v. 11.10.2006, IV A 5 - S 7280 a - 50/06).

Erforderlich ist, dass der leistende Unternehmer die Anschrift angibt, unter der er seine wirtschaftlichen Aktivitäten entfaltet. Anders als in R 14.5 UStAE geregelt, will der BFH Postfachadressen nicht zulassen (BFH, Urteil v. 22.7.2015, V R 23/14).

Kleinbetragsrechnungen

Für Kleinbetragsrechnungen, deren Gesamtrechnungsbetrag 250 € nicht übersteigt, sind die Anforderungen geringer:

- Name und Anschrift des leistenden Unternehmers
- genaue Liefer- bzw. Leistungsbezeichnung
- **Brutto**entgelt
- Steuersatz

Gutschrift

Der Leistungsempfänger kann auch durch eine Gutschrift abrechnen, wenn der Leistende einverstanden ist. Dazu sollte er unbedingt den Begriff „Gutschrift" verwenden, wenn er den Vorsteuerabzug geltend machen möchte.

Vorsteuer

Der Vorsteuerabzug

Auf den meisten Eingangsrechnungen und Kostenbelegen wird Ihnen von anderen Unternehmern Umsatzsteuer in Rechnung gestellt. Diese „**Vorsteuer**" wird Ihnen vom Finanzamt erstattet.

BEISPIL

Vorsteuer

Eine Spedition hatte im Januar einen Bruttoumsatz i. H. v. 19.000 €. Im selben Monat wurde ein Computer gekauft (ausgewiesene Umsatzsteuer 1.500 €). Im Zusammenhang mit den sonstigen Kostenbelegen wurden der Spedition im Januar weitere 2.000 € Umsatzsteuer in Rechnung gestellt.

Der Unternehmer muss bis zum 10. Februar 15.500 € (19.000 € ./. 3.500 €) Umsatzsteuer beim Finanzamt anmelden und abführen.

Ist die Vorsteuerforderung höher als die Umsatzsteuerschuld, zahlt Ihnen das Finanzamt den Differenzbetrag aus.

Die Eingangsrechnungen

Ein Vorsteuerabzug ist nur möglich, wenn Sie ordnungsgemäße Rechnungen haben.

TIPP

Vorsteuer und Beweislast

Die Beweislast für die Vorlage der Belege tragen ausschließlich Sie! Allerdings hat der BFH festgestellt: Hat die Rechnung bei Ablauf des Besteuerungszeitraums vorgelegen, bringt der spätere Verlust den bereits entstandenen Vorsteueranspruch nicht rückwirkend zum Erlöschen. Dabei ist unerheblich, warum die Rechnung verloren gegangen ist. Dem Unternehmer obliegt allerdings die objektive Beweislast dafür, dass er die Rechnung ursprünglich besessen hat. Er hat darzulegen und nachzuweisen, dass der andere Unternehmer eine Rechnung mit gesondertem Steuerausweis erstellt und ihm ausgehändigt hat (BFH, Beschluss v. 31.7.2007, V B 156/06). Den Nachweis kann der Unternehmer nicht allein durch Vorlage der Originalrechnung führen. Besitzt er diese nicht mehr, können andere Beweise zugelassen werden, aus denen sich ergibt, dass der Umsatz, auf den sich der Antrag auf Vorsteuerabzug bezieht, tatsächlich stattgefunden hat. Lagen im Zeitpunkt der Geltendmachung des Vorsteuerabzugs Originalrechnungen vor, die danach verloren gegangen sind und nicht mehr rekonstruiert werden können, sind die abziehbaren Vorsteuerbeträge zu schätzen. Denn die erfolgte Rechnungstellung wird durch den Verlust der Rechnungen nicht aufgehoben (BFH, Urteil v. 23.10.2014, V R 23/13).

Soweit es sich um keine Kleinbetragsrechnung handelt, sollten Sie unbedingt darauf achten, dass die formalen Voraussetzungen des UStG (s. o.) erfüllt sind. Insbesondere müssen

- die Umsatzsteuer **gesondert** ausgewiesen,
- die Leistung **genau** bezeichnet und
- der Empfänger richtig benannt sein.

Vor allem Name und Anschrift des Leistungsempfängers müssen sich eindeutig feststellen lassen.

BEISPIEL

Rechnungsempfänger spezifizieren

Sie haben zwei Firmen, die X-GmbH und die Y-KG. Kaufen Sie etwas für die X-GmbH, muss diese auch als Rechnungsempfänger genannt sein. Andernfalls ist die Vorsteuer nicht abzugsfähig.

Elektronische Rechnungen

Auch elektronische Abrechnungen werden als Rechnungen anerkannt. Eine digitale Signatur ist nicht notwendig!

Rechnungen können, vorbehaltlich der formlosen Zustimmung des Empfängers, auf elektronischem Weg übermittelt werden. Nach § 14 Abs. 3 UStG sind bei elektronischer Übermittlung der Rechnung die Echtheit der Herkunft und die Unversehrtheit des Inhalts zu gewährleisten. Dies kann durch eine qualifizierte elektronische Signatur oder durch eine Übersendung der Rechnung per elektronischen Datenaustausch (EDI) geschehen. Andernfalls kann diese Voraussetzung auch durch ein innerbetriebliches Kontrollverfahren, das einen verlässlichen Prüfpfad zwischen Rechnung und Leistung schaffen kann, gewährleistet werden (§ 14 Abs. 1 Satz 5 und 6 UStG). Damit sind auch PDF-, Text- oder Bilddateien anzuerkennen, soweit sie die o. g. Voraussetzungen erfüllen.

Rechnungsberichtigung

Berichtigt der leistende Unternehmer eine Rechnung nach § 31 Abs. 5 UStDV, wirkt dies beim Rechnungsempfänger auf den Zeitpunkt zurück, in dem die Rechnung erstmals ausgestellt wurde (Änderung der Rechtsprechung: BFH, Urteil v. 20.10.2016, V R 26/15).

BEISPIEL

Rechnungsberichtigung

U hat V im Jahr 2016 eine Rechnung über 10.000 € zzgl. 7 % USt gestellt. Bei einer Prüfung wird festgestellt, dass die Rechnung keine Steuernummer oder Steueridentnummer enthält. U korrigiert die Rechnung 2018. V muss keine Änderung bei seiner Umsatzsteuer 2016 befürchten. Die Rechnungsberichtigung wirkt zurück.

Sind sämtliche Vorsteuerbeträge absetzbar?

Wenn Sie bestimmte steuerfreie Umsätze erbringen, fallen die damit zusammenhängenden Vorsteuerbeträge unter das Vorsteuerabzugsverbot (§ 15 Abs. 2 UStG).

Nicht abzugsfähig sind außerdem z. B. Vorsteuern aus

- Reisekostenpauschbeträgen (Verpflegung, km-Satz etc.),
- → Geschenken, soweit diese bei der Einkommensteuer nicht abzugsfähig sind,
- unangemessenen Bewirtungskosten und
- den gesamten Kosten für einen Betriebsausflug, wenn diese pro Arbeitnehmer die lohnsteuerliche Grenze für Aufmerksamkeiten (110 €) übersteigen (BFH, Urteil v. 9.12.2010, V R 17/10).

BEISPIEL

Rechnungsanschrift bei Kostenübernahme

Ihr Mitarbeiter zieht von Hamburg nach Freiburg, um dort die Leitung Ihres Filialbetriebs zu übernehmen. Sie haben die Übernahme der Umzugskosten zugesagt.

Grundsätzlich können Sie die Vorsteuer aus den Umzugsrechnungen geltend machen. Achten Sie aber darauf, dass die Rechnungen als Adressaten Ihr Unternehmen ausweisen. Lauten sie z. B. auf den Namen Ihres Arbeitnehmers, ist ein Vorsteuerabzug nicht zulässig.

Abzugsfähig sind ferner Vorsteuern aus

- Übernachtungskosten des Unternehmers und des Arbeitnehmers sowie
- Verpflegungskosten des Unternehmers.

Im Ausnahmefall:

- Verpflegungskosten des Arbeitnehmers und

- Fahrtkosten für Fahrzeuge des Personals,

wenn es sich nicht um Pauschalen handelt und eine Rechnung eines anderen Unternehmers für das Unternehmen vorliegt. Auch diese Belege müssen auf den Namen des Unternehmens ausgestellt sein und nicht z. B. auf den Arbeitnehmer.

Pkw-Anschaffung

Der Unternehmer kann für unternehmerisch genutzte Fahrzeuge, die auch privat verwendet werden, wählen, ob er die abzugsfähige Vorsteuer auf den unternehmerischen Anteil beschränkt.

BEISPIEL

Pkw-Anschaffung

U erwirbt einen Pkw, den er voraussichtlich zu 70 % betrieblich, zu 30 % privat (Nachweis durch Fahrtenbuch) nutzt.

U kann wählen, ob er die Vorsteuer aus Anschaffung und laufenden Kosten zu 100 % oder zu 70 % abzieht. Auswirkungen hat dies auf die Umsatzbesteuerung des privaten Anteils. Im ersten Fall sind alle vorsteuerbehafteten Kosten (einschließlich AfA) in die Umsatzsteuerbemessungsgrundlage einzubeziehen. Im zweiten Fall fällt für die private Nutzung keine Umsatzsteuer an, soweit diese gleichbleibend 30 % beträgt.

Ändert sich allerdings der private Nutzungsanteil, ist für den Vorsteueranspruch auf die AK eine Umsatzsteuerkorrektur vorzunehmen (§ 15a UStG).

Pkw-Verkauf

Auch wer nur einen eingeschränkten Vorsteuerabzug hatte, muss beim Verkauf des Pkw den vollen Umsatz versteuern. Haben Sie den Pkw allerdings von einer Privatperson erworben und können deshalb keine Vorsteuer abziehen, lässt sich durch einen einfachen Trick die Umsatzsteuer beim Verkauf sparen:

- Entnehmen Sie den Pkw vor dem Verkauf (wichtig: Noch vor dem Verkauf sollten Sie eine entsprechende Entnahmebuchung vornehmen!). Das BFH lässt die Besteuerung einer Entnahme in diesem Fall nicht zu (BFH, Urteil v. 31.1.2002, V R 61/96).
- Danach verkaufen Sie „als Privatmann“. Vermerken Sie dies ausdrücklich im Vertrag.

Eine Personengesellschaft muss den Pkw allerdings dem Gesellschafter schenken, damit dieser den Unternehmensbereich verlässt (BFH, Urteil v. 2.3.2006, V R 35/04, BStBl 2006 II, 675).

Vorsteuer aus Gebäudekosten

Der Vorsteuerabzug kann nur für den unternehmerisch genutzten Teil des Gebäudes in Anspruch genommen werden (§ 15 Abs. 1b UStG). Aufteilungsmaßstab bei Grundstücken ist regelmäßig die Nutzfläche. Der Umsatzschlüssel wäre nur zulässig, wenn keine andere wirtschaftliche Zurechnung möglich ist (§ 15 Abs. 4 Satz 3 UStG). Der Flächenschlüssel ist z. B. nicht sachgerecht, wenn die Nutzflächen nicht miteinander vergleichbar sind, etwa wenn die Ausstattung erheblich abweicht (nähere Ausführungen siehe BFH, Urteil v. 10.8.2016, XI R 31/09). Eine individuelle Zuordnung auf bestimmte Gebäudeteile ist nur bei Vorsteuern zulässig, die die laufenden Kosten betreffen.

BEISPIEL

Vorsteuer aus Gebäudekosten

U errichtet ein Gebäude, das er ab dem 1.1. zu 70 % betrieblich, zu 30 % privat nutzt. Die in Rechnung gestellte Umsatzsteuer in den Baukosten beträgt 80.000 €.

Der Unternehmer kann nur 70 % (56.000 €) der Umsatzsteuerbeträge als Vorsteuer abziehen.

Weitere Folgen:

- Die private Nutzung ist nicht der Umsatzsteuer zu unterwerfen.
- Der private Gebäude- und Grundstücksteil gehört nicht zum Unternehmensvermögen. Bei einem Verkauf oder einer Betriebsaufgabe kann der anteilige Erlös umsatzsteuerlich nicht versteuert werden.

TIPP

Nutzungserweiterung

Soll der unternehmerische Teil später ausgeweitet werden, ist eine Vorsteuerberichtigung (s. u.) nur möglich, wenn dieser Teil von Anfang an dem Unternehmensvermögen zugeordnet wurde. Dies muss dem Finanzamt spätestens bis zum **gesetzlichen** Abgabetermin (31.7.!) der USt-Jahreserklärung angezeigt werden. **Achtung,** hier gibt es keine Fristverlängerung (s. auch FG Niedersachsen, Urteil v. 11.2.2016, 5 K 112/15)!

BEISPIEL

Nutzungserweiterung

U errichtet 2018 ein Gebäude, das zunächst zu 60 % unternehmerisch genutzt wird. Im Übrigen ist das Gebäude als Wohnung vermietet. Die gesamte Vorsteuer beträgt 50.000 €. Zunächst kann U nur 30.000 € Vorsteuer geltend machen. Nutzt er später aber das gesamte Gebäude für das Unternehmen, bekommt er die restliche Vorsteuer (zeitanteilig) nur dann, wenn er dem Finanzamt spätestens zum 31.7.2019 (Abgabetermin der Jahreserklärung) erklärt, dass er das gesamte Gebäude dem Unternehmensvermögen widmet. Das gilt auch für andere nur teilunternehmerisch genutzte Gegenstände (BFH, Urteil v. 7.7.2011, V R 42/09).

Gebäude und Entnahme oder Betriebsaufgabe

Die Entnahme von Grundstücken und Gebäuden, die beim Unternehmer zum vollen oder teilweisen Vorsteuerabzug berechtigt hat, fällt unter die Steuerbefreiung des § 4 Nr. 9 Buchst. a) UStG (BMF, Schreiben v. 22.9.2008, IV B 8 - S 7107/07/10002). In diesen Fällen (z. B. bei einer Betriebsaufgabe) kommt u. U. eine Vorsteuerberichtigung nach § 15a UStG in Betracht. Näheres siehe weiter unten.

TIPP

Entnahme/Verkauf steuerfrei trotz Vorsteuerabzug

Wurde die unternehmerische Zuordnung eines Gebäudes verspätet erklärt und hat das Finanzamt den Vorsteuerabzug fehlerhaft zugelassen, muss der Verkauf oder die Entnahme trotzdem nicht versteuert werden (BFH, Urteil v. 23.10.2014, V R 11/12).

Aufteilung bei Erhaltungsaufwand und Umbaumaßnahmen

Bei Umbaumaßnahmen ist bei einem Gebäude, das umsatzsteuerpflichtig und umsatzsteuerfrei genutzt wird, zunächst festzustellen, ob es sich um Erhaltungsaufwand oder AK/HK des Gebäudes (hierzu gehört auch anschaffungsnaher Aufwand) handelt.

Bei Erhaltungsaufwand ist eine direkte Zuordnung der Kosten vorzunehmen: Der Vorsteuerabzug ist nur für die Kosten möglich, die den umsatzsteuerpflichtig vermieteten Teil betreffen. Ist eine direkte Zuordnung nicht möglich, ist eine Aufteilung der Umsatzsteuerbeträge vorzunehmen (bei Gebäuden nach der Fläche). Liegen dagegen AK/HK vor, sind die gesamten Vorsteuerbeträge nach dem Verhältnis der Nutz- oder Wohnflächen aufzuteilen. Eine Aufteilung nach dem Verhältnis der Umsätze ist nur zulässig, wenn keine andere wirtschaftliche Zurechnung möglich ist (BFH, Urteil v. 22.11.2007, V R 43/06).

Vorsteuerabzug bei gemeinschaftlicher Auftragserteilung durch mehrere Personen

Ein Unternehmer, der zusammen mit seiner Ehefrau ein Wohnhaus errichtet, in dem sich auch betriebliche Räume befinden, kann den vollen Vorsteuerabzug aus den HK für diese vornehmen, auch wenn die Rechnungen für die Bauleistungen nicht auf ihn, sondern auf die Ehefrau lauten (EuGH, Urteil v. 21.4.2005, Rs. C – 25/03). Das BMF hat zu der Problematik zwei Anwendungsschreiben herausgegeben. Danach sind in solchen Fällen etliche Fallstricke zu beachten (BMF, Schreiben v. 1.12.2006, IV A 5 – S 7300 – 90/06; BMF, Schreiben v. 9.5.2008, IV A 5 – S 7300/07/0017). Gehen Sie diesen aus dem Weg, indem Sie sich rechtzeitig, d. h. vor Baubeginn, steuerlich beraten lassen.

Kann die Vorsteuer auch pauschal geltend gemacht werden?

Bestimmte Gewerbezweige und Berufsgruppen (§ 69 UStDV) haben die Möglichkeit, die Vorsteuer pauschal geltend zu machen. Dies setzt jedoch voraus, dass der Vorjahresumsatz 61.356 € nicht übersteigt und der Unternehmer nicht buchführungspflichtig ist. Dabei wird zwischen einer **Vollpauschalierung** (neben der pauschalen Vorsteuer ist kein weiterer Abzug mehr möglich) und einer **Teilpauschalierung** (die pauschale Vorsteuer deckt nur die Gemeinkosten ab, bei anderen Kostenarten anfallende Steuerbeträge sind zusätzlich – nach Belegen – abziehbar) unterschieden.

TIPP

Vorsteuerpauschalierung

Erkundigen Sie sich beim Finanzamt oder beim Steuerberater, ob für Sie eine Pauschalierung in Betracht kommt. Sie sollten dann die pauschale Vorsteuer mit der tatsächlichen (lt. Belegen) vergleichen, um festzustellen, ob sich ein Antrag auf Pauschalierung lohnt. Wichtig: Die Vorsteuerpauschalierung kann frühestens nach Ablauf eines Kalenderjahrs widerrufen werden. Eine erneute Anwendung der Vorsteuerpauschalierung ist dann frühestens nach Ablauf von fünf Kalenderjahren möglich.

Vorsteuerberichtigung nach § 15a UStG

Für den Vorsteuerabzug ist die Verwendungsabsicht im Zeitpunkt des Leistungsbezugs entscheidend, im Fall der Anzahlung oder Vorauszahlung die Verwendungsabsicht zum Zeitpunkt der Anzahlung oder Vorauszahlung.

BEISPIEL

Vorsteuerberichtigung

Sie haben 2017 mit dem Bau eines Gebäudes begonnen, das Sie ursprünglich in vollem Umfang als Lagergebäude für Ihren Betrieb nutzen wollten. Im Mai 2018 entscheiden Sie sich, das Gebäude insgesamt steuerfrei zu vermieten. Die Nutzung beginnt am 1.7.2018. Im Zusammenhang mit den Baukosten wurden bis Mai 30.000 € Vorsteuer in Rechnung gestellt, danach noch einmal 10.000 €.

Das Umsatzsteuergesetz schreibt Folgendes vor:

- Der Vorsteuerabzug richtet sich nach der Verwendungsabsicht.
- Entspricht die Nutzung über einen Zeitraum von zehn Jahren (der Zehnjahreszeitraum beginnt mit der erstmaligen Nutzung des Gebäudes) der Verwendungsabsicht, bleibt es beim ursprünglichen Vorsteuerabzug.
- Ändert sich die Nutzung im Zehnjahreszeitraum so, dass entsprechend der jeweiligen Nutzung ein größerer oder geringerer Teil der Vorsteuer abzugsfähig wäre, kommt es im jeweiligen Jahr zu einer Korrektur der Vorsteuer.
- Für die Korrekturrechnung wird die Vorsteuer rechnerisch auf zehn Jahre verteilt, sodass auf jedes Jahr 1/10 entfällt.

Im Beispielsfall dürfen Sie die Vorsteuerbeträge, die bis zum Zeitpunkt einer Änderung Ihrer Nutzungsabsicht angefallen sind, geltend machen. Ab dem Zeitpunkt, ab dem Sie eine steuerfreie Vermietung beabsichtigen, ist ein Abzug nicht mehr zulässig.

Allerdings ist mit Beginn der Verwendung eine Korrektur der Vorsteuer vorzunehmen. Der Korrekturzeitraum beträgt bei Grundstücken zehn Jahre und beginnt im Beispielsfall am 1.7.2018. Solange die steuerfreie Nutzung anhält, ist jährlich eine Korrektur von 3.000 € nach § 15a UStG vorzunehmen. Für 2018 ist zeitanteilig ein Vorsteuerbetrag von 1.500 € zurückzuzahlen (1/10 von 30.000 € = 3.000 € × 6/12).

Auch wenn sich innerhalb des Zehnjahreszeitraums eine Änderung der Nutzung ergibt, kann dies zu einer Korrektur der Vorsteuer führen.

BEISPIEL

Betriebslager wird vermietet

Sie haben im Juli 2014 ein Gebäude fertiggestellt und nutzen es seither als Lagergebäude für Ihren Betrieb. Im Zusammenhang mit den Baukosten wurden 50.000 € Vorsteuer in Rechnung gestellt, die im vollen Umfang geltend gemacht wurden. Seit dem 1.1.2018 wird das Gebäude steuerfrei vermietet.

Ab 2018 sind Vorsteuerbeträge nicht mehr abzugsfähig. Darüber hinaus führt die Regelung des § 15a UStG in diesem Fall zu einer nachträglichen Korrektur des ursprünglichen Vorsteuerabzugs.

Bezogen auf das Beispiel bedeutet dies, dass im Jahr 2018 eine Vorsteuerkorrektur i. H. v. 1/10 von 50.000 € erfolgen muss. Der Unternehmer muss 2018 einen Betrag von 5.000 € Vorsteuer an das Finanzamt zurückbezahlen. Bleibt es auch in Zukunft bei einer steuerfreien Vermietung, muss für die verbleibenden Jahre des Zehnjahreszeitraums eine entsprechende Korrektur erfolgen (2018–2023 je 5.000 €, 2024 6/12 von 5.000 € = 2.500 €).

Der Vorsteuerberichtigung unterliegen

- Beträge aus den AK/HK (auch nachträgliche),
- Vorsteuern aus nachträglich eingebauten Gegenständen, die dabei ihre körperliche und wirtschaftliche Eigenart endgültig verlieren (Bestandteil),
- Vorsteuern aus sonstigen Leistungen, die unmittelbar an diesem Wirtschaftsgut ausgeführt werden, auch wenn sie nicht zu einer Werterhöhung führen, außer wenn sie bereits im Zeitpunkt des Leistungsbezugs wirtschaftlich verbraucht sind.

Einzelheiten siehe BMF, Schreiben v. 6.12.2005, IV A 5 – S 7316 - 25/05.

TIPP

Zunahme der betrieblichen Nutzung

Hat die betriebliche Nutzung gegenüber dem Jahr des Vorsteuerabzugs zugenommen, führt dies zu einem Vorsteueranspruch, maximal aber in dem Umfang, in dem der Gegenstand dem Unternehmensvermögen zugeordnet wurde (siehe „Vorsteuer aus Gebäudekosten" unter → Punkt 2 in diesem Stichwort).

Wird ein Gebäude steuerfrei veräußert, ist die gesamte Vorsteuerberichtigung für den Berichtigungszeitraum im Jahr der Veräußerung vorzunehmen. Bei einer steuerpflichtigen Veräußerung ist keine Korrektur erforderlich.

WICHTIG

Andere Wirtschaftsgüter

Die Grundsätze der Vorsteuerberichtigung gelten auch für alle anderen Wirtschaftsgüter, allerdings ist hier ein Zeitraum von fünf Jahren maßgeblich.

Vereinfachungsregelungen (§ 44 UStDV)

- Eine Berichtigung unterbleibt, wenn die insgesamt angefallene Vorsteuer 1.000 € nicht übersteigt.
- Eine Berichtigung unterbleibt bei einer geringfügigen Änderung der Verhältnisse. Dies ist der Fall, wenn sich die Verhältnisse um weniger als 10 % ändern. Eine Korrektur ist allerdings durchzuführen, wenn es sich um einen Korrekturbetrag von mehr als 1.000 € handelt.
- Ein Korrekturbetrag von 6.000 € pro Jahr kann auch erst mit der Jahreserklärung entrichtet werden. In den übrigen Fällen ist der anteilige Betrag in die Voranmeldung aufzunehmen.

Welche Umsätze unterliegen der Umsatzsteuer?

Lieferungen/Leistungen in der Bundesrepublik Deutschland

Wenn Sie in der Bundesrepublik Deutschland Lieferungen oder Leistungen erbringen, unterliegen diese, sofern keine Steuerbefreiung vorliegt, der Umsatzsteuer. Ihre im Ausland getätigten Umsätze unterliegen nicht der deutschen Umsatzbesteuerung. Das UStG enthält zahlreiche Vorschriften, die festlegen, wo (Inland/Ausland) ein Umsatz bewirkt wird. Sehr häufig wird dies der Ort Ihres Unternehmens sein. Denkbar sind aber z. B. auch der Lagerort (Grundstücksleistungen), der Tätigkeitsort, der Vermittlungsort oder der Sitz des Leistungsempfängers. Am einfachsten ist es, wenn Sie beim Finanzamt nachfragen, welche Regelung für Ihre Tätigkeit greift.

Privatverkäufe

Ist jemand durch seine Haupttätigkeit bereits Unternehmer, wird jede weitere – auch nur gelegentlich – selbstständig ausgeübte wirtschaftliche Tätigkeit umsatzsteuerlich relevant (EuGH, Urteil v. 16.6.2013, Rs. C – 62/12; Kostov). Bei allen anderen können auch Privatverkäufe (z. B. über eine Internetplattform) unter Umständen der Umsatzsteuer unterliegen, wenn eine intensive und auf Langfristigkeit angelegte Verkaufstätigkeit vorliegt (BFH, Urteil v. 26.4.2012, V R 2/11; FG Baden-Württemberg, Urteil v. 18.7.2012, 14 K 702/10).

Innergemeinschaftlicher Erwerb

Wenn Sie von einem in einem anderen EU-Staat ansässigen Unternehmen Waren erwerben, müssen Sie i. d. R. hierfür Umsatzsteuer an das Finanzamt abführen (Erwerbsumsatzsteuer). Wenn Sie Ihrerseits zum Abzug von Vorsteuer berechtigt sind, kann die Erwerbsumsatzsteuer als Vorsteuer geltend gemacht werden, sodass Sie finanziell nicht belastet sind.

Kein innergemeinschaftlicher Erwerb liegt vor, wenn der Erwerber

- ein Unternehmer ist, der nur steuerfreie Umsätze ausführt, die nicht zum Vorsteuerabzug berechtigen oder

- der Nullbesteuerung unterliegt (→ Punkt 1).

Zusätzliche Voraussetzung ist, dass die innergemeinschaftlichen Erwerbe im Vorjahr einen Betrag von 12.500 € nicht überschritten haben und dass dieser Betrag im laufenden Jahr ebenfalls nicht überschritten wird.

Gutscheine

Werden Gutscheine ausgegeben, die zum Bezug von nicht hinreichend konkret bezeichneten Leistungen berechtigen, handelt es sich lediglich um den Umtausch eines Zahlungsmittels (z. B. Bargeld) in ein anderes Zahlungsmittel (Gutschein). Die Hingabe des Gutscheins selbst stellt keine Lieferung dar und ist nicht umsatzsteuerpflichtig. Erst die Einlösung des Gutscheins ist umsatzsteuerpflichtig. Wird der Gutschein aber über eine bestimmte, konkret bezeichnete Leistung ausgestellt, unterliegt der gezahlte Betrag als Anzahlung der Umsatzsteuer, z. B. wenn ein Restaurant einen Gutschein über ein Frühstücksbüfett ausstellt. Falls der Gutschein endgültig nicht eingelöst wird, ist die USt zu berichtigen.

Steuerbefreiungen

Das Umsatzsteuergesetz enthält in § 4 UStG zahlreiche Steuerbefreiungsvorschriften (z. B. für Ausfuhrlieferungen, innergemeinschaftliche Lieferungen vom Inland in EU-Mitgliedstaaten, Verkauf von Immobilien, für die Tätigkeit als Arzt, Zahnarzt, Heilpraktiker, Physiotherapeut, Hebamme, Versicherungsvertreter, Bausparkassenvertreter, Versicherungsmakler, Dozent für allgemeinbildende oder berufsbildende Einrichtungen etc.). Für derartige Umsätze entsteht keine Umsatzsteuer. Oft kann aber im Gegenzug keine Vorsteuer abgezogen werden (Vorsteuerabzugsverbot). Erlöse, die ein Arzt aufgrund eines Kooperationsvertrags mit einem Pflegeheim erzielt, sollen aber nicht umsatzsteuerfrei sein (FinMin Schleswig-Holstein, Kurzinfo v. 16.4.2014, USt 03/2014).

Leistungen durch die Gesundheitsfachberufe sind nur steuerfrei, wenn sie aufgrund ärztlicher Verordnung bzw. einer Verordnung eines Heilpraktikers oder im Rahmen einer Vorsorge- oder Rehabilitationsmaßnahme durchgeführt werden. Eine Maßnahme zur Steigerung des allgemeinen Wohlbefindens bzw. ein Wellnessprogramm ist nicht befreit, selbst wenn sie von Angehörigen eines Heilberufs erbracht wird (BMF, Schreiben v. 19.6.2012, IV D 3 – S 7170/10/10012).

Selbstständige Referenten sind nach § 4 Nr. 21 UStG nur von der Steuer befreit, wenn die Tätigkeit Gegenstand von Schul- bzw. Hochschulunterricht ist, nicht aber bei der Durchführung von Fortbildungsseminaren (FG Köln, Urteil v. 3.7.2013, 5 K 2618/09).

Maßgebend ist das „Entgelt"

Unterliegen Ihre Umsätze der Umsatzsteuer, ist diese von der Höhe des Entgelts abhängig. „Entgelt" ist alles, was der Leistungsempfänger aufwendet, um die Leistung zu erhalten. Die Umsatzsteuer selbst rechnet nicht zum Entgelt und beträgt 19 % bzw. 7 %.

Die Umsatzsteuer kann mit folgenden Faktoren aus den Bruttorechnungsbeträgen herausgerechnet werden:

- bei 19 % mit 15,97 %
- bei 7 % mit 6,54 %

Steuersatz für Beherbergungsleistungen

Der Tarif für kurzfristige Beherbergungsleistungen (bis zu sechs Monaten) beträgt 7 %. Dies betrifft sowohl die Umsätze bei Hotelübernachtungen als auch solche in Pensionen, Ferienwohnungen etc., aber auch die kurzfristige Überlassung von Campingflächen. Weiter mit 19 % zu versteuern sind die Verpflegung (Frühstück, Verpflegungsanteil bei Halbpension) sowie Saunaleistungen oder der Zugang zu Kommunikationsnetzen (Telefon und Internet). Zur Bemessungsgrundlage für das Frühstück s. FG Schleswig-Holstein, Urteil v. 21.9.2016, 4 K 59/14.

Aus Vereinfachungsgründen kann der Hotelier solche Leistungen, die nicht dem ermäßigten Steuersatz unterliegen (z. B. Frühstück, Telefon- und Internetkosten, Parkplatz) in einem Sammelposten auf der Rechnung zusammenfassen (BMF, Schreiben v. 5.3.2010, IV D 2 – S 7210/07/10003; BMF, Schreiben v. 21.10.2015, III C 2 – S 7243/07/10002-03).

Steuersatz beim Verkauf von Speisen

Während Speisen bei einem Verzehr an Ort und Stelle (z. B. in Restaurants) dem vollen Steuersatz unterliegen, ist der Verkauf von Speisen außer Haus nur mit 7 % zu versteuern. Das betrifft insbesondere Imbissstände oder -wagen, Partyservices und Verkaufsstände z. B. in Kino-Foyers. Einzelheiten regelt das BMF in seinem Schreiben v. 20.3.2013, IV D 2 – S 7100/07/10050-06.

Ein Überblick über die Regelungen: Verzehrfertig zubereitete Speisen können sowohl im Rahmen einer ggf. ermäßigt besteuerten Lieferung (7 %) als auch im Rahmen einer normal besteuerten sonstigen Leistung (19 %) abgegeben werden.

Entscheidend ist, ob lediglich Speisen geliefert werden oder ob zusätzlich eine Dienstleistung erbracht wird, bei der der Dienstleistungsanteil qualitativ überwiegt.

Unschädlich (Steuersatz 7 %) sind in diesem Zusammenhang u. a.

- Nebenleistungen (z. B. Verpacken, Beigabe von Einweggeschirr oder -besteck, Papierservietten),
- Bereitstellung von Verkaufstheken und -tresen sowie Ablagebrettern,
- Transport der Speisen inklusive Kühlen oder Wärmen und Nutzung von besonderen Behältnissen.

Schädlich (Steuersatz 19 %) sind:

- Servieren der Speisen und Getränke
- Personalgestellung, Spülleistungen
- Verleihen von Geschirr oder Besteck, Mobiliar
- individuelle Beratung bei der Auswahl der Speisen und Getränke
- Bereitstellung von Räumlichkeiten, Garderoben und Toiletten. Es genügt eine Abstellmöglichkeit für Speisen und Getränke mit Sitzgelegenheiten, auch wenn diese z. B. mehreren Läden gemeinschaftlich zur Verfügung

stehen (Einkaufszentrum), nicht jedoch allgemeine Wartebereiche.

Von Dritten erbrachte Dienstleistungselemente sind grundsätzlich nicht in die Betrachtung einzubeziehen.

BEISPIEL

Partyservice liefert nur Speisen

U betreibt einen Partyservice. Er liefert die Speisen an seine Kunden und holt die Speisenbehälter nach der Veranstaltung wieder ab. Alle anderen Leistungen (Vermietung von Geschirr und Besteck, Personalgestellung etc.) werden von einer anderen Person (X) übernommen.

Soweit U Speisen liefert, die dem ermäßigten Steuersatz unterliegen, bleibt es dabei. X erzielt Umsätze, die er mit 19 % versteuern muss.

TIPP

Vorsicht, Kooperationspartner

Aber aufgepasst: Voraussetzung für eine Nichtberücksichtigung der Leistungen eines anderen Unternehmers ist, dass dieser unmittelbar gegenüber dem Kunden tätig wird. Beide Unternehmen müssen also möglichst weit getrennt arbeiten. Das geht auch zwischen Eheleuten, wenn eine vollkommene Trennung beider Firmen, insbesondere im Bereich der Finanzierung, vorliegt (BFH, Urteil v. 11.4.2013, V R 28/12).

Umsätze aus dem Außer-Haus-Verkauf sog. Sparmenüs (Speisen und Getränke) zum Pauschalpreis unterliegen hinsichtlich der Speisen dem ermäßigten Steuersatz und hinsichtlich des Getränks dem Regelsteuersatz (FG Schleswig-Holstein, Beschluss v. 4.10.2012, 4 V 30/11). Der Gesamtpreis soll nach Maßgabe der Einzelverkaufspreise in eine Lieferung zu 19 % (Getränk) und in eine Lieferung zu 7 % (Essen) aufgeteilt werden, da dies die „einfachste mögliche" Berechnungs- oder Bewertungsmethode ist (BFH, Beschluss v. 3.4.2013, V B 125/12).

Entnahme bzw. Verwendung betrieblicher Wirtschaftsgüter

Bei Einzelunternehmen kommt es häufig vor, dass betriebliche Wirtschaftsgüter in das Privatvermögen überführt – entnommen (unentgeltliche Wertabgabe) – werden (z. B. Betriebs-Pkw wird dem Sohn geschenkt) oder dass betriebliche Wirtschaftsgüter privat verwendet werden. Diese Vorgänge unterliegen der Umsatzsteuer (§ 3 Abs. 1b und Abs. 9a UStG).

Eine Besteuerung braucht nur dann vorgenommen zu werden, wenn Sie beim Erwerb oder bei der Herstellung des Gegenstands (oder seiner Bestandteile) einen vollen bzw. teilweisen Vorsteuerabzug beansprucht haben.

TIPP

Entnahmen und Umsatzsteuer

Unklar ist, ob Entnahmen nach fünf Jahren Zugehörigkeit zum Betriebsvermögen (Berichtigungszeitraum § 15a UStG, Grundstücke zehn Jahre) der Umsatzsteuer unterworfen werden müssen. Das Thüringer FG hat erhebliche Zweifel (Thüringer FG, Urteil v. 9.6.2009, 2 V 109/09). Ein eindeutiges Urteil gibt es dazu aber noch nicht.

Erklären Sie die Umsätze, überlegen Sie aber, ob Sie Einspruch einlegen und später klagen wollen.

Leistungsempfänger als Steuerschuldner (§ 13b UStG)

In Einzelfällen schuldet der Empfänger der Leistung die Umsatzsteuer. Dies ist z. B. der Fall bei

- Werklieferungen und sonstigen Leistungen eines im Ausland ansässigen Unternehmers oder
- Bauleistungen an Bauunternehmer.

In diesen Fällen muss der Leistungsempfänger die Umsatzsteuer einbehalten. Will er die Vorsteuer abziehen, muss er auf ordnungsgemäße Rechnungen achten.

3 Die Umsatzsteuer-Nachschau

Das Finanzamt kann im Rahmen einer Umsatzsteuer-Nachschau (§ 27b UStG) **ohne vorherige Ankündigung** und außerhalb einer Außenprüfung Grundstücke und Räume von Unternehmern während der Geschäftszeiten betreten, um Sachverhalte festzustellen, die für die Besteuerung erheblich sein können. Wohnräume dürfen allerdings gegen den Willen des Inhabers nur bei dringenden Gefahren für die öffentliche Sicherheit und Ordnung betreten werden.

Aufzeichnungen, Bücher etc. über die der USt-Nachschau unterliegenden Sachverhalte sind vorzulegen und Auskünfte zu erteilen. Gegebenenfalls kann ohne vorherige Prüfungsanordnung (§ 196 AO) zu einer Außenprüfung nach § 193 AO übergegangen werden. Darauf hat das Finanzamt schriftlich hinzuweisen. Auch eine Auswertung der Feststellungen für andere Steuern, z. B. Einkommensteuer, ist zulässig.

Unterhaltszahlungen

Unterhaltsleistungen sind, je nachdem, an wen sie geleistet werden (Ehegatte, Lebenspartner, Angehörige), steuerlich unterschiedlich zu behandeln. Sie können dem Grunde nach bei den Sonderausgaben, den außergewöhnlichen Belastungen oder gar nicht berücksichtigungsfähig sein.

§§ 10 Abs. 1a Nr. 1, 33a Abs. 1 EStG

1 Unterhaltszahlungen an Ehegatten/Lebenspartner(in)

Intakte Ehe/Lebenspartnerschaft im Inland

Gegenseitige Unterhaltsleistungen (Geld-/Sachleistungen wie Wohnungsüberlassung, übernommene Krankenversicherung) sind nicht abzugsfähig, weil für die Partner hier die Möglichkeit einer gemeinsamen Veranlagung (Zusammenveranlagung) besteht und die Unterhaltsverpflichtung mit dem hier anzuwendenden günstigeren Splittingtarif bereits berücksichtigt wird.

Getrennt lebender/geschiedener Ehegatte/Lebenspartner

Unterhaltszahlungen sind entweder als

- Sonderausgaben (bereits ab dem Jahr des Getrenntlebens) oder
- außergewöhnliche Belastungen (erst ab dem Folgejahr)

abziehbar.

Sonderausgabenabzug (Realsplitting)

Der Zahlende kann für seine Zahlungen (freiwillige oder aufgrund gesetzlicher Unterhaltspflicht, Geld- und Sachleistungen) als Sonderausgaben bis zu **13.805 €** im Jahr absetzen. Der Höchstbetrag erhöht sich um die Beiträge zur Krankenbasis- und Pflegepflichtversicherung des unterstützten (Ex-)Ehegatten/Lebenspartners. Die Erhöhung erfolgt unabhängig davon, wer die Beiträge gezahlt hat bzw. wer Versicherungsnehmer ist. Der Sonderausgabenabzug ist neben Unterhaltszahlungen und Übernahme von Kranken- und Pflegepflichtversicherungsbeiträgen auch für Ausgleichszahlungen zur Vermeidung des Versorgungsausgleichs möglich.

WICHTIG

Zustimmung des Empfängers notwendig

Voraussetzung für den Sonderausgabenabzug ist stets, dass der Unterhaltsempfänger mit Unterschrift auf der Anlage U zustimmt. Dies kann er dem Grunde nach (Zustimmung bis zum Höchstbetrag + Basisversicherungen) oder auf einen unter dem Höchstbetrag liegenden Betrag begrenzt tun.

Soweit die Zustimmung reicht (d. h. im Regelfall bis zur Höhe des tatsächlich beantragten Sonderausgabenabzugs), muss der Unterhalt vom Empfänger bei den sonstigen Einkünften versteuert werden.

TIPP

Einigung mit dem Expartner

Da derjenige, der zum Unterhalt verpflichtet ist, im Regelfall die höheren Einkünfte hat, ist bei ihm die Steuerentlastung durch den Sonderausgabenabzug, insbesondere wenn die Unterhaltszahlungen höher als 9.000 € sind, höher als die Steuernachzahlung beim Empfänger. Versuchen Sie deshalb, die Zustimmung Ihres (Ex-)Ehegatten/eingetragenen Lebenspartners zu bekommen, indem Sie sich bereit erklären, die bei ihm durch die Versteuerung anfallende Einkommensteuer zu übernehmen.

Der Antrag auf Sonderausgabenabzug gilt für ein Jahr, er kann auch auf einen unter dem Höchstbetrag liegenden Betrag beschränkt, aber nicht zurückgenommen werden.

Die Zustimmung des Empfängers gilt für mehrere Jahre, kann auf einen Betrag begrenzt und nur vor Beginn eines Kalenderjahres durch Erklärung gegenüber dem Finanzamt für die Zukunft widerrufen werden.

Lebt der Unterhaltsempfänger im Ausland, ist der Sonderausgabenabzug nur möglich, wenn der Empfänger (anhand seines ausländischen Steuerbescheids) nachweist, dass er die Leistungen versteuert hat. Je nach Land sind u. U. noch weitere Abzugsvoraussetzungen notwendig (§ 1a Nr. 1 EStG oder Doppelbesteuerungsabkommen).

Abzug als außergewöhnliche Belastung

Wird der Sonderausgabenabzug gewählt, kommt für den nicht bei den Sonderausgaben abzugsfähigen Teil der Zahlungen kein Abzug von außergewöhnlichen Belastungen in Betracht.

Wird der Sonderausgabenabzug dagegen nicht beantragt, fehlt die Zustimmung des Empfängers oder ist der Sonderausgabenabzug aus anderen Gründen nicht möglich (z. B. Ehegatte im Ausland), sind Unterhaltsaufwendungen als außergewöhnliche Belastung abziehbar (siehe folgendes Kapitel).

2 Andere unterstützte Personen

Soweit der Sonderausgabenabzug bei **Ehegatten** nicht möglich ist, können die Unterhaltszahlungen (für Wohnung, Kleidung, Verpflegung, Krankenversicherung und Berufsausbildung) ebenso wie Unterhalt an bestimmte **andere Personen** bis zu einem Höchstbetrag als außergewöhnliche Belastungen berücksichtigt werden. Eine zumutbare Eigenbelastung wird hier nicht angerechnet.

Begünstigter Personenkreis

Begünstigt sind Zahlungen an gegenüber dem Steuerpflichtigen oder seinem nicht geschiedenen Ehegatten **gesetzlich unterhaltsberechtigte** Personen oder diesen **gleichgestellte** Personen.

Unterhaltsberechtigt sind:

- der Ehegatte bzw. Partner in eingetragener Lebenspartnerschaft (Abzug aber nur, soweit getrennt lebend/geschieden bzw. Ehegatte im Ausland und kein Sonderausgabenabzug möglich)
- Kinder (Abzug aber nur, soweit die Kinder steuerlich nicht über einen Freibetrag oder Kindergeldanspruch berücksichtigt werden, z. B. über 25 Jahre alte Kinder in Ausbildung)
- Eltern und Großeltern
- der andere Elternteil eines nichtehelichen Kindes während der Mutterschutzzeit bzw. solange wegen fehlender Kinderbetreuungsmöglichkeit eine Erwerbstätigkeit des Elternteils nicht erwartet werden kann

Als unterhaltsberechtigten Personen **gleichgestellte Personen** kommen der Partner in einer eheähnlichen Gemeinschaft oder Verwandte und Verschwägerte, z.B. Geschwister, Onkel oder Tanten, infrage. Zwingende Abzugsvoraussetzung ist bei diesen Personen aber, dass sie **im Haushalt** der Person leben, von der sie unterstützt werden, **und** ihnen wegen der Unterhaltsleistungen zum Unterhalt bestimmte Zahlungen aus öffentlichen Mitteln gekürzt oder nicht gezahlt wurden (z.B. Wohngeld, Arbeitslosen- oder Sozialhilfe (Hartz IV) gekürzt, abgelehnt oder nicht beantragt). In diesen Fällen ist eine Opfergrenze (s.u.) nicht zu beachten.

TIPP

Unterhaltene Person lebt im Haushalt

Lebt die unterhaltene Person in Ihrem Haushalt, brauchen Sie keine Kosten nachzuweisen. Das Finanzamt geht von Aufwendungen in Höhe des maßgeblichen Abzugshöchstbetrags (9.000 €) aus.

HINWEIS

Angehöriger im Heim

Aufwendungen für die krankheits-, behinderungs- oder pflegebedingte Unterbringung eines Angehörigen im Heim sind als allgemeine außergewöhnliche Belastungen nach § 33 EStG unter Anrechnung der zumutbaren Eigenbelastung abzugsfähig. Erfolgte die Unterbringung dagegen (nur) altersbedingt, sind die übernommenen Aufwendungen als Unterhaltsleistungen abziehbar.

ID-Nummer bei Inlandsunterhalt

Die ID-Nummer der unterstützten Person (im Inland) muss auf der Anlage Unterhalt eingetragen werden. Verweigert die unterhaltene Person die Auskunft darüber, darf die ID-Nummer beim Finanzamt abgefragt werden.

Arbeitskraft und geringes Vermögen

Bei **im Inland** lebenden Angehörigen ist unerheblich, ob eine konkrete Unterhaltspflicht tatsächlich besteht, also ob andere Personen vorrangig unterhaltsverpflichtet sind. Ohne Bedeutung ist auch, ob die unterstützte Person in der Lage wäre, eine Erwerbstätigkeit aufzunehmen (Erwerbsobliegenheit). Verfügt die unterhaltene Person jedoch über eigenes Vermögen von mehr als 15.500 € – außer Betracht bleiben dabei Gegenstände mit Erinnerungswert, Hausrat und ein angemessenes Hausgrundstück, das selbst bewohnt wird –, sind Unterhaltszahlungen nicht abzugsfähig, weil die unterstützte Person nicht bedürftig ist.

Höchstbetrag und eigene Einkünfte und Bezüge

Der Höchstbetrag für Unterhaltsaufwendungen beträgt für jede unterhaltene Person **9.000 € im Jahr**. Er **erhöht** sich um den Betrag, der für die Absicherung der unterhaltsberechtigten Person als **Beitrag zur Basisversor-**

gung bei der Kranken- und Pflegepflichtversicherung gezahlt wird, vorausgesetzt, die unterstützte Person ist der Versicherungsnehmer. Ohne Bedeutung ist, wer die Versicherungen bezahlt hat.

TIPP

Versicherung der unterstützten Person

Haben Sie als **Versicherungsnehmer** Versicherungsbeiträge für die unterstützte Person gezahlt, können Sie diese als eigene Sonderausgaben geltend machen (siehe Anlage Vorsorgeaufwand).

Hat die unterhaltene Person eigene Einkünfte und Bezüge (z. B. Rente, steuerfreier oder pauschal versteuerter Lohn z. B. aus Minijob), die zur Bestreitung des Lebensunterhalts bestimmt und geeignet sind, so werden diese auf den Höchstbetrag angerechnet, soweit sie **624 €** (anrechnungsfreier Betrag) im Kalenderjahr übersteigen. Die anzurechnenden Bezüge werden dabei um eine Kostenpauschale von 180 € jährlich gekürzt. Zusätzlich vermindert sich der Höchstbetrag um die von der unterstützten Person als Ausbildungshilfe aus öffentlichen Mitteln bezogenen Zuschüsse. Hierunter fallen z. B. BAföG-Zuschüsse, nicht aber BAföG-Darlehen.

Kapitalerträge, die der Abgeltungsteuer unterliegen, werden nicht als Einkünfte, aber ohne Abzug des Sparerpauschbetrags als Bezüge der unterstützten Person angerechnet.

ACHTUNG

Unterstützte Person verheiratet?

Ist die unterhaltene Person verheiratet, wird ihr die Hälfte des verfügbaren Einkommens des Ehegatten als eigene Bezüge zugerechnet.

Zeitanteilige Berechnung

Unterhaltszahlungen dürfen grundsätzlich nicht auf Monate vor ihrer Zahlung zurückbezogen werden. Soweit Zahlungen auch für das folgende Jahr bestimmt sind, können sie nach bisheriger Rechtsauffassung nur im Jahr der Zahlung berücksichtigt werden.

ACHTUNG

Neues Gerichtsverfahren zum Abzugsjahr

Nachdem das FG Nürnberg den Abzug einer Vorauszahlung für das Folgejahr im Folgejahr berücksichtigt hat, muss der BFH die Rechtsfrage (erneut) in einem Revisionsverfahren (Az. VI R 35/16) klären. Legen Sie deshalb in gleich gelagerten Fällen bei Ablehnung des Abzugs der Unterhaltszahlungen Einspruch ein und beantragen Sie das Ruhen des Einspruchsverfahrens bis zum Urteil des BFH.

Für jeden vollen Monat, in dem die Abzugsvoraussetzungen nicht vorgelegen haben, ermäßigen sich der Höchstbetrag (9.000 €) und der anrechnungsfreie Betrag (624 €) um jeweils 1/12 (sog. Zwölftelung). Der (zeitanteilige)

Höchstbetrag gilt also ab dem Monat der ersten Zahlung im Jahr.

Die eigenen Einkünfte und Bezüge der unterhaltenen Person werden nur angerechnet, soweit sie auf die Unterstützungsmonate entfallen.

BEISPIEL

Unterstützung des Vaters

Sie unterstützen Ihren Vater ab April monatlich mit 750 €. Ihr Vater erhält ganzjährig eine monatliche Rente aus der gesetzlichen Rentenversicherung i.H.v. 650 €. Außerdem bekommt er einen steuerfreien Zuschuss zur Krankenversicherung (ab April 427 €). Er zahlt als Versicherungsnehmer ab April 530 € Eigenbeiträge zur Basiskranken- und Pflegepflichtversicherung (Basisversorgung).

Unterhalt: 9 × 750 € =	6.750 €	
Höchstbetrag: davon 9/12 = + Erhöhungsbetrag für Kranken- und Pflegeversicherung (Eigenanteil)	9.000 € 6.750 € + 530 € 7.280 €	7.280 €
Rente des Vaters: 9 × 650 € = Zuschuss Krankenvers. (= Bezüge)	5.850 € + 427 € 6.277 €	
WK-Pb und Kostenpauschale für neun Monate: (102 € + 180 €) × 9/12 =	- 212 €	
Summe Auslagen:	6.065 €	
Anrechnungsfrei: 624 € × 9/12 =	- 468 € 5.597 €	5.597 €
gekürzter Höchstbetrag		1.683 €

Von den tatsächlichen Aufwendungen (6.750 €) können höchstens 1.683 € als außergewöhnliche Belastung abgezogen werden.

Unterstützung mehrerer Personen

Unterstützen Sie mehrere Personen, die einen gemeinsamen Haushalt führen, ist der an alle Personen zusammen aufgewendete Betrag nach Köpfen aufzuteilen **(Pro-Kopf-Aufteilung)**. Für jede unterhaltene Person ist getrennt zu prüfen, ob die Voraussetzungen für den Kostenabzug vorliegen und wie hoch die abziehbaren Unterhaltsleistungen sind.

Lediglich bei zusammenlebenden Ehegatten (z.B. Eltern) wird der Höchstbetrag verdoppelt und um die Summe der Einkünfte und Bezüge beider Ehegatten, soweit diese 2 × 624 € übersteigen, gekürzt.

Unterstützung durch mehrere Personen

Werden Unterhaltsaufwendungen für eine Person von mehreren in Deutschland lebenden Personen getragen, wird der insgesamt abziehbare Betrag für die unterstützte Person unter Einbeziehung aller Unterhaltsleistungen berechnet und anschließend auf alle Unterstützer, bei denen der Abzug als außergewöhnliche Belastungen möglich ist, nach dem Verhältnis ihrer Zahlungen aufgeteilt.

Opfergrenze

Die Aufwendungen sind nur abziehbar, soweit für Sie und Ihre Familie nach Abzug der Unterhaltsleistungen noch genug zum Lebensunterhalt verbleibt (sog. Opfergrenze). Die Opfergrenze wird mit einem zu bestimmenden Prozentsatz (abhängig von der Familiengröße) aus Ihrem verfügbaren Nettoeinkommen ermittelt. Dabei werden steuerpflichtige und steuerfreie Einnahmen (z. B. auch Kindergeld) angesetzt und Steuern sowie unvermeidbare Versicherungsbeiträge abgezogen. Die Opfergrenze ist nicht anzuwenden bei Aufwendungen an den (auch: geschiedenen) Ehegatten bzw. bei einer bestehenden Haushaltsgemeinschaft mit der unterhaltenen (gleichgestellten) Person.

Genaue Berechnung vgl. BMF, Schreiben v. 7.6.2010, IV C 4 - S 2285/07/0006: 001 - 2010/0415733 und 2010/0415753 (abrufbar unter www.bundesfinanzministerium.de).

3 Auslandsunterhalt

Personenkreis

Unterhaltszahlungen an im Ausland lebende Personen sind nur begünstigt, soweit eine gesetzliche Unterhaltsberechtigung nach deutschem Recht (BGB) gegeben ist. Gleichgestellte Personen zählen nicht. Außerdem ist die konkrete Unterhaltspflicht erforderlich, d. h., dass z. B. vorrangige Unterhaltsverpflichtungen anderer Personen zu prüfen sind.

Soweit die unterstützte Person im erwerbsfähigen Alter ist, wird unterstellt, dass sie ihren Lebensunterhalt durch eigene Erwerbstätigkeit sichern kann (Erwerbsobliegenheit). Entsprechend sind Unterhaltszahlungen nicht notwendig und folglich nicht abziehbar. Bei Personen, von denen wegen Alters (über 65 Jahre), Schwerbehinderung, Krankheit oder der Erziehung von Kindern unter sechs Jahren eine Erwerbstätigkeit nicht erwartet werden kann, ist die Erwerbsobliegenheit ohne Bedeutung. Auch Arbeitslosigkeit trotz ordnungsgemäßem Bemühen um eine Beschäftigung kann ein Ausnahmetatbestand sein (BFH, Urteil v. 15.4.2015, VI R 5/14). Betreibt die unterstützte Person eine eigene Landwirtschaft im landesüblichen Umfang, wird regelmäßig unterstellt, dass die erwirtschafteten Erträge für **alle** im Haushalt lebenden Personen zum Leben ausreichen und keine Unterstützung notwendig ist. Dies kann im Einzelfall durch Nachweis widerlegt werden.

Bedürftigkeit

Die Unterhaltsbedürftigkeit der unterstützten Person muss durch eine für jede unterstützte Person getrennt ausgefüllte **Unterhaltserklärung** nachgewiesen werden. Zweisprachige **Unterhaltserklärungen** bekommen Sie als Download über die Internetseite des Bundesfinanzministeriums (www.formulare-bfinv.de) oder bei den Finanzämtern. Die Angaben zur unterhaltenen Person muss die **zuständige Heimatbehörde bestätigen.** In Ausnahmefällen kann der Nachweis der Bedürftigkeit ggf. durch andere behördliche Dokumente in deutscher Übersetzung erbracht werden. Die Angaben zum Einkommen muss die unterstützte Person durch Unterschrift bestätigen. Die anzurechnenden Einkünfte und Bezüge werden nach inländischen Maßstäben berechnet. Ist die Unterhaltserklärung nicht vollständig ausgefüllt oder sind die Angaben nicht schlüssig, werden die Unterhaltsleistungen nicht anerkannt.

HINWEIS

Ehegattenunterhalt

Bei Zahlungen an den nicht dauernd getrennt lebenden Ehegatten im Ausland wird die Bedürftigkeit unterstellt. Auch die Erwerbsobliegenheit ist nicht zu prüfen.

Zahlungsnachweise

Wurde das Geld überwiesen, ist dies grundsätzlich durch Post- oder Bankbelege zu belegen. Die Belege müssen die unterhaltene Person (bzw. eine Person aus dem unterstützten Haushalt) als Empfänger und im Regelfall als Kontoinhaber ausweisen.

Haben Sie das Geld persönlich übergeben, benötigen Sie einen zeitnahen lückenlosen Nachweis der „Zahlungskette", von der Geldabhebung bis zur Geldübergabe, und eine unterschriebene belastbare detaillierte (wann, wo, wie viel, von wem, an wen) Empfängerbestätigung getrennt für jeden übergebenen Betrag (BFH, Urteil v. 9.3.2017, VI R 33/16). Zwischen Abhebung und Geldübergabe dürfen maximal 14 Tage liegen. Außerdem muss die Reise anhand geeigneter Unterlagen (z. B. Grenzübertrittsvermerk im Pass, Tankbeleg, Flugschein, Fahrkarte) nachgewiesen sein.

Bargeldmitnahmen durch eine namentlich benannte Mittelsperson werden nur anerkannt, wenn wegen der besonderen Situation im Heimatland (Krisengebiet) ein anderer Zahlungsweg nicht möglich ist oder der tatsächliche Geldfluss im Einzelnen beweissicher dokumentiert ist (BFH, Beschluss v. 5.7.2016, VI B 136/15). Es gelten die o. a. Nachweise zur Zahlungskette. Erforderlich ist zusätzlich eine detaillierte Bestätigung über die Geldübergabe an den Mittelsmann und die zeitnahe Übergabe an die unterstützte Person.

Haben Sie selbst **Familienheimfahrten** (Fahrten zum im Heimathaushalt lebenden Ehegatten) durchgeführt, gelten Nachweiserleichterungen. Für bis zu vier tatsächlich durchgeführte Familienheimfahrten zum Ehegatten wird je ein mitgenommener Nettomonatslohn akzeptiert. Zahlungen, die bereits durch Post oder Bank erfolgt sind, sind auf das Vierfache des Nettolohns anzurechnen. Ein höherer Betrag wird nur anerkannt, wenn alle Zahlungen insgesamt nachgewiesen sind.

Höchstbeträge

Auslandsunterhalt ist nur so weit abziehbar, wie es nach den dortigen Verhältnissen notwendig und angemessen ist. Das hat zur Folge, dass der Höchstbetrag von 9.000 € und der anrechnungsfreie Betrag von 624 € u. U. mit einem ermäßigten Wert anzusetzen sind. Die zutreffende Ländergruppe wird anhand Ihrer Angaben auf der Anlage Unterhalt vom Finanzamt ermittelt. Zur Ländergruppeneinteilung vgl. BMF, Schreiben v. 20.10.2016, IV C 8 – S 2285/07/0005:016, 2016/0953021.

Vermietung/Immobilien

Einkünfte aus V+V liegen vor, wenn zum Privatvermögen gehörende unbebaute oder bebaute Grundstücke (Wohn- oder Geschäftsgebäude, Gebäudeteile, Eigentumswohnungen) gegen Entgelt zur Nutzung an andere Personen überlassen werden. Die Eigennutzung solcher Objekte führt nicht zu Einkünften aus V+V.

§ 21 Abs. 1 EStG

1 Allgemeines

Gehört ein Grundstück oder Grundstücksteil zum **Betriebsvermögen** einer landwirtschaftlichen, gewerblichen oder freiberuflichen Tätigkeit und wird vermietet, können die Aufwendungen als Betriebsausgabe bei den Gewinneinkünften abgezogen werden. Eine erhaltene Miete ist Betriebseinnahme.

Befindet sich das Grundstück im **Privatvermögen**, liegen bei entgeltlicher Überlassung Einkünfte aus V+V vor.

Man muss nicht Eigentümer eines Grundstücks sein, um Einkünfte aus V+V zu erzielen. Auch der Mieter erzielt bei **Untervermietung** entsprechende Einkünfte.

Werden Teile einer im Übrigen selbst genutzten Wohnung **vorübergehend** vermietet (z. B. kurze Zeit an eine Studentin) und übersteigen die Einnahmen **520 € im Kalenderjahr** nicht, kann im Einverständnis mit dem Steuerpflichtigen aus Vereinfachungsgründen eine Besteuerung unterbleiben.

2 Einkünfteerzielung

Die Einkünfte ermitteln sich als Überschuss der Einnahmen über die Werbungskosten. Übersteigen die Werbungskosten die Mieteinnahmen, entsteht ein Verlust. Dieser Verlust kann nur dann berücksichtigt und mit anderen Einkünften verrechnet werden, wenn eine **Einkünfteerzielungsabsicht** angenommen werden kann. Bei unbefristeter Vermietung zu marktüblichen Bedingungen wird dies unterstellt. Liegt nur eine befristete Überlassung vor, muss geprüft werden, ob es möglich ist, in der vereinbarten Vermietungszeit einen Totalüberschuss der Einnahmen über die Werbungskosten zu erzielen.

3 Mieteinnahmen

Zu den Mieteinnahmen gehören alle Einnahmen, die aus der Nutzungsüberlassung des Grundstücks zufließen. Neben der eigentlichen Miete oder Pacht sind dies Entgelte für Nebenräume (Keller, Garagen), Umlagen (z. B. Energiekosten, Müllabfuhr) oder Entgelte für Grund und Boden oder für Werbeflächen auf dem Grundstück.

Keine Einnahmen sind **Kautionen**, die der Mieter vorauszuzahlen hat. Kann der Vermieter zu einem späteren Zeitpunkt auf die Kaution zugreifen, weil der Mieter trotz Mahnung seine Miete nicht zahlt oder entstandene Schäden nicht ersetzt, zählt die Kaution in diesem Zeitpunkt zu den Einnahmen.

Zinseinnahmen aus der Anlage der Kaution sind Kapitaleinnahmen des Mieters. Sie stellen keine Einnahmen aus V+V beim Vermieter dar.

Einnahmen sind in dem Jahr anzusetzen, in dem sie dem Vermieter zugeflossen sind **(Zuflussprinzip)**. Deshalb werden auch nachgezahlte Mieten für frühere Jahre im Jahr der Zahlung erfasst.

Auch Einnahmen für an **Angehörige** vermietete Grundstücke/Grundstücksteile sind zu berücksichtigen. Allerdings wird hier ggf. genauer geprüft, ob diese Vermietung wie unter Fremden üblich vereinbart und auch durchgeführt wird.

Wurde zur Zwischenfinanzierung der AK oder HK eines vermieteten Objekts ein Bankdarlehen aufgenommen, das nach Zuteilung eines Bausparvertrags durch das Bausparguthaben und das Bauspardarlehen abgelöst werden soll, sind die Zinsgutschriften für das Bausparguthaben keine Kapitalerträge, sondern Einnahmen aus V+V.

4 Werbungskosten

Außer bei AK oder HK, die im Wege der Abschreibung ab dem Jahr der Entstehung zu berücksichtigen sind, erfolgt der Abzug von Werbungskosten grundsätzlich im **Jahr der Zahlung (Abflussprinzip)**.

Als typische Werbungskosten kommen in Betracht:

- **Abschreibungen auf das Gebäude:** AK oder HK (auch nachträgliche) eines Gebäudes können nicht im Jahr der Zahlung in voller Höhe, sondern nur im Wege der Abschreibung verteilt auf einen langen Zeitraum als Werbungskosten abgezogen werden. Vertiefend siehe → Abschreibungen/Gebäude. Getrennt vom Gebäude abgeschrieben werden Solar-/Fotovoltaikanlagen. Vertiefend siehe → Solaranlagen und Co. Dasselbe gilt für Gartenanlagen. Vertiefend siehe → Abschreibungen/Anschaffungs- und Herstellungskosten.
- **Erhaltungsaufwendungen (Reparaturkosten):** Erhaltungsaufwendungen sind Aufwendungen für die Erneuerung von bereits vorhandenen Teilen. Sie sind im Jahr der Zahlung sofort in voller Höhe als Werbungskosten abziehbar. Die Abgrenzung gegenüber nachträglichen AK und HK ist deshalb besonders zu prüfen. Vertiefend siehe → Reparaturen.

Abweichend vom Abflussprinzip kann **größerer Erhaltungsaufwand** bei Gebäuden, die nicht zu einem Betriebsvermögen gehören und überwiegend Wohnzwecken dienen, auf Antrag gleichmäßig auf zwei bis fünf Jahre verteilt werden (§ 82b EStDV). Der Antrag kann, über alle Jahre betrachtet, zu einer insgesamt höheren Steuerentlastung führen.

Wird nach Fertigstellung des Gebäudes eine (auch erstmalige) Baumaßnahme durchgeführt, für die der **Rechnungsbetrag ohne Umsatzsteuer nicht mehr als 4.000 €** beträgt, kann der Bruttobetrag aus Vereinfachungsgründen als Erhaltungsaufwand behandelt und sofort im Jahr der Zahlung als Werbungskosten abgezogen werden.

Werden zeitgleich verschiedene Baumaßnahmen, die nicht miteinander zusammenhängen, im selben Haus durchgeführt, kann die Vereinfachungsregelung für jede dieser einzelnen Baumaßnahmen in Anspruch genommen werden. Vertiefend siehe → Reparaturen.

BEISPIEL

Vereinfachungsregelung bei verschiedenen Baumaßnahmen

Im Erdgeschoss des vermieteten Gebäudes wird eine bisher nicht vorhandene Gästetoilette eingebaut: Aufwand 1.500 € netto zzgl. 285 € USt. Derselbe Handwerker baut zeitgleich im Obergeschoss ein neues Bad für 3.950 € zzgl. 750 € USt ein.

Es liegen zwei selbstständige Baumaßnahmen vor, die bautechnisch nicht miteinander verzahnt sind. Die Aufwendungen betragen jeweils nicht mehr als 4.000 € netto. Damit können die Bruttoaufwendungen i. H. v. insgesamt 6.485 € als Erhaltungsaufwendungen im Jahr der Zahlung abgezogen werden.

Wurde ein Gebäude erworben, das zukünftig vermietet wird, und fallen in den ersten drei Jahren nach Anschaffung größere Erhaltungsaufwendungen an, die in der Summe (netto) 15 % der AK des Gebäudes übersteigen, sind diese Erhaltungsaufwendungen nicht sofort abziehbar, sondern erhöhen als **anschaffungsnahe HK** die Bemessungsgrundlage der Gebäude-AfA.

- AK für ein anderes mitvermietetes Wirtschaftsgut als das Gebäude sind im Wege der linearen Abschreibung nach § 7 Abs. 1 EStG gleichmäßig auf die individuelle Nutzungsdauer zu verteilen.

BEISPIEL

Selbstständiges Wirtschaftsgut

In eine Mietwohnung wird eine Küche eingebaut. Die AK der Küche sind gesondert auf die Nutzungsdauer (zehn Jahre) abzuschreiben.

- Betragen die AK (Rechnungsbetrag ohne Umsatzsteuer) für ein einzelnes mitvermietetes Wirtschaftsgut (z. B. Waschmaschine oder Rasenmäher) **höchstens 800 €** (Anschaffung nach 2017), können diese sofort in voller Höhe mit dem Bruttobetrag als Werbungskosten abgezogen werden. Vertiefend siehe → Abschreibungen/Anschaffungs- und Herstellungskosten und → Reparaturen.
- **Sonstige Werbungskosten:** z. B. Grundsteuer, Müllgebühren, Energiekosten, Schornsteinfegergebühren, Hausversicherungsbeiträge, Verwaltungskosten, Ausgaben für Hausbesitzerverein und Hausmeisterservice, Inseratskosten bei Mietersuche, Fahrtkosten (Pkw tatsächliche Aufwendungen oder 0,30 € je gefahrener km) und Verpflegungspauschalen im Zusammenhang mit der Verwaltung des Grundstücks

Nicht zu den Werbungskosten gehört der Wert der eigenen Arbeitsleistung (ersparte Aufwendungen).

5 Unentgeltliche, verbilligte oder teilentgeltliche Überlassung

Entspricht die tatsächliche Miete nicht der ortsüblichen Marktmiete, muss ggf. geprüft werden, ob eine verbilligte Überlassung vorliegt. Dabei wird die tatsächliche Miete zzgl. Nebenkosten (Warmmiete) mit der ortsüblichen Miete zzgl. Nebenkosten verglichen.

Eine **verbilligte oder teilentgeltliche Überlassung** liegt vor, wenn die tatsächliche Warmmiete auf Dauer **weniger als 66 %** der ortsüblichen Warmmiete beträgt.

In diesen Fällen sind die Aufwendungen nur eingeschränkt als Werbungskosten abziehbar. Der Anteil der abziehbaren Aufwendungen ergibt sich aus dem Verhältnis der tatsächlichen Miete zur ortsüblichen Miete.

In einem anhängigen Verfahren hat der BFH zu entscheiden, ob und wann ein **Möblierungszuschlag** bei einer verbilligten Vermietung anzusetzen und wie dieser zu ermitteln ist (BFH, anhängiges Verfahren, Az. IX R 14/17).

BEISPIEL

Verbilligte Überlassung

A vermietet drei gleich große und gleich ausgestattete Wohnungen in einem Haus.

Für zwei Wohnungen erhält er eine monatliche Miete von 750 € zzgl. 200 € Umlagen. Diese Mieten entsprechen der ortsüblichen Mietspiegelmiete. Die dritte Wohnung hat A an eine Rentnerin vermietet. Weil sie nur eine geringe Rente bezieht, wurde die Miete seit vielen Jahren nicht mehr erhöht. Die Mieterin zahlt monatlich 500 € zzgl. 100 € Nebenkosten. Die auf das gesamte Gebäude entfallenden Aufwendungen (einschl. AfA) belaufen sich auf 15.000 €.

A erzielt mit der dritten Wohnung nur 63,1 % der ortsüblichen Marktmiete (einschl. Umlagen). Es liegt insoweit eine verbilligte Überlassung vor. Die Aufwendungen, die auf die dritte Wohnung entfallen, sind nur zu 63,1 % als Werbungskosten abziehbar. Die Einkünfte aus V+V betragen (Einnahmen 30.000 € abzgl. Werbungskosten 10.000 € + 63,1 % von 5.000 € =) 13.155 €.

Beträgt die tatsächlich vereinnahmte Miete weniger als 10 % der ortsüblichen Miete, ist von einer unentgeltlichen Überlassung ohne Werbungskostenabzug auszugehen.

6 Gemischt genutztes Grundstück

Wird ein Gebäude teilweise vermietet und teilweise eigengenutzt, sind die Aufwendungen steuerlich unterschiedlich zu berücksichtigen:

- Aufwendungen, die ausschließlich auf eine Nutzung entfallen, sind nur dieser Nutzung **direkt** (allein) **zuzuordnen** (z. B. Reparatur in der vermieteten Wohnung).
- Aufwendungen, die das Gesamtgebäude betreffen (z. B. Schuldzinsen, Grundsteuer, Dach- oder Fassa-

denreparatur), sind **im Verhältnis der Nutzflächen aufzuteilen**.

- Kosten, die auf den zu eigenen Wohnzwecken genutzten bzw. auf einen unentgeltlich überlassenen Teil des Gebäudes entfallen, sind nicht als Werbungskosten abziehbar.

7 Schuldzinsen

Schuldzinsen und andere Finanzierungskosten (marktübliches Darlehensabgeld, Grundbuch- und Notariatsgebühren, Fahrtkosten zur Bank, Vermittlungsgebühren) sind Werbungskosten, soweit sie mit der Vermietung in wirtschaftlichem Zusammenhang stehen.

Bei einem Darlehensabgeld (Disagio, Damnum) geht die Finanzverwaltung bei höchstens 5 % und einer Laufzeit von fünf Jahren von Marktüblichkeit aus.

Im Allgemeinen liegt bei einem Gebäude, das teilweise zu eigenen und teilweise zu fremden Wohnzwecken genutzt wird, eine **Gesamtfinanzierung** mit Eigen- und Fremdmitteln bzgl. des gesamten Objekts vor, sodass die Schuldzinsen nur anteilig (aufgeteilt nach der Nutzfläche) abgezogen werden können.

Eine **direkte Zuordnung der Finanzierungskosten** zu den Werbungskosten aus V+V einerseits und der Privatnutzung andererseits kann jedoch vorgenommen werden, wenn

- die **AK** (Kaufpreis und Nebenkosten) und **HK aufteilbar** sind. So können beispielsweise die Rohbaukosten im Verhältnis der Nutzflächen, die Innenausbaukosten aber durch direkte Zuordnung auf die unterschiedlichen Nutzungen aufgeteilt werden.
- **unterschiedliche Geldquellen** (Eigenkapital und ggf. verschiedene Darlehen) vorliegen, die jeweils einer Nutzung allein zugerechnet werden.
- ein wirtschaftlicher Zusammenhang zwischen den Schuldzinsen und den der Vermietung zugeordneten AK und HK vorhanden ist. Dazu müssen die unterschiedlich zugeordneten Aufwendungen jeweils mit den dafür vorgesehenen Mitteln bezahlt werden. Das bedeutet, dass aus unterschiedlichen Geldquellen jeweils **getrennte Zahlungen** an den Bauunternehmer, die Handwerker oder den Verkäufer des Grundstücks (mit entsprechendem Verwendungszweck bzgl. vermieteter oder selbst genutzter Wohnung) geleistet werden müssen. Die getrennte Zahlung muss ggf. durch Unterlagen (Kontoauszug) nachgewiesen werden.

Wird ein vermietetes Haus verkauft und reicht der Veräußerungserlös nicht aus, um die bestehenden Darlehensverbindlichkeiten zu tilgen, können die noch zu zahlenden Schuldzinsen insoweit als nachträgliche Werbungskosten aus V+V abgezogen werden (BFH, Urteil v. 8.4.2014, IX R 45/13).

8 Umsatzsteueroption, Vorsteuerabzug

Wird bei einer Vermietung an einen anderen umsatzsteuerlichen Unternehmer auf die grundsätzlich bestehende Umsatzsteuerbefreiung verzichtet (Option § 9 UStG), also umsatzsteuerpflichtig vermietet, gehört die vom Mieter bezahlte Umsatzsteuer und die durch das Finanzamt erstattete Vorsteuer zu den Mieteinnahmen. Die an das Finanzamt abgeführte und die an die Handwerker bezahlte Umsatzsteuer ist als Werbungskosten abziehbar. Insoweit liegen keine HK vor. Maßgebend ist jeweils das Jahr der Zahlung.

Entfallen die Voraussetzungen für die Umsatzsteueroption innerhalb von zehn Jahren, ist ein in Anspruch genommener Vorsteuerabzug teilweise zurückzuzahlen.

9 Leer stehende Wohnung oder Gebäude

Steht ein Gebäude (z. B. wegen Mieterwechsel) vorübergehend leer und soll es erneut vermietet werden, können die Aufwendungen, die auf die Zeit des Leerstands entfallen, als Werbungskosten abgezogen werden. Liegt ein längerer Zeitraum der Nichtvermietung vor, sollten dem Finanzamt Gründe (z. B. aufwendige Mietersuche, Renovierung in Eigenarbeit) benannt werden, damit von einem weiteren Vorliegen einer Einkünfteerzielungsabsicht ausgegangen werden kann, sonst entfällt der Werbungskostenabzug für diese Zeit.

TIPP

Grundsteuererstattung

Haben Sie im Laufe des Jahres tatsächlich weniger als 50 % der ortsüblichen Miete erzielt, können Sie bis zum 31.3. des Folgejahres einen Antrag an die Gemeinde (bei Stadtstaaten: an das Finanzamt) wegen teilweiser Rückerstattung der Grundsteuer stellen (§ 33 Abs. 1 GStG).

Möglich ist dies nur, wenn Sie den Einnahmeausfall nicht selbst verschuldet haben, d. h. wenn der Mieter trotz Mahnung nicht zahlt oder wenn Sie sich bei Leerstand intensiv um eine Anschlussvermietung bemüht haben.

10 Veräußerung von Grundstücken

Wegen möglicher steuerlicher Auswirkungen bei der Veräußerung von zum Privatvermögen gehörendem Grundbesitz siehe → Spekulationsgeschäfte.

Versicherungen

Versicherungsbeiträge sind als Betriebsausgabe oder Werbungskosten abziehbar, wenn sie mit den Einkünften in wirtschaftlichem Zusammenhang stehen. Beiträge zu Personenversicherungen ohne Bezug zu einer Einkunftsart stellen Vorsorgeaufwendungen dar und sind als Sonderausgaben (Altersvorsorgeaufwendungen und sonstige Vorsorgeaufwendungen) bis zu unterschiedlichen Höchstbeträgen abziehbar. Basiskranken- und Pflegepflichtversicherungsbeiträge sind in voller Höhe abziehbar.

1 Betriebsausgaben oder Werbungskosten

Abzugsfähig sind insbesondere Beiträge zu einer

- Berufshaftpflichtversicherung,
- Haftpflicht- oder Kaskoversicherung für ein betrieblich genutztes Fahrzeug (→ Fahrtkosten),
- Berufsrechtsschutzversicherung,
- Berufsunfallversicherung,
- Grundstücksversicherung (einschl. Gebäudebrandversicherung), wenn das Grundstück vermietet oder betrieblich genutzt wird.

2 Sonderausgaben (Vorsorgeaufwendungen)

Kommt ein Abzug als Werbungskosten oder Betriebsausgaben nicht in Betracht, liegen bzgl. der Versicherungsbeiträge u. U. Sonderausgaben (Vorsorgeaufwendungen) vor. Abziehbar sind hierbei aber nur Beiträge zu **Personenversicherungen**. Nicht abziehbar sind Beiträge zu **Sachversicherungen** (z. B. Kasko- oder Hausratversicherungen, Gebäudebrandversicherung für das zu eigenen Wohnzwecken genutzte Haus) und Rechtsschutzversicherungen. Zu den Versicherungsbeiträgen gehören auch die Ausfertigungsgebühr, die Abschlussgebühr und die Versicherungsteuer.

Wegen unterschiedlicher steuerlicher Berücksichtigung wird zwischen Altersvorsorgeaufwendungen und sonstigen Vorsorgeaufwendungen unterschieden.

3 Altersvorsorgeaufwendungen

Zu den Altersvorsorgeaufwendungen gehören:

- Beiträge zur **gesetzlichen Rentenversicherung**
- Beiträge an die **landwirtschaftlichen Alterskassen**
- **Beiträge an berufsständischen Versorgungseinrichtungen** (z. B. Versorgungswerk der Ärzte, Architekten, Rechtsanwälte, Zahnärzte usw.)
- **Beiträge zu Rürup-Verträgen.** Dies sind Versicherungen, die nicht kapitalisierbar, nicht übertragbar (Ausnahmen: Scheidungsfolge; Übertragung auf andere Versicherung), nicht beleihbar, nicht veräußerbar und nicht vererblich sind. Die Absicherung der Berufsunfähigkeit, der Erwerbsminderung oder von Hinterbliebenen ist möglich. Die angesparte Summe darf nicht im Rahmen einer Einmalzahlung ausgezahlt werden, sondern ausschließlich als lebenslange monatliche Rente. Die Auszahlung darf frühestens mit Vollendung des 62. Lebensjahres (bei Verträgen vor 2011 des 60. Lebensjahres) beginnen. Der elektronischen Datenübermittlung an die zentrale Stelle (BFA) muss zugestimmt werden.

Nicht zu den begünstigten Altersvorsorgeaufwendungen gehören Beiträge zum staatlich geförderten Riester-Vertrag. Vertiefend siehe → Altersvorsorgeaufwendungen.

Höchstbetrag

Arbeitnehmer- und Arbeitgeberbeiträge für Altersvorsorgeaufwendungen sind bis zum Höchstbeitrag der knappschaftlichen Rentenversicherung von 23.712 € im Jahr 2018 als Sonderausgaben abziehbar. Im Fall der Zusammenveranlagung von Ehegatten/Lebenspartnern verdoppelt sich der Höchstbetrag auf 47.424 €, unabhängig davon, welcher Ehegatte/Lebenspartner die begünstigten Beiträge entrichtet hat.

Kürzung des Höchstbetrags

In den nachfolgenden Fällen wird der Höchstbetrag um den Betrag gekürzt, der dem Gesamtbeitrag (Arbeitgeber- und Arbeitnehmeranteil im Jahr 2018: 18,6 % des Arbeitslohns, max. aus 69.600 €) zur allgemeinen Rentenversicherung entspricht:

- **Beamte, Richter, Berufssoldaten und Geistliche**, die einen Anspruch auf Altersversorgung ganz oder teilweise ohne eigene Beitragsleistung haben. Liegen mehrere Dienstverhältnisse vor, wird die Kürzung nur aus dem Arbeitslohn der oben genannten Tätigkeit berechnet.
- **beherrschende Gesellschafter-Geschäftsführer einer GmbH** (Beteiligung > 50 %) oder **Vorstandsmitglieder von Aktiengesellschaften**, wenn ihnen durch die Gesellschaft eine **Altersversorgung (z. B. eine Direktversicherung;** BFH, Urteil v. 15.7.2014, X R 35/12) **zugesagt** wurde
- **Abgeordnete**, die ganz oder teilweise ohne eigene Beitragsleistung einen Anspruch auf eine Altersversorgung erwerben

Bei Ehegatten/Lebenspartnern ist für jede Person gesondert zu prüfen, ob und ggf. in welcher Höhe der gemeinsame Höchstbetrag von 46.724 € zu kürzen ist.

Staffelung des Abzugs von Altersvorsorgeaufwendungen

Der Abzug der Aufwendungen erfolgt in einer Übergangszeit nicht in voller Höhe. Bis 2024 werden die zu berücksichtigenden Altersvorsorgeaufwendungen nur anteilig mit folgenden Prozentsätzen angesetzt.

Jahr	
2005	60 %
...	...
2017	**84 %**
2018	**86 %**
2018–2023	jährliche Erhöhung 2 %
2024	98 %
ab 2025	100 %

Zusätzliche Kürzung bei sozialversicherungspflichtigen Arbeitnehmern

Bei Arbeitnehmern, die steuerfreie Arbeitgeberleistungen zur Rentenversicherung oder diesen gleichgestellte steuerfreie Zuschüsse des Arbeitgebers erhalten haben, sind die abziehbaren Altersvorsorgeaufwendungen noch um diese Arbeitgeberleistungen zu kürzen.

4 Sonstige Vorsorgeaufwendungen

Die sonstigen Vorsorgeaufwendungen sind wegen unterschiedlicher steuerlicher Abzugsmöglichkeit nochmals zu unterteilen: einerseits in Beiträge zur Basiskranken- und Pflegepflichtversicherung und andererseits in die anderen sonstigen Vorsorgeaufwendungen. Siehe Schaubild unter → Punkt 2.

Höhe des Sonderausgabenabzugs für sonstige Vorsorgeaufwendungen

Beiträge zu einer Basiskranken- und Pflegepflichtversicherung

Beiträge zu einer Basiskranken- und Pflegepflichtversicherung werden immer in tatsächlicher Höhe, ohne Berücksichtigung eines Höchstbetrags, abgezogen (Mindestbetrag) (§ 10 Abs. 1 Nr. 3 EStG). Beiträge, die für Folgejahre bezahlt werden, sind im Jahr der Zahlung nur abziehbar, soweit sie das Zweieinhalbfache der auf das laufende Jahr entfallenden Beiträge nicht überschreiten. Siehe auch nachfolgenden Tipp.

Andere sonstige Vorsorgeaufwendungen

Andere sonstige Vorsorgeaufwendungen sind grundsätzlich vom Sonderausgabenabzug ausgenommen und nur dann abziehbar, wenn die Beiträge zur Basiskranken- und Pflegepflichtversicherung nicht höher als 1.900 € bzw. 2.800 € sind. In diesem Fall können andere sonstige Vorsorgeaufwendungen bis zum Unterschiedsbetrag zwischen den Beiträgen zur Basiskranken- und Pflegepflichtversicherung und den Höchstbeträgen von 1.900 € bzw. 2.800 € zusätzlich abgezogen werden.

Die beschränkte Abziehbarkeit der anderen sonstigen Vorsorgeaufwendungen ist verfassungsrechtlich nicht zu beanstanden (BFH, Urteil v. 9.9.2015, X R 5/13).

- Der **Höchstbetrag** von **2.800 €** gilt für Steuerpflichtige, die ihre Krankenversicherung zu 100 % selbst finanzieren und keine Erstattung von Krankheitskosten ohne eigene Beiträge erhalten. Das sind i. d. R. Selbstständige und Gewerbetreibende oder Personen, die nicht unter die Sozialversicherungspflicht fallen.
- Für Personen, die steuerfreie Zuschüsse zu ihren Krankenversicherungsbeiträgen erhalten oder denen teilweise Krankheitskosten erstattet werden, ist der **Höchstbetrag** auf **1.900 €** beschränkt. Von der Kürzung betroffen sind hauptsächlich sozialversicherungspflichtige Arbeitnehmer und Rentner, freiwillig privat versicherte Arbeitnehmer, die Zuschüsse zur Krankenversicherung erhalten, sowie Beamte, Richter, Soldaten und Geistliche und im Rahmen der Familienversicherung mitversicherte Ehegatten und Kinder.

Bei Ehegatten/Lebenspartnern, die zusammen zur Einkommensteuer veranlagt werden, ist für jeden Ehegatten der Höchstbetrag gesondert zu bestimmen und dann eine gemeinsame Summe zu bilden.

Vorsorgeaufwendungen

Altersvorsorgeaufwendungen

- **Basisversorgung**
  Beiträge zu den
  - gesetzlichen Rentenversicherungen
  - landwirtschaftlichen Alterskassen
  - berufsständischen Versorgungseinrichtungen
- **Zusatzversorgung**
  Beiträge zum Aufbau einer eigenen kapitalgedeckten Altersversorgung (Rürup-Rente)
- Der nach § 3 Nr. 62 steuerfreie **Arbeitgeberanteil zur gesetzlichen Rentenversicherung** und ein diesem gleichgestellter steuerfreier Zuschuss

§ 10 Abs. 1 Nr. 2 EStG

sonstige Vorsorgeaufwendungen

Basiskranken- und Pflegepflichtversicherung

Beiträge zu

- **Basiskrankenversicherung**
  - **gesetzliche Krankenversicherung abzgl. 4 %,** wenn Anspruch **auf Krankengeld** oder vergleichbare Leistungen (nicht bei Rentnern)
  - einschließlich **Zusatzbeitrag**, den die Krankenkasse direkt erhebt (auch hier 4 %-Abschlag, soweit ein Anspruch auf Krankengeld besteht)
  - **private** Krankenversicherung (nur Basisleistungen), ohne Beitragsanteil für Wahlleistungen
- **Pflegepflichtversicherung**

§ 10 Abs. 1 Nr. 3 EStG

andere sonstige Vorsorgeaufwendungen

Beiträge zu

- Krankenversicherung, soweit diese über die Basisversicherung hinausgeht
  - **4 %-Anteil der gesetzlichen KV**, der auf den Krankengeldanspruch entfällt
  - Beitragsanteil der privaten KV, der auf **Wahlleistungen** entfällt (z. B. Chefarztbehandlung, Einbettzimmer, Krankentagegeld, Krankenhaustagegeld)
  - Krankenzusatzversicherung
  - Auslandsreisekrankenversicherung
- **freiwillige** Pflegeversicherung
- Arbeitslosenversicherung
- Erwerbs- und Berufsunfähigkeitsversicherungen, die keine Altersvorsorgeaufwendungen sind
- Unfallversicherungen
- Haftpflichtversicherungen

Beiträge zu bestimmten Lebensversicherungen:

- Risikolebensversicherungen, die nur für den Todesfall eine Leistung vorsehen
- Beiträge zu anderen Lebensversicherungen, die vor 2005 abgeschlossen wurden

§ 10 Abs. 1 Nr. 3a EStG

TIPP

Steuervorteil durch Vorauszahlung

Versicherungsbeiträge werden in dem Kalenderjahr als Sonderausgaben abgezogen, in dem sie geleistet wurden. Deshalb können Beiträge zur Basiskranken- und Pflegepflichtversicherung, die für künftige Jahre vorausbezahlt werden, bis zum **Zweieinhalbfachen** der auf den aktuellen Vz. entfallenden Beiträge im Jahr der Zahlung abgezogen werden. Der Vorteil besteht darin, dass in dem Jahr, für das die Beiträge vorausgezahlt werden, der Höchstbetrag für die anderen sonstigen Versicherungsbeiträge genutzt werden kann.

BEISPIEL

Vorauszahlung von Versicherungsbeiträgen

Der Steuerpflichtige zahlt im Jahr 2018 Beiträge zur Basiskranken- und Pflegepflichtversicherung für das laufende Jahr i. H. v. 4.800 €. Zusätzlich entrichtet er die voraussichtlichen Beiträge für das Jahr 2019 i. H. v. 4.900 € bereits im Jahr 2018.

Die gesamten Aufwendungen i. H. v. 9.700 € sind in voller Höhe bereits im Jahr der Zahlung (2018) abziehbar. In diesem Jahr kann er keine anderen sonstigen Vorsorgeaufwendungen (z. B. für Haftpflicht- oder Risikolebensversicherung) als Sonderausgabe abziehen.

Im Jahr 2019 hat er keine oder nur geringe Aufwendungen für Basiskranken- und Pflegepflichtversicherung. Der Höchstbetrag von 1.900 €/ 2.800 € ist nicht ausgeschöpft. Jetzt wirken sich die anderen sonstigen Vorsorgeaufwendungen steuermindernd aus.

Basiskrankenversicherung und Pflegepflichtversicherung

Die Beiträge des **Steuerpflichtigen für sich**, seinen **Ehegatten/eingetragenen Lebenspartner** und seine **Kinder** zu einer Basiskranken- und Pflegepflichtversicherung werden als Sonderausgaben abgezogen, wenn der Steuerpflichtige Versicherungsnehmer ist. Wurden Beiträge für einen geschiedenen oder dauernd getrennt lebenden Ehegatten/Lebenspartner bezahlt, siehe → Unterhaltszahlungen.

Beiträge zur **gesetzlichen Krankenversicherung** sind in tatsächlich gezahlter Höhe abziehbar. Soweit jedoch ein Anspruch auf Krankengeld oder vergleichbare Leistungen besteht, ist der gezahlte Betrag um 4 % zu kürzen. Erhebt die gesetzliche Krankenversicherung einen **Zusatzbeitrag** direkt vom Versicherten, gehört auch dieser zu den begünstigten Aufwendungen. Eine Kürzung um 4 % ist nicht vorzunehmen, soweit kein weiterer Anspruch auf Krankengeld besteht.

Beiträge zu einer **privaten Krankenversicherung** sind nur insoweit unbegrenzt abziehbar, als sie auf Vertragsleistungen entfallen, die in Art, Umfang und Höhe den Leistungen aus der gesetzlichen Basiskrankenversicherung entsprechen. Beitragsanteile, die auf

z. B. Chefarztbehandlung, Einbettzimmer im Krankenhaus oder bestimmte Leistungen durch Heilpraktiker entfallen (Wahl- oder Komfortleistungen), sind nur im Rahmen der nachfolgend dargestellten anderen sonstigen Vorsorgeaufwendungen abziehbar. Die Aufteilung der begünstigten und nicht begünstigten Beiträge wird durch die private Krankenversicherung berechnet und bescheinigt. Die Versicherung übermittelt die Höhe der begünstigten Beiträge elektronisch an die Finanzverwaltung. Für den Sonderausgabenabzug muss der Steuerpflichtige in die elektronische Datenübermittlung eingewilligt haben.

Ist ein Steuerpflichtiger sowohl Pflichtmitglied in einer gesetzlichen Krankenkasse als auch freiwillig privat krankenversichert, kann er lediglich die Beiträge abziehen, die er an die gesetzliche Krankenversicherung entrichtet (BFH, Urteil v. 29.11.2017, X R 5/17). Der Abzug der nicht als Sonderausgaben abziehbaren Krankenversicherungsbeiträge als außergewöhnliche Belastung scheidet ebenfalls aus.

Der von einem Steuerpflichtigen vereinbarte und getragene **Selbstbehalt** bei Krankheitskosten ist kein Beitrag zu einer Krankenversicherung und kann daher nicht als Sonderausgabe gemäß § 10 Abs. 1 Nr. 3 Satz 1 Buchst. a) EStG und nicht als außergewöhnliche Belastung abgezogen werden (BFH, Urteil v. 1.6.2016, X R 43/14). Die Selbstbeteiligung ist keine Gegenleistung für die Erlangung von Versicherungsschutz.

Beiträge zu einer **Pflegepflichtversicherung** sind immer in tatsächlich gezahlter Höhe abziehbar.

Andere sonstige Vorsorgeaufwendungen

Sonstige Kranken- und Pflegeversicherungsbeiträge

Soweit sonstige Kranken- und Pflegeversicherungsbeiträge auf Leistungen außerhalb der Basisversorgung entfallen (z. B. Beiträge zu Wahl-, Komfort- und Zusatztarifen, zu Krankenhaustagegeld-, Krankentagegeld- und Auslandsreisekrankenversicherung sowie Beiträge zur freiwilligen Pflegeversicherung), gilt ein eingeschränkter Sonderausgabenabzug.

Lebensversicherungen

Abschluss der Lebensversicherung vor dem 1.1.2005

Ansparphase: Die Beiträge sind zu 88 % als andere sonstige Vorsorgeaufwendungen zu behandeln.

Leistungsphase: Bei der Auszahlung der Lebensversicherungssumme sind bei vor dem 1.1.2005 abgeschlossenen Verträgen die Zinsen i. d. R. steuerfrei. Die Kapitalauszahlung ist ohnehin nicht steuerpflichtig.

Abschluss der Lebensversicherung nach dem 31.12.2004

Ansparphase: Begünstigt als Sonderausgaben sind nur Beiträge zu Rürup-Versicherungen und Beiträge zu Riester-Verträgen, siehe → Altersvorsorgeaufwendungen.

Leistungsphase: Wegen der Besteuerung einer Rürup- oder Riester-Rente siehe → Renten.

WICHTIG

Lebensversicherungen seit 2004

Keine Sonderausgaben sind Beiträge zu nach 2004 abgeschlossenen Lebensversicherungsverträgen, die keine Rürup- oder Riester-Rentenverträge sind.

Bei Kapitallebensversicherungen (ggf. mit Sparanteil) im Erlebensfall und kapitalisierten Rentenversicherungen, die keine Rürup- oder Riester-Rentenverträge sind und die nach 2004 abgeschlossen wurden, wird der Unterschiedsbetrag zwischen der Versicherungsleistung und den geleisteten Beiträgen als Einnahme aus Kapitalvermögen durch Steuerabzug versteuert. Wird die Versicherungsleistung nach Vollendung des 62. Lebensjahres (bei vor dem 1.1.2012 abgeschlossenen Verträgen ist regelmäßig die Vollendung des 60. Lebensjahres maßgebend) und nach Ablauf von zwölf Jahren seit Vertragsabschluss ausgezahlt, ist nur die Hälfte des Unterschiedsbetrags als Kapitaleinnahme anzusetzen.

BEISPIEL

Beispielrechnung

Max Müller, Ehefrau nicht berufstätig, zwei Kinder, Gewerbetreibender, hat im Jahr 2018 Aufwendungen für eine private Krankenversicherung i. H. v. 6.400 € für sich, seine Ehefrau und seine Kinder gezahlt, davon entfallen 15 % auf „Wahlleistungen".

Die Beiträge zur Pflegepflichtversicherung haben 610 € betragen. Weiter wurden 2018 bezahlt: Haftpflichtversicherungsbeiträge i. H. v. 720 € und Beiträge zu einer Lebensversicherung, abgeschlossen vor 2005, i. H. v. 4.400 €. 2018 können folgende sonstige Vorsorgeaufwendungen abgezogen werden:

	€	€
Tatsächliche Aufwendungen		
Basiskranken-versicherung (85 %)	5.440	
Pflegepflicht-versicherung	610	
Summe	6.050	
in tatsächlicher Höhe abziehbar		6.050
Höchstbetrag		
Ehemann	2.800	
Ehefrau	2.800	
	5.600	
Wahlleistung Kranken-versicherung	960	
Haftpflichtversicherung	720	
Lebensversicherung (88 %)	3.872	
Summe	5.552	

Kein Abzug, da der Höchstbetrag durch Kranken- und Pflegeversicherung bereits überschritten ist.

Haftpflichtversicherung und andere

Zu den als Sonderausgabe begünstigten Haftpflichtversicherungen gehören u. a. Familienhaftpflicht, Haftpflichtversicherung für das zu eigenen Wohnzwecken genutzte Grundstück, Haftpflicht für das private Fahrzeug oder den Tierhalter.

Dient eine Haftpflichtversicherung sowohl beruflichen als auch privaten Zwecken (z. B. wenn ein Kfz beruflich und privat genutzt wird), so können die Beiträge aufgeteilt werden. Der berufliche Anteil ist Betriebsausgabe oder Werbungskosten, der private Anteil ist Sonderausgabe.

Weitere sonstige Vorsorgeaufwendungen, die sich nur selten steuerlich auswirken, sind Beiträge zu Arbeitslosen-, Berufs- oder Erwerbsunfähigkeits-, Unfall- und Risikolebensversicherungen.

5 Beitragsrückerstattungen

Bonuszahlungen der Krankenkasse

Die Finanzverwaltung unterscheidet zwei Fälle:

- Werden von der gesetzlichen Krankenversicherung im Rahmen eines Bonusprogramms zur Förderung gesundheitsbewussten Verhaltens (nach § 65a SGB V) Kosten für Gesundheitsmaßnahmen erstattet, die nicht im regulären Versicherungsumfang enthalten und damit von den Versicherten vorab privat finanziert worden sind, handelt es sich bei dieser Kostenerstattung um eine Leistung der Krankenkasse und nicht um eine Beitragsrückerstattung. Die als Sonderausgaben abziehbaren Krankenversicherungsbeiträge sind daher nicht um den Betrag der Kostenerstattung zu mindern (BFH, Urteil v. 1.6.2016, X R 17/15; BMF, Schreiben v. 6.12.2016, IV C 3 - S 2221/12/10008:008).
- Leistungen aufgrund anderer Bonusprogramme (z. B. muss der Versicherte für den Bonuserhalt bestimmte Gesundheitsmaßnahmen durchführen oder sich auf gewisse Weise verhalten) sind keine Kostenerstattung, sondern eine zu verrechnende Beitragsrückerstattung. Die Bonuszahlung mindert den Sonderausgabenabzug.

BEISPIEL

Bonuszahlungen der Krankenkasse

Der Steuerpflichtige finanziert selbst die Kosten für bestimmte Vorsorge- oder Gesundheitsmaßnahmen (z. B. Brillen und Kontaktlinsen, Massagen, Behandlungen beim Heilpraktiker, homöopathische Arzneimittel, Nahrungsergänzungsmittel). Die Krankenkasse beteiligt sich an den Kosten mit einem Zuschuss, der der Höhe nach begrenzt ist.

Es liegt keine Beitragsrückerstattung vor. Der Sonderausgabenabzug wird nicht vermindert.

Erhält der Steuerpflichtige von der Krankenkasse einen Bonus als Nichtraucher oder für die Teilnahme an einem Gewichtsreduzierungsprogramm, liegt eine Beitragsrückerstattung vor.

Selbstzahlung von Krankheitskosten zugunsten einer Beitragsrückerstattung

Trägt ein privat krankenversicherter Steuerpflichtiger seine Krankheitskosten selbst, um dadurch die Voraussetzungen für eine Beitragserstattung zu schaffen, können diese Kosten nicht von den erstatteten Beiträgen abgezogen werden (BFH, Urteil v. 29.11.2017, X R 3/16).

Prämienzahlungen einer gesetzlichen Krankenkasse

Der BFH muss in einem anhängigen Verfahren prüfen, ob eine von der gesetzlichen Krankenversicherung nach § 53 Abs. 1 SGB V ausgezahlte Prämie für die Nichtinanspruchnahme bestimmter ärztlicher Leistungen, die an etwaige Eigenbeteiligungen (Selbstbehalte) gekoppelt ist, bei der Ermittlung der Vorsorgeaufwendungen wie eine Beitragsrückerstattung in Abzug zu bringen ist (BFH, anhängiges Verfahren, Az. X R 41/17). Die Finanzverwaltung geht davon aus, dass es sich bei den Prämien um eine Beitragsrückerstattung handelt (BMF, Schreiben v. 19.8.2013, IV C 3 – S 2221/12/10010:004, IV C 5 – S 2345/08/0001, und 6.12.2016, IV C 3 – S 2221/12/10008:008).

TIPP

Beitragsrückerstattung oder Erstattung von Krankheitskosten

Private Krankenversicherungsträger stellen ihren Versicherten Beitragsrückerstattungen in Aussicht, wenn diese die Versicherung in einzelnen Jahren nicht in Anspruch nehmen. Dabei sollten Sie beachten, dass sich der wirtschaftliche Vorteil der Beitragsrückerstattung wegen der Anrechnung der Erstattung bei den Sonderausgaben (Erhöhung des zu versteuernden Einkommens) stark reduziert.

Wenn Sie z. B. von Ihrer Versicherung eine Beitragsrückerstattung von 500 € erhalten und einen persönlichen Grenzsteuersatz von 35 % haben, beträgt der wirtschaftliche Vorteil nur (500 € – 175 € =) 325 €. Übersteigen Ihre Krankheitskosten diesen Betrag, ist eine Erstattung der Krankheitskosten günstiger.

Beitragsrückerstattungen sind im Jahr der Erstattung von den im selben Jahr gezahlten Beiträgen gleichartiger Versicherungen abzuziehen. Die Minderung erfolgt unabhängig davon, ob oder in welcher Höhe sich die Beiträge im Abflussjahr steuerlich ausgewirkt haben (BFH, Urteil v. 6.7.2016, X R 6/14). Ein sich bei den Vorsorgeaufwendungen ergebender Erstattungsüberhang ist wie folgt zu verrechnen:

Art der Vorsorgeaufwendungen	Verrechnung	Behandlung des Erstattungsüberhangs
Altersvorsorgeaufwendungen	mit anderen Altersvorsorgeaufwendungen	Minderung der Sonderausgaben **im (früheren) Zahlungsjahr** (evtl. Änderung des Bescheids)

Art der Vorsorgeaufwendungen	Verrechnung	Behandlung des Erstattungsüberhangs
Basiskranken- oder Pflegepflichtversicherung	innerhalb der Basiskranken- und Pflegepflichtversicherung	**Hinzurechnung zum Gesamtbetrag der Einkünfte** des Jahres der Erstattung (wirkt wie negative Sonderausgaben)
andere sonstige Vorsorgeaufwendungen	innerhalb der anderen sonstigen Vorsorgeaufwendungen	Minderung der Sonderausgaben **im (früheren) Zahlungsjahr** (evtl. Änderung des Bescheids)

Waren die Beiträge zur Krankenversicherung wegen Wahl- oder Komfortleistungen nur teilweise abziehbar, sind auch die Erstattungen nur insoweit anzurechnen.

6 Günstigerprüfung

Die heutigen Regelungen zum Abzug von Vorsorgeaufwendungen sind in einzelnen Fällen ungünstiger als nach der für das Kalenderjahr 2004 geltenden früheren Gesetzesfassung. Zur Vermeidung einer Schlechterstellung wird in diesen Fällen eine Günstigerprüfung durch das Finanzamt durchgeführt und ggf. der höhere Betrag nach altem Recht berücksichtigt. Dabei werden die Höchstbeträge nach altem Recht seit 2011 abgeschmolzen. Einbezogen in die Überprüfung werden nur Vorsorgeaufwendungen, die nach dem derzeit geltenden Recht abziehbar sind.

TIPP

Zusätzlicher Erhöhungsbetrag bei Rürup-Versicherung

Einen **zusätzlichen Erhöhungsbetrag** für Beiträge zu einer Rürup-Versicherung gibt es im Rahmen der Günstigerprüfung. Dieser beträgt für 2018 86 % der Beiträge zu dieser Versicherung. Ein individueller Höchstbetrag ist aber zu beachten. Von diesem Erhöhungsbetrag profitieren in erster Linie Selbstständige, Gewerbetreibende, Beamte und beherrschende Gesellschafter-Geschäftsführer.

WICHTIG

Im Rahmen der **Günstigerprüfung** können beherrschende Gesellschafter-Geschäftsführer einer GmbH den **ungekürzten Vorwegabzug** bei der Berechnung nach der Rechtslage 2004 erhalten, wenn sie keine Anwartschaftsrechte auf eine Altersversorgung haben oder die Beiträge zu einer solchen allein getragen haben.

7 Versorgungsausgleich nach Scheidung

Vertiefend siehe → Altersvorsorgeaufwendungen.

Verträge mit Angehörigen

Verträge mit Angehörigen werden vonseiten des Finanzamts immer kritisch betrachtet. Es muss darauf geachtet werden, dass diese Verträge mit Fremdverträgen vergleichbar sind.

§ 4 Abs. 4 EStG, R 4.8 EStR

1 Allgemeines

Verträge zwischen nahen Angehörigen werden steuerlich nur anerkannt, wenn sie klar formuliert und ernstlich gewollt sind. Evtl. zivilrechtliche Formvorschriften müssen beachtet werden. Außerdem ist Voraussetzung für die steuerliche Anerkennung, dass die Verträge dem entsprechen, was auch unter Fremden üblich wäre (Fremdvergleich). Schließlich muss die tatsächliche Durchführung dem Vertrag entsprechen.

Verträge mit Kindern

Bei Geschäften mit Kindern ist in vielen Fällen die Bestellung eines Ergänzungspflegers notwendig. Erfolgt dies nicht, werden die Verträge regelmäßig steuerlich nicht anerkannt.

Obwohl der BFH entschieden hat, dass ein Vertrag nicht nur wegen einer zivilrechtlichen Unwirksamkeit (z. B. zunächst fehlender Genehmigung des Ergänzungspflegers) steuerlich unwirksam ist, geht das BMF von strengeren Kriterien aus. Die Vertragspartner müssen nachweisen, dass sie zeitnah nach dem Auftauchen von Zweifeln alle erforderlichen Maßnahmen ergriffen haben, um die zivilrechtliche Wirksamkeit des Vertrags herbeizuführen, und dass ihnen die Unwirksamkeit nicht anzulasten ist (BMF, Schreiben v. 23.12.2010, IV C 6 – S 2144/07/10004).

2 Arbeitsverhältnisse

Allgemeines

Die Beschäftigung von Angehörigen (Ehegatte, Kinder, Eltern, Enkel, Geschwister etc.) bringt dem Betrieb und dem mitarbeitenden Angehörigen Vorteile. Die Beschäftigung kann mit einer Lohnsteuerkarte oder auf Aushilfslohnbasis geschehen. Vertiefend siehe → Minijobs.

Eine Beschäftigung auf Aushilfslohnbasis lohnt sich vor allem dann, wenn die Ehegatten hohe Einkünfte beziehen. In diesem Fall ist die Steuerbelastung sehr hoch, sodass der geringe pauschale Abzug zu Vorteilen führt.

TIPP

Auswirkung auf die Gewerbesteuer

Wer Gewerbesteuer zahlt, sollte darauf achten, dass ein möglichst hoher Arbeitslohn vereinbart wird. Auch wenn die Einkommensteuer nur unwesentlich geringer ausfällt, liegt die Ersparnis in der Gewerbesteuer.

Wenn Sie eine Beschäftigung mit Lohnsteuerkarte vorziehen, sollten Sie auch daran denken, dem mitarbeitenden Angehörigen steuerfreie Sonderzuwendungen (= Betriebsausgaben im Unternehmen, steuerfrei beim Empfänger) zu gewähren (z. B. Zuschüsse für die Unterbringung von nicht schulpflichtigen Kindern in Kindergärten und vergleichbaren Einrichtungen). Ebenfalls interessant kann die Gewährung von Sachbezügen, z. B. die Gestellung eines Firmenwagens, sein. Selbst bei einem Minijob ist diese Option möglich.

WICHTIG

Voraussetzung: Fremdüblichkeit

Aber: Die Steuerfreiheit setzt immer voraus, dass diese Zahlungen bzw. Vergünstigungen im Betrieb üblich sind und vergleichbare fremde Betriebsangehörige auch derartige Zuwendungen erhalten.

TIPP

Mitarbeit ohne Anstellung

Wenn Sie mit dem tatsächlich mitarbeitenden Angehörigen kein Arbeitsverhältnis vereinbaren wollen, können Sie pro Jahr maximal 256 € bezahlen. Im Betrieb liegen in entsprechendem Umfang Betriebsausgaben vor. Beim Empfänger bleibt die Zahlung steuerfrei (§ 22 Nr. 3 EStG).

Mitarbeit von Angehörigen

Arbeitsverhältnisse mit Angehörigen sind an strenge formelle Voraussetzungen geknüpft.

Darauf sollten Sie achten:

- **Das Arbeitsverhältnis muss klar und eindeutig vereinbart worden sein.**

  Regeln Sie in einem schriftlichen Arbeitsvertrag den Beginn des Arbeitsverhältnisses (eine rückwirkende Vereinbarung ist nicht möglich), die Art (z. B. Büroarbeiten), den zeitlichen Umfang der Tätigkeit (z. B. wöchentliche Arbeitszeit 40 Stunden), die Höhe der Vergütung (z. B. Monatslohn 2.000 €) sowie die Anzahl der Urlaubstage.

- **Die Vereinbarungen müssen umgesetzt werden.**
  Der Arbeitslohn muss i. d. R. monatlich (bar oder Überweisung auf ein Konto des Arbeitnehmers) ausbezahlt werden. Der Arbeitnehmer muss tatsächlich im vereinbarten Umfang im Betrieb mitarbeiten.

- **Die Vereinbarungen müssen dem Üblichen entsprechen.**
  Die Arbeitsvergütung darf nicht unangemessen hoch sein. Letztendlich ist Maßstab, was ein fremder Arbeitnehmer für die Tätigkeit erhalten würde. Nahe Angehörige dürfen als Arbeitnehmer zwar mehr leisten als vereinbart, nicht aber weniger. Wird dem Vertrag entsprechend oder aber sogar mehr gearbeitet, darf das FA keine Arbeitszeitnachweise verlangen. Nur wenn unklar ist, ob die Arbeitsleistung tatsächlich erbracht wurde, kann es auf Arbeitszeitnachweise ankommen (BFH, Urteil v. 17.7.2013, X R 31/12). Vereinbarungen, die eine Arbeit zu Hause ohne feste Arbeitszeiten und ohne Stundenzettel zulassen, sollen steuerlich nicht anzuerkennen sein (FG Düssel-

dorf, Urteil v. 6.11.2012, 9 K 2351 /12 E).

Tantiemenzusage/Pkw-Überlassung

Wenn der Angehörige in leitender Position mitarbeitet, kann eine Tantiemenzusage erteilt werden. Dies sollte unbedingt schriftlich geschehen. Auch eine Pkw-Überlassung ist möglich (BFH, Beschluss v. 21.1.2014, X B 181/13). Wichtig sind detaillierte und eindeutige Regelungen.

WICHTIG

Vergleichbar mit Fremdverträgen

Derartige Vereinbarungen werden nur dann anerkannt, wenn mit fremden Betriebsangehörigen vergleichbare Verträge geschlossen wurden.

Die Überlassung eines Dienstwagens an einen geringfügig beschäftigten Angehörigen erkennt der BFH daher nicht an (BFH, Beschluss v. 21.12.2017, III B 27/17). Ein anderslautendes Urteil des FG Köln muss der BFH überprüfen (FG Köln, Urteil v. 27.9.2017, 3 K 2547/16, Revision beim BFH, Az. X R 44/17).

Die Höhe der Arbeitsvergütung

Sollte das Finanzamt (z. B. im Rahmen einer Betriebsprüfung) die Arbeitsvergütung als überhöht ansehen, sollten Sie schlüssige Argumente vorbringen können, warum Ihr Ehegatte sein Geld für den Betrieb wert ist (z. B. Einsatz in den Abendstunden und am Wochenende).

Andernfalls ist der unangemessene Teil des Arbeitslohns nicht als Betriebsausgabe abzugsfähig. Er wird als Privatentnahme behandelt. Im Übrigen wird das Arbeitsverhältnis anerkannt.

Mitarbeit von Kindern

Mindestalter

Arbeitsverhältnisse mit Kindern unter 14 Jahren werden i. A. wegen Verstoßes gegen das Jugendarbeitsschutzgesetz steuerlich nicht anerkannt.

Beschäftigung spart Steuern

Zahlen Sie Ihrem gelegentlich im Betrieb mitarbeitenden Sohn (bzw. Ihrer Tochter) anstelle eines großzügigen Taschengelds ein Gehalt! Gleichgültig, ob ein Arbeitsverhältnis mit Lohnsteuerkarte oder auf Aushilfslohnbasis vereinbart wird – in jedem Fall sind die anfallenden Aufwendungen als Betriebsausgaben abzugsfähig.

Beim Kind bleibt der Arbeitslohn i. d. R. steuerfrei: bei einer Beschäftigung mit Lohnsteuerkarte bis 1.000 € bzw. wenn sonst keine weiteren Einkünfte mehr bezogen werden wegen des Grundfreibetrags sogar bis zu rund 8.300 €. Auch bei Kindern müssen bestimmte formelle Voraussetzungen erfüllt sein.

Vollzeitarbeit

Selbstverständlich kann mit dem Kind auch ein Vollzeitarbeitsverhältnis vereinbart werden. Eine Mitarbeit im elterlichen Betrieb nur in den Semesterferien ohne eigenen Aufgabenbereich und ohne feste Arbeitszeiten gegen ein dauerhaftes Monatsgehalt ist steuerlich aber nicht anzuerkennen (FG Sachsen-Anhalt, Urteil v. 2.12.2005, 1 K 141/02).

Aushilfstätigkeiten

Werden lediglich Aushilfstätigkeiten erledigt, wird das Arbeitsverhältnis nicht anerkannt, wenn die Tätigkeiten wegen ihrer Geringfügigkeit oder Eigenart üblicherweise nicht Gegenstand eines Arbeitsverhältnisses sind. So darf z. B. kein Arbeitslohn für die Entgegennahme von Telefonanrufen in der Familienwohnung oder das Chauffieren des Vaters (Arzt) zu Patientenbesuchen gezahlt werden.

3 Darlehen unter Verwandten

Auch durch Darlehensverträge zwischen nahen Angehörigen können u. U. Steuern gespart werden. Insbesondere gilt das, wenn der Empfänger der Zinsen nicht oder nur gering versteuern muss. Allerdings muss der Darlehensvertrag i. d. R. einem Fremdvergleich standhalten, insbesondere wenn die Darlehensmittel zuvor vom Darlehensnehmer geschenkt wurden oder z. B. bei Arbeitsverhältnissen durch Stehenlassen aufgelaufen sind. Keine strenge Prüfung ist allerdings vorzunehmen, wenn das Darlehen unmittelbar durch die Einkunftserzielung veranlasst ist, z. B. der Anschaffung von Anlagegütern dient. Voraussetzung ist allerdings, dass Zinszahlungen etc. tatsächlich erfolgen (BFH, Urteil v. 22.10.2013, X R 26/11).

Das sollten Sie beachten

- Schließen Sie einen schriftlichen Darlehensvertrag ab.
- Regeln Sie im Vertrag die Laufzeit des Darlehens, die Tilgungsmodalitäten und die Höhe der Verzinsung.
- Halten Sie die Vereinbarungen ein (pünktliche Zins- und Tilgungszahlungen).
- Bei einer Laufzeit von mehr als sechs Monaten und einem Darlehensbetrag von mindestens 25.000 € ist es i. d. R. erforderlich, dass der Darlehensnehmer Sicherheiten stellt (z. B. Eintragung einer Grundschuld, Sicherungsübereignung, Bürgschaft).
- Es sollte sich eindeutig nachvollziehen lassen, dass der Darlehensbetrag aus dem Vermögen des Darlehensgebers stammt.

Achten Sie besonders auf die zivilrechtliche Wirksamkeit (Schriftform, notarielle Beurkundung etc.), soweit dies erforderlich ist.

Darlehen mit Kindern

WICHTIG

Zinszahlungen fest anlegen

Zinszahlungen der Eltern an ein minderjähriges Kind sollten bis zur Volljährigkeit des Kindes fest auf dessen Namen angelegt werden.

Wenn Sie die Zinserträge für den eigenen Lebensunterhalt bzw. für den des Kindes ausgeben, könnte das Finanzamt zum Ergebnis kommen, dass das Darlehensverhältnis steuerlich nicht anzuerkennen ist.

Erst schenken und dann leihen

Wenn Sie Ihrem Kind Geld schenken und anschließend über dieses Geld ein Darlehen vereinbaren, werden weder die Schenkung noch das Darlehensverhältnis anerkannt.

Nach Ansicht der Finanzverwaltung ist Folgendes schädlich:

- die Vereinbarung von Schenkung und Darlehen in einem Vertrag
- die Vereinbarung in mehreren Verträgen innerhalb kurzer Zeit
- die Schenkung unter der Auflage, das Geld als Darlehen zur Verfügung zu stellen
- das Schenkungsversprechen unter der aufschiebenden Bedingung der Rückgabe als Darlehen

Eine kurze Zeit zwischen Schenkung und Darlehensgewährung begründet allein keine gegenseitige Abhängigkeit der beiden Verträge voneinander. Besteht zwischen Schenkung und Darlehen jedoch eine sachliche Verknüpfung, sind die Zinsen steuerlich nicht als Betriebsausgaben abzugsfähig (BFH, Urteil v. 18.1.2001, IV R 58/99; BFH, Urteil v. 22.1.2002, IV R 46/00).

Arbeitnehmerdarlehen

Nahe Angehörige, die im Betrieb tätig sind, können dem Betrieb auch den Verdienst als Darlehen überlassen. Die Beträge sollten aber zuerst ausbezahlt und danach dem Betrieb zurücküberwiesen werden. Die Anerkennung des Darlehensverhältnisses setzt voraus, dass eine schriftliche Vereinbarung über die Höhe einer (angemessenen) Verzinsung und über den Zeitpunkt der Rückzahlung (Kündigungsfristen etc.) getroffen wird. Vertiefend siehe → Finanzierungskosten.

Die Zinsaufwendungen zählen zu den Betriebsausgaben, allerdings sind die Hinzurechnungsvorschriften bei der → Gewerbesteuer zu beachten. Der Darlehensgeber bezieht Einkünfte aus Kapitalvermögen, wobei die Zinsen wegen der Freibeträge evtl. steuerfrei sind. Vertiefend siehe → Kapitalanlagen.

Werbungskosten, -pauschbeträge und -pauschalen

Wenn Sie Aufwendungen im Zusammenhang mit Ihren Überschusseinkünften steuerlich absetzen wollen, ist dies nur möglich, wenn es sich dabei um Werbungskosten handelt.

§ 9 EStG, R 9a EStR

1 Was sind Werbungskosten?

Aufwendungen im Zusammenhang mit Überschusseinkünften werden als „Werbungskosten" bezeichnet.

Überschusseinkünfte sind:

- Einkünfte aus nichtselbstständiger Arbeit
- Einkünfte aus V+V
- Einkünfte aus Kapitalvermögen
- sonstige Einkünfte (z. B. Altersrente)

Werbungskosten sind im Jahr der Bezahlung (= Abflussprinzip) zu berücksichtigen. Werden Gegenstände mit einer mehrjährigen Nutzung angeschafft (wie Computer, Möbel), kommt es ggf. ausnahmsweise zu einer Verteilung der Aufwendungen auf die Nutzungsdauer des Gegenstands. Vertiefend siehe → Abschreibungen/Anschaffungs- und Herstellungskosten und → Computer.

Übersteigen die Werbungskosten die Summe der Einnahmen (z. B. Großreparatur bei einem Mietwohngrundstück), kommt es zu einem Verlust.

TIPP

Vorab entstandene Werbungskosten

Auch vorab entstandene Werbungskosten können unter bestimmten Umständen geltend gemacht werden, z. B. Bewerbungskosten. Nähere Informationen, wann Kosten eines Studiums abzugsfähig sind, finden Sie unter → Ausbildung und Studium.

WICHTIG

Aufbewahrungspflicht

Nach § 147a AO müssen Steuerpflichtige, bei denen die Summe der positiven Einkünfte der Überschusseinkünfte mehr als 500.000 € im Kalenderjahr beträgt, Aufzeichnungen und Unterlagen über die Einnahmen und Werbungskosten sechs Jahre aufbewahren.

2 Grundvoraussetzung für den Abzug

Sehr viele Aufwendungen haben einen Bezug zu einer Einkunftsart und zusätzlich noch einen privaten Anlass. Steuerlich spricht man von einer gemischten Veranlassung. Der BFH ist von seiner engen Auffassung, dass eine Aufteilung von gemischten Aufwendungen nur in Ausnahmefällen möglich ist, abgerückt. So hat er bei einer gemischt veranlassten Reise die Kosten für die Hin- und Rückreise anteilig zum Abzug zugelassen (BFH, Urteil v. 21.9.2009, GrS 1/06).

Die Ausführungen des BFH sind auch auf andere gemischte Aufwendungen anwendbar. Voraussetzung ist, dass die beruflich veranlassten Anteile feststellbar und nicht von untergeordneter Bedeutung sind. Ob eine Aufteilung in Betracht kommt, lässt sich nach folgendem Schema ermitteln:

Aufwendungen, die sowohl betrieblich/beruflich als auch privat veranlasst sind
Ist der private Teil von den gesamten Aufwendungen abgrenzbar?
nein
ja
Private Veranlassung von untergeordneter Bedeutung?
ja
nein
ja
Berufliche Veranlassung von untergeordneter Bedeutung?
nein
ja
Sind die Aufwendungen beim steuerlichen Existenzminimum oder als Sonderausgabe oder als außergewöhnliche Belastungen zu berücksichtigen?
nein
Kein Abzug
Aufteilung der Aufwendungen und Abzug des beruflich/betrieblich veranlassten Anteils
Voller Abzug

3 Typische Werbungskosten

Nachfolgend sind getrennt nach den Einkunftsarten die am häufigsten vorkommenden Arten von Werbungskosten aufgelistet.

Einkünfte aus nichtselbstständiger Arbeit
Arbeits-/Berufskleidung
Arbeitsmittel (Aktentasche, Werkzeuge ...)
→ Arbeitszimmer
Auslandsreisen, siehe → Reisekosten
Beiträge zum Berufsverband (z. B. Gewerkschaftsbeiträge)
Berufskraftfahrer, siehe → Reisekosten
Bewerbungskosten
→ Bewirtungskosten
→ Computer
Dienstreisen, siehe → Reisekosten
→ Doppelte Haushaltsführung
Einsatzwechseltätigkeit, siehe → Reisekosten
Entfernungspauschale
Fachbücher/Fachzeitschriften
Fachtagungen, siehe → Fortbildung/Fachtagungen
→ Fahrtkosten
→ Fortbildung/Fachtagungen
Kontoführungsgebühr (pauschal 16 €)
Parkgebühren, siehe → Fahrtkosten
Studien- und Sprachreisen
Telefonkosten
Umzugskosten
Unfallkosten (nicht bei Fahrten zwischen Wohnung und Arbeitsstätte)

Einkünfte aus Kapitalvermögen
Werbungskosten für Kapitaleinnahmen sind nur in wenigen Ausnahmefällen abzugsfähig. Vertiefend siehe → Kapitalanlagen.

Einkünfte aus V+V
→ Abschreibungen/Gebäude Annoncen (im Zusammenhang mit der Mietersuche) Beiträge zum Hausbesitzerverein Erbbauzins Erschließungs-/Anschlusskosten → Fahrtkosten → Finanzierungskosten (Zinsen, Kosten einer Grundschuldbestellung ...) Gartenanlagen Grundsteuer Heizkosten Kabelanschluss (Aufwendungen für den Anschluss an das Breitbandkabel sind bei bestehenden Gebäuden als Reparaturen absetzbar.) Kontoführungsgebühr (pauschal 16 € je Objekt) Mietvertragsformulare Möbel (Bei möblierter Vermietung sind die AK für die Möbel i. d. R. über 13 Jahre verteilt abzuschreiben; soweit ein Möbelstück nicht mehr als 475,60 € kostet, kann ein Sofortabzug in voller Höhe vorgenommen werden.) Rechtsanwalts- und Prozesskosten im Zusammenhang mit Streitigkeiten mit dem Mieter und Handwerkern, die Reparaturen unsachgemäß durchgeführt haben (Aufwendungen im Zusammenhang mit Baumängeln, die bei der Gebäudeerstellung aufgetreten sind, rechnen zu den HK des Gebäudes.) → Reparaturen Sat-Schüssel (Aufwendungen für die Anbringung einer Sat-Anlage sind bei bestehenden Gebäuden als Reparaturen abzugsfähig.) → Umsatzsteuer (Wird umsatzsteuerpflichtig vermietet, gehört die vereinnahmte Umsatzsteuer zu den Einnahmen. Die an das Finanzamt abgeführten Umsatzsteuerbeträge sind Werbungskosten. Gleiches gilt für Umsatzsteuerbeträge, die dem Hausbesitzer in Rechnung gestellt werden.) Vertiefend siehe → Umsatzsteuer. Verwaltungskosten (z. B. Kosten für Schriftverkehr und Telefonate mit dem Mieter) Wasser (+ Kosten für Entwässerung) Vertiefend siehe → Vermietung/Immobilien.

Bewerbungskosten

Bewerbungskosten sind als Werbungskosten abziehbar (§ 9 EStG). Hiervon sind die Beträge abzuziehen, die ggf.

bei einem Vorstellungsgespräch durch den Arbeitgeber oder die Bundesagentur für Arbeit erstattet worden sind.

Für die steuerliche Beurteilung kommt es nicht darauf an, ob die Bewerbung Erfolg hatte. Es kommt nur darauf an, dass durch die Bewerbung Kosten entstanden sind.

Abziehbar sind die Kosten für

- Beglaubigungen, Stellenanzeigen, Fotokopien,
- Porto, E-Mail und Telefon,
- Vorstellungsreisen,
- Verpflegungsmehraufwand wie bei Dienstreisen (siehe → Reisekosten),
- Übernachtungen bei Vorstellungsreisen,
- Übersetzungen, Urkunden,
- Bewerbungsbilder,
- Bewerbungsmappen.

Stehen den Aufwendungen wegen ganzjähriger Arbeitslosigkeit keine Einnahmen gegenüber, so ist der dadurch entstandene Verlust nach § 10d EStG auf das vorangegangene Jahr rücktragsfähig.

Berufskrankheiten

Aufwendungen zur Wiederherstellung der Gesundheit können dann betrieblich oder beruflich veranlasst sein, wenn es sich um eine typische Berufskrankheit handelt oder der Zusammenhang zwischen der Erkrankung und dem Beruf eindeutig feststeht (BFH, Urteil v. 11.7.2013, VI R 37/12).

Telefonkosten

Bei privater und beruflicher Verwendung eines Telefons in der Wohnung oder eines eigenen Mobiltelefons einschließlich des Internets und sonstiger Onlineverbindungen sind die Telefongrund- und -gesprächsgebühren in einen privaten und einen beruflichen Anteil aufzuteilen. Die auf den beruflichen Anteil entfallenden Kosten sind als Werbungskosten abziehbar.

Die Aufteilung hat durch Schätzung zu erfolgen, wenn geeignete Unterlagen und Aufzeichnungen fehlen. Aufzeichnungen über einen Zeitraum von drei Monaten werden als ausreichend angesehen.

Bei den Überschusseinkünften gilt grundsätzlich: ohne Beleg kein Abzug. Hingegen ist es im Zusammenhang mit Vermietungseinkünften nicht üblich, der Steuererklärung Belege beizulegen (Ausnahme: Reparaturaufwendungen in großem Umfang).

Abzugsbeschränkungen

Vertiefend siehe → Arbeitszimmer, → Bewirtungskosten, → Doppelte Haushaltsführung, → Geschenke und → Reisekosten.

Bewirtungskosten im Rahmen von Arbeitsverhältnissen

Bewirtungsaufwendungen können im Einzelfall Werbungskosten sein, im Wesentlichen ist auf den Anlass der Bewirtung abzustellen. Dabei ist anhand der gesamten Umstände des Einzelfalls (u. a. Ort der Veranstaltung, Veranstalter, Teilnehmer, Modalitäten bei der Durchführung) zu ermitteln, ob die Veranstaltung eher einen beruflichen oder privaten Charakter hat.

Für eine berufliche Veranlassung spricht:

- Geschäftsräume als Ort der Bewirtung
- Gäste: Geschäftspartner, Kollegen, Mitarbeiter, Angehörige des öffentlichen Lebens, nicht Bekannte und Freunde
- Arbeitgeber als Einladender

Die Art der Bezüge (erfolgsabhängig oder nicht) spielt keine entscheidende Rolle mehr.

Liegt sowohl eine berufliche als auch private Veranlassung vor, ist eine Aufteilung der Kosten vorzunehmen.

Beispielsfälle, bei denen die Kosten zum Abzug zugelassen wurden:

- Abschiedsfeier eines Oberarztes oder eines leitenden Beamten
- Abschiedsfeier wegen Arbeitgeberwechsels (FG Münster, Urteil v. 29.5.2015, 4 K 3236/12 E)
- Antrittsvorlesung eines Chefarztes an einer Universitätsklinik mit anschließendem Empfang (BFH, Urteil v. 10.7.2008, VI R 26/07)
- Kommandoübergabe mit Verabschiedung aus dem Dienst eines Brigadegenerals (BFH, Urteil v. 19.6.2008, VI R 48/07)
- betriebsinterne Feier anlässlich eines Dienstjubiläums, wenn der Arbeitnehmer die Gäste nach berufsbezogenen Kriterien einlädt (BFH, Urteil v. 20.1.2016, VI R 24/15)
- Geburtstagsfeier während der Arbeitszeit in der Werkstatthalle des Arbeitgebers, unabhängig von einer privaten Feier (BFH, Urteil v. 10.11.2016, VI R 7/16)

Abzugsfähig sind i. d. R. nur 70 % der Kosten, die restlichen 30 % unterliegen der Abzugsbeschränkung gem. § 4 Abs. 5 Satz 1 Nr. 2 EStG. Die Kürzung kommt nicht zum Zuge, wenn nur Mitarbeiter eingeladen werden. Eine derartige Bewirtung ist mit der betrieblich veranlassten Bewirtung von Arbeitnehmern durch einen Unternehmer vergleichbar, für die ebenfalls keine Abzugsbeschränkung gilt (BFH, Urteil v. 18.9.2007, I R 75/06). Werden allerdings auch andere Personen bewirtet, sind insoweit nur 70 % der gesamten Kosten abzugsfähig (R 4.10 Abs. 7 EStR).

Ebenfalls ohne Abzug abzugsfähig sind Bewirtungskosten, die der Arbeitnehmer übernimmt, obwohl es sich um ein Fest des Arbeitgebers handelt.

Darlehen an Arbeitgeber

Gewährt der Arbeitnehmer dem Arbeitgeber ein Darlehen und wird später auf die noch (teilweise) werthaltige Forderung verzichtet, liegen Werbungskosten vor (BFH, Urteil v. 25.11.2010, VI R 34/08).

Strafverteidigungskosten

Kosten einer Strafverteidigung sind nur dann Werbungskosten, wenn diese objektiv, d. h. ausschließlich und unmittelbar, mit der Berufstätigkeit in Zusammenhang stehen. Das ist z. B. nicht der Fall bei einem Tatvorwurf der Steuerhinterziehung durch falsche Angaben in der eigenen Einkommensteuererklärung eines Steuerberaters, auch wenn dadurch die weitere berufliche Tätigkeit gefährdet ist (FG Hessen, Urteil v. 12.2.2014, 4 K 1757/11). Kosten der Strafverteidigung wegen einer vorsätzlichen Tat sind weder Werbungskosten noch außergewöhnliche Belastungen (BFH, Urteil v. 16.4.2013, IX R 5/12).

4 Vergebliche Aufwendungen

Aufwendungen, die Werbungskosten darstellen, sich aber nachträglich als vergeblich herausgestellt haben, z. B. für eine Bewerbung, die zu keiner Anstellung geführt hat, sind trotzdem abzugsfähig.

Eine Vertragsstrafe ist durch die Erwerbstätigkeit veranlasst und als Werbungskosten bzw. Betriebsausgabe abzugsfähig, wenn diese wegen vorzeitigen Ausscheidens z. B. nach erfolgter Ausbildung gezahlt werden muss (BFH, Urteil v. 22.6.2006, VI R 5/03). Das kann auch für eine Schadensersatzzahlung gelten, die anlässlich einer Vertragsaufhebung bei einem Grundstückskaufvertrag geleistet wird (BFH, Urteil v. 7.6.2006, IX R 45/05).

5 Werbungskostenpauschbeträge/-pauschalen

Ein pauschaler Abzug lohnt sich immer dann, wenn die Pauschbeträge/Pauschalen höher sind als die tatsächlich angefallenen Aufwendungen.

Werbungskostenpauschbeträge

Soweit nicht höhere Aufwendungen geltend gemacht werden, erhalten Sie automatisch folgende Werbungskostenpauschbeträge:

- wenn Sie eine Rente, Pension oder Unterhaltszahlungen erhalten haben: 102 €
- Arbeitnehmer mit Lohnsteuerkarte (z. B. der angestellte Ehegatte des Unternehmers), unabhängig von der Beschäftigungsdauer und der Anzahl der Beschäftigungsverhältnisse: 1.000 € (Arbeitnehmer-Pauschbetrag)

Pauschbeträge dürfen nicht zu negativen Einkünften führen.

6 Pauschalen

Grundsätzlich sind nur tatsächliche Aufwendungen, die nachweisbar bzw. glaubhaft sind, als Werbungskosten abzugsfähig. Im Einzelfall lässt das Finanzamt auch pauschale Abzüge zu, sofern nicht ohnehin die Werbungskostenpauschbeträge zum Abzug kommen oder höhere Kosten nachgewiesen werden. Für Kontoführungsgebühren können Sie als Arbeitnehmer, Rentner, Pensionär oder als Vermieter (pro Objekt) jährlich pauschal 16 € als Werbungskosten geltend machen. Zum Thema Trinkgelder siehe → Reisekosten.

Pauschale Betriebsausgaben

Grundsätzlich können nur die tatsächlich angefallenen und nachgewiesenen Aufwendungen als Betriebsausgaben geltend gemacht werden. In Einzelfällen lässt die Finanzverwaltung für bestimmte Berufsgruppen einen pauschalen Betriebsausgabenabzug zu, wobei der Nachweis höherer Betriebsausgaben unbenommen bleibt. Vertiefend siehe → Einnahmenüberschussrechnung und → Ehrenamt.

Einkünfte aus V+V

- Für jedes vermietete Haus (bzw. Eigentumswohnung) können Sie pauschal 16 € Bankgebühren absetzen.
- Verwaltungskosten (z. B. für Fahrten zum Mietwohngrundstück im Zusammenhang mit Reparaturen) bleiben i. H. v. pauschal 50 € i. d. R. unbeanstandet.

Sparerpauschbetrag

Zum Sparerpauschbetrag lesen Sie bitte im Stichwort → Kapitalanlagen nach.

Arbeitnehmer

Betragen die Werbungskosten mehr als die Arbeitnehmer-Pauschale, akzeptieren die Finanzämter i. d. R. einen pauschalen Abzug für

- Arbeitsmittel i. H. v. 110 € und
- Kontoführungsgebühren i. H. v. 16 €.

7 Einkünfte aus Ehrenämtern

Alles, was ehrenamtlich Tätige (z. B. Übungsleiter, Vereinsvorstände, Ratsmitglieder) interessiert, haben wir im Stichwort → Ehrenamt zusammengestellt. Lesen Sie dort bitte weiter.

Übersicht der Kopieranlagen auf dem Portal

Alle Kopiervorlagen, die unten aufgeführt sind, haben wir für Sie in den Arbeitshilfen auf unserem Online-Portal unter **www.haufe.de/mybook** zum Ausdrucken zusammengestellt. Den **Zugangscode** dazu finden Sie auf der zweiten Seite dieses Buches.

Anschaffungskosten Grundstück
Arbeitszimmer
Arbeitszimmer – Abschreibungsübersicht für Einrichtungsgegenstände und Arbeitsmittel
Bewerbungskosten
Doppelte Haushaltsführung
Einnahmenüberschussrechnung
Erhaltungsaufwendungen
Fahrtenbuch
Fortbildungskosten
Haushaltsnahe Dienstleistungen
Investitionsabzugsbetrag
Kfz-Kostenermittlung
Kinderbetreuungskosten
Krankheitskosten
Reisekosten
Umzugskosten
Unfallkosten

Gesamtstichwortverzeichnis

§-6b-Rücklage, Anlage EÜR 94

Abgeltungsteuer
- Einnahme 351
- Nichtveranlagungsbescheinigung 365
- Steuerabzug 102
- Werbungskosten 359
- Zinsertrag 365

Abschreibung
- AfA-Tabelle 188
- AK oder HK Gebäude 185
- anderes Wirtschaftsgut 186
- außerplanmäßige 190
- Betriebsausgabe 264
- Checkliste 192
- degressive 189
- Gebäude 114, 182
- geringwertiges Wirtschaftsgut 189
- lineare 190
- Pkw 297
- Sammelposten 189
- Sofortabschreibung 189
- Spekulationsgeschäft 448
- Teilwert 190
- Wirtschaftsgut 187

Adoption, außergewöhnliche Belastung 216
Aids, Krankheitskosten 391
Alleinerziehender, Entlastungsbetrag 64, 384
Allergie, Krankheitskosten 391
Altersversorgung, betriebliche 194

Altersvorsorge
- Aufbau 193
- berufsständisches Versorgungswerk 45
- betriebliche 194
- Riesterrente 194
- Zulage 195

Altersvorsorgeaufwendung, Versicherung 503
Angehöriger, Darlehen 104

Anlage EÜR
- Betriebsausgabe 88
- Betriebsausgabenpauschale 88
- Betriebseinnahme 87
- Finanzierungszins 89
- gezahlte Umsatzsteuer 89
- gezahlte Vorsteuer 89
- Raumkosten 88
- Restbuchwert eines ausgeschiedenen Anlageguts 88

Anlagegut, Betriebsschuld 433

Anlage Kind
- behindertes Kind 62
- persönliche Daten 61
- volljähriges Kind 61

Anlage S, Teileinkünfteverfahren 82
Anlage Unterhalt, Voraussetzung 69
Anlage V, Verteilung des Erhaltungsaufwands 115
Anlage WA-ESt, ergänzende Angabe zur Steuererklärung 42

Anschaffungskosten
- Begriff 175
- Gebäude 176, 185
- Grunderwerbsteuer 178
- Investitionszulage 181

- keine Finanzierungskosten 177
- Schenkung und vorweggenommene Erbfolge 181

Ansparrücklage, Investitionsabzugsbetrag 340
Anzahlung, Einnahmenüberschussrechnung 264
anzurechnende Steuer
- betrieblicher Zins 105
- Zins aus Vermietung und Verpachtung 105

Arbeitgeberpflicht, ELStAM 281
Arbeitnehmer
- Fachliteratur 137
- Fahrgemeinschaft 136

Arbeitnehmerbewirtung, Bewirtung 235
Arbeitnehmerpauschbetrag, Werbungskosten 133
Arbeitnehmerrechte, ELStAM 282
Arbeitskleidung, Arbeitnehmer 137
Arbeitsmittel
- Arbeitnehmer 137
- Werbungskosten 524

Arbeitsverhältnis mit Angehörigem
- Gewerbesteuer 329
- steuerliche Anerkennung 513
- Vollzeitarbeit 516

Arbeitszeitkonto, Arbeitszeitmodell 202
Arbeitszeitmodell
- Lohnzufluss 202
- Sabbatjahr 202

Arbeitszimmer
- Abzugsmöglichkeit 204
- Arbeitnehmer 137
- Betriebsvermögen 205, 232
- Einnahmenüberschussrechnung 271
- Einrichtungsgegenstand 209
- Werbungskosten 204

Arzt, Einnahmenüberschussrechnung 262
Aufbewahrungspflicht, Kassensystem 369
Aufwandsentschädigung
- Anlage N 132
- Voraussetzung für Steuerfreiheit 132

Aufzeichnungspflicht
- Bewirtung 237
- Einnahmenüberschussrechnung 271
- Geschenk 322

Ausbildung, Werbungskosten 313
Ausbildungsfreibetrag
- Kind 65, 383
- Übertragung 64

Ausbildungskosten
- Sonderausgabe 209
- Werbungskosten 209

Auslandsreise, mehrtägige 412
außergewöhnliche Belastung
- Hochwasser 35
- Mantelbogen 213

außerordentliche Einkünfte, Gewerbebetrieb 78
Auswärtstätigkeit
- Arbeitnehmer 138
- Reisekosten 406

Autotelefon, Nutzungswert 312

Baukindergeld
- Antrag 219
- Begriff 218
- Einkunftsgrenze 219
- Förderhöhe 218

- Fördervoraussetzung 218
- geförderte Immobilie 218
Beherbungsleistung, Umsatzsteuer 487
behinderter Mensch, Fahrtkosten 136
Behinderung
- Kind 65
- Mehraufwand 219
- Pauschbetrag 219
Belegcheck, Übersicht 21
Beratungskosten
- Prozesskosten 457
- Steuerberatungskosten 456
Berufsausbildungskosten, Sonderausgabe 210
Berufskrankheit
- Betriebsausgabe 521
- Werbungskosten 521
Berufsverband, Werbungskosten 137
Bestattungskosten, außergewöhnliche Belastung 216
Beteiligung
- Freiberuflersozietät 82
- Gewerbesteuer 328
- gewerbliche Einkünfte 76
- Kapitalertrag 106
Beteiligungsergebnis an Personengesellschaft, Anlage EÜR 92
Betreuung, Überblick 403
Betreuungsfreibetrag
- Kind 379
- Übertragung 64
betriebliche Altersversorgung, Besteuerung 421
Betriebsaufgabe, freiberuflicher Betrieb 83
Betriebsausgabe
- Anlage EÜR 88
- Aufteilungs- und Abzugsverbot 226
- Geschenk 321
- nicht abziehbare 225
- Pauschale 268
- vorweggenommene 226
Betriebsausgabenpauschale, Anlage EÜR 88
Betriebsdarlehen, Zins 433
Betriebseinnahme
- Anlage EÜR 87
- ehrenamtliche Tätigkeit 266
- Einnahmenüberschussrechnung 264
- Kinderbetreuung 266
Betriebseröffnungsbogen, Existenzgründer 283
Betriebsgründer, Investitionsabzugsbetrag 342
Betriebsgrundstück, Gewerbesteuer 327
Betriebsrente
- Anlage N 130
- Versorgungsbezug 130
Betriebsschuld, Zins 433
Betriebsveräußerung, freiberuflicher Betrieb 83
Betriebsveranstaltung, Bewirtung 236
Betriebsvermögen
- Einnahmenüberschussrechnung 273
- gewillkürtes 273
- Grundstück 228
- Pkw 273
bewegliches Wirtschaftsgut, Anlage V 114
Bewerbungskosten
- Arbeitnehmer 133
- vergebliche Aufwendung 523

Bewirtungskosten
- Anlage EÜR 89
- Aufzeichnungspflicht 226
- Betriebsausgabe 234
- Einnahmenüberschussrechnung 265, 271

Bilanz, Begriff 237
Bilanzierung
- Kleinunternehmer 388
- Wechsel von Einnahmenüberschussrechnung 272

Bitcoin, Kapitalanlage 359
Buchführungspflicht, Kleinunternehmer 388
Bürgermeister, Ehrenamt 259
Bundesknappschaft, Minijob 400
Burn-out, Krankheitskosten 391
Bußgeld, Betriebsausgabe 225

Chorleiter, Ehrenamt 255

Darlehen
- Angehöriger 104
- Einnahmenüberschussrechnung 265
- Kapitalgesellschaft 366

degressive Abschreibung, Abschreibung im Betrieb 189
Diätverpflegung, keine außergewöhnliche Belastung 216, 391
Dienstreise, Reisekosten 406
Dienstwagen
- Firmenwagen 289
- Reisekosten 289, 296

Digitalisierung, Finanzamt 13
Direktversicherung, Begriff 194
doppelte Haushaltsführung, Trennung 245
durchlaufender Posten, Betriebsausgabe 224

EDV-Anlage, Computer 238
Ehegattenunterhalt, sonstige Einkünfte 126
Ehrenamt
- Einnahmenüberschussrechnung 266
- Freibetrag 133
- Ratsmitglied 259
- Schöffe 258

eigengenutzte Wohnung, Handwerkerleistung 110
Einbauküche, Abschreibung 426
Einkommensteuer, Vorauszahlung 283
Einkünfte, Ausland 147
Einkünfte aus Gewerbebetrieb, Steuerermäßigung 77
Einlage
- Abschreibung 188
- Einnahmenüberschussrechnung 265
- geringwertiges Wirtschaftsgut 317

Einnahmenüberschussrechnung
- Begriff 262
- Betriebsausgabe 88
- Betriebseinnahme 87
- Entnahme von Anlagevermögen 87
- Kraftfahrzeugkosten 90
- Rücklagenbildung 89
- Schuldzins 89
- vereinnahmter Umsatzsteuerbetrag 87
- Voraussetzung 262

Einsatzwechseltätigkeit, Reisekosten 406
Einspruch
- anhängiges Verfahren 467

- Aussetzung der Vollziehung 465
- gegen den Steuerbescheid 462
- Klage beim Finanzgericht 466
- Rechtsbehelfsfrist 463

Einzelunternehmer, Gewinnermittlung 76
Einzelveranlagung, Ehegatte 41
Elektromobilität
- Kfz-Steuerbefreiung 275
- Ladestrom 275
- Pedelec 275
- Privatnutzung 275

elektronische Rechnung, Umsatzsteuer 478
ELStAM-Verfahren, Arbeitgeber und Arbeitnehmer 281
ELSTER
- Umsatzsteuervoranmeldung 172
- Unternehmer 278

Elterngeld, Einkommensersatzleistung 41
Entfernungspauschale, Arbeitnehmer 134
Entlastungsbetrag, Alleinerziehender 64, 384
Entnahme
- Anlagevermögen 87
- Einnahmenüberschussrechnung 267
- Finanzierungskosten 293
- Spekulationsgeschäft 446
- Umsatzsteuer 87, 488
- Zinsaufwand 434

Entnahme und Einlage, Anlage EÜR 94
Entschädigung, entgangene Einnahme oder Ausgleichszahlung für mehrjährige Tätigkeit 83
Erhaltungsaufwendung, Begriff 425
Erstattungszins, Kapitaleinkünfte 103
Erwerbstätigkeit, volljähriges Kind 62
Erziehungsfreibetrag, Übertragung 64
eTIN, Anlage N 131
Existenzgründer
- Begriff 283
- Betriebseröffnungsbogen 284
- Meldepflicht 283
- Rechtsform 285
- Sozialversicherung 283
- Vertrag 286

Fachmesse, Reisekosten 407
Fachtagung, Betriebsausgabe 314
Fährkosten, Werbungskosten 134
Fahrtkosten
- Abzugsmöglichkeit 288
- Arbeitnehmer 139
- doppelte Haushaltsführung 245
- Fahrtenbuch 304
- Fahrt zur Arbeitsstätte 134
- Finanzierungskosten 296
- Reisekosten 408
- Unfall 289

Fahrt zwischen Wohnung und Arbeitsstätte, Entfernungspauschale 288
Fahrt zwischen Wohnung und Betrieb, Anlage EÜR 90
Fahrzeuggestellung, Firmenwagen 296
Familienheimfahrt
- Anlage EÜR 90
- doppelte Haushaltsführung 141

Finanzamt, Digitalisierung 13

Finanzhilfe, Existenzgründer 287
Finanzierungskosten, Begriff 291
Finanzierungszins, Anlage EÜR 89
Firmenwagen
- Begriff 296
- Diebstahl 265
Firmenwert, Abschreibung 188
Flüchtling
- Berücksichtigung als Kind 371
- Unterhalt 69, 72
Förderbetrag, betriebliche Altersversorgung 194
Fortbildung
- Begriff 313
- Reisekosten 407
- Werbungskosten 313
Fotovoltaikanlage
- Gewerbesteuer 325
- Investitionsabzugsbetrag 343
Freiberufler
- Anlage S 81
- außerordentlicher Ertrag 83
- Beteiligung an Gesellschaft 82
- Einkünfte aus selbstständiger Arbeit 329
- Einnahmenüberschussrechnung 262
- Existenzgründer 283
- Nebentätigkeit 83
freiberufliche Einkünfte, Steuerermäßigung 82
freiberufliche Tätigkeit
- gesonderte Gewinnfeststellung 82
- Gewinn 82
Freibetrag
- Aufgabe der freiberuflichen Tätigkeit 83
- Gewerbesteuer 329
Freigrenze
- sonstige Einkünfte 126
- Spekulationsgeschäft 127, 450
Freistellungsauftrag, Kapitaleinkünfte 360
Fremdvergleich, Vermietung an Ehegatten 232
Fristverlängerung, Umsatzsteuer 474

Gebäude
- Abschreibung 182
- Anschaffungskosten 176
- anschaffungsnaher Aufwand 428
- Betriebsbereitschaft 429
- Finanzierungskosten 291
- Funktionstüchtigkeit 429
- größere Erhaltungsaufwendung 431
- Herstellungskosten 178
- Kaufpreisaufteilung 177
- selbstständiger Teil 182
- Standardhebung 427
- vergebliche Aufwendung 179
- Zuordnung der Kosten 431
Gemeinderat, Ehrenamt 259
geringfügiges Beschäftigungsverhältnis, Minijob 333
geringwertiges Wirtschaftsgut, Sammelposten 315
Geschäftsreise, Reisekosten 406
Geschäftswagen
- Diebstahl 265
- Nutzungsumfang 296
Geschenk
- Anlage EÜR 89
- Betriebsausgabe 321
Gesellschafterdarlehen, Zinsaufwand 438

gesetzliche Rentenversicherung, Arbeitnehmer 45
gesonderte Gewinnfeststellung
- freiberufliche Tätigkeit 82
- Gewerbebetrieb 76
Gewerbeanmeldung, Existenzgründer 283
Gewerbebetrieb
- Anlage G 75
- außerordentliche Einkünfte 78
- Einkünfte 75
- Einnahmenüberschussrechnung 262
- gesonderte Gewinnfeststellung 76
- Gewinn 76
- Teileinkünfteverfahren 77
- Verlust 76
Gewerbesteuer
- Anrechnung und Ermäßigung 330
- Ansparrücklage 327
- ausländische Betriebsstätte 157
- Gewerbebetrieb 324
- Gewerbeverlust 160
- Gewinnanteil an Personengesellschaften 159
- Grundbesitz 157
- Grundstücksverwaltung 158
- Hausgewerbetreibender 153
- Hinzurechnung 154, 326
- Organgesellschaft 153
- Reisegewerbetreibender 153
- Schnellübersicht 151
- Verlustanteil an Personengesellschaften 156
- Zerlegung 150
Gewerbesteuererklärung
- Gewerbebetrieb 324
- Voraussetzung 149
gewerbliche Einkünfte, Beteiligung 76
Gewerkschaft, Anlage N 137
Gewinn, Freiberufler 82
Gewinnermittlung
- Aufzeichnungspflicht 271
- Einnahmenüberschussrechnung 262
- Einzelunternehmer 76
Gewinnminderung, Investitionsabzugsbetrag 345
Gewinn- und Verlustrechnung, Buchführung 237
gezahlte Umsatzsteuer, Anlage EÜR 89
GmbH-Anteil im Privatvermögen, Verkauf 78
Grenzgänger, Anlage N 132
Gründungszuschuss, Anspruchsberechtigung 288
Grundstück
- Betriebsvermögen 228
- Ehegatte 233
- Ehegattengrundstück 232
- Finanzierung 293
- Finanzierungskosten 291
- Gewerbesteuer 327
- von untergeordneter Bedeutung 231
- privates Veräußerungsgeschäft 127
- Privatvermögen 228
- Spekulationsgeschäft 445
Grundstücksverkauf, Zehnjahresfrist 127
Günstigerprüfung
- Abgeltungsteuer 352
- Anlage KAP 101
- Kapitaleinkünfte 101

häusliches Arbeitszimmer, Anlage EÜR 89
haftungsbeschränkte Unternehmergesellschaft, Existenzgründer 285
Handwerkerleistung, Steuerermäßigung 336
Handy, Werbungskosten 521
Hauptvordruck
- behinderter Mensch 35
- Verlustabzug 31
Haushaltshilfe, Begriff 331
haushaltsnahe Tätigkeit
- Dienstleister und Handwerker 37
- Dienstleistung 38
- Handwerkerleistung 38, 336
- haushaltsnahe Dienstleistung 334
- Minijob 38
- Nachweis 332
- Neubaumaßnahme 337
- nicht begünstigte Aufwendung 332
- Pflege und Betreuung 334
- sozialversicherungspflichtiges Beschäftigungsverhältnis 38, 333
- Steuerermäßigung 331
- Wohnungseigentümergemeinschaft 337
Haushaltsscheck, Minijob 399
Heimunterbringung, Aufwendung 403
Herstellungskosten
- anschaffungsnaher Aufwand 428
- Begriff 175
- Erweiterung 426
- Gebäude 178, 185
- nachträgliche 426
- Wirtschaftsgut ohne Gebäude 180
Hinterbliebener, außergewöhnliche Belastung 36
Hinzurechnung, Investitionsabzugsbetrag in Anlage EÜR 91
Hochwasser, außergewöhnliche Belastung 35, 216
Homeoffice
- Arbeitsmittel 340
- Aufwendung für Arbeitszimmer 339
- Fahrtkosten 340
Honorarvorschuss, Einnahmenüberschussrechnung 264

Identifikationsnummer, Hauptvordruck 31
Immobilie, Finanzierungskosten 293
Inlandsreise, Reisekosten 411
Instandhaltungsrücklage, Reparatur 432
Investitionsabzugsbetrag
- Bildung 340
- geringwertiges Wirtschaftsgut 320
- Investitionsabsicht 342
- Sammelposten 320
- Solaranlage 440
Investitionsdarlehen, Zins 434
Istbesteuerung, Umsatzsteuer 475

Kantine, Bewirtung 235
Kapitalanlage
- Bitcoin 359
- Bürgschaft 366
Kapitaleinkünfte
- ausländische 103
- bestandsgeschützter Alt-Anteil 363
- Erstattungszins 103
- Günstigerprüfung 101
- Rentenfonds 364
- Sparerpauschbetrag 101
- Spezial-Investmentfonds 364

- Steuerbescheinigung 101
- stille Gesellschaft 104
- strafbefreiende Selbstanzeige 471
- Veräußerungsverlust 103
- verdeckte Gewinnausschüttung 105

Kapitalertrag
- ohne Steuerabzug 103
- Steuerabzug 105

Kapitalgesellschaft
- Anteilsveräußerung 366
- Bürgschaft 366
- Liquidation 366
- Veräußerung 366

Kapitallebensversicherung, Kapitaleinkünfte 357

Kaskoversicherung, Leistung als Einnahme 265

Kassensystem
- Aufbewahrungspflicht 369
- Sonderprüfung 369

Kfz-Gestellung, Firmenwagen 296

Kfz-Kosten, Firmenwagen 297

Kind
- Ausbildungsfreibetrag 65
- behindertes Kind 36, 62, 65
- Berücksichtigung 371
- Betreuungskosten 380
- erwerbstätiges Kind 62
- im Ausland 61
- minderjähriges Kind 371
- Mitarbeit 515
- Schulgeld 65
- steuerliche Berücksichtigung 61
- Versicherungsbeitrag 63
- volljähriges Kind 62, 371

Kinderbetreuung
- Einnahme 266
- Sonderausgabe 380
- Steuerermäßigung 383

Kinderbetreuungskosten
- Einnahmenüberschussrechnung 268
- Sonderausgabe 66

Kinderfreibetrag
- Günstigerprüfung 378
- Übertragung 64

Kindergeld
- Anspruch 61
- Anspruchsberechtigter 377

Kindschaftsverhältnis, Anlage Kind 61

Kirchensteuer
- Kappung 445
- Sonderausgabe 34, 443, 445

Kirchgeld, Sonderausgabe 443

Kleinbetragsrechnung, Umsatzsteuer 477

Kleinbetragsrente, Riesterrente 198

Kleinunternehmer
- Begriff 388
- Umsatzsteuer 473

Kontenabruf, Kapitalanlage 368

Kontoführungsgebühr, Werbungskosten 523

Kraftfahrzeugkosten, Anlage EÜR 90

Krankengeld, Einkommensersatzleistung 41

Krankenversicherung
- ausländische 51
- fehlende elektronische Übermittlung 52
- Pauschalbeitrag 398
- Vorsorgeaufwendung 46

- Wahlleistung 50
- Zahlung für andere Person 51

Krankheitskosten
- Aufwendung zur Heilung von Krankheiten 389
- außergewöhnliche Belastung 36

Kranz, Geschenk 322
Kreistag, Ehrenamt 259
künstliche Befruchtung
- außergewöhnliche Belastung 217
- Krankheitskosten 391

Kur, Krankheitskosten 392
kurzfristige Beschäftigung
- Begriff 400
- Minijob 400

Leasing, Pedelec 277
Lebensversicherung
- Ertrag 105
- Kapitaleinkünfte 357

Leerverkauf, Spekulationsgeschäft 450
Lehrtätigkeit, Ehrenamt 255
Lohnaufwand, Einnahmenüberschussrechnung 268
Lohnersatzleistung, Progressionsvorbehalt 133
Lohnsteueranmeldung, Existenzgründer 284

Mietzins, Gewerbesteuer 325
Mindestlohn, Arbeitslohn 394
Minijob
- Aufstockung zur Rentenversicherung 46
- Fahrzeugüberlassung 301, 515
- geringfügige Beschäftigung 395

Mutterschaftsgeld, Einkommensersatzleistung 41

Nachschau, Umsatzsteuer 489
nahestehende Person, Abgeltungsteuer 351
Nebentätigkeit, Freiberufler 83
Notrufsystem, Pflegeleistung 334
Nutzungsdauer, Abschreibung 187

Öffnungsklausel, Rente 121

Pachtzins, Gewerbesteuer 325
Parkgebühr, Arbeitnehmer 139
partiarisches Darlehen, Anlage KAP 104
Partnerschaftsgesellschaft, Existenzgründer 285
Pauschalsteuer, Geschenk 323
Pedelec
- Elektromobilität 275
- Leasing 277

Pension, Betriebsrente 119
Pensionsfonds, Begriff 194
Pensionskasse, Begriff 194
Peripheriegerät, Computer 238
Pflege
- Dienstleistung 38
- Haushaltshilfe 37
- haushaltsnahe Tätigkeit 333
- Kosten 403
- Pauschbetrag 36
- Pflegegeld und Pflegehilfe 406

Pflege und Betreuung, haushaltsnahe Tätigkeit 334
Pkw
- Betriebsausgabe 269
- Entnahme 480

- private Nutzung 297
- Verkauf 480
Praxiswert, Abschreibung 188
Privatentnahme, Einnahmenüberschussrechnung 267
privates Veräußerungsgeschäft
- Gemeinschaft 128
- Grundstück 127
- Verlust 128
Privatwohnung, Finanzierungskosten 295
Prozesskosten
- außergewöhnliche Belastung 217
- Beratungskosten 457

Ratsmitglied, Ehrenamt 259
Rechnung
- elektronische 478
- Kleinunternehmer 388
- Umsatzsteuer 476
Rechteüberlassung, Gewerbesteuerhinzurechnung 326
Rechtsanwalt, Einnahmenüberschussrechnung 262
Reikibehandlung, Krankheitskosten 389
Reisekosten
- Arbeitnehmer 138
- Vorsteuer 479
- Werbungskosten 406
Reisenebenkosten, Begriff 414
Religionsgemeinschaft, Beitrag 444
Rente
- abgekürzte Leibrente 122
- Anlage R 118
- Beginn 120
- berufsständisches Versorgungswerk 119
- Besteuerung 415
- Besteuerungsanteil 120, 417
- betriebliche Altersversorgung 122
- Betriebsrente 119, 122
- Betriebsrente oder Pension 415
- Ertragsanteil 121
- Folgerente 120, 419
- gesetzliche 119
- gesetzliche Rentenversicherung 417, 503
- Gewerbesteuerhinzurechnung 326
- Kapitaleinkünfte 358
- landwirtschaftliche Alterskasse 119
- Nachzahlung 121, 420
- Öffnungsklausel 121, 420
- private Rentenversicherung 420
- Rentenbezugsmitteilung 421
- Rentennachzahlung 122
- steuerfreie 415
- steuerfreier Teil der Rente 417
- VBL-Rente 423
- Vorgängerrente 120
- Werbungskosten 123, 423
- Wohnriester 123
- Zeitrente 415
Rentenversicherung, Kapitaleinkünfte 351, 358
Rentner, Krankenversicherung 50
Reparatur
- Eigennutzung 425
- Vermietung 425
Riesterrente
- Altersvorsorge 194
- Altersvorsorgezulage 195
- Anlage R 122
- Grundsicherung im Alter 197
- Kinderzulage 58
- Kleinbetragsrente 198

- Mindesteigenbeitrag 195
- mittelbar begünstigte Person 58
- mittelbar zulageberechtigte Person 196
- schädliche Verwendung 197
- Sonderausgabe 57, 196
- steuerfreie Übertragung 197
- unmittelbar begünstigte Person 57
- Wohnriester 198

Risikomanagementsystem, Bearbeitung Steuererklärung 470

Rüruprente
- gesetzliche Rentenversicherung 503
- Sonderausgabe 199

Rürupversicherung, Altersvorsorgeaufwendung 45

Sabbatjahr, Arbeitszeitmodell 202

Sammelbeförderung zur Arbeitsstätte, Anlage N 134

Sammelposten
- Abschreibung 189, 318
- geringwertiges Wirtschaftsgut 315

Schadensersatzzahlung, Rücktritt vom Kaufvertrag 523

Scheidung, Prozesskosten 217

Schrottimmobilie, Spekulationsgeschäft 449

Schuldzins
- Anlage EÜR 89
- Begriff 433
- Einnahmenüberschussrechnung 273
- Hinzurechnung 93
- Zweikontenmodell 439

Schulgeld
- Kind 65
- Sonderausgabe 383

Selbstanzeige
- Rechtsberatung 472
- strafbefreiende 471
- Verjährung 472

selbstständige Tätigkeit, Vermögensverwalter 82

Sofortabschreibung, Sammelposten 315

Software, Werbungskosten oder Betriebsausgabe 239

Sonderabschreibung, Investitionsabzugsbetrag 348

Sonderausgabe
- Begriff 441
- eigene Berufsausbildungskosten 34
- Hauptvordruck 33
- Krankenversicherung 505
- Pauschbetrag 443
- politische Partei 451
- Riesterrente 196
- Riestervertrag 57
- sonstige Vorsorgeaufwendung 505
- Spende und Mitgliedsbeitrag 34
- Unterhalt für Ehegatten 445
- Versicherung 502
- Versorgungsausgleich nach Scheidung 201
- Vorsorgeaufwendung 44

Sonderbetriebsvermögen, Existenzgründer 287

Sonderprüfung, Kassensysteme 369

sonstige Einkünfte
- Ehegattenunterhalt 126
- Freigrenze 126
- Verlustverrechnung 127
- Versorgungsleistung 126

Sparerpauschbetrag, Kapitaleinkünfte 101

Spekulationsfrist, Grundstücksverkauf 127
Spekulationsgeschäft
- Begriff 127
- Bitcoin 449
- Erbbaurecht 446
- Freigrenze 127
- Gewinn 175
Spende
- Abzugsmöglichkeit 450
- Auslandsspende 454
- Belegvorhaltepflicht 453
- gemeinnütziger, mildtätiger und kirchlicher Zweck 454
- politische Partei 34
- Sachzuwendung 452
- Stiftung 35, 455
- Wählervereinigung 34
- Zuwendungsnachweis 453
Sprachkurs, Betriebsausgabe 314
Stadtrat, Ehrenamt 254, 259
Steuerabzug
- Abgeltungsteuer 102
- Kapitalertrag 105
Steuerberatungskosten
- abziehbare 456
- Steuerstrafverfahren 225
Steuerbescheid
- Änderung ohne Einspruch 468
- Einspruch 462
- Inhalt und Prüfungsmöglichkeit 458
Steuerbescheinigung, Kapitaleinkünfte 101
Steuererklärung, Vorhaltepflicht der Belege 13
Steuerermäßigung
- Einkünfte aus Gewerbebetrieb 77
- freiberufliche Einkünfte 82
- haushaltsnahe Tätigkeit 331
- politische Partei und unabhängige Wählervereinigung 451
Steuerhinterziehung, Selbstanzeige 471
Steuerklassenwahl, Ehegatte 254
Steuernummer, Hauptvordruck 31
Steuerstundungsmodell, Anlage S 82
stille Gesellschaft
- Gewerbesteuer 326
- Gewerbesteuerhinzurechnung 326
- Vermögenseinlage 104
Strafverteidigungskosten, Werbungskosten 522
Studienreise, Reisekosten 407
Studium
- Sonderausgabe 209
- Werbungskosten 209, 313

Tantiemenzusage, Angehöriger 515
Teileinkünfteverfahren, Anlage G 77
Teilwertabschreibung, Begriff 190
Telearbeitsplatz, Arbeitszimmer 204
Telefonkosten
- Einnahmenüberschussrechnung 269
- Werbungskosten 521
Thesaurierung, Betriebsgewinn 96
Trinkgeld, Reisekosten 414

Übernachtungskosten
- Reisekosten 413
- Umsatzsteuer 479
Übertragung stiller Reserven, Anlage EÜR 94
Übungsleiter
- Ehrenamt 254
- Pauschale (Minijob) 396
- Steuerbefreiung 254, 269

Umsatzsteuer
- Berechnung 170
- Bewirtung 235
- Datenübertragung 172
- Ehrenamt 260
- Einnahmenüberschussrechnung 269
- Entnahme 87
- Fälligkeit 165, 172
- Geschenk 321
- Hotelübernachtung 487
- Kleinunternehmer 166, 388
- Pkw-Nutzung 308
- steuerpflichtiger Umsatz 166
- Vorsteuerberichtigung 168

Umsatzsteuererklärung
- Abgabetermin 172
- Überblick 163

Umsatzsteuererstattung, Anlage EÜR 87

Umsatzsteuervoranmeldung, Existenzgründer 284

Umschulung, Werbungskosten 313

Umzugskosten
- doppelte Haushaltsführung 142
- Werbungskosten 138

unangemessener Arbeitslohn, Arbeitsverhältnis mit Angehörigem 515

Unfall, Fahrtkosten 289

Unfallkosten
- Arbeitnehmer 138
- Betriebsausgabe 270
- Firmenwagen 302

Unterhalt
- Abzugsmöglichkeit 489
- Anlage Unterhalt 33
- Ausland 71, 495
- Berechnung des Abzugsbetrags 492
- berechtigte Person 72
- eheähnliche Gemeinschaft 72
- Ehegatte (getrennt/geschieden) 489
- Flüchtling 69, 72
- gleichgestellte Person 72, 489
- Nachweis bei unterstützter Person im Ausland 71
- an Ehegatten oder Lebenspartner 126
- an geschiedenen Ehegatten oder Lebenspartner 33
- an Verwandten, Verschwägerten, nichtehelichen Partner 491
- unterstützte Person 72
- Verwandter 489

Unterhaltsberechtigung, gesetzliche 72

Unterhaltserklärung, Anlage Unterhalt 71

Unterhaltsleistung, Unterstützungszeitraum 70

Unterhaltszahlung, nicht unterhaltsberechtigte Person 72

Unterkunftskosten, doppelte Haushaltsführung 141

unterstützte Person
- Anschrift des Haushalts 70
- Ausland 71
- eigene Einkünfte oder Bezüge 73
- Haushaltszugehörigkeit 72
- Kindergeldanspruch 72
- mehrere Unterstützer 73
- Vermögen 73

Unterstützungszahlung, erste Zahlung 70

Veräußerung eines Anteils, wesentliche Beteiligung 366

Veräußerung eines Wirtschaftsguts, Finanzierungskosten 293
Veräußerungsgeschäft, privates 127
Veräußerungsverlust
- Kapitaleinkünfte 103
- Spekulationsgeschäft 450
- Wertpapier 103, 450
Veranlagung
- Ehegatte oder Lebenspartner 32, 249
- Einzelveranlagung 250
- Tod eines Ehegatten 253
- Trennung und Scheidung 253
- Zusammenveranlagung 250
verdeckte Einlage
- Berechnung 447
- Spekulationsgewinn 447
Vereinsvorstand, Ehrenamt 254
Verkauf, GmbH-Anteil im Privatvermögen 78
Verkauf eines privaten Wirtschaftsguts, Spekulationsfrist 128
Verlust
- Abzugsfähigheit der Zinsen 437
- Gewerbebetrieb 76
Verlustabzug, Hauptvordruck 31
Verlustanrechnung, Gewerbesteuer 328
Verlustvortrag, Kapitalertrag 361
Vermietung und Verpachtung
- Abschreibung 114, 498
- anschaffungsnaher Aufwand 499
- Beteiligung 112
- Betriebskosten 115
- Einkünfteerzielungsabsicht 497
- Einnahme 111, 497
- Erhaltungsaufwand 498
- Ferienwohnung 111
- Geldbeschaffungskosten 114
- gemischt genutztes Gebäude 500
- gemischt genutztes Grundstück 113
- Kaution 497
- leer stehende Wohnung 502
- Reparatur 115
- Schuldzins 114, 501
- Umsatzsteuer 112, 116, 501
- Untervermietung 113
- Veräußerung des Grundstücks 502
- verbilligte oder teilentgeltliche Überlassung 500
- Vermietung an Angehörigen 111
- Versicherung 115
- Verwaltungskosten 115
- Werbungskosten 113, 498
Vermögensverwalter, selbstständige Tätigkeit 82
Verpflegungskosten, Arbeitnehmer 139
Verpflegungsmehraufwand, Anlage EÜR 89
Verpflegungspauschale, Reisekosten 409
Versicherung
- Altersvorsorgeaufwendung 503
- Arbeitslosenversicherung 48, 52
- Beitragsrückerstattung 511
- Berufsunfähigkeitsversicherung 53
- Bonuszahlung der Krankenkasse 510
- gesetzliche Krankenkasse 49
- Günstigerprüfung 512
- Haftpflichtversicherung 509
- Krankenversicherung 46, 505
- Lebensversicherung 508
- Pflegeversicherung 505
- Rentenversicherung mit Kapitalwahlrecht 54

- Rentenversicherung ohne Kapitalwahlrecht 54
- Risikolebensversicherung 53
- Selbstbehalt 508
- Vorsorgeaufwendung 45
- Zusatzbeitrag 49

Versicherungsbeitrag, Kind 63
Versorgungsausgleich, Sonderausgabe 201
Versorgungsbezug, Anlage N 131
Versorgungsleistung, sonstige Einkünfte 126
Verzugszins, Kapitaleinkünfte 359
Vollzeitarbeit, Angehörigenarbeitsverhältnis 515
Vorfälligkeitsentschädigung, Finanzierungskosten 294
Vorsorgeaufwendung
- Anlage Vorsorgeaufwand 45
- Beamter 54
- freiwillige gesetzliche Rentenversicherung 45
- GmbH-Gesellschafter-geschäftsführer 54
- Minijob 46
- Versicherung 503

Vorsorgekonto, Arbeitszeitmodell 202
Vorstellungsgespräch, Werbungskosten 521
Vorsteuer, Anlage EÜR 89
Vorsteuerabzug, Vorsteuerberichtigung 483
Vortragstätigkeit, Ehrenamt 255
Wechsel der Gewinnermittlungsart, Anlage EÜR 92
Weihnachtsgeld, Minijob 395
Weiterbildungskurs, Werbungskosten 313
Werbungskosten
- Abgeltungsteuer 359
- Arbeitnehmer 133
- Begriff 517
- doppelte Haushaltsführung 241

Wertguthabenkonto, Arbeitszeitmodell 202
Wertpapier, Veräußerungsverlust 103
wiederkehrender Bezug, Versorgungsleistung 126
Wohnriester, Riesterrente 198
Wohnsitz im Ausland, zeitweise unbeschränkte Steuerpflicht 42

Zins, Abzugsbeschränkung 433
Zinsabschlag, Freistellungsauftrag 360
Zinsaufwendung, Gewerbesteuerhinzurechnung 326
Zinsertrag
- Abgeltungsteuer 102
- andere Einkunftsart 105

Zuflussprinzip, Einnahmenüberschussrechnung 263
zumutbare Belastung, außergewöhnliche Belastung 214
Zuzahlung, Firmenwagen 311
Zweitwohnung, doppelte Haushaltsführung 240

Notizen